段渝　著

巴蜀文化卷

文明的史迹：先秦、巴蜀及南丝路历史研究

西南交通大学出版社
·成　都·

图书在版编目（ＣＩＰ）数据

文明的史迹：先秦、巴蜀及南丝路历史研究. 2，巴
蜀文化卷 / 段渝著. —成都：西南交通大学出版社，
2023.7

ISBN 978-7-5643-9384-7

Ⅰ. ①文…　Ⅱ. ①段…　Ⅲ. ①文化史－研究－四川
Ⅳ. ①K203

中国国家版本馆 CIP 数据核字（2023）第 130772 号

前
言

　　当前中国文明研究正值热潮，尤其是中国文明起源与形成的研究引起学术界的广泛关注，处于焦点和前沿。从历史的视角而言，中国文明起源形成和发展的时期是先秦时期。在这个波澜壮阔的大变动时期，中国各史前文化逐步从简单社会走向复杂社会，从酋邦走向国家，从分散走向整合，从多元走向一体，最终形成多元一体的古代文明发展格局。

　　历史文献对中国新石器时代晚期文化的多元并存局面有着清楚的记载，与考古资料所揭示的史前文化面貌基本一致。但多元并存的局面也并非一成不变，而是经历了一个地域性的一体化，即地域内的族群和文化的一体化发展，或者说是地域性的多元一体，直到地域之间联系的加强，交流互鉴的日益深入广泛，地域间的一体化发展趋势逐步形成。由于中原地区的各种优势，使得中原地区日益成为地域之间交流互鉴以至融合发展的主体，逐步成长为文明初现的核心地区，夏王朝的建立则标志着中国文明的形成。对此，历史文献其实也有着较为清楚明确的记载，近来学术界的研究也能够说明这一点。

　　本书题名《文明的史迹：先秦、巴蜀及南丝路历史研究》，是因为作者的研究方向主要集中在中国古代文明的这几个方面，本书即分为先秦史、巴蜀文化和南方丝绸之路等三个部分。其中，关于先秦史方面的论文，涉及文明起源、长江流域文明、文献研究以及文化交流等内容；关于巴蜀文化方面的文章，多属先秦时期巴蜀的历史和文化研究，亦有少量关于汉晋时期巴蜀文化的论述；关于南方丝绸之路的研究论文，大致上集中在先秦两汉时期，侧重于中外文化交流和互鉴等方面。

　　需要指出的是，由于本书所收论文的写作和发表年代早晚不一，所以先后写作发表的文章在所引资料和论据等方面会有所出入，敬请读者明察。

目录

古蜀文明
起源研究

古蜀文明的地理环境与文化生态

古蜀文明是指先秦时期以古蜀人为主体，在成都平原发生、发展并辐射到四川盆地内外的具有鲜明地域特点的古文明。历史文献对古蜀文明的描述，是蚕丛、柏濩、鱼凫、杜宇、开明等五位"蜀王"连续发展所构成的古蜀史，上下数千年。考古学上的古蜀文明，是以新石器时代晚期的成都平原史前古城、夏商时期的三星堆文化、西周春秋时期的成都十二桥—金沙遗址文化以及战国时期的成都平原诸考古遗存等，作为它的主要物质文化特质来体现的。综观古蜀史，古蜀文明的发生年代在公元前 2500 年左右，它的转型在公元前 316 年（以秦灭蜀为标志），而它的最终消失则在公元前 2 世纪后半期（汉武帝时期），前后连续发展 2 000 余年。如古蜀这种以一支族群称号为名所建立的古国连续发展如此长久的情况，在先秦史上并不多见。这种情况，一方面与古蜀内在的王权机制、社会环境有关，另一方面也与古蜀文明生长、发育的优越自然条件有关。

一、成都平原的自然地理概况

古蜀文明的核心在成都平原。成都平原介于龙门山与龙泉山之间，北起四川安县、绵阳一带，南抵四川乐山南的五通桥，长约 200 千米，宽 40~70 千米，面积约 7 340 平方千米，是中国西南地区最大的平原。

成都平原发育在东北—西南向的向斜构造基础上，由发源于川西北高原的岷江、湔江、石亭江、绵远河、西河、斜江、邛江、南江等 8 条主要河流重叠连缀而形成复合的冲积扇平原。成都平原地表松散，沉积物巨厚，平原中心地带沉积物厚度达 300 米，第四纪沉积物之上覆有粉砂和黏土，结构良好，宜于耕作，是四川盆地最肥沃的土壤。海拔 450~750 米，地势平坦，由西北向东南微倾，平均坡度仅 3%~10%，地表相对高差都在 20 米以下，渠汊密布，有利于发展自流灌溉。广阔的成都平原为成都城市的兴起创造了优越条件。

成都平原水系发达、河渠交错，地表水、地下水资源丰富。由于降水量较多，成都平原河流水量充沛。岷江进入平原后，水势减缓，多出叉港，有大小支流数十条，呈纺锤形河网，每隔 3~5 公里就有一条较大的河流，是四川盆地河网最稠密的地区。

成都平原属于亚热带温润季风气候，年平均温度为 18 ℃，冬无严寒，夏无酷暑，雨量充足，年降水量介于 900~1 300 毫米之间。亚热带温暖湿润的气候为成都农业的发展提供了有利条件。

二、地理区位与文化凝聚

成都平原位于我国三大阶梯第二级台阶西部的四川盆地内部，它向西迎接青藏高原势力的东进，向东控临长江上游，直逼长江三峡以东，向南面对云贵高原，逼临横断山区，又北穿秦岭，交通中原，战略地位十分重要。它在东南西北四个方向上，都处于多边联系的枢纽位置，具有突出的区位优势、这是一种十分宝贵的战略优势。古蜀文明发生、发展、繁荣在成都平原，很大程度上是由于它的优势区位所决定的。

从地理环境看，四川盆地是一个标准的菱形盆地，盆地边缘山地由一系列中山和低山组成。在交通极不发达的史前时代，这些阻隔盆地与外界联系的山地固然不是不可逾越，但毕竟起着极大的限制和阻碍作用。在这一相对独立的地理单元内，地势由四周边缘山地向盆地逐渐下降，而盆地则由西向东依次排列分布着盆西平原（成都平原）、盆中丘陵和盆东平行岭谷。地形的这一特点，造成了所有的河流都从盆地南北两侧沿着下趋的山势流向盆地、汇入川江的态势。[①]而川江则以摧枯拉朽之势切开盆中丘陵和盆东平行岭谷，从盆地东南边缘流过。岷江、沱江、涪江、嘉陵江、渠江、乌江、赤水河等分别从南北方向注入长江，浩浩荡荡，东出三峡，构成一个不对称的向心状水系。

正是这种四川盆地地理区位所造成的向心结构，使得成都平原处于东西南北族群及其文化交流互动和交汇的中心位置，吸引了周围边缘山地经营高地农业的群体向低地发展定居，吸引了各种古文化沿着下趋的河谷和山间谷地所形成的向心状地理结构走向成都平原，从而为各种古文化在成都平原交流融合汇为一体，提供了极为有利的地理条件。这样，成都平原古文化的发

---

① 长江自青海玉树至四川宜宾一段，称金沙江。金沙江全长 2 308 公里，是长江的上游，长江自四川宜宾至湖北宜昌一段，习惯上称为川江，川江全长 1 033 公里。参考《辞海》，上海辞书出版社，2002 年。

展轨迹也就相应地呈现为一个向心结构，对文明起源、城市起源等产生了直接的影响。凭借地理的向心形结构，古蜀文明得以形成独具一格、分布广阔的连续性空间构架。①

这里不妨以构成古蜀文明源头之一的蚕丛氏为例予以说明。蚕丛氏原为西北氐族的一支，发源于岷江上游河谷，约在夏代前后便已辗转移徙到达成都平原。②蚕丛氏原本是以一支经营高地农业的族群登上史前史舞台的。《后汉书·南蛮西南夷列传》记载汶山郡有"六夷七羌九氐"，其中"依山居止，累石为室，高者至十余丈，为邛笼"的部族就是冉駹，即蚕丛氏后裔未南迁进入低地平原的一支。因为这既同于蚕丛"居岷山石室"③，同时"冉駹"的读音也与"蚕丛"相近。④这就说明蚕丛氏早已成为定居族群，而定居通常是与农业的发展有密切联系的。《魏略·氐传》记载西晋以前氐人经济生活以农业为主，兼营畜牧和家庭手工业⑤，虽然年代稍晚，但从汉初蚕丛氏后裔冉駹的情况看，蚕丛时代已发生了粗放的高地农业却当可以肯定。四川茂县营盘山新石器时代晚期遗址和沙乌都遗址所出大量陶器和生产工具⑥，就可作为蚕丛氏主要经营农业的实物证据。

作为一个高地农业部族，在条件允许情况下，通常具有向低地农业区移民的发展趋势。《剑桥古代史》第1卷第1分册的作者根据对伊朗高原以西家畜和种植作物的最早中心地的研究成果，断言近东、中东农业和农村的最早发展是在高地，而低地平原的农业则出现较晚。⑦根据徐中舒教授研究，中国上古时代实际上也存在一个高地农业和低地农业问题，而作为商周时代生产力最高指标的井田制，就是在高地农业基础上从肥沃低地逐渐发展起来的田制。⑧中国西北部的氐羌也是如此。氐羌同源异流，《逸周书·王会》孔晁注："氐（低）地之羌不同，故所谓羌，今谓之氐矣。"古"氐""低"二字恒通⑨，氐族实际就是从羌族中分化出来后由高地向低地发展并经营农业的族群。

① 段渝：《巴蜀地理对文明起源的影响》，《四川大学学报》1988年第2期。
② 段渝：《论蜀史"三代论"及其构拟》，《社会科学研究》1987年第6期。
③《古文苑》章樵注引《先蜀记》。
④ 蒙默：《试论古代巴、蜀民族及其与西南民族的关系》，《贵州民族研究》1983年第4期。
⑤《三国志·魏志·乌丸鲜卑东夷传》裴松之注引。
⑥ 蒋成、陈剑：《岷江上游考古新发现述析》，《中华文化论坛》2003年第2期。
⑦ I. E. Edwards, C. J. Gadd and N. G. I. Hammond eds, The Cambridge Ancient History, Vol. 1, Cambridge University Press, 1970, p. 251.
⑧ 徐中舒：《试论周代田制及其社会性质》，《四川大学学报》1955年第2期。
⑨《说文·氏部》"氏"字下段玉裁注。

蚕丛氏活动的岷江上游地区属于高山峡谷地貌形态，山势陡峭，河谷狭小，气候干寒，只适合粗放农业。而沿着岷江河谷下行，不远便南出山区，进入辽阔的岷江冲积平原——成都平原。因此从地理上看，蚕丛氏所以向盆地平原移民，就是因为那里的自然条件更加有利于农耕的缘故。这也是古代社会的氏族部落为适应生态环境而迁徙的一个生动例子。

成都平原的地理向心结构对古文化的凝聚，还可从考古学上加以认识。在古文化的地域分布上，在成都平原及其四周发现的许多文化面貌各不相同的新石器时代晚期到青铜时代早期遗址或遗物，大都呈现出向成都平原发展的趋势。例如，岷江上游营盘山遗址出土的陶器，与成都平原宝墩文化所出陶器有一定的关系，但年代比宝墩文化为早。[①]又如，四川盆地以北嘉陵江上游地区的张家坡和邓家坪遗址[②]，在石器、陶器等方面与成都平原宝墩文化有一定联系，年代上则比宝墩文化早一两个阶段，可能是成都平原宝墩文化的来源之一。[③]再如，在三星堆文化的陶器中，有一些来自中原文化的因素，而在三星堆青铜文化中，又有较多的商文化的因素，它们都分别构成三星堆文化的来源和重要组成部分。由此可见，成都平原各个遗址，在古文化内涵上多蕴涵了四周各地古文化的一些因素，它的早期文明是汇聚了各种古文化的一些因素得以发展起来的。

文明起源的一个重要前提是，若干古文化在某一个多少被地理环境所隔离、所防护而自然条件优越的区域中汇为一流。[④]成都平原由于地理区位所造成的向心结构，正是它能够成为自古以来文化交流和各族汇集的中心所在的自然基础。成都平原文明起源时代古文化遗址中众多各具特色的文化成分的汇集、融合现象，清楚地展示出了这一点。

另一个事实是，由于治水工程的需要，促进了整个平原地区各族在某种程度上达成的协作，并以此为动力加速平原的一体化，终于使古蜀成为地域辽阔的早期国家。从史籍可见，到春秋中叶的开明王国时期，蜀已能完成大规模的治水工程，治水的范围也不仅限于古蜀的腹地玉垒山（今都江堰市境

① 蒋成、陈剑：《岷江上游考古新发现述析》，《中华文化论坛》2003 年第 2 期。
② 王仁湘、叶茂林：《四川盆地北缘新石器时代考古新收获》，《三星堆与巴蜀文化》，成都：巴蜀书社，1993 年。
③ 江章华、王毅、张擎：《成都平原早期城址及其考古学文化初论》，《苏秉琦与当代考古学》，北京：科学出版社，2001 年。
④ 柯斯文：《原始文化史纲》，张锡彤译，北京：生活·读书·新知三联书店，1957 年，第 250、251 页。

内）和金堂峡①，还向南发展到盆地边缘青衣江旁的乐山②，并在那里留下了治水的遗迹。③另据考证，开明氏"决玉垒以除水害"实际是开掘一条人工河道，分引岷江水流入沱江，而这一工程全靠人工开凿疏浚④，工程量之浩大可以想见。如果没有一个集中统一的政权对人力、物力的统一支配和征发，这一工程是难以实现的。反过来看，治水范围的扩大和对水利工程的统一规划与组织，恰好表明蜀王的权力已达到高度的集中和稳固。岷江泛滥是川西平原自然环境的一大特点，建立在这种自然基础之上的人类对大自然的斗争，一方面取得"民得安居"⑤"蜀得陆处"的成果⑥，极大改变了人们赖以生活和生产的自然环境；另一方面也促成了一个统一政权的形成和巩固。

成都平原是古代蜀国的发祥地，在这里几乎找不到什么天然屏障可以阻碍文明起源最早因而是最为强盛的古蜀国所必然进行的文化和政治扩张。而这种扩张在某种意义上可以说是最初的区域性一体化，并最终形成了统一的古蜀族，标志着古蜀文明的早期统一。⑦尤其在春秋战国时代，蜀王开明氏完成了成都平原的统一，迅速向四周开疆拓土，向北达到汉中北面，向南进抵宜宾一带⑧，向东深入川中丘陵，跨越涪水和嘉陵江，一度夺取阆中及其近地。⑨这一方面与经过治水后古蜀的王权加强、经济发展有关；另一方面则与川中浅丘不足以构成古蜀王国向东扩张的天然屏障有关。

先秦时期成都平原能够出现一个统一的古蜀国，一定意义上正是由于在这个具有优越地理区位的条件下，一个文明起源最古、文明发展水平最高的政治中心干预水利、促进联合，并执行政府经济职能的缘故。

三、地理结构与都城选址

从自然条件上看，成都平原是由岷江、沱江等几条大江冲积而成的扇形冲积平原，整个平原的地势是西北高、东南低。这种地理状况、决定了成都平原易遭岷江洪水侵袭的局面。从古至今，成都平原面临的最大自然灾害是

---

① 《华阳国志·蜀志》，《蜀中名胜记》卷164、《读史方舆纪要》卷67。
② 邓少琴：《蜀故新诠》，《巴蜀史迹探索》，成都：四川人民出版社，1983年，第147页。
③ 郦道元：《水经·江水注》，王国维校本，上海：上海人民出版社，1984年。
④ 童恩正：《古代的巴蜀》，成都：四川人民出版社，1979年，第107、108页。
⑤ 《舆地纪胜》卷164引《华阳国志》。
⑥ 《水经注》卷33引来敏《本蜀论》。
⑦ 段渝：《论蜀史"三代论"及其构拟》，《社会科学研究》1987年第6期。
⑧ 常璩著，刘琳校注：《华阳国志校注·蜀志》，成都：巴蜀书社，1984年。
⑨ 《舆地纪胜》卷185，《太平寰宇记》卷86。

洪水，每到夏秋时节，岷江上游山洪暴发，洪水顺着地势，一泻千里，给成都平原造成极大破坏。不过，另一方面，冲积平原往往会沉积大量腐殖质，形成沃土，而洪水冲刷下来的泥沙中也会带有大量有机物，增加土壤的肥沃程度。加上气候温和湿润、雨量适中、生态优越等因素，使得成都平原具有人类居息的良好条件，成为古文化发育生长的良好温床。

从考古发掘来看，成都市羊子山土台基址下曾发现 5 件旧石器时代的打制石器[1]，意味着早在 1 万多年前，成都平原已有古人类活动居息。20 世纪 90 年代在成都平原连续发现的 8 座古城址，包括新津宝墩古城址、都江堰芒城古城址、温江鱼凫村古城址、郫县古城村古城址、崇州双河古城址和紫竹村古城址、大邑盐店古城址和高山古城址等数座古城遗址，均属同一文化，年代距今约 4 500—3 700 年，属于新石器时代晚期的文化遗存。[2]这批古城大多分布在成都平原的西部边缘，从文化面貌上看，它们同岷江上游的古文化有着比较密切的关系，说明这批古城的兴起，同岷江上游古蜀人的南下有关，这与历史文献有关古蜀兴起于岷江上游的记载是完全一致的。这些考古资料说明了一个事实，那就是：定居农业总是从高地向低地发展推进的，原因在于高地水源贫乏，而低地水源丰富。但低地面临水患困境，必须要具有治水能力，排干沼泽，才能在盆地开发和发展农业耕作。历史上所说的大禹在岷江上游治水，就是发生在这个时期，把这个传说同成都平原史前古城的兴起联系起来，可以看出，古蜀人早期的治水活动是在成都平原的西北边缘进行的。古蜀人最初在岷江上游，后来逐步向成都平原发展，是随着治水能力的提高，一步步推进的。他们先从高地下迁到成都平原西部边缘地带，是一个准备和过渡的过程，然后再一步步地迁移到成都平原的中部，也就是现在的成都市区。

在 3 000 多年前，古蜀人已大规模在成都平原扎根，进行农业耕作，考古学上在成都市区多处发现的这个时期的古蜀文化遗址和遗迹，就是明确的证据。在这个时期，古蜀人不但已能治水，还创造并掌握了许多行之有效的治水方法，成都市指挥街就发现了 3 000 多年前古蜀人的治水设施。[3]当时治水

古蜀文明的地理环境与文化生态

[1] 四川省文物管理委员会：《成都羊子山土台遗址清理报告》，《考古学报》1957 年第 4 期。
[2] 江章华、王毅、张擎：《成都平原早期城址及其考古学文化初论》，《苏秉琦与当代考古学》，北京：科学出版社，2001 年。成都市文物考古研究所初步发掘清理的四川大邑县盐店古城和高山古城的基本情况，参见《中国考古学年鉴（2005 年）》。
[3] 罗二虎等：《成都指挥街周代遗址发掘报告》，《南方民族考古》第 1 辑，成都：四川大学出版社，1987 年。

的能力虽然有限，但古蜀人仍然在与洪水争地，与洪水争夺生存权，在成都市区就发现了不少遭洪水冲刷而又反复重建家园的遗迹，如成都市十二桥商代建筑遗址就是古蜀人不断战胜洪水重建家园所留下的历史陈迹，充分表明了这一事实。

成都位于岷江与沱江两大水系的低分水岭上，地势稍高于周围的河道，既有利于解决城市供水，又能防止水灾侵害，这是古蜀人最终选择成都作为都城的重要因素之一。从古蜀国都城选址的历史来看，也可以说明这个问题。三星堆古城是商代蜀国的都城，商周之际今成都市区西部的金沙遗址也在这个时期达到高度繁荣。西周时，即大约 3 000 年前，古蜀王杜宇定都于今成都，同时在"郫"即今四川郫都境内建立别都。到春秋前期，大约 2 600 年前，成都平原遭遇前所未有的洪水侵袭，蜀人在杜宇王朝丞相鳖灵的带领下，在岷江上游进入成都平原的入口处，开凿了一条人工河道，即江沱，分岷江水为沱水。于是消弭了水害，使成都平原"蜀得陆处"①，"民得安处"②。古蜀开明王朝建立后，先是定都于今郫都境内，到开明五世时，即大约 2 500 年前，古蜀国定都成都。开明氏迁都成都后，对流江进行过整治，在成都进行了水利工程建设。在成都方池街发现数条东周时期人工砌筑的卵石埂，就是城市防水设施或排水设施，或防洪与排水相结合的设施。自从开明王朝定都成都后，成都作为成都平原以至四川和西南地区的政治经济和文化中心，再没有发生变化。

从古蜀人进入成都平原进行开发和建设的历史过程，可以清楚地看出，古蜀人选择成都作为政治经济文化中心，是一个逐步实现的过程，从 4 500 年前蜀人开始进入成都平原，到 2 500 年前蜀人最终定都成都，经过了大约2 000 年的漫长岁月。这中间，古蜀的中心一直在成都平原内部徘徊，古蜀人一直在观察、选择最佳的政治中心、生活环境和生产环境，同时也在创造和积累治水经验，而定都成都，就是古蜀人最终和最佳的选择。历史事实说明，古蜀人的选择是科学的，是古代科学的结晶。此后，经过李冰修筑都江堰，成都平原更是"水旱从人"③，成为举世闻名的"天府之国"。

---

① 应劭：《风俗通》，北京：北京图书馆出版社，2005 年。
② 扬雄：《蜀王本纪》，北京：中华书局，1958 年。
③ 常璩著，刘琳校注：《华阳国志校注·蜀志》，成都：巴蜀书社，1984 年。

| 02 |

论巴蜀地理对文明起源的影响

　　无论在古代中国还是在古希腊，早在公元前若干世纪，已经有学者注意到不同地理环境对各人类群体的性情、心理和气质等所发生的不同影响。[1]西方学术界自 18 世纪孟德斯鸠的名著《论法的精神》出版以后，普遍重视社会历史发展过程中自然地理的重要作用，强调地理环境对人类文明类型和文化模式的重要影响。中国自 20 世纪初年节译出版《论法的精神》（译名为《万法公理》）后，学术界中以梁启超为首，高谈阔论"地理与文明之关系"[2]，而"地理史观"竟一时蔚然成风。但是，我国学术界对地理与文明的关系这一重大理论课题的研究毕竟起步较晚，深度和广度存在明显不足。近年虽有论著探讨地理环境与人类社会发展的关系，却多限于哲学意义上的讨论，还缺乏从文明史的角度进行探讨的论著。至于区域文明与地理环境的关系这类课题，涉猎者更是凤毛麟角。本文愿从古代巴蜀文明入手，对地理与文明的关系进行初步探讨。

一、地理环境与文明起源的一般关系

　　人们都承认，地理环境在文明起源时代具有极其重要的意义。地理位置（经度、纬度，主要是后者）、地形、气候、土壤、水文、动物、植物、矿藏等因素，对文明是否能够形成有着特别重要的直接影响。简单地说，这些要素不仅对人类群体的经济类型，对作为古代文明的物质基础的农业、定居以及农村和城市，从而对推动和促进文字的发明和应用，有着深刻的甚至是决定性的影响，而且对人们由发现和开发矿藏到冶炼和制造金属器，有着同样深刻的甚至是决定性的影响。

　　在对文明起源与地理环境关系的讨论中，国内外早有不少学者指出，所

---

① 中国资料可以《禹贡》《史记》等为例。古希腊资料见 Hippocrates, Influences of Atmosphere, Water and situation, ch. 13, 24。

② 梁启超：《地理与文明之关系》，《饮冰室合集·文集之十》，北京：中华书局，1989 年。

有最古文明或早期文明发生的地域都有大体相同的自然环境，绝大多数文明诞生在地理环境特别有利的温带和亚热带，这是因为温带和亚热带在自然条件方面富于差异性和自然资源的多样性，只有这样的地理环境，才是"形成社会分工的自然基础，并且通过人所处的自然环境的变化，促使他们的需要、能力、劳动资料和劳动方式趋于多样化"[1]。而自然条件恶劣的地区如寒带、亚寒带，无论如何也发生不了早期文明。但自然资源过于富饶的地区，如热带的大多数区域，又会使人们过分依赖自然，反而束缚以致削弱人们同自然进行斗争的意志和支配自然的能力的发展，同样也不会发生古代文明。

关于世界古文明的发祥地，除了早已为学术界所摒弃的一元传播说即世界文明发生在埃及并由此向各大洲传播的说法外，当前有影响的说法一般认为有六大发祥地。英国考古史家丹尼尔（Glyn Daniel）教授归结为埃及、两河流域、印度、中国、墨西哥、秘鲁。[2]英国历史学家汤因比（Arnold J.Toynbee）提出直接从原始社会产生的六个文明古国是：古代埃及、苏末、来诺斯、古代中国、玛雅和安第斯。[3]也有学者较笼统地指为埃及、西亚、印度、欧洲、中国和美洲。[4]国内过去一向持四大文明古国说，近年来有学者认为应增加爱琴文明。[5]尽管这些看法不尽一致，但从地理位置看，这些古文明发祥地绝大多数处在温带或亚热带，在气候、土壤、水文、动植物等方面都是特别有利于农业经济发展的。苏联史前学家柯斯文认为，世界最古国家亦即最古文明国度"所在地理区域是地球上一个并不很宽的地带，大约在北纬十五度到四十度之间"[6]。虽然所指地理区域和地球纬度不尽合乎实际，但却均在温带和亚热带之内。

二、川西平原早期文明的向心结构

就巴蜀文明而论，我们只要比较一下四川地理环境的差异[7]，便不难发现，只有四川盆地才具有成为文明发祥地的自然基础。

① 马克思：《资本论》第一卷，《马克思恩格斯全集》第23卷，北京：人民出版社，1973年，第561页。
② G. Daniel, The First Civilization: The Archaeology of Their Origins, P. 24, 1968.
③ 汤因比：《历史研究》上册，曾未风等译，上海：上海人民出版社，1966年，第59页。
④ Arthur Gotterell, eds, The Encyclopeadia of Ancient Civilization, P. 8, 1980.
⑤ 世界上古史纲编写组：《世界上古史纲》上册，北京：人民出版社，1979年，第11页。
⑥ 柯斯文：《原始文化史纲》，张锡彤译，北京：生活·读书·新知三联书店，1957年，第250页。
⑦ 主要参考资料：西南师范学院地理系编：《四川地理》，《西南师范学院学报》（自然科学版），1982年；中共四川省委研究室主编：《四川省情》第4、5章，成都：四川人民出版社，1984年；中国自然地理编委会：《中国自然地理》，1984年。

四川盆地自西而东由盆西平原（成都平原）、盆中丘陵和盆东平行岭谷构成。盆西平原面积辽阔，地势平坦，土质较好。盆中丘陵土层深厚，溪流纵横。盆东平行岭谷水源丰富，谷地广布丘陵平坝。整个盆地气候温湿，矿产丰富，动植物种类繁多，自然条件有利于农耕和定居。而盆地边缘山地气温较低，降水较多，农耕条件一般不好。川西高原地表切割深，相对高差不大，曲流虽多，却排水不良，形成沼泽，加上气候干旱寒冷，因此在古代社会不可能发生农业。但高原面积辽阔，水草丰茂，为畜牧业发展提供了良好条件。尽管高原和盆地边缘山地富于矿产资源，但人类文化初期所能利用的主要是地表上生活资料的自然富源。生产资料自然富源的利用则是在人类文化已取得一定成就的基础上才具有决定性意义。因此，川西高原和盆地边缘的大部分不可能成为文明发祥地。

除此之外，我们还应特别注意盆地地理的另一个优越条件，那就是由盆地与周围边缘山地所共同形成的一个相对独立的地理单元，有利于古文化中心在盆地的形成。

我们知道，盆地边缘山地是一系列中山和低山，北缘有米仓山、大巴山，是秦巴山地的南翼；西南有龙门山、邛崃山、峨眉山，地貌类似于青藏高原东缘的横断山区；西南缘有大凉山，南缘有大娄山，是气势磅礴的云贵高原的一部分；东缘有巫山、七曜山，与湘鄂西山地一脉相承。在交通极不发达的史前时期，这些阻隔盆地与外界联系的山地固然不是不可逾越，但毕竟起着极大的限制作用。而在这一地理单元内，地势由四周边缘山地向盆地底部逐渐下降，河流也呈现为不对称的向心结构。正是这种地理上的向心结构，加上盆地优越的自然条件，使得盆地容易吸引周围边缘山地经营高地农业的群体向低地发展定居，吸引各种古文化沿着下趋的河谷和山间谷地所形成的向心状地理结构走向盆地底部平原，从而为古文化的交流融合提供极为有利的地理条件，为新的古文化中心的形成提供自然基础。这样，这一地理单元内古文化的发展轨迹也就相应地呈现为一个向心结构，对文明起源产生无可置疑的重要影响。关于这一点，我们可以从文献和考古资料两个方面加以认识。

文献方面，这里不妨以构成早期蜀文明源头之一的蚕丛氏为例予以说明。蚕丛氏原为西北氏族的一支，发源于岷江上游河谷，约在夏商之际便已辗转移徙到达川西平原。[①]是什么原因促使蚕丛氏由高山峡谷向低地平原移民呢？

---

① 段渝：《论蜀史"三代论"及其构拟》，《社会科学研究》1987年第6期。

蚕丛氏本来就是以一个经营高地农业的部族登上史前史舞台的。《后汉书·南蛮西南夷列传》记载汶山郡有"六夷七羌九氐",其中"依山居止,累石为室,高者数十丈,为邛笼"的部族就是冉駹,即蚕丛氏后裔未南迁进入低地平原的一支。因为这既同于蚕丛"居岷山石室"①,同时冉駹的读音也与蚕丛相近②。这就说明蚕丛氏早已成为定居部族,而定居通常是与农业的发展有密切联系的。《魏略·氐传》记载西晋以前氐人经济生活以农业为主,兼营畜牧和家庭手工业③,虽然年代稍晚,但从汉初蚕丛氏后裔冉駹的情况看,蚕丛时代已发生了粗放的高地农业却是可以肯定的。汶川增坡新石器时代晚期石器窖藏所出生产工具④,就可作为蚕丛氏主要经营农业的实物证据。

从较大范围看,作为一个高地农业部族,在条件允许情况下,通常具有向低地农业区移民的发展趋势。《剑桥古代史》第 1 卷第 1 分册的作者根据对伊朗高原以西家畜和种植作物的最早中心地的研究成果,断言近东、中东农业和农村的最早发展是在高地,而低地平原的农业则出现较晚。⑤根据徐中舒教授研究,中国上古时代实际上也存在一个高地农业和低地农业问题,而作为商周时代生产力最高指标的井田制,就是在高地农业基础上从肥沃地逐渐发展起来的田制。⑥中国西北部的氐羌也是如此。氐羌同源异流,《逸周书·王会》孔晁注:"氐(低)地之羌羌不同,故所谓羌,今谓之氐矣。"古氐、低二字恒通⑦,氐族实际就是从羌族中分化出来后由高地向低地发展并经营农业的族类。

蚕丛氏活动的岷江上游地区属于高山峡谷地貌形态,山势陡峭,河谷狭小,气候干寒,只适合粗放农业。而沿着岷江河谷下行,不远便南出山区,进入辽阔的岷江冲积平原——川西平原。因此从地理上看,蚕丛氏向盆地平原移民,就是因为那里的自然条件更加有利于农耕的缘故。这也是古代社会的氐族部落为适应生态环境而迁徙的一个生动例子。

必须指出的是,由于盆西平原是第四纪以来所形成的扇形冲积平原,地势由西北向东南倾斜,岷江顺地势从西北而来,流贯其间,每逢夏秋上游涨

---

① 《古文苑》章樵注引《先蜀记》。
② 蒙默:《试论古代巴、蜀民族及其与西南民族的关系》,《贵州民族研究》1983 年第 4 期。
③ 《三国志·魏志·乌丸鲜卑东夷传》裴松之注引。
④ 徐学书:《试论岷江上游"石棺葬"的源流》,《四川文物》1987 年第 2 期。
⑤ Cambridge Ancient History, Vol. 1, NO. 1, P. 251, 1970.
⑥ 徐中舒:《试论周代田制及其社会性质》,《四川大学学报》(哲社版)1955 年第 2 期。
⑦ 《说文·氏部》"氏"字下段玉裁注。

水，平原必受其害。因此，蚕丛氏移民进入冲积平原，就必然面对洪水泛滥成灾的问题。也就是说，如果蚕丛氏不对洪水问题有较充分的心理准备和较熟练的治理办法，要在冲积平原立足是难以想象的。我们对此应怎样解释呢？徐中舒教授认为，蜀人自古就创造了用杩槎和竹络笼石截流并分段排水的工程技术[1]，这种办法应当是高地农业和低地农业的治水经验相结合的产物，当然也不排除各自独立发明的可能。古史传说屡见禹迹在石纽的说法[2]，或说禹生在汶川郡广柔县[3]，或说石纽"在蜀西川"[4]，总之均指今岷江上游汶川、茂汶、北川一带。此说固属附会不足凭信[5]，但古人为什么把禹迹设定在岷江上游而不是其他地方，却值得深思。禹自古以疏导洪水、划定九州著称于世。按照《禹贡》所指地域范围，岷江上游高山峡谷地区恰恰在他疏导洪水的范围以内。尽管学术界普遍否定禹迹真在川西北的说法，但透过这一传说，我们却不能不说它真实地反映了古代岷江高山峡谷之间的农业部族同岷江泛滥进行斗争的史迹。蚕丛氏早期居息在岷江上游河谷，其年代上限正与古史中的五帝大体相当。[6]同时，由于河流深切，两岸谷地背靠高峻的群山，一旦上游山洪暴发，谷地极易淹没（这种情况至今而然），因此必然存在一个与每年夏秋之际岷江定期泛滥做斗争的问题。由此看来，与其把这一地区治水的功绩归于禹，毋宁归于有实际治水需要的蚕丛氏。蚕丛氏由高山峡谷向盆地平原移民，既是受地理上向心结构吸引的结果，同时也在于它具备了在平原立足所必须具备的治水能力。

地理的向心结构对古文化发展轨迹向心结构的影响，还可从考古学上加以认识。简单地说，在古文化的地域分布上，在川西平原及其四周发现的许多文化面貌各不相同的新石器时代晚期到青铜时代早期遗址或遗物，大都呈现出向川西平原发展的趋势。例如，岷江上游汶川增坡石器窖藏，不论器形还是石材用料，均与广汉真武宫所出相同，而在年代上却比广汉真武宫所出为早。[7]又如，位于陕南泰巴山地的宝鸡和汉中盆地边缘的城固等地出土了许

---

① 徐中舒：《古代都江堰情况探原》，《四川文物》1984 年第 1 期。

② 《三国志·蜀志·秦宓传》及裴注，《续汉书·郡国志》刘昭注引《帝王世纪》《华阳国志》。

③ 《三国志·蜀志·秦宓传》裴注引谯周《蜀本纪》。

④ 《吴越春秋》卷六《越王无余外传》。

⑤ 顾颉刚：《古代巴蜀与中原的关系说及其批判》，《论巴蜀与中原的关系》，成都：四川人民出版社，1981 年。

⑥ 段渝：《论蜀史"三代论"及其构拟》，《社会科学研究》1987 年第 6 期。

⑦ 徐学书：《试论岷江上游"石棺葬"的源流》，《四川文物》1987 年第 2 期。

多陶尖底器，年代可早到商代中叶①，而这一类陶尖底器在商代中叶以后始稀疏地出现在川西平原，至商周之际便发展成为川西平原陶系中的一个主要类型。再如，川东平行岭谷和鄂西山地间的忠县、巫山和宜昌等地发现的陶器，年代在夏商之际，或可早到二里头早期，其形制花纹和组合在商代中叶以后出现在川西平原的成都、广汉和新繁等地。②由此可见，川西平原尤其是广汉三星堆和成都的各遗址，在古文化内涵上蕴含了四周各地古文化的特色，它的早期文明是汇聚各种古文化而得以发展的。这在年代和文化面貌上均无一不与考古学资料相吻合。

文明起源的一个重要前提，正是若干古文化在某一个多少被地理环境所隔离、所防护而自然条件优越的区域中汇为一流。③四川盆地由于山川走向所造成的向心结构，也正是它能够成为自古以来文化交流和各部族汇集的中心所在的自然基础。川西平原文明起源时代各古文化遗址中众多各具特色的文化成分的汇集、融和现象，已清楚地展示出这一点。

与此相映成趣的是，地处安宁河谷地的西昌礼州文化④，虽已发展为具有相当水平的农业文化，但由于该地地形上北高南低，安宁河自北而南注入雅砻江，在自然地理区划中不属盆地的向心结构，并且它在与周围古文化的交往关系中也不具备居中的地理位置，相反却更趋向于与云贵高原连成一体，它的文化面貌也更接近于云南龙川江流域的大墩子文化，因此在它自身的基础上就不可能也确实未曾进一步发展成为一个古代文明的发祥地。

三、巴蜀文明差异的地理原因

人们习惯于把四川盆地东西二地的古文化作为一个地理单元内的文化整体来看待，称之为巴蜀文化。实际上，盆地东部和西部无论是物质文化还是精神文化，在较早时期却并不具备作为一个文化整体的性质。尽管人们通常从地理角度把战国秦汉之际的巴蜀文化视为一个地方或区域性文化，然而二者在事实上却存在显著差异。大体说来，川西平原文明起源较早，进入文明全盛期和文明持续发展的时间都比川东久远，文明成就也高于川东。

诚然，川东与川西在位置上同属于一个完整的盆地，气候条件差度不大，

① 李伯谦：《城固铜器群与早期蜀文化》，《考古与文物》1983 年第 2 期。
② 林春：《宜昌地区长江沿岸夏商时期的一支新文化类型》，《江汉考古》1984 年第 2 期。
③ 柯斯文：《原始文化史纲》，张锡彤译，北京：生活·读书·新知三联书店，1957 年，第 250、251 页。
④ 礼州遗址联合考古发掘队：《四川西昌礼州新石器时代遗址》，《考古学报》1980 年第 4 期。

但地貌、土壤却有较大差别。川西平原是大河冲积而成的扇形平原，面积辽阔，土壤"青黎"①，土质较好，适合农耕。与川西平原文化面貌基本一致的川中丘陵，土壤紫赤，土层深厚，溪流纵横，也是农耕的有利场所。而川东平行岭谷间虽广布丘陵和平坝，但平坝一般不大，农耕条件显然不如前者。在文明起源的时代人们尚难以卓有成效地改变自然环境的情况下，川东农业的成果是远远比不上川西平原和川中丘陵的。据蒙文通教授研究，中国最早的地理专著《禹贡》对梁州的记载，是偏在岷、嶓以南的蔡、蒙地区和成都平原，因为那是最早开辟的地区；而对嘉陵江以东的广大地区、东西汉水之间的大巴山区和荆州的西部却只字未提，因为那是没有开拓的。②参证考古资料和史籍有关记载，虽不能说川东至西周时代尚未开拓，但川东经济的确比川西落后，二地经济发展不平衡，经济类型有相当差异，却是可以肯定的。例如在地下资源方面，蜀人较早开发利用矿产资源，《禹贡》记载梁州贡献璆、铁、银、镂、砮、磬，即一个很好的证据。成都羊子山 172 号墓中曾出土铁三脚架，证明至迟在战国时代蜀人已能用铁③，而川西进入青铜时代最晚也能上溯到商代中晚期，与殷墟文化一期相当④。巴地进入青铜时代无疑要晚得多，目前只能见到春秋战国之际的实物资料。

我们不准备一一备列川东和川西的经济差异，而只是指出川西平原在西周初年以后几乎已见不到以畜牧或渔猎为主的经济类型，考古资料似乎还可把这种状态的年代大大上推；而川东农业至迟在西周中叶还处于十分粗放的形态，它的进一步发展也是在进入春秋时期以后，并且与射猎经济并行。《华阳国志·蜀志》说："后有王曰杜宇，教民务农，……巴亦化其教而力务农，迄今（按指东晋）巴蜀民农时，先祀杜主君。"尽管关于蜀地农业始于杜宇的看法只是杜撰，前述夏商时代川西古文化所反映的农业情况便是一有力反证，同时《山海经·海内经》也说川西平原"爰有膏菽、膏稻、膏黍、膏稷"，以致认为是西周先公或上古农官后稷的归葬之处。但巴地较高级的农业确是晚于蜀地，而且很可能是在蜀的影响下才发展起来的。即使在战国秦汉时代，根据《后汉书·巴郡南郡蛮传》和《华阳国志》的记载，川东岭谷间的部族仍有许多以射猎为生。

---

① 《尚书·禹贡》，十三经注疏本，北京：中华书局，1980 年。

② 蒙文通：《巴蜀史的问题》，《巴蜀古史论述》，成都：四川人民出版社，1981 年，第 47、48 页。

③ 四川省文管会：《成都羊子山 172 号墓发掘报告》，《考古学报》1956 年第 4 期。

④ 四川省文管会等：《广汉三星堆遗址一号祭祀坑发掘简报》，《文物》1987 年第 10 期。

恩格斯指出，"国家是文明社会的概括"①。我们只要比较一下巴蜀国家的规模，就可以更深刻地认识地理环境对古代文明的影响。

川西平原是古代蜀国的发祥地，在这里几乎找不到什么天然屏障可以阻碍文明起源最早因而是最为强盛的蜀国所必然进行的领土扩张。而这种扩张在某种意义上可以说是最初的地区性一体化。尽管《蜀王本纪》和《华阳国志》试图建构一个"三代一线"的大一统蜀王国模式的做法不符合历史实际，但"三代蜀王"（蚕丛、柏灌、鱼凫）时期蜀地内确实存在若干部族角逐争雄的局面，并最终形成了统一的早期蜀族②。商周之际川西平原各古遗址特别是广汉三星堆、成都十二桥、新繁水观音和彭县竹瓦街等遗址中各种不同性质文化的叠压、聚集以至汇为一流，从而在川西平原的腹心展示出一种新的文化面貌，标志着蜀文明的早期统一。

另一个事实是，由于治水工程的需要，促进了整个平原地区各族在某种程度上达成的协作，并以此为动力加速平原的一体化，终于使蜀成为地域辽阔的早期统一国家。从史籍可见，到春秋中叶的开明王国时期，蜀已能完成大规模的治水工程，治水的范围也不仅限于蜀的腹地玉垒山（今灌县境内）和金堂峡③，还向南发展到盆地边缘青衣江旁的乐山④，并在那里留下了治所的遗迹⑤。另据考证，开明氏"决玉垒以除水害"实际是开掘一条人工河道，分引岷江水流入沱江，而这一工程全靠人工开凿疏浚⑥，工程量之浩大可以想见。如果没有一个集中统一的政权对人力、物力的统一支配和征发，这一工程是难以实现的。反过来看，治水范围的扩大和对水利工程的统一规划与组织，恰好表明蜀王的权力已达到比较高度的集中和稳固。岷江泛滥是川西平原自然环境的一大特点，建立在这种自然基础之上的人类对大自然的斗争，一方面取得"民得安居"⑦"蜀得陆处"⑧的成果，极大改变了人们赖以生活

---

① 恩格斯：《家庭、私有制和国家的起源》，《马克思恩格斯全集》第四卷，北京：人民出版社，1973年，第 172 页。

② 段渝：《论蜀史"三代论"及其构拟》，《社会科学研究》1987 年第 6 期。

③ 常璩著，刘琳校注：《华阳国志校注·蜀志》，成都：巴蜀书社，1984 年；曹学佺：《蜀中名胜记》卷 164，重庆：重庆出版社，1984 年；顾祖禹：《读史方舆纪要》卷 67，上海：上海古籍出版社，1993 年。

④ 邓少琴：《蜀故新诠》，《巴蜀史迹探索》，成都：四川人民出版社，1983 年。

⑤ 郦道元：《水经·江水注》，王国维校本，上海：上海人民出版社，1984 年。

⑥ 童恩正：《古代的巴蜀》，成都：四川人民出版社，1979 年，第 107、108 页。

⑦《舆地纪胜》卷 164 引《华阳国志》。

⑧《水经注》卷 33 引来敏《本蜀论》。

和生产的自然环境，另一方面也促成了一个统一政权的形成和巩固。

开明氏完成川西平原的统一后，迅速向四周开疆拓土，向北达到汉中北面，向南进抵宜宾一带[①]，向东深入川中丘陵，跨越涪水和嘉陵江，一度夺取阆中及其近地[②]。这一方面与经过治水后蜀的王权加强、经济发展有关，另一方面则与川中浅丘不足以构成蜀王国向东扩张的天然屏障有关。

在川东平行岭谷地区，由于三十多条北东走向的山脉平行地与河流相间分布，具有"一山二岭一槽"或"一山三岭二槽"的特点，把川东分割成无数方山丘陵、单斜丘陵和面积不大的小坝子，这就决定了史前川东居民分居散处的分布状态和经济类型多样化的特点。这种散居的局面同时也造成了封闭落后的小国寡民生活，不易形成统一的文化中心，也没有以劳动协作为动力形成一个稳定的人们共同体及其服从一个政治中心的经济需要，因此不存在造成统一政治组织的地理条件。春秋战国之际，巴国辗转入川后，虽然同时带来了较高的古代文明，但由于它在川东的首要任务是建立一个牢固的立足之地，以便一面与西方的蜀国争城夺野，一面抵挡东方楚国不断进逼的凌厉攻势，因此几乎谈不上有喘息之机以统一川东。《华阳国志·巴志》说巴国在川东先后五易其都，就反映了巴国自身的极不稳定的动荡的政治地位。事实上，春秋战国时代川东从未存在过一个大一统的巴国[③]，相反一直存在若干个称为巴的部族，从陕南鄂西入川的姬姓巴国不过是其中之一，虽然它是当时川东地区唯一的文明古国。

众所周知，统一国家的形成需要若干经济的、政治的和社会的条件，其中必要条件之一是这种统一符合这一区域内广大人民的愿望。古代东方的埃及、两河流域文明统一的基础之一，就是统一组织水利灌溉的经济需要。中国古代文明的统一也带有适应包括中原和东方广大地区人民普遍希望一个强有力的政府来干预水利的经济要求。范文澜分析秦统一的基本原因时说，水利灌溉的统一管理成为地主阶级和农民阶级的共同要求，只有全国统一才能消除或减少由于割据所发生的灾害[④]，这是不无道理的。川西平原能够出现一个统一的蜀国，一定意义上正是由于在相对独立的地理单元内，一个文明程

① 常璩著，刘琳校注：《华阳国志校注·蜀志》，成都：巴蜀书社，1984 年。
②《舆地纪胜》卷 185，《太平寰宇记》卷 86。参阅《四川简史》，成都：四川省社会科学院出版社，1986 年，第 13 页。
③ 段渝：《试论宗姬巴国与廪君蛮夷的关系》，《四川历史研究文集》，成都：四川省社会科学院出版社，1987 年。
④ 范文澜：《中国通史简编》修订本第 1 编，北京：人民出版社，1964 年，第 261 页。

度最高的政治中心干预水利、促进联合，并执行政府经济职能的缘故。川东之所以没有形成以巴文明为中心的统一的国家，基本原因之一，也在于由于地理的分割状态割裂了各族之间的关系，致使人们没有或很少有联合或协作的愿望。而川东地区唯一进入了文明社会的姬姓巴国，又由于自身的岌岌可危而无力干预这一地区内的联合，因而也就无法通过战争与和平等多种途径强制性地扩大王权范围，并使自己在其中扮演执行统一政府各种职能的历史性角色。

最后有必要说明，如果我们承认地理环境是人类社会内部一个不可缺少的要素，是人们经济关系赖以发展的自然基础，从而是决定古代文明诞生和成长的一个基本条件，那么我们也就必须同时承认，地理环境也是决定古代文明发展程度的一个基本原因。不言而喻，上述巴、蜀文明的差异同样可以反映它们地理环境的差异，或者说它们文明差异的自然基础纯粹是由地理环境的差异所决定的。还应该指出，在中国这样一个巨大的地理单元内，四川盆地是其中一个相对独立的较小的地理单元。巴蜀文明与黄河流域的中原文明有着密切的关系。但是，川西平原文明绝不是中原文明的亚型，作为其文明起源标志的古文字系统和青铜器形制组合等具有自身独特的若干特点。川东的巴文明也在许多方面与蜀、楚文明相近。直至秦统一时，巴蜀文明的独立发展过程被切断，最终汇入了以中原文明为代表的融合的潮流。

03

巴蜀古代文明的时空构架

通常所说巴蜀文化，如果从文化特质分析，其实是巴文化和蜀文化的多元总和，而巴蜀文明本来也是指巴与蜀两种不同的文明。将这两种起源不同、类型有异的古代文明合称为一，首先导源于地理单元概念，即巴与蜀在古代是紧相毗邻而在近古以至现代又是省区一体的；其次是春秋战国以至汉初两地文字的大体相同，两地语言的颇为接近，经济区的大体划一以及民族的迁徙混融等诸种原因。

就巴、蜀两支文化而言，其基本概念是：巴文化是指巴国王族和巴地各族所共同创造的全部物质文化、精神文化及其社会结构的总和；蜀文化是指蜀族和蜀地各族所共同创造的全部物质文化、精神文化及其社会结构的总和。对于巴蜀古代文明的界说，也可运用同样的概念。

一、时序脉络：古文明的盛衰

作为一种历史过程，古文明的盛衰兴亡不可避免，留下了一部高潮与低谷相激荡的文明演变史，于是形成分期。各个分期的相互衔接，便是文明演进的时序。

（一）古蜀文明的盛衰

古蜀文明的兴衰史经历了五个时期，先后延续大约一千七八百年之久。

滥觞期。这个时期约当夏商之际，形成了以广汉三星堆古城为中心的早期蜀文明。其显著标志是建于早商时期的规模宏大的古城，它是在宝墩文化的基础上发展起来的，表明最初城市的聚合过程已达到相当水平，早期城市生活方式初步确立。在这一时期，青铜器制作业已出现，器种主要是兵器和工具[1]，表明已步入青铜时代。对应于历史文献，这正是"三代蜀王"角逐争雄，而以鱼凫王的胜利为标志，确立起古蜀王国统治的时期。它意味着高于

---

① 指出土于新繁水观音 M1、M2 和汉源富林的青铜器，其始铸年代为商代前期。参阅杜乃松：《论巴蜀青铜器》，《江汉考古》1985 年第 3 期。

酋邦组织的国家组织已然诞生，古蜀文明逐步走向兴旺发达。

勃兴期。年代约当商代中晚期至周初。在此期间，城市生活方式基本确立，并初步形成了以广汉三星堆古城为中心，以成都、雅安、汉源、汉中盆地和鄂西等为战略支撑点的在政治上分级，在功能上分区的广阔的空间构架。社会结构日益复杂化，神权政治臻于极盛，经济空前繁荣，青铜文化进入全盛期，文字逐步产生。这表明早蜀文明已经走向成熟。在这个时期的最晚阶段，古蜀政治史上发生了第一次王朝更迭，杜宇王朝取代了鱼凫王朝统治，号为蜀王，一号"杜主"①。随着鱼凫王国的终结，神权政体基本宣告结束，人治初步取代了神治，标志着古蜀文明出现了巨大的历史性转折和进步。

扩张期。约当西周一代和春秋早期。古蜀文明在物质和技术方面的文化广延性大为增强，古蜀文明的空间构架不断扩大。虽然这一时期的物质文化遗存在考古上发现还不多，但古文献却可说明，这一时期在精神领域和政治制度、社会结构等方面已向纵深发展，城市体系扩大，国家形态日益成熟。

鼎盛期。约当春秋至战国晚期，显著特点是青铜文化的中兴，城市体系的发展，文字制度的形成以及社会制度的完善。这个时期政治史上最引人注目的变化恰好位于它的首尾两端。首先是春秋早期鳖灵入蜀，推翻了杜宇王朝，建立起无论政治势力还是文化影响都比较大的开明氏王朝。后一个变化是公元前 316 年秦灭蜀，古蜀政治史随之结束，古蜀文明的相对独立发展进程也随之阻断，逐步汇入中国文明的一体化大潮之中。

转型期。约当战国晚期到西汉初叶。古蜀王国虽已灭亡，然而古蜀文明的一些基本因素并没有一同消亡，而是一方面与汉文化迅速融合，一方面仍在继续发展演变，开始了统一王朝下地域文化的整合重组，成为后来巴蜀传统的重要根源之一。

（二）古代巴文明的盛衰

由于文献和考古资料的缺乏，使我们对古代巴文明发展历程的了解还存在许多缺环，已知材料中也有相当多的争论之点。因此，对巴国文明兴衰史的认识，当前还不能说是完全清晰透彻的。大致说来，它经历了四个时期，前后延续约有一千多年。

滥觞期。约当商周之际。从殷卜辞中与商王朝相抗衡的"巴方"②，到被

---

① 常璩著，刘琳校注：《华阳国志校注·蜀志》，成都：巴蜀书社，1984 年。
② 对殷卜辞中的"巴"，学者尚有不同认识。

商王朝征服从而成为甸服的"巴奠（甸）"①；从巴师参与周武王伐纣"著于《尚书》""歌舞以凌殷人"，到"武王既克殷，以其宗姬封于巴"②，成为周王朝镇抚南土的同姓诸侯国③，这当中约数百年的时间是巴国文明的形成时期。不过，对于这个时期巴国文明的考古学文化遗存，尚无公认的材料。但从文献分析，它是一种方国文明，则是可以肯定的。

勃兴期。约当春秋时期。随着王纲解纽，诸侯逾制，巴国也竭力扩张其势力范围。它东渡汉水，与邓相争，又同楚缔结政治军事联盟，扫荡江汉间小国，更有北进中原，更为伯主的意图④。从文献上看，它的若干政治制度仍然带有周文化的特征，但考古材料显示出来的巴国青铜文明则有其独特性。

鼎盛期。约当春秋末叶至战国晚期。青铜文化在此期间发展到高峰，器种多，数量大，分布广，青铜器制作水平臻于成熟，而地方特征鲜明突出。巴蜀文字和符号（图一）广泛流行，表明业已采用文字制度。都城已发展成为地区性的增长中心和多种产业的生长点，具有组织地区商业贸易的经济功能。

图一　巴蜀文字和符号

转型期。约当战国末叶至汉初。巴国于公元前 316 年灭于秦，巴文化逐步融合于中华文化统一发展的潮流当中；但巴文化的若干因素长久保存下来，继续发展演变，形成了颇具特色的川东文化（或称"巴渝文化"），是如今巴蜀文化的重要根源。

① 《小屯南地甲骨》第 1059 片。
② 常璩著，刘琳校注：《华阳国志校注·巴志》，成都：巴蜀书社，1984 年。
③ 《左传》昭公九年，十三经注疏本。
④ 参见拙文：《论巴楚联盟及相关问题》，《江汉论坛》1990 年增刊《楚学论丛》第 1 辑。

二、空间构架：文化区的演变

空间构架指的是文化区的分布形态以及构成这种分布形态的诸种因素，包括中心、次中心和边缘等多级层次。

（一）古蜀文化区

古蜀文化区大约形成于 4 000 年以前，略与中原二里头文化相当，属于夏代纪年范围和早期阶段。

夏商时代，古蜀文化区主要分布在横断山脉以东到长江三峡鄂西之间。它以成都平原为根据地，以广汉三星堆为中心，向东连续辐射分布到丘陵、川东平行岭谷，东出三峡，与江汉平原相接。在成都平原以北，跨过川北边缘山地，是又一片高原绿洲汉中盆地，它通过嘉陵江河谷与成都平原相联系，是商代蜀文化区的北部边缘。在成都平原以南，顺岷江而下，即达岷江支流青衣江和大渡河流域，这里也是古蜀文化的传播辐射之地。依靠长江、岷江、沱江、嘉陵江四条大江，凭借地理的向心形结构，古蜀文化得以形成独具一格、分布广阔的连续性空间构架。

西周时代，由于古蜀王国政权的更迭，使古蜀文明的运作机制发生变动，文化面貌出现一系列演变。与此相应，古蜀文化区的空间分布形态也发生了一些变化。文化中心从广汉稍南移至成都，"以汶山为畜牧，南中为园苑""巴亦化其教而力务农"①，其北缘的进退不大，西缘和南缘有较大幅度的进展，东缘则保持了稳固的连续性空间。

春秋至战国时代，蜀文化区的东部边缘，由于巴国文明的入川而向川中退缩，但在西部却扩展不少。向南，由于开明王"雄张僚僰"②，又得以形成新的次级文化中心。当古蜀文明全盛之时，其地域"东接于巴，南接于越（按：此指南中濮越之地），北与秦分，西奄峨嶓"③，而其影响和渗透范围，远远超出了这一地域。以后，直至汉初，蜀文化区的演变仍在继续。

（二）巴文化区

战国以前的所谓巴文化，包括巴国文化和巴地文化两部分。巴国文化是指一种方国文明，巴地文化则是指一种地缘文化。两者不但发展进程不同，

---

① 常璩著，刘琳校注：《华阳国志校注·蜀志》，成都：巴蜀书社，1984 年。
② 常璩著，刘琳校注：《华阳国志校注·蜀志》，成都：巴蜀书社，1984 年。
③ 常璩著，刘琳校注：《华阳国志校注·蜀志》，成都：巴蜀书社，1984 年。

文化面貌有异，而且在空间分布上也并不重合，因而实际上是两种文化。

商代晚期巴国文化分布在汉水上游。西周时代，它以汉水上游为基本地域依托。春秋时代，巴国文化区有所扩展，南及大巴山北缘，东至襄阳，并有越汉水而东的发展态势。春秋末战国初，巴国举国南迁至长江干流，先后在清江、川峡之间至川东立国。这几个地方，留下了巴国文化的大量遗存。

巴地文化包括川东、长江三峡和鄂西南的土著新石器文化，考古学上称为早期巴文化，其中包括若干史前群落的文化，主要是濮系各支的古文化。从新石器时代到春秋末叶，这些文化在当地发展演变，盛衰兴替已达一二千年之久。

战国初，巴国溯江进入川东，始将青铜文化与当地的土著新石器文化融合起来，也将巴国文化与巴地文化融合起来。这个时候，才形成了完整意义上的巴文化，两个巴文化区也才重合起来。①

战国时代巴文化区以川东为中心，向北伸至大巴山南缘，向南延及贵州东部，向西与蜀文化区的东缘相交错，向东达到鄂西南清江流域，并对湘西地区产生了较大的影响。

尽管战国中叶巴迫于楚逼而不断沿江西退，但被楚占领的巴国故地依然保留着浓厚的巴文化特色，在总体上仍然属于巴文化区。

《华阳国志·巴志》记述巴地范围说"其地东至鱼复（今奉节），西至僰道（今宜宾），北接汉中，南极黔、涪（今鄂、湘、黔、川边）"，相当于秦巴郡的四境所至。这一大片地区，从史籍和考古资料可以证实，正是巴文化的分布地区，不仅地域与共，风俗略同，而且族类相近，语言相类，文化遗存的面貌也颇多相同，具有深厚的共同地域传统。

---

① 参见拙文：《论早期巴文化》，《巴渝文化》第 3 辑，重庆：西南师范大学出版社，1994 年。

04

成都平原古蜀的历史与文明

先秦时期是中国古代文明起源、形成的时代①，也是以成都平原为中心的古蜀文明起源、形成的时代。

成都平原是中国文明的重要起源地之一，古蜀文明是中国文明多元一体结构中的重要一元，是夏商时代长江流域青铜文明和城市文明的卓越代表，在中国文明史上占有十分突出的地位。

一、先秦时期成都历史的时空范围

（一）古蜀史的时空范围

1. 古蜀史的时序

古蜀历史的开端，在古代有三种不尽一致的说法：第一种是在战国汉晋间流传的关于古蜀起源的传说，记载基本一致，大体为："蜀之先，肇于人皇之际，至黄帝子昌意娶蜀山氏女，生帝喾，后封其支庶于蜀，历夏商周。"②第二种是在成汉东晋间蜀中史学家常璩的名著《华阳国志》里，把先秦汉晋众多史籍中的"蜀之先，肇于人皇之际"，改成了"蜀之为国，肇于人皇"，蜀的起源早于黄帝为其子昌意娶于蜀山氏的年代。③第三种是在唐代大诗人李白的笔下，把蜀的起源直接同蜀的开国连在一起，说成是"蚕丛及鱼凫，开国何茫然"④，蚕丛、鱼凫既已渺茫无征，遑论人皇与黄帝。

人皇，是战国两汉之间兴起的谶纬学说中的说法，战国以前古文献并没有人皇之说，基本上属于晚出不可信的说法。因此，说古蜀史开端于人皇是

---

① 先秦时期，是指中国历史从史前到公元前 211 年秦始皇统一全国，建立统一的、多民族的国家的这段时期。

② 见《世本》《山海经》《蜀王本纪》《本蜀论》《华阳国志》等。《史记》卷一《五帝本纪》也有黄帝为其子昌意娶于蜀山氏的记载，但无人皇之说。此段引自《太平寰宇记》卷七二，文中"帝喾"为"帝颛顼"之误。

③ 常璩《华阳国志》卷三《蜀志》："蜀之为国，肇于人皇，与巴同囿。至黄帝，为其子昌意娶蜀山氏之女，生子高阳，是为帝喾。"文中"帝喾"亦为"帝颛顼"之误。

④ 李白：《蜀道难》。

没有根据的。古蜀史肇端于黄帝的说法，其实也是正误参半。既然黄帝为昌意娶蜀山氏之女，那么就已经表明，这支被称为"蜀"的族群，早在黄帝时代就见称于世了，而蜀的起源，自然还应该更早，早于黄帝的时代。不过，蜀的起源与蜀的开国不是一回事，起源是指蜀这支族群的起始，开国是指蜀这支族群确立统治机器，建立酋邦或国家。常璩认为蜀早在黄帝以前的所谓人皇时就已开国，是用谶纬的说法描述古蜀史，自然是不可信的，但他认为古蜀史的开端早于黄帝时代，却是符合古蜀的历史实际的。先秦汉晋的历史文献每每记载蜀人自称为黄帝之后，那是因为黄帝之孙帝颛顼出于蜀山氏的缘故，所以历代文献记载帝颛顼"封其支庶于蜀"，而蜀人也自称为黄帝之后。至于李白的说法，则是把蜀的起源与蜀的开国混为一谈，自然不能作为古蜀史开端的证据。

　　既然蜀山氏早在黄帝时代就已见称于世，那么，黄帝时代是一个什么样的时代，这个时代又是处于什么年代呢？这个问题如果仅从历史文献上看，黄帝时代属于中国古史的传说时代，也是史前向文明过渡或转变的时代，这个时代的时序位置在夏代以前，处于五帝的首位，但是具体年代不明确。如果从历史文献与考古资料相结合的角度看，黄帝时代相当于中国新石器时代晚期的龙山时代。

　　所谓龙山时代，是考古学上关于史前文化分期的概念，相当于公元前 2600 年到公元前 2000 年左右的一段时期。在这个时期，黄河流域和长江流域各地的考古学文化都有明显的进步，具有相似的发展水平，并且相互之间有着不同程度的联系，因而被统称为"龙山时代"[①]。那么，考古学上的龙山时代与古史上的黄帝时代是什么关系呢？所谓黄帝时代，其实相当于龙山时代的较早时期。对此，可以从三个方面加以论说。

　　首先，从考古学上看，在石器时代与青铜时代之间，有一个铜石并用时代，它的早期相当于仰韶文化的晚期，而它的晚期大体上与龙山时代相当。从古史上看"轩辕、神农、赫胥之时，以石为兵"，"至黄帝之时，以玉为兵"，"禹穴之时，以铜为兵"[②]，所说以石、玉、铜为兵的三个时期，分别与考古学上的石器、铜石并用和青铜三个时代相吻合，表明"以玉为兵"的黄帝时代，大约就相当于铜石并用时代。不过，这个"以玉为兵"的时代，只是指铜石并用时代的晚期，却并不包括其早期。因为，所谓"以玉为兵"，反映的

---

① 严文明：《龙山文化和龙山时代》，《文物》1981 年第 6 期。
② 袁康：《越绝书》卷一一，上海：商务印书馆，1937 年。

是一个特殊的"玉器时代"，它在中国考古学上并不具有普遍性，仅仅是长江下游良渚文化和长城以北西辽河流域红山文化的时代特点。"黄帝之时，以玉为兵"出自《越绝书》，而《越绝书》所记载的正是长江下游吴越之地的历史及其古史传说，可见这个记载表现的是东南地区的古史，它与良渚文化不论在时间还是空间上都是完全吻合的。作为东南地区史前考古上的这个玉器时代，如前所述，恰恰与龙山时代即铜石并用时代的晚期相当，而与仰韶时代的晚期并不同时。由此可见，古史上的黄帝时代，就是考古学上的龙山时代。

其次，龙山时代上下数百年，是一个相当长的时期，黄帝时代究竟处于这个时代的哪一阶段呢？我们知道，在古史传说中，黄帝、昌意、乾荒、颛顼之后分化为几大支系，其中的鲧、禹一系便是夏王朝的先公。对应于考古学，二里头文化（夏文化）之前的是中原龙山文化，则鲧的时代应为龙山时代的晚期。据《世本》记载："鲧作城。"恰恰在龙山时代的晚期，黄河流域和长江流域以及辽河流域出现了中国历史上第一批城堡，与《世本》的记载正相吻合，这不是偶然的，它表明古史传说包含真实可信的历史内容，不容轻易否定，同时也表明鲧的时代确实是龙山时代晚期这一事实。既然如此，那么早于鲧在世数百年的黄帝，其所处时代必然是龙山时代的早期。

最后，从古史上看，黄帝时代是中国史前历史发生重大变化的时代，不但社会分化加剧，战争加剧，各地区之间的文化交流和文化重组加剧，日益出现文明与国家起源的诸因素，而且在物质文化和科学技术上还产生了许多新的发明创造，如《世本·作篇》记载的"作市""作兵器""作煮盐""始穿井""作旃""作冕旒""作占日""作占月""作占星气""造律吕""作甲子""作算数""作调历""作书""作图""作衣裳"，以及其他诸多发明创造。考古学上，恰恰是在龙山时代的较早时期，各地文化出现了若干明显的变化，这些变化与古史传说中黄帝时代的若干特征基本能够相互对应，如这个时期铜器的较多发现以及制铜技术的进步，与古史所载"黄帝采首山铜，铸鼎于荆山下"①的传说有着内在联系，而战争的加剧和各地文化的普遍进步以及相互之间交流的扩大等，也可以从这一时期各考古区系文化之间的深刻联系和相互影响中得到确切证明，社会分化的加剧则是这一时期考古学上常见的确定不疑的事实。由此可见，黄帝时代是龙山时代的较早时期，其年代大致在公元前 2500 年左右。

---

① 司马迁：《史记·封禅书》，北京：中华书局，1959 年。

历史文献既然记载黄帝为其子昌意娶于蜀山氏，那么蜀山氏的年代就应与黄帝同时，在公元前 2500 年左右，而蜀的起源就应在公元前 2500 年以前。

大约以黄帝时代为开端，古蜀地区进入文明起源时代，考古学上新石器时代晚期的成都平原宝墩文化就处在这个时代。这同时也是古蜀酋邦社会的形成时代，是古蜀国家与文明的起源时代，古蜀历史上的蚕丛、柏濩和鱼凫等"三代蜀王"的角逐争雄就发生在这个时代。

在距今 4 000—3 700 年左右，即在中原夏王朝兴起的时期，成都平原三代蜀王的角逐争雄也基本结束，鱼凫王在今四川广汉三星堆建立起第一个古蜀王朝，古蜀文明逐步走向兴旺发达。古蜀鱼凫王朝的年代约在夏代至商代晚期。这个时期，古蜀青铜文化走向兴盛，古蜀文明逐步走向成熟。在商周之际，即距今约 3 000 多年前，古蜀王国的政治史上发生了一次王朝更迭，来自朱提的杜宇取代了鱼凫王的统治，号为蜀王，一号"杜主"[①]，建立起古蜀的杜宇王朝，杜宇王朝的年代约为西周一代到春秋早期。杜宇王朝时期，古蜀文明在政治结构、物质文化和精神文化等方面出现了重要变化，国家形态日益成熟。约在春秋时代早期，古蜀王国的政权又发生了一次重要变化，"荆人"鳖灵推翻了杜宇王朝，建立起古蜀的开明王朝。开明王朝是古蜀史上最后一个王朝，它的政治势力和文化影响不论较之鱼凫王朝还是杜宇王朝都更大，发展成为先秦时期中国西南地区首屈一指的泱泱大国。公元前 316 年秦灭蜀，古蜀国的政治史从此结束，古蜀文明的相对独立发展进程也随之阻断，逐步汇入到统一的中国文明之中。

如果以与黄帝同时的蜀山氏作为古蜀史的开端，那么古蜀的兴衰史经历了两千多年之久。这种以一支族群称号为名所建立的古国连续发展如此长久的情况，在中国古史上是不多见的。

2. 古蜀文化的空间构架

空间构架指的是文化区的分布形态以及构成这种分布形态的诸种因素，包括中心、次中心和边缘等多级层次。

古蜀文化区形成于距今约 3 700 年以前[②]，略与中原二里头文化相当，属于夏代纪年范围的晚期阶段。

夏商时代，古蜀文化区主要分布在横断山脉以东到长江三峡鄂西之间。

---

① 常璩著，刘琳校注：《华阳国志校注·蜀志》，成都：巴蜀书社，1984 年。
② 江章华、王毅、张擎：《成都平原先秦文化初论》，《考古学报》2002 年第 1 期。

它以成都平原为根据地，以广汉三星堆为中心，向东连续辐射分布到川中丘陵、川东平行岭谷、东出三峡，与江汉平原相接。在成都平原以北，跨过川北边缘山地，是又一片高原绿洲汉中盆地，它通过嘉陵江河谷与成都平原相连，是商代蜀文化区的北部边缘。在成都平原以南，顺岷江而下，即达岷江支流青衣江和大渡河流域，这里也是古蜀文化的传播辐射之地。依靠长江、岷江、沱江、嘉陵江等四条大江，凭借地理的向心形结构，古蜀文明得以形成独具一格、分布广阔的连续性空间构架。①

西周时代，由于古蜀王国政权的更迭，使古蜀文明的运作机制发生变动，文化面貌出现一系列演变。相应地，古蜀文化区的空间分布形态也发生了一些变化。文化中心从广汉稍南移至成都，"以汶山为畜牧，南中为园苑"，"巴亦化其教而力务农"②，其北缘的进退不大，西缘和南缘有较大幅度的进展，东缘则保持了稳固的连续性空间。

春秋至战国时代，古蜀文化区的东部边缘由于巴国文明的入川而向川中退缩，但在西部和南部却扩展不少，又得以形成新的次级政治与文化中心。当古蜀文明全盛之时，其地域"东接于巴，南接于越（按：此指西南夷的濮越之地），北与秦分，西奄峨嶓"③，而其影响和渗透范围，远远超出了这一地域。以后，直到汉代之初，蜀文化区的演变仍未泯灭。

（二）成都在古蜀文化区中的位置

距今 4 000 多年前，在我们人类所居住的地球上，北纬 15°~40°之间，以城市起源为主要标志的古代文明曙光，分别从西亚的美索不达米亚、北非的尼罗河、南亚的印度河、中国的黄河流域和长江流域跃然升起，普照着亚非大地。这是人类历史上最早出现的文明，它的诞生，使人类社会最终脱离了野蛮状态。由于城市对文明社会的形成具有特殊意义，英国著名考古学家柴尔德（V. G. Childe）把人类从史前进入文明的巨大社会变革称为"城市革命"。

就在这个伟大的时代，黄河流域、长江流域几乎同时掀起了"城市革命"的浪潮，在黄河中游和下游，在河套地区，在长江中游、下游和上游地区，都出现了以城墙、城壕围筑越的最早的"城池"，标志着中国城市起源时代的来临。

---

① 林向：《论古蜀文化区——长江上游的古代文明中心》，《三星堆与巴蜀文化》，成都：巴蜀书社，1993 年；段渝：《古蜀文化区》，《三星堆文化》，成都：四川人民出版社，1993 年。
② 常璩著，刘琳校注：《华阳国志校注·南志》，成都：巴蜀书社，1984 年。
③ 常璩著，刘琳校注：《华阳国志校注·蜀志》，成都：巴蜀书社，1984 年。

在长江上游的崇山峻岭之中，镶嵌着一个绿宝石般的盆地——四川盆地。四川盆地由系列边缘山地所围绕，又有大江阻隔，使之成为一个独立的地理单元。在这一地理单元内，地势由四周边缘山地向盆地中部逐渐下降，河流也呈现为不对称的向心结构。正是这种向心结构，加上盆地优越的自然条件，使得盆地容易吸引周围边缘山地经营高地农业的群体向低地发展定居，吸引各种古文化沿着下趋的河谷和山间谷地所形成的向心状地理结构走向盆地中部的成都平原，从而为古文化的交融提供自然基础，使成都平原发育出发达的古蜀文明。同时，岷江、嘉陵江、沱江、长江又呈放射状，将古蜀文明传播、辐射到四面八方。

成都，这片有着悠久历史的地域，史前至夏代是古蜀文明的起源地，商周以来是古蜀地区的政治、经济、文化中心，是古蜀地区与中原、长江中下游、华南、西南和西北地区文化交流互动的中心，是中国西南的国际交通线——南方丝绸之路的起点。一言以蔽之，成都是古蜀地区的古代文明中心。

根据中国古史记载，最早生活在成都平原及周边山地的族群，是被称作"蜀"的几个人类族体，分别叫作蚕丛、柏濩、鱼凫的"三代蜀王"，他们都是从岷江上游高山峡谷地区，在五帝时代到夏代之间辗转迁入成都平原的。由于族群之间对土地和资源的争夺，导致成都平原大规模聚落群的产生。约在公元前 2500—前 1700 年，成都平原形成了以宝墩文化为代表的古城群。公元前 2000 年，古蜀国大型都城三星堆诞生。公元前 1400 年左右，以三星堆为代表的成都平原跨入青铜时代，形成了辉煌灿烂的以青铜器、城市、大型宗教礼仪建筑为标志的古蜀文明。

古蜀王国城市文明的曙光不仅从三星堆跃然升起，还从早期成都的地面上迸射而出。大量的考古资料说明，早期的成都，是一座稍晚于蜀都三星堆古城形成但却与它同步繁荣发展起来的具有相当规模的早期城市。

成都城市形成于商代中晚期，在公元前 1300 年左右。早期成都依江山之形，沿郫江古道呈新月形布局，城市聚合之初的核心部分是位于今天成都市区西部的金沙村和十二桥，分布面积大约 5 平方公里。城市不存在中轴线，它最显著的布局特点是一无城墙，二不成矩形，这与三星堆和华北商周城市判然有别。这种形态的城市布局，一方面是为了适应地形地貌，另一方面在于建立适应地形地貌的城市分区功能。商周时代的成都，工商业兴盛发达，是西南地区青铜器、竹器、玉器、石器、骨器、陶器等手工业产品的生产和销售中心，它的各种产品转输于中原、长江中下游、华南、西北和西南地区，并远销到今蒙古诺彦乌拉、朝鲜乐浪，与各地建立并保持着商品贸易和文化交流关系。

从春秋战国时代直至秦汉之际，成都的早期城市化进程日益加快，逐步发展成为一座比较典型的工商业城市。在四川荥经、青川等地出土了大量标有"成""成造""成亭"等烙印戳记的各式精美漆器，且数量甚大，表明这些器物产销两旺；漆器上的铭刻不用巴蜀文字而用中原文字，表明产品主要销往古蜀以外各个地区，生产的目的在于销售。联系到早在商代即已初步开通的南方丝绸之路的起点在成都，而以成都为中心，分布及于川东和盆周山地的广阔空间内，又出土不少南亚、中亚以至西亚文化风格的制品来看，成都这座具有工商业传统的古代都市，在这一时期已经发展成为中国西南的工商业中心。

春秋中晚期之际，随着开明王朝移都成都，成都作为全蜀政治核心的地位得以最终确立，并由此推动了成都社会经济文化的大发展。在成都市发现的东周时期遗址的总面积约为 15 平方公里①，参照战国时期齐都临淄总面积与人口总数之比所得出的户均占地面积，以及战国时期楚郢都面积与人口数的比值②，并参考西汉时期成都的人口数值等估算，战国时期成都有户 55 000 左右，有口 270 000 左右③。城市内布置有宫殿区、宗教区、生活区和作坊区，有王室、官吏、将军、武士、商贾、宗教人员、工人、农民、艺术师等不同等级和职业划分，蜀族、濮族、氐羌等民族杂居，构成一幅五光十色的城市生活图画。东周时代的成都，不仅是手工业品的产地和地区间各类产品的集散地，还是商贾云集拥有"国之诸市"的贸易中心，也是大量个体工商业者聚集或出入的场所。

---

① 王毅：《成都市蜀文化遗址的发现及其意义》，《成都文物》1988 年第 1 期。

② 根据考古发现的临淄故城总面积与文献记载的临淄人口总数来计算，战国时期临淄户均占地为 268 平方米。见马世之：《略论楚郢都城市人口问题》，《江汉考古》1988 年第 1 期。

③ 成都市的东周时期遗址的分布范围，从西到东约 5 公里，从南到北约 3 公里，总面积约 15 平方公里。根据有关专家对中国早期城市人口户数平均占地数值的研究，户均占地约为 158.7 平方米，与《墨子·杂守》所记"率万家而城方三里"，即户均占地 154.2 平方米的实际情形基本吻合。如果用同一人口密度指数估算，东周时期的成都，约有户 94 517，有口 472 585，已超过《战国策·齐策》所记齐都"临淄之中七万户"合 35 万口的人口总数，显然偏高，这就需要寻求另一个比较合理的人口密度指数。有学者根据考古发现的临淄故城总面积与文献记载的临淄人口总数来计算，得出户均占地 268 平方米的密度指数，并据以估算出楚国郢都城内人口为 30 万左右的比较合理的数字。按照这个指数计算，总面积 15 平方公里的成都，应有户 55 000 左右，有口 270 000 左右。这个人口数据，小于汉代成都"户七万六千二百五十六"（《汉书·地理志》）约合 40 万人的数字，应是比较接近历史实际的人口数据。参见段渝：《巴蜀古代城市的起源、结构和网络体系》，《历史研究》1993 年第 1 期。

春秋战国时代，以成都为核心的古蜀城市网络覆盖了整个成都平原，并辐射到四川盆地周围山区，其空间组织形态具有结构性和层级性，日益表现出它的稳定性和成熟性。在这个巨大的城市网络中，协调与均衡发展的必要条件是功能体系分区的形成和发展。成都作为全蜀的政治经济文化中心，发挥着首位城市的主导功能，引领着各地经济文化向前蓬勃发展。成都以外的新都、南郑、郫城、临邛、南安、严道等城，则分别承担着军事镇守、商业贸易、文化交流等不同功能。以成都为中心的蜀国城市网络体系，对整个四川盆地以及周边地区的经济文化发展，起到了巨大的组织、协调和推动作用。这种格局，不仅对先秦、秦汉及整个中古时代，而且对近现代四川城市网络的继续扩大和发展，都产生了明显的影响。

二、成都平原古蜀文明演进的地理环境与文化生态

（一）成都平原自然地理概况

成都平原介于龙门山与龙泉山之间，北起四川安县、绵阳一带，南抵四川乐山南的五通桥，长约 200 公里，宽 40~70 公里，面积约 7 340 平方公里，是中国西南地区最大的平原。

成都平原发育在东北—西南向的向斜构造基础上，由发源于川西北高原的岷江、湔江、石亭江、绵远河、西河、斜江、郫江、南江等 8 条主要河流重叠连缀而形成的复合冲积扇平原。成都平原地表松散，沉积物巨厚，平原中心地带沉积物厚度达 300 米，第四纪沉积物之上覆有粉砂和黏土，结构良好，宜于耕作，是四川盆地最肥沃的土壤。海拔 450~750 米，地势平坦，由西北向东南微倾，平均坡度仅 3%~10%，地表相对高差都在 20 米以下，渠汊密布，有利于发展自流灌溉。广阔的成都平原为成都城市的兴起创造了优越条件。

成都平原水系发达、河渠交错，由于降水量较多，河流水量充沛，地表水、地下水资源丰富。岷江进入平原后，水势减缓，多出岔道，有大小支流数十条，呈纺锤形河网，每隔 3~5 公里就有一条较大的河流，是四川盆地河网最稠密的地区。

成都平原属于亚热带温润季风气候，年平均温度为 18 ℃，冬无严寒，夏无酷暑，刚量充足，年降水量介于 900~1 300 毫米。亚热带温暖湿润的气候为成都农业的发展提供了有利条件。

邦战争中战胜了蚕丛氏和柏濩的族群，建立起古蜀王国。《蜀王本纪》说："蜀之先，名蚕丛，后代名曰柏濩，后者名曰鱼凫，此三代各数百岁，皆神化不死，其民亦颇随王化去。"所谓随历代蜀王"化去"的民众，即战败后跟随蜀王逃亡的"化民"。鱼凫王朝建立后，"化民往往复出"[1]，融合到鱼凫族群之中。于是，在以鱼凫氏为核心族群的基础上，由于蚕丛氏和柏濩两族的融入，而形成了古蜀族。由于蚕丛氏、柏濩和鱼凫氏原本并属氐羌系族群，所以由他们的融合所形成的民族在族源上属于氐羌系的民族。

古蜀族的概念，是指狭义的民族概念而言，即在原始社会野蛮时代高级阶段晚期，也就是新石器时代末叶文明起源的时代，随着蚕丛氏、柏濩氏、鱼凫氏等部落间的"合并"和"融合"而形成的古代民族。这种狭义的民族概念，在摩尔根《古代社会》、恩格斯《家庭、私有制和国家的起源》等著作中，多有论述，它与斯大林在《马克思主义与民族问题》一文中所阐述的广义的民族定义有一定区别。

先秦时期成都平原及周边地区的氐羌系民族，除蜀族以外，还有分布在今四川绵阳地区北部与甘肃南部武都之间白龙江流域的白马氐与白马羌[2]，分布在今四川雅安地区青衣江、大渡河流域属于牦牛种青衣羌的徙和牦牛种白狗羌的筰都，以及分布在今大渡河以南的和夷、丹犁等族群。这几个属于氐羌系的族群，除白马氐和白马羌直到后世仍然活动在今川北甘南而外，其他族群大抵在秦汉之际和西汉前期相继南迁，辗转迁徙到西南夷地区金沙江流域（今四川凉山和云南境内）。

（二）濮系民族

西南地区在上古时代已是濮系民族的早期聚居区之一。《逸周书·王会》提到商代初叶云南有濮人。川西南的大石墓，即文献所记"濮人冢"，为邛都夷所遗。《华阳国志·蜀志》记载蜀郡临邛县有布濮水（《汉书·地理志》记为濮千水），广汉郡郪县也有濮地之名，均为濮人所遗。而殷末周初由滇东北至川南入蜀为王的杜宇，也是濮人。先秦成都平原及周边地区的濮人，多为商周时代即已在当地定居的民族，也有春秋时代从江汉地区迁徙而来的濮人

---

① 扬雄：《蜀王本纪》，北京：中华书局，1958年。
② 据《汉书》卷二八《地理志》，汉高帝在这一区域的南部置有甸氐道（今四川九寨沟县）、刚氐道（今四川平武县东）、阴平道（今甘肃文县西北），属广汉郡；汉武帝在其北部置武都郡，所辖武都、故道、河池、嘉陵道、循成道、下辨道等，均为氐族所居。其中，今甘肃武都、文县和四川九寨沟、平武县一带的氐人，即是白马氐。《史记》所述，正是指此。

春秋战国时代，以成都为核心的古蜀城市网络覆盖了整个成都平原，并辐射到四川盆地周围山区，其空间组织形态具有结构性和层级性，日益表现出它的稳定性和成熟性。在这个巨大的城市网络中，协调与均衡发展的必要条件是功能体系分区的形成和发展。成都作为全蜀的政治经济文化中心，发挥着首位城市的主导功能，引领着各地经济文化向前蓬勃发展。成都以外的新都、南郑、郫城、临邛、南安、严道等城，则分别承担着军事镇守、商业贸易、文化交流等不同功能。以成都为中心的蜀国城市网络体系，对整个四川盆地以及周边地区的经济文化发展，起到了巨大的组织、协调和推动作用。这种格局，不仅对先秦、秦汉及整个中古时代，而且对近现代四川城市网络的继续扩大和发展，都产生了明显的影响。

二、成都平原古蜀文明演进的地理环境与文化生态

（一）成都平原自然地理概况

成都平原介于龙门山与龙泉山之间，北起四川安县、绵阳一带，南抵四川乐山南的五通桥，长约 200 公里，宽 40~70 公里，面积约 7 340 平方公里，是中国西南地区最大的平原。

成都平原发育在东北—西南向的向斜构造基础上，由发源于川西北高原的岷江、湔江、石亭江、绵远河、西河、斜江、郫江、南江等 8 条主要河流重叠连缀而形成的复合冲积扇平原。成都平原地表松散，沉积物巨厚，平原中心地带沉积物厚度达 300 米，第四纪沉积物之上覆有粉砂和黏土，结构良好，宜于耕作，是四川盆地最肥沃的土壤。海拔 450~750 米，地势平坦，由西北向东南微倾，平均坡度仅 3%~10%，地表相对高差都在 20 米以下，渠汊密布，有利于发展自流灌溉。广阔的成都平原为成都城市的兴起创造了优越条件。

成都平原水系发达、河渠交错，由于降水量较多，河流水量充沛，地表水、地下水资源丰富。岷江进入平原后，水势减缓，多出岔道，有大小支流数十条，呈纺锤形河网，每隔 3~5 公里就有一条较大的河流，是四川盆地河网最稠密的地区。

成都平原属于亚热带温润季风气候，年平均温度为 18 ℃，冬无严寒，夏无酷暑，刚量充足，年降水量介于 900~1 300 毫米。亚热带温暖湿润的气候为成都农业的发展提供了有利条件。

（二）地理区位与文化凝聚

成都平原位于我国三大阶梯第二级台阶西部的四川盆地内部，它向西迎接青藏高原势力的东进，向东控临长江上游，直逼长江三峡以东，向南面对云贵高原，逼临横断山区，又北穿秦岭，交通中原，战略地位十分重要。它在东南西北四个方向上，都处于多边联系的枢纽位置，具有突出的战略区位优势，决定了古蜀文明的发生、发展与繁荣。

从地理环境看，四川盆地是一个标准的菱形盆地，在交通极不发达的史前时代，阻隔与外界联系的山地固然不是不可逾越，但毕竟起着极大的限制和阻碍作用。在这一相对独立的地理单元内，地势由四周边缘山地向盆地逐渐下降，而盆地则由西向东依次排列分布着盆西平原（成都平原）、盆中丘陵和盆东平行岭谷。地形的这一特点，造成所有的河流都具有从盆地南北两侧沿着下趋的山势流向盆地、汇入川江的态势①。而川江则以摧枯拉朽之势切开盆中丘陵和盆东平行岭谷，从盆地东南边缘流过。岷江、沱江、涪江、嘉陵江、渠江、乌江、赤水河等分别从南北方向注入长江，浩浩荡荡，东出三峡。

正是这种地理区位所造成的向心结构，使得成都平原处于东西南北各族群及其文化交流、互动和交汇的中心位置，从而为各种古文化在成都平原碰撞、融合以至汇为一流提供了极为有利的地理条件。这样，成都平原古文化的发展轨迹也就相应地呈现为一个向心结构，对文明起源、城市起源等产生了直接的影响。凭借地理的向心形结构，古蜀文明得以形成独具一格、分布广阔的连续性空间构架。

这里不妨以构成古蜀文明源头之一的蚕丛氏为例予以说明。蚕丛氏原为西北氏族的一支，发源于岷江上游河谷，约在夏代前后便已辗转移徙到达成都平原。②蚕丛氏本来就是以一个经营高地农业的部族登上史前史舞台的。《后汉书·南蛮西南夷列传》记载汶山郡有"六夷七羌九氐"，其中"依山居止，累石为室，高者至十余丈，为邛笼"的部族就是冉駹，即蚕丛氏后裔未南迁进入低地平原的一支。因为这既同于蚕丛"居岷山石室"③，同时"冉駹"的读音也与"蚕丛"相近④。这就说明蚕丛氏早已成为定居部族，而定居通常是

文明的史迹：先秦、巴蜀及南丝路历史研究（巴蜀文化卷）

---

① 长江自青海玉树至四川宜宾一段，称金沙江。金沙江全长 2 308 千米，是长江的上游。长江自四川宜宾至湖北宜昌一段，习惯上称为川江，全长 1 033 千米，参考《辞海》，上海：上海辞书出版社，2002 年。

② 段渝：《论蜀史"三代论"及其构拟》，《社会科学研究》1987 年第 6 期。

③《古文苑》章樵注引《先蜀记》。

④ 蒙默：《试论古代巴、蜀民族及其与西南民族的关系》，《贵州民族研究》1983 年第 4 期。

与农业的发展有密切联系的。《魏略·氐传》记载西晋以前氐人经济生活以农业为主，兼营畜牧和家庭手工业①，虽然年代稍晚，但从汉初蚕丛氏后裔冉駹的情况看，蚕丛时代已产生了粗放的高地农业却是可以肯定的。四川茂县营盘山新石器时代晚期遗址和沙乌都遗址所出大量陶器和生产工具②，就可作为蚕丛氏主要经营农业的实物证据。

作为一个高地农业部族，在条件允许情况下，通常具有向低地农业区移民的发展趋势。《剑桥古代史》第1卷第1分册的作者根据对伊朗高原以西家畜和种植作物的最早中心地的研究成果，断言近东、中东农业和农村的最早发展是在高地，而低地平原的农业则出现较晚。③根据徐中舒教授研究，中国上古时代实际上也存在一个高地农业和低地农业问题，而作为商周时代生产力最高指标的井田制，就是在高地农业基础上从肥沃低地逐渐发展起来的田制。④中国西北部的氐羌也是如此。氐羌同源异流，《逸周书·王会》孔晁注："氐（低）地羌不同，故谓之氐羌，今谓之氐矣。"古"氐""低"二字恒通⑤，氐族实际就是从羌族中分化出来后由高地向低地发展并经营农业的族类。

蚕丛氏活动的岷江上游地区属于高山峡谷地貌形态，山势陡峭，河谷狭小，气候干寒，只适合粗放农业。而沿着岷江河谷下行，不远便南出山区，进入辽阔的岷江冲积平原——成都平原。因此从地理上看，蚕丛氏向盆地平原移民，就是因为那里的自然条件更加有利于农耕的缘故。这也是古代社会的氐族部落为适应生态环境而迁徙的一个生动例子。

成都平原的地理向心结构对古文化的凝聚，还可从考古学上加以认识。在古文化的地域分布上，成都平原及其四周发现的许多文化面貌各不相同的新石器时代晚期到青铜时代早期遗址或遗物，大都呈现出朝向成都平原发展的趋势。例如，岷江上游营盘山遗址出土的陶器，与成都平原宝墩文化所出陶器有一定的关系，但年代比宝墩文化为早。⑥又如，四川盆地以北嘉陵江上游地区的张家坡和邓家坪遗址⑦，在石器、陶器等方面与成都平原宝墩文化有一定联系，年代上则比宝墩文化早一两个阶段，可能是宝墩文化的来源之一。

---

① 《三国志·魏志·乌丸鲜卑东夷传》裴松之注引。

② 蒋成、陈剑：《岷江上游考古新发现述析》，《中华文化论坛》2003年第2期。

③ Cambridge Ancient History. Vol. 1, NO. 1. 1970, P. 251.

④ 徐中舒：《试论周代田制及其社会性质》，《四川大学学报》1955年第2期。

⑤ 《说文·氐部》"氐"字下段玉裁注。

⑥ 蒋成、陈剑：《岷江上游考古新发现述析》，《中华文化论坛》2003年第2期。

⑦ 王仁湘、叶茂林：《四川盆地北缘新石器时代考古新收获》，《三星堆与巴蜀文化》，成都：巴蜀书社，1993年。

再如，在三星堆文化的陶器中，有一些来自中原文化的因素，而在三星堆青铜文化中，又有较多的商文化的因素，它们都分别构成三星堆文化的来源和重要组成部分之一。由此可见，成都平原各个遗址，在古文化内涵上多蕴涵了四周各地古文化的一些因素，它的早期文明是汇聚了各种古文化而得以发展的。

文明起源的一个重要前提，是若干古文化在某一个多少被地理环境所隔离、所防护而自然条件优越的区域中汇为一流。①成都平原由于地理区位所造成的向心结构，正是它能够成为自古以来文化交流和各族汇集的中心所在的自然基础。成都平原文明起源时代古文化遗址中众多各具特色的文化成分的汇集、融和现象，清楚地展示出了这一点。

另一个事实是，治水工程的需要，促进了整个平原地区各族在某种程度上达成的协作，并以此为动力加速平原的一体化，终于使古蜀成为地域辽阔的早期国家。从史籍可见，到春秋中叶的开明王国时期，蜀已能完成大规模的治水工程，治水的范围也不仅限于古蜀的腹地玉垒山（今都江堰市境内）和金堂峡②，还向南发展到盆地边缘青衣江旁的乐山③，并在那里留下了治所的遗迹④。另据考证，开明氏"决玉垒以除水害"实际是开掘一条人工河道，分引岷江水流入沱江，而这一工程全靠人工开凿疏浚⑤，工程量之浩大可以想见。如果没有一个集中统一的政权对人力、物力的统一支配和征发，这一工程是难以实现的。反过来看治水范围的扩大和对水利工程的统一规划与组织，恰好表明蜀王的权力已达到高度的集中和稳固。岷江泛滥是川西平原自然环境的一大特点，建立在这种自然基础之上的人类对大自然的斗争，一方面取得"民得安居"⑥"蜀得陆处"⑦的成果，极大改变了人们赖以生活和生产的自然环境，另一方面也促成了一个统一政权的形成和巩固。

成都平原是古代蜀国的发祥地，在这里几乎找不到什么天然屏障可以阻碍文明起源最早因而最为强盛的古蜀国所必然进行的文化和政治扩张。而这种扩张在某种意义上可以说是最初的区域性一体化，并最终形成了统一的古

① 江章华、王毅、张擎：《成都平原早期城址及其考古学文化初论》，《苏秉琦与当代考古学》，北京：科学出版社，2001 年。
② 柯斯文著、张锡彤译：《原始文化史纲》，北京：生活·读书·新知三联书店，1957 年，第 250-251 页。
③ 常璩：《华阳国志》卷三《蜀志》；曹学佺：《蜀中名胜记》卷一六四；顾祖禹：《读史方舆纪要》卷六七。
④ 邓少琴：《蜀故新诠》，《巴蜀史迹探索》，成都：四川人民出版社，1983 年，第 147 页。
⑤ 郦道元：《水经·江水注》，王国维校本，上海：上海人民出版社，1984 年。
⑥《舆地纪胜》卷一六四引《华阳国志》。
⑦《水经注》卷三三引来敏《本蜀论》。

蜀族，标志着古蜀文明的早期统一。[①]尤其在春秋战国时代，蜀王开明氏完成了成都平原的统一，迅速向四周开疆拓土向北达到汉中北面，向南进抵宜宾一带[②]，向东深入川中丘陵，跨越涪水和嘉陵江，一度夺取阆中及其近地[③]。这一方面与经过治水后古蜀的王权加强、经济发展有关，另一方面则与川中浅丘不足以构成古蜀王国向东扩张的天然屏障有关。

先秦时期成都平原之所以能够出现一个统一的古蜀国，一定意义上正是由于在这个具有优越地理区位的条件下，一个文明起源最古、文明发展水平最高的政治中心干预水利、促进联合，并执行政府经济职能的缘故。

（三）地理结构与都城选址

从自然条件上看，成都平原是由岷江、沱江等几条大江冲积而成的扇形冲积平原，整个平原的地势是西北高，东南低。这种地理状况，决定了成都平原易遭岷江洪水侵袭的局面。从古至今，成都平原面临的最大自然灾害是洪水，每到夏秋时节，岷江上游山洪暴发，洪水顺着地势，一泻千里，给成都平原造成极大破坏。不过，另一方面，冲积平原往往会沉积大量腐殖质，形成沃土，而洪水冲刷来的泥沙中也会带有大量有机物，增加土壤的肥沃程度。加上气候温和湿润、雨量适中、生态优越等因素，使得成都平原具有了人类居息的良好条件，成为古文化发育生长的良好温床。

从考古发掘来看，成都市羊子山土台基址下曾发现 5 件旧石器时代的打制石器，意味着早在一万多年前，成都平原已有古人类活动居息。20 世纪 90 年代在成都平原连续发现的 8 座古城址，包括新津宝墩古城址、都江堰芒城古城址、温江鱼凫村古城址、郫县古城村古城址、崇州双河古城址和紫竹村古城址、大邑盐店古城址和高山古城址等数座古城遗址，均属同一文化，年代距今约 4 500—3 700 年，属于新石器时代晚期的文化遗存。这批古城大多分布在成都平原的西部边缘，从文化面貌上看，它们同岷江上游的古文化有着比较密切的关系，说明这批古城的兴起，同岷江上游古蜀人的南下有关，这与历史文献有关古蜀兴起于岷江上游的记载是完全一致的。这些考古资料说明了一个事实，那就是：定居农业总是从高地向低地发展推进的，原因在

① 段渝：《论蜀史"三代论"及其构拟》，《社会科学研究》1987 年第 6 期。

② 常璩著，刘琳校注：《华阳国志校注·蜀志》，成都：巴蜀书社，1984 年。

③ 王象之：《舆地纪胜》卷一八五，北京：中华书局，1992 年；乐史：《太平寰宇记》卷八六，上海：商务印书馆，1936 年。

于高地水源贫乏，而低地水源丰富，但低地面临水患困境，必须要具有治水能力、排干沼泽，才能在盆地开发和发展农业耕作。历史上所说的大禹在岷江上游治水，就是发生在这个时期。把这个传说同成都平原史前古城的兴起联系起来，可以看出，古蜀人早期的治水活动是在成都平原的西北边缘进行的。古蜀人最初在岷江上游，后来逐步向成都平原发展，是随着治水能力的提高，一步步推进。他们先从高地下迁到成都平原西部边缘地带，是一个准备和过渡的过程，然后再一步步地迁移到成都平原的中部，也就是现在的成都市区。

在3 000多年前，古蜀人已大规模在成都平原扎根，进行农业耕作，考古学上在成都市区多处发现这个时期的古蜀文化遗址和遗迹，就是明确的证据。在这个时期，古蜀人不但已能治水，还创造并掌握了许多行之有效的治水方法，成都市指挥街就发现了3 000多年前古蜀人的治水设施。当时治水的能力虽然有限，但古蜀人仍然在与洪水争地，与洪水争夺生存权，在成都市区就发现了不少遭洪水冲刷而又反复重建家园的遗迹，如成都市十二桥商代建筑遗址就是古蜀人不断战胜洪水重建家园所留下的历史陈迹，充分表明了这一事实。

成都位于岷江与沱江两大水系的低分水岭上，地势稍高于周围的河道，既有利于解决城市供水，又能防止水灾侵害，这是古蜀人最终选择成都作为都城的重要因素之一。从古蜀国都城选址的历史来看，也可以说明这个问题。三星堆古城是商代蜀国的都城，商周之际，今成都市区西部的金沙遗址也在这个时期达到高度繁荣。西周时，即大约3 000年前，古蜀王杜宇定都于今成都，同时在"郫"即今郫都境建立别都。到春秋前期，大约2 600年前，成都平原遭遇前所未有的洪水侵袭，蜀人在杜宇王朝丞相鳖灵的带领下，在岷江上游进入成都平原的入口处，开凿了一条人工河道，即江沱，分岷江水为沱水。于是消弭了水害，使成都平原"蜀得陆处"，"民得安居"。古蜀开明王朝建立后，先是定都于今郫都，到开明五世时，即大约2 500年前，古蜀国定都成都。开明氏迁都成都后，对流江进行过整治，在成都进行了水利工程建设。成都方池街发现数条人工砌筑的卵石埂，就是城市防水设施或排水设施，或防洪与排水相结合的设施。自从开明王朝定都成都后，成都作为成都平原乃至四川和西南地区的政治经济和文化中心，再没有发生变化。

从古蜀人进入成都平原进行开发和建设的历史过程，可以清楚地看出，古蜀人选择成都作为政治经济文化中心，是一个逐步实现的过程。从4 500年前蜀人开始进入成都平原，到2 500年前蜀人最终定都成都，经过了大约两千年的漫长岁月。这中间，古蜀的中心一直在成都平原内部徘徊。古蜀人一直在观察、选择最佳的政治中心、生活环境和生产环境，同时也在创造和积累治水经验，而定都成都，就是古蜀人最终和最佳的选择。历史事实说明，古蜀人的选择是科学的，是古代科学的结晶。此后，经过李冰修筑都江堰成都平原更是"水旱从人"，成为举世闻名的天府之国。

三、先秦时期成都平原的主要居民

（一）氐羌系民族

蜀的本义是指桑蚕。作为地名，蜀最初是指岷江上游的蜀山，即岷山。作为族名，蜀最初是指生息繁衍在蜀山并以饲养桑蚕为业的蜀山氏。后来，由于黄帝元妃嫘祖入蜀，教民养蚕，蜀山氏便转化为以饲养家蚕为业的蚕丛氏。蚕丛氏继承了"蜀"的名号，称为"蜀王"，其族类也就称为"蜀"。蜀王蚕丛氏的事迹多发生在岷江上游一带。《先蜀记》说："蚕丛始居岷山石室中。"[1]《华阳国志·蜀志》记载："有蜀侯蚕丛，其目纵，始称王。死，作石棺、石椁。国人从之，故俗以石棺椁为纵目人冢也。"所说石棺、石椁，与现今在岷江上游发现的石棺葬具有内在关系。据《汉书·地理志》，今茂县以北的叠溪是汉代的蚕陵县，叠溪一处岩石上至今尚有"蚕陵重镇"四个石刻大字以及明清时期相关题记。岷江上游茂县营盘山和沙乌都新石器时代遗址[2]，既有当地土著文化特点，又与成都平原宝墩文化有着某种关系，联系到史籍所记载的岷江上游的蜀山氏和蚕丛氏来看，应与二者先民的遗迹有关。

古蜀族的主体来源于岷江上游的氐羌系民族，即以蚕丛、柏濩、鱼凫"三代蜀王"为代表的三大族群。《蜀王本纪》载："蜀王之先名蚕丛，后代曰柏濩，又次者名曰鱼凫，此三代各数百岁。"《华阳国志·蜀志》载："（帝颛顼）封其支庶于蜀，世为侯伯，历夏、商、周。"又载："周失纲纪，蜀先称王，有蜀侯蚕丛，其目纵，始称王……次王曰柏濩（濩或作灌），次王曰鱼凫。"三代蜀王进入成都平原的时间早晚不一，蚕丛氏大约在虞夏之际进入成都平原，柏濩可能是原居岷江上游出口处（今都江堰灌口）一带的族群，鱼凫氏则是在夏商之际进入成都平原的。鱼凫王进入成都平原后，在三代蜀王的酋

---

① 《古文苑》章樵注引《先蜀记》。

② 蒋成、陈剑：《岷江上游考古新发现述析》，《中华文化论坛》2001 年第 3 期；成都市文物考古研究所：《四川茂县营盘山遗址试掘报告》，《成都考古发现（2000）》，北京：科学出版社，2002 年。

邦战争中战胜了蚕丛氏和柏濩的族群，建立起古蜀王国。《蜀王本纪》说："蜀之先，名蚕丛，后代名曰柏濩，后者名曰鱼凫，此三代各数百岁，皆神化不死，其民亦颇随王化去。"所谓随历代蜀王"化去"的民众，即战败后跟随蜀王逃亡的"化民"。鱼凫王朝建立后，"化民往往复出"[①]，融合到鱼凫族群之中。于是，在以鱼凫氏为核心族群的基础上，由于蚕丛氏和柏濩两族的融入，而形成了古蜀族。由于蚕丛氏、柏濩和鱼凫氏原本并属氐羌系族群，所以由他们的融合所形成的民族在族源上属于氐羌系的民族。

古蜀族的概念，是指狭义的民族概念而言，即在原始社会野蛮时代高级阶段晚期，也就是新石器时代末叶文明起源的时代，随着蚕丛氏、柏濩氏、鱼凫氏等部落间的"合并"和"融合"而形成的古代民族。这种狭义的民族概念，在摩尔根《古代社会》、恩格斯《家庭、私有制和国家的起源》等著作中，多有论述，它与斯大林在《马克思主义与民族问题》一文中所阐述的广义的民族定义有一定区别。

先秦时期成都平原及周边地区的氐羌系民族，除蜀族以外，还有分布在今四川绵阳地区北部与甘肃南部武都之间白龙江流域的白马氐与白马羌[②]，分布在今四川雅安地区青衣江、大渡河流域属于牦牛种青衣羌的徙和牦牛种白狗羌的筰都，以及分布在今大渡河以南的和夷、丹犁等族群。这几个属于氐羌系的族群，除白马氐和白马羌直到后世仍然活动在今川北甘南而外，其他族群大抵在秦汉之际和西汉前期相继南迁，辗转迁徙到西南夷地区金沙江流域（今四川凉山和云南境内）。

（二）濮系民族

西南地区在上古时代已是濮系民族的早期聚居区之一。《逸周书·王会》提到商代初叶云南有濮人。川西南的大石墓，即文献所记"濮人冢"，为邛都夷所遗。《华阳国志·蜀志》记载蜀郡临邛县有布濮水（《汉书·地理志》记为濮千水），广汉郡郪县也有濮地之名，均为濮人所遗。而殷末周初由滇东北至川南入蜀为王的杜宇，也是濮人。先秦成都平原及周边地区的濮人，多为商周时代即已在当地定居的民族，也有春秋时代从江汉地区迁徙而来的濮人

---

① 扬雄：《蜀王本纪》，北京：中华书局，1958年。

② 据《汉书》卷二八《地理志》，汉高帝在这一区域的南部置有甸氐道（今四川九寨沟县）、刚氐道（今四川平武县东）、阴平道（今甘肃文县西北），属广汉郡；汉武帝在其北部置武都郡，所辖武都、故道、河池、嘉陵道、循成道、下辨道等，均为氐族所居。其中，今甘肃武都、文县和四川九寨沟、平武县一带的氐人，即是白马氐。《史记》所述，正是指此。

支系。分布在川境的濮人，以四川盆地东部、川南和川西南以及成都平原最多，也最为集中。他们名号虽异，但在来源上却都是古代百濮的不同分支。后来，随着各地濮人经济、文化、语言等的不同发展、演变，以及与他族的混融，又形成了不同的民族集团。秦汉时期及以后历代史籍对这些民族集团或称夷，或称蛮，或称僚，就是因为这样的缘故。

虽然古蜀族的主体是氐羌系民族，但一经形成古蜀族，就成为一个新的族体。在两周时期，古蜀国的统治者发生了变化，蜀王杜宇来自朱提的濮系民族，蜀王开明氏来自牂牁鳖水的濮系民族，他们入主古蜀国，引起古蜀国政治上的改朝换代，却并不是古蜀族民族成分的改变。相反，不论杜宇还是开明，当他们融入古蜀族后，自身也随之成为古蜀族中的一员。不过，由于古蜀国最高统治者濮系民族因素的融入，古蜀族和古蜀文化也出现了一些新的气象。

先秦时期成都平原濮系民族比较集中分布的地区在今邛崃，这支族群就是史籍所记载的邛都，或称"邛人"，汉代又称为"邛都夷"。据《后汉书·邛都夷传》记载，邛都的聚居地是在今凉山州的西昌、德昌、米易、会理、会东、宁南、普格、冕宁、喜德、越西、甘洛、峨边等县、市，以今西昌市为中心，但邛都夷还向北深入大渡河以东和以北。《续汉书·郡国志》刘昭注引《华阳国志》记载："邛崃山本名邛笮山，故邛人、笮人界也。"又引之说："邛人自蜀入，度此山，甚险难。南人毒之，故名邛崃。"此处邛崃山，即今大相岭，汉源之北，雅安之南。邛崃山既为邛人、笮人界，则邛人向北分布直抵汉源以北。《华阳国志·蜀志》"临邛县"下载："本有邛民，秦始皇徙上郡实之。"秦汉临邛县辖今成都平原邛崃、蒲江、大邑诸县地，这些地区当是入蜀邛人的聚居及与蜀人的错居之地。

邛人属百濮民族系统，《史记·西南夷列传》将邛都与滇、夜郎划为同一族系，《华阳国志·南中志》称夜郎为"濮夷"，称滇为"滇濮"，可知与之同类的邛都也是濮系。《华阳国志·蜀志》"越巂郡"下载："会无县（今会理县）……故濮人邑也。今有濮人冢，冢不闭户，其穴多有碧珠，人不可取，取之不祥。"直接说明其为濮人居地。所谓"濮人冢"，实即今天考古学上的大石墓。这种墓用大石砌墓室，顶部覆以大石，酷似石头房屋，当地彝族称为"濮苏乌乌"的住房。"濮苏"意为"濮人"，"乌乌"意为"另一种民族"。"濮苏乌乌"即濮人墓冢，此即文献所称的"濮人冢"①。大石墓的分布，集中在安宁河流域②，即汉代越巂郡地。其年代上起商代，下迄西汉，其空间、时间都与邛都的活动相吻合，表明邛都确属百濮民族系统。

（三）其他民族系统

春秋战国时期，活动在成都平原和成都平原周边地区的，还有来自西北高原的秦人，和来自长江中游地区的楚人，一些墓葬显示了这方面的情况。在雅安荥经严道古城③以及荥经曾家沟等地发掘的战国墓群④，被认为是秦人、楚人与蜀人错居的证据。在成都平原中部新都马家乡发掘的战国大墓，出土文物中有的带有浓厚的楚文化因素，也被学者认为是楚人入居成都平原的证据。⑤

四、成都平原古蜀文明演进的阶段和特点

（一）古蜀文明演进的阶段

作为一种历史过程，古蜀文明的盛衰兴亡展示出一部高潮与低谷相激荡的文明演变史，其中各个时期的相互衔接，便是古蜀文明演进的全部历程。

古蜀文明经历了文明起源、文明形成、文明演变和文明发展等四个时期，前后延续 2 000 多年。

古蜀文明的起源，从历史文献方面可以追溯到蜀山氏，从考古学方面可以追溯到新石器时代晚期成都平原的宝墩文化。这个时期是古蜀历史上的传说时代，在古史记载里是蚕丛、柏灌和鱼凫这"三代蜀王"角逐争雄的时期，也是古蜀酋邦社会的形成时期，同时也是古蜀国家与文明的起源时期。

约从夏商之际到商周之际，是古蜀文明的形成时期。约当夏商之际，在成都平原中部形成了以广汉三星堆古城为中心的古蜀文明，显著标志是建于早商时期的规模宏大的古城，它是在宝墩文化的基础上发展起来的，表明最

---

① 童恩正：《四川西南地区大石墓族属试探》，《考古》1978 年第 2 期。

② 四川省文物考古研究院、凉山彝族自治州博物馆、西昌市文物管理所：《安宁河流域大石墓》，北京：文物出版社，2006 年。

③ 赵殿增等：《严道古城的考古发现与研究》，《中国考古学会第五次年会论文集》，北京：文物出版社，1988 年。

④《四川荥经曾家沟战国墓群第一、二次发掘》，《考古》1984 年第 12 期；《四川荥经曾家沟 21 号墓清理简报》，《文物》1989 年第 5 期。

⑤ 徐中舒、唐嘉弘：《古代楚蜀的关系》，《文物》1981 年第 6 期。

初城市的聚合过程业已达到相当水平，早期城市生活方式初步确立。在这一时期，青铜器制作业已出现，器种主要是兵器和工具①，表明已步入青铜时代。对应于历史文献，这正是"三代蜀王"角逐争雄②，而以鱼凫王统治的建立为终结的时期，意味着高于史前酋邦制的阶级国家已经诞生③，古蜀文明逐步走向兴旺发达。在这个时期的中后期阶段，古蜀地区诞生了灿烂的三星堆青铜文化，城市生活方式也基本确立，并初步形成了以广汉三星堆古城为中心，以成都、四川雅安、汉中盆地等为战略支撑点的在政治上分级，在功能上分区的广阔的空间构架。④社会结构日益复杂化，神权政治臻于极盛，经济空前繁荣，青铜文化步入高峰，表明古蜀文明日益走向成熟。

商周之际，古蜀王国的政治史上发生了第一次王朝更迭，杜宇王朝取代了鱼凫王的统治，号为蜀王，一号"杜主"⑤。在考古学上，古蜀文化也出现了若干新的变化，标志着古蜀文明进入一个新的发展时期即演变时期。

周初以后古蜀青铜器形制及所反映的文化内容已与商代鱼凫王国有重要区别，重器绝无大型雕像群，礼器中形成列罍之制，形制花纹多取诸中原同类器物，组合意趣不同，是古蜀本土所铸⑥。引人注目的是，彭县竹瓦街窖藏铜器中的 2 件兽面饰象纹铜罍，与辽宁喀左所出西周燕国铜罍，形制花纹基本相同，并且其纹饰又见于周武王时的天亡簋、成王时的仲禹簋⑦，显然有浓厚的周文化色彩。可见，自周初开始，蜀国统治阶级的青铜礼器群发生了重要变化，表明了享有这些礼器的统治集团发生了重要变化，反映了古蜀王国政权的易手。这种变化，也正与陶器中鸟头柄勺的消失同时，反映了鱼凫王的势力已遭到彻底扫荡。

西周时代蜀文化考古未见商代蜀国所特有的大型青铜雕像群一类标志神权至上的遗物，正是从考古学文化上反映出的杜宇王朝与鱼凫王朝在国家形态上的重要区别。这种区别的实质在于：以鱼凫王为代表的古蜀王国，对内实行彻底的神权政治，统治阶级的意志是通过神的意志来表达的，其最精美、

---

① 这是指出土于新繁水观音 M1、M2 和汉源富林的青铜器，其始铸年代为商代前期。参阅杜乃松：《论巴蜀青铜器》，《江汉考古》1985 年第 3 期。

② 扬雄：《蜀王本纪》，北京：中华书局，1958 年；常璩著，刘琳校注：《华阳国志校注·蜀志》，成都：巴蜀书社，1984 年。

③ 段渝：《论蜀史"三代论"及其构拟》，《社会科学研究》1987 年第 6 期。

④ 段渝：《商代蜀国青铜雕像文化来源和功能之再探讨》，《四川大学学报》1992 年第 2 期。

⑤ 常璩著，刘琳校注：《华阳国志校注·蜀志》，成都：巴蜀书社，1984 年。

⑥ 冯汉骥：《四川彭县出土的铜器》，《文物》1980 年第 12 期。

⑦ 晏琬：《北京、辽宁出土铜器与周初的燕》，《考古》1975 年第 5 期。

最华贵的物品均出自用以祭祀神灵的祭祀坑，就是最为明确的证据。而金杖实为集神权、政权和财富垄断权于一体的最高象征物，各种青铜人像也是祖先崇拜的象征，或巫师的形象。种种现象表明，早期的古蜀王国还处于实行神权政治的早期国家阶段，这与世界古代文明中的各个早期国家都无不以实行神权政治为特征，是为宗教国家或神权政治国家的情形大体相同[①]。但是在杜宇王朝则否，杜宇王朝的一系列治民措施，无论是使三代蜀王的"化民"复出，还是耕战治水，都无不带有显著的务实特点，其礼乐制度也不是国家宗教的产物，而是突出表现现存的等级制度，表现现实政治和赤裸裸的阶级统治。可见，在杜宇王朝的统治秩序中，宗教神权固然必不可少，但却不占第一位，已成为统治机制中较次要的成分，现实阶级统治则是最核心的部分。这就意味着，杜宇时期的蜀王国，已走出早期国家的发展阶段，进入比较成熟的阶段。这种直接实施阶级统治的国家形态，比起早期的神权政治国家，无疑是一历史性进步，也充分表现出了文明的演进。

古蜀文明的发展时期约当春秋至战国晚期。这个时期古蜀文明的显著特点是：第一，开明氏取代杜宇为蜀王，建立起古蜀开明王朝；第二，古蜀青铜文化进入全面繁荣时期；第三，古蜀青铜器、漆器上出现大量文字和符号，巴蜀印章广泛使用，巴蜀文字制度形成；第四，与等级制度相结合的古蜀礼乐制度臻于全盛，这充分反映在考古发现的古蜀墓葬的内涵上；第五，尤其重要的是，春秋中晚期开明王朝移都成都，以成都为都城的古蜀城市文明体系得以最终确立，大大推动了古蜀文明的进一步蓬勃发展。同时，开明王朝奉行积极向外开疆拓土的国策，向北"攻秦至雍"，向南"雄张僰僰"[②]，向东"据有巴蜀之地"[③]，向西"以灵关为前门"[④]，以至于"东接于巴，南接于越，北与秦分，西奄峨嶓"[⑤]。尤其是历代开明王先后把成都平原的北方、东方和南方作为最主要的战略发展方向，并取得一系列成功，一方面充分显示出蜀的强盛国力，另一方面则反映了蜀国试图跻身于中原大国之列，参与诸侯聘享盟会的战略意图。

公元前 316 年秦灭蜀，古蜀政治史随之结束，古蜀文明的相对独立发展

① V. G. Childle, Mian Makes Himself, 1948; L. White, The Evolution of Civilization, 1959; E. R. Service, Origins of the State and Civilization: The Process of Cultural Evolution, 1975.
② 常璩著，刘琳校注：《华阳国志校注·蜀志》，成都：巴蜀书社，1984 年。
③ 扬雄：《蜀王本纪》，北京：中华书局，1958 年。
④ 顾祖禹：《读史方舆纪要》卷六六引《华阳国志》，上海：上海古籍出版社，1993 年。
⑤ 常璩著，刘琳校注：《华阳国志校注·蜀志》，成都：巴蜀书社，1984 年。

进程也随之阻断，古蜀文明逐步汇入中国文明的一体化大潮之中。古蜀王国虽已灭亡，然而古蜀文明的一些基本因素并没有一同消亡，而是一方面与秦汉文化迅速融合，一方面仍在持续发展演变，开始了统一王朝下地域文化的整合与重组，成为后来巴蜀文化传统的重要根源之一。

（二）先秦成都经济文化的特点

《荀子》曾说："昔者江出于岷山，其始出也，具源可以滥觞。"[①]在先秦时期，以成都平原为核心的古蜀文化曾以强劲的辐射力和凝聚力，凝聚了中国西南地区尤其是长江上游的各个民族，整合了四川盆地内外各个古族的政治力量，进而实现了从区域一体化到一统化的发展，从而形成了古蜀地区经济开发的良好环境和发展空间，推动了区域经济的发展和社会进步。其中最重要的历史价值在于，这样一种稳定的社会结构，不仅促进了成都平原和四川盆地古代文明的持续发展，而且对于西南地区中国文明基本空间范围的奠定产生了极其重要的历史影响。自秦汉直到明清，统一的中央政府无不以四川作为镇抚西南地区的战略基地，从唐以来又将四川作为处理中央与西部各民族关系的前哨和堡垒，以成都平原为中心的四川地区具有相当重要的战略地位。

在统一的多民族的中华国家历史上，成都长期发挥着这种政治上的区位优势，在历朝历代都受到格外重视。而成都这种重要的政治地位，是在先秦时期奠定并确立起来的。

古蜀地区位于黄河流域中原地区与西南各地经济文化联系的中心地带，商末周初以来，古蜀以成都为首位中心城市，一直是长江上游和西南地区最重要的经济枢纽，其辐射力在历史上一直是北越秦岭，东出三峡，南抵滇、黔，长期充当着不同区位间不同经济类型产品的贸易桥梁和枢纽。由经济区位所决定，古代成都在长江流域农业经济圈与云贵高原和青藏高原畜牧经济圈、半农半牧经济圈的互动和贸易中处于媒介和枢纽位置，在中国西部具有非常突出的、极为优越的不同经济部类之间多向贸易的中心地位。

历史上成都经济的空间形态具有外向型（辐射型）和内聚型的双重特征，同时具有枢纽型的特征。外向，是指成都经济向西南地区和长江流域辐射；内聚，是指吸引并凝聚西南各地和长江流域经济向成都集散。在经济发展的外向型和内聚型相互交织的复杂过程中，成都向来是以外向为主，如漆器、

---

① 王先谦：《荀子集解》卷二〇《子道》，北京：中华书局，1997年，第532页。

丝绸等，除大量输往西南各地外，还远销朝鲜、蒙古和东南亚，其经济上的外向辐射力十分强劲，辐射面也十分广阔。枢纽，是指成都位于黄河流域中原地区的经济文化向西南各地传播过程的中间地带，它的经济枢纽地位之重要是十分明显的。

古蜀地区农业开发的历史相当久远，早在4000多年以前，成都平原以及周围边缘丘陵山地就已得到初步开发，至夏商时代，蜀地农业经济不断发展，西周时代已是当时全中国农业先进的富庶之区。春秋战国时期，蜀国由于水利的大规模兴建，不但促进了稻作农业的长足进展，而且富于"桑、漆、麻、纻之饶"，"其山林泽渔，园囿瓜果，四节代熟，靡不有焉"[①]，由是沃野千里，"利尽西海"[②]，以富饶著称于中华。古蜀手工业也是盛极一时，蜀锦、蜀绣、蜀布、蜀漆等产品不仅名闻天下，而且输出到遥远的蒙古草原和朝鲜半岛。

受经济外向型和内聚型双重特征影响的成都文化，同样具有明显的凝聚与辐射相交织的双重特性，使成都的精神文化表现出几个重要特点：一是海纳百川的开放和兼容气度，二是渴求开放和走向世界的意识，三是勇于创新的精神。由这几个特点所决定，吃苦耐劳、不畏艰险，便成为千百年来成都最鲜明、最突出的人文性格特征，而"追风""趋潮""赶时髦"也随之成为成都文化最显著的外在表现方式之一。

成都虽然位于内陆盆地，不靠海，不沿边，但历史上的对外贸易却十分发达。西北丝绸之路的大宗丝绸主要出自四川，而以成都为起点，经云南至南亚、中亚和东南亚的南方丝绸之路，则是古代中国最重要的国际交通线之一，它与从四川经贵州、两广至南海的贸易线路一道，构成南中国的对外贸易网络，对繁荣南中国的经济文化起到了重要的作用。历史上成都人民以大无畏的气概和惊人的毅力，突破了成都平原为丘陵和高山所重重环绕的半封闭地理状态，变地理劣势为外贸优势，取得了一个又一个的文明进步，如此历史经验后人实应总结和记取。

五、成都平原古蜀文明在先秦史上的地位

以成都平原为中心的古蜀地区是中华文明的重要起源地和组成部分之一，是长江上游的古代文明中心，不论在中国文明的缔造还是中国西部开发史上都产生了积极而重要的作用。

---

① 常璩著，刘琳校注：《华阳国志校注·蜀志》，成都：巴蜀书社，1984年。
② 刘向：《战国策·秦策一》，上海：上海古籍出版社，1985年。

中国古代文明是由各大区系古文明多元整合、一体发展凝成的，古蜀是其中的一个重要区系，有其悠久的始源、独特的文化模式和文明类型，在中国古代文明的起源和形成过程中占有特殊地位，是中国早期区系文明中具有显著地域政治特征和鲜明地域文化特色的典型代表。

（一）中国古史传说的西部底层

"底层"这个理念，始源于韦斯登·拉巴（Weston La Barre）的一篇研究美洲印第安人巫教与幻觉剂的论文[①]，意思是说美洲印第安人的宗教一般都保存着他们的祖先在进入新大陆时从其亚洲老家所带来的旧石器时代和中石器时代底层的特征。后来，彼得·佛斯特（Peter T. Furst）进一步发展了这一理念，用以论证"亚美巫教底层"[②]。张光直先生又运用了这一理念，来继续论证"中国—玛雅连续体"，从而提出"中国古代文明的环太平洋的底层"[③]。尽管目前对于底层这个术语及其理念还有不同认识，但借用它来分析不同区域的共同文化积淀是会有所助益的。

所谓文化底层，是指存在于不同区域中一种或数种来源相同、年代古远、并在各自文化序列中处于底层或带有底层特征的共同文化因素。从这个意义上说，文化底层应当具有三层含义：第一，来源于一个共同的文化祖源。第二，积淀为各地区文化序列的底层。所谓底层，是相对于文化序列的发展演变而言。第三，在各地区文化的发展演变中，底层特征恒久不变地保留并贯穿于各个发展序列，长期而持续地发挥着它特殊的重要作用。从文化史研究的角度出发，我们认为文化底层还可以进一步区分出原生底层和次生底层。原生底层是指同一文化祖源在不同地区的原生分布，次生底层是指不同文化区域认同另一种分布广远、历史悠久的文化特质作为自身文化的底层或底层的一个组成部分。原生底层不是文化传播，也不是文化移植。次生底层虽然包含有文化传播，但又不等于文化传播。文化传播的特征是把开端作为终端，次生底层的特征则是把终端作为开端，它是文化底层的复杂转化，而不是文化因素的简单叠加。

仔细考察中国古史传说，我们可以发现它有极为深厚的文化底层，而且

[①] Weston La Barme, "Hallucinogens and the Shamanic Origins of Religion, "in P. T. Furst, ed, Flesh of the Gods, New York, 1972, pp. 261-278.

[②] Peter T. Furst, "Shamanistic Survivals in Mesoamerican Religion, Actas del XII Congess Internacional de Americanistas, "Mexico, Vol. III, 1976, pp. 149-157.

[③] 张光直：《中国古代文明的环太平洋的底层》，载张光直《中国考古学论文集》，北京：生活·读书·新知三联书店，1999年。

中国古史传说的深厚底层主要来源于以黄帝为首的"五帝"和夏禹，其中的西部底层特征表现得尤为明显，而西部文化底层恰恰与长江上游古蜀文化有着不可分割的血肉联系。对这个问题进行深入分析，将不仅可以使我们更加深刻地认识中国西部地区古代文明的重要性，而且还能更加清楚地看出中国古史传说的构成格局。

大量历史文献材料证明，黄帝为其子昌意娶蜀山氏之女，生子高阳是可靠的古代史传。高阳长大后东进中原，建都帝丘（今河南濮阳）①，又"封其支庶于蜀"②，子孙中的一支仍留蜀地。从考古学上看，岷江上游地区仰韶文化彩陶与马家窑文化彩陶以及成都平原宝墩文化陶器共生的考古现象③，确切证实了这一古史传说的真实性。从这一基本史实出发来看，中原和古蜀均为黄帝后代，两地文献均自古相传黄帝与古蜀的亲缘关系，都把各自最古文化的起源追溯到黄帝与嫘祖、昌意与蜀山氏和帝颛顼，这正是表现了两地共同的文化底层。或者说，由于中原和古蜀保有深厚的黄帝文化底层，才使黄帝与古蜀的这种亲缘关系在两地众口相传，流传千古。如果没有这种深厚的底层，就绝不会在不同的两个地区留下如此相同的传说。

根据《左传》《国语》《史记》等文献的记载，黄帝娶嫘祖后，由西东进中原，阪泉一战战胜炎帝，涿鹿一战擒杀蚩尤，成为首先初步统一中国西部、中部和东部部落的一代酋豪，在中原和东方留下了深厚的黄帝文化底层。尔后，在战争与和平的交流途径中，黄帝文化继续东进南下黄河流域和长江流域各地，深刻地浸透到这些原来的异质文化区，积淀下来，并与各地原来的文化相结合，由此便引起并促成了这些地区原先文化底层的逐步转化。这样，黄河流域和长江流域都受到了黄帝文化的浸染，因而各地文化均有一些相同或相近的特质，这些共同文化特质在各地积淀下来后，最终成为中国东西南北中最深厚的文化底层，这种文化底层也就构成了中国文明多元一体发展的牢固基石。黄帝之后大约 2 000 多年，当司马迁"西至空桐，北过涿鹿，东渐于海，南浮江淮"时，所到之地，"长老皆各往往称黄帝、尧、舜之处，风教固殊焉，总之不离古文者近是"④，各地风俗教化虽不相同，但却往往称黄帝，这一现象，其实正是东西南北中各地黄帝文化底层的表现。过去有的史家不

---

① 《左传》昭公十七年，十三经注疏本。
② 常璩著，刘琳校注：《华阳国志校注·蜀志》，成都：巴蜀书社，1984 年。
③ 成都市文物考古研究所：《四川茂县营盘山遗址试掘报告》，《成都考古发现（2000）》，北京：科学出版社。
④ 司马迁：《史记·五帝本纪》，北京：中华书局，1959 年。

明白这个道理，反而说是各地强拉黄帝为祖先，自然是犯了以偏概全的错误。

除黄帝、昌意与蜀山氏的关系而外，大禹兴于西羌之说同样始于先秦，禹生石纽的传说反映着古代的历史实际[1]，这些都是出自古代羌人的传说。禹兴西羌和禹生石纽，实际上是同一个传说中的大概念和小概念的关系。西羌既指族系，又指西羌的分布地域，是大概念，石纽则指西羌居住地域内的一个具体地点，是小概念。《华阳国志》记载岷江上游广柔县境为大禹圣地"夷人营其地，方百里不敢居牧。有过，逃其野中，不敢追，云畏禹神，能藏三年，为人所得，则共原之，云禹神灵佑之"[2]。《水经·沫水注》也说："（广柔县）有石纽乡，禹所生也。今夷人共营之，地方百里，不敢居牧。有罪逃野，捕之不逼，能藏三年，不为人得，则共原之，言大禹神所佑之也。"文中的夷人是对少数民族的泛称，这里则指岷江上游的氐羌族群。岷江上游氐羌族群对禹顶礼膜拜，奉为神明，这种对禹崇拜敬畏达到极致的现象，除这个地区外，是中国其他地区所没有的。由此不难知道，岷江上游确乎同禹具有民族和文化上的深厚的渊源关系。而岷江上游古为羌人居域，因此显而易见，禹兴西羌是岷江上游羌人的传说。

虽然古羌人南下从遥远的古代就已开始，比大禹时代更加久远的马家窑文化已经南下进入岷江上游，但没有任何证据能够指认禹兴西羌的传说是由甘青地区的马家窑文化南下带来的。从众多史籍关于禹生石纽的一致记载来看，只有把禹的出生地放在四川西北的岷江上游，才是符合历史实际的。唯因如此，禹生石纽的传说才可能在古蜀之地长期保留下来。及禹长后，东进中原，创立夏王朝，随禹东进的羌人也就转化为夏王朝的主体民族。于是，禹兴西羌、禹生石纽的传说，也随东进开创夏王朝的羌人之定居中原而在中原长期保留下来。所以，蜀地和中原都保留了相同的传说。文献来源的地域不同，传说却完全一致，恰恰说明它既是"真传说"[3]，又是真史实，而原因就在于它们同出一源的文化底层。

从所有关于禹生石纽和禹子启生于石的文献记载来看，禹、启与石的这种出生关系，在全中国范围内只被指认为两个地区，一个是古蜀岷江上游地区，一个是中原河南嵩山地区。其他地区关于禹的传说，比如禹娶涂山、禹合诸侯等，均与禹的出生传说无关。这就十分清楚地说明，大禹与石这种特

---

① 李学勤：《禹生石纽说的历史背景》，《大禹与夏文化研究》，成都：巴蜀书社，1993年。
② 见司马彪《续汉书》卷二三《郡国志》"蜀郡广柔县"下刘昭注引，今本佚此段文字。
③ 顾颉刚：《论巴蜀与中原的关系》，成都：四川人民出版社，1981年，第37页。

殊的出生关系传说，古蜀和中原地区同出一源的共同文化因素，是古蜀和中原文化最深厚的底层。

黄帝为其子昌意娶蜀山氏女，生子高阳，高阳东进中原建都立业，和禹生石纽，东进中原开创夏王朝，这两段远古传说的文化史意义，并不仅仅在于可以据此确定帝颛顼和大禹两位中国古史上的著名人物均出生在古蜀地区，更重要的是，透过这些古史传说，可以看出黄帝、帝颛顼文化和大禹文化西兴东渐的历史，看出中国古史传说中所蕴含的丰富而深厚的西部文化底层。从黄帝、嫘祖、昌意、帝颛顼时期中国西部、古蜀地区同中原地区的关系，到大禹时期古蜀与中原的关系，可以看出中国古史的西部底层是经过了不同的历史时期层累地积淀起来的，它们便是中国西部文化的原生底层。这一原生底层在中国历史上自始至终发挥着极为重要的作用，以致成为中华文化和华夏文明最重要的标志和里程碑。

（二）古蜀文明与中国青铜时代

先秦时代的古蜀，是一支拥有灿烂青铜文化、大型城市和文字的高度发展的古代文明，由古蜀文明所深刻揭示出来的独特文化模式、文明类型和悠久始源，表现出古蜀文明与中原文明平行发展的事实，使它在中国文明起源与形成的研究中占有特殊地位，不但大大丰富了"中国文明多元一体形成发展"论断的理论内涵，取得了各学科学者的普遍认同，而且在国际学术界和社会各界获得了极其高度的评价和越来越高的声誉。

中国青铜时代的要素是青铜器、文字、城市、礼制，分别标志社会生产力、组织管理、政权机制及社会分层的发展进化程度。从这几个方面加以认识，可以看出古蜀与中原文化在起源和发展途径方面的异同，从而更深刻地理解中国文明的多元一体格局。

古蜀文化的青铜合金术，据迄今为止的考古资料，在公元前2000年代中后期即相当于中原殷墟文化的时期，已达到成熟的发展阶段。与同一时期中原文化相比，古蜀不论在青铜合金技术、青铜器形制还是青铜器组合等方面都自成体系，具有十分鲜明的地域特色，有着自身青铜文化的发展演变序列和进程。虽然如此，古蜀青铜文化中不仅可以见到中原青铜文化的明显影响，而且有许多礼器本身就直接仿制于中原青铜器，表明受到了中原文化的强烈影响。同时，在中原的青铜器中也可见到古蜀青铜器的一些形制。这种情况，显示了古蜀与中原文化的交流互动关系。

在经济文化进步的基础上，古蜀人发明创制了自己的文字系统，学术界称之为"巴蜀文字"。巴蜀文字是先秦至西汉前期分布在巴蜀地区（今四川、重庆以及陕西南部、湖北西部、湖南西部、贵州西部和云南东北部，以四川盆地为中心）的巴人和蜀人所通行的文字系统。公元前316年秦并巴蜀以后，推行统一文字的政策，到汉武帝时期，巴蜀文字作为一个有别于中原文字的独立的古文字系统消亡不存。

巴蜀古文字是我国现存先秦古文字中除汉字外唯一可以确定为文字且尚未被释读的古文字系统。[1]巴蜀古文字分为两系，一为巴蜀表意文字，一为巴蜀表形文字。巴蜀表意文字在字体上已达到简化、省略、定型、单位小的水平；巴蜀表形文字分为巴蜀符号Ⅰ和巴蜀符号Ⅱ两类，两类均包括一系列独体单符（独体字）和由独体单符组成的复合符号（合体字），字形基本定型。巴蜀文字最初起源于蜀，后来传播川东和湘西，成为巴蜀地区通行的文字。[2]

徐中舒教授认为，巴蜀文字与汉语古文字均属象形文字，巴蜀文字与汉字在文字构成条例上具有一定的共同基础，但它们的分枝，则应当是远在殷商以前。[3]

在城市文明方面，成都平原从距今4 500年前就已开始了城市文明起源的历史进程，到商代，形成了三星堆蜀国王都和早期成都，构成了古蜀的早期城市体系。到两周时期，古蜀以成都为中心，形成了辐射面达到成都平原周边地区的城市网络体系，其中若干新兴城市的功能主要同成都平原农业经济、城市手工业经济与盆周山区畜牧业或半农半牧业经济的交流有关，或与南丝路国际贸易有关。[4]尽管成都平原城市的起源模式、网络特点以至结构功能等方面与中原城市区别甚大，但古蜀城市起源、形成和发展的步伐却与中原城市大体一致。这显然是受到某种共同因素的制约，其中最主要的是黄河流域和长江流域政治经济形势的连锁演变，使城市在发展过程中出现若干趋同的促动因素，从而成为中国古代城市演变的共同基础。

固然，古蜀文明的诸要素，从总体上说来是独立产生发展起来的，是组成中国文明的若干个区域文明之一，并非中原文明的分支和亚型。然而由于历史的、地理的、民族的、文化的各种因素，以及源远流长而未曾间断的各

---

① 李学勤：《论新都出土的蜀国青铜器》，《文物》1982年第1期。
② 段渝：《巴蜀古文字的两系及其起源》，《成都文物》1991年第3期。
③ 徐中舒：《论巴蜀文化》，成都：四川人民出版社，1992年，第47页。
④ 段渝：《巴蜀古代城市的起源、结构和网络体系》，《历史研究》1993年第1期。

种深厚关系，古蜀文明同中原文明之间却存在着深刻的相互影响和文化渗透，尤其当中原核心形成后，古蜀文明越来越多地吸收融入了中原文明的因素，越来越多地产生文化认同和文化交融，最终融入以中原为核心的中国文明之中，这实属历史发展的必然。

（三）南方丝绸之路：以成都为起点的西南国际交通线

古蜀文明以其悠久雄厚的文化为基础，深刻地影响了其周边地区的文化，促进了其周边地区文化的发展。南方丝绸之路是古蜀文明向外传播与辐射的最重要孔道之一，南方丝绸之路上诸青铜文化中包含的众多古蜀文明因素，清晰地勾勒出它们与古蜀文明的联系，也凸显出古蜀文明在中国西南地区青铜文化中的"文化高地"地位。

丝绸之路这一名称，是德国地理学家李希霍芬（F. Von Richthofen）1877年提出来的，指以丝绸为主要贸易内容的东西方商路和交通路线。古代中国通往西方和海外的丝绸之路有 4 条：南方丝绸之路、北方丝绸之路、草原丝绸之路和海上丝绸之路，古蜀丝绸曾是这几条通道上的重要商品。古蜀成都丝绸传播到西方，先秦时期的主要通道是南方丝绸之路，汉代及其后从北方丝绸之路输往西方的丝绸中，也以成都丝绸为大宗，而从草原丝绸之路输往北亚的中国丝织品中，目前所见最早的似乎也是成都丝绸。[①]由于在这些商道上流通的各类商品中丝绸最为珍贵，最为众人瞩目，所以这些交通路线都被冠以"丝绸之路"的美称，丝绸之路也因此成为从中国出发纵贯欧亚大陆的国际交通线的代名词。

先秦时期，从四川经云南西出中国至缅甸、印度的国际交通线已初步开通。以成都平原为中心，翻越横断山区、云贵高原的崇山峻岭，古代的商贾们将以丝绸为代表的众多商品输送到缅甸、印度、阿富汗，再继续西传至中亚、西亚。其实，商业活动只是人们在这条通道上的活动之一，古代四川、云南与南亚、中亚、西亚的文化交流和互动，都是经过这条道路进行的。由于这条古老的国际交通线位于中国的南方，所以被学术界称为"南方丝绸之路"。

南方丝绸之路以成都平原为初始点和发源地，有其客观的条件与原因。正如苏秉琦先生在《中国文明起源新探》中论述的那样："四川的古文化与汉中、关中、江汉以至南亚次大陆都有关系，就中国与南亚的关系看，四川可

---

① 段渝：《政治结构与文化模式——巴蜀古代文明研究》，上海：学林出版社，1999 年，第 370-371 页.

以说是'龙头'。"①正是四川古代文化的"龙头"地位决定了古蜀地区成为南方丝绸之路的源头。

南方丝绸之路国内段的起点为古蜀文化的中心成都，从成都向南分为东西两条主道。西道沿着川西北和川西南山地蜿蜒南下，经过今邛崃、雅安、荥经、汉源、越西、喜德、泸沽、西昌、德昌、会理、攀枝花、大姚、姚安、西折至大理，这条道被称为零关道（东汉时又称牦牛道）。东道从成都南行，经今乐山、峨眉、犍为、宜宾，再沿五尺道经今大关、昭通、曲靖，西折经昆明、楚雄，进抵大理。东西两道在大理汇合后，继续西行，称为博南道。经保山、腾冲，出德宏抵缅甸八莫，或从保山出瑞丽而抵八莫。南方丝绸之路的这两条要道之间还有一些支线，如经宜宾、雷波、美姑、昭觉到西昌的支线和从西昌经盐源、宁蒗、丽江、剑川而抵大理的支线。南方丝绸之路还有更东的一条南下路线，即经今贵州西北，沿牂牁江（西江）水路直达"番禺"（今广州），这条线路被称为牂牁道。

南方丝绸之路是中国古代的国际通道，它的国外段有西路、中路和东路三条。西路即历史上有名的"蜀身毒道"，今称"蜀滇缅印道"，出云南经缅甸八莫、东印度、北印度、西北印度、巴基斯坦，至中亚阿富汗，从伊朗北入土耳其安纳托利亚高原，转至小亚细亚以至东地中海。这条纵贯亚洲的交通线，是古代欧亚大陆线路最长、历史最悠久的国际交通大动脉之一。中路是一条水陆相间的交通线，水陆分程的起点为云南步头，先由陆路从蜀滇之间的五尺道至昆明、晋宁，再从晋宁至步头，利用红河下航越南，这条线路是沟通蜀、滇与中南半岛的最古老的一条水路。东路，从蜀入滇，至昆明、经弥勒，渡南盘江，经文山，出云南东南隅，经河江、宣光，循盘龙江抵河内。

纵观整个南方丝绸之路，在国内形成了我国西南及南方地区的巨大交通网络，在国外则与中南半岛、南亚次大陆、中亚、西亚连成一个更大的世界性交通网络。

李学勤先生指出，丝绸之路的研究非常重要，是今天非常有影响的一门学科，这门学科就是欧亚学，把欧亚大陆作为一个整体来研究，是人文学科里最前沿的国际性学科。他还指出，应该把整个欧亚作为整体来看，而历史上连接欧亚的就是几条丝绸之路，在"这几条丝绸之路里面，最值得进一步研究的是西南丝绸之路"。②

---

① 苏秉琦：《中国文明起源新探》，北京：生活·读书·新知三联书店，1999年，第85页。
② 李学勤：《三星堆文化与西南丝绸之路》，《文明》2007年第7期。

南方丝绸之路是将中华文明与世界文明紧密联系起来的国际交通线，也是欧亚古代文明相互联系的纽带。通过南方丝绸之路这一巨大纽带，古蜀文明与世界古代文明联系起来，互动交流，由此奠定了古蜀文明在世界古代文明中的重要地位。

南方丝绸之路从成都出发，纵贯了川西北、川西南山地、横断山区和云贵高原，这一广袤的地区自古便是中国南北民族的迁徙通道，也是中国南北文化的重要交流孔道之一。早在新石器时代，中国南北文化的交流在这一地区就已初见端倪。到了春秋战国时期，分布在南方丝绸之路沿线的各文化都陆续进入青铜时代，并发展出灿烂多姿的各类青铜文化。其中以三星堆、金沙青铜文化为代表的古蜀文化，发展水平最高，时间最早，形成了西南地区的"文化高地"，古蜀文明自然成为西南地区各青铜文化的"龙头"，对西南地区众青铜文化产生了重要的影响。与此同时，西南地区各青铜文化也保持着自身鲜明的文化特征，共同构成了丰富多彩的中国西南青铜文化。

南方丝绸之路以成都为起点，从古蜀文化区发源，穿越了西南地区的其他文化区。迄今为止的考古资料和研究成果表明，西南地区各种青铜文化大多形成于春秋战国时代，在战国末至西汉时期达到了鼎盛时期，而其文化则多与其北面的古蜀文化有着深刻的联系。

考古资料揭示，在中国西南地区的各种青铜文化中，存在着以三星堆和金沙为代表的古蜀文化因素的历时性辐射所带来的程度不同的影响。通过这些文化因素的来源和传播途径的分析，可以看到古蜀青铜文化在西南地区的辐射、凝聚、传承和创新。由此可以进一步探索先秦时期中国西南广大地区青铜文化的来源、影响、传播、互动等整合过程，探索以青铜文化为表征的西南各族的社会结构、政治制度以及族群和族群之间的关系，探索西南各族的经济技术水平和文明演进程度。并通过战国秦汉时期蜀地对西南地区诸青铜文化的影响所引起的西南各族文化的深刻变迁，探索秦汉时期中央王朝通过蜀地将西南地区诸青铜文化整合进中国文化圈的过程，而这一过程正是中国文明多元一体历史发展格局在西南地区的具体表现。

05

成都平原史前古城性质初探[①]

　　1995 年以来，成都平原史前聚落考古取得了一系列突破性成果，先后发现并确认了新津宝墩古城、郫县（今郫都区）古城、温江鱼凫城、都江堰芒城（上芒城）、崇州双河古城（下芒城）和紫竹古城遗址。[②]城的出现是史前聚落发展演进的高级形态，成都平原史前古城考古成果表明该地区在史前时期的文化发展和社会进程已达到相当高的水平，而以成都平原为中心的长江上游地区则堪称中国文明起源的多个中心之一，在中国文明多元一体格局发展历程中占据着非常重要的地位。

　　六座古城遗址之中的宝墩古城、郫县古城、温江鱼凫城和都江堰芒城经过正式发掘，紫竹古城、双河古城也经过了小规模的试掘。这批古城的年代早晚虽略有差异，但其考古学文化的总体面貌基本一致，它们拥有一组贯穿始终而又区别于其他考古学文化的陶器群，应属同一考古学文化遗存，目前学术界多数意见赞同将其命名为"宝墩文化"，初步推定其绝对年代为距今4 500—3 700 年，相当于龙山时代晚期。根据出土陶器的演变，可将宝墩文化分为四期六段。[③]第一期：以宝墩遗址的早期遗存为代表，又可以宝墩遗址早期遗存的第Ⅰ段和第Ⅱ段为代表分为早、晚两段；第二期：以芒城遗址和宝墩遗址的晚期遗存为代表（可能包括紫竹古城遗址）；第三期：以郫县古城遗址的早、中段，双河古城遗址和鱼凫城遗址早期遗存为代表，晚段以郫县古城遗址的中段遗存为代表；第四期：以鱼凫城遗址晚期和郫县古城遗址的晚段遗存为代表。

---

① 本文为本书作者与陈剑合作。
② 成都市文物考古工作队、四川联合大学历史系考古教研室、新津县文管所：《四川新津县宝墩遗址调查与试掘》，《考古》1997 年第 1 期；《调查与试掘》，《考古》1997 年第 1 期；中日联合考古队：《四川新津县宝墩遗址 1996 年发掘简报》，《考古》1998 年第 1 期；成都市文物考古工作队、四川联合大学历史系考古教研室、温江县文管所：《四川省温江县鱼凫村遗址调查与试掘》，《文物》1998 年第 12 期；成都市文物考古工作队、郫县博物馆：《四川省郫县古城遗址调查与试掘》，《文物》1999 年第 1 期；成都市文物考古工作队、都江堰市文物局：《四川都江堰市芒城遗址调查与试掘》，《考古》1999 年第 7 期。
③ 江章华、王毅、张擎：《成都平原早期城址及其考古学文化初论》，《成都考古研究》，2009 年。

酋邦社会是国家产生前夕重要社会发展阶段①，把酋邦同在典型部落社会的基础上发展起来的部落联盟社会相区别，有助于认识人类社会政治组织和政治权力发展的真实过程。在前国家时期的不同类型社会中，酋邦主要特征是存在着明显的个人性质的权力。从人类学报告来看，酋邦在世界许多地区都存在过。文献记载内容表明，中国古史传说的黄帝、炎帝、尧、舜、禹时期，在社会组织内已经产生了集权性质的个人权力，即社会最高权力在一定形式下被占据社会特殊地位的个人所掌握。酋邦的另一个重要特征是社会中的分层现象十分突出，有人称酋邦类型的社会为"分层的社会"。根据酋邦的上述主要特征，结合考古发掘出土的实物资料，我们可以对成都平原史前古城的性质得出一些基本认识。

一、高大的城墙建筑体现了政治权力的集中化

修筑高大的城墙、开掘宽深的壕沟，不仅需要花费巨大的人力和财力，而且需要对社会成员进行大规模组织、调配工作，属于大范围集中劳动性质的大型建筑工程，足以反映集中化的权力中心的存在。

成都平原现已发现的六座史前古城均筑有坚固厚实的城墙，其中宝墩古城城垣南北长 1 000 米，东西宽 600 米，墙体现存顶宽 7.3~8.8 米，底宽 29~31 米，高 4 米，墙体无垮塌和二次增补迹象，应属一次性建成。都江堰芒城城垣分为内外两圈，内圈南北长 300 米，东西宽约 240 米，城垣现存宽 5~20 米，高 1~3 米；外圈城垣保存较差，北垣残长 180 米，南垣残长 130 米，城垣现存宽 5~15 米，高 1~2 米。郫县古城城垣长 637 米，宽 487 米，城垣地表现存宽度为 10~30 米，高 1~4 米，经对西南城垣中段进行解剖，揭露出墙体现存顶宽 7.1 米，底宽 20 米，高 3 米，整个墙体分两次筑成，第一次修筑的墙体现存顶宽 1.9 米，底宽 10 米，高 2.4 米，第二次筑墙则是在第一次的基础上增筑。温江鱼凫村古城垣保存很差，南垣现存长 480 米，宽 10~20 米，高 0.5~1 米；西垣南段残长 350 米，宽 10~15 米，高 0.5~1 米，北段已被破坏；西北垣西段残长 370 米，高 1~2 米，东段地表已不存；东南垣残长 150 米，宽 10~30 米，高 0.5~3 米，东北垣地表已无痕迹，经钻探可以确认。崇州双河古城城垣可分内外两圈，西垣已被河流冲毁，东垣内圈长 450 米，宽 20~30 米，高 3~5 米，北垣和南垣内圈长 200 米，宽 15~30 米，高 2~3 米；外圈保存较差，断

① 谢维扬：《中国早期国家》，杭州：浙江人民出版社，1995 年。

断续续保存残宽 3~10 米，高 0.5~2 米。紫竹古城也有内外城垣，内垣边长 400 米，墙体宽 5~25 米，高 1~2 米；外垣多被破坏，部分地段城垣宽 3~10 米，高 1~2 米。

成都平原史前古城面积多在 20 万平方米以上，其中新津宝墩古城遗址的面积超过 60 万平方米，是迄今国内考古发现的同时期的第二大古城，面积仅次于湖北天门石家河古城。从建城技术和规划布局形式来看，成都平原史前古城在国内同期古城中也居于领先地位。各城筑墙时多采用斜坡构筑的方法，墙体内部堆砌有卵石，以增加城墙的稳固性。都江堰芒城、崇州双河古城及紫竹古城还筑有内外两道城垣，其间开挖有宽深的壕沟，体现出高超的建城技术和设计水平。这些古城的城墙高大、坚厚、绵长，宝墩古城、鱼凫村古城、郫县古城的城墙经解剖发掘揭露出的墙体底宽均在 20~31 米，顶宽 7~19 米，高 3~4 米，尤其是宝墩古城垣周长达 3 200 米，宽 8~31 米，高度超过 4 米，土方量初步推算达 25 万立方米以上。

成都平原史前古城都是依靠各城自身的力量独立修建的，它们能够各自建造如此高大坚厚的城墙，开掘如此巨大的土方总量，加上除土方开掘以外的土方运输、工具制作、城墙设计、筑墙施工、食物供给、组织调配、监督指挥以及再分配体制等一系列必需的庞大配套系统，足以表明各古城都分别控制着足够支配征发的劳动力资源，进而表明各古城的统治者必已统治着众多的人口，控制着各自地域内丰富的自然资源和生产资源，控制着各种各样的劳动专门化分工和各种类型的生产性经济。这一切，不仅意味着各古城人口的增长、社会规模的扩大和社会组织的复杂化，更重要的是，从实质上分析，所有这些其实都是政治组织和经济组织发生变化的结果，从根本上反映了政治权力的集中化，表现出各古城的政治体系和经济结构的演变程度，已经远远超出了原始的血缘氏族制水平，达到了酋邦制度发展阶段。

二、大型城垣实际是酋邦组织及其首脑人物统治权力的象征

关于各古城城垣的功能问题，目前学术界还没有取得一致意见，但一般认为是防洪抗洪或抵御外敌入侵，这两点无疑是正确的，不过还不全面，同时也还未触及城垣功能体系的核心问题。从防洪抗洪的角度看，成都平原业已发现的六座史前城址均建于平原冲积扇河流间的相对高地上，它们受地理环境的制约，都与各自所在地的河流和台地方向相一致，确实有利于防洪，增强了古城的抗洪能力。尤其是芒城、双河古城、紫竹古城均位于文井江上

游近山地带，都修筑了双重城垣，更突出城垣的防洪抗洪功能。同时，筑城首先被视为战争频繁的标志性产物，高大耸立的城墙和宽阔深凹的壕沟是抵御外敌的有效手段。

笔者认为，城垣修建这一行为，从根本上说是一种政治行为，它把人力、物力、财力凝固为大型城墙建筑，以显示酋邦组织的巨大威力，进而标志权力的强大尊严，表征权力的构造物和它的支配能力。由此可见，大型城垣实际是酋邦组织及其首脑人物政治权力的象征。

三、宝墩遗址的大型建筑群居主和无随葬品土坑墓葬主人之间的差异表明了社会等级的制度化

1996 年在宝墩遗址的中部（鼓墩子）发现有房屋基槽和大量的柱洞[1]，这些建筑遗存是建在一片高出当时周围地面约 1 米，面积约 3 000 平方米的台地上的。有迹象表明，鼓墩子台地上的建筑遗存可能是一组规模较大的建筑群。与此形成鲜明对照的是，宝墩遗址发现的长方形竖穴土坑墓，墓坑较浅，无随葬品。从墓葬反映墓主生前实际地位的角度看，宝墩遗址已发现墓葬的主人在生前必定与鼓墩子台地上的大型建筑无缘，而大型建筑必定属于显贵人物所居，这就表明了社会差别的存在。这两者间的差别，实质上反映了等级的差别和地位的差别，而等级和地位的差别是由社会分层、经济分层及其所导致的权力的集中与剥夺所决定的。由此看来，等级制度不但已经产生，而且还达到了定型化的程度。

四、郫县古城的大型礼仪性建筑及双河古城所出的三孔石等遗物体现了宗教权力的集中化

1997 年底至 1998 年初，在郫县古城遗址的大规模考古发掘中，发现了一座长约 50 米、宽约 11 米，面积约 550 平方米的大型房屋建筑基址（F5）。[2]F5 位于古城的中部，平面略近长方形，方向为西北—东南向，与城墙方向基本一致。如此大型的建筑，在当时已属罕见之物，更为难得的

---

① 成都市文物考古研究所、四川大学历史系考古教研室、早稻田大学长江流域文化研究所：《宝墩遗址——新津宝墩遗址发掘和研究》，日本：有限会社阿普（ARP），2000 年。

② 成都市文物考古研究所、郫县博物馆：《四川省郫县古城遗址 1997 年发掘简报》，《文物》2001 年第 3 期。

是，在此大型建筑内，还发现了五座由东北向西南依次排列，横亘于房屋中部的长方形卵石台基。从每个卵石台基与其各自四周基槽的槽内圆竹的关系分析，它们是由圆竹作为护壁，内墙卵堆筑而成的台子。五座台子之间的距离在 3 米左右。其中 1 号台东西长 3.4 米，南北宽 3 米；2 号、3 号台东西各长 5 米，南北宽长 2.7 米；4 号台东西长 3 米，南北宽 2.5 米；5 号台东西长 2.75 米，南北宽 2.35 米。对于这五座卵石台的具体作用，因资料的限制，目前还未能予以确切判定，但对于它们的性质，可以根据现有资料给以初步推测。

第一，从形制和组群关系来看，这种卵石台本身就以其有别于其他任何建筑的形制而显示出它们的特殊性，而由五座卵石台所形成的卵石台群，更加显示出它们的非凡性质。第二，卵石台群位于大型房屋建筑 F5 室内中部，而这座房屋内未发现有隔墙遗迹，表明这座大型房屋建筑是专门用来设置和保护卵石台群，使卵石台群与外界隔离开来的。这就显示出了卵石台群的神圣性，反映了它在古城中的崇高地位。第三，从大型房屋建筑基址 F5 附近地层堆积较为纯净，极少出土生活遗物，也没有发现一般性的生活附属设施等情况来看[1]，五座卵石台应为宗教性质的设施，是当时的大型礼仪性建筑；而五座卵石台同它们所在的大房屋建筑（F5）一道，则构成城内的大型礼仪中心。第四，从大型房屋 F5 内设置五座卵石台及其相互关系，以及这座房屋位于古城中部的位置等情况来看，它们应是早期的宗庙，反映了古蜀人宗庙的起源。这同时也是考古学上目前所见到的关于古蜀人尚五传统宗教观念和行为方式的最早实物材料，具有十分重要的学术意义。

此外，1997 年崇州双河城遗址还出土了一件三孔石[2]，石质坚固，平面约长方形，长 10.5 厘米、宽 9 厘米，通体磨制非常精细，弧刃，背部钻有三个等距的圆形小孔，体现出高超的石器加工工艺。成都平原早期城址考古中尚未发现玉器，但其石器磨制技术已达较高水平，所采用的细线切割、单向钻孔等技术，是后来三星堆文化发达的玉器加工工艺的基础。崇州双河古城所出的三孔石，制作极其精美，刃部不见使用痕迹，其出土地点紧靠一座大型房址（未做全面揭露，可能又是一座大型礼仪性建筑），据此推测此件三孔石

---

[1] 段渝：《四川通史》第 1 册，成都：四川大学出版社，1993 年。
[2] 成都市文物考古工作队、成都市文物考古研究所、崇州市文管所：《四川省崇州市双河城遗址调查与试掘》，1998 年。

应是一种礼仪用器。

大型礼仪中心的形成和高等级礼仪用器的出现，表现出宗教权力的集中化程度，它是宗教和政治领袖控制意识形态的结果，是政治权力和经济权力集中化在意识形态领域的反映。五座卵石台基被置于大型房屋建筑以内，意味着随着政治组织的变化而新产生的宗教组织及其活动仪式，一方面是与普通民众的日常生活相脱离、相隔离的，另一方面又有严加保护的必要，以免遭到亵渎以至破坏。这种情况，不但反映了等级制度的形成，而且反映了等级之间的对立，这正是酋邦制的一大特点。

五、古城群的堡垒化现象反映出政治组织间的共同利益关系

成都平原史前古城的最显著特点，是每座古城分别围以高大坚实的城垣，形成所谓堡垒化现象。这批古城集中分布在成都平原西部的有限空间内，是有利于对这块有限空间内的有限资源进行有效开发的。

堡垒化现象并不一定意味着频繁而激烈的军事冲突，甚至不意味着各古城之间的军事对峙局面。前面已经指出，城垣的防御功能不是宝墩文化古城的主导功能，它是权力构造物和权力集中化的象征。如果从界域的角度认识，城垣同时也是各个政治组织权力中心的地域界标，是权力中心的界域所在。事实上，各个政治组织所实际统辖的地域范围并不仅仅局限于各自所居的城以内，它们还分别统辖着各自古城以外的相当一部分地域，否则仅凭古城内部的人口总量是难以发展出并支撑起复杂的组织机构，甚至难以修筑成各自四周那用工总量十分浩大的城垣。

从宝墩文化第三期水平分化、并存于世的几座古城来看，它们既然在文化特征上保持着惊人的同步性，那么可以初步推断，它们之间在总体上也一定保持着友好的邻邦关系，而不是对抗和冲突的敌对关系。尤其是在上古时代成都平原"蜀民稀少"[①]的情况下，往往只有通过同一小生态城域各个族体的相互默契、配合和协作，才能对共同置身的环境进行有效的利用和开发。况且，这几个族体原本是同出一源的兄弟，尽管其间存在各自的利益关系，但在政治上还是有着共同的利益，属于同一政治集团。所以在文化上，它们一荣俱荣，一毁俱毁，共同兴起，共同衰落，就是这种关系的真实反映。

---

① 《古文苑·蜀都赋》章樵注引《先蜀纪》。

六、成都平原史前古城的社会文化表明它的政治组织是发展比较充分、形态比较典型的酋邦组织

考察上古时代政治组织的发展水平，可以从两个方面来加以比较和衡量：一方面是通过与血缘氏族社会的比较来看它的发展水平，另一方面是通过与国家社会的比较来看它的发展水平。

在宝墩文化中，我们已经看到了大范围的具有集中劳动性质的大型建筑工程，看到了特殊性质的大型礼仪中心和高等级的礼仪用器，看到了高高在上的大型建筑群遗存，这显然是政治权力、经济权力和宗教权力集中化的产物。此外，从宝墩文化石器制作的精良，陶器生产的系统化、程式化来看，劳动的专业化分工无疑已经形成，并且受到了权力中心的严格制约。进一步分析，如像大型礼仪中心那样的宗教建筑，既然需要严加保护，当然就意味着有专职的宗教人员和守卫队伍，而不论城墙建筑、礼仪建筑还是高台建筑群等大型公共工程，除了直接的建筑队伍外必然还有各种服务人员队伍和组织管理者队伍，必然还有为这一大批人员提供其剩余产品的更大量的农业生产者。这种分层的复杂社会显然已经大大突破了纯粹血缘氏族制社会的樊篱，从这种社会内部诞生出来的政治组织必然是高于氏族制水平的酋邦。

从某些基本要素来看，酋邦与国家没有太大的差别，例如经济分层、社会分化、政治经济宗教等权力的集中化、再分配系统等，是酋邦组织和国家组织都共同具备而为氏族社会所没有的，所以不少西方学者把酋邦组织称为"史前国家"。但是，从另外一些因素看，酋邦与国家却又有着根本的差别。按照恩格斯《家庭、私有制和国家的起源》中所阐述的观点，国家的特点有二：一是按照地缘而不是按血缘来划分国民；二是军队、警察、监狱等公共机关的设立，而国家的本质是暴力。恩格斯所提出的国家的两个特点，可以看作是国家区别于酋邦的两个根本方面，对于我们认识成都平原史前古城政治组织的性质有着重要启迪。

从宝墩古城水平分化出来的三个政治组织同源于一个母体，它们在血缘上本来就是兄弟族体，有着深厚的血缘关系。而作为它们共同母体的宝墩古城的政治组织，其实也是建立在血缘纽带基础之上的。在宝墩文化发展的整个时期即从宝墩文化一期到四期，文化特征明显是同一文化的一脉相承和发展演变，目前没有发现它征服其他地域的文化或其他地域的文化征服它的迹象。这就决定了古城的分化必然建立在血缘组织的基础之上。不论是垂直分

化还是水平分化，都不是同一个继嗣组织的内部分化，而是继嗣组织之间的分化。换句话说，宝墩以下的每一座古城，都是作为一支支完整的族体，整个地分化而出的，这种族体其实也就是民族史家所习称的"支系"。所以，每一座古城在文化内涵上都是同样的完整，而它们文化特征的演变步伐也是同样的一致。

尽管成都平原各史前古城内部都已发生了严重的社会分化，突破了氏族制的樊篱，但这种分化是在各个族体内部进行的，并没有扩大到不同地域的不同血缘集团。同时，在社会内部分化中由于权力的集中化发展所产生的统治者集团和广大的被统治者，也都分别是以继嗣群这种血缘组织为单位，而不是以家庭和个人为单位的。这也正是酋邦组织的特征，并以这种特征区别于国家组织。

从目前已有的有关宝墩文化的考古材料中，极少发现暴力冲突和武装镇压的遗存现象，甚至很难分辨有没有或者哪些器物属于武器，这与青铜时代考古有很大的不同。从郫县古城的大型礼仪中心来看，当时的统治集团极有可能是或者主要是通过控制宗教这一意识形态来维护现存政治秩序的，暴力也许只是辅助手段，或者是作为一种威慑力量来使用的。在神权占统治地位的时代，统治者往往不需要更多地行使暴力。这种情形可以从近代一些后进民族中盛行的所谓神判现象上得到充分启示和合理解释。这个特征，正是酋邦组织区别于国家组织的另一个重要特征。

以上的分析论述充分说明，宝墩文化古城的政治组织是发展比较充分、形态比较典型的酋邦组织，由各座古城共存形成的古城群，则是考古所见成都平原最早出现的酋邦社会，它预示着文明时代即将到来。

| 06 |

论蜀史"三代论"及其构拟

一、"三代论"的由来

所谓蜀史"三代论",就是把杜宇王国以前的早期蜀史(约相当于西周中叶以前)看成一个次第相续、一以贯之的统一的蜀王国。在这个王国中,由于出现了蚕丛、柏灌、鱼凫三位名王相继统治各达数百年之久的情况,于是按照年代早晚整理成为一个完整的、一系相传延续蜀祚的所谓"三代"。

根据现存典籍考察,"三代论"首见于汉晋之间成书的历史文献。蜀汉学者谯周所著《蜀王本纪》[①]就认为,"蜀王之先名蚕丛,后代曰柏濩(一作灌),又次者名曰鱼凫。此三代各数百岁"。至东晋成汉史学家常璩著《华阳国志》,则进一步予以引申并整理加工,其《蜀志》篇首即说:"蜀之为国,肇于人皇,与巴同囿。至黄帝,为其子昌意娶蜀山氏之女,生子高阳,是为帝颛顼。封其支庶于蜀,世为侯伯,历夏、商、周。"又说:"周失纲纪,蜀先称王。有蜀侯蚕丛,其目纵,始称王。……次王曰柏灌,次王曰鱼凫。"显然,这是把整个蜀的早期历史予以系统化,把早期蜀族归结为帝高阳支庶的一脉苗裔。

蜀史"三代论"既经创立,后世学者讲习蜀史均宗其说。不论是唐代杜佑的《通典》,还是宋代乐史的《太平寰宇记》、罗泌的《路史》,或是诸史注疏所引各种典籍,均莫不如此,几成定论。

20世纪20年代,在川西平原尤其是成都西门白马寺一带陆续发现一些青铜器。这些青铜器的形制花纹大多与中原所出有异,带有明显的地方特色。到三四十年代,许多历史学家和考古学家针对这一现象展开了一系列争鸣,并正式提出了"巴蜀文化"这一命题。[②]但当时讨论的中心主要是关于四川古代文化及其与中原的关系等问题,很少涉足早期蜀史的领域。对于传统的"三代论",也没有直接提出质疑。在近50年来关于巴蜀文化的讨论中,一些学者开始论及这一问题。归纳起来大体可分为如下两类意见。

① 徐中舒:《论蜀王本纪成书年代及其作者》,《论巴蜀文化》,成都:四川人民出版社,1982年。
② 见《说文月刊》第3卷第4、7期。

第一，早期蜀史是多层次、多元地发展起来的；甲骨文和较早的古文献中的蜀，大多与"三代论"所述的蜀无关。

第二，早期蜀文化是单向、一元地发生发展起来的，只有一个源头。这两类意见中，第二类在研究方法上毕竟还是单线发展型，在理论上仍未突破传统的"三代论"模式。第一类意见则与"三代论"针锋相对，触及问题的核心。然而，由于这些论著均非专门性的探讨，均未明确而系统地提出对"三代论"的否证，亦未就此进一步分析其形成缘由。

本文认为，对于"三代论"体系的剖析，除了必须从蜀的早期历史和文化角度入手外，还须对此说的构拟和形成加以考察，才能得出比较全面的认识。

二、"三代论"剖析

综观蜀史"三代论"内容，它具有四个显著特点。首先是完整性，即历史连续，三代相继，似乎从未发生中断。其次是统一性，即王权已充分集中，有基本固定的广阔疆域和古已有之的广大部众。再次是系统性，即发展线索单一，一系相传，其源流似乎均清晰可考。最后是封闭性，即呈现为独立发展的历史过程，不与周围世界发生联系。

上述几个特点与上古时代的历史实际是大相背离的。

（一）完整性剖析

《华阳国志·蜀志》以为三代蜀王均为帝颛顼之后封于蜀者，母系出自所谓"蜀山氏"。按蜀山氏之说实本于西汉诸史。《大戴礼记·帝系》云："黄帝……产青阳及昌意。青阳降居泜水，昌意降居若水。昌意娶于蜀山氏，蜀山氏之子谓之昌濮氏，产颛顼。"《史记·五帝本纪》亦云："黄帝……生二子，……其二曰昌意，降居若水。昌意娶蜀山氏女，曰昌濮，生高阳，是为帝颛顼也。"五帝的相对年代，大约在新石器时代之末或至金石并用时代之初。按上引诸书所记，并证诸岷江上游的彩陶文化[1]，可知蜀山氏出现的年代当大致与五帝同时。

许多学者都认为蚕丛氏乃蜀山氏之后，此说实非。从岷江上游彩陶文化的发展踪迹看，它显然是马家窑文化进入西南的一支。[2]但彩陶文化在岷江流域的分布，仅限于其上游，主要集中在今阿坝州的汶川、理县一带，并未南

---

① 关于岷江上游的彩陶，见林名均：《四川威州彩陶发现记》，《说文月刊》第 4 卷；四川大学历史系考古教研室：《四川理县汶川县考古调查简报》，《考古》1965 年第 12 期。
② 石兴邦：《有关马家窑文化的一些问题》，《考古》1962 年第 2 期。

越中游一步。这就表明蜀山氏活动的地域未曾达于岷江中游以下。而蚕丛氏的活动踪迹却不是这样。古今学者并谓蚕丛氏起源于今茂汶县叠溪一带，其地旧称蚕陵，汉代曾在此设置蚕陵县[①]。沿岷江南下，在今灌县境内亦有蚕崖石、蚕崖关和蚕崖市等古地名[②]，均与蚕丛氏的迁徙有关。从考古资料看，1975年在汶川县增坡发现的被认为是蚕丛氏所遗的石器窖藏，不论器形还是石材用料，均与广汉真武宫所出完全相同，二者明显属于同一文化；并且增坡石器窖藏的年代较真武宫遗址为早。这已经显示了蚕丛氏从岷江上游逐步进入川西平原的情况。[③]值得注意的是，不论在增坡窖藏还是在真武宫遗址中，均未发现彩陶文化的因素和受其影响的痕迹。这就意味着蚕丛氏的文化与以彩陶为特征的蜀山氏的文化有着重大差别，二者显然没有直接的承袭关系。

虽然如此，但二者在年代上却大体相同。增坡发现的蚕丛氏石器窖藏，属于新石器时代晚期之物，与相邻地区彩陶文化的年代一致。可见，蚕丛氏既非蜀山氏之后，而且其出现年代也与蜀山氏相近，属于历史上的五帝时期。

关于柏灌的史迹，历史记述语焉不详。我们推测当可上溯到新石器时代之末，而且广汉文化的早期创造者极有可能就是柏灌一系。从年代上看，广汉三星堆第 14 文化层的上限为距今 4 800 年前，第 13 的上层限为距今 4 500 年前，均早于夏代，而与传说中的五帝大体同时。由于蚕丛氏最初出现的年代与此相同，而且当时出没于岷江上游，故与广汉文化的早期遗物无关。而鱼凫氏出现在广汉的年代，最早也只能上推到商代中叶（详下）。所以当蚕丛和鱼凫入据广汉之前，那里的主人当为柏灌，其出现年代也在五帝之时。

至于鱼凫，我们认为其起源当不在四川，而应在陕南或至于甘、青一带。鱼凫氏的史迹固然史册记述不详，但近年的考古发掘资料却颇能说明一些问题。陕西南部的城固和宝鸡茹家庄、竹园沟等地近年出土大量与广汉三星堆后期文化遗物相同的器物，主要有三角形直援无胡青铜戈以及陶尖底器等。[④]其年代，城固可早到商代中期，宝鸡则多为殷末周初，或晚至西周中叶。考古发掘说明，陶尖底器是陕南商周之际弜氏文化陶系中的代表器物，在宝鸡与铸刻有强氏字样的青铜器伴出。而广汉三星堆仅在后期遗址中出现陶尖底

① 班固：《汉书·地理志》，北京：中华书局，1962 年。
②《蜀中名胜记》卷六引《方舆胜览》。
③ 徐学书：《试论岷江上游"石棺葬"的源流》，《四川文物》1987 年第 2 期。
④ 唐金裕：《陕西省城固县出土殷商铜器整理简报》，《考古》1980 年第 3 期；宝鸡茹家庄西周墓发掘队：《陕西省宝鸡市茹家庄西周墓发掘简报》，《文物》1976 年第 4 期；宝鸡市博物馆：《宝鸡市竹园沟西周墓发掘简报》，《文物》1983 年第 2 期。

器，前期绝无发现。陶尖底器的发展踪迹说明，它不是广汉文化的固有器物；广汉之有陶尖底器实属受弜氏文化的影响，并且更有可能是由弜氏南下的一支从陕南所带至。这一支南下的弜氏便是史册所谓鱼凫。

关于鱼凫南下的原因，我认为与殷周代兴有关。鱼凫之蜀参与武王伐纣后由周王室封于蜀，达于今广汉，才得以将其文化大量带入蜀地。所以川西平原几乎在同一时期突然出现大量相同类型的文化因素，其中富于代表性的即陶尖底器和三角形直援无胡戈。彭县竹瓦街青铜器窖藏中的两件有铭觯，一件铭为"覃父癸"，一件铭为"牧正父已"[①]。徐中舒先生认为，此乃蜀人参加武王伐纣所得战利品，或为周王所颁赐的俘获物。[②]而在宝鸡竹园沟 7 号墓出土的一件晚商青铜爵，上铭"覃父癸"；在陇县韦家庄 1 号墓出土的一件晚商青铜尊，上铭"牧正"[③]。这就不仅证明徐先生推断的正确性，同时从其年代和出土地点看，恰好证明彭县竹瓦街的两件有铭觯是鱼凫南下时"迁其重器"由陕南带来。考虑到商代中叶鱼凫之蜀已能屡次抵御殷商王师的强劲征伐，竟强大如此，故可推断鱼凫一系已经历了一个相当长期的发展历程，才积累了较强实力。因此，鱼凫氏的年代决不会晚于夏商之际，并且其先世与氐羌有着源与流的关系，出现年代还应提早一些。

由上可见，蚕丛、柏灌、鱼凫所谓三代，其出现年代几乎同时，不仅可分别上溯到夏代以前，并且分别经历了从新石器时代到青铜时代的发展历程，其早期历史都是相对独立发展起来的。既然如此，怎么能够说三代一线、次第相继呢？

应当指出，尽管三代一线之说不合史实，但三大部间的融合却不可否认。三星堆遗址不同文化层所出遗物非一族所创，其中既有中原文化的因素，也集中概括了蚕丛、柏灌和鱼凫三大部的文化特色。促成三大部融合的原因很多，其中较为重要的是由迁徙所引起的部落间的征服战争。由此最终导致了三大部归而为一，最后形成了早期蜀族。

（二）统一性剖析

从岷江上游、广汉三星堆和陕南的早期文化遗存看，三地均各有其特色，

---

① 王家祐：《记四川彭县竹瓦街出土的铜器》，《文物》1961 年第 11 期。
② 徐中舒：《四川彭县濛阳镇出土的殷代二觯》，《文物》1962 年第 6 期。
③ 尹盛平：《西周的强国与太伯仲雍奔"荆蛮"》，《陕西省文博考古科研成果汇报会论文选集》，陕西省文物事业管理局，1981 年。

尚无融合现象发生。大约在夏商之际，随着中原和周边民族关系的剧烈演变，蚕丛氏从岷江上游地区逶迤而南，辗转达于广汉。因为广汉真宫的石器源于汶川增坡，而真武宫遗址的年代在夏商之际，故蚕丛氏从岷江上游迁来当在此时。鱼凫氏从陕南迁至广汉则在周初。至于三星堆相当于商代中晚期的文化遗存中出现的极为少量的陶尖底器，则只能说明其时鱼凫与柏灌刚刚发生文化接触。这种情况显然不能证明早在夏商时代就存在一个由三大部所共同组成的统一的蜀王国。

此外，从三星堆各文化层所出遗物可见，其文化因素的多样性也不是一下子同时出现的，而是随着年代的推移逐渐增加、顺次出现的。以陶器种类为例：新石器时代晚期主要是平底器，到夏商之际出现喇叭形器，商代中期盛行鸟头把勺，商周之际则流行尖底罐、竹节把柄豆等。这一现象完全可以说明，早期蜀族是由几个族落逐渐融合而最终形成的，根本不可能从一开始就有一个大一统的蜀族或蜀王国。

（三）系统性剖析

《华阳国志》把三代蜀王同记为黄帝的一脉支裔，此说虽本于《世本》，但《世本》并未明言这种关系。《史记·三代世表》索隐引《世本》云："蜀无姓，相承云黄帝后。"所谓"相承云"，即是自相承袭此说，实为自称黄帝后代。《世本》这一记载，同它对其他族系祖先所予以的肯定记载相比，在书法上差别很大。可见《世本》对此说并未予以确定，不过是疑以传疑罢了。至于西汉元成间博士褚少孙在所补《史记·三代世表》中说"蜀王，黄帝后世也"，自然也是由于误读《世本》之故。已有学者指出，黄帝子孙之说，当为汉代西南夷邑君朝降输献于汉时自己称述得来。[1]其说甚是。

那么，对于《世本》所记"蜀无姓"又当做何解释呢？早期蜀史上的三大部，虽然明显属于父系部落，按古代姓氏分别之法，固不当称姓，但其先所属母系则自当有姓。《左传》隐公八年云"天子建德，因生以赐姓"，姓与出生有关。《左传》昭公四年记载鲁叔孙豹对所宿庚宗之妇人"问其姓"，妇人答曰"余子长矣"，此姓亦指出生关系而言，即许慎所谓"姓，人所生也"[2]。《国语·晋语四》云"凡黄帝之子二十五宗，其得姓者十四人，为十

---

① 蒙文通：《巴蜀史的问题》，《巴蜀古史论述》，成都：四川人民出版社，1981 年。
② 许慎：《说文解字·女部》，天津：天津古籍出版社，1991 年。

二姓"，宗指父系关系，姓则是指其各自所属母系的姓。可见，虽然父系部落一般不称姓，但其祖者所自出的母姓却不可少。即令是处于由母系向父系过渡时期的部落，也"以父名母姓为种号"[①]，由此亦可窥见母姓与种落之号的关系。

既然蜀当有姓，则《世本》所称"蜀无姓"就只能说明早期蜀族构成复杂，几经分合，一次又一次的部落战争不断造成的新的融合，使旧的血缘纽带变得模糊不清，终至难以辨识。战国时代成书的《世本》含糊其词，其原因固当在此。

《华阳国志·蜀志》以为三代蜀王皆黄帝之后。由于黄帝为姬姓，而据古代姓氏通例，"姓千万年而不变"，故三代蜀王亦当同为姬姓。但如上所论，黄帝子孙之说本不可靠，"蜀无姓"则反映了其相互间祖先有别，血缘悬远，说明三大部并非出自一系。可见，关于早期蜀史系统性的观点是全然不能成立的。

（四）封闭性剖析

《华阳国志·蜀志》称："有周之世，限以秦、巴，（蜀）虽奉王职，不得与春秋盟会。"不仅把蜀看作一个封闭王国，而且将其原因归于秦、巴的阻隔。这一论点是否有可靠根据呢？

从《史记·秦本纪》可见，秦本为东方部族，至西周中叶西迁于犬丘，西周之末始为诸侯，被周平王赐以歧以西之地。在春秋以前，不论就秦的地理条件还是军事力量来讲，均不可能存在阻隔蜀向周王室纳贡述职的问题。古本《竹书纪年》记载："《周》夷王二年，蜀人、吕人来献琼玉，宾于河，用介珪。"既然西周中叶以后蜀人还能畅通无阻地入献周王室，这就进一步证明秦未构成蜀、周交往的屏障。按蜀与秦的和战关系，在西周一代无任何史迹可寻，文献记载最早似只能追溯到春秋初年。《史记·货殖列传》云："及秦文、德、缪居雍，隙陇、蜀之货物而多贾。"秦文公初即位是在周平王六年（前765年），此后才始与蜀通经济往来，谈不上以武力阻蜀的问题。因此，"有周之世"限以秦阻之说，是完全错误的。至于巴，就更谈不上阻隔蜀与外界交往的问题了。

再从川西地区的考古发掘来看，广汉三星堆出土的各类器物中包含了夏、

① 范晔：《后汉书·西羌传》，北京：中华书局，2015 年。

商、周时期不同地区的文化因素。广汉月亮湾、彭县竹瓦街等地所出玉石器和青铜器中，也有不少中原的文化色彩。即使是蜀式青铜戈，就其 I 式的形制而论，其祖型亦与商周勾兵有密切关系。成都羊子山土台遗址，其建台年代为西周春秋之间，从其形制和用途观察，也明显地受到周人文化的影响。[①]早期蜀文化固然有自身的显著特点，也可大体构成从新石器晚期到商周之际的发展序列，但其中受中原和其他地区文化的影响渗透之迹也并非鲜见。这种情况已充分显示了早期蜀文化具有开放性的特点，同时也说明早期蜀史上的三大部并不像常璩所勾画的那样，是一个封闭性的独立王国。

三、"三代"蜀王的构成及其性质

蜀史三代的构成，按汉晋学者的看法，是以三位蜀王作为代表，每一位分别表示一代，其名称即为一代之称。但事实正好相反。蒙文通先生指出，三位蜀王中每一位的名姓均为"一代之名，而非一人之名"[②]。再进一步分析这种以一代之名代替一人之名的情况，实际上是以共名取代私名。蚕丛、柏灌、鱼凫三个名称，首先应当分别是三个部落的名号，此即所谓共名；而每一部落中出任王者均以共名作为私名，故才可能出现"上古时蜀之君长治国久长"[③]，绵延数百年而王者名号全然不改的情况。这种情况表明，早期蜀史上王者之名与部落之称的关系，与中原有相当区别，不能强相比附。

三代蜀王不仅以共名为私名，而且不论哪一代的世次皆不可考。这是什么缘故呢？

古代文献对于上古帝王世次的记载，大体可分二种：一是清晰可靠，一是无案可稽。略为考察，我们可以得出这样的认识：凡世次清楚或大体可计数者，此类帝王大多为真帝王即阶级国家的君主；那些既无世次可计而又称王者，或虽有世次却又含混不清前后抵牾者，则多为氏族部落的酋长，其王者之称不过仅表面具有一定权威而已。从《史记》可见，夏、商、周三代的世系十分明确，商、周世系早为卜辞和金文所证实，夏代世系也可在《尚书》等古籍中约略可证。但在《五帝本纪》中，五帝的世次却是含混不清、前后抵牾的。黄帝所分出的二大支系，其间历年差别之大，无论如何也排不出《本

---

① 李复华、王家祐：《巴蜀文化的分期、断代和渊源试说》，《四川史学通讯》1983 年第 3 期。
② 蒙文通：《巴蜀史的问题》，《巴蜀古史论述》，成都：四川人民出版社，1981 年。
③《古文苑·蜀都赋》章樵注引《蜀纪》。

纪》所列世次。再看《山海经》，其中载古帝王世系，但却东南西北相互混杂，矛盾互见，不可缕析。这说明此类帝王实非君主，至多为部落首领。其原因在于，原始社会氏族部落首领必须经过全体成员或代表他们意志的部落议事会公推而出，不存在权力的私有化，因而没有什么嫡庶之分，更谈不上世袭制度，故无所谓世次。世次是世袭制度确立后的必然产物，意味着阶级国家已经产生，与氏族部落制时代有着本质区别。三代蜀王之所以没有世次，实际上正是因为尚处于部落制时代的缘故。

《华阳国志》把三代中先称王者的蚕丛置于两周之际，不仅在年代上是一重大错误，而且试图以此表明蜀与中原无异，早已进入了家天下，这又是一大错误了。

考之诸史，三代蜀王时期蜀的社会生产力还比较落后，但已接近原始社会的尾声。根据《华阳国志·蜀志》所载，蚕丛始称王，"死，作石棺石椁，国人从之"，"鱼凫王田于湔山，忽得仙道，蜀人思之，为立祠"。这种现象表明，蚕丛、鱼凫在各自部落内已形成一定势力，不仅可以号令部众，而且可在一定程度和范围内表现自己的意志，王者的意志不再完全取决于部落全体成员的意志。事实上，不论蚕丛、柏灌还是鱼凫，仅就其所称王本身来看，即已显示出个人权力的上升和集体权力的下降。殷卜辞和早期金文中的王字均象斧钺之形。以斧钺作为军事民主制时期部落酋长权威的象征，这在中国上古各部落是普遍存在的，其来源亦相当久远。三代蜀王的情况正是如此。蚕丛作石棺石椁而国人从之，鱼凫仙去而蜀人祠之，这当然是指其对本部的部众所具权威而言，而三代间的每一次代兴，如《蜀王本纪》言，"其民亦颇随王化去"，尔后不久"化民往往复出"，归附新的王者，则说明这种代兴实质上是部落间的征服战争。其结果，征服者部落自然成为被征服者部落之所依，而征服者部落酋长的权威也随着战果的扩大日益上升，并在各种因素的交互作用下迅速朝着国家君主意义上的王权转化。可见，三代蜀王实质上是分别处于军事民主制时期三个部落的军事首长，既非国家君主，亦非一般部落首领。

综上所述，三代蜀王中任何一代本无世次可计，蜀王的权威尽管已开始带有后世君主的某些特征，但终究尚未最后形成真正的王权以及王位的世袭制度。从这个意义上说，"三代"时期的蜀族社会并未超越原始社会的最后阶段，因而其性质不能与两周之际中原和东方的诸侯国家相提并论。

四、"三代论"的构拟及其实质

通过以上分析，我们可以看到，"三代论"的核心是强调蜀史发展的独立性及其与中原诸国的同步性；而强调其早期同中原古史传说中的五帝所具有的直接的渊源关系，则是突出了蜀的正统性及其与中原诸国相等的历史地位。究其实质，此说不仅代表着汉晋时期蜀中士人的一种学术观点，而且在更大程度上体现了分裂时期割据一方的蜀中士大夫的思想潮流，集中反映了其构拟者的政治观点。

从历史上看，春秋战国之际中原普遍存在"内诸夏而外夷狄"的看法，中原以外诸邦均被视为蛮夷之国。蜀因僻处西南，历来被中原遇之以夷狄。《战国策·秦策一》记载司马错云"夫蜀，西辟之国也，而戎狄之长也"，张仪亦谓蜀为"戎狄"。《汉书·地理志》也说"巴、蜀、广汉本南夷，秦并以为郡"，认为蜀乃蛮夷，只是在秦灭蜀而郡之以后，方融入了华夏的范围。这一传统看法，对于世为巴蜀著姓的谯周和常璩来说，固属痛心疾首，而对于蜀汉北图中原恢复帝业、成汉据蜀与晋对峙来说，然更为不利。强调蜀史正统地位的"三代论"所以要一反传统，把蜀的先祖直接上推到黄帝和颛顼，就在于它是适应当时蜀与中原争雄或与之分庭抗礼的政治局势的。

史称谯周曾师事蜀汉通儒秦宓，"具传其业"[1]，在学术和思想上无不承其余绪，深受影响。《三国志·蜀志·秦宓传》记载："初宓见《帝系》之文，五帝皆同一族，宓辨其不然之本。又论皇帝王霸豢龙之说，甚有通理。谯允南少时数往咨访，纪录其言于《春秋然否论》。"谯周《春秋然否论》今已不传，但其所作《古史考》则是根据秦宓之言而阐述五帝不同一族之书[2]。足见谯周的学术渊源之所自。在政治思想上，谯周与秦宓也颇为相类。《秦宓传》记载宓与吴使张温对答，温曰："天有姓乎？"宓曰："有。"温曰："何姓？"宓曰："姓刘。"温曰："何以知之？"答曰："天子姓刘，故以此知之。"此类貌似荒诞的言辞实际上正说明了秦宓的政治思想。谯周撰写蜀史，即明显地接受了这一思想。按谯周考论古史之文，多所发明，议论精辟，尤其是疑古之辨，开后世疑古风气之先，备受学者称引。但涉及蜀史，其治学思想则截然相反。《三国志·秦宓传》裴松之注引谯周《蜀本纪》曰："禹本汶山广柔县人也，生于石纽，其地名刳儿坪。"禹生石纽之说本非史实，诸史不取，仅

---

① 林沄：《说王》，《考古》1965 年第 6 期。
② 常璩著，刘琳校注：《华阳国志校注·广汉士女》，成都：巴蜀书社，1984 年。

为蜀地羌民的传说。按谯周考论古史的疑古精神，不但不当采此说，反应予以驳斥。但他却一反本义，采录此说于《蜀本纪》。这与他平素"皆凭旧典"，驳斥并纠正司马迁"采俗语百家之言"[1]的惯常做法，相差何止千里！只能说明他借此突出蜀的历史地位，从学术入手为蜀汉政治制造历史根据的目的。这与秦宓高谈阔论天子姓刘故天姓刘，又何其相似！

由上可见，蜀史"三代论"的构拟，从一开始就超越了学术范围，凝聚着以谯周为代表的蜀中士大夫的政治观点，是特殊政治环境下产生的特殊学说。如果联系到蜀亡后魏、晋累诏谯周用事，谯周"自陈无功而封，求还爵土"[2]，在临终前还嘱其子勿以晋室所赐朝服加身，告以"当归旧墓""豫作轻棺"[3]，这一点就更加清楚了。

常璩与谯周有着十分相似的政治遭遇。他生活在成汉国势日蹙的时代，李势时他官至散骑常侍，掌著作。其时成汉与东晋对峙，作为"蜀史"的常璩自然要维护蜀的利益，并从史学角度为蜀伸张。成汉亡后，常璩虽以曾经建言李势降晋改为参军，并入于王都建康，然因多种原因终不能显荣于江左。这就使本来对蜀抱有拳拳忠心的常璩更为不满，而把这种情绪倾注到《华阳国志》之中。一部《华阳国志》，对蜀与中原的臧否褒贬充斥于字里行间，其用心是十分明显的。

常璩写作《华阳国志》之时，能看到并作为参考的有关《蜀纪》的写本共有八家（详见《序志》）。他除谯周的本子以外皆不取就是因为谯周可与他共鸣，能以学术达于政治，伸张蜀史，最合其本意。所以常璩全采谯周的"三代论"并予以发扬光大，这是丝毫也不奇怪的。由此可见，作为源于黄帝但又独立于中原的蜀史发展模式，"三代论"实质上也正是凝聚着常璩政治思想的一种特殊的史学构拟。

谯周、常璩之间虽然相差约近百年，但相似的政治环境和共同的政治命运使他们先后采取了一致的政治态度，都从史学的角度出发来强调蜀的正统地位，捍卫蜀的崇高尊严。"三代论"之所以能够成为这二位蜀中学者的共同语言，原因即在于此。而唐宋以后讲习蜀史者，由于其时已不存在蜀与中原分庭抗礼的问题，故只是述而不作，并无什么微言大义可言了。

文明的史迹：先秦、巴蜀及南丝路历史研究（巴蜀文化卷）

---

① 徐中舒：《论蜀王本纪成书年代及其作者》，《论巴蜀文化》，成都：四川人民出版社，1982 年。
② 房玄龄：《晋书·司马彪传》，黄公渚选注，上海：商务印书馆，1934 年。
③ 陈寿：《三国志·蜀志·谯周传》，北京：商务印书馆，1958 年。

| 07 |

论黄帝与巴蜀^①

　　关于炎黄文化，历来有广义的和狭义的两种理解。狭义的炎黄文化，是指上古时代由古史传说中的炎帝和黄帝所创造的文化；广义的炎黄文化，则是指战国秦汉以来中华民族的文化。今天我们所说的炎黄文化，除专门性的学术研究中所涉及的族源、文化起源等问题外，在绝大多数场合都是指广义上的炎黄文化，即中华文化。毫无疑问，这个意义上的炎黄文化，是中华民族所共同创造和发扬光大的，因而具有强大的生命力和巨大的凝聚力，成为中华民族世世代代永不泯灭的精神文化纽带。

　　地处长江上游的巴蜀地区，是中华文化的起源地之一，也是炎黄文化的发源地之一。千百年来，黄帝子孙、巴蜀儿女在这片美丽富饶的土地上，辛勤开发，创造了光辉灿烂的巴蜀文明，在中华文化史上写下了辉煌篇章。黄帝与巴蜀的关系，事实上是狭义和广义两种概念或两种关系的复合，无论从文献材料还是考古资料来看，都是如此。这里，我们拟就前一种关系略抒管见。

一、中原文献所传黄帝与巴蜀

　　黄帝与巴蜀的关系，主要见于两大系统所传古史材料，其一为中原文化系统，其一为巴蜀文化系统。深入了解这两个系统所传古史的基本情况，对于明辨黄帝与巴蜀关系史传的真伪，进一步探索其源流，具有重要意义。

　　中原诸多古史文献里涉及黄帝与巴蜀关系的材料并不多，主要见于《山海经》《竹书纪年》《世本》《大戴礼记》《史记》，以及后来的《帝王本纪》《水经注》《路史》等文献。《史记·三代世表》褚少孙补曰："蜀王，黄帝后世也，至今在汉西南五千里，常来朝降，输献于汉。"司马贞《索隐》说："按《系（世）本》，蜀无姓，相承云黄帝后世子孙也。"在汉西南五千里的蜀王子孙，是指夏商之际由于蜀国王政的变动而南迁至今云南大姚和四川凉山地区的蜀王蚕丛后代。《史记·三代世表》正义引《谱记》："蜀之……历虞、夏、商、

---

　　① 本文为本书作者与谭洛非（第一作者）合作。

周。衰，先称王者蚕丛国破，子孙居姚、嶲等处。"褚少孙所说蜀王为黄帝后世子孙，即指此而言。黄帝后世子孙说，当是从这些邑君朝降时自己称述得来。[1]蜀王子孙自述为黄帝后代，在中原文献里也是颇有根据的，可以说两相吻合。

《世本》记载："蜀之先，肇于人皇之际，无姓，相承云黄帝后。"《世本》中关于世系的材料来源，多出于《吕氏春秋》。[2]翻检此书，没有黄帝本身与巴蜀关系的记载，倒记载了帝颛顼与蜀的关系。此书《古乐篇》记载："帝颛顼生自若水。"帝颛顼，在古文献里多被记成是黄帝之孙，昌意之子。《史记·五帝本纪》记载："黄帝居轩辕之丘，而娶于西陵之女，是为嫘祖。嫘祖为黄帝正妃，生二子，其后皆有天下。……其二曰昌意，降居若水。昌意娶蜀山氏女，曰昌仆，生高阳。……黄帝崩，葬桥山。其孙昌意之子高阳立，是为颛顼也。"《史记》这一说法本于《大戴礼记·帝系》："黄……娶于西陵氏之子，谓之嫘祖氏，产青阳及昌意。青阳降居泜水（《史记》作'江水'），昌意降居若水。昌意娶于蜀山氏，蜀山氏之子谓之昌濮氏，产颛顼。"这段史料的来源，据《尚书序正义》《大戴礼记·帝系》出于《世本》，两书是同出一源的。而《史记·五帝本纪》主要取材于这两部书[3]，均出自同一系统。

司马迁在《史记·五帝本纪序》中说："予观《春秋》《国语》，其发明《五帝德》《帝系姓》章矣，顾弟弗深考，其所表见皆不虚。"司马迁认为《帝系》等篇章不为虚妄之说，而无须深考。[4]所以，徐中舒先生指出，《五帝本纪》所据的"古文"，来源于战国时代流传下来的资料，"不离古文"，此篇整理的五帝系统是有相当根据的。[5]我们认为，《史记·五帝本纪》出自《大戴礼记·帝系》，《大戴礼记·帝系》又出自《世本》，而《世本》为战国古文所传，这一流传系统更足以说明取材古远，所传主要来源于先秦世代相传的旧说，并非臆造。

上述史籍，均为先秦北方系统即黄河流域所传古史材料。现在，我们再以先秦南方系统即长江流域所传古史材料交互考论比较，便可见其就里。

先秦南方所传古史系统，主要集中在《山海经》这部古书里面。《山海经》内容博大宏富，非一人一时一地之作，虽最终成帙于汉，但绝大多数篇章是

---

① 蒙文通：《巴蜀古史论述》，成都：四川人民出版社，1981年。
② 顾颉刚：《中国上古史研究讲义》，北京：中华书局，1988年。
③ 司马迁：《史记·五帝本纪序》，北京：中华书局，1959年；班固：《汉书·司马迁传赞》，北京：中华书局，1962年。
④ 司马迁：《史记·五帝本纪序》集解、索引、正义，北京：中华书局，1959年。
⑤ 徐中舒：《先秦史论稿》，成都：巴蜀书社，1992年，第16页。

先秦作品，且内容多与巴、蜀、楚有关①，是南方古史系统不可多得的最重要的文献材料。《山海经·海内经》成书于西周中叶以前，此篇记载了黄帝一系与古蜀的关系，兹录如下："黄帝妻嫘祖，生昌意。昌意降居若水，生韩流。韩流……取淖子，曰阿女，生帝颛顼。"同《世本》相较，这条材料多出了韩流一代。郭璞注引《纪年》说："昌意降居若水，产帝乾荒。"雷学琪《竹书纪年义证》卷一认为："郭注引此经证之。谓乾荒即韩流也。"极是。上引《山海经·海内经》郭注又引《世本》说："颛顼母，濁山氏之子，名昌仆。"郝懿行《笺疏》："濁蜀古字通。又通淖，是淖子即蜀山氏子也。"

两相对照，可见南、北古史系关于黄帝与蜀关系的记载是基本一致的。虽然北方系统的代表作《世本》脱漏了"乾荒"一代，但同属北方系统并且可信程度很高的《古本竹书纪年》却有记载。除字形上的衍变外，与南方系统的代表作《山海经》完全相同。并且不论北方系统的《竹书纪年》《世本》还是南方系统的《山海经》，都记载颛顼为黄帝之后，而颛顼生于蜀山氏。南、北两系对于同样一个问题完全一致的记载，表明黄帝、颛顼与蜀的关系确为先秦旧史所传，绝非虚语。

诸书并谓黄帝子昌意"降居若水"，帝颛顼亦"生自若水"。若水何在呢？《汉书·地理志》蜀郡旄牛下记载："鲜水出徼外，南入若水。若水亦出徼外，南至大筰入绳。"大筰在今四川汉源县南，绳水即今金沙江。由此可知，古若水即今雅砻江。嘉庆重修《清一统志》卷三八三《四川统部》"泸水"下注："即古若水，俗名打冲河，上流曰雅砻江，源出西番，东南流经宁远府、西昌县、盐源县、会理州，与金沙江合。"由此可见，昌意降居的若水，帝颛顼出生的若水，就是纵贯四川西部的雅砻江。

至于黄帝为其子昌意娶妻的蜀山何在，先秦绝大多数史籍中未见有所述及，仅《山海经·海内东经》说："白水出蜀，而东南流注江。"郭注："从临洮之西西倾山来，往沓中东流。"白水所出的蜀，即西倾山。但西倾山距离若水太远，要将两者拉在一起，似乎不可能，并且这个"蜀"仅此一见，无其他证据可资验证，因而不能使人遽信。谭其骧先生主编的《中国历史地图集》第 2 册将此"蜀山"定为汉代名称，看来也是考虑到蜀山名称与先秦无涉，而是因受蜀文化影响故名。

① 蒙文通：《略论〈山海经〉的写作时代及其产生地域》，《中华文史论丛》第 1 辑，1962 年。

宋人对于蜀山所在，考证颇多。《太平寰宇记》卷七八"茂州石泉县"下载："蜀山，《史记》黄帝子昌意娶蜀山氏女，盖此山也。"《路史·前纪四》说："蜀之为国，肇自人皇，其始蚕丛、柏濩、鱼凫，各数百岁，号蜀山氏，盖作于蜀。"又引《益州记》说："岷山禹庙西有姜维城，又有蜀山氏女居，昌意妃也。"《路史·国名记》又说："蜀山（今本无'山'字，蒙文通先生据《全蜀艺文志》引补），今成都，见杨子云《蜀纪》等书。然蜀山氏女乃在茂。"又说："蜀山，昌意娶蜀山氏，益土也。"这些记载虽有分歧，但共同指认蜀山在岷江流域的岷山地区。并且，据上引《路史·国名记》，蜀山处于岷山南麓、岷江中流的成都，此说出自汉代扬雄《蜀记》，看来是有充分依据的。

据研究，古蜀人中的蚕丛、鱼凫两代，均来源于岷江上游地区，其年代之早者，可上溯到五帝时期。[1]而岷江上游地区的岷山，历来被蜀人认为是蜀之西山，即蜀山，乃蜀王蚕丛氏兴起之地，蜀王鱼凫亦来之于此。近年四川广汉三星堆遗址发掘的商代蜀国"祭祀坑"，以及1954年清理成都羊子山商周大型礼仪建筑基址，方向都指向岷山，必与蜀王先祖的来源有关，与蜀山有关，证实蜀山即岷山。我们知道，若水历来被视为"徼外之地"，蜀人一向被视为"西戎""南夷"。倘若黄帝一系与若水、蜀山氏的关系是子虚乌有，那么作为中原正统史学的上述史册是绝不可能也不会将华夏祖源之一的昌意、颛顼同身为"徼外之民"的蜀人拉扯到一块儿的。[2]从这里不难看出，中原先秦古籍所记载的黄帝与蜀的关系，必有其史实依据。

巴与黄帝的关系，史籍上的反映则较明确，这里仅扼要论述。

巴为姬姓，与周同姓。《左传》昭公十三年记载楚共王之妻、楚康王之母为"巴姬"。根据《周礼》所载的"妇人称国及姓"[3]之制，巴为国名，姬为族姓，巴姬即是姬姓巴国嫁于楚国的宗室女。所以，《华阳国志·巴志》既称"（周）武王既克殷，以其宗姬封于巴"，又称"巴国……封在周，则宗姬之戚亲"。

巴为姬姓，与周同源，而周人先祖弃，其母姜原为帝喾原妃。[4]帝喾，据《世本》《大戴礼记·帝系》《竹书纪年》等古文献，为黄帝子玄嚣一系子孙。黄帝亦为姬姓，《国语·晋语四》说："少典娶于有蟜氏，生黄帝、炎帝。黄帝以姬水成，炎帝以姜水成，成而异德，故黄帝为姬，炎帝为姜。"

---

① 段渝：《论蜀史"三代论"及其构拟》，《社会科学研究》1987年第6期。
② 段渝：《三星堆文化》，成都：四川人民出版社，1993年。
③ 司马迁：《史记·吴太伯世家》索隐引，北京：中华书局，1959年。
④ 司马迁：《史记·周本纪》，北京：中华书局，1959年。

按古代姓氏之法，"天子建德，因生以赐姓，胙之土而命之氏"①。氏可以变，姓则不可以变，诚如顾炎武《原姓篇》所说："姓千万年不变。"因此，巴出姬姓，确系黄帝后代，毋庸置疑。徐中舒、童书业先生认为，巴为《左传》中所记载的"汉阳诸姬"之一②，是不无道理的。虽然应该指出，这个姬姓巴国虽与周同源，却并非起源于周武王所封宗姬，即不是源于周之宗室子弟。③

据上所论，可将黄帝与巴蜀的关系排为下图，以资比较（图一）。

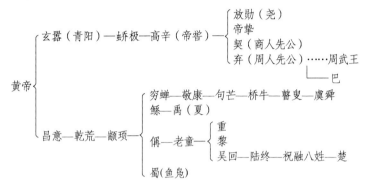

图一　黄帝与巴蜀的关系

图中，横线表示一系相传，为直系；纵线表示族系分化，为支系。这里，我们是将古史传说中的人物，作为族系或古国来处理的。只有这样，才能解决从同一个系统中分化出来的"兄弟"何以在年代上差距悬远的问题。正如司马贞《史记·五帝本纪》索隐所说："少典者，诸侯国号，非人名也，……若以少典是其父名，岂黄帝经五百余年而代炎帝后为天子乎？何其年之长也？"同样，古蜀史上所谓蚕丛、柏濩、鱼凫，"此三代各数百岁，皆神化不死"④也是这样，三代即三族或三国，三代之名均为族系或国共名，而非私名。从表中可见，黄帝后代分为两大系统，帝颛顼（高阳）系统和帝喾（高辛）系统。巴与蜀分别属于其中一个系统，巴为帝喾之后，与商、周同系；蜀为帝颛顼之后，与夏、楚同系。应该指出，这里所说的巴和蜀，都只指其统治者即王族的族系而言，而古巴蜀境内的被统治者则族系非一⑤，不能将王族与

①《左传》隐公八年，十三经注疏本。
② 徐中舒：《论巴蜀文化》，成都：四川人民出版社，1982年；童书业：《春秋左传研究》（校订本），北京：中华书局，2006年。
③ 贾大泉：《四川历史研究文集》，成都：四川省社会科学院，1987年，第19-35页。
④ 扬雄：《蜀王本纪》，北京：中华书局，1958年。
⑤ 常璩著，刘琳校注：《华阳国志校注·蜀志》《华阳国志校注·巴志》，成都：巴蜀书社，1984年。

被统治者的族系混为一谈。

二、巴蜀文献所传黄帝与巴蜀

先秦时期的巴、蜀古国并无文献流传下来，但古代巴蜀必定有不少资料通过种种形式传世，最常见的形式是口耳相传，或为他国所记录。除此之外，由于近年巴蜀文字研究的进展，已知古代巴蜀并非"无文字，无礼乐"，相反却具有两个系统的文字，李学勤先生称其为巴蜀文字甲、乙[1]，我们暂称为巴蜀文字Ⅰ、Ⅱ。将来是否能够发现巴蜀文献或其孑遗，现在对于这种可能性，还不能完全断定。

迄今所见传世巴蜀文献，出于汉晋之际，据称原有多部，但大多数已失传而不存。现存的两部巴蜀史，一是《蜀王本纪》，一是《华阳国志》。《蜀王本纪》旧题汉扬雄。学术界或认为并非扬雄著，而是三国谯周[2]。此书原佚，后有多种辑本，残缺甚多，斯难成章。《华阳国志》作者为东晋常璩，流传之中也有不少缺失和错简，现有任乃强《校补图注》和刘琳《校注》两种勘核较精。

今传《蜀王本纪》各家辑本，一个共同的特点是，均不载黄帝、颛顼、蜀山氏等事件，而却有"禹生石纽"的记载。蜀史开端不在黄帝子昌意，不在乾荒和颛顼，也不在蜀山氏，而在蚕丛、柏濩、鱼凫等令人颇感"开国何茫然"的三代蜀王。相反的是，在《蜀王本纪》中盛传的三代蜀王，又不见于先秦中原所传古史。这是否意味着两者之中必有一谬呢？

首先应该认识到，《蜀王本纪》所记，当是出于古蜀人累代相传的旧说，或是古蜀中流传广远的旧史。它的材料来源，大多与中原文献所记巴蜀史并非同源。因此，对于其间的异同之处，不必指为必有一谬。可是《蜀王本纪》各家辑本确无黄帝、蜀山氏等方面的内容。按照史家常识，对于如此重大的历史事件，必定会记录下来。倘若《蜀王本纪》是因不信此说而付阙，那么世人怀疑黄帝与巴蜀的关系也是有其道理的。究竟如何呢？蒙文通先生认为，蜀王自当有其家史和家谱，也就是《本纪》。既然《路史·国名记》引扬雄《蜀记》，其中有"蜀山"云云，那么蜀王为黄帝后世之说应当已见于《蜀王本纪》，今传辑本之所以无此记载，原因在于清代洪、严诸家辑本遗漏了这一条。而

---

① 李学勤：《论新都出土的蜀国青铜器》，《文物》1982 年第 1 期。

② 徐中舒：《论巴蜀文化》，成都：四川人民出版社，1982 年；童书业：《春秋左传研究》（校订本），北京：中华书局，2006 年。

"昌意娶蜀山氏女"之说，既见于中原文献如《史记》《帝系》等，又见于《蜀王本纪》，说明中原与蜀的相同说法是同出一源的。①对于此说，李学勤先生表示赞同。②

从《路史》辑有《蜀王本纪》关于"蜀山"的情况看，《蜀王本纪》原本应当记有黄帝与蜀的关系。这不仅在于蒙文通先生所说蜀王应有其家传材料，自会将此记入其中，而且早在《蜀王本纪》成书以前数百年，在西周中叶以前，就有《山海经·海内经》所记载的黄帝与蜀关系的内容传世。此篇出于蜀人之手，那么这条材料的来源应当是蜀王世代相传的家史，或在蜀中广为流传的旧说。而此说形成之古远，非《蜀王本纪》和中原所传蜀史材料所能及。这就是说，《蜀王本纪》的相关记载，不是取材于蜀王家传旧史，就是取材于《山海经·海内经》，总之，是来源于古蜀地，而不是取材于中原文献。关于此点，只要看看《蜀王本纪》所记内容绝大多数为中原文献所无，便会一目了然。

《山海经》中另外有一条材料，也可以证实黄帝一系与古蜀的关系。《山海经·大荒西经》记载："有鱼偏枯，名曰鱼妇。颛顼死即复苏。风通北来，天乃大水泉，蛇乃化为鱼，是为鱼妇。颛顼死即复苏。"鱼妇为颛顼所化，死而复苏，即言鱼妇为颛顼后代，鱼妇之族从颛顼之族中分化而出。此类情况屡见于古籍，基本上讲的都是族系分化关系。郭注引《淮南子》说："后稷龙在建木西，其人死复苏，其中为鱼。"今本《淮南子·坠形篇》说："后稷垅在建木西，其人死复苏，其半鱼在其间。"这条材料，其事、其地均与《海内南经》所载人面鱼身的氐人国如出一辙，应是蜀王鱼凫氏来源的又一传说。妇、凫一声之转。三星堆出土金杖图案上的人、鱼、鸟刻纹，也正表现出"颛顼死即复苏""是为鱼妇（凫）"这样一种上古人们关于人类与动物相互转化的观念和族系分化的概念。

《山海经》中的《大荒经》，据蒙文通先生考订，当作于周室东迁以前，其产生地域为巴蜀。③袁珂先生也认为："成书当不在《山经》及海外、内各经之后。"④这条材料讲鱼凫为颛顼所化，即从颛顼一系中分化出来，而后"风通北来"，即从西北高原迁移到成都平原，其中几经分合，最终仍以颛顼支系

---

① 蒙文通：《巴蜀古史论述》，成都：四川人民出版社，1981年。
② 李学勤：《〈帝系〉传说与蜀文化》，《四川文物》三星堆古蜀文化研究专辑，1992年。
③ 蒙文通：《略论〈山海经〉的写作时代及其产生地域》，《中华文史论丛》第1辑，1962年。
④ 袁珂：《山海经校注》，成都：巴蜀书社，1992年。

名世。很明显，这条材料，正好是与前文所引《山海经·海内经》关于黄帝、昌意、蜀山氏、乾荒和帝颛顼的世系相衔接的。《海内经》叙蜀山氏，至帝颛顼而止；《大荒西经》这条材料则从颛顼起，至鱼凫立国而止，两条材料恰是相互应接的，并且其产生地域相同，成书年代一致，绝非偶然。由此可见，《山海经》中这两条早在西周即已流传于蜀的材料，一致叙述了黄帝、颛顼与蜀的关系，颇有根据，它们应当就是蜀王旧史中的一部分，所以才能够被成书于蜀的《海内经》和《大荒西经》所摭取。

这说明了两方面的情况：一方面，《山海经》本身证实了黄帝与蜀的关系；另一方面，同样成书于蜀的《蜀王本纪》，也理应采摭这一早在蜀中流传的旧史材料，并参以相关史实和事件，以更多的材料叙述蜀王历史，才与《本纪》相合。从这个角度看，关于黄帝、颛顼已见于蜀王家传史料的看法，是能够成立的，中原文献所记与此基本相符。

《华阳国志》虽成书更晚，但其材料来源却颇为古远。常璩叙说此书的材料来源说："乃考诸旧纪先宿所传并南裔志，验以《汉书》，取其近是，及自所闻，以著斯篇。"[1]即取材于前代故老所传蜀史、南裔志、《汉书》（地理志）和作者自身的见闻。其中，除南裔志与三代蜀王来源关系不大以外，其余材料都应有所关联。尽管此书的材料取舍以《汉书》为尺度，即以中原王朝的正统史学为标准，抹杀了许多珍贵的然而叙述不那么"雅驯"的蜀王传闻，但最基本的史料还是保存了下来。

《华阳国志》中的《巴志》，叙述巴蜀先祖始自人皇，这是后起的谶纬之说，不可信。但又将巴、蜀先祖分别追溯到黄帝："五帝以来，黄帝、高阳之支庶，世为侯伯。"[2]"巴国远世，则黄炎之支封；在周，则宗姬之戚亲。"[3]"蜀之为国，……至黄帝，为其子昌意娶蜀山氏之女，生子高阳，是为帝喾（当为帝颛顼），封其支庶于蜀，世为侯伯，历夏、商、周。"[4]据上所述，《华阳国志》的编撰，其材料来源既有蜀之旧史，又有其亲耳听闻，当包括《蜀王本纪》（据常璩在《序志》中说，曾见八家《蜀王本纪》）等文献和蜀人相传的旧说在内。尽管他以《汉书》为取舍尺度，但中原史学却并不回避黄帝、昌意、颛顼之事，所以这类取之于《蜀王本纪》和故老传闻的史事，在《华

① 常璩著，刘琳校注：《华阳国志校注·序志》，成都：巴蜀书社，1984 年。
② 常璩著，刘琳校注：《华阳国志校注·巴志》，成都：巴蜀书社，1984 年。
③ 常璩著，刘琳校注：《华阳国志校注·巴志》，成都：巴蜀书社，1984 年。
④ 常璩著，刘琳校注：《华阳国志校注·蜀志》，成都：巴蜀书社，1984 年。

阳国志》中能够被再次记录下来。

能够说明常璩所述依据的蜀中旧史,而又"验以《汉书》,取其近是"的事实是蜀中旧史所传黄帝与蜀的关系,传诸世上的材料最古老且最著名的是《山海经》中的材料。《山海经·海内经》所述世次,在昌意与颛顼之间有乾荒一代,但《华阳国志》则无,明显地被删掉了。按理,素有"蜀史"之誉的常璩应取作于蜀中的《山海经》和《蜀王本纪》以入史,但由于中原文献《史》《汉》无乾荒一代,故参验的结果是删掉了乾荒一代。常璩如此处理史料,完全出于其正统史家的立场。由此可见,常璩作《华阳国志》时,关于黄帝与巴蜀关系的材料,是来源于"诸旧纪先宿所传"和"及自所闻",即蜀中世代相传的旧说。再者,既然宋代罗泌作《路史》时,尚且能见到《蜀王本纪》中有类似材料,何况成汉史官常璩乎!

由此可见,巴蜀文献所传黄帝与巴蜀的关系,是由巴蜀王室旧史、《山海经》《蜀王本纪》《华阳国志》这种流布方式传世的,并有在巴蜀民间广为流传的口碑材料世代相承,因此应是一部信史。巴蜀文献,包括蜀王后世子孙在姚、嶲等处所传,世间口耳相传,《山海经》中的《大荒西经》和《海内经》《蜀王本纪》《华阳国志》等,对于黄帝与巴蜀的关系,都持肯定之说。这一系列巴蜀材料,与中原所传黄帝与巴蜀的关系是基本一致的。因此,对于这一古史传说,我们有理由给予肯定。

三、中原文献所传黄帝与巴蜀关系的材料来源

早年疑古派学者对中国古史传说力加否定,主要原因在于他们认为这种说法不过是战国秦汉年间流传的神话。不过是"层累地造成"的古史,完全不符合古史真面目,因此根本不可置信。可是,他们在分析史籍时,并未对其材料来源做出区域文化方面的判断。比如,对于中原文献所传黄帝与巴蜀,仅以中原文献加以比较,而未意识到是否有来源于巴蜀所传古史的可能;而对于《山海经》,则仅断为战国秦汉之间成书,却不考虑它成书以前的流传情况,更不考虑它所产生的地域;对于巴蜀文献所传古史,也不分析其源流和传播情况,仅一律斥之为据中原文献加以编造,如此等等。这种研究方法,从当时中国史学所达到的水平而言,是可以理解的,其研究成果也对中国古史研究起到了推动作用。然而,在考古发现日益增多、区域文化研究日益深入的今天,再来看这种方法,却是大有疑问的。

大家知道，近年中国考古研究已充分表明，中国文明起源并非出于一个中心，而是多元的。苏秉琦先生将这种情形形象地比喻为"满天星斗"[1]，并创立了考古学区系文化理论，概括出中国史前文化的六大区系，巴蜀为其中之一[2]。其中有的地区，史前文化的昌盛和文明的起源，要早于中原地区；有的地区在文明进步的历程上，与中原同步发展；有的地区则晚于中原。同时，中原文化与各地文化不是孤立发展的，而是互有交流，相互影响。这些，都是考古学向我们展示出来的不可否认的事实。

在中原与各区域文化的交流中，各地的古史传说必然会有交流，并在各地留下这种交流和影响的痕迹。同样，中原所传古史的材料来源，也不可能是尽取于中原一地，必然还吸收了其他区域文化的一些古史材料，从而形成东西南北中交织的情形。中原古史传说常有抵牾，就是因为来源非一，汇集了各区域古史材料的缘故。在此情形下，巴蜀古史以某种形式北传中原，为中原古史所取，就不是不可能的。

中原文献所传黄帝与巴蜀关系的材料，上文已经指出，《史记·五帝本纪》来源于《大戴礼记·帝系》，《大戴礼记·帝系》来源于《世本》，《世本》来源于《吕氏春秋》。再上溯，《吕氏春秋》的有关材料，应来源于《山海经》，而《山海经》中的有关材料，则直接取之于蜀王旧史。

《山海经》的《海内经》作于西周中叶以前，《大荒西经》作于周室东迁以前，足见这些材料本身的形成年代还要早得多，即应在西周以前。这些材料在如此之早的年代里被《山海经》所摭取，而《山海经》并非官修之书，则它的信息来源必定是蜀人所传的蜀王旧史，其流传年代应与黄帝、颛顼和蜀山氏、蜀王发生关系的年代一致，或稍晚。在《山海经》采摭这些材料时，这些旧说已在蜀人中世代相承了若干年。正如居于姚、嶲等处的蜀王后世，累代"相承云黄帝后世子孙"[3]的情形一样。可见，这些从上古蜀人世代相承下来的旧说，基本上是可靠的。

《山海经》在流传过程中，较早北传中原，《海内经》至少在战国中叶魏襄王时（前318—前296年）已传至三晋。晋武帝太康二年出土于汲郡魏襄王墓内的《竹书纪年》，记事止于魏襄王二十年（前299年），记有"昌意降居

① 童明康：《进一步探讨中国文明的起源——苏秉琦关于辽西考古新发现的谈话》，《史学情报》1987年第1期。
② 苏秉琦：《关于重建中国史前史的思考》，《考古》1991年第12期。
③ 司马迁：《史记·三代世表》索隐引，北京：中华书局，1959年。

若水，产帝乾荒"①，除"乾荒"二字与《山海经·海内经》"韩流"二字形近而讹外，其他与《海内经》大同小异，而同样内容的记载却不见于中原其他史书。显然，《竹书纪年》的这段记载来源于《山海经·海内经》。

《竹书纪年》"梁惠成王十年"（前 360 年）记载："瑕阳人自秦道岷山青衣水来归。"②瑕阳为魏地，今山西临猗。青衣水即今青衣江，为蜀之西境。由青衣水至岷江上游地区，出岷山峡谷北至秦地，然后东转中原至魏，是古代蜀、秦、中原的交通要道之一，故称"秦道岷山青衣水"。而岷江上游地区为蜀王蚕丛的兴起之地③，蜀王鱼凫亦从西北高原沿岷江南下成都平原④，他们的先世即与兴起于中国西部的黄帝文化有关，因而这些地区必然留下蜀王旧史的传说。记有蜀王先世与黄帝关系的《山海经·海内经》，经由这条通道北传中原，是有可能的。由于《竹书纪年》接触《海内经》较早、较直接，因此除字讹外，所记昌意、乾荒的世系与《海内经》完全相同。这是中原文献吸收古蜀文献的一个显著例子，同时也证明了疑古派学者早年所说黄帝与巴蜀关系的材料为战国秦汉之际人士伪造的说法，并不可信。

前面说到，《世本》的有关材料出自《吕氏春秋》，那么，《吕氏春秋》的有关材料又来源于何处呢？《吕氏春秋》中讲到黄帝系统与蜀关系的材料仅有一条，即《古乐篇》："帝颛顼生自若水。"这条材料由来甚古，且与古蜀有关。据《史记·货殖列传》："及秦文、德、缪居雍，隙陇蜀之货物而多贾。"秦文、德、穆（缪）诸公之际，年代为公元前 765 年至公元前 621 年，相当于春秋初年到春秋中叶之际。此期间，秦、蜀之间就已发生了双向的贸易往还。按照一般规律，文化交流要早于贸易往来，所以秦、蜀之间的文化往来一直是在长期开展的。秦、蜀毗邻，双方接壤，相互之间的古史传说必定随着经济文化的往来也在交流着，关于黄帝子昌意降居若水，帝颛顼生于若水这种在蜀长期广泛流传的古史旧说，也必然为秦人所知。《吕氏春秋》中有关记载，应与此相关。

值得注意的是，《吕氏春秋》的"十二纪"，对于五帝次序的排列，黄帝之后不是紧接颛顼，而是少皞，少皞之后才是颛顼，既与中原所传五帝有异，也与古蜀所传黄帝、昌意、乾荒、颛顼的次第不同，显然是把中间的两代换

①《山海经·海内经》郭璞注引。

② 郦道元：《水经·青衣水注》引，王国维校本，上海：上海人民出版社，1984 年。

③《古文苑·蜀都赋》章樵注引《先蜀纪》。

④ 袁珂：《山海经校注·大荒西经》，成都：巴蜀书社，1992 年。

成了少皞。为什么如此呢？秦人源于东方，少皞传说也源于东方。秦人西迁歧陇后，仍然奉祀少皞之神。《史记·封禅书》说："秦襄公居西陲，自以为主少皞之神，作西畤祠白帝。"黄帝传说源出西北，后成为中华文化之祖，秦人不敢妄改。但黄帝与颛顼之间的昌意、乾荒，虽为帝子、帝父，但本身不是帝，故尽可以改换。于是，雄心勃勃的秦人便硬将东方的少皞挤入西方的帝系之中，排挤掉了两位非帝的西方帝子、帝父。这样，由蜀流传入秦的帝系便面目全非了。虽然如此，《吕氏春秋·古乐篇》却仍然保存了蜀人关于帝颛顼生于若水的旧说，从而透露了取材于蜀的事实。中原文献所传黄帝与巴蜀关系的材料来源，可以排为下图（图二）。

《山海经·海内经》
《大荒西经》 —— { —《吕氏春秋》—《世本》—《帝系》—《五帝本纪》
           —《竹书纪年》

图二　中原文献所传黄帝与巴蜀关系的材料来源

四、考古学的比较研究

从古史传说看，黄帝、昌意、乾荒、颛顼是发源于西北地区的一支文化，后来黄帝和颛顼先后入主中原，成为黄河中游地区的主宰者，其文化也成为构成早期中原文化的渊源之一。由黄帝和帝颛顼的东迁，可以知道，两位古史上的帝与后来成都平原的蜀文化，其间关系可以经由两条途径相联系。其一是由西北至岷江上游以达于成都平原，即由颛顼的母系蜀山氏所在之地南出岷江河谷至蜀文化的腹心之地。其一是从中原经长江中游溯江西上达于成都平原，即由颛顼入主中原后所建之都帝丘①（今河南濮阳），南下长江与蜀文化相沟通。这两条途径，在考古学上均有若干证据，足以证明黄帝、帝颛顼与巴蜀文化关系的存在。

考古学已证实，四川广汉三星堆遗址是夏商之际至商末蜀王国的都城，而三星堆文化的年代则可上溯到距今 4 700 年前。三星堆文化在考古分期上分为四个大的时期，第一期属于新石器文化，第二期以后进入文明时代。第一期文化为四川盆地土著文化，第二期则有若干外来文化因素，与第一期显然不同，从考古学上证实了有外来文化的进入并成为三星堆文化的主人和当地的统治者。这种显著的文化变易，不仅表现在陶质陶色上，在陶器形制上的变化也引人注目。在出土的属于这一时期的陶器中发现了中原二里头文化（夏

---

①《左传》昭公十七年，十三经注疏本。

文化）的陶器，如陶盉、高柄豆以及玉璋等。[1]这些文化因素出现在取代三星堆一期文化的三星堆二期文化，充分表明它们是同新文化的主人一道入居三星堆的。换言之，这些夏文化的因素，是三星堆二期文化的主人带进的，它们便是三星堆二期文化主人的文化特征之一。

据邹衡先生研究，陶盉是夏文化的礼器之一，《礼记·明堂位》所谓"夏后氏以鸡彝"，鸡彝即是形态仿自于鸡的一种陶盉，所以二里头文化的陶盉往往捏出眼睛。[2]三星堆遗址出土的陶盉，也恰在封口处捏出眼睛，并在鋬上刻划横斜相向的纹路。两者细部的相似，以及二里头陶盉在形态上早于三星堆陶盉等情况，说明三星堆二期文化与中原二里头夏文化存在某种内在的联系。[3]三星堆陶盉从二期到四期一直存在和发展演变，说明了这种联系的必然性和深刻内容。李学勤先生最近指出，在商代及其以前，蜀与中原便有文化上的沟通，从考古上看，蜀、夏同出于颛顼的传说绝不是偶然的。[4]这一论述确有根据。

我们认为，三星堆二期至四期文化的主人是古史传说中的鱼凫氏。[5]鱼凫氏的来源，正好与《山海经·大荒西经》所载颛顼所化的鱼妇（即鱼凫）有关。[6]此篇所说"风道北来，……是为鱼妇"，即是从神话学的角度反映出来的鱼凫氏的来源。而"颛顼死即复苏"，更从这一古人特有思维方式的角度，反映出来的鱼凫在成都平原建立蜀王国的史迹，表明鱼凫氏与颛顼有着千丝万缕的联系。

前面指出，颛顼是夏文化早期因素的来源之一，禹为其后，夏启又为禹后。因此，三星堆二期文化出现的若干夏文化因素，正是对鱼凫氏蜀文化与颛顼关系的一个极好说明。鱼凫氏来源于岷江上游，岷江上游正是蜀山氏之所在，为颛顼母家的居所。其地新石器文化也受到西北甘青地区古文化的若干影响，这种现象应与古史传说所谓"昌意娶蜀山氏女，曰昌仆，生高阳"[7]有关。可见，三星堆文化所反映的蜀山氏与昌意（乾荒）和颛顼的关系，两者是恰相一致，而年代则有早晚之别，从而证明黄帝和颛顼与蜀的关系是千

① 沈仲常、黄家祥：《从新繁水观音遗址谈早期蜀文化的有关问题》，《四川文物》1984年第2期。
② 邹衡：《夏商周考古学论文集》，北京：文物出版社，1980年。
③ 孙华：《巴蜀文物杂识》，《文物》1989年第5期。
④ 李学勤：《〈帝系〉传说与蜀文化》，《四川文物》三星堆古蜀文化研究专辑，1992年。
⑤ 段渝：《商代蜀国青铜雕像文化来源和功能再探讨》，《四川大学学报》1991年第2期。
⑥ 段渝：《四川通史》第一册，成都：四川大学出版社，1993年。
⑦ 司马迁：《史记·五帝本纪序》集解、索隐、正义，北京：中华书局，1959年。

真万确的史实，不能轻易否定。

二里头夏文化与三星堆文化相联系的另一途径是长江。徐中舒先生早就指出，四川新繁水观音遗址出土的陶鬶、陶豆（据考，水观音出土的这些器物，与三星堆属于同一文化系统，在年代上晚于三星堆），与湖北、河南、安徽、江苏出土的后期黑陶，可以说是一系的宗支。从这些陶器的分布，可以清楚地看出古代四川与中原地区的联系，其主要道路是沿江西上的。①长江三峡地区的考古发掘和研究也一再证实，在三峡地区长江沿岸，三星堆蜀文化遗存同二里头夏文化遗存是交互分布的。这种现象无疑是对两者关系的重要说明。

综上所述，无论从中原文献还是巴蜀文献所传黄帝与巴蜀关系进行的追根溯源的研究，或是从对考古学与文献进行的比较研究，都证明中国西南的巴蜀文化绝非孤立发展的文化，而是与黄帝文化有着千丝万缕联系的复合型文化。无论中原文献还是巴蜀文献所传黄帝与巴蜀的关系，绝非战国秦汉期间人们的伪造，相反，它们所记载的基本关系是无可置疑的。

文明的史迹：先秦、巴蜀及南丝路历史研究（巴蜀文化卷）

---

① 徐中舒：《论巴蜀文化》，成都：四川人民出版社，1982 年；童书业：《春秋左传研究》（校订本），
  北京：中华书局，2006 年。

08

再论黄帝与巴蜀①

在《论黄帝与巴蜀》②中，我们提出：地处西南的巴蜀文化，是一支与黄帝文化有着千丝万缕联系的复合型文化；无论中原文献还是巴蜀文献所传黄帝与巴蜀的关系，其基本成分无可怀疑，并非战国秦汉间人士伪造；近年考古新发现也越来越多地证明了这种基本关系。我们认为，黄帝与巴蜀的关系事关重大，它不仅仅是一种区域性文化研究，更为重要的是将为中国文明多元一体发展格局理论提供新的历史依据，并且证明中原华夏文化实在有着多元的文化来源。因此，这个主题还有待于进一步展开与深化。

一

从历史上看，关于黄帝与巴蜀的关系应以如下三个方面作为认识的出发点。

第一，对于黄帝的认识，从古至今经历了几个不同的发展阶段。

其一，信古阶段：从秦汉时期中国各地"长老各往往称黄帝"③，文献大量记载黄帝及其传说史迹，直到清末，主要是相信黄帝确有其人。其间虽有宋刘恕《通鉴外纪》、欧阳修《帝王世次图序》、清崔述《考信录》等力反此说，却并未形成学术上的主流。其二，疑古阶段：从20世纪第二个十年"古史辨派"逐步形成，顾颉刚先生倡导"古史层累地构成说"以来，学者多从之，认为"'三皇''五帝'的名称系统和史迹，大部分是后人有意或无意假造或伪传的"④，而黄帝其人其史实为子虚乌有。这一时期，由古史辨学者所倡导的"疑古""辨伪"风气在学术界影响很大，日益成为中国上古史和古文化研究领域中的主流。其三，近年来，随着中国考古学及其研究的不断发展和深入，学者们发现，古史传说中的黄帝及其史迹，有许多能够与考古新发现相互印证，因而逐步认识到古史传说中其实含有不少信史的成分，不能一

---

① 本文为本书作者与谭洛非（第一作者）合作。
② 谭洛非、段渝：《论黄帝与巴蜀》，《社会科学研究》1994年第1期。
③ 司马迁：《史记·五帝本纪》，北京：中华书局，1959年。
④ 见《古史辨》第7册（上）童书业"自序"对古史辨学说的归纳。

概斥之为妄，一概斥之为伪。这样，就使中国古史研究逐步出现了一个新局面，预示着解释古文化结构这一新阶段的到来。

第二，对于巴蜀文化及其历史的认识，从古至今也同样经历了几个不同的发展阶段。

其一，先秦巴、蜀的历史，文献记载语焉未详，后人多以其为小国寡民，以至唐李白《蜀道难》嗟叹："蚕丛及鱼凫，开国何茫然，尔来四万八千岁，不与秦塞通人烟。"大多以为巴、蜀僻处西南一隅，与中原文化长期隔绝。其二，20世纪三四十年代之交，学术界初步从古器物学的角度认识到巴、蜀文化的一些特色，提出"巴蜀文化"命题①，将其赋予考古学文化的新内涵。同时，古史辨大师顾颉刚先生坚持"巴蜀独立于中原发展说"，认为除了蚕丛等为蜀王，巴与楚有国际关系两点外，均非真实历史事实。②其后，徐中舒，蒙文通等学者详细研究了巴蜀历史与文化，提出了巴蜀文化具有丰富的内涵等诸多重要观点。③其三，近年来，在巴蜀考古取得重大突破的条件下，学术界加深了对巴蜀史与巴蜀文化的认识，取得前所未有的新成果，确认巴蜀文化为长江流域三大古代文化之一，是中华文明起源地之一④，是长江上游一大古代文明中心⑤。

第三，对于黄帝与巴蜀的关系的认识，从古至今也经历了几个不同的发展阶段。

其一，战国秦汉时期诸多古文献指认巴蜀为黄帝后世子孙，不论巴还是蜀，其文化均为中原文化的分支。此论历经二千余年未衰，长期占据学术统治地位。其二，20世纪40年代，顾颉刚先生彻底否定巴蜀为黄帝后代子孙之说，认为巴蜀融合中原文化是战国以来的事。⑥五六十年代，徐中舒先生也认为黄帝与巴蜀的关系是子虚乌有，除牵合几个人名、地名外，全无根据。⑦蒙文通先生则认为蜀为黄帝后代的说法，绝非无稽之谈。⑧其三，近年来，随着对黄帝认识的深化和巴蜀古史与文化研究的突破性发展，学术界从考古资料

文明的史迹：先秦、巴蜀及南丝路历史研究（巴蜀文化卷）

---

① 卫聚贤：《巴蜀文化》，《说文月刊》第3卷第4期、第7期。

② 顾颉刚：《论巴蜀与中原的关系》（1941年），成都：四川人民出版社，1981年，第69页。

③ 徐中舒：《论巴蜀文化》，成都：四川人民出版社，1981年；蒙文通：《巴蜀古史论述》，成都：四川人民出版社，1981年。

④ 段渝：《巴蜀文化是华夏文化又一个起源地》，《社会科学报》1989年10月19日。

⑤ 林向：《论巴蜀文化》，《三星堆与巴蜀文化》，成都：巴蜀书社，1993年。

⑥ 顾颉刚：《论巴蜀与中原的关系》，成都：四川人民出版社，1981年，第70页。

⑦ 徐中舒：《论巴蜀文化》，成都：四川人民出版社，1981年，第3页。

⑧ 蒙文通：《巴蜀古史论述》，成都：四川人民出版社，1981年，第40页。

与文献资料进行综合研究的角度出发，认识到古史传说所载黄帝与巴蜀的关系不能一概否定，其中有不少合理成分，蜀国君主与中原有更多的联系，蜀、夏同出于黄帝孙颛顼的传说不是偶然的。①

从上述三个方面不难看出，无论是对黄帝、对巴蜀还是对黄帝与巴蜀的关系的认识，都经历了一个"否定之否定"的再认识过程。今日所达到的认识，也并非古史认识的回归，而是在对考古资料进行了大量研究的条件下所达到的认识的日益深化，既有肯定，亦有否定，并且有新的发展。我们对此主题的研究，便基于这样的背景并建立在这样的基础之上。

二

长期以来，一些学者认为黄帝为子虚乌有，而黄帝世系绝不可信。其基本论据之一，在《史记·五帝本纪》有这样一段文字描述：

> 学者多称五帝，尚矣。然《尚书》独载尧以来，而百家言黄帝，其文不雅驯，荐绅先生难言之。孔子所传《宰予问五帝德》及《帝系姓》，儒者或不传。

这段材料中有两个问题常为学者所津津乐道：其一，既然《尚书》只能将古史传说上溯到尧，那么尧以前自当俱属渺茫洪荒，不足凭信；其二，既然记载黄帝世系的《五帝德》和《帝系姓》两篇文字，自来为儒者所不讲习传诵，那么黄帝及其世系之属妄属伪，自为理所固然。

我们认为，这两个问题都有重新审视的必要。

我们首先讨论《尚书》的问题。《尚书》各篇的年代，学术界至今无定论，所可知者，先秦时已有定本，大概没有问题。经秦始皇焚书，汉初伏生所传今文《尚书》实已难窥其全貌，而古文《尚书》其实也并非孔安国所献，晋代梅颐所献古文《尚书》则俱为伪书。今文《尚书》中的《尧典》一篇，当然就是司马迁所说《尚书》独载尧以来的根据，但是《尧典》开篇即云"曰若稽古"，表明其成书年代较晚，绝非尧时的作品，而是后人的追记，其时代或在周代②，或在战国③，或晚至秦汉时期④。若此，则仅凭此篇便断言尧为中国古史传说所记最古的英雄人物，证据并不充分。而且，"曰若稽古，帝尧曰

---

① 李学勤：《〈帝系〉传说与巴蜀文化》，《四川文物》1992 年《三星堆研究专辑》。
② 范文澜：《中国通史简编》（修订本），北京：人民出版社，1964 年。
③ 郭沫若：《十批判书》，北京：东方出版社，1996 年。
④ 顾颉刚：《中国上古史研究讲义》，北京：中华书局，1988 年，第 9 页。

放勋"一句，是说"考查古史，帝尧叫放勋"，并没有任何"帝尧为最古"之义，怎么可以说帝尧以前皆不足凭信呢？

至于为什么《尚书》"独载尧以来"，其实司马迁已经做了回答，这就是"百家言黄帝，其文不雅驯，荐绅先生难言之"。主要原因在于古史所传黄帝，多被视为"不雅驯"之言，自来为崇尚仁义礼智信的儒雅君子所不齿。可是，为儒者所不传，却绝不意味着实无其史。先秦法家、道家、墨家、名家、阴阳家、纵横家、兵家、杂家、农家等九流十家所传人物和事件，不见于儒家所传者为数不少，岂能仅凭儒家的独门材料，便将其统统否定？何况，司马迁既然说"百家言黄帝"，显然是除儒者而外，各家都讲述传习黄帝其人其事，足见黄帝史迹乃是先秦时代累世相传的旧说，为时人所深信不疑，绝非无稽之谈。"百家"之中当也包括儒家，其所以不传，并不在其不知，仅仅在于难以将那些"不雅驯"之言纳入儒者道德规范之中予以传习罢了，无怪乎司马迁喟叹"荐绅先生难言之"。

其实先秦儒家所传史籍中并非完全没有关于黄帝的记述。例如《易》《礼》，均为传习黄帝之作。《春秋》虽然不言黄帝（为其体例所限，当为原因之一），但经由孔门弟子子夏之徒所传的《左氏春秋》（即《左传》）却明确提到黄帝，并且同为左丘明所传诵而为孔门弟子所传的《国语》，也照样讲到黄帝。我们知道，儒家盛称孔子删《诗》《书》，正《礼》《乐》，赞《易》，作《春秋》。此说虽不能完全令人相信，但至少所谓"六经"皆经孔门弟子整理、传习，却可以肯定。既然如此，那么先秦儒者所不传习黄帝的就只是其中的某部分人，或某些派别。《韩非子·显学篇》说道："故孔、墨之后，儒分为八，墨离为三。"孔子死后，儒家支派林立，虽均"崇师仲尼"，却学术传承不同。在此情况下，或传黄帝，或不传黄帝，乃是理所固然，不足为异。假如仅凭其中的某部分人或某些支派不传黄帝的情况，来判定古史上实无黄帝其人其事，显然是片面的，不科学的。

我们接着讨论《五帝德》和《帝系姓》的问题，此两篇原为单行本，后来采入《礼记》，公认属于儒家代表作。《五帝德》记述宰予问学于孔子关于黄帝"人邪，抑非人邪"的对话，《帝系姓》（《史记》记其篇名有"姓"字，《大戴礼记》所记则无）记载黄帝世系和列国谱系，在古史研究上尤具价值。这两篇对于黄帝其人其事，均持肯定其有的态度，表明儒家亦传黄帝。

在《五帝德》中，孔子肯定黄帝为"少典之子"，其说与儒者所传的《国语》大同（见《国语·晋语四》），足见孔子本人是知道黄帝及其史迹的。但是孔子却并不侈读黄帝，亦不崇尚黄帝，甚至在绝大多数场合根本不讲黄帝。《论语》无一处提及黄帝，表明孔子对于黄帝是知而不传的。这种态度，似乎与孔子所传《宰予问五帝德》对于黄帝的看法相矛盾，其实不然。

《五帝德》记载：

宰我问于孔子曰："昔者予闻诸荣伊，言黄帝三百年。请问黄帝者人邪，抑非人邪？何以至于三百年乎？"

孔子曰："予，禹、汤、文、武、成王、周公可胜观邪！夫黄帝尚矣，女何以为？先生难言之！"

宰我曰："上世之传，隐微之说，卒业之辨，阇忽之意，非君子之道也，则予之问焉固矣！"

孔子曰："黄帝，少典之子也，曰轩辕……"

他日，宰我以语人。有为道诸夫子之所。孔子曰："吾欲以颜色取人，于灭明邪改之。吾欲以语言取人，于予邪改之。吾欲以容貌取人，于师邪改之。"宰我闻之，惧不敢见。

这段引文很清楚地证明了两点：

第一，孔子原本十分熟知黄帝等五帝事迹，但从不愿意讲习，只是在其弟子宰我的一再要求下，才略述其所知。

第二，孔子并不愿意其所讲五帝之事流传于外，所以当宰我将其所述转告他人后，孔子极不高兴，以致师生断绝了关系。

毫无疑问，孔子对于黄帝的确是知而不传的。由此便可证明，所谓至孔子时代黄帝传说的神话还未诞生之说，并不正确。

孔子不言黄帝，基本原因在于"子不语怪、力、乱、神"的一贯立场和态度，而黄帝传说往往与怪、力、乱、神杂糅一体，故为以孔子为宗师的早期儒家所不齿。所以《五帝德》记述孔子说"黄帝尚矣""先生难言之"。孔子殁后，儒家传人"祖述尧舜，宪章文武，宗师仲尼"，亦往往不言黄帝。作为孔门"私淑"弟子的孟子，在其《孟子》书中通篇不置黄帝一词，其原因同样在乎此。可见，孔子不言黄帝，并非其时尚无黄帝传说流传，亦非儒家不知有黄帝其人其事，仅仅在于以孔子为代表的早期儒家不奉黄帝为正统罢了。

司马迁作《史记》，除利用"载籍极博"的各种文献资料和实地调查所得民间流传材料外，仍然"犹考信于六艺"①，即以儒家所传《诗》《书》《易》

---

① 司马迁：《史记·伯夷列传》，北京：中华书局，1959 年。

《礼》《乐》《春秋》为取舍材料的标准，"择其言尤雅者"以著《五帝本纪》，首叙黄帝，不但说明黄帝传说渊源古远，而且反映了儒家所知黄帝的本来面目，证实古文所言黄帝，确乎是"其所表见皆不虚"①，乃信而有征。

三

司马迁虽为儒者，然而敢于毅然"截断众流"②，剔去神话的附会，还黄帝以本来面目，比起早期儒者知而不传的遗教，确实前进了一大步。不仅如此，在关于黄帝与巴蜀关系的认识上，司马迁亦是抛开成见，据史立言，从而拨开历史的迷雾，更比早期儒者前进了一大步。

《史记》固然没有将巴、蜀列入《世家》，将巴、蜀人物列入《列传》，但却是把黄帝子昌意、黄帝孙颛顼直接与古蜀史联系在一起的。《五帝本纪》所记黄帝娶于西陵之女嫘祖，其子昌意降居若水，昌意娶蜀山氏女，生子高阳，是为颛顼，其地、其人均在古蜀，足见黄帝一系与古蜀有着不可分割的关系。

《史记·五帝本纪》这段材料，直接取之于"孔子所传"的《帝系姓》，表明早期儒家并非不了解这段历史。然而，记有黄帝与古蜀关系的《帝系姓》何以却为"儒者或不传"呢？究其原因，根本之点在于以孔子为代表的早期儒家恪守"严华夷之防"，只能"用夏变夷"，绝不能采取"用夷变夏"的立场和态度。

在儒家经典《尚书·尧典》中，首先出现"蛮夷猾夏，寇贼奸宄"这类词句。所谓蛮夷，即是居于中原华夏周边的少数民族。猾，据《广雅·释诂》："猾，乱也。"夏，《说文》曰："夏，中国之人也。"郑康成解释"寇贼奸宄"说："强取为寇，杀人为贼，由内为奸，起外为轨（同宄）。"诸夏与蛮夷（再加上戎狄）的冲突，在儒者看来，均出于周边蛮夷戎狄内侵的后果。春秋时代，诸夏"尊王攘夷"也在于"南夷与北狄交，中国不绝如线"③，罪在蛮夷。所以，儒者普遍主张"内华夏而外夷狄"，要"严华夷之防"。《左传》定公十年记载齐、鲁夹谷之会，孔子以卿大夫出为鲁君傧相，齐侯试图以莱夷兵劫鲁侯，孔子大声疾呼"裔不谋夏，夷不乱华"，逼使齐侯撤走莱人。孔子所说的裔，即是《左传》昭公九年所记"先王居梼杌于四裔，以御螭魅"之裔，裔者远也，此指周边蛮夷戎狄。可见，孔子是"严华夷之防"的坚决捍卫者。

---

① 司马迁：《史记·五帝本纪》，北京：中华书局，1959年。
② 顾颉刚：《史林杂识》初编，"三代世表"条，北京：中华书局，1963年，第234页。
③《公羊传》僖公四年，十三经注疏本。

而儒家之所以有"华夷之辨",毫无疑问也是其"宗师仲尼"的必然结果。

由于有这样的历史背景和民族文化主张,所以,尽管传自孔子的《帝系姓》明知黄帝与巴蜀的关系,也为"儒者或不传",就是极为自然的了。

巴、蜀本出西戎,先秦儒家对此十分明白,了然于胸。孔、孟之后集儒家之大成者荀子在其所著《强国篇》中,就直称巴国为"巴戎",而"戎"为战国时代居于诸夏西方的少数民族的通称。为孔子所序、为儒家所传的《尚书·牧誓》,将跟随武王伐纣的"庸、蜀、羌、髳、微、卢、彭、濮人"称为"西土之人",即是载籍所谓"西方之戎"。战国纵横家所著《战国策·秦策一》,则直称蜀为"西辟之国而戎狄之长也"。直至东汉,班固在其《汉书·地理志》中,仍直言"巴、蜀、广汉本南夷","南"为方位词,是由于巴郡、蜀郡位于汉西南部的缘故,称"夷"则与称"戎"相类,表示其本非华夏之人。

黄帝传说源出西方。齐威王时田齐铜器《陈侯因资敦》铭文称"绍緟高祖黄帝",田齐祖虞帝,虞帝出自黄帝,来自诸夏之西,可为明证。秦灵公时,"作吴阳上畴,祭黄帝"[1],这是史籍所见首次黄帝祭典,发生在西方。在《山海经》中,黄帝多与西方相联系,如昆仑之丘、昆仑之东、昆仑之西等皆是。《国语·晋语四》记载黄、炎二帝同出少典,"黄帝以姬水成,炎帝以姜水成",两地并在诸夏之西。如以早期儒家的观点来看,黄帝亦与诸夏有别,所以儒者或不传习黄帝史迹,绝非事出无因。

事实上,在先秦文献中,黄帝孙颛顼亦源出西方。不仅《世本》称引"颛顼母濁山氏之子名昌僕"[2],为孔子所传的《帝系姓》也称"昌意娶于蜀山氏之子僕谓之昌僕氏,产颛顼"。而且儒家以外的著作如《吕氏春秋》同样也记载"帝颛顼生自若水(今雅砻江)",战国时魏国实录《竹书纪年》亦载此说。诸家所言相同,这个事实表明,出于西方的黄帝、昌意、颛顼,的确与古蜀有着血肉相连的关系。

司马迁作《史记》,"尝西至空桐,北过涿鹿,东渐于海,南浮江淮"[3],又曾"奉使西征巴、蜀以南,南略邛、笮、昆明"[4]。虽所到之处,"长老皆各往往称黄帝、尧、舜之处,风教固殊焉"[5],然而经过大量比较研究,又经"考信于六艺",最终还是论定黄帝与古蜀的关系确为信史,并将其载入《史

---

① 司马迁:《史记·封禅书》,北京:中华书局,1959年。
②《山海经·海内经》郭璞注引。
③ 司马迁:《史记·五帝本纪》,北京:中华书局,1959年。
④ 司马迁:《史记·太史公自序》,北京:中华书局,1959年。
⑤ 司马迁:《史记·五帝本纪》,北京:中华书局,1959年。

记》首卷，把为早期儒者所知而不传的远古史实直书并保存下来，确乎难能可贵。

综上所论，儒家不言黄帝与巴蜀，并不在于史无黄帝，史无巴蜀，也不在于黄帝与巴蜀无关，而在于早期儒家对黄帝与巴蜀历史所持的一贯基本立场，表现在两个方面：其一，出于儒家的道德伦理规范，认为"百家言黄帝，其文不雅驯，荐绅先生难言之"，所以黄帝及其史迹为其所不取不传。其二，出于儒家"严夷夏之防"的民族文化观念，认为"非我族类，其心必异"①，所以巴蜀古史以及黄帝与巴蜀的关系均为其知而不取，知而不传。

①《左传》成公四年，十三经注疏本。

三星堆与古蜀青铜文明

09

四川广汉三星堆遗址的发现与研究

　　三星堆古遗址位于成都市北 40 公里、广汉市西 8 公里的三星村、真武宫一带。1929 年首次在这里发现玉石器一坑，1934 年华西大学博物馆葛维汉（D. C.Graham）、林名均在附近进行试掘。1956 年、1958 年、1963 年、1964 年，四川省文管会、四川大学历史系等在这一带进行过多次调查、清理和试掘。1980 年至 1989 年，四川省文管会、四川省文物考古研究所、四川省博物馆、四川大学历史系等先后进行了 9 次正式发掘，共揭露面积 4 000 多平方米，发现城墙建筑遗址 3 处，房屋基址 40 余间，陶窑 1 座，灰坑 100 多个，墓葬 4 座，大型祭祀坑 2 个，获得了数千件陶、石、金、铜、玉器和几万件标本，初步揭示出三四千年前蜀文化的发展概貌。

　　三星堆遗址主要分布在鸭子河和马牧河两岸的台地上，分布总面积约 12 平方公里，由 10 多个遗址共同组成，其中以三星、真武等村分布最为集中，文化堆积最为丰富。

　　经勘察，三星堆古城址呈南宽北窄的梯形布局，东西长 1 600~2 100 米，南北宽 1 400 米，现存总面积 2.6 平方千米，大小与郑州商城相当。东城墙和西城墙横跨鸭子河与马牧河之间，东城墙现长 1 800 多米，西城墙残长 800 米，南城墙残长 210 多米，北面未发现城墙，可能是以鸭子河为天然屏障，从而形成城墙与河流相结合的防御体系。经发掘，城墙横断面为梯形，墙基宽 40 余米，顶部宽 20 余米。墙体由主城墙（墙心主体部分）和内侧墙、外侧墙三部分组成。主城墙采用平夯法夯筑，两腰经铲削修整，并用圆木棒垂直拍打，表面平整、坚硬。内、外侧墙采用分段夯筑法斜行夯筑，整个城墙均未采用常见于华北的版筑法。在主城墙上，发现 36 厘米×47 厘米×14 厘米左右的土坯作为城墙建筑材料。城墙外侧掘有壕沟。根据地层叠压关系和碳 14 测定年代，城墙始筑成于商代早期，使用到西周早期。

　　在城墙以内，发现密集的生活区、作坊、窑址和房屋基址，生活区内出土大量玉石礼器。在古城的中轴线上，分布着四处文化堆积相当丰富、集中的台地，说明这一区域是重要的宫殿区，而古城正是商代蜀国的都城。

房屋基址有圆形、方形和长方形三种，以方形和长方形为多。圆形房屋一般直径在 3 米左右，其结构是直接在地面凿若干柱洞立柱，形成圆圈，圆圈中心立擎柱支撑房顶。方形、长方形房屋多采用以榫卯和分段搭接技术为主的穿斗式骨架和抬梁结构的建筑方法，在四周墙基挖出沟槽，槽中立柱，柱间以小竹木棍编成墙骨，两面抹草拌泥，经火烧烤，形成木骨泥墙。房屋面积一般在 15~30 平方米之间，其中一间大房子径深 8.7 米，面阔 23 米，面积约 200 平方米。房屋可分为早、晚两期，年代分别在夏、商时期。

在三星堆东南侧房屋基地内发现 4 座墓葬，除 1 座为成年女性墓外，余皆儿童墓。墓坑均为长方形竖穴土坑墓，墓坑狭小，无葬具，无随葬品，葬式有直肢和屈肢两种。这几座墓葬大概与建房举行的奠基仪式有关。到目前为止，成片分布的墓葬区还未发现。

历年在三星堆发现的陶器十分丰富，可以初步分为四期。

第一期，陶器以泥质灰陶为主，多数为碎片，可辨的器形主要有平底器、宽沿器、镂孔圈足器、喇叭形器、钵形器、荷叶口沿炊器，以及个别小平底罐等。纹饰主要有细绳纹、平行线纹、附加堆纹，也有少量方格纹和粗绳纹。此期年代大致为新石器时代晚期，距今约 4 800 年—4 000 年。

第二期，泥质灰陶剧减，以夹砂褐陶为主。器形也有所变化，新增器形有喇叭形大口罐、陶盉、高柄豆、酒瓶、圈足盘、器盖、瓿、杯、碗、碟等，开始出现长喙无勾嘴、素面的鸟头柄勺。纹饰也有增多，常见的纹饰有粗绳纹、细绳纹、刻划纹、戳印纹、附加堆纹、锥刺纹、平行线纹、凸棱纹、人字纹、心形纹等。此期时代大约在夏代至商代早期（距今 4 070—3 600 年）。

第三期，仍以夹砂褐陶为主，器形主要有小平底罐、高柄豆、圈足豆、高领罐、圈足盘、壶、盉、酒瓶、杯、瓿、圜底盘等。此期盛行鸟头把勺，长喙带短勾嘴，头顶及嘴角饰云雷纹。出现宽沿敛口的三足形炊器，各种酒器、长颈壶、长颈圈足壶，并开始出现尖底器。纹饰新增米粒纹、乳钉纹、蚌纹和云雷纹。年代约相当于商代中期。

第四期，仍以夹砂褐陶为主，夹砂灰陶有所增加，此期又分为前后两段。前段与上期略同，尖底罐流行，鸟头把勺减少。至后段，器表基本上为素面，纹饰少而单调，仅个别有绳纹，器形变得高大，尖底罐多为薄胎泥质陶，鸟头把勺及三足宽沿器基本消失，个别陶罐底部开始出现圈足。此期时代约为商末周初。

三星堆陶器的第一期与后三期有较大差别，也存在一定的承袭关系。

四川广汉三星堆遗址的发现与研究

器形以圈足豆、小平底罐、尖底罐、鸟头把勺、高柄豆、喇叭形器等最富特色，而以高柄豆、小平底罐和鸟头把勺为基本组合。制作方法有手制和轮制。轮制有快轮、慢轮两种。有些器物反映出受华北文化的影响，但除陶盉外，未发现任何其他三足器，又明显地区别于华北以鼎、鬲、瓯为基本组合的陶器。

生产工具以小型磨制石器为特征，锛、斧、凿、纺轮最多。不少器物通体磨光，加工精整，半透明。未发现大型的有肩或有段石器。

遗址内出土了大量玉器，有圭、璋、璧、瑗、琮、镯、珠、管、佩等礼玉，也有戈、矛、斧、锛、凿等兵器和工具，均非实用品。玉器制作精美，手法娴熟。有些玉器如戈、璋的形制与二里头和殷墟出土的同类器相近，显然受到中原文化的一些影响。

三星堆遗址最激动人心的发现是 1986 年发掘的 2 个祭祀坑。祭祀坑位于三星堆南城墙外侧约 100 米处，两坑相距大约 30 米。1 号坑出土黄金、青铜、玉石器、象牙等 300 多件，并出土大量宝贝和约 3 立方米的烧骨。2 号坑出土黄金、青铜、玉石器、象牙等 400 多件。这些器物在入坑瘗埋前都经火焚及不同程度的毁坏。1 号坑的年代约当殷墟文化一期，2 号坑约当殷墟晚期。在坑内和遗址中发现大量厚胎夹砂坩埚、青铜熔渣结核和金料块，表明坑内的青铜器和金器都是在当地制作的。

祭祀坑内出土的大型青铜雕像群，在我国商周考古中是前所未见的。根据其形态，青铜雕像群可分为两大类，每大类又包含若干小类和不同型式。

第一类为人物造型，包括全身人物雕像、人头雕像、人面像，共计 82 尊。

一、全身人物雕像

共计 10 尊。最大者通高 260 厘米，最小者仅高 3 厘米左右。包括站立、双膝跪坐、单膝跪地等造型。这类雕像中最引人注目的是一尊大型立人像，头戴花状高冠，粗眉大腿，鼻棱突出，方颐大耳，细长颈，两耳垂下各穿一孔。左臂上举，右臂平举，两腕各戴 3 只手镯。着左衽长衣，后摆呈燕尾形。两小腿上各饰一方格纹脚镯，赤足立于方座之上。这尊立人像冠高 17.7 厘米，冠下至足底人高 163.5 厘米，座高 78.8 厘米，通高 260 厘米。根据造型、形态、衣冠发式以及在全部青铜雕像中高于一切的突出地位，可以断定这尊雕像是蜀国大巫亦即蜀王的形象。

二、人头像

可分为八式。

①式：头上部为子母口形，圆眼外突，蒜头鼻，高鼻梁，大嘴紧闭，下颌宽圆，竖直耳，耳垂穿孔。

②式：头戴双角形盔，长方脸，斜直眉，三角形立眼，菱形鼻梁，高鼻尖，嘴角下勾，神情威严，有武士之风。

③式：平顶头，粗眉大眼，尖圆鼻头，菱形鼻梁，大嘴紧闭，云雷纹竖直耳，耳垂穿孔。粗颈，脑后编辫子。

④式：粗眉大眼，鼻棱高突似鹰钩鼻。颧部突出，嘴角下勾。

⑤式：平顶，阔眉，杏叶眼，高鼻梁，大嘴，嘴角下勾，云形斜直耳，耳垂穿孔，长发后梳至脑后成长辫，上端束扎，有笄，短颈。

⑥式：回纹平顶冠，粗眉大腿，低鼻梁，高鼻尖，嘴角下勾，云形大耳，耳垂穿孔。

⑦式：圆头顶，粗眉大眼，细鼻梁，蒜头鼻，嘴角下勾，云纹形耳，耳垂穿孔，后脑圆滑，发向后梳，头戴蝶形花笄。

⑧式：圆头顶，编发盘于头顶，粗眉大眼，高鼻梁，鼻尖略向上，嘴角下勾，云形纹半圆耳，耳轮从上至耳垂穿三小圆孔。

以上各式人头雕像，反映了蜀国统治集团的祖先崇拜，也体现出其统治权力的民族构成，具有很高的学术价值。

三、人面像

可分为五式。

①式：宽脸圆颌，粗眉大眼，尖鼻大嘴，云纹小耳，耳垂穿孔。

②式：阔眉大眼，眉尖上挑；眼球外突于眼眶 16.5 厘米，呈圆柱体形状；鹰嘴钩鼻；双耳向斜上方伸出，似桃尖，极大；大嘴两角上翘至近耳根处。

③式：面部较瘦长，阔眉杏眼，上颌较宽，下颌较窄，鼻棱突出，嘴角下勾，两耳长直，耳垂穿孔。

④式：方颐宽面，粗眉大眼，鼻棱突出，阔嘴两角下勾，耳饰云纹，耳垂穿孔。

⑤式：长眉，菱形纵目，低鼻梁，其上饰一夔龙饰件，翘眉阔嘴，嘴角上翘至耳根，眼球外突似长柱。

各式人面像在脸型和面部特征上可与人头像比照参考。

以上各类人物雕像，多是蜀人祖先崇拜的产物。这在商周谓之神主，在人类学上则称为祖先崇拜。同时，这些雕像还从一个侧面透露出上古蜀人的神话和传说，无论在宗教还是神话学上都有史料所不可企及的价值。

第二类为动植物造型，大概都与蜀人的泛灵信仰有关。这类雕像，主要有龙、蛇、虎、鸡、鸟、怪兽、蝉、神树等。值得注意的是神树，两大一小，大者高达 8 米以上，其形态与《山海经》记载的"建木"极为相似，应是蜀之众帝上下于天的所谓天梯。除此而外，还出土车轮形器、菱形器、眼泡、铜贝等。

三星堆祭祀坑所出青铜器，总重量接近 1 吨。青铜器的造型、铸造，反映出成熟的工艺和技术。尤其已采用铜焊技术，这在商代考古还是没有见过的，而青铜合金的成分配比，也与华北有较大差异，体现出青铜文化的区域特色。

祭祀坑内还发现数十件黄金制品，有金杖、金面罩、金虎、金箔鱼形饰等，并发现金料块。金器数量之多，形体之大，工艺之精，在我国商代考古中堪称空前的发现。

金杖是用纯金皮包卷而成的金皮木芯杖，上端有 46 厘米长的一段平雕纹饰图案。图案分为三组，最下一组刻划两个前后对称的人面像，头戴五齿高冠，耳垂戴三角形耳坠。上面两组图案相同，下方为两背相对的鸟，上方为两背相对的鱼，鸟颈部和鱼头部压有一穗形叶。在距杖头端约 20 厘米处，出土一穿孔的青铜龙头，估计此杖原是一根金皮木芯铜龙头杖。杖长 142 厘米，直径 3 厘米，重约 500 克。这具金杖是迄今我国商代已发现的最大一件金器。它是古代蜀国王权、神权和财富垄断之权的最高象征物。

金面罩出土数件，用薄金片模压而成，与真人大小相近。出土时有的还覆盖在青铜人头雕像面部，表明了它的用途。金面罩为双眉，双眼镂空，鼻部凸起，其中一件残宽 22 厘米、高 9 厘米。

金虎是用金箔模压而成，大头昂起，眼镂空，大耳，身细长，前足伸，后足蹲，尾上卷，呈扑出状。全身模压目形斑纹。长 11.7 厘米。金鱼形饰、叶形饰等多有穿孔，应是挂饰。

三星堆祭祀坑所出大型青铜雕像群和黄金制品，毫无疑问是商代蜀国大型礼仪中心的主要物质内容，目的之一，在于通过各种物质的组合形式及其必然对人产生的各种精神压力，来充分显示神权和王权那至高无上的权威和巨大力量。这些青铜器和金器，从内容到形式都表现出与商代华北迥然不同的文化风格。而在蜀文化中，这种青铜雕像和金杖、金面罩也是前所未见的，找不到它们起源、发展序列的任何依据。因此，应当是吸收了中国以外其他文明地区的有关因素制作而成。

从世界文明史上青铜雕像文化的起源发展观察，三星堆大型青铜雕像群不仅与世界文明初期青铜雕像文化的发展方向符合，风格一致，功能相同，而且在年代序列中的位置也恰相符合。这就意味着，它们可能是通过南亚、中亚文明区的途径，由古代的滇缅道，经云南、缅甸、印度、巴基斯坦等地，吸收了近东西亚文明的青铜雕像文化因素，并把它融入蜀国自身的青铜文明之中，使它表现出浓厚的世界文明特征。

艺术风格方面，三星堆青铜人物雕像群神态庄重，缺少动感和变化，大眼圆睁，双眉入鬓，眼睛在面部上表现得特别突出，多在脸孔平而上铸成较浅的浮雕，以突起的双眉和下眼眶来表现其深目。而在神像的造型上，则采用了极度夸张的手法，眼球外突于眼睛 10 多厘米。这些对人物雕像的现实主义和对神祇雕像的夸张表现手法，与西亚近东文明早、中期的艺术特点极其相似。

黄金制品也是如此。我国商周从不以杖而是以文献记载中的九鼎表示国家权力。蜀文化中也没有杖。世界上最早的权杖，起源于西亚欧贝德文化第四期，距今 5 000 多年。在西亚地区出土过大量铜杖首。青铜时代西亚的石刻、雕塑和绘画艺术品中，长杖、短杖比比可见。埃及出现权杖稍晚于西亚，埃及考古中曾发现大量各种形制的杖，既有纯金制品，也有青铜制品。用杖标志权力，后来在世界上许多地区和国度风行，至今不绝。三星堆金杖，看来也是受此影响而制作的。

纯金面罩曾在迈锡尼文明中发现不少，在埃及考古中也有发现，都是覆盖在死后的国王面部之上的。迈锡尼王陵中的黄金面罩，明显受到埃及文化的影响，而埃及的黄金面罩，也是采借于西亚文化的相同形式。西亚艺术中的许多雕像，不论青铜制品、大理石制品还是木制品，许多在其上覆以金箔，或用金箔加以包卷，黄金饰件上则多施以模压纹饰。三星堆出土的金面罩，加工工艺、功能体系均与西亚近东文明相同，绝非偶然，其文化来源显然与金杖完全一致，也与大型青铜雕像群相同。

三星堆祭祀坑出土的青铜尊，罍、盘等，则表现出浓厚的殷商文化特征，但 2 号坑所出更加类似于长江中上游和陕南出土的同类器的风格，表现出殷商晚期长江流域文化交流的加强。

根据三星堆出土陶、石、玉、金、青铜器的情况看，商代蜀文化是在其本身基础上，吸收了华北、西亚等地的文明因素发展而成的高度发达的青铜文化。

10

三星堆文化与古蜀文明：关于三星堆文化研究的论争和前景

三星堆遗址的发现与研究引起了学术界和社会各界的兴趣和关注。在三星堆文化研究方兴未艾的情况下，也迫切需要总结成绩，展望未来。本文仅对几个方面略加论述，供各界参考。

一、三星堆文化研究的十大论争

1986 年以来，学术界对三星堆文化研究取得了重大进展，成就是多方面的。扼要说来，这些成就主要分为 10 个方面。

（一）三星堆文化的分期和断代

三星堆文化共分 4 个大的时期，对此学术界基本没有异议，分歧主要在于性质和命名。

一种观点认为，三星堆文化 1 至 4 期均为早期蜀文化，第一期为新石器时代文化，第二期以后进入青铜文化[①]；另一种观点则针锋相对地指出，第一期既为新石器文化，就不应纳入早期蜀文化范畴，而早期蜀文化是青铜时代文化的概念，因此三星堆文化应从第 2 期开始称为早期蜀文化[②]。

（二）三星堆文化的来源和族属

有关三星堆文化的来源，绝大多数论著认为有相当的土著文化因素，也认为有某些外来文化因素。对于外来文化因素所占比重，未见发表统计资料予以说明，一般从文化形态上进行比较研究，定性研究占绝大多数，定量研

---

① 赵殿增：《巴蜀文化的考古学分期》，《中国考古学会第四次年会论文集》，北京：文物出版社，1985 年。
② 李复华、王家祐：《巴蜀文化的分期和内涵试说》，《巴蜀历史·民族·考古·文化》，成都：巴蜀书社，1991 年。

究非常缺乏。

一种观点认为，三星堆体小扁薄的磨制斧、锛、凿、锄等石器，和夹砂灰褐陶、平底器、绳纹等，其来源与四川盆地北缘的绵阳边堆山文化有关①，也有认为，与岷江上游新石文化的南迁有关②。

一种观点认为，三星堆遗址出土的鸟头柄勺与川东那西的史前文化有关，来源于溯江西上的一支古代巴地的文化。③

一种观点认为，三星堆文化的某些因素与山东龙山文化有关，其主体部分应来源于山东。④

另一种观点认为，三星堆文化面貌显示出古代西南民族的文化特征，因此以土著成分为主，外来因素为次。

还有一种观点认为，三星堆文化经历过突破与变异，第 1 期以土著因素为主，第 2 期由于文化内涵的巨大变异而出现突破，但外来文化并不是整个地取代了原有文化，而是对原有文化有所承袭，有所融合。⑤

至于族属，则有氐羌说、濮人说、巴人说、越人说、东夷说等不同看法。

（三）三星堆"祭祀坑"的性质

这个问题分歧较大，争议颇多。

一种观点认为，一、二号坑均为"祭祀坑"，是古蜀人在一次性大型祭祀活动后所遗留下来的，坑中瘗埋的器物均为祭器。⑥

一种观点认为，一、二号坑应为厌胜埋藏，是古代萨满式文化的产物。⑦

一种观点认为，一、二号坑绝非祭祀坑，而是墓葬。

另有一种观点认为，一、二号坑既非祭祀坑和厌胜埋藏，更非墓葬，应为两位死去的古蜀国统治者生前所用器物的埋藏坑。⑧

还有一种观点认为，一、二号坑所埋器物的制器者、使用者，与埋藏者不同，应为一个王朝推翻另一个王朝而将前朝用品加以毁坏掩埋的结果。⑨

① 王仁湘、叶茂林：《四川盆地北缘新石器时代考古新收获》，"纪念三星堆考古发现 60 周年暨巴蜀文化与历史国际学术讨论会"论文，1992 年。以下所引此次会议论文，均仅注作者、标题。
② 徐学书：《关于商代蜀国青铜文化的认识》。
③ 张勋燎《古代巴人的起源及其与蜀人、僰人的关系》，《南方民族考古》第 1 辑，1987 年。
④ 孙华：《巴蜀文物杂识》，《文物》1989 年第 5 期。
⑤ 段渝《商代蜀国青铜雕像文化来源和功能之再探讨》，《四川大学学报》1991 年第 2 期。
⑥ 《广汉三星堆遗址一号祭祀坑发掘简报》，《文物》1987 年第 10 期。
⑦ 林向：《蜀酒探原》，《南方民族考古》1987 年第 1 辑。
⑧ 孙华：《关于三星堆器物坑的年代及性质问题》。
⑨ 徐朝龙：《三星堆"祭祀坑"唱异》，《四川文物》1992 年第 5 期、第 6 期。

此外，尚有陪葬坑，窖藏以及其他一些意见，不再一一赘述。

（四）三星堆青铜人物雕像的文化意蕴

这个问题分歧较大，异论纷出，莫衷一是。

一种观点认为，青铜人头雕像胸部以下呈倒三角形，应为杀殉奴隶替代品或象征。[①]

多数观点认为，"杀殉论"不能成立。青铜为古代贵重金属，是属于战略意义的物资，何以能用来代替杀殉奴隶作其"替身"？

一种观点认为，青铜人面像为古蜀人祖先形象的塑造，具有祖先崇拜的意义。其中的大面像即双眼突出眼眶10多厘米的"纵目人"像，或认为是蜀先王蚕丛氏的偶像[②]，或认为是蜀王杜宇的偶像[③]，也有人认为大面像不是人面像而是"兽面具"[④]。对于与真人大小近似的人头像，或认为是贡奉者形象，或认为是受祭者形象。

另一种观点认为，青铜人面像不是古蜀人祖先崇拜的产物，而是图腾崇拜的产物。其中的小型青铜人面具，即是图腾舞蹈用具。[⑤]

还有一种观点认为，青铜"纵目人"大面像，突出双眼，其做法和含义与中原甲骨文中的"蜀"字突出双眼（"目"字）的意义相同，反映了"蜀"的图腾崇拜。[⑥]

关于青铜大立人雕像，也有不同看法。

一种观点认为，青铜大立人是古蜀人的一代蜀王的形象，由于古代社会的政治君王同时又是宗教上的群巫之长，所以是蜀王兼巫师的形象[⑦]，或神权政治领袖的形象[⑧]。

另一种观点认为，青铜大立人形象酷似汉语古文字"尸"字的字形，故应为"立尸"，称为立人像则不妥。[⑨]

与此相对的观点则认为，青铜大立人绝非中原文献中的"立尸"或"坐

① 《广汉三星堆遗址一号祭祀坑发掘简报》，《文物》1987年第10期。
② 徐学书：《关于三星堆出土青铜人面神像之探讨》，《四川文物》1989年专辑。
③ 龙晦：《三星堆出土铜像考释》。
④ 陈德安：《三星堆祭祀坑出土青铜面具研究》，《四川文物》1992年专辑。
⑤ 陈德安：《三星堆祭祀坑出土青铜面具研究》，《四川文物》1992年专辑。
⑥ 范小平：《广汉商代纵目青铜面像研究》，《四川文物》1989年专辑。
⑦ 沈仲常：《三星堆二号祭祀坑青铜立人像初记》，《文物》1987年第10期。
⑧ 段渝：《商代蜀国青铜雕像文化来源和功能之再探讨》，《四川大学学报》1991年第2期。
⑨ 陈德安：《三星堆祭祀坑出土青铜面具研究》，《四川文物》1992年专辑。

尸"，两者内涵决然不同，《礼记》等文献可以证实此点。^①整个青铜人物雕像群，反映了以古蜀族为中心的多元一体的民族构成，具有民族结构的象征意义和有中心、分层次的君统与神统的表现功能。^②

凡此种种，尚有其他看法，不一而足。

（五）三星堆金杖、金面罩的文化意蕴

关于金杖，争议不是很多，但差异甚大。

一般认为，金杖是蜀王权杖。

一种观点进一步认为，金杖是古蜀神权政治领袖集王权（政权）、神权（宗教特权）、财富垄断之权（对自然资源和社会财富的垄断权力）为一体的权力标志，象征着古蜀国至高无上的权力。^③

另一种截然不同的观点认为，金杖与神权同义，均为古蜀人的神树崇拜。^④

关于金面罩，对其文化意蕴较少争论，多认为与古蜀人的宗教习俗有关。也有认为是古文献中"黄金四目"的方相氏^⑤，但有争议。

（六）三星堆青铜神树的文化意蕴

对此也有不同看法，但将青铜树界定为"神树"，则是分歧之中的一致。

一种观点认为，三棵神树应分别为《山海经》中记载的"建木""若木"和"扶桑"，是古蜀人在举行祭祀仪式时用于人、神上下天地的"交通工具"或祭祀器。^⑥

一种观点否定青铜神树为建木。认为其构造形态极似《山海经》中的"若木"^⑦。

另一种观点认为，神树具有"社"的功能，与文献中的"桑林"一致，应为"社树"。

与此不同的观点则认为，神树并非"社树"，其文化内涵与中原的"桑林"不同，中原无以神树为天梯的文化传统。《山海经》中以神树为"通天之梯"

---

① 段渝：《古代巴蜀与近东文明》，《历史月刊》（台北）1993 年第 2 期。

② 段渝：《四川通史》第 1 册，成都：四川大学出版社，1993 年。

③ 段渝：《论商代长江上游川西平原青铜文化与华北和世界古文明的关系》，《东南文化》1993 年第 2 期。

④ 季智慧：《神树、金杖、筇与蜀文化》，《四川文物》1989 年专辑。

⑤ 陈显丹：《广汉三星堆一、二号坑两个问题的探讨》，《文物》1989 年第 5 期。

⑥ 陈显丹：《三星堆一、二号坑几个问题的研究》，《四川文物》1989 年专辑。

⑦ 胡昌钰、蔡革：《鱼凫考》，《四川文物》1992 年专辑。

者仅一见，即位于"都广之野"的"建木"。三星堆神树当为"建木"，反映了古蜀人交通于天人之际的特殊宗教权力被其神权政治集团所独占的情况。[①]

（七）三星堆金杖、雕像的文化来源

金杖、雕像是三星堆出土金属器中具有代表性的特征，这是众所公认的。但对其文化因素的来源，却众说纷纭，差异甚大。

一种看法认为，青铜雕像文化形式来源于中原文化，与殷墟、西安老牛坡、湖南出土的青铜面像或青铜礼器上的浮雕有一定关系。[②]

一种观点认为，雕像、神树等与古代的西南民族传统有关，但青铜器的出现则与中原文化的传播有关。[③]

另一种观点认为，金杖、雕像并非土著文化，也不来源于中原文化。从青铜人物的冠式、体质面部特征看，可分为二种，一种为华南濮越民族系，一种为西北氐羌系，扁宽鼻型来源于华南，直高鼻型来源于西北。[④]

还有一种观点认为，金杖、雕像无论在中原、长江流域还是古蜀地本身都没有发现其文化来源，应与对外来文化的采借有关。纵观世界古文明，西亚、近东是青铜雕像和权杖的渊薮，并有向南连续分布的历史。再联系到三星堆遗址出土的大量海贝、海洋生物青铜造像和象牙等文化遗物，判定金杖、雕像文化因素来源于西亚、近东文明，是文化交流、文化传播和采借的产物，反映了古蜀人的文化开放和走向世界意识。[⑤]这种意见中，又有南来论、北来论的区别。

（八）三星堆城墙的性质和功能

对于三星堆城墙的认定，过去因资料未发表，怀疑者甚众。自从公布一批资料和数据，并在 1992 年 4 月举行的"纪念三星堆考古发现 60 周年暨巴蜀文化与历史国际学术讨论会"上组织学术界和社会各界人士实地进行现场发掘观摩后，绝大多数学者都公认应为城墙，取得了共识。当前对城墙问题的分歧，主要在于年代、功能等方面，年代问题，这里不说。功能问题，则

---

① 段渝：《古代巴蜀与南亚和近东的文化交流》，《社会科学研究》1993 年第 3 期，参考所著《四川通史》第 1 册。
② 宋新潮：《商代青铜面具小考》，《考古与文物》1989 年第 6 期。
③ 罗开玉：《三星堆遗址与古代西南文化关系初论》，《四川文物》1989 年专辑。
④ 李绍明：《蜀人的来源与族属》。
⑤ 霍巍：《广汉三星堆青铜文化与古代西亚文明》，《四川文物》1989 年专辑。

有三种看法。

一种观点认为，城墙为防御体系，功能与中原古城一致。[①]

一种观点认为，城墙具有防水的功能，或御敌与御水功能兼具，御水的形式则是堤防。

另一种观点认为，城墙构造与中原古城不同，不能用于御敌，又因其三面城墙均起不到御水作用，也不可能是堤防。其功能与宗教神权有关，是古蜀王国神权政体的宗教性建筑，一些大型宗教礼仪活动和仪式，便是在宽阔的城墙头上举行的。[②]

（九）三星堆文化的宗教体系

一种观点认为，三星堆出土文物反映了古蜀人的竹崇拜，表明了古蜀人以竹为图腾的情况。[③]

一种观点认为，三星堆青铜文化反映了古蜀人的自然崇拜，表明古蜀人以自然崇拜为主的宗教形态。[④]

一种观点认为，三星堆青铜人像表现了对"蜀"的图腾崇拜，即是作为祭祀客体的艺术形象图腾的崇拜，而不是祭祀客体本质本身的崇拜。[⑤]

另一种观点认为，三星堆文化绝不仅仅表现自然崇拜，更不是图腾崇拜，而主要反映了祖先崇拜，也有自然崇拜。[⑥]

还有一种观点认为，三星堆宗教崇拜是一个极为复杂的体系，其中既有自然崇拜，又有祖先崇拜，还有至上神信仰等多种崇拜形式，表现出一个神权政治中心的多层次结构和网络体系。[⑦]

（十）三星堆文化与中原文化的关系

在这个问题上，有多种层次的讨论，或从单项文化因素，或从多项文化因素，或从整体内涵上去进行比较研究。作为比较的对象也不尽一致，有新

① 陈德安、罗亚平：《商代蜀国都城初见端倪》，《中国文物报》1989年9月15日。
② 段渝：《巴蜀古代城市的起源、结构和网络体系》，《历史研究》1993年第1期；《关于长江文化研究的几点思考》，《东南文化》1992年第1期。
③ 屈小强：《巴蜀氏族一部落的共同图腾是竹》。
④ 陈显丹：《三星堆一、二号坑几个问题的研究》，《四川文物》1989年专辑。
⑤ 范小平：《广汉商代纵目青铜面像研究》，《四川文物》1989年专辑。
⑥ 巴家云：《三星堆遗址所反映的蜀人的一些宗教问题研究》，《四川文物》1989年专辑；段渝：《巴蜀古文字的两系及其起源》，《成都文物》1991年第3期。
⑦ 段渝：《四川通史》第1册，成都：四川大学出版社，1993年。

石器文化，有夏文化、商文化，也有东夷文化、北方草原青铜文化、长江中下游青铜文化、云南青铜文化等。

就三星堆文化与夏、商文化的关系而言，过去的认识由于建立在中国文明一元起源论的理论基础之上，所以多认为是夏文化或商文化的传播，或其分支。近年由于中国文明多元起源论和多元一体发展格局理论的创立和发展，学术界多在这种更加符合中国历史实际的理论的指导下，研究古文化和古文明，对于三星堆文化的研究也不例外。但具体观点，各派则不尽一致。

一种观点认为，三星堆文明在文字、城市、青铜器等文明三要素方面，以及在国家政体方面，均与中原夏、商文化有较大差别，有其自身的生长点。尽管三星堆文明在其起源、形成和发展过程中，受到中原文明较多的影响，采借了中原青铜器和陶器中的某些形式，但从整体上看，仍然具有明显的自成体系的结构框架，因此是中国文明的起源地之一[①]，是古代长江上游的一大文明中心[②]。这种观点，在学者和社会各界中愈益占有多数。

一种观点认为，史籍记载了黄帝与蜀山氏的关系，这在三星堆文化中有所反映，古蜀的某些陶器形制和玉器形制便与中原二里头文化（夏文化）有关，证明蜀国君主确与古史传说中的颛顼有关。[③]

另一种观点认为，古蜀文化的发展早于中原，夏文化的源头之一便是古蜀文化。[④]通过对史籍所记古史传说的深入研究，发现中原所传的黄帝，实与古蜀文化的"西山文化"有深刻联系。[⑤]

除以上十大论争外，学术界的研究和讨论还涉及更多的层面和方面。其中，有的迄今尚未形成讨论，一枝独秀；有的尚未公开发表，还在酝酿之中；有的虽经提出，尚不成熟，未形成文字。至于本文未列出的其他内容，当属挂一漏万，尚希雅谅。

仅就上面论列的十大问题来看，三星堆研究已是高潮迭出、新见迭出、争论迭出，给人以惊心动魄之感。这无疑是由三星堆文明本身的丰富内涵和辉煌成就所决定的。

毫无疑问，就三星堆文明的影响、争论范围、研究者队伍、学科构成、学者层次来看，都远远超出了地方历史文化范畴，具有全国意义，并在中西

文明的史迹：先秦、巴蜀及南丝路历史研究（巴蜀文化卷）

---

① 段渝：《巴蜀文化是华夏文化又一个起源地》，《社会科学报》1989年10月19日。
② 林向：《巴蜀文化区论纲——长江上游的古代文明中心》。
③ 李学勤：《〈帝系〉传说与蜀文化》，《四川文物》1992年专辑。
④ 李炳海：《夏楚文化同源于巴蜀考辨》，《天府新论》1990年第6期。
⑤ 此论本出温少峰先生，未见形诸文字。

文化交流史和交通史上占有愈益重要的地位，随着研究的不断深入，研究范围的不断拓展，其全局意义将会日益突出。

二、三星堆文化研究中亟待解决的几个问题

三星堆研究虽然取得了很大成绩，有若干突破性进展，但要坚持不懈地长期深入下去，取得重大进展，有几个问题必须在近期内解决。归结起来，大致上有以下 3 个方面的问题。

（一）研究力量的组织

三星堆文化研究是开放性研究，学术界、社会各界对此都十分关注。由于从事三星堆文化研究的学者从属于不同部门和学科，掌握知识不尽相同，兴趣所在也不尽一致，因此要从总体上规划这项宏伟的"三星堆文明工程"，必须建立一个专门的、有各学科参加的研究班子，多学科、多层次、全方位地精心设计，提出课题，在有关机构或部门的指导和支持下，有组织、有计划、有步骤地开展研究，逐项落实，才能做到全面系统深入而富于成效的研究，取得权威性成果。

（二）研究资料的出版

对于三星堆文化研究的基础工作必须给予高度重视。这包括考古调查、发掘、实验和考古报告的整理出版等方面的工作。广泛深入的考古发掘及考古报告的整理和及时出版面世，对于进一步研究具有关键意义。

目前已公开出版、发表的各类考古文献和资料，固然对前一阶段研究高潮的出现起到了推波助澜的作用，功不可没，但显然还不能适应进一步广泛深入研究的需要，以致当前在若干方面出现了停滞不前的状态，为各界人士所普遍担忧和严重关切。如果新材料迟迟不能问世，那么三星堆研究将会不可避免地出现一时沉寂。长此以往，将难以充分组织力量，吸引公众和学术界的热潮，其优势也将逐渐削弱以至丧失殆尽。"兵马未动，粮草先行"，没有充足的、源源不断的养料，任何有实力、有前途的研究工作都将难以为继。

（三）研究经费的提供

尽管三星堆文化研究在学术上走向繁荣，但学术研究的经济基础却相当薄弱和贫乏，两者很不相称。这包括：学术资料（含考古资料）的出版，学

术研究的组织，课题所需日常开支，科研成果的出版等经费。

目前毋庸讳言的是，学者们在研究的激情中不无掩卷搁笔，喟然而叹：虽然全力投入，为之倾尽心血，取得众多成果，但换来的往往是废纸一堆，成果束之高阁；或出师未捷、中途班师、徒费精力、虚耗时日，无异于浪费生命。这并不在于学者们无能。如果说他们无能，只能怪他们无能弄到足够的研究经费。可是对此他们又确是无能为力，原因是多方面、深层次的。

三、三星堆文化研究的几大方向和课题

三星堆文明博大精深、内涵宏富，目前所揭示探明的仅仅是其中的一部分，更多的部分尚待发掘和探索，前景广阔，大有可为。

总结当前的各项成果，展望未来，我们以为三星堆文化与古蜀文明研究在以下四大方向和若干课题上可望取得重大的突破性进展。

（一）三星堆文明的起源与形成

根据中外学术界关于文明时代的界定，文字、城市、金属器，是文明社会形成的三大物质文化要素，在三星堆文化中均可得到明确反映。

城市的性质，固然不是由是否有围墙来决定，但三星堆城墙以内的范围达 2.6 平方公里，无论比中国北方农村围有围墙的村庄，还是比史前时代围有围墙的近东耶利哥村落，规模都决然不同。量的变化反映了质的变化，何况三星堆古城中还体现了史前时代所无法比拟的社会分工、社会分层和王权运作机制，因此必为城市无疑。三星堆城市研究，不但是文明研究的重要内容之一，而且对于确定古蜀文明的社会性质、政府组织、权力结构、文明起源与形成的动力等，都具有头等意义和重大价值，它的另一个前景，在于通过考古发现，确定各类遗迹的所在和相互关系，比如宫殿群、居室群等，确定某城市布局、规划，从而探知其完整面貌和文化形态。

青铜文化方面，除了进一步研究古蜀青铜文化的起源、演变，进一步考察各类青铜制品文化因素的渊源而外，在科技史、冶金史方面，在生产资源、自然资源和生产力布局、生产的组织管理形式及其社会机制等方面，都有待深入开拓。

具体而言，对于青铜雕像、金杖、金面罩的文化渊源问题，对于蜀式三角形援无胡青铜戈的起源问题，对于柳叶形青铜短剑的起源、分布和传播问题，都需要进一步研究加以深入解决，并与中原等地考古资料作细致的比较

研究，获得突破性进展。冶金术、科技史方面，通过自然科学实验，将进一步摸清三星堆青铜技术的特点、合金特点，以及资源来源问题。综合研究则将解决古蜀生产力布局的科学性程度，生产组织管理所反映的社会机制和王权集中程度等问题，而这些方面的研究对古蜀文明社会具有极为重要的学术价值和理论意义。

三星堆遗址和成都十二桥遗址所发现的刻划文字问题，目前因资料不集中，也因数量较少，故研究成果不多，今后这个问题的研究将会日益显示出其不可忽视的意义，为巴蜀文字的起源和巴蜀文明的形成提供十分有价值的第一手资料。

古蜀国家形态、政治组织、政权结构、王权与神权的关系、社会分层等研究，对于认识古蜀文明的进化程度、文化进化的动力和社会运作机制等一系列重大课题，至关重要。目前这方面的研究还比较薄弱，应大力加强，必将取得丰硕成果。

以上诸方面研究的综合成果，将对三星堆文明的起源、形成、发展、演变，和文化结构、文化模式与类型，以及文化功能体系等，取得新的认识，获得重大突破，必将对中国文明研究做出新贡献。

（二）三星堆文明与中原文明和周边文明的关系

从考古学文化的角度上说，三星堆文化已初步显示出与中原二里头文化（夏文化）和殷墟文化（商文化）的一些密切联系，也隐含着更多的一些区域文化因素，如长江中、下游，以及滇、越等文化色彩。通过对这些因素所占比重、变异程度、地位和作用等研究，同时通过对其他区域中的三星堆文化因素的相关研究，将对古蜀文化与中国古代其他区域文化的交流与融合，以及中原文化和其他区域文化对古蜀文化的演进所起作用等，得出更深入的认识，从而在理论和实践上同时做出贡献。

三星堆文明与中原文明关系的研究，应成为今后研究的重点项目之一。当前在考古学文化区系理论的基础上，已初步建立了三星堆文化的发展序列和相应网络。然而这个序列和网络，与中原文化的发展演变有无关系，有什么关系，实质怎样，均须进一步探索。与中国古史传说相联系，当前已从过去的疑古转变为探索古蜀文化与炎黄文化的关系阶段，今后必须深化认识。首先从考古学上建立可靠的认识基础，然后具体分析来龙去脉和发展演变诸关系，从而为中国文明多元一体的发展格局增添新的内容，做出新的发展。

古蜀文明与中原和周边文明的关系，实质上是一个互动、双向以至多向的文化接触和交流问题，其中既有文化中心之间的相互交流，也有边际文化交流、普通民众之间的文化交流和由边际向中心逐步渗透、延伸等交流形式，以及其他各种形式。其速度或快或慢，其程度或深或浅，其影响或大或小，其作用或显或隐，既具发展不平衡性，又具连续性、间断性，其过程、途径、方式极其错综复杂，绝不是单向、单纯或单一的，需要细致地进行艰苦的工作才能明察。

这项工作具有极为重要的意义，对于深入认识文化传播、文化变迁与文化演进及其动力法则的深层关系，至为重要。对此问题的深入研究和理论概括，必将对全面认识中国文化做出重要贡献，并提供具体实例和理论模式。而且，从另一个宏观角度看，还将对中国文化传统形成过程中区域与整体的关系得出意想不到的新成果，在此方面填补空白，开风气之先。

（三）三星堆文明与西亚、南亚和东南亚文明的关系

这个方向是古代中外经济文化交流和中西交通史研究的新方向，具有国际意义。

当前的研究成果，是根据考古资料和文化形态、文化因素集结、功能及其空间分布等方面的研究，初步对三星堆文化中包含的外来成分进行了探索和比较研究，这包括金杖、金面罩、青铜雕像、齿贝、象牙等物质文化渊源或原产地方面的一系列研究成果。经过研究，初步认为与西亚近东、南亚次大陆、印度洋北部地区以及东南亚有关。这些文化因素集结（即文化的组、群）出现在三星堆文明当中，属于文化传播和文化采借一类情况。当前初步取得的这一系列成果，不仅开创了新思路，开拓了新领域，而且具有广阔的前景和重大的研究价值。

由此展开的进一步深入全面研究，不但将对三星堆文化与中国西南其他民族文化的关系，对"南方丝绸之路"的开辟，以及对中西文化交流和中西交通史的起源等重大问题提供崭新认识，而且将对古代亚洲的国际文化交流纽带的研究做出新论断，从而在更大范围和更高程度上认识中国与世界，以至人类文化的交流、发展和人类文化的空间传播能力，和文化交流、传播方式、途径的复杂性，并认识人类文化传播与政体、国界、民族等一系列重大

课题的关系和实质，从而对中国、亚洲以至世界文化研究做出贡献。

与此相关的另一个问题是，在古代亚洲国际文化纽带中，古蜀起到什么作用，扮演什么角色的问题。对这个问题的充分研究，将揭示中原文化与西南民族文化的联系途径和方式，蜀文化面对南、北两种文化所取态度和发生作用等问题，还预示着南、北丝绸之路关系问题的提出和解决，对于中国古代的对外文化交流及交通诸问题提出新的课题和认识。这些问题的提出和解决，均属填补空白而富于学术价值和理论意义的研究，具有充分的发展空间。

（四）封闭与开放

三星堆文明研究向我们提出了一个需要重新认识的课题：内陆文化是否必然与封闭性、落后性联系在一起，这是一个既有历史意义又有现实意义的课题。

一系列研究成果足以揭示，身居内陆盆地的三星堆文明绝非封闭型文明，它不但与中原的文明和中国其他区域文明有这样那样的联系，而且还发展了与亚洲其他文明古国的关系，证明它是一支勇于迎接世界文化浪潮冲击的开放型的文明。

三星堆文明开放性格的揭示和继续深入研究，将给今天的四川内陆盆地和中国其他类似区域的改革开放提供古鉴，其中许多问题还值得进一步深思，有许多事情可做，在理论和实践上取得进展。比如，古蜀人是通过什么途径，以什么方式实现同外域文化的远程交流的。又如，三星堆文明尽管吸收采借了若干外来文化因素，却并未改变其文明社会的基本结构，又为什么？值得深思。

以上论列的各点，仅仅是就未来三星堆文明研究中的荦荦大者而言，绝不是全面列举，也不可能全面列举。全面的研究，需要学术理论界和社会各界携手合作，共同努力。此外，在相当多的具体问题上，三星堆文明也值得进一步细致研究，有些问题还必须反复研究，或从不同角度、不同层面去解剖分析。关于这些，就不再一一赘述。

11

三星堆与巴蜀文化研究七十年①

从 20 世纪 40 年代初"巴蜀文化"命题的正式提出，迄今已经半个多世纪了。如果从 1933 年四川广汉月亮湾的首次考古发掘算起，三星堆与巴蜀文化的研究已达整整 70 年。70 年来，三星堆与巴蜀文化研究在若干方面取得了重要进展，尤其是中华人民共和国成立以来的 50 多年，由于党和政府的关怀与支持，考古工作全面深入开展，大量新材料不断问世，使学术界得以比较充分地运用当代考古新成果，对巴蜀文化进行不懈探索，取得了一系列令人瞩目的新成就，不但彻底否定了前人所谓"蜀无礼乐，无文字"的旧说，而且提出了"三星堆文明""巴蜀古代文明"和"巴蜀是中华文明又一个发源地"的崭新论断②，引起了中外学术界和社会各界的广泛关注和兴趣，并取得越来越多的共识。这一切，使学术界对三星堆与巴蜀文化的重要学术地位有了更加深刻的认识，正如李学勤教授最近所总结的那样："可以断言，如果没有对巴蜀文化的深入研究，便不能构成中国文明起源和发展的完整图景"，"中国文明研究中的不少问题，恐怕必须由巴蜀文化求得解决"③。

据不完全统计，国内外各报纸杂志和出版社公开发表出版的有关三星堆与巴蜀文化研究的学术论文（著）达 100 篇（部）以上④，在海内外产生了重要影响。本文仅从学术背景、文化内涵、考古新发现的意义、主要学术成果与分歧等方面对 1979 年至 2003 年的三星堆与巴蜀文化研究作一综合分析论述⑤，并对未来的主要研究方向提出自己不成熟的看法，供各界参考。

一、中华人民共和国成立以前"广汉文化"与"巴蜀文化"的提出与初步研究

三星堆与巴蜀文化研究的兴起，在中华人民共和国成立以前主要是从两

---

① 本文写作时间为 2003 年，文中所论亦以此为限。
② 段渝：《巴蜀是华夏文化又一个起源地》，《社会科学报》1989 年 10 月 19 日。
③ 李学勤：《略论巴蜀考古新发现及其学术地位》，《中华文化论坛》2002 年第 3 期。
④ 这里所说，是指先秦时期的巴蜀文化，即传统上或本来意义的巴蜀文化。
⑤ 本文所列观点，其取舍均以原创性观点为标准，余皆不列，敬请读者雅谅。

个方面发端，在两条线索上分别展开的。这就是广汉真武宫玉石器坑的发现与发掘、成都白马寺坛君庙青铜器的发现与研究。

1929 年（一说 1931 年）春，四川广汉县（今广汉市）城西 9 公里太平场附近真武宫南侧燕氏宅旁发现大批玉石器，其中不少种类在形制上与传世和其他地区出土的同类器型不同，引起有关方面注意。1930 年，英籍牧师董宜笃（A. H. Donnithone）函约成都华西大学教授戴谦和（D. S. Dye）同往调查，获得一批玉器。戴氏据此撰《四川古代石器》（"Some Ancient Circles, Squares, Angles and Curvesin Earthandin Stone in Szechwan"），备记其事，并对器物用途等略加探讨，发表于华西大学华西边疆研究学会主办的英文杂志《华西边疆研究学会会志》（*Journal of the West China Border Research Society*）第 4 卷（1934）。1932 年秋，成都金石名家龚熙台称从燕氏购得玉器 4 件，撰《古玉考》一文，发表于《成都东方美术专科学校校刊》创刊号（1935），文中认为燕宅旁发现的玉器坑为蜀望帝葬所。1933 年（一说 1934 年），华西大学博物馆葛维汉（D. C. Graham）教授及该馆助理馆员林名均应广汉县政府之邀，在燕宅旁开展正式田野考古发掘，颇有收获，由此揭开了日后三星堆文化发掘与研究的序幕。

1934 年 7 月 9 日，时旅居日本并潜心研究甲骨文的郭沫若在给林名均的回信中，表达了他对广汉发掘所取成果的兴奋心情，并认为广汉出土玉器与华北、华中的发现相似，证明古代西蜀曾与华中、华北有过文化接触。他还进一步从商代甲骨文中的蜀，以及蜀曾参与周人克商等史料出发，认为广汉遗址的时代大约在西周初期。

1936 年，葛维汉将广汉发掘及初步研究成果撰成《汉州发掘初步报告》（"A preliminary Report of the Hanchou Excavation"），发表于《华西边疆研究学会会志》第 6 卷（1936）。林名均亦撰成《广汉古代遗物之发现及其发掘》一文，发表于《说文月刊》第 3 卷第 7 期（1942）。两文均认为出土玉石器的土坑为墓葬。至于年代，葛维汉认为其最晚年代为西周初年，约当公元前 1100年；林名均则将广汉文化分为两期，认为文化遗址的年代为新石器时代末期，在殷周以前，坑中所出玉石器则为周代遗物。

1946 年 7 月，华西大学博物馆出版了郑德坤教授的《四川古代文化史》，作为该馆专刊之一。在这部著作里，郑德坤把"广汉文化"作为一个专章（该书第 4 章）加以讨论研究，从调查经过、土坑遗物、文化层遗物、购买所得遗物、广汉文化时代之推测等五个方面详加分析，不同意葛维汉、林名均提出的墓葬之说，认为广汉出土玉石器的土坑应为晚周祭山埋玉遗址，其年代约为公元前700—前500年；广汉文化层为四川新石器时代末期遗址，在土坑时代之前，其年代约在公元前1200—前700年之间。

广汉发掘尤其"广汉文化"的提出，表明当时的学者对广汉遗物与中原文化有异有同的现象开始寄予了关注。不过，由于种种原因，广汉文化在当时并没有引起更多学者的特别重视。

比较而言，"巴蜀文化"概念的命运却全然不同。这一概念在学术界引起了十分热烈的争论，直接导致了巴蜀文化作为一个科学命题的最终确立。

当20世纪40年代学术界首次提出"巴蜀文化"的时候，还仅仅是把它作为一种与中原文化有别的青铜器文化来看待的。其背景是20世纪20年代成都西门北面白马寺坛君庙时有青铜器出土，以兵器为多，形制花纹与中原青铜器有异，流布各地以至海外，被人误为"夏器"。抗战爆发后，学者云集四川，遂对这些异形青铜器产生兴趣。卫聚贤搜集这批资料，写成考释论文，题为《巴蜀文化》，发表于《说文月刊》3卷4期（1941）和3卷7期"巴蜀文化专号"（1942）。他在文中将这批兵器分为直刺、横刺、勾击三类，并摹写出器体上的各种纹饰。他认为，春秋以前蜀人有自己的文字，春秋战国时仿中原文字。对于蜀国青铜器的年代，则断在商末至战国。

卫文刊布后，在学术界掀起轩然大波。一些知名学者力驳卫说，认为卫文所举青铜器，不是中原兵器，便是伪器。如像金石甲骨学家商承祚[1]、考古学家郑德坤[2]，都不同意卫聚贤的看法。在当时四川地区尚未大力开展科学的考古发掘的情况下，人们大多从古人言，认为巴蜀蛮荒、落后，这固然可以理解，然而由此怀疑巴蜀文化的存在，全盘否定巴蜀青铜器，却显然是"中原中心论"长期占据学术统治地位的结果。

在"巴蜀文化"命题提出的前后，学术界还从文献方面对巴蜀古史进行了研究，辑佚钩沉，试图重建巴蜀的古代史。[3]发表的论著中，所依据的材料主要是旧题西汉扬雄的《蜀王本纪》、东晋常璩的《华阳国志》，以及先秦汉晋其他的一些历史文献。这些新著论文，大多限于微观研究，视角不广，几乎没有提出成体系的观点。

① 商承祚：《成都白马寺出土铜器辨》，《说文月刊》1942年第3卷第7期。
② 郑德坤：《四川古代文化史》，成都：华西大学博物馆，1946年。此书未列巴蜀文化。
③ 吴致华：《古巴蜀考略》，《史学杂志》1930年第2期；朱逷先：《古蜀国为蚕国说》，《时事新报·学灯》1939年第14期；孙次舟：《古蜀国的起源》，《星期评论》1941年第22、23期；缪凤林：《漫谈巴蜀文》，《说文月刊》1942年第3卷第7期。

文明的史迹：先秦、巴蜀及南丝路历史研究（巴蜀文化卷）

1941 年，古史辨大师顾颉刚在四川发表重要论文《古代巴蜀与中原的关系说及其批判》①，清理了古代文献中有关巴蜀的多数材料，彻底否定几千年来人们信奉不二的"巴蜀出于黄帝说"，首次提出"巴蜀文化独立发展说"，认为巴蜀融合中原文化是战国以来的事。顾氏的看法，在当时产生了很大影响，可以说是建国以前巴蜀文化与历史研究领域内最具灼见、考论最精的一篇奠基之作。其实质在于，他实际上已洞见并提出了中国文明多元起源的问题和巴蜀文化区系的问题，而此类问题正式提上研究日程并为学术界所接受，却是 40 年以后的事情，足见其大师风范。

考古学方面，冯汉骥等人调查了成都平原的"大石文化"遗迹，认为是新石器时代到周代，即秦灭巴蜀以前的遗迹，部分证实了文献有关记载的可靠性。吴金鼎、凌纯声、马长寿等著名学者也在四川各地进行考古调查，史前遗址屡有发现。郑德坤比较全面地搜集了当时可能看到的四川考古材料，详加排列整理，出版了《四川古代文化史》专著。尽管郑氏并不同意"巴蜀文化"的提法，但这部著作对于研究考古学上的巴蜀文化，却有十分重要的意义，这是他所始料不及的。

巴蜀文化的讨论激发了一大批学者的热情，人们纷纷著文参加讨论，各抒己见。董作宾著《殷代的羌与蜀》一文，发表在《说文月刊》3 卷 7 期"巴蜀文化专号"上。他仔细搜求当时所见甲骨文，确认有"蜀"，并根据甲骨文中蜀与羌每在同一片上甚至同一辞中的情况，断言蜀国在陕南一带，并不在传统上所认为的成都。在董作宾之前，唐兰也曾考释了甲骨文中的"巴方"和"蜀"，认为在今四川。②陈梦家也承认甲骨文中有"蜀"，指为西南之国。③郭沫若亦从此论，但认为甲骨文中的蜀"乃殷西北之敌"④。胡厚宣承认甲骨文中有蜀，不过他认为此蜀并不是四川的蜀国，而是山东的蜀，"自今之泰安南到汶上，皆蜀之疆"⑤。童书业则认为巴蜀原本都是汉水上游之国，春秋战国时才南迁入川。⑥徐中舒在其享有盛誉的论文《殷周之际史迹之检讨》中，认为巴、蜀均南土之国，殷末周文王经营南国，巴蜀从此归附。⑦

---

① 顾颉刚：《古代巴蜀与中原的关系说及其批判》，《中国文化研究汇刊》1941 年 9 月 1 卷。
② 唐兰：《天壤阁甲骨文存考释》，北平辅江大学，第 54 页。
③ 陈梦家：《商代地理小记》，《禹贡半月刊》1937 年 6、7 合刊。
④ 郭沫若：《卜辞通纂》，日本东京文求堂，1933 年。
⑤ 胡厚宣：《卜辞中所见之殷代农业》，《甲骨学商史论丛第二集》，齐鲁大学国学研究所，1946 年。
⑥ 童书业：《古巴国辨》，《文史杂志》1943 年第 2 期。
⑦ 徐中舒：《殷周之际史迹之检讨》，《中央研究院历史语言研究所集刊》7 本 2 分，1936 年。

此外，在四川史前文化的调查方面也取得初步成果。1886 年英人巴贝（C. F. Babei）在重庆附近购得磨制石器 2 枚，西蜀有石器文化遂闻于世。1913 年美国哈佛大学叶长青（J. H. Edgar）在西康采集到打制石器材料。1925—1926 年美国中亚考察队格兰杰（Walter Granger）在万县盐井沟发现 1 件与更新世动物化石群同时的穿孔石盘。1930 年德国人阿诺尔德·海姆（Arnold Heim）在西康道孚发现 2 件刮削器。1931 年美国哈佛燕京学社派包戈登（Gordon Bowles）在道孚附近发现史前遗址多处，采集石器数十件。1935 年法国人德日进（Teilhard Decheadin）与中国生物学家杨钟健在万县西约 10 公里的长江第一阶地上采集到 1 件新石器时代以前的石器。① 还有一些学者对巴蜀的物质文化、古史传说、政治史，以及史前文化进行了探讨②，对学术界也有较大影响。

综观中华人民共和国成立前的巴蜀文化研究，有以下特点：

第一，大多数是对古代文献材料的搜集、整理和辨伪，初步开展了考古调查和局部的发掘，并加以排列分类，这仍然主要是材料的搜集整理工作。但以考古材料包括殷墟甲骨文来印证、补充或纠正文献材料，却在研究方法上突破了传统考据学的框架，开创了以近代方法论研究巴蜀文化的新风，为后来研究工作奠定了基石。

第二，提出了巴蜀文化和历史研究的一些基本课题，包括巴蜀的地理位置，巴蜀与中原的关系，考古学上巴蜀遗物的真伪，以及巴蜀史料的纠谬释疑等。从这些内容很容易看出，尽管在研究过程中运用了新方法，也提出了一些很有见地、很有水平的新观点，但就整个课题设计及方向上看，未能提出超越传统史学体系的新鲜内容。并且，论者往往仅从微观角度立论，缺乏把握全局的宏观眼光，因此常常是浅尝辄止，不能深入而广泛地进行研究。

第三，这一时期最重要的成果是提出了巴蜀文化的命题，从青铜器的角度同中原文化进行了初步比较，并提出了巴蜀有文字的初步看法。同时，从文献研究的角度透视了巴蜀古史，第一次把巴蜀作为无论其历史还是文化都是独立发展起来的古国来加以看待。这些成果，虽然由于资料的限制无法深入，但却涉及了当代巴蜀文化研究的几个基本层面，而这几个层面正是今天学术界关于文化与文明史研究的基础所在。在当时能够提出这些问题，是极

---

① 郑德坤：《四川古代文化史》，成都：华西大学博物馆，1946 年。此书未列巴蜀文化。

② 郑德坤：《巴蜀始末》，《学思》第 2 卷；《巴蜀的交通与实业》，《学思》第 3 卷，1943 年；林名均：《广汉古代遗物之发现及其发掘》，《说文月刊》1942 年第 3 卷第 7 期。

为难能可贵的。

二、对巴蜀文化基本内涵的新认识

中华人民共和国成立以后，巴蜀文化研究进入了新的发展阶段。学术界对巴蜀文化基本内涵的认识，也随着研究工作的深入而不断深化。

徐中舒发表的《巴蜀文化初论》[①]，是中华人民共和国成立以后第一篇论述巴蜀的历史与文化的重要论文。在这篇论文中，徐中舒从经济、政治、民族、地理以及文字等方面入手，比较全面地阐述了巴蜀文化的内涵。他指出，四川古代是一个独立的经济文化区，但与中原有经济关系，文化上受中原较深的影响。蜀国在战国时代已进入国家，而巴国则一直盛行以血缘为纽带的大姓统治。巴早在先秦已有初等文字，巴文是中原文字的不同分支。在这篇文章中，徐中舒还初步研究了巴文化与蜀文化的区别和联系，不过没有明确指出这两支文化之间的关系。

蒙文通紧接着发表了《巴蜀史的问题》[②]这篇重要论文。文章概述了他对巴蜀疆域的研究成果，指出巴蜀的地理位置大抵以《华阳国志》所记较确，并包括那些与巴蜀同俗的地域。蒙文通还认为，蜀国最初起源于岷山一带，后来才迁居成都平原。并认为，巴蜀的文化自古就很发达，巴蜀文化并非始于文翁兴学，巴蜀文化的内涵丰富多彩，其天文星象学自成一体（此本吕子方之说）[③]，辞赋、黄老、历律、灾祥等是巴蜀固有的文化。蒙文通这篇论文的一些主要观点，为后来的考古发现与研究成果所逐步证实。

缪钺发表《巴蜀文化初论商榷》[④]，针对徐中舒《巴蜀文化初论》所提某些观点提出了自己的看法。这就引起了徐中舒另一篇宏论《巴蜀文化续论》[⑤]的发表。

在《巴蜀文化续论》中，徐中舒广征博引，从社会性质、民族学等方面详细论述了他对巴蜀文化的再认识，并提出巴国非廪君，原居江汉平原，后受楚逼凌，被迫向西南进入大巴山地区，到战国才西迁到川东，与蜀邻敌，而川东古为蜀壤等观点。这篇论文，丰富了巴蜀文化的内涵，首次从地域上

① 徐中舒：《巴蜀文化初论》，《四川大学学报》1959 年第 2 期。
② 蒙文通：《巴蜀史的问题》，《四川大学学报》1959 年第 4 期。
③ 蒙文通：《巴蜀史的问题》，《四川大学学报》1959 年第 4 期。
④ 缪钺：《〈巴蜀文化初论〉商榷》，《四川大学学报》1959 年第 4 期。
⑤ 徐中舒：《巴蜀文化续论》，《四川大学学报》1960 年第 1 期。

说明了巴文化与蜀文化的空间构架，在学术界产生了很大影响。

上述几篇专论，不仅继承了中华人民共和国成立以前巴蜀文化研究的成果，深化了巴蜀文化命题，而且扩大了巴蜀文化的内涵，并使之走上科学研究的轨道，为学术界提供了新认识。

对巴蜀文化加以科学性规范化界定是在"文化大革命"结束以后。1979年童恩正出版《古代的巴蜀》[1]专著，对巴、蜀的含义及其沿革做了考察，认为巴蜀文化是青铜时代的文化，一方面是中华民族古代文化的一个组成部分，另一方面又带有独特的地方风格。童恩正关于巴蜀文化内涵和性质的提法，基本上沿袭了其先师冯汉骥的观点。冯汉骥的遗作《西南古奴隶王国》[2]于1980年发表。这篇论文指出，考古学上的巴蜀文化，仅是一种青铜时期的文化。巴、蜀文化在大体上虽然相同，但从一些文化遗物上仍能加以区别。蜀人似乎没有文字，巴人的各种符号似乎是文字的雏形。蜀大约在殷周之际进入阶级社会，巴人的社会则较蜀人落后，直到秦灭巴时，巴尚处于奴隶制的初期阶段。并指出，巴蜀文化虽有明显的地方性，但仍属于中原汉文化范围内的一种地方性文化。在文化面貌上，蜀文化近乎关中和黄河流域，巴文化则近乎楚。

20世纪80年代，巴蜀文化研究更向纵深发展，对巴蜀文化内涵的认识又有若干新的成果，其中重要的一个方面，是对巴蜀文化时空内涵认识的不断深化。

赵殿增《巴蜀原始文化的研究》[3]认为，考古学所说的巴蜀文化，不光是指巴国和蜀国的文化，而应包括巴蜀整个民族文化发展的全过程，既包括商周杜宇族建立国家之前巴蜀民族文化形式的前期遗存，也包括公元前316年巴蜀被秦统一之后仍保持本民族习俗的巴蜀遗民的文化遗存。据此，他把巴蜀文化的上限提前到新石器时代晚期，称为早期巴蜀文化；地域上，他认为巴蜀文化的分布地区与两国边境并不完全一致。李复华、王家祐在《巴蜀文化的分期和内涵试说》[4]一文中，不同意把巴蜀文化的上限推前到新石器时代。他们认为，蜀的早期文化，广汉三星堆第二、三两期可能是其第一阶段，而三星堆第一期新石器文化则是蜀文化的前身。早期蜀文化是一种土著文化，

---

① 童恩正：《古代的巴蜀》，成都：四川人民出版社，1979年。
② 冯汉骥：《西南古奴隶王国》，《历史知识》1980年第2期。
③ 冯汉骥：《西南古奴隶王国》，《历史知识》1980年第2期。
④ 李复华、王家祐：《巴蜀文化的分期和内涵试说》，《巴蜀历史·民族·考古·文化》，成都：巴蜀书社，1991年。

但受中原影响较深，成为这阶段蜀文化的重要内涵。蜀文化的下限，从考古学上看可延续到西汉初期。至于巴文化与蜀文化的合流，则是春秋战国时期，这时才有"巴蜀文化"。

从 80 年代到 90 年代初，许多学者在讨论巴蜀文化时，都提到了对其内涵的认识。一般说来，这种认识目前还主要限于考古学文化，即巴、蜀两族或两国的物质文化遗存。时序方面，多数论著把成都平原的新石器晚期文化视为先蜀文化，而把蜀文化分为早、晚两期，早期从夏代至春秋，晚期从春秋战国至汉初。^①空间位置方面，林向提出，殷卜辞中的"蜀"的中心地区在成都平原，它在江汉地区与南传的二里头文化（夏文化）相遇，在陕南与商文化相遇，在渭滨与周文化相遇^②，并提出"巴蜀文化区"的概念^③。段渝通过对三星堆文化与汉中、大渡河流域、川东鄂西相似遗存的考察，提出"古蜀文化区"的概念。^④这两个文化区的概念大体相同，为学术界所普遍接受。

至于川东鄂西的古文化，一般依其发现地名称为"某文化""某类型""某遗存"，也有论著称其为"早期巴文化"，不过没有取得学术界的共识。^⑤段渝认为，巴文化有三个层次，或三种概念：一是战国以前位于汉水上游的巴国文化，一是长江三峡川东鄂西巴地的史前文化，一是春秋战国之际巴国进入长江流域与当地的巴地文化合流所形成的复合共生的地域文化，这个时候的巴文化才是可以用"巴"来涵盖并指称国、地、人、文化的完整意义上的巴文化，从而形成巴文化区。巴文化区大体北起汉中，南达黔中，西起川中，东至鄂西。其文化内涵的基本特点是：大量使用巴蜀符号，多刻铸在青铜器和印章上；巫鬼文化非常发达，形成巫文化圈；乐舞发达；崇拜白虎与敬畏白虎信仰的共生和交织；具有丰富而源远流长的女神崇拜传统；民众质直好

---

① 林向：《周原卜辞中的"蜀"——兼论早期蜀文化与岷江上游石棺葬的族属之二》，《考古与文物》1985 年第 6 期；林向：《三星堆遗址与殷商的西土——兼释殷墟卜辞中的"蜀"的地理位置》，《四川文物》1989 年三星堆遗址研究专辑；宋治民：《早期蜀文化分期的再探讨》，《考古》1990 年第 5 期。

② 林向：《三星堆遗址与殷商的西土——兼释殷墟卜辞中的"蜀"的地理位置》，《四川文物》1989 年三星堆遗址研究专辑。

③ 林向：《论古蜀文化区——长江上游的古代文明中心》，《三星堆与巴蜀文化》，成都：巴蜀书社，1993 年。

④ 段渝：《古蜀文化区》《三星堆文明的空间分布》《三星堆文明的延伸分级》，《三星堆文化》，成都：四川人民出版社，1993 年。

⑤ 段渝：《论早期巴文化——长江三峡的古蜀文化因素与"早期巴文化"》，《巴渝文化》第 3 辑，重庆：重庆出版社，1994 年。

义，土风敦厚，等等。①

　　先秦巴蜀文化事实上不是一个统一的文化，而是巴文化和蜀文化的总和。巴文化是指巴国王族和巴地各族所创造的全部物质文化、精神文化和社会结构的总和。蜀文化是指蜀族和蜀地各族所创造的全部物质文化、精神文化和社会结构的总和。将这两种起源不同、类型有异、族别非一的古代文化统称为巴蜀文化，首先导源于一种地理单元观念，即它们在古代是紧相毗邻，而在中、近古以迄于近现代又是省区与共的。其次导源于战国以来两者文字的相同，中古以来两者语言的一致，经济区的大体划一，以及其他诸多原因。这许多因素使两种文化逐渐融而为一，形成了大体整合的巴蜀文化。②

　　90 年代初以后，对巴蜀文化时空内涵的认识又有了新发展。一批学者主张，巴蜀文化有"大巴蜀文化"和"小巴蜀文化"之分，即广义上的巴蜀文化和狭义上的巴蜀文化。所谓"大巴蜀文化"，是指从古到今的四川文化。这些学者以谭洛非、谭继和、袁庭栋等为代表。袁庭栋的《巴蜀文化》③专著，综论了四川古代文化的主要方面。谭洛非发表了《关于开展巴蜀文化研究的建议》④，建议全方位地研究四川从古到今的全部文化史。谭继和发表了《巴蜀文化研究综议》⑤等一系列论文，提出了对巴蜀文化发展史的阶段划分，认为从古至今的巴蜀文化可划分为七大阶段：新石器晚期到夏商为巴蜀文化的萌芽和巴蜀文明的形成，商周包括春秋战国为巴蜀文化重心由江源和山地向平原和城市的转移，汉魏南北朝为巴蜀文化的第一次鼎盛和第一次转折，隋至元代为巴蜀文化的第二次鼎盛及第二次转折，明清为巴蜀文明历史地位的挫折及其向近代化转化的契机，1840—1949 年为近代巴蜀文化的区域性特征及其近代化发展的滞缓，中华人民共和国成立至今为现代巴蜀文化面向现代化的艰难曲折历程。

　　至此，巴蜀文化在三个层面上形成了三种概念：一种是先秦巴蜀文化，即原来意义上或狭义的巴蜀文化，这一概念在学术界采用最为普遍，并得到中外学术界的肯定；一种是考古学上的巴蜀文化，主要运用考古理论与方法研究先秦巴蜀的物质文化，这一概念得到全国考古学界的肯定；另一种是广

① 段渝：《巴文化与巴楚文化简说》，《楚俗研究》第 3 集，武汉：湖北美术出版社，1999 年。
② 段渝：《巴蜀古代文明的时空框架》，《文史杂志》2000 年第 6 期。
③ 袁庭栋：《巴蜀文化》，沈阳：辽宁教育出版社，1991 年。
④ 谭洛非：《关于开展巴蜀文化研究的建议》，《社会科学研究》1991 年第 5 期。
⑤ 谭继和：《巴蜀文化研究综议》，《巴蜀文化论集》，成都：四川民族出版社，1999 年。

义巴蜀文化,研究从古至今巴蜀地区的文化,这一概念越来越取得各界的认同。

三、巴蜀考古的新发现

正如中原文化和其他区域文化的研究一样,巴蜀文化的研究是建立在以考古学和古文献为主要材料的基础之上的,并且由于文献不足征,考古学的新发现就愈益显示出其特殊地位和作用。20世纪80年代以来巴蜀文化研究的若干重大进展,都是充分运用考古新材料的结果。

中华人民共和国成立以来,由于基本建设规模的不断扩大,给考古学提供了前所未有的良好条件,新发现层出不穷,其中重要的发现有:

(1)四川广元宝轮院和重庆巴县冬笋坝船棺葬。1954年在昭化(今属广元市)宝轮院和巴县冬笋坝发现大批船棺葬,出土大量青铜器、陶器和印章,其时代为秦灭巴蜀前后到汉初。[①]这些器物,为学术界认识考古学上的巴文化提供了标准的衡量尺度,并使人们确信作为一种区域文化的巴蜀文化的存在。船棺葬式,最初认为是巴文化的重要特征,后来由于川西平原也发现了大量船棺葬,仅形制稍异,又使学术界认识到蜀文化同样也有船棺葬传统。

(2)成都羊子山土台。1953—1956年在成都北郊清理的这座大型土台[②],残高10米,台底103.6米见方,最上层31.6米见方,为三级四方形土台,这是现存先秦最大的土台。土台年代,原报告认为是西周到战国。后经林向研究,提出其始建年代可能为商代。[③]土台性质,一般认为是集会、观望和祀典的场所,或古蜀国巫觋通天地的神坛,即大型礼仪中心。

(3)四川新繁水观音遗址和墓葬。1957—1958年在新繁(今属成都市新都区)水观音发掘的遗址和墓葬[④],出土大量陶器和青铜器。墓葬年代,早期墓为商代,晚期墓为西周到春秋。遗址年代为商末周初。这一发现,为商周与春秋战国巴蜀文化的分期断代,提供了可靠的序列依据。

(4)四川彭县竹瓦街铜器窖藏。1959年和1980年分别在彭县竹瓦街发现窖藏铜器[⑤],有容器、兵器、工具,年代为殷周之际。其中2件青铜觯上有铭

---

① 谭继和:《巴蜀文化研究综议》,《巴蜀文化论集》,成都:四川民族出版社,1999年。
② 四川省文管会:《成都羊子山土台遗址清理报告》,《考古学报》1957年第4期。
③ 四川省文管会:《成都羊子山土台遗址清理报告》,《考古学报》1957年第4期。
④ 王家祐、江甸潮:《四川新繁、广汉古遗址调查记》,《考古通讯》1958年第8期;四川省博物馆:《四川新繁水观音遗址试掘简报》,《考古》1959年第8期。
⑤ 王家祐:《记四川彭县竹瓦街出土的铜器》,《文物》1961年第11期;四川省博物馆等:《四川彭县西周铜器窖藏》,《考古》1981年第6期。

文，徐中舒考定为蜀人参加武王伐纣所获战利品，证实了文献关于"武王伐纣，实得巴蜀之师"的记载。①

（5）成都百花潭中学 10 号墓。1965 年清理的这座墓葬，出土不少青铜器②，其中一件水陆攻战铜壶，壶面有习射、采桑、宴乐、弋射、水战等图案，十分精美，全国罕见，铸于蜀国③，年代为公元前 4 世纪末。这座墓葬为战国蜀人的铜兵器的研究提供了断代的标尺。

（6）重庆涪陵小田溪战国土坑墓。1972 年在川东涪陵小田溪发掘了 3 座土坑墓，出土大批青铜器，墓主为巴国上层统治者。④徐中舒研究了出土的虎纽錞于，认为这种器物是中原文化的传入，后来成为巴文化的重要特征之一。并认为，墓主可能是巴国众多部落中的小王之一。⑤段渝认为，墓主可能为巴国王子。⑥对于墓中所出 14 枚一组的错金编钟，邓少琴考证为古代小架所用。⑦墓葬年代，徐中舒、唐嘉弘认为是秦昭王时期⑧，王家祐认为是秦厉共公时期⑨，于豪亮认为是秦始皇时期⑩。这批墓葬的发现，为解决巴国历史地理上的一些问题以及巴与楚、秦的关系提供了珍贵的新材料。⑪

（7）有铭青铜戈。20 世纪 70 年代在四川郫县发现两件带有铭文的青铜戈，在新都出土一件有铭文的青铜戈，1973 年在重庆万县发现一件有铭文青铜戈，1959 年在湖南常德 26 号战国墓出土一件巴蜀铭文青铜戈⑫，文字似汉字而非汉字，为确证巴蜀有文字提供了重要的物证。

（8）四川犍为巴蜀墓群。1977 年发掘，年代为战国晚期，少数为汉初，

---

① 徐中舒：《四川彭县濛阳镇出土的殷代二觯》，《文物》1962 年第 6 期。

② 四川省博物馆：《成都百花潭中学十号墓发掘记》，《文物》1976 年第 3 期。

③ 杜恒：《试论百花潭嵌销图象铜壶》，《文物》1976 年第 3 期。

④ 四川省博物馆等：《四川涪陵地区小田溪战国土坑墓清理简报》，《文物》1974 年第 5 期。

⑤ 徐中舒：《四川涪陵小田溪出土的虎纽錞于》，《文物》1974 年第 5 期。

⑥ 段渝：《涪陵小田溪巴王墓新证》，《巴蜀历史·民族·考古·文化》，成都：巴蜀书社，1991 年。

⑦ 邓少琴：《四川涪陵新出土的错金编钟》，《文物》1974 年第 12 期。

⑧ 徐中舒、唐嘉弘：《古代楚蜀的关系》，《文物》1981 年第 6 期。

⑨ 王家祐等：《涪陵出土巴文物与川东巴国》，四川大学学报丛刊第 5 辑四川地方史研究专辑，1980 年。

⑩ 于豪亮：《四川涪陵的秦始皇二十六年铜戈》，《考古》1976 年第 1 期。

⑪ 段渝、谭晓钟：《涪陵小田溪战国墓及所见之巴楚秦关系诸问题》，《四川文物》1991 年第 2 期。

⑫ 李复华：《四川郫县红光公社出土战国铜器》，《文物》1976 年第 10 期；童恩正、龚廷万：《从四川两件铜戈上的铭文看秦灭巴蜀后统一文字的进步措施》，《文物》1976 年第 7 期；刘瑛：《巴蜀兵器及其纹饰符号》，文物资料丛刊第 7 辑，北京：文物出版社，1983 年；湖南省博物馆：《湖南常德德山楚墓发掘报告》，《考古》1963 年第 9 期。

出土陶器、青铜器、铁器等。①王有鹏认为，这批墓葬，为研究古文献记载的蜀人南迁提供了可靠的地下证据。②

（9）四川青川墓群。1979—1980 年在青川清理了 82 座土坑墓，出土陶器、铜器、漆器、竹木器、玉石器等 400 多件，并出土秦武王时在巴蜀推行田律的木牍。③时代为战国中期和晚期。出土的漆器上有刻划文字，既有汉字，又有巴蜀文字，为巴蜀符号确属文字提供了坚实依据。出土的漆器，表明巴蜀漆器与楚器有着相当的交流和相互影响。这批墓葬中巴蜀与秦、楚文化因素并存，为深入研究其间的关系提供了新资料。

（10）四川新都战国木椁墓。1980 年发掘的这座战国早、中期之际的大型带斜坡墓道的土坑木椁墓④，椁内分出棺室和 8 个边箱，棺具为独木棺，椁室出土青铜器 188 件，青铜器多 5 件成组，或 2 件成组，显示出特殊的礼制。青铜器中的鼎、敦等器，与楚文化有相似之处。沈仲常认为此墓是比较典型的楚文化墓葬，所出"邵之飤鼎"，"邵"为"昭"，即是楚昭王之意。⑤徐中舒、唐嘉弘认为这种楚国昭氏器物，表明有可能楚之昭氏驻蜀地。⑥李学勤认为，新都墓部分青铜器与楚器形制的相近，应是道一风同的缘故，即同一时代流行同样的艺术和风格，应是蜀器。⑦段渝提出，此墓并不具有典型的楚文化的特征，确为蜀墓，至于青铜鼎上的"昭"字，应是古代的"昭祭"，而不是楚之昭氏。⑧李复华、王家祐认为，该墓墓主应是蜀王开明九世到十一世当中的某一位，是为蜀王之墓。⑨这座墓葬的发掘，为深入认识战国时期蜀文化的丰富内涵、蜀文化的特征、蜀国的礼制以及蜀、楚关系和蜀与中原的关系提供了新认识。

（11）四川荥经巴蜀文化遗存。1981 年在荥经烈太清理的墓葬内，出土印章等巴蜀文化遗物。⑩1981 年、1982 年在荥经曾家沟发掘的战国墓群中⑪，出

---

① 四川省博物馆：《四川犍为县巴蜀土坑墓》，《考古》1983 年第 9 期。

② 王有鹏：《犍为巴蜀墓的发掘与蜀人的南迁》，《考古》1984 年第 12 期。

③ 四川省博物馆等：《青川县出土秦更修田律木牍——四川青川县战国墓发掘简报》，《文物》1982 年第 1 期。

④ 四川省博物馆等：《四川新都战国木椁墓》，《文物》1981 年第 6 期。

⑤ 沈仲常：《新都战国木椁墓与楚文化》，《文物》1981 年第 6 期。

⑥ 徐中舒、唐嘉弘：《古代楚蜀的关系》，《文物》1981 年第 6 期。

⑦ 李学勤：《论新都出土的蜀国青铜器》，《文物》1982 年第 1 期。

⑧ 段渝：《论新都蜀墓及所出"昭之飤鼎"》，《考古与文物》1991 年第 3 期。

⑨ 李复华、王家祐：《巴蜀文化的分期、断代和渊源试说》，《四川史学通讯》1983 年第 3 期。

⑩ 李晓鸥：《四川荥经县烈太战国土坑墓清理简报》，《考古》1984 年第 7 期。

⑪ 四川省文管会等：《四川荥经曾家沟战国墓群第一、二次发掘》，《考古》1984 年第 12 期。

土大量漆器，有的漆器上有铭文，尤其是"成""成市造"等铭刻的发现，为探讨巴蜀漆器的生产规模以至工商业的发展提供了新资料。[①]

（12）四川广汉三星堆遗址。1980年以来广汉三星堆遗址进行了多次发掘，发现房屋基址40余座，陶窑1座，灰坑100多个，墓葬4座，出土数万件陶、石、金、铜、玉石器物。[②]文化堆积分为4期，第一期为新石器时代晚期文化，年代约距今4 800—4 000年；第二、三、四期为蜀文化，年代约从夏代到西周早期。遗址总面积约12平方公里。位于遗址中部的古城遗址，总面积3.6平方公里。[③]1986年夏季在南城墙外发掘的两个器物坑内出土青铜器、金器、玉石器、象牙等近千件，尤以大型青铜雕像和金杖、金面罩等中国考古首次发现的珍贵之物为奇特。[④]三星堆遗址文化内涵连续变化、发展演进，揭示出蜀文化发展的脉络，清楚表明了它是与中原文化不同区系的一种文化。而城墙的发掘，文物坑内所出与中原迥然有异的青铜器，以及文字符号的发现，为商代蜀文化业已进入文明时代、它是中华文明的又一个起源地等崭新观点的提出，提供了坚实可靠的实物证据。

（13）成都十二桥遗址。1958年底、1986年至1987年，两次对该遗址进行发掘。在商代地层内，发现大型木结构建筑遗址，房顶、梁架、墙体、桩基、地梁等，基本保存完好。文化内涵与三星堆遗址具有明显的共性和发展连续性。大型地梁式宫殿建筑与小型干栏式建筑浑然一体，错落有致，分布面积为15 000平方米以上。[⑤]在以十二桥遗址为中心南北延伸的数公里，还发现多处商周时期古遗址，文化面貌与十二桥相同[⑥]，它似是成都这个总遗址的不同组成部分[⑦]。其重要意义，一方面表现出商周之际的成都是古蜀文化的又一个中心，另一方面又以其文化发展演变的同步性展现出成都早期城市起源的历史进程。[⑧]

（14）四川绵阳边堆山遗址。1989年发掘的绵阳边堆山新石器时代遗址，出土陶、石、骨器和房屋基址红烧土等标本数千件，年代距今5 000—4 500

---

① 段渝：《先秦秦汉成都的市与市府职能的演变》，《华西考古研究（一）》，成都：成都出版社，1991年。

② 四川省文物管理委员会等：《广汉三星堆遗址》，《考古学报》1987年第2期。

③ 陈德安、罗亚平：《蜀国早期都城初见端倪》，《中国文物报》1989年9月15日。

④ 四川省文物考古研究所：《三星堆祭祀坑》，北京：文物出版社，1999年。

⑤ 四川省文管会等：《成都十二桥商代建筑遗址第一期发掘简报》，《文物》1987年第12期。

⑥ 王毅：《成都市蜀文化遗址的发现及其意义》，《成都文物》1988年第1期。

⑦ 罗开玉：《成都城的形成和秦的改建》，《成都文物》1989年第1期。

⑧ 段渝：《巴蜀古代城市的起源、结构和网络体系》，《历史研究》1993年第1期。

年。①该遗址的发掘，对于探索四川盆地文明的起源等课题，具有重要意义。

（15）重庆云阳李家坝遗址。1992—1993年、1994—1995年曾进行过数次小规模试掘，1997年进行大规模发掘，确定这是一处重要的古代巴人遗址。1997年的发掘，出土的巴人遗存有40座墓葬、多座房屋基址、3座窑址和大量遗物，时代从商周到战国时期。其中商周时期的墓葬1座。在战国时期的墓葬中，出土了丰富的陶器和青铜器，以及少量漆器、铁器、玉石器和琉璃器。此次发掘，对于深入认识巴文化尤其三峡地区的巴文化提供了重要的资料。②

（16）重庆忠县哨棚嘴遗址。该遗址属于忠县洽井沟遗址群中具有代表性的遗址。根据1994年和1997年较大规模发掘的结果，哨棚嘴遗址可以分作三期，第一期的年代范围相当于中原仰韶文化晚期至龙山文化早期之间；第二期相当于二里头文化早期左右至二里冈下层，文化面貌近似于三星堆文化早期；第三期相当于商代晚期至西周中期，文化面貌近似于成都抚琴小区第4层。③哨棚嘴遗址的发掘，为探索三星堆文化和十二桥文化在川东地区的分布范围提供了重要的资料。

（17）成都平原早期城址群。1995年以来，在成都平原相继发现了新津宝墩村、都江堰芒城村、崇州双河村和紫竹村、郫县古城村、温江鱼凫村④以及大邑盐店和高山等8座早期城址，经不同程度的勘探和发掘，证实这些城址是早于三星堆文化（不含三星堆遗址一期）的早期城址。这批城址的年代略有差异，总体文化面貌基本一致，有一组贯穿始终而又区别于其他考古学文化的器物群，属于同一考古学文化遗存，命名为"宝墩文化"。宝墩文化的绝对年代，初步推定在距今4 500—3 700年之间。⑤成都平原早期城址群的发现，

---

① 中国社会科学院考古研究所：《四川绵阳市边堆山新石器时代遗址调查简报》，《考古》1990年第4期。

② 四川大学历史文化学院考古系：《重庆云阳李家坝东周墓地1997年发掘报告》，《考古学报》2002年第1期。

③ 王鑫：《忠县洽甘井沟遗址群哨棚嘴遗址分析——兼论川东地区的新石器文化及其青铜文化》，《四川考古论文集》，北京：文物出版社，1996年；北京大学考古文博学院三峡考古队等：《重庆洽甘井沟遗址群哨棚嘴遗址发掘简报》，《重庆库区考古报告集（1997卷）》，北京：科学出版社，2001年。

④ 成都市文物考古研究所：《四川新津县宝墩遗址调查与试掘》，《考古》1997年第1期；《四川新津县宝墩遗址1996年发掘简报》，《考古》1998年第1期；《四川温江县鱼凫村遗址调查与发掘》，《文物》1998年第12期；《四川省郫县古城遗址调查与试掘》，《文物》1999年第1期；《四川都江堰市芒城遗址调查与发掘》，《考古》1999年第7期；《四川省郫县古城遗址1997年发掘简报》，《文物》2001年第3期。

⑤ 江章华、王毅、张擎：《成都平原早期城址及其考古学文化初论》，《考古学报》2002年第1期。

为分析文明起源时代古蜀地区政治组织的发展变化和三星堆文化的来源提供了十分重要的资料。[1]

（18）成都市商业街大型船棺、独木棺墓葬。2000 年 8 月至 2001 年 1 月发掘，确定是一处蜀王开明氏王朝晚期（约相当于战国早期偏晚）的大型多棺合葬的船棺、独木棺墓葬，墓坑长达 30.5 米，宽 20.3 米，面积达 620 平方米，墓坑中现存船棺、独木棺葬具 17 具。船棺规模、形制宏大，最大的一具长达 18.8 米，为其他地区所未见。随葬品虽被盗过，仍出土陶器 103 件、铜器 20 件以及漆、木器 153 件等。遗迹显示，墓葬有布局规整的地面建筑。[2]此处大型船棺、独木棺墓葬的发现，为探讨蜀王开明氏时期的政治、经济、社会以至与楚文化的关系提供了崭新的资料。

（19）四川茂县营盘山遗址。2000 年 10—11 月在茂县发掘的营盘山遗址，是岷江上游地区发现的 82 处新石器时代晚期遗址之一，距今 5 500—5 000 年。出土灰坑 26 座、灰沟 1 条和地面或房屋基址 3 座，遗物包括陶器、玉器、骨器等。陶器以平底和小平底器为主，有少量圈足器，不见三足器，器形多样，纹饰丰富，有一定数量的彩陶。彩陶器与西北地区仰韶文化庙底沟类型和马家窑文化马家窑类型均有差异。文化面貌与绵阳边堆山、广元张家坡、邓家坪等遗址有一些相同之处，与成都平原宝墩文化有明显的共同文化因素，为认识 5 000 年以前长江上游与黄河上游的文化交流和传播情况提供了新材料，并为深入探讨古蜀文化的来源提供了重要的信息和有益的启示。[3]

（20）成都市金沙村商周遗址。2001 年 2 月以来在成都市金沙村发现商代晚期至春秋时期的大型遗址，主体文化遗存的时代在商代晚期至西周早期，分布范围约 3 平方公里，是一处十二桥文化的大型遗址。遗址内有一定规划和功能分区，每一文化堆积区内有一定布局结构，出土大量青铜器、黄金制品和玉石制品，包括金器 40 余件、青铜器 700 余件、玉器 900 余件、石器近300 件、象牙 40 余件等计 2 000 余件，还发现大批象牙和数以万计的陶器、陶片等。青铜器、金器与三星堆有同有异。玉器种类尤其丰富，其中不少种

---

① 段渝：《玉垒浮云变古今：古代的蜀国》，成都：四川人民出版社，2001 年，第 65-87 页。

② 成都市文物考古研究所：《成都市商业街船棺独木棺墓葬发掘报告》，《成都考古发现（2000）》，北京：科学出版社，2002 年。

③ 成都市文物考古研究所：《四川茂县营盘山遗址试掘报告》，《成都考古发现（2000）》，北京：科学出版社，2002 年；蒋成、陈剑：《岷江上游考古新发现述析》，《中华文化论坛》2001 年第 3 期。

类是首次出土。^①金沙遗址的发现，为探索三星堆文化的去踪提供了重要线索^②，为进一步探明古蜀文明的丰富内涵和成都平原早期城市的形成与发展提供了十分珍贵的资料。除以上重要考古发现外，四川和重庆境内大体均有古文化遗存出土。在今天四川省和重庆市的行政区划以外，也有不少巴蜀文化遗存发现，较重要的有陕南、鄂西、湘西和贵州等地区，为研究巴蜀文化的空间分布、文化内涵以及文化交流与传播等课题提供了新材料。这些考古新发现，促进了学术界对巴蜀文化的新认识，使人们对以前关于巴蜀为蛮荒之地的陈旧看法彻底改观，取得了古代巴蜀是一个高度发展的文明社会的新共识。

四、巴蜀文化研究的主要成果与分歧

中华人民共和国成立以来的巴蜀文化研究，可以大致划分为三个阶段：

第一阶段，20 世纪 50 年代至 60 年代，主要研究内容为巴人和蜀人的族属、地域、迁徙、列国关系等，基本上是传统研究课题。

第二阶段，20 世纪 70 年代至 80 年代中期，主要研究巴蜀的来源、政治、经济、社会制度等，对传统研究有所突破。

第三阶段，20 世纪 80 年代后期至今，主要研究巴蜀文化的来源，巴蜀古文明的起源、形成、内涵、内外关系等，无论在研究方向、研究范围还是在研究的理论方法等方面，都取得了突破性进展，使巴蜀文化研究出现了崭新气象，研究更加深化，研究领域越来越广泛。

巴蜀文化研究涉及的范围相当大，内涵非常丰富，成果层出不穷。限于篇幅，本文仅对其中的主要成果分成 14 个方面略加述评。

（一）巴蜀的族属、地域和迁徙

中华人民共和国成立后对巴蜀文化的第一阶段讨论中，族属、地域和迁徙问题是一个重要内容。这个问题在巴蜀文化研究中事关重大，所以至今仍有争论。

徐中舒首先指出，巴为姬姓，是江汉诸姬之一，为周族。史籍所载巴为廪君后代，兴起于巫诞之说，并不正确。巴与濮原为两族，后因长期杂居成为一族，故称巴濮。巴人原居川鄂之间，战国时受楚逼凌，退居清江，秦汉

① 成都市文物考古研究所、北京大学考古文博学院：《金沙淘珍》，北京：文物出版社，2002 年。
② 林向：《寻找三星堆文化的来龙去脉——成都平原的考古最新发现》，《中华文化论坛》2001 年第4 期。

时期沿江向西发展。①

蒙文通认为，巴国不止一个，秦灭的巴是姬姓之巴，楚灭的巴是五溪蛮，为般瓠后代，即是枳巴。②

缪钺提出，廪君之巴与板楯蛮不同族，廪君祖先化为白虎，板楯蛮则以射白虎为事，两族非一。③

邓少琴、童恩正等坚持巴人出自廪君的看法。邓少琴提出，古代数巴并存，有清江廪君白虎之巴，而巴诞是廪君族系并兼有獽人的名称。所谓太白皋之巴，应源出氐羌。④董其祥《巴史新考》支持这一看法，并认为宗、诞、僚、獽等族，曾与巴共处于江汉平原或川东，有些就是巴族的组成部分。⑤

蒙默认为，古代没有一个单独的巴族，先秦至少有 4 个巴国。廪君之巴、宗姬之巴、巴夷宗国和枳巴，分别活动在夷水、汉水、渝水及涪陵水会，分属蜒族、华夏族、宗族和獽蜒族。⑥

李绍明则提出了广义的巴人和狭义的巴人这个概念，认为广义的巴人包括"濮、宗、苴、共、奴、獽、夷、诞之蛮"，其族属未必一致。狭义的巴人则指巴国王室，即"廪君种"，其主源可追溯到濮越人，其次源可追溯到氐羌人，但一经成为一个统一的民族共同体，就与昨天那些母体民族告别了。⑦

关于蜀人，看法也不是一致的。主要有两种意见，一种认为蜀人出自氐羌民族系统，一种认为蜀人出自百濮民族系统。这两种意见中，也有种种分歧，不一而足。一般认为，夏商时代的蜀人，即蚕丛、柏、鱼凫，与氐羌民族有关，杜宇、开明则与百濮民族有关。蒙默提出，古代没有一个统一的蜀族，历代蜀王都分属不同的族系。⑧孙华则提出，蜀人既非西北氐羌，亦非江汉濮人，而来源于商代黄河中下游的一支氐族。⑨张勋燎认为，鱼凫氏来源于川东巴人。⑩徐中舒、唐嘉弘提出，蜀王开明氏为荆楚之人⑪，童恩正认为是巴人⑫，

① 徐中舒：《论巴蜀文化》，成都：四川人民出版社，1981 年。
② 蒙文通：《巴蜀古史论述》，成都：四川人民出版社，1981 年。
③ 缪钺：《巴蜀文化初论商榷》，《四川大学学报》1959 年第 4 期。
④ 邓少琴：《巴蜀史迹探索》，成都：四川人民出版社，1983 年。
⑤ 董其祥：《巴史新考》，重庆：重庆出版社，1983 年。
⑥ 蒙默：《试论古代巴蜀民族及其与西南民族的关系》，《贵州民族研究》1983 年第 4 期。
⑦ 李绍明：《川东南土家与巴蜀南境问题》，《思想战线》1985 年第 6 期。
⑧ 蒙默：《试论古代巴蜀民族及其与西南民族的关系》，《贵州民族研究》1983 年第 4 期。
⑨ 孙华：《蜀族起源考辨》，《民族论丛》第 2 辑，1983 年。
⑩ 张勋燎：《古代巴人的起源及其与蜀人、僚人的关系》，《南方民族考古》1987 年第 1 期。
⑪ 徐中舒、唐嘉弘：《古代楚蜀的关系》，《文物》1981 年第 6 期。
⑫ 童恩正：《古代的巴蜀》，成都：四川人民出版社，1979 年。

段渝认为应如史籍所述为原居贵州敝水的濮人，既非楚国人，亦非巴国人[①]。

以上问题是逐步深化的，主要成果在于明确了古代巴、蜀民族组成的多元性，明确了巴、蜀民族与长江上游、中游和岷江流域及江汉地区的古代民族的深厚关系，对于深入研究长江流域的古代民族和古代文化具有重要意义。至于分歧的原因，主要在于对直接材料和相关材料的理解不一，同时在理论上也有分歧以至模糊不清之处，在研究方法上也存在若干差异。

（二）巴蜀的政治经济和社会形态

这个主题在中华人民共和国成立以前涉及很少，中华人民共和国成立以后的第一、二阶段，也限于资料的贫乏，难以深入，第三阶段则成为研究的热点之一。

史料记载巴蜀蛮荒落后，无文字，无礼乐，俨如原始社会末叶的军事民主主义。中华人民共和国成立后，徐中舒首先指出，蜀有高等农业，至迟在战国已具备了国家形式，巴则是部落组织，尚未形成国家。但认为从殷周到战国，巴蜀的经济和文化还落在中原后面。[②]这种看法，长时期占据巴蜀史研究的主导地位，只是到 1986 年以后，由于广汉三星堆遗址的重大考古发现，学术界才开始改变了这种传统认识，一致认为商代蜀国已是比较成熟的国家。

关于巴蜀社会经济的研究，主要集中在农业、手工业、商业等方面。目前在蜀人拥有比较发达的农业，巴人以粗耕农业兼营狩猎畜牧等方面，学术界基本拥有共识，但在蜀地农业的起源方面，则存在分歧。有的认为蜀人的农业发源于川西北高原岷江流域，有的认为蜀人的稻作农业来源云南，有的则认为蜀地稻作农业是土生土长的。由于文献不足征，考古材料尚不能提供进一步的证据，这些看法目前都还处在假说阶段。

商业的发展是促进社会进步的一大要素。"文化大革命"前少有论著对此进行过研究。张勋燎《古璧和春秋战国以前的权衡（砝码）》提出，古蜀国的大量石璧，应即用以"均物平轻重"的砝码[③]，此本郑德坤之说。更多学者则认为，石璧是一种祭天的礼器。考古中，巴蜀墓葬内常出土一种形制如璜的"桥形币"，多数学者认为是巴蜀的一种货币；对于三星堆出土的大量穿孔海贝，也认为是贝币。这样，考古发现便证明了古蜀国确有发达的商业。徐中

① 段渝：《四川通史》第 1 册，成都：四川大学出版社，1993 年。
② 徐中舒：《论巴蜀文化》，成都：四川人民出版社，1981 年。
③ 张勋燎：《石璧和春秋战国以前的权衡（砝码）》，《四川大学学报》1979 年第 1 期。

舒还提出，成都是古代的自由都市。^①童恩正也认为，战国时代成都与中原各地以至中亚地区都存在商业贸易关系。^②段渝还根据多种资料进一步指出，早在商代，成都平原的广汉蜀王都和成都，就已初步形成为中国西南同南亚、西亚进行经济文化交流的枢纽。^③

关于巴蜀的社会形态，分歧也是较大的。传统的看法认为巴蜀是奴隶社会。唐嘉弘认为，古代巴国并非奴隶制社会，在春秋战国时期，巴国从原始社会的家长奴隶制阶段向封建化过渡，并未形成一个发达或发展的奴隶王国。^④《四川通史》第 1 册认为，开明氏蜀王国不是奴隶制王国，而具有若干领主封建制特征，属于早期的封建社会。^⑤

对巴蜀社会形态的认识，随着学术思想和学术热点的变化与转移，已归入关于文明起源与形成这一内涵更加丰富的研究领域之中。

（三）巴蜀古代文明的起源与形成

文明起源与形成研究，其重要意义在于搞清楚人类与文化进化的关系，人类文化的成长、变迁，文化类型、结构和功能，政治组织的形态，以及文化进化的动力法则等。文明形成主要有几大标志，物质文化标志有文字、城市、金属器、大型礼仪建筑等，社会形态标志是国家的形成，即公共权力的设立和按地区划分其国民。

这个问题的提出，有两大背景。一是 20 世纪 80 年代中期以后，由著名考古学家苏秉琦和著名社会学家费孝通所首倡的中国文明多元一体结构框架的论断，在国内学术界产生了深刻影响，突破了中国文明一元起源论（即从中原起源）的传统看法。一是广汉三星堆出土的大型青铜雕像群、金杖、金面罩等，与中原青铜文化迥异，迫使学术界重新思考古蜀文明的起源与形成这个重大课题。

三星堆遗址发掘后，学术界对此做了大量研究工作。首先是关于两个"祭祀坑"的报道和发掘简报，披露了资料，进行了初步研究。李学勤^⑥、林向^⑦、

---

① 徐中舒：《成都是古代自由都市说》，《成都文物》1984 年第 1 期。

② 童恩正：《略谈秦汉时代成都地区的对外贸易》，《成都文物》1984 年第 2 期。

③ 段渝：《古代巴蜀与南亚和近东的经济文化交流》，《社会科学研究》1993 年第 3 期。

④ 唐嘉弘：《巴国是一个奴隶王国吗》，《四川文物》1984 年第 1 期。

⑤ 段渝：《四川通史》第 1 册，成都：四川大学出版社，1993 年。

⑥ 李学勤：《商文化怎样传入四川》，《中国文物报》1989 年 7 月 21 日；《三星堆饕餮纹的分析》，《三星堆与巴蜀文化》，成都：巴蜀书社，1993 年；《比较考古学随笔》，中华书局（香港）有限公司，1991 年。

⑦ 林向：《蜀酒探原》，《南方民族考古》第 1 辑，1987 年第 1 期。

赵殿增①、陈德安②、陈显丹③、沈仲常④、罗开玉⑤、霍巍⑥、段渝⑦等，分别对三星堆青铜文化进行了不同侧重点的研究，认识到古蜀青铜文化的年代，至少可上溯到商代中期，比起传统的看法，早了近千年。

20 世纪 80 年代末，通过对三星堆遗址的试掘，确认了古城城墙，认识到三星堆是商代蜀国的都城。⑧苏秉琦教授提出了三星堆古文化、古城、古国的概念。⑨段渝比较全面系统地研究了巴蜀早期城市，提出了巴蜀城市的起源模式、城市结构功能、城市体系等问题，并将巴蜀古代城市同中外早期城市进行了概略的比较研究。⑩美国学者罗伯特·W. 贝格勒认为三星堆是商代主要都市之一，是中国青铜时代文化的第三个中心。⑪

巴蜀国家的问题，得到了深入研究。蒙默⑫、段渝⑬、胡昌钰和蔡革⑭等，均有论述。但关于这个问题，多数论著限于考证三星堆文化如何与文献所记"三代蜀王"相衔接，没有更多地研究国家形式、政治结构等内容。段渝通过对三星堆文化的物资流动机制的研究，提出古蜀王权性质是神权政体，从分层社会的复杂结构、基本资源的占有模式、再分配系统的运作机制、统治集团的分级体系等方面对此进行了深入分析讨论，并讨论了王权的深度、广度和阶级结构、民族构成等问题。⑮

学术界充分认识到，三星堆宏阔的古城、辉煌的青铜文化，是商代长江流域城市文明和青铜文化的杰出代表。从青铜文化而言，其青铜合金技术、铸造工艺和青铜制品种类均有十分鲜明的特点，达到相当成熟的水平。李学

---

① 赵殿增：《巴蜀文化几个问题的探讨》，《文物》1987 年第 10 期。
② 陈德安：《试析三星堆遗址商代一号坑的性质及有关问题》，《四川文物》1987 年第 4 期。
③ 陈显丹：《从"纵目"谈起》，《中国文物报》1988 年 1 月 5 日。
④ 沈仲常：《三星堆二号坑立人像初记》，《文物》1987 年第 10 期。
⑤ 罗开玉：《三星堆遗址与古代西南文化关系初论》，《四川文物》1989 年专辑。
⑥ 霍巍：《广汉三星堆青铜文化与古代西亚文明》，《四川文物》1989 年专辑。
⑦ 段渝：《巴蜀是华夏文化又一个起源地》，《社会科学报》1989 年 10 月 19 日。
⑧ 段渝：《论巴蜀地理对文明起源的影响》，《四川大学学报》1988 年第 2 期；《古代中国西南的世界文明——论商代川西平原青铜文化与华北和世界古文明的关系》，《先秦史研究动态》1989 年第 3-4 期。
⑨ 苏秉琦：《四川考古论文集序》，《四川考古论文集》，北京：文物出版社，1996 年。
⑩ 宋治民：《早期蜀文化分期的再探讨》，《考古》1990 年第 5 期。
⑪ 罗伯特·W. 贝格勒：《四川商城》，《三星堆与巴蜀文化》，成都：巴蜀书社，1993 年。
⑫ 蒙默等：《四川古代史稿》，成都：四川人民出版社，1988 年。
⑬ 段渝：《论巴蜀地理对文明起源的影响》，《四川大学学报》1988 年第 2 期；《略论古蜀文化的物资流动机制》，《社会科学报》1990 年 12 月 6 日。
⑭ 胡昌钰、蔡革：《鱼凫考》，《四川文物》1992 年专辑。
⑮ 段渝：《商代蜀国青铜雕像文化来源和功能之再探讨》，《四川大学学报》1991 年第 2 期；《政治结构与文化模式——巴蜀古代文明研究》，上海：学林出版社，1999 年。

勤因而提出，蜀文化是与商文化平行发展的。^①段渝也认为，三星堆文化是与中原夏商王朝平行发展的另一个文明中心。^②当前，关于古蜀文明有其独立而悠久的始源，有独特的文化模式和文明类型，是一支高度发达的灿烂的古代文明等观点，在学术界已取得普遍共识。

文明起源的问题，是全世界范围内引起学术界深切关注和热烈争论的重大学术理论课题，同时又是一个实证性极强的课题。中国学术界从 80 年代初中期开始对这个重大课题形成研究热潮，并逐步形成在对各区系文明起源的研究中进而全面深入探索中国文明起源问题的研究格局。作为重要的区系文明之一，巴蜀古代文明的起源问题，由于三星堆遗址和成都平原史前古城群的发现，已引起国内外众多学者的密切关注。

在 20 世纪 90 年代以前，由于学术界对文明时代与文明起源时代这两个紧密联系而又有所区别的范畴有相当的模糊以至混淆，不少学者在探讨文明起源的时候，事实上是把文明时代当作文明起源时代加以分析论述的，因而对巴蜀古代文明起源这个问题的研究多是无功而返。另一方面，由于文献难征，考古资料也还不足以提供比较清晰的线索，有些学者把巴蜀文明的起源直接与中原地区或长江中游地区相联系，多数学者则认为巴蜀文明的起源含有更多的土著文化因素，尤其与岷江上游古文化有关，而外来文化因素则是巴蜀文明得以最终形成的重要外部动力之一。不过，有关探讨多半属于文化来源或文化类型问题方面的讨论，还不能说接触到了文明起源问题的深刻实质。

文明起源研究，最重要的是研究文明诸要素的起源，以及文明诸要素之间的互动关系，这些要素包括城市、文字、金属器、大型礼仪建筑和国家，其中最重要并且具有本质性的要素是国家。因此，除从物质文化要素方面深入系统地加以研究外，须从政治组织的演化角度进行分析，才可能从本质上充分透彻地阐明文明起源的问题。在关于文明起源时代政治组织的演化形式上，国内学术界主要有两种意见，一种意见认为由农耕聚落到大型聚落再到中心聚落是其演化阶段；另一种意见认为酋邦组织是文明起源时代政治组织的主要形式。在对巴蜀文明起源的研究中，林向、段渝运用酋邦制理论来分析巴蜀文明的起源。段渝提出，城市、文字、金属器、大型礼仪建筑等要素其实是政治组织变化过程中所先后产生的物质文化成果，从功能的观点看，这些物质文化成果的产生和发展是受政治组织的变化及其需要所制约的。据

---

① 李学勤：《三星堆饕餮纹的分析》，《三星堆与巴蜀文化》，成都：巴蜀书社，1993 年。
② 段渝：《三星堆文化》，成都：四川人民出版社，1993 年。

此，他认为宝墩文化古城的政治组织是发展比较充分、形态比较完整的酋邦组织，由各座古城的共存所形成的古城群，则是成都平原最早出现的酋邦社会，它是文明的前夜，预示着文明时代的即将来临。同时还分析了史册所载鄂西清江流域的巴氏廪君集团酋邦组织的形成和发展途径。①彭邦本根据酋邦理论，在早年蒙文通所说巴蜀不过是两个区域内联盟的盟主或霸君的基础上，认为从宝墩文化古城直到秦灭巴蜀，历代古蜀王朝均为共主政体。②江章华、王毅、张擎则从成都平原考古学文化序列的角度，勾勒了古蜀文明起源尤其城市起源的进程。③这些分析讨论，把巴蜀古代文明起源的研究向着纵深方向推进了一步。

对于巴蜀古文明的研究，当前多数学者的兴趣还是集中在族属、文化来源、青铜器形制等方面，这些方面发表的论文最多。从考古学上说，这些都是十分必要的、必需的，从历史学上看，又是不够的。正如苏秉琦所指出的，考古资料本身不等于历史，依照考古序列编排出的年表也不等于历史，从考古学到历史要有个升华过程，即概括抽象过程，科学思维的过程。④因此，要从考古学上的巴蜀文化继续深入探索巴蜀古代文明的起源、形成和演进，尚需今后进一步努力。

（四）巴蜀文化与中原和周边文化的关系

学术界大多认为：古蜀文化是以土著文化为基础，在新石器文化的基础上发展起来的，具有鲜明的个性和特征。从政治上看，古蜀是独立的政治实体，同中原夏商王朝不存在直接隶属的关系，但西周初年成为西周王朝的封国，与周王朝有较密切的关系。巴国为姬姓，是周王室分封到南方的一大诸侯国。文化上，受到了中原文化一定的影响，但主要的还是当地土著文化。

古蜀文化与黄帝和夏文化的关系，过去认为是黄帝后代，完全就是中原文化的分支。20世纪40年代疑古派对此大加批驳，一概否定。20世纪50年代，徐中舒认为，黄帝与巴蜀的关系是子虚乌有，除牵合几个人名、地名外，完全没有根据。蒙文通则认为蜀为黄帝后代的说法绝非无稽之谈。由于没有新的证据，这个重大问题很快就被搁置起来。

20世纪80年代末期以后，随着中华炎黄文化研究的兴起和各区域文化史

---

① 段渝：《政治结构与文化模式——巴蜀古代文明研究》，上海：学林出版社，1999年。
② 彭邦本：《古城、城邦与古蜀共主政治的起源》，《四川文物》2003年第2期。
③ 江章华、颜劲松、李明斌：《成都平原的早期古城址群——宝墩文化初论》，《中华文化论坛》1997年第4期；江章华、王毅、张擎：《成都平原先秦文化初论》，《考古学报》2002年第1期。
④ 苏秉琦：《关于重建中国史前史的思考》，《考古》1991年第12期。

研究热潮的风行，古蜀与黄帝文化、夏文化的关系再次被提出来。李学勤《〈帝系〉传说与蜀文化》考证了传说中黄帝后裔的二系，并联系三星堆出土的玉璋、陶等物质文化因素，认为蜀国君主与中原有更多的联系，蜀、夏同出于颛顼的传说不是偶然的。[1]谭洛非、段渝撰《论黄帝与巴蜀》《再论黄帝与巴蜀》两文，段渝撰《论黄帝嫘祖与中国丝绸的起源时代》，从文献与考古综合分析的视角，论证了古史所载黄帝一系与古蜀的关系绝非无稽之谈。[2]杜金鹏《三星堆文化与二里头文化的关系及相关问题》认为，三星堆文化是夏末商初由夏遗民与当地土著结合所创造的一支新型文化。[3]为此，林向撰《蜀与夏》一文，通过对宝墩文化古城与"夏鲧作城郭"、"禹龙"与"蜀虫"、"禹龙"与"建木"的分析，认为不论从古城、字符还是龙崇拜来看，蜀与夏禹均有文化上的同源关系。[4]祁和晖[5]、冯广宏[6]等均持类似看法。谭继和撰《禹文化西兴东渐简论》，进一步认为，禹治水始于岷山，扩及九州，提出夏文化初起于西蜀，而兴盛于河洛的看法，并概括为"夏禹文化西兴东渐"之说。[7]段渝《三星堆文化与夏文化》认为夏、蜀均黄帝、颛顼后代，文化上同源异流。[8]关于古蜀与黄帝、颛顼、大禹和夏文化的关系问题，由于最近几年岷江上游尤其茂县营盘山遗址的发掘，看来已出现了进一步加以实证的契机。

巴蜀与商文化的关系方面，20世纪50年代王家祐等提出其间有较深的文化联系[9]，后来冯汉骥认为巴蜀文化属于中原文化范围内的一种地方文化[10]。20世纪80年代沈仲常、黄家祥提出蜀文化与二里头文化有一定关系。[11]林向认为古蜀是殷商的西土和外服方国。[12]段渝认为古蜀不曾成为商王朝的外服方国，其青铜文化的主体和一些政治制度与商不同，古蜀由于控制了从中原通

---

① 李学勤：《〈帝系〉传说与蜀文化》，《四川文物》1992年专辑。
② 谭洛非、段渝：《论黄帝与巴蜀》，《社会科学研究》1994年第1期；《再论黄帝与巴蜀》，《中华文化论坛》1994年第1期；段渝：《黄帝、嫘祖与中国丝绸的起源时代》，《中华文化论坛》1996年第4期。
③ 杜金鹏：《三星堆文化与二里头文化的关系及相关问题》，《四川文物》1994年第1期。
④ 林向：《蜀与夏——从考古新发现看蜀与夏的关系》，《中华文化论坛》1998年第4期。
⑤ 祁和晖：《夏禹之有无及族属地望说商兑》，《夏禹文化研究》，成都：巴蜀书社，2000年。
⑥ 冯广宏：《夏禹文化与古蜀史》，《夏禹文化研究》，成都：巴蜀书社，2000年。
⑦ 谭继和：《禹文化西兴东渐简论》，《夏禹文化研究》，成都：巴蜀书社，2000年。
⑧ 段渝：《三星堆文化与夏文化》，《中国文物报》1999年8月2日。
⑨ 王家祐、江甸潮：《四川新繁、广汉古遗址调查记》，《考古通讯》1958年第8期。
⑩ 冯汉骥：《西南古奴隶王国》，《历史知识》1980年第2期。
⑪ 沈仲常、黄家祥：《从新繁水观音遗址谈早期蜀文化的有关问题》，《四川文物》1984年第2期。
⑫ 林向：《三星堆遗址与殷商的西土——兼释殷墟卜辞中的"蜀"的地理位置》，《四川文物》1989年三星堆遗址研究专辑。

往南中的金锡之道，而与商王朝在资源贸易的基础上发生和战关系。①

关于商代的巴，目前对殷卜辞中是否有"巴"还存在相当分歧，巴与商文化的关系亦少有专文研究。

巴蜀与周文化的关系方面，由于有少量文献可征，意见比较一致，近年的主要成果是根据考古所获大量资料，明确了蜀人参与伐纣，受西周王室分封的史实。②

巴蜀与周边文化的关系，过去学术界曾长期持巴文化近楚、蜀文化近秦的观点，近年来在这个问题上取得若干重要突破。李学勤提出，秦文化中的鍪釜甑，是从蜀文化当中吸取的，而后又流布其他地区。③林春认为，夏商时代江汉平原的若干文化因素，来源于成都平原蜀文化。④段渝认为，长江三峡地区、陕南汉中地区夏商时代的古蜀文化因素与三星堆遗址文化的扩张有关⑤，尹盛平⑥、赵丛苍⑦等则认为陕南古文化与巴文化有关。江章华认为由于二里头文化从鄂西沿长江西进，成都平原于是诞生三星堆文明，川东鄂西亦成为三星堆文化的分布范围。⑧李学勤认为，商周时的蜀文化较多影响了楚文化。⑨徐中舒、唐嘉弘⑩、沈仲常⑪认为战国时楚之昭氏后代驻蜀，战国蜀文化受楚文化影响十分深刻。李学勤认为，蜀、楚文化的某些风格相近是道一风同的缘故。⑫段渝认为新都蜀墓所出"昭之飤鼎"，"昭"为"昭祭"，不足以说明是楚国昭氏之后，蜀、楚文化在若干重要方面有明显区别，春秋时代巴与楚曾结成政治军事联盟，后来联盟破裂，巴被迫弃土南迁；江汉地区"信巫鬼，重淫祀"之风，与巴人的巫鬼文化有关，其根源在巴。⑬澳大利亚 N. 巴

---

① 段渝：《四川通史》第 1 册，成都：四川大学出版社，1993 年，第 43-48 页；《政治结构与文化模式——巴蜀古代文明研究》，上海：学林出版社，1999 年。
② 徐中舒：《四川彭县濛阳镇出土的殷代二觯》，《文物》1962 年第 6 期。
③ 李学勤：《东周与秦代文明》，北京：文物出版社，1984 年。
④ 林春：《宜昌地区长江沿岸夏商时期的一支新文化类型》，《江汉考古》1984 年第 2 期。
⑤ 段渝：《三星堆文化》，成都：四川人民出版社，1993 年。
⑥ 尹盛平：《西周的彊国与太伯仲雍奔"荆蛮"》，《陕西省文博考古科研成果汇报会论文选集》，1981 年。
⑦ 赵丛苍：《城固宝山》结语，北京：文物出版社，2002 年。
⑧ 江章华：《川东长江沿岸先秦考古学文化的初步分析》，《中华文化论坛》2002 年第 2 期。
⑨ 李学勤：《论新都出土的蜀国青铜器》，《文物》1982 年第 1 期。
⑩ 徐中舒、唐嘉弘：《古代楚蜀的关系》，《文物》1981 年第 6 期。
⑪ 沈仲常：《新都战国木椁墓与楚文化》，《文物》1981 年第 6 期。
⑫ 李学勤：《论新都出土的蜀国青铜器》，《文物》1982 年第 1 期。
⑬ 段渝：《论新都蜀墓及所出"昭之飤鼎"》，《考古与文物》1991 年第 3 期；《论巴楚联盟及其相关问题》，《楚学论丛》第 1 辑，《江汉论坛》，1990 年；《略论巴蜀与楚的文化交流关系》，《长江文化论集》，武汉：湖北教育出版社，1995 年。

纳认为，三星堆文化的青铜人像，其风格是受楚文化影响。[①]段渝则认为这种文化影响的方向正好与巴纳所说相反。[②]王有鹏认为，川滇之间出现的若干巴蜀考古遗存，证明了战国后期蜀人南迁的史实。[③]段渝认为古蜀在商中叶后已控制南中，川滇之间的考古遗存不能完全视为安阳王南迁所遗。[④]林向提出商代三星堆文化对中原和华南地区均有深刻影响，中华牙璋的起源和传播可以证明这个史实。[⑤]

巴文化的问题更为复杂。20 世纪 50 至 80 年代的研究，基本上弄清楚了巴国的建国和迁徙，即巴国原建国于陕南鄂西与川北之间，春秋战国之际才南下至长江流域，进入川东。但是对于长江三峡地区的巴文化怎样看待？三峡地区的巴文化与陕南鄂西川北之间的巴国是什么关系？由于资料不足，当前对这个问题的研究还没有取得令人满意的成果。

为解决这一矛盾，一些学者提出巴为地区名而非国名、族名的看法，蒙默便力主此论。[⑥]但这仍未很合理地解决文化类型问题。于是，有学者于 20 世纪 90 年代初得出巴国文化与巴地文化的新认识，认为二者起源、地域、内涵均不同，直到巴国南下长江后，才整合起来，这时才有名实相符的巴文化。[⑦]

三峡地区的巴文化问题，许多学者认为与古蜀文化即顺江东下的三星堆文化有关，也有学者认为三峡地区文化较早影响了成都平原古文化。对此，学术界没有达成共识。

（五）巴蜀文化与南亚、西亚和东南亚的关系

千百年来，四川地区在人们心目中，总被认为是僻处西南内陆，文化落后，与外界联系甚少，更谈不上与中国以外其他文明地区的经济文化交往。20 世纪 80 年代以前，学术界虽然注意到巴蜀与越南北部历史文化的一些关系以及巴蜀地区对于向南传播中原文化所发生的作用，但由于资料所限，没有从根本上改变过去的认识。

---

① N. 巴纳：《对广汉埋藏坑青铜器及其他器物之意义的初步认识》，《南方民族考古》1993 年第 5 期。
② 段渝：《支那名称起源之再研究——论支那名称本源于蜀之成都》，《中国西南的古代交通与文化》，成都：四川大学出版社，1994 年。
③ 王有鹏：《犍为巴蜀墓的发掘与蜀人的南迁》，《考古》1984 年第 12 期。
④ 段渝：《政治结构与文化模式——巴蜀古代文明研究》，上海：学林出版社，1999 年。
⑤ 林向：《古蜀文明与中华牙璋》，《中华文化论坛》1994 年第 1 期。
⑥ 蒙默：《试论古代巴蜀民族及其与西南民族的关系》，《贵州民族研究》1983 年第 4 期。
⑦ 段渝：《三星堆文化》，成都：四川人民出版社，1993 年。

1983 年童恩正发表《试谈古代四川与东南亚文明的关系》[1]，除了提到巴蜀向越南等东南亚大陆地区传播中原文化外，还研究了巴蜀文化本身在北越地区的传播，这主要是指青铜文化。同年蒙文通遗著《越史丛考》由人民出版社出版，其中的《安阳王杂考》一章提出，战国末秦代之际，蜀人向越南的大规模南迁，对越南民族的形成产生了很大的影响。

20 世纪 80 年代末和 90 年代初，随着对三星堆文化因素的深入认识，段渝、霍巍及湖北张正明、云南张增祺、湖北万全文、美国许倬云、香港饶宗颐等，分别指出了殷商时期古蜀文化与西亚文明具有某种联系。他们的主要依据是古蜀文化的青铜雕像群、金杖、金面罩、青铜神树以及海贝、象牙等文化因素集结，不仅与中国文化异趣，而且在古代巴蜀也无其来源的蛛丝马迹，而这些文化因素却能在西亚近东文化中找到渊源。段渝还进一步研究了这种文化交流关系，提出了文化采借的看法。并从"支那"名称的由来以及西传的角度，讨论了先秦巴蜀与古印度的文化交流，认为公元前 4 世纪印度文献中说的"支那"，不论从史实还是读音考证，当为"成都"之称。对于中西交流来说，这个问题至关重要，必须寻找更多的证据加以进一步实证，从而深化对古代巴蜀的开放与交流的认识。[2]何崝从文字源流的角度分析了印度河文明的文字与中国商代文字的异同，认为三星堆刻符与印度河文字有紧密联系，在中国原始文字符号传播到印度河地带时起了桥梁作用。[3]

（六）南方丝绸之路研究

丝绸之路这个名称是 1877 年德国地理学家李希霍芬（F. von Richthofen）提出的，用以指称中国丝绸西运罗马的交通道路，并用以泛称中西交通。长期以来，丝绸之路一直被认为是由长安出发，西经河西走廊，出西域，至中亚，然后进抵罗马帝国的唯一的一条中西交流道路。此外，中外学术界和联合国教科文组织又确认丝绸之路还包括长城以北的"草原丝绸之路"和由东海至南海经印度洋航行至红海的"海上丝绸之路"。这样，丝绸之路的外延得到了大大扩展。

早在古代，《史记》就记载了中、印、阿富汗的经济文化交流，《三国志》

---

① 童恩正：《试谈古代四川与东南亚文明的关系》，《文物》1983 年第 9 期。

② 段渝：《古代巴蜀与近东文明》，《历史月刊》（台北）1993 年第 2 期；《支那名称起源之再研究》，《中国西南的古代交通与文化》，成都：四川大学出版社，1994 年。

③ 何崝：《商代文字来源缺失环节的域外觅踪》，《四川大学学报》2001 年第 4 期。

裴松之注引三国时人鱼豢的《魏略·西戎传》里，也提到罗马帝国"有水通益州（四川）"。但这些史料千百年来未受到认真对待。20世纪60年代和70年代，任乃强、邓少琴等曾提出中国丝绸最早出在巴蜀的看法。任乃强又于80年代论述了中国西南通印度、阿富汗的"蜀布之路"，认为年代远远早于北方丝绸之路。[①] 童恩正也研究了从成都经云南、缅甸、印度、巴基斯坦到达中亚的商道的大概情况，认为战国时代已初步开通。[②] 日本学者藤泽义美[③]、港台学者桑秀云[④]、饶宗颐[⑤]、云南学者方国瑜[⑥]、陈茜[⑦]、张增祺[⑧]，均对这条由四川经云南西行印度的古老商路进行了研究。

"南方丝绸之路"的提出，是基于以巴蜀文化为重心，分布于云南至缅、印的地区内，近年出土的大量相同文化因素，这些文化因素不仅有巴蜀文化，而且更有印度乃至西亚的大量文化因素，其时代明显早于经中国西北出西域的丝绸之路。由于丝绸之路作为古代中西文化交流的代称已为中外学者所普遍接受，因此便称这条由巴蜀为起点，经云南出缅、印、巴基斯坦至中、西亚的中西交通古道为"南方丝绸之路"（简称"南丝路"）。

南丝路的研究从20世纪80年代逐步开始形成风气，国内已出版多部专著，日本出版专著1部（中国重庆学者著），论文集多部，论文达200余篇，电视系列片1部（川、滇两省合拍），大型画册2部，由四川的凉山州博物馆、成都博物馆和云南的曲靖文管所、瑞丽文管所等14个单位举办大型文博展览10余次，召开"南方丝绸之路研讨会"2届。这些研究论著和一系列学术活动、宣传报道，在中外造成了很大影响。尤其是三星堆遗址发掘后，学者们注意到其中明显的印度地区和西亚文明的文化因素集结，于是提出南丝路早在商代即已初步开通的新看法，段渝认为其年代可上溯到公元前14至15世纪[⑨]，早于曾由季羡林所提中、印交通起于公元前4世纪，向达所提公元前5世纪，丁山所提公元前6世纪，日本藤田丰八所提公元前11世纪等说法。

南丝路研究目前在学术界取得了多方面的共识，认为这是一条以商贸为

---

① 任乃强：《中西陆上古商道》，《文史杂志》1987年第1、2期。
② 童恩正：《略谈秦汉时代成都地区的对外贸易》，《成都文物》1984年第2期。
③ 藤泽义美：《古代东南亚的文化交流》，《南亚与东南亚资料》1982年第2期。
④ 桑秀云：《蜀布邛竹杖传至大夏路径的蠡测》，《"中央研究院"历史语言研究所集刊》41本10分，1969年。
⑤ 饶宗颐：《蜀布与 Cinapata》，《"中央研究院"历史语言研究所集刊》45本4分，1974年。
⑥ 方国瑜：《中国西南历史地理考释》，北京：中华书局，1988年。
⑦ 陈茜：《川滇缅印古道考》，《中国社会科学》1981年第1期。
⑧ 张增祺：《战国至西汉时期滇池区域发现的西亚文物》，《思想战线》1982年第2期。
⑨ 段渝：《古代巴蜀与近东文明》，《历史月刊》（台北）1993年第2期。

主的多功能道路，国内的起点是成都，开辟年代在先秦。①

（七）巴蜀文字、巴蜀符号、巴蜀图语

20 世纪 50 年代，由于川东船棺葬的发掘，人们发现出土青铜器、铜印章上不同于中原汉语言文字系统的大量符号。70 年代，又在川东和川西平原发现了青铜器上的铭文。这就为巴蜀文字研究提供了第一手资料和契机。

20 世纪 50 年代到 70 年代，学术界提出了"巴蜀符号""巴蜀图语"等概念，王家祐为此搜集的各类符号达 300 种以上。当时，一般认为这些语言符号是川东巴人的创造，仍持"蜀无文字"的看法。但蒙文通认为汉初成都地区文字发达，大文豪层出不穷，据此推断蜀人应有文字。

1960 年出版的《四川船棺葬发掘报告》认为，巴蜀文字有两类，一类是符号，一类似汉字而又非汉字。童恩正等于 1976 年发表文章，对后一类文字做了科学说明。②1982 年，李学勤发表文章，将巴蜀文字分为甲、乙两类，认为都是文字。③王家祐、李复华 1984 年发表文章，认为巴蜀图语具有看图传语的功能，并提出巴蜀方块字与夏有关，是夏人先祖母家西陵氏的文化。④这些论著，为巴蜀文字研究新高潮的出现准备了条件。

1988 年，钱玉趾发表《古蜀地存在过拼音文字》的论文，首倡巴蜀符号实为拼音文字的看法，并认为巴蜀文字与古彝文有关。⑤其后，又对这一看法提供了进一步的补充论证。这一新看法，引起了热烈讨论，魏学峰、刘志一等分别著文提出质疑，反对这种看法。

古蜀没有文字的看法，已为许多近年新出土的考古资料所否定。林向著文披露了三星堆陶器上的刻划文字符号，三星堆发掘报告和成都十二桥遗址简报均发表了遗址中出土的刻划符号和文字资料⑥，这就促成了新成果的问世。段渝 1991 年发表论文指出，巴蜀文字不但有两类，而且两类文字均可在商代找到其起源的痕迹，并指出巴蜀文字最初起源于蜀，后来传播川东，成为巴蜀地区通行的文字。⑦

---

① 刘世旭、刘弘《振兴南丝路，走向东南亚》，《四川文物》1993 年第 2 期。
② 童恩正：《从四川两件铜戈上铭文看秦灭巴蜀后统一文字的进步措施》，《文物》1976 年第 7 期。
③ 李学勤：《论新都出土的蜀国青铜器》，《文物》1982 年第 1 期。
④ 王家祐、李复华：《关于"巴蜀图语"的几点看法》，《贵州民族研究》1984 年第 4 期。
⑤ 钱玉趾：《古蜀地存在过拼音文字》，《四川文物》1988 年第 6 期。
⑥ 林向：《三星堆遗址与殷商的西土——兼释殷墟卜辞中的"蜀"的地理位置》，《四川文物》1989 年三星堆遗址研究专辑。
⑦ 段渝：《巴蜀古文字的两系及其起源》，《成都文物》1991 年第 3 期，《考古与文物》1993 年第 1 期。

上述各种看法虽然尚不一致，但古代巴蜀确有文字，已成为学术界普遍接受的定论。

（八）宗教和巫术

1986 年三星堆遗址发掘后，学术界为古蜀文化恢宏的宗教场面所震惊，无不感到古老的蜀文化中宗教力量的巨大作用。这个问题在发掘简报中提了出来，认为古蜀宗教以自然崇拜为主。林向《蜀酒探原——巴蜀的"萨满式文化"研究之一》认为，古蜀盛行萨满文化，巫师以酒精性饮料处于麻醉状态，与天神相交接，据此主宰民意。[①]范小平认为，古蜀人奉行原始巫教，三星堆出土的青铜面像就是为原始巫教的祭祀活动服务的。[②]巴家云则否定图腾在古蜀文化中的地位，认为蜀文化早已超越图腾信仰阶段，奉行的是崇拜鬼神思想。[③]段渝认为，古蜀的宗教是一个有中心、分层次的体系，其主体是宗教神权，而不是图腾崇拜，而神权又是与王权紧密结合、合为一体的。古蜀神权政体通过控制宗教这一意识形态工具，使政治权力宗教化，以宗教掩盖政治，以文化代替暴力，从而实现其统治。[④]刘弘认为，古蜀国统治下的诸民族信奉的是一种统一的宗教，至少各族的统治者在形式上皈依了这种宗教。[⑤]赵殿增对巴蜀"原始宗教"作了多方面研究。[⑥]看来，在研究巴蜀宗教与巫术这个问题上，有些理论问题还得首先解决，才能为进一步深入研究宗教、巫术及其社会功能提供正确的解决途径和方法论。

（九）巴蜀的哲学与学术

蒙文通在《巴蜀史的问题》中，广泛深入地研究了巴蜀的辞赋和哲学，认为战国时代蜀人的哲学受道家影响较大，蜀人臣君子远在韩非子以前已有著述，传于汉代，书在道家，可能是严君平学术的来源。并认为史籍所载秦相商鞅之师尸佼在蜀作《尸子》是可信的，尸佼的著作也是通过蜀人流传下来的。段渝认为，古蜀的宗教信仰和鬼神崇拜贯穿于诸方面，与儒家、法家均格格不入，与"神道设教"的墨家亦无共同之处，古蜀源远流长的方术神

① 林向：《蜀酒探原》，《南方民族考古》第 1 辑，1987 年。
② 范小平：《广汉商代纵目青铜面具研究》，《四川文物》1989 年专辑。
③ 巴家云：《三星堆遗址所反映的蜀人一些宗教问题的研究》，《四川文物》1989 年专辑。
④ 段渝：《四川通史》第 1 册，成都：四川大学出版社，1993 年；《政治结构与文化模式——巴蜀古代文明研究》，上海：学林出版社，1999 年。
⑤ 刘弘：《蜀巫与滇巫》，《中华文化论坛》2001 年第 2 期。
⑥ 赵殿增：《三星堆文化的重要特色——神》，《中华文化论坛》2002 年第 1 期。

仙家传统使它成为道教土壤，最终发展成为汉末道教的重要起源地。①

古蜀的史学，过去不曾有人提出研究。蒙文通曾讲到《山海经》中的《大荒经》作于蜀，认为"蜀王有其家史"，惜无翔实论证。段渝提出古蜀的"史学之源"问题，认为古蜀人崇尚历史的传统可追溯到遥远的上古时代，《山海经》中的一些篇章就是根据古蜀王的历史写成的，并对古蜀史材料在古蜀和中原地区的流传情况做了分析讨论。②

由于书阙有间，要对古代巴蜀的哲学与学术进行深入研讨，确实困难重重。如果将来考古能够发现巴蜀文献，当可以充分研究这个问题。

（十）艺术

巴蜀艺术多种多样，丰富而又充满神秘气息，很早就吸引着艺术家和社会各界的注意。80 年代以前，学术界主要关心的是巴蜀青铜艺术，包括兵器、礼（容）器形制和花纹、图案，以及各种巴蜀图语。1986 年三星堆发掘后，人们发现，古蜀艺术中的大型青铜雕像自成体系，与中原有别，普遍感到填补了中国美术史的一大空白。③而黄金面具、金虎、金杖等，其造型艺术和制作工艺，在同时代的中国都处在领先地位，堪称商代中国黄金制品南方系统的杰出代表。④

（十一）科学技术

巴蜀科学丰富多彩，但大多数仅以实物形式被发现，几乎没有通过历史文献流传下来。学术界从青铜器制造技术、冶金术、建筑术、纺织术、制陶术、制玉术、酿造术等多方面进行了探索，也从天文学方面进行了研究，对巴蜀科学评价甚高，尤其青铜合金、建筑、天文历算等几项，普遍认为水平很高，完全不亚于中原文化。

例如青铜合金，古蜀很有特色，并且在使用某些元素如磷等方面，十分具有科学性，铜焊技术也早于中原数百年。成都十二桥商代木结构建筑的地梁，也优于中原建筑。天文学方面，古蜀的天文星象术代表着中国天文学的

① 段渝：《巴蜀文化与汉晋学术和宗教》，《中华文化论坛》1999 年第 1 期；《巴蜀学术的发生与发展》，《巴蜀文化与四川旅游资源开发》，成都：四川人民出版社，2000 年。
② 段渝：《玉垒浮云变古今：古代的蜀国》，成都：四川人民出版社，2001 年，第 65-87 页。
③ 李松：《广汉青铜人物群雕的美术史价值》，《三星堆与巴蜀文化》，成都：巴蜀书社，1993 年。
④ 段渝：《商代中国黄金制品的南北系统》，三星堆遗址发现 70 周年暨殷商文明国际学术研讨会论文，2000 年。

南方系统，具有很高水平，还影响了汉代天文学。但比较而言，对巴蜀科学技术的研究还显得较为薄弱。

（十二）巴人与土家族

潘光旦于 1955 年著文指出，巴人是今天湘西北土家族的先民。[①] 此论一出，各种反应蜂起，赞成者有之，怀疑者有之，补充者有之，反对者有之，引发了一场旷日持久的民族学问题大讨论。到目前为止，从主要学术观点看，多数人支持土家族出自古代巴人的论点，这样的论点在当代土家族地区的经济文化建设中发挥了重要作用。

（十三）氐羌民族研究

氐羌民族原居中国西部高原黄河上源地区，主要分布在甘青和川西北。20 世纪 60 年代中期，冯汉骥、林向、童恩正等认识到岷江上游文化与氐羌民族的南迁有关。[②] 多数学者还认为，氐羌人是蜀人的先民之一，夏商时代南下成都平原。

冉光荣、李绍明、周锡银合著的《羌族史》，是研究并总结氐羌历史的一部力著，这部著作于 1984 年出版，学界评价很高。杨铭的《氐族史》是又一部详细研究西北民族的力著，对川西北地区的民族研究亦具有重要参考价值。罗开玉《中国西南民族墓葬研究》一文，从考古学上研究了氐羌入蜀的年代和历史。童恩正《中国西南民族考古论文集》于 1990 年出版，从多种角度探讨了包括四川在内的西南民族文化与历史，颇具学术价值。

（十四）濮越民族与夷系研究

四川古代除氐羌民族外，濮越民族是又一个大的民族系统。李绍明、蒙默、童恩正等对这个民族系统进行了深入研究。

一般认为，川东地区以濮人为主，川西南地区的濮越人群团也纷繁复杂。对于濮人问题，蒙默撰《试论汉代西南民族中的"夷"与"羌"》，独树一帜，认为属于古代西南的"夷系"[③]。但对这个问题，学术界并没有取得一致意见。

① 潘光旦：《湘西北"土家"与古代的巴人》，《中国民族问题研究丛刊》第 4 辑，1955 年。
② 四川大学历史系考古专业：《四川理县汶川县考古调查简报》，《考古》1965 年第 12 期。
③ 蒙默：《试论汉代西南民族中的"夷"与"羌"》，《历史研究》1985 年第 1 期。

五、三星堆文化研究的主要争论

三星堆文化的发现与研究引起了中外学术界和社会各界的广泛兴趣和关注,"三星堆文化热"和由它所引发的系列反应方兴未艾。也正是由于三星堆文化的发现与研究所取得的突破性成就,才使巴蜀文化这个几十年来未曾得到学术界更多关注的研究领域最终登上了中外学术界的大雅之堂。

三星堆文化研究涉及面极广,在考古学、历史学、民族学、文化学、艺术以及自然科学等领域都有不少学者加入研究行列,在各个方面都取得了重要进展,新成果不断问世,同时在一些主要问题上也存在不少分歧。这里仅就笔者阅读与研究所及,对三星堆文化研究的主要分歧从 10 个方面略加述评。

(一)三星堆文化的命名及概念的演变

三星堆文化的命名,是基于 1933 年至 1980、1981 年的若干次考古调查和发掘所获资料。自 1933 年华西大学博物馆葛维汉、林名均首次发掘后,直到中华人民共和国成立以后才对三星堆一带展开科学的考古调查与发掘。四川省文物管理委员会、四川大学历史系等于 1956 年、1958 年、1963 年、1964 年和 1980 年 5 月在这一带进行过考古工作,当时称这一带的古遗址为中兴古遗址(因遗址位于广汉县中兴公社范围)。1980 年 11 月至 1981 年 5 月,四川省文管会、省博物馆和广汉县文化馆在三星堆进行发掘,获得丰富的资料:发现房屋基址 18 座、灰坑 3 个、墓葬 4 座、玉石器 110 多件、陶器 70 多件及 10 万多件陶片。此次发掘报告刊发于《考古学报》1987 年第 2 期。根据这次发掘以及历年所获资料,发掘者认为三星堆遗址文化分为三期(后据资料分为四期),年代上限距今 4 500±150 年,大致延续至距今 3 000 年,即从新石器时代晚期至相当中原夏、商时期。根据三星堆遗址古文化在四川地区分布较广,又具有一群区别于其他任何考古学文化的特殊器型等条件,发掘者建议将这一考古学文化命名为"三星堆文化"[①]。

尽管当时还没有预料到三星堆文化会在日后产生重大影响,以致会由此改写中国古代文明的历史,但作为一个科学命名,"三星堆文化"这个名称,从此便正式出现在中国考古学文化的行列之中,并日益取得中外学术界的公认。

在 1980 年以后的多次发掘中,三星堆遗址考古获得了更加丰富的资料,

[①] 四川省文物管理委员会等:《广汉三星堆遗址》,《考古学报》1987 年第 2 期。

其中最具震撼力的发现是 1986 年夏相继发现的两个"祭祀坑"[1]和 80 年代末至 90 年代初发掘并确认的三星堆古城址的东、西、南三面城墙[2]。大批考古新发现，极大地丰富了三星堆文化的内涵，同时也引起了"三星堆文化"概念的发展演变。

从分期上看，先是把三星堆遗址第一至第四期文化通称为三星堆文化。90 年代初，学术界注意到三星堆遗址第一期文化与后三期文化在内涵和时代上的区别，第一期为新石器时代末期文化，后三期为青铜时代的文化，从而提出三星堆遗址文化的后三期为三星堆文化，而第一期为新石器文化。这一分期法很快得到学术界的采纳。[3]90 年代中期，学术界又注意到三星堆文化第三期与成都十二桥文化的共性[4]，考虑到十二桥文化的兴起与分布情况，提出三星堆文化第三期应属于十二桥文化的范畴[5]。这一分期序列逐步得到学术界较多学者的采纳。当前在三星堆遗址文化分期问题上居于主导地位的观点可以表述如下（表一）。

表一　三星堆遗址的文化分期

三星堆遗址文化	三星堆文化	十二桥文化	时代
一期			新石器时代（先蜀文化）
二期	一期		青铜时代（早期蜀文化）
三期	二期		青铜时代（早期蜀文化）
四期		√	青铜时代（早期蜀文化）

另有一些学者则坚持三星堆遗址第一至四期文化有着清晰的发展演变脉络，它们同属于完整的三星堆文化的观点。

从文化内涵上看，1986 年以前所提出的三星堆文化概念，通常把它作为早期蜀文化看待，还认识不到它是一个古代文明的概念。1986 年两个"祭祀坑"发现后，出土上千件青铜器、金器、玉石器、象牙以及数千枚海贝，

① 四川省文物管理委员会等：《广汉三星堆遗一号祭祀坑发掘简报》，《文物》1987 年第 10 期；《广汉三星堆遗址二号祭祀坑发掘简报》，《文物》1989 年第 5 期。
② 陈德安、罗亚平：《蜀国早期都城初见端倪》，《中国文物报》1989 年 9 月 15 日。
③ 李复华、王家祐：《巴蜀文化的分期和内涵试说》，《巴蜀历史·民族·考古·文化》，成都：巴蜀书社，1991 年。
④ 宋治民：《早期蜀文化分期的再探讨》，《考古》1990 年第 5 期。
⑤ 孙华：《试论广汉三星堆遗址的分期》，《南方民族考古》1993 年第 5 期；《成都十二桥遗址群分期初论》，《四川考古论集》，北京：文物出版社，1996 年。

加上后来发现的三星堆古城址，这些重大考古新发现立即突破了以前的认识，使学术界最终充分认识到，三星堆文化（不包括三星堆遗址一期文化）是一个拥有青铜器、城市、文字符号（？）和大型礼仪建筑的灿烂的古代文明。

（二）三星堆遗址一期文化与宝墩文化的关系

1995 年宝墩文化发现后，在对三星堆遗址第一期文化的文化属性问题上，学术界有两种不同意见。江章华、王毅、颜劲松、李明斌、张擎等撰文提出，从遗址年代、分布范围和文化因素等方面对宝墩文化与三星堆遗址一期文化进行分析比较，可以看出宝墩文化在时代上既早于三星堆文化（三星堆二期以后，下同），在文化内涵上又有不少因素被三星堆文化继承，因而宝墩文化应是三星堆文化的上源，即三星堆文化是直接从宝墩文化发展演变而来的，而三星堆遗址一期文化应当归入宝墩文化范畴。[1]陈显丹、刘家胜则不同意这种观点，撰文提出，不论从宝墩文化各遗址出土的陶器、石器，还是从宝墩文化房址、城垣构造和方向、墓葬特点看，宝墩文化与三星堆遗址的特点和文化内涵都是基本一致的，应属同一种文化，但宝墩文化并非可以作为一个独立的考古学文化，也不能作为一种考古学文化来命名，它只能归属于三星堆文化范畴之内，可以将其命名为三星堆文化"宝墩类型"。[2]

以上两种意见均认为三星堆一期与宝墩文化属于同一文化范畴，分歧主要在这支考古学文化的命名（归属）问题和三星堆文化的来源问题。从碳测年代看，三星堆遗址一期的最早年代数据是 4 740±150B. P. ，宝墩遗址最早的年代数据是 4 500±150B. P. ，在两个遗址内均未找到其最早上源。从文化因素看，尽管两者的文化内涵基本相同，但也并非不存在某些差异。看来要论定谁涵盖谁，还必须寻找新的材料来作结论。近年岷江上游茂县营盘山遗址距今 5 000 年前的宝墩文化遗存的发现，为解决宝墩文化的来源提供了重要线索，但要判明宝墩文化本身与三星堆一期的关系，还需更多的材料作为依据。

（三）三星堆遗址文化的来源和族属

有关三星堆遗址文化的来源，绝大多数论著认为有相当的土著文化因素，也认为有某些外来文化因素。对于外来文化因素所占比重，未见发表统计资

---

① 江章华、颜劲松、李明斌：《成都平原的早期古城址群——宝墩文化初论》，《中华文化论坛》1997
年第 4 期；江章华、王毅、张擎：《成都平原先秦文化初论》，《考古学报》2002 年第 1 期。
② 陈显丹、刘家胜：《论三星堆文化与宝墩文化之关系》，《四川文物》2002 年第 3 期。

料予以说明，一般从文化形态上进行比较研究，定性研究占绝大多数，定量研究非常缺乏。

王仁湘、叶茂林认为，三星堆体小扁薄的磨制斧、锛、凿、锄等石器，和夹砂灰褐陶、平底器、绳纹等，其来源与四川盆地北缘的绵阳边堆山文化有关[1]，徐学书认为，与岷江上游新石器文化的南迁有关[2]。张勋燎认为，三星堆遗址出土的鸟头柄勺与川东鄂西的史前文化有关，来源于溯江西上的一支古代巴地的文化。[3]俞伟超、范勇认为三星堆文化与江汉地区西迁的三苗有关。[4]孙华认为，三星堆文化的某些因素与山东龙山文化有关，其主体部分应来源于山东。[5]罗开玉等认为，三星堆文化面貌显示出古代西南民族的文化特征，因此以土著成分为主，外来因素为次。[6]林向、段渝认为，三星堆遗址文化经历过突破与变异，第一期以土著因素为主，第二期由于文化内涵的巨大变异而出现突破，但外来文化并不是整个地取代了原有文化，而是对原有文化有所承袭，有所融合。[7]

至于族属，则有氐羌说、濮人说、巴人说、越人说、东夷说等不同看法。

（四）三星堆"祭祀坑"的性质与年代

这个问题分歧较大，争议颇多。

陈德安、陈显丹首先提出，一、二号坑均为"祭祀坑"，是古蜀人在一次性大型祭祀活动后所遗留下来的，坑中瘗埋的器物均为祭器。[8]林向认为，一、二号坑应为厌胜埋藏，是古代萨满式文化的产物。[9]张明华认为，一、二号坑绝非祭祀坑，而是墓葬。[10]孙华认为，一、二号坑既非祭祀坑和厌胜埋藏，更非墓葬，应为两位死去的古蜀国统治者生前所用器物的埋藏坑。[11]徐朝龙认为，

① 王仁湘、叶茂林：《四川盆地北缘新石器时代考古新收获》，《三星堆与巴蜀文化》，成都：巴蜀书社，1993年。
② 徐学书：《关于商代蜀国青铜文化的认识》，《三星堆与巴蜀文化》，成都：巴蜀书社，1993年。
③ 张勋燎：《古代巴人的起源及其与蜀人、僚人的关系》，《南方民族考古》第1辑，1987年。
④ 俞伟超：《三星堆蜀文化与三苗文化的关系及其崇拜内容》，《文物》1997年第5期；范勇：《试论早蜀文化的渊源及族属》，《三星堆与巴蜀文化》，成都：巴蜀书社，1993年。
⑤ 孙华：《巴蜀文物杂识》，《文物》1989年第5期。
⑥ 罗开玉：《三星堆遗址与古代西南文化关系初论》，《四川文物》1989年专辑。
⑦ 林向：《三星堆遗址与殷商的西土》，《四川文物》1989年专辑；段渝：《商代蜀国青铜雕像文化来源和功能之再探讨》，《四川大学学报》1991年第2期。
⑧ 四川省文物管理委员会等：《广汉三星堆遗址一号祭祀坑发掘简报》，《文物》1987年第10期。
⑨ 林向：《蜀酒探原》，《南方民族考古》第1辑，1987年第1期。
⑩ 张明华：《三星堆祭祀坑会否是墓葬》，《中国文物报》1989年6月2日。
⑪ 孙华：《关于三星堆器物坑的年代及性质问题》，《三星堆与巴蜀文化》，成都：巴蜀书社，1995年。

一、二号坑所埋器物的制器者、使用者，与埋藏者不同，应为一个王朝推翻另一个王朝而将前朝用品加以毁坏掩埋的结果。[①]李安民认为，一、二号坑为祭祀坑，但不是同一民族所为。[②]郑光认为，一、二号坑反映了中原中央王朝或地方政府对当地巫风的打击和遏制。[③]此外，尚有陪葬坑、窖藏以及其他一些意见，不再一一赘述。

关于三星堆"祭祀坑"的年代问题，绝大多数学者主张一、二号坑分别约当殷墟一期和三、四期，宋治民认为应在西周[④]，徐学书则认为应在春秋[⑤]。

可以看出，对三星堆"祭祀坑"年代的争论，很大程度上在于方法和视角的不同，目前要取得完全一致的认识还有一定距离。至于性质，目前所见诸说虽然都从不同侧面进行了深入分析，但差不多是各执一端，诸说均不能圆满解释一、二号坑的各种遗迹现象。看来要取得共识，必须首先针对各种遗迹现象做出细致分析，在此前提下再来分析其性质，以便寻求更多的共同点。并且这种分析应该建立在比较研究的基础上，才能获得更深刻的认识和有价值的启示。

（五）三星堆青铜人物雕像的文化意蕴

这个问题分歧较大，异论纷出，莫衷一是。

发掘者认为，青铜人头雕像胸部以下呈倒三角形，应为杀殉奴隶替代品或象征。[⑥]多数观点认为，"杀殉论"不能成立。青铜为古代贵重金属，是富于战略意义的物资，何以能用来代替杀殉奴隶作其"替身"？徐学书认为，青铜人面像为古蜀人祖先形象的塑造，具有祖先崇拜的意义。其中的大面像即双眼突出眼眶 10 多厘米的"纵目人"像，或认为是蜀先王蚕丛氏的偶像[⑦]，龙晦认为是蜀王杜宇的偶像[⑧]，陈德安认为大面像不是人面像而是"兽面具"[⑨]。对于与

① 徐朝龙：《三星堆"祭祀坑"唱异》，《四川文物》1992 年第 5、6 期。
② 李安民：《论广汉三星堆一、二号祭祀坑非同一民族所为及相关问题》，《三星堆与巴蜀文化》，成都：巴蜀书社，1993 年。
③ 郑光：《从三星堆文化看古蜀地与中原的关系》，纪念三星堆遗址发现 70 周年暨殷商文明国际学术研讨会论文，2000 年。
④ 四川省文物管理委员会等：《广汉三星堆遗址一号祭祀坑发掘简报》，《文物》1987 年第 10 期。
⑤ 徐学书：《三星堆祭祀坑为春秋说》，《社会科学研究》1995 年第 1 期。
⑥ 四川省文物管理委员会等：《广汉三星堆遗一号祭祀坑发掘简报》，《文物》1987 年第 10 期；《广汉三星堆遗址二号祭祀坑发掘简报》，《文物》1989 年第 5 期。
⑦ 徐学书：《关于三星堆出土青铜人面神像之探讨》，《四川文物》1992 年专辑。
⑧ 龙晦：《三星堆出土铜像考释》，《三星堆与巴蜀文化》，成都：巴蜀书社，1993 年。
⑨ 陈德安：《三星堆祭祀坑出土青铜面具研究》，《四川文物》1992 年专辑。

真人大小近似的人头像，或认为是贡奉者形象，或认为是受祭者形象。

陈德安认为，青铜人面像不是古蜀人祖先崇拜的产物，而是图腾崇拜的产物。其中的小型青铜人面具，即是图腾舞蹈用具。[1]范小平认为，青铜"纵目人"大面像，突出双眼，其做法和含义与中原甲骨文中的"蜀"字突出双眼（"目"字）的意义相同，反映了"蜀"的图腾崇拜。[2]

关于青铜大立人雕像，也有不同看法。

沈仲常认为，青铜大立人是古蜀人的一代蜀王的形象，由于古代社会的政治君王同时又是宗教上的群巫之长，所以是蜀王兼巫师的形象。[3]段渝认为是古蜀神权政治领袖的形象。[4]陈德安认为，青铜大立人形象酷似汉语古文字"尸"字的字形，故应为"立尸"，称为立人像则不妥。[5]与此相对的观点则认为，青铜大立人绝非中原文献中的"立尸"或"坐尸"，两者内涵截然不同，《礼记》等文献可以证实此点。[6]整个青铜人物雕像群，反映了以古蜀族为中心的多元一体的民族构成，具有民族结构的象征意义和有中心、分层次的君统与神统的表现功能。[7]

凡此种种，尚有其他看法，不一而足。

（六）三星堆金杖、金面罩的文化意蕴

关于金杖，争议不是很多，但差异甚大。

一般认为，金杖是蜀王权杖。段渝进一步认为，金杖是古蜀神权政治领袖集王权（政权）、神权（宗教特权）、财富垄断之权（对自然资源和社会财富的垄断权力）于一体的权力标志，象征着古蜀国王至高无上的权力[8]。另一种截然不同的观点认为，金杖与神杖同义，均为古蜀人的神树崇拜[9]。

关于金面罩，对其文化意蕴较少争论，多认为与古蜀人的宗教习俗有关。

[1] 陈德安：《三星堆祭祀坑出土青铜面具研究》，《四川文物》1992年专辑。
[2] 范小平：《广汉商代纵目青铜面具研究》，《四川文物》1989年专辑。
[3] 沈仲常：《三星堆二号祭祀坑青铜立人像初记》，《文物》1987年第10期。
[4] 段渝：《商代蜀国青铜雕像文化来源和功能之再探讨》，《四川大学学报》1991年第2期。
[5] 陈德安：《三星堆祭祀坑出土青铜面具研究》，《四川文物》1992年专辑。
[6] 段渝：《论商代长江上游川西平原青铜文化与华北和世界古文明的关系》，《东南文化》1993年第2期。
[7] 段渝：《商代蜀国青铜雕像文化来源和功能之再探讨》，《四川大学学报》1991年第2期。
[8] 段渝：《论商代长江上游川西平原青铜文化与华北和世界古文明的关系》，《东南文化》1993年第2期。
[9] 季智慧：《神树、金杖、筇与蜀文化》，《四川文物》1989年专辑。

陈显丹认为是古文献中"黄金四目"的方相氏[①]，但有争议。

（七）三星堆青铜神树的文化意蕴

对此也有不同看法，但将青铜树界定为"神树"，则是分歧之中的一致。

陈显丹认为，三棵神树应分别为《山海经》中记载的"建木""若木"和"扶桑"，是古蜀人在举行祭祀仪式时用于人、神上下天地的"交通工具"或祭祀器。[②]

胡昌钰、蔡革否定青铜神树为建木。认为其构造形态极似《山海经》中的"若木"。[③]另一种观点认为，神树具有"社"的功能，与文献中的"桑林"一致，应为"社树"。

与此不同的观点则认为，神树并非"社树"，其文化内涵与中原的"桑林"不同，中原无以神树为天梯的文化传统，《山海经》中以神树为"通天之梯"者仅一见，即位于"都广之野"的"建木"。三星堆神树当为"建木"，反映了古蜀人交通于天人之际的特殊宗教权力被其神权政治集团所独占的情况。[④]樊一认为神树为古蜀人的宇宙树，反映了蜀人的世界观。[⑤]日本林巳奈夫则认为神树起源于对日晕现象的认识，代表东西两极的若木（即扶桑、若木）。[⑥]

（八）三星堆金杖、雕像的文化来源

金杖、雕像是三星堆出土金属制品中具有代表性的特征，这是众所公认的。但对其文化因素的来源，却众说纷纭，差异甚大。

宋新潮认为，青铜雕像文化形式来源于中原文化，与殷墟、西安老牛坡、湖南出土的青铜面像或青铜礼器上的浮雕有一定关系。[⑦]罗开玉认为，雕像、神树等与古代的西南民族传统有关，但青铜器的出现则与中原文化的传播有关。[⑧]李绍明认为，金杖、雕像并非土著文化，也不来源于中原文化。从青铜人物的冠式、体质面部特征看，可分为二种，一种为华南濮越民族系，一种

---

① 陈显丹：《广汉三星堆一、二号坑两个问题的探讨》，《文物》1989年第5期。

② 陈显丹：《三星堆一、二号坑几个问题的研究》，《四川文物》1989年专辑。

③ 胡昌钰、蔡革：《鱼凫考》，《四川文物》1992年专辑。

④ 段渝：《古代巴蜀与南亚和近东的文化交流》，《社会科学研究》1993年第3期。

⑤ 樊一：《三星堆寻梦》，成都：四川民族出版社，1998年。

⑥ 林巳奈夫：《中国古代的日晕与神话图像》，《三星堆与巴蜀文化》，成都：巴蜀书社，1993年。

⑦ 宋新潮：《商代青铜面具小考》，《考古与文物》1989年第6期。

⑧ 罗开玉：《三星堆遗址与古代西南文化关系初论》，《四川文物》1989年专辑。

为西北氐羌系，扁宽鼻型来源于华南，直高鼻型来源于西北。[①]

还有一种观点认为，金杖、雕像无论在中原、长江流域还是古蜀地本身都没有发现其文化来源，应与对外来文化的采借有关。纵观世界古文明，西亚、近东是青铜雕像和权杖的渊薮，并有向南连续分布的历史。再联系到三星堆遗址出土的大量海贝、海洋生物青铜造像和象牙等文化遗物，判定金杖、雕像文化因素来源于西亚、近东文明，是文化交流、文化传播和采借的产物，反映了古蜀人的文化开放和走向世界意识。[②]这种意见中，又有南来论、北来论的区别。

（九）三星堆文化的宗教体系

屈小强认为，三星堆出土文物反映了古蜀人的竹崇拜，表明了古蜀人以竹为图腾的情况。[③]陈显丹认为，三星堆青铜文化反映了古蜀人的自然崇拜，表明古蜀人以自然崇拜为主的宗教形态。[④]范小平认为，三星堆青铜人像表现了对"蜀"的图腾崇拜，即是作为祭祀客体的艺术形象图腾的崇拜，而不是祭祀客体本质本身的崇拜。[⑤]巴家云认为，三星堆文化绝不仅仅表现自然崇拜，更不是图腾崇拜，而主要反映了祖先崇拜，也有自然崇拜。[⑥]段渝认为，三星堆宗教崇拜是一个极为复杂的体系，其中既有自然崇拜，又有祖先崇拜，还有至上神信仰等多种崇拜形式，表现出一个神权政治中心的多层次结构和网络体系，是一个神秘王国。[⑦]黄剑华认为，三星堆文物揭示了古蜀昌盛的太阳崇拜。[⑧]谭继和认为三星堆的性质是神衹文化，是祭先祖与先妣共存的文化，祭祀坑出土的神像应为在神之祭。[⑨]

---

① 李绍明：《蜀人的来源与族属》，《三星堆与巴蜀文化》，成都：巴蜀书社，1993 年。
② 段渝：《古代巴蜀与南亚和近东的经济文化交流》，《社会科学研究》1993 年第 3 期；《论商代长江上游川西平原青铜文化与华北和世界古文明的关系》，《东南文化》1993 年第 2 期；《商代蜀国青铜雕像文化来源和功能之再探讨》，《四川大学学报》1991 年第 2 期；霍巍：《广汉三星堆青铜文化与古代西亚文明》，《四川文物》1989 年专辑。
③ 屈小强：《巴蜀氏族——部落的共同图腾是竹》，《三星堆与巴蜀文化》，成都：巴蜀书社，1993 年。
④ 陈显丹：《三星堆一、二号坑几个问题的研究》，《四川文物》1989 年专辑。
⑤ 范小平：《广汉商代纵目青铜面具研究》，《四川文物》1989 年专辑。
⑥ 巴家云：《三星堆遗址所反映的蜀人一些宗教问题的研究》，《四川文物》1989 年专辑。
⑦ 段渝：《四川通史》第 1 册，成都：四川大学出版社，1993 年；《古代中国西南的神秘王国》，《丝语中文时报》（伦敦）1996 年第 6 期。
⑧ 黄剑华：《三星堆太阳崇拜探讨》，《中华文化论坛》2001 年第 2 期。
⑨ 谭继和：《三星堆神秘文化续探》，纪念三星堆遗址发现 70 周年暨殷商文明国际学术研讨会论文，2000 年。

（十）三星堆文化与中原文化的关系

在这个问题上，有多种层次的讨论，或从单项文化因素，或从多项文化因素，或从整体内涵上去进行比较研究。作为比较的对象也不尽一致，有新石器文化，有夏文化、商文化，也有东夷文化、北方草原青铜文化、长江中下游青铜文化、云南青铜文化，等等。

就三星堆文化与夏、商文化的关系而言，过去的认识由于建立在中国文明一元起源论的理论基础之上，所以多认为是夏文化或商文化的传播，或其分支。近年由于中国文明多元起源论和多元一体发展格局理论的创立和发展，学术界多在这种更加符合中国历史实际的理论的指导下，研究古文化和古文明，对于三星堆文化的研究也不例外。但具体观点，各派则不尽一致。

一种观点认为，三星堆文明在文字、城市、青铜器等文明三要素方面，以及在国家政体方面，均与中原夏、商文化有较大差别，有其自身的生长点。尽管三星堆文明在其起源、形成和发展过程中，受到中原文明较多的影响，采借了中原青铜器和陶器中的某些形式，但从整体上看，仍然具有明显的自成体系的结构框架，因此是中国文明的起源地之一[①]，是古代长江上游的一大文明中心[②]。这种观点，在学界和社会各界中愈益占有多数。

李学勤认为，史籍记载了黄帝与蜀山氏的关系，这在三星堆文化中有所反映，古蜀的某些陶器形制和玉器形制便与中原二里头文化（夏文化）有关，证明蜀国君主确与古史传说中的颛顼有关。[③]李炳海认为，古蜀文化的发展早于中原，夏文化的源头之一便是古蜀文化。[④]温少峰通过对史籍所记古史传说的研究，发现中原所传的黄帝，实与古蜀文化的"西山文化"有深刻联系。[⑤]郑光认为三星堆文化应是中原为代表的华夏文化系统的一支或一个组成部分。[⑥]

在三星堆文化与夏商文化交往的途径问题上，学术界也有不尽一致的认识。李学勤认为商文化主要是通过长江西上进入四川地区的。[⑦]林向认为三星

---

① 段渝：《巴蜀是华夏文化又一个起源地》，《社会科学报》1989 年 10 月 19 日。

② 林向：《巴蜀文化区论纲——长江上游的古代文明中心》，《三星堆与巴蜀文化》，成都：巴蜀书社，1993 年。

③ 李学勤：《〈帝系〉传说与蜀文化》，《四川文物》1992 年专辑。

④ 李炳海：《夏楚文化同源于巴蜀考辨》，《天府新论》1990 年第 6 期。

⑤ 此论本出温少峰先生，未见形诸文字。

⑥ 郑光：《从三星堆文化看古蜀地与中原的关系》，纪念三星堆遗址发现 70 周年暨殷商文明国际学术研讨会论文，2000 年。

⑦ 李学勤：《商文化怎样传入四川》，《中国文物报》1989 年 7 月 21 日。

堆文化与商文化的碰撞地在陕南，与夏文化的碰撞地在川东鄂西长江沿岸。[1]段渝认为汉中和长江三峡川东鄂西均为三星堆文化与中原文化的边际交流地带，汉中地区是三星堆文化的北部军事屏障和扩张前锋，川东鄂西则是三星堆文化与中原夏商文化和平交流的舞台。[2]李民提出从潜至沔，再经陆行入于渭，是古代潜、沔、褒、斜、渭、河的一条"水陆联运"途径，这条入蜀途径在夏商时代发挥了重要作用。[3]

　　除以上十大论争外，学术界的研究和讨论还涉及更多的层面和方面，其中一枝独秀者不在少数，因篇幅所限，未能一一予以列出。至于本文未列出的其他内容，则属挂一漏万，尚希雅谅。

　　仅就上面论列的十大问题来看，三星堆研究已是高潮迭出、新见迭出、争论迭出，给人以惊心动魄之感。这无疑是由三星堆文明本身的丰富内涵和辉煌成就所决定的。

　　毫无疑问，就三星堆文明的影响、争论范围、研究者队伍、学科构成、学者层次来看，都远远超出了巴蜀本身，在中国文明形成、发展的研究中占有重要地位，相信随着研究的不断深入和研究范围的不断拓展，其全局意义将会日益突出。正如李学勤先生所说："中国文明研究中的不少问题，恐怕必须由巴蜀文化求得解决。"[4]

六、三星堆与巴蜀文化研究的几大方向和课题

　　巴蜀文化博大精深，内涵宏富，目前所揭示的仅仅是其中的一部分，更多的部分尚待发掘和探索，前景广阔，大有可为。

　　总结当前的各项成果，展望未来，我们以为三星堆与巴蜀文化研究在以下四大方向和若干课题上可望取得重大的突破性进展。

（一）古蜀文明的起源与形成

　　根据中外学术界关于文明时代的界定，文字、城市、金属器，是文明社

---

① 林向：《论古蜀文化区——长江上游的古代文明中心》，《三星堆与巴蜀文化》，成都：巴蜀书社，1993年，第1-10页。

② 段渝：《古蜀文化区》《三星堆文明的空间分布》《三星堆文明的延伸分级》，《三星堆文化》，成都：四川人民出版社，1993年。

③ 李民：《三星堆文化与夏商文化》，纪念三星堆遗址发现70周年暨殷商文明国际学术研讨会论文，2000年。

④ 李学勤：《略论巴蜀考古新发现及其学术地位》，《中华文化论坛》2002年第3期。

会形成的三大物质文化要素，在三星堆文化中均可得到明确反映。城市的性质，固然不是由是否有围墙来决定，但三星堆城墙以内的范围达 3.6 平方公里，无论比中国北方农村围有围墙的村庄，还是比史前时代围有围墙的近东耶利哥村落，规模都决然不同。量的变化反映了质的变化，何况三星堆古城中还体现了史前时代所无法比拟的社会分工、社会分层和王权运作机制，因此必为城市无疑。三星堆城市研究，不但是文明研究的重要内容之一，而且对于确定古蜀文明的社会性质、政府组织、权力结构、文明起源与形成的动力等，都具有头等意义和重大价值。它的另一个前景，在于通过考古发现，确定各类遗迹的所在和相互关系，比如宫殿群、居室群等，确定其城市布局、规划，从而探知其完整面貌和文化形态。

目前已知宝墩文化是古蜀文明的起源时代，宝墩文化古城群的衰落和三星堆古蜀城市文明的兴起是什么关系，其转化过程和机制是什么，都必须通过对宝墩文化古城群的新发掘与深入研究才有可能探明。因此，探索三星堆城市文明的起源，关键在于探讨它与宝墩文化之间的兴替。

青铜文化方面，除了进一步研究古蜀青铜文化的起源、演变，进一步考察各类青铜制品文化因素的渊源而外，在科技史、冶金史方面，在生产资源、自然资源和生产力布局、生产的组织管理形式及其社会机制等方面，都有待深入开拓。

具体而言，对于青铜雕像、金杖、金面罩的文化渊源问题，对于蜀式三角形援无胡青铜戈的起源问题，对于柳叶形青铜短剑的起源、分布和传播问题，都需要进一步研究加以深入解决，并与中原等地考古资料作细致的比较研究，获得突破性进展。冶金术、科技史方面，通过自然科学实验，将进一步摸清三星堆青铜技术的特点、合金特点，以及青铜矿产资源来源问题。综合研究则将解决古蜀生产力布局的科学性程度，生产组织管理所反映的社会机制和王权集中程度等问题，以及对资源的控制或贸易等获取方式问题，而这些方面的研究对古蜀文明社会具有极为重要的学术价值和理论意义。

三星堆遗址和成都十二桥遗址所发现的刻划文字问题，目前因资料不集中，也因数量较少，故研究成果不多，今后这个问题的研究将会日益显示出其不可忽视的意义，为巴蜀文字的起源和巴蜀文明的形成提供十分有价值的第一手资料。

古蜀国家形态、政治组织、政权结构、王权与神权的关系、社会分层等研究，对于认识古蜀文明的进化程度、文化进化的动力和社会运作机制等一系列重大课题，至关重要。目前这方面的研究还比较薄弱，应大力加强，必将取得丰硕成果。

以上诸方面研究的综合成果，必将对三星堆文明的起源、形成、发展、演变，文化结构、文化模式与类型，以及文化功能体系等，取得新的认识，获得重大突破，必将对中国文明研究做出新贡献。

（二）三星堆文明与中原文明和周边文明的关系

从考古学文化的角度上说，三星堆文化已初步显示出与中原二里头文化（夏文化）和殷墟文化（商文化）的一些密切联系，也隐含着更多的一些区域文化因素，如长江中、下游，以及滇、越等文化色彩。通过对这些因素所占比重、变异程度、地位和作用等研究，同时通过对其他区域中的三星堆文化因素的相关研究，将对古蜀文化与中国古代其他区域文化的交流与融合，以及中原文化和其他区域文化对古蜀文化的演进所起作用等，得出更深入的认识，从而在理论和实践上同时做出贡献。

三星堆文明与中原文明关系的研究，应成为今后研究的重点项目之一。当前在考古学文化区系理论的基础上，已初步建立了三星堆文化的发展序列和相应网络。然而这个序列和网络，与中原文化的发展演变有无关系，有什么关系，实质怎样，均须进一步探索。与中国古史传说相联系，当前已从过去的疑古转变为探索古蜀文化与炎黄文化的关系阶段，今后必须深化认识，首先从考古学上建立可靠的认识基础，然后具体分析来龙去脉和发展演变诸关系，从而为中国文明多元一体的发展格局增添新的内容，做出新的发展。

古蜀文明与周边文化的关系，重在长江三峡鄂西地区、陕西南部汉中地区，以及云南东部和贵州西部的古代文化。当前学术界已在多方面开展了工作，还须通过对考古资料的仔细梳理，探明其间文化交流传播的基本轨迹，并结合文献和民族学材料，阐明古蜀文明在西南地区深刻而持久的历史影响。

古蜀文明与中原和周边文明的关系，实质上是一个互动、双向以至多向的文化接触和交流问题，其中既有文化中心之间的相互交流，也有边际文化交流、普通民众之间的文化交流和由边际向中心逐步渗透、延伸等交流形式，以及其他各种形式。其速度或快或慢，其程度或深或浅，其影响或大或小，其作用或显或隐，既具发展不平衡性，又具连续性、间断性，其过程、途径、方式极其错综复杂，绝不是单向、单纯或单一的，需要细致地进行艰苦的工作才能明察。

这项工作具有极为重要的意义，对于深入认识文化传播、文化变迁与文化演进及其动力法则的深层关系，至为重要。对此问题的深入研究和理论概括，必将对全面认识中国文化做出重要贡献，并提供具体实例和理论模式。而且，从另一个宏观角度看，还将对中国文化传统形成过程中区域与整体的关系得出意想不到的新成果，在此方面填补空白，开风气之先。

（三）巴蜀文化与西亚、南亚和东南亚文明的关系

这个方向是古代中外经济文化交流新方向，具有国际意义。

当前的研究成果，是根据考古资料和文化形态、文化因素集结、功能及其空间分布等方面的研究，初步对巴蜀文化与古印度和中、西亚文化进行了比较研究，认为早在商周时代就存在某种形式的文化交流。根据考古和文献资料，阐明了巴蜀文化对东南亚大陆文化的持久深刻影响。当前初步取得的这一系列成果，不仅开创了新思路，开拓了新领域，而且具有广阔的前景和重大的研究价值。

由此展开的进一步深入全面研究，不但将对巴蜀文化与中国西南其他民族文化的关系，对南方丝绸之路的开辟，以及对中西文化交流等重大问题提供崭新认识，而且将对古代亚洲的国际文化交流纽带的研究做出新论断，从而在更大范围和更高程度上认识中国与世界，以至人类文化的交流、发展和人类文化的空间传播能力，和文化交流、传播方式、途径的复杂性，并认识人类文化传播与政体、国界、民族等一系列重大课题的关系和实质，从而对中国、亚洲以至世界文化研究做出贡献。

与此相关的另一个问题是，在古代亚洲国际文化纽带中，巴蜀起到什么作用，扮演什么角色的问题。对这个问题的充分研究，将揭示中原文化与西南民族文化的联系途径和方式，巴蜀文化面对南、北两种文化所取态度和发生作用等问题，还预示着南、北丝绸之路关系问题的提出和解决，对于中国古代的对外文化交流及交通诸问题提出新的课题和认识。这些问题的提出和解决，均属填补空白而富于学术价值和理论意义的研究，具有充分的发展空间。

（四）封闭与开放

三星堆文明研究向我们提出了一个需要重新认识的课题：内陆文化是否必然与封闭性、落后性联系在一起，这是一个既有历史意义又有现实意义的课题。

一系列研究成果足以揭示，身居内陆盆地的三星堆文明绝非封闭型文明，它不但与中原的文明和中国其他区域文明有这样那样的联系，而且还发展了与亚洲其他文明古国的关系，证明它是一支勇于迎接世界文化浪潮冲击的开放型的文明。

三星堆文明开放性的揭示和继续深入研究，将给今天的四川内陆盆地和中国其他类似区域的改革开放提供古鉴，其中许多问题还值得进一步深思，有许多事情可做，在理论和实践上取得进展。比如，巴蜀人是通过什么途径，以什么方式实现同外域文化的远程交流的。又如，三星堆文明尽管吸收采借了若干外来文化因素，却并未改变其文明社会的基本结构，又为什么？值得深思。

以上论列的各点，仅仅是就未来三星堆与巴蜀文化研究中的荦荦大者而言，绝不是全面列举，也不可能全面列举。全面的研究，需要学术理论界和社会各界携手合作，共同努力。此外，在相当多的具体问题上，巴蜀文化也值得进一步细致研究，有些问题还必须反复研究，或从不同角度、不同层面去解剖分析。我们相信，未来的三星堆与巴蜀文化研究必将获得更加丰硕的成果。

12

三星堆：神权文明的内涵

　　1986 年夏秋之交，广汉三星堆遗址连续发现两个祭祀坑，坑内出土上千件青铜器、金器、玉石器、象牙以及大量海贝，包括青铜大立人像、大量青铜人头像、人面像、青铜神树、兽面像、金杖、覆盖黄金面罩的青铜人头像等稀世珍宝①，引起世人震惊。2018 年，四川省启动了"古蜀文明保护传承三年行动计划"，开始了对举世闻名的三星堆遗址的新一轮考古发掘。在随后的两年时间里，考古学家在 1986 年发掘的 1、2 号祭祀坑的同一地点，相继发现 6 个祭祀坑，依次编号为 3 至 8 号坑。据央视新闻 2021 年 5 月 28 日报道，截至 2021 年 5 月，在新发现的 6 个坑内，已提取出土青铜器、象牙、玉器、金器等 534 件，其他文物残片 2 000 件，并首次发现丝蛋白和丝绸残留物。2021 年 9 月 9 日，据央视新闻报道，在 6 个坑内已出土有编号的文物近万件，完整文物 1 000 余件。随着大量文物的提取、出土和修复，将会有更多的秘密被揭示出来。

一、金杖与雕像：神权政体的物化表现

　　关于三星堆埋藏器物的坑，总的看来，坑内所瘗埋之物多属祭祀之物，但其中存在性质和功能等区别。如，其中有的是祭器，有的是祭品，有的是供奉于神庙中被人用作崇奉之物，有的则是先祖神灵，如此等等，不一而足；而且，其中还有不同族群之别，十分复杂，不能一概而论。从坑内器物的种类等情况看，坑的性质也应有所区别，有的坑瘗埋象牙，有的没有；有的坑出土大量青铜制品，有的坑出土大量黄金制品，有的坑则发现建筑构件材料，如此等等，都显示了其间的区别。所以，不论从哪个角度看，几个坑的性质

---

① 四川省文物管理委员会、四川省文物考古研究所、四川省广汉县文化局：《广汉三星堆遗址一号祭祀坑发掘简报》，《文物》1987 年第 10 期；四川省文物管理委员会、四川省文物考古研究所、广汉市文化局、文管所：《广汉三星堆遗址二号祭祀坑发掘简报》，《文物》1989 年第 5 期。又，现已证实，三星堆并非南城墙，南城墙尚在"三星堆"南面。1986 年三星堆祭祀坑的材料，均见四川省文物考古研究所：《三星堆祭祀坑》，北京：文物出版社，1999 年。以下引此，如非特别需要，不再一一注明。

都不能一概而论，至少目前不能定论。从三星堆已出土的青铜制品群和黄金制品群结合历史文献进行分析，可以说表现了三星堆古蜀文明"天地之中"的神权结构，其物质形态的表象是宗教性的大型祭祀活动，其深刻内涵则是"神统"与"君统"相结合的神权政体与文明，或曰神权政治文明。笔者最早于1989年提出三星堆文化的神权性质和政体问题，继后又对此问题做过比较深入的讨论。①

此次三星堆发掘成果令人振奋，既出土大量与1、2号坑相同或相似的器物，又发现不少前所未见的器物。因为发掘尚在进行中，所以目前还不能对三星堆的新发现做进一步推论。不过根据已有的发现，可以说，至少从对4号坑的年代测定，明确了此坑的年代。②因4号坑的出土物与1号坑近似，可以认为1号坑的年代与之相近，或1号和4号坑可以形成配对，二者均属商代晚期，而3号坑也有可能与2号坑配对，这就意味着，1号坑和4号坑早于2号坑和3号坑。另外的5、6、7、8号坑是否也能相互配对，或分别与1号和2号坑配对，目前尚无定论。虽然除4号坑外，新发掘的其他5个坑的年代测定数据目前还未公布，但从坑的布局、出土物、打破关系以及其他有关现象来看，其间应有一定的时间差距，有待于年代测定结果的公布才能确定。不过，仅就目前的情况看，三星堆的几个祭祀坑并不都是同时下埋的，其间有着早晚之别是可以肯定的。这种情况似可说明以下两点：第一，它们可能是不同代际（世次）祭祀行为过程的记录，显示了不同代际（或世次）的祭祀行为、祭祀方式或祭祀对象的行为过程以及其间的差别；第二，1号坑与2号坑的下埋时间相隔一百余年，这显然意味着三星堆的统治者一直延续着以大型青铜制品、黄金制品、玉石器、象牙、丝绸等贵重之物进行祭祀的传统。这些祭祀制品群的性质有所不同，其中的青铜人像群应是表现统治者集团的群像，2号坑的青铜大立人像应是统治者集团的领袖塑像，不过这些青铜人像可能并不是表现当世的统治者及其集团，而可能是其先公先王集团的群像，他们原本应是置于神庙内用于当政的统治者对其先公先王及其统治者集团进行崇祀的群像。

---

① 段渝：《古代中国西南的世界文明——论商代川西平原青铜文化与华北和世界古文明的关系》，《东南文化》1993年第2期（曾于1989年11月提交"中国先秦史学会第四次年会"）；《商代蜀国青铜雕像文化来源和功能之再探讨》，《四川大学学报（哲学社会科学版）》1991年第2期；《巴蜀古代城市的起源、结构和网络体系》，《历史研究》1993年第1期。

② 四川省文物考古研究院、国家文物局考古研究中心与北京大学考古文博学院考古年代学联合实验室：《四川广汉三星堆遗址四号祭祀坑的碳十四年代研究》，《四川文物》2021年第2期。

三星堆 1 号祭祀坑出土的一柄金杖。金杖杖身上端的三组人、鱼、鸟图案，既是王杖，又是神杖，是政教合一的象征和标志。金杖用纯金皮包卷，而黄金自古视为稀世珍宝，其价值远在青铜、玉石之上。使用黄金制成权杖，又表现出对社会财富的占有，象征着经济上的垄断权力。所以说，三星堆金杖有着多种特权复合的象征意义，标志着王权（政治权力）神权（宗教权力）和财富垄断权（经济权力）。这三种特权的同时具备，集中赋予一杖，象征着蜀王所居的最高统治地位，意味着夏商时代的古蜀王国，是一个彻头彻尾的神权政体，而夏商时代的古蜀文明，也是一个彻头彻尾的神权文明。三星堆出土的数百件青铜人物雕像、人头像、人面像、兽面像，各种各样的动植物雕像以及黄金面罩、金杖、金枝、青铜神树等，五光十色，光怪陆离，构筑成一个阴森、威严、凝重、恐怖而又庄严肃穆的巨大的重型青铜空间，处处充溢着令人望而生畏的神秘王国氛围。这正是神权政治中心的典型形式，目的之一，在于通过青铜和黄金等各种重型物质的复杂组合形式及其必然对人产生的巨大精神压力，来显示王权与神权那至高无上的政治权威和宗教力量。

二、青铜雕人物像群：神权的功能

　　三星堆祭祀坑内出土的大批各式青铜人物雕像，它们的服式、冠式、发式各异，显示了不同族类的集合。它们所展示出来的图景是，以作为古蜀群巫之长的青铜大立人为中心，以作为西南各族首领的青铜人头像为外围所形成的有中心、分层级的人物像群，用以象征古蜀王国以宗教掩盖政治，以文化代替暴力，使控制合法化的现实情况，展现出三星堆神权政体在跨地域政治社会中的强大统治。从三星堆文化与西南夷各族的关系，可以揭示出三星堆青铜雕像群所表现出的深刻内涵。

　　商代三星堆文化浓厚的宗教气氛，把蜀王国装点成为一个神秘王国[1]，这是强权宗教化的典型例子。三星堆祭祀坑出土的大批青铜制品、贝币、象牙等，是古蜀的神权政体控制了西南地区的战略性资源和贸易路线的反映。

　　在商代中晚期之前，古蜀地区未见如此宏阔而洋洋大观的文明成果，它们应是商代中晚期古蜀王国向西南夷地区大力开发所取得的重大成果。三星

----

① 段渝：《古代中国西南的神秘王国》，《丝语中文时报》（伦敦）1996 年第 6 期。

堆青铜器中所含铅料，据铅同位素测试，来源于云南。①三星堆青铜器的锡料，也应来源于云南，因为蜀地无锡矿。三星堆青铜器多含有微量磷元素，这是古蜀文化青铜器的传统合金特征，与中原全然不同，却与云南青铜器极为相似，表明三星堆青铜器所用铜矿原料，也与铜矿石藏量极为丰富的云南有关。三星堆发现的成千枚海贝，其中的白色齿贝与云南历年所出的相同，云南齿贝来源于印度洋，三星堆白色齿贝也不能不来源于印度洋，因为这种齿贝为印度洋所独产，并非南海产品。三星堆出土的象牙，鉴定为亚洲象的牙。亚洲象原产印度，在印、缅和中国云南最多。古蜀地区上古可能有大象，却无大批成群大象活动的记载，而三星堆仅两个祭祀坑就出土了整象牙六七十支，在 1997 年和 2021 年发现的祭祀坑中又有大量发现。如此之多的象牙，不可能取之于成都平原本土，应与滇、缅、印地区有关。②以这些资料结合古代印度地区包括印度洋沿岸地区以白色齿贝为货币，而云南直到清代还大量使用这种贝币的情况分析，三星堆神权政体必定是控制了中国西南地区的内外贸易路线，控制了西南夷地区的矿产资源，从而才可能为它辉煌青铜文明的出现奠定下丰厚的物质基础。③

迄今为止还没有在西南地区发现直接为古蜀人所征服的考古遗迹，不过古代文献曾记载了蜀人两度大批南迁的史例，一为蜀王后代④，一为蜀王子安阳王⑤，并且考古学上包括三星堆文化在内的先秦古蜀青铜文化对云南青铜文化的影响也是显著的⑥，可以表明古代蜀国对西南夷地区的控制。方国瑜先生

文明的史迹：先秦、巴蜀及南丝路历史研究（巴蜀文化卷）

---

① 金正耀等：《广汉三星堆遗物坑青铜器的铅同位素比值研究》，《文物》1995 年第 2 期。

② 2001 年 2 月，成都市苏坡乡金沙遗址又发现巨量象牙，总重量接近 1 吨。遗址年代为商周之际。更加证实成都平原的象牙必来源于滇、缅、印地区。关于成都平原巨量象牙的来源问题，可参看段渝：《中国西南早期对外交通》，《历史研究》2009 年第 1 期。

③ 段渝：《支那名称起源之再研究——论支那名称本源于蜀之成都》，四川大学历史系编：《中国西南的古代交通与文化》，成都：四川大学出版社，1994 年。

④《史记·三代世表》褚少孙补曰："蜀王，黄帝后世也。至今在汉西南五千里，常来朝降，输献于汉。"《索隐》云："《系本》（《世本》）蜀无姓，相承云黄帝后。且黄帝二十五子，分封赐姓，或于蛮夷，盖当然也。"《正义》："《谱记》云：蜀之先肇于人皇之际。黄帝与子昌意娶蜀山氏女，生帝偌，立，封其支庶于蜀，历虞夏商。周衰，先称王者蚕丛，国破，子孙居姚、巂等处。"

⑤《水经·叶榆水注》引《交州外域记》载："交趾（按：指今越南北部红河地区）昔未有郡县之时，土地有雒田，其田随潮水上下，民垦食其田，因名为雒民。设雒王、雒侯，主诸郡县。县多为雒将，雒将铜印青绶。后，蜀王子将兵三万来讨雒王、雒侯，服诸雒将。蜀王子因称为安阳王……后南越王尉佗举众攻安阳王……安阳王发弩，弩折，遂败。安阳王下船径出于海。今平道县后王宫城，见有故处。"

⑥ 段渝：《论商代长江上游川西平原青铜文化与华北和世界古文明的关系》，《东南文化》1993 年第 2 期。

在谈到古代蜀国与西南夷的关系时也说，西南夷是古蜀国的附庸。①可以看出，古蜀对西南夷的控制有两条途径，一是通过观念和技术的直接传播来影响西南夷各族，一是通过直接或间接的强权来统治西南夷各族，至少也是以强权作为强大后盾和暴力制裁的威慑力量的。

为了达到长久控制西南夷地区战略资源的目的，蜀王采取了使强权统治转化为宗教统治的策略，以宗教掩盖政治，以文化代替暴力，使控制合法化。三星堆古蜀王国以作为古蜀群巫之长的青铜大立人为中心，以作为西南各族群巫的各式青铜人头像为外围所形成的有中心、分层次的人物像群，就体现了它对于西南夷所实施的"柔远能迩"政策的战略意图。而这一人物像群实际上表现出了一个庞大宗教集团的组织结构，通过把西南各族群巫的青铜人头像即各族君长的头像按一定程序加以排列组合的方式，将各地各族的宗教组织到古蜀的宗教体系当中，并使它们成为次级宗教。通过这种方式，一方面可以宣称自己是西南夷各族宗教神权的总代表，另一方面又博得了西南夷各族的文化认同和宗教认同，并在这个基础上使自己对西南夷的控制合法化。三星堆1号坑与2号坑在年代上相差百年以上，但两坑所出青铜人头像在衣、冠、发式上基本一脉相承，说明蜀对西南夷的控制是长久的，同时说明这个宗教集团的组织结构是稳定的，并且在一个时期中还有新的发展和扩充。

三星堆一、二号祭祀坑内出土的大批各式青铜人物雕像，有全身像、人头像、人面具等，它们的服式、冠式、发式各异，显示了不同族类的集合，表现出一个以蜀为核心的、拥有众多族类的统治集团结构。②众多青铜人物雕像围绕青铜大立人，表现了以古蜀神权政治领袖为中心，聚合西南各族首领而举行的大型礼仪活动，充分展现出三星堆神权在跨地域政治社会中的双重功能。一方面，西南各族君长汇聚三星堆古蜀都，共奉蜀人神权领袖，同祭蜀地信奉之神，表明各族承认三星堆古蜀神权的至上地位。青铜人头像代表着西南地区各族的君长，而这些君长在各自的族群中也同样被尊为神。既然蜀人神权领袖控制了这些各族之长，那么他也就控制了各族的神，并进一步实现了他对西南各族意识形态的控制。另一方面，这些各个族群的君长形像，都是用青铜材料制作而成的，它们与蜀王形像的制作材料毫无二致，仅有体量大小的区别，而与用石质材料雕刻出来的奴隶像决然不同，又意味着它们

---

① 方国瑜：《中国西南历史地理考释》上册，北京：中华书局，1987年，第16页。
② 段渝：《商代蜀国青铜雕像文化来源和功能之再探讨》，《四川大学学报（哲学社会科学版）》1991年第2期。

在以三星堆神权为中心的跨地域政治社会中具有相当高的地位，扮演着并非不重要的角色。这表明，在三星堆神权文明的跨地域扩张中，十分巧妙地发挥了神权的双重功能，既达到了扩张势力范围的目的，又达到了稳固势力范围现存秩序并增强凝聚力、吸引力的目的。

既然三星堆青铜雕像群表现了一个宗教化了的政治集团的大型礼仪活动，那么其内容丰富的各种礼仪形式就必然是为各地各族所共同认可、共同接受的。三星堆古蜀都城既是这样一个跨地域、跨民族的大型礼仪中心，那么它的强大凝聚力就绝不可能仅仅依靠强权来维持，它对各地各族必须还具有强烈的吸引力。这种吸引力来自三个方面：一是宗教中心，二是提供军事保护，三是通过蜀的转介，同中原地区进行文化交流和贸易往还，殷墟五号墓出土青铜器的部分矿料来自云南，看来就是通过蜀为中介从云南获取的，这也是蜀人控制了西南夷地区与中原之间贸易路线的证据。①

由此看来，蜀与西南夷各族的关系，是各族之长而不是各族之君的关系，是群巫之长而不是群巫之君的关系，正如商王室是天下方国之长而非天下方国之君一样。

三、青铜神树：“天地之中”的神权结构

三星堆出土的青铜神树，已修复 3 株，即 1 号神树、2 号神树和 3 号神树。其中，1 号神树高达 3.95 米，树干有三层九枝，各枝顶端站一欲飞的立鸟，树干有一条头向下的飞龙；2 号神树座上铸有武士形象的铜人雕像，背朝树干，面向外下跪，俨然一副虔诚的神树守卫者形象；3 号神树的树枝包裹着金皮，果实柄部包卷着金箔，是一株典型的金枝，树枝顶端有两只人面鸟身的立鸟。不难知道，它们就是供奉在古蜀“天地之中”，供古蜀众帝“上天还下”的神树。

青铜神树上，有茂盛如锦的枝、叶、花卉、果实，还有飞禽、飞龙、铃等挂饰。从它们的形态看，有可能就是所谓“建木”，是古代著名的神树《山海经·海内南经》这样说“建木”：

> 有木，其状如牛，引之有皮，若缨、黄蛇。其叶如罗，其实如栾，其木若芘，其名曰建木。

《山海经·海内经》对“建木”也有大体相同的记载。郭璞注释“建木”道：

---

① 段渝：《略论古蜀与商文明的关系》，《史学月刊》2008 年第 5 期。

建木青叶、紫茎、黑华、黄实，其下声无响，立无影也。

建木所在及其功能，《淮南子·地形》说道：

建木在都广，众帝所自上下，日中无景，呼而无响，盖天地之中也。

高诱注释道：

众帝之从都广山上天还下，故曰上下。

高注于义虽然得之，但说"从都广山"则未达一间。[①]众帝上天还下，是经由"建木"这种神树，而不是经由都广山上下，既然建木是众帝往返于天地之间的神树，那么它显然也就是登天之梯了，是天人之际的通道。都广在何处呢？《山海经·海内经》记载：

西南黑水之间，有都广之野，后稷葬焉。其城方三百里，盖天地之中，素女所出也。爰有膏菽、膏稻、膏黍、膏稷，百谷自生，冬夏播琴。鸾鸟自歌，凤鸟自舞，灵寿实华，草木所聚。爰有百兽，相群爰处。此草也，冬夏不死。

这个都广之野，不仅名称与《淮南子·地形》所记载相同，而且草木亦合于《海内南经》等的记载。文中所说"都广"，《后汉书·张衡传》注、《史记·周本纪》集解等均引作"广都"，可见实为"广都"的倒文。杨慎《山海经补注》说："黑水广都，今之成都也。"从诸史《地理志》可见，广都正是在成都平原，为今成都市双流区境。这就是说，古籍中所载"众帝上天还下"的建木，就在成都平原古蜀王国的故土。

三星堆位于成都平原中部，出土的青铜神树在形态上大体与文献所说"建木"相合，而且因为用铜制成，枝叶中有铜制的铃，所以能够"呼而不响"。又因神树置于高高的庙堂之内，即使日当午时，也能够"日中无影"。并且，三星堆古城为蜀王之都，是古蜀国的神权政治中心之所在，所以又被称为"天地之中"。可见，三星堆出土的青铜神树，极有可能就是所谓建木，也就是蜀人的天梯。

《淮南子·地形》说众帝在都广建木上下于天地之间，这"众帝"便是古蜀王国的君长兼大巫师，即蜀国的神权政治领袖。

---

① 参考袁珂：《山海经校注》，上海：上海古籍出版社，1980年，第450页。

"帝"字在汉语古文字中有特殊意义。帝原本是一个祭名，后来演变成为天人之际的主神，殷卜辞中有"帝使风""帝令雨"等辞例，表明帝凌驾于诸神之上的崇高地位。帝虽然不是被中原视为"左言"的蜀语，但《淮南子》成书于西汉，是用汉人的语言文字记录的蜀人关于主神的概念。至于帝在蜀语中的音读，由于蜀语早已消失，无从稽考。

从《淮南子·地形训》来看，古蜀国的帝是拟人神，有生命、有灵魂、有意志，基本功能是"替天行道"，为天神代言。而天神基本上是一个虚拟，既无实体，又无形象，只有意志，虽然神力无边，却须通过帝来传达意志。因此，在实际的宗教生活中，帝才是最重要的角色。由于这样，蜀王才借助于法器（神杖），施展法术（各种仪式），使自己扮演起帝的角色，俨然而成神权政治领袖。

三星堆古城为蜀王之都，是古蜀国的神权政治中心之所在，所以被称为"天地之中"，而青铜神树就是三星堆神权政治领袖往来于天人之际传达神意的天梯。神树上的飞龙，是古蜀王的登天工具。人面立鸟，则意味着神人借助于神鸟可以登天。在古蜀人的诸神当中，唯有众帝能够上天还下，高踞于群神之上。由于三星堆祭祀坑群的下埋年代不同，意味着三星堆不同的祭祀坑代表着不同的代系，而每一代都有各自高于群神的帝，故而所谓"众帝"，实为历代"帝"的总称。而帝与群神的关系，犹如众星拱月，是主神与群神的统帅关系。这种关系，带有"神统"的结构特点，它是人世间"君统"结构的反映，折射出当时的社会生活、政治生活和宗教生活。这个神统，又与三星堆青铜像中青铜大立人与其他雕像所形成的主从结构特点相一致，体现出三星堆宗教神权深刻、丰富和神秘的社会功能。

三星堆文化以青铜雕像群来体现和展示宗教神权的社会功能，这一图景为中国古代史上所仅见，具有非常重要的学术研究价值。

四、象牙：古蜀王国的祭祀礼仪

祭祀是某种结构的表现形式，不能把祭祀看作文化的本质。三星堆文化最令人惊异的是埋藏着大量青铜制品、黄金制品、象牙、玉石器、海贝等的祭祀坑。关于青铜制品的问题，本文已在前面讨论，下面讨论三星堆出土的大量象牙，包括成都市金沙遗址出土的大量象牙。关于三星堆和金沙遗址出土象牙的来源问题，本文不拟讨论，本文关注的是象牙祭祀的文化内涵，为什么要用象牙进行不可或缺的祭祀仪式，象牙在祭祀中扮演着什么角色等问题。1986 年广汉三星堆祭祀坑出土 80 支象牙、120 颗象牙珠等，其后在仁胜村墓地又出土象牙。2001 年以来，在成都市金沙遗址出土 100 余支象牙，同出有不少象臼齿，还出土大量由整支象牙切割成的短节象牙柱，以及象牙段、象牙片、象牙珠等。在金沙遗址 10 号祭祀遗迹内的一件玉璋上，还刻有四组对称的肩扛象牙的跪坐人像。据《川观新闻》2021 年 3 月 21 日报道，在三星堆新一轮发掘的 6 座祭祀坑中，其中的三号、四号、七号坑都暴露出大量象牙，仅 3 号坑就已探明有 120 多根象牙。这些现象说明，商周时期，在古蜀文明神权政治中心的大型祭祀礼仪中，象牙祭祀盛极一时。

（一）祭祀形式

古蜀象牙祭祀有不同的形式，其中最盛大的是将若干整支象牙经"燎祭"后有序地铺陈在用于专门瘗埋祭祀典礼用品土坑内各种器物的最上层，其下为金、铜、玉器等物，三星堆 1 号坑、2 号坑即是如此，而成都市金沙遗址 11 号、10 号遗迹也是如此，但金沙遗址的象牙没有经过焚烧。这种现象意味着，古蜀的象牙祭祀，不论在形式还是内涵上，都有着固定的、程序化的规则和定制。进一步分析，透过这种固定的、程序化的规则和定制，可以看出三星堆政体和金沙政体具有共同的祭祀对象与内容，表明二者之间具有文化上和政治上的连续性关系，而这种连续性所包含的垂直关系和平面关系两个层面，将会对于我们深入分析三星堆与金沙的各种关系提供新的视角和理解。

通观三星堆和金沙所出人物雕像和刻划图像，可以看出，三星堆青铜大立人双手前伸的形状和角度确实与众不同，它的双手所执之物既不可能是器身竖直的琮，也不可能是器身扁平的璋，更不可能是细长弯曲的枝条。从大立人的手形、两手间的距离和交错弧度等因素来考虑，再比较一下象牙的长度、弧度和直径，可以认为大立人双手所执之物是一整支象牙。而其余双手前伸的铜人像，不是手握牙璋，就是执据他物，或者空无一物。金沙小铜人像虽有可能手握象牙，但那只是象征而已，并非真正的象牙。如果此说成立，那么我们当可证明，只有三星堆青铜大立人才能手执整支象牙。因为它既是蜀王，同时又是西南夷各地方性族群之长的形象塑造。

（二）象牙祭祀的意蕴

再来看三星堆青铜大立人雕像（K2②：149、150），它的双脚立于一方形青铜座上，而方形座的中部（座腿）是由四个卷鼻的象头组成的。[1]这个象头座，应与立人手握之物有着密切关联。以此并结合其他相关材料分析，当可以再次证明三星堆青铜大立人双手所执之物是象牙，而不是玉琮。并且可以进一步说明，只有蜀王才有权力执整支象牙进行祭祀。我们已经指出，三星堆出土的金杖，是古蜀王国最高神权政治领袖的象征，这个最高权力，是对古蜀族群及其王国而言。而蜀王手执象牙进行祭祀，则是古蜀王国政治与文化势力范围内各个地方性族群之长共奉蜀王为共同首领的象征。

至于为什么古蜀文明在祭祀仪式上如此重视象牙，这个问题可以从中国西南的生态条件中找到答案。古代中国西南地区至东南亚大陆和南亚次大陆地区，气候条件和生态条件适合大象的生存，是富产大象的地区，至今而然。在印度河文明的摩亨佐·达罗遗址，曾出土不少象牙制品，说明从最早文明的开始，人们就把象牙作为珍品。三星堆和金沙的情况同样如此，都是把象牙作为珍品来看待的。大象以其体量和性情等特点，成为这个区域内各个族群共同的崇拜和敬畏之物，而以象牙尤为珍贵。由于西南夷多以象牙为珍品，所以象牙在西南夷地区被各族奉为共同崇拜之物，并以此在文化上取得认同。在这种文化背景中，同时在蜀王作为西南夷地区各族之长的政治背景中，蜀王手执整支象牙，就意味着他取得了西南夷在文化和政治上的认同，手握了号令西南夷各族的权力。[2]因此象牙被赋予了西南夷各族之长的政治与文化内涵，成为号令西南夷各族权力的象征物。三星堆祭祀坑出土的众多发式各不相同的青铜人头雕像，是西南夷各族君长的象征，它们与青铜大立人的关系，正是蜀王与其文化和政治扩张所及地区的西南夷各地君长之间的主从关系。这种情形，与西周天子执髦牛尾以君临天下的现象及其文化和政治内涵有些类似，也与春秋五霸执牛耳以主中原诸夏会盟的现象[3]有着表现形式上的异曲同工之妙，同时与美索不达米亚和埃及等古文明中国王手执权杖的情形相似。可见，王者手握权力的象征物，这是世界早期文明史上各地文明古国的普遍现象，只是各文明古国王权象征物的具体形式有所不同罢了。

---

① 四川省文物考古研究所：《三星堆祭祀坑》，第162-164页。按，原报告认为大立人座腿为4个龙头，但仔细观察，实应为4个象头。

② 《战国策·秦策一》记载司马错曰："夫蜀，西僻之国也，而戎狄之长也。"这种情形，实自商代以来便是如此。参见段渝：《商代蜀国青铜雕像文化来源和功能之再探讨》，《四川大学学报》（哲学社会科学版）1991年第2期。

③ 参见《左传》的有关记载。

（三）象牙祭祀的内涵

金沙遗址 10 号祭祀遗迹玉璋所刻肩扛象牙跪坐人像,应是一幅写实之作,有可能刻画的是蜀王举行祭祀仪式时的跪祭形象,但也有可能不是蜀王跪祭,而是蜀人肩扛象牙前行即搬运象牙的形象刻画,这一类例子在古代近东文明的雕像中常常可以见到。

将金沙遗址 10 号祭祀遗迹玉璋上所刻四组对称的肩扛象牙跪坐人像图案,联系三星堆二号坑出土的牙璋上所刻祭山图图案,以及三星堆祭祀坑内出土的大型青铜雕像群、金杖图案、神坛以及神殿立雕等分析,商周时期的古蜀文明在艺术形式尤其绘画和雕刻艺术上,盛行具有连续、成组的人物和故事情节的图案,并以这些连续、成组的图案来表达其丰富而连续的精神世界,包括哲学思想、政治观念、意识形态以及价值观和世界观等。如果把这些图案分类进行整理,并加以综合研究,以分析古蜀文明的艺术形式及其文化内涵,将是很有意义的。由此我们还可以进一步看出,它们与同一时期中原玉器和青铜器图案的艺术表现形式和内涵有很大不同,而与近东文明艺术形式的某些方面有着表现手法上的相似性。这种情形,当可以再次证实古蜀文明与近东文明之间所存在的某种关系。商周时期古蜀文明这种富于形象思维的文化特征,在它后来的发展史上凝为传统,成为蜀人思维模式的一个重要方面。而商周时期古蜀文明有关文化和政治内涵的艺术表现形式及其手法,则在后来的滇文化中得到了比较充分的继承、发扬和创新。

（四）象牙祭祀的衰落

从迄今为止的三星堆遗址和金沙遗址的考古发掘资料来看,古蜀的象牙祭祀仅在商代晚期到商周之际的三星堆和金沙盛极一时,在三星堆 1 号、2 号坑之前即殷墟时期以前,以及金沙遗址商周之际和西周中期文化层之后的时期,还没有发现古蜀盛行象牙祭祀的考古学迹象。透过这些现象可以揭示出这样的结构关系:在族群结构上,金沙遗址商周之际文化层的主体族群,是与三星堆文化相同的一个族群或亚族群;在政治结构上,金沙遗址商周之际文化层的政治单位,是三星堆高级政体即以鱼凫王为最高神权政治领袖的古蜀王国内的一个次级政体。

春秋中叶以后,金沙遗址大大衰落,直到战国时期开明王朝定都成都,成都才再度繁荣,出现成都市商业街大型船棺葬墓地。从年代关系上看,商业街大型船棺葬墓地应与开明王有关，当为开明氏王族的墓地，而与春秋以前的历代古蜀王无关，并且其文化内涵也与金沙遗址不同，这就意味着金沙遗址是战国时期开明王以前的古蜀王国的遗存。但金沙遗址的延续时间很长，其主体为商周之际到春秋中叶，文化面貌大致上是有所传承而又有所演变的。与文献所记载的古蜀史迹相对照，商代晚期至商周之际的古蜀王是鱼凫王，西周时期至春秋早期的古蜀王是杜宇，这一古蜀王朝的序列与金沙遗址的考古文化内涵大致上是相互吻合的。

从这个意义上看，金沙遗址商周之际文化层其实并不是三星堆文化衰亡后迁徙而来所留下的文化遗存，而是三星堆文化金沙遗址的文化延续。换句话说，在作为商代古蜀王国首位城市的三星堆古蜀王都衰亡后，作为古蜀王国次级中心城市的金沙政体并没有同时消亡①，它仍然在连续发展中延续着三星堆文化的余脉，但为时不长，就被杜宇彻底灭亡。所以西周时期金沙遗址的面貌与商周之际相比已发生了变化，而商周之际鱼凫王朝所盛行的象牙祭祀虽在西周早期有所延续，但西周中叶以后最终予以废止，消失不存，其原因当在于此。

五、丝绸的发现：蜀山氏、蚕丛氏、南丝路新证据

2019 年以来三星堆丝绸痕迹和丝蛋白的发现，为历史文献所记蜀山氏、蚕丛氏以及南方丝绸之路的研究提供了十分重要的新证据，有着十分重要的学术价值。

中国是丝绸的原产地，早在商周时期丝绸织造就已达到相当水平②，而四川是中国丝绸的重要起源地和主要原产地，尤其是成都丝绸织锦自古称奇，西汉扬雄《蜀都赋》曾称颂蜀锦鲜艳华丽，品种繁多，发文扬采，转代无穷。史前时期就有嫘祖后代、古蜀王蚕丛在成都平原"教民养蚕"，引起了巴蜀丝绸的兴起，到商代三星堆文化时期，古蜀的丝绸制作已发展到相当成熟的阶段。③

---

① 我在 1992 年 4 月举行的"纪念三星堆考古发现 60 周年暨巴蜀文化与历史国际学术讨论会"上提交的论文中就曾提出：成都在商代晚期就已成为一座具有相当规模的早期城市，作为一座次级中心城市，它与较之更早形成的三星堆古蜀王都一道，构成商代蜀国的早期城市体系。金沙遗址的发现，可以说为拙文所提出的观点提供了坚实的新材料和新证据。参见段渝：《巴蜀古代城市的起源、结构和网络体系》，《历史研究》1993 年第 1 期。

② 夏鼐：《我国古代蚕、桑、丝、绸的历史》，《考古》1972 年第 2 期。

③ 段渝：《黄帝嫘祖与中国丝绸的起源时代》，《中华文化论坛》1996 年第 4 期。

广汉三星堆出土的青铜大立人像头戴的花冠、身着的长襟衣服上所饰的有起有伏的各种繁缛的花纹，它的冠、服所表现的是蜀锦和蜀绣。[①]2021 年三星堆新一轮考古发掘，继首次发现丝蛋白后，又在八号坑出土的一件青铜残片上发现附着的丝绸实物残留，经纬组织非常明显，表层有一层类似于涂层的附着物，尺寸为 1.8 厘米×0.8 厘米，是目前三星堆发现的最明显也是最大面积的丝绸残留物。[②]研究团队在对 1986 年出土的一、二号坑的纺织品残留做了排查，在放大 30~200 倍后，发现 13 种器类、40 多件器物上都有丝织品残留，还在其中的青铜蛇上的残留发现了平纹之外的斜纹。[③]这表明，三星堆文化时期，不但三星堆的丝织工艺和丝绸使用已普遍存在，丝织工业达到很高水平，而且丝绸已经成为政治权威和宗教权威的重要象征和物化体现，同时还表明丝织业已是三星堆政治经济的一个重要组成部分，有着相当高的地位。

成都交通巷出土的一件西周早期的蜀式青铜戈，内部纹饰图案以一身作屈曲蠕动状的家蚕为中心，四周分布一圈小圆点，象征蚕沙或桑叶，左侧横一桑树，蚕上部有表示伐桑所用的斧形工具符号。[④]在渭水上游宝鸡附近发掘的西周前期古蜀人弭氏的墓葬内[⑤]，发现丝织品辫痕和大量丝织品实物，丝织品有斜纹提花的菱形图案的绮，有用辫绣针法织成的刺绣，这些丝织品其实就是古蜀丝绸和蜀绣。春秋战国时代，蜀地的丝绸业持续发展，达到很高的水平。在战国时，蜀锦就已蜚声国内，销往各地，考古发掘中在湖北江陵和湖南长沙等地楚墓中出土的精美织锦，就是成都生产的蜀锦[⑥]，并与四川炉霍卡莎石棺葬内发现的织品相似。[⑦]成都百花潭 10 号战国墓出土的一件铜壶上刻有采桑图[⑧]，桑树分为大小两种，可能意味着已有野生桑树和培植桑树之别。这些图像都充分表现出古蜀蚕桑业的成熟性和兴旺发达。

2012—2013 年成都市文物考古研究所在成都市天回镇老官山发掘的西汉 2 号墓内，出土 4 部蜀锦提花机模型，这是迄今我国发现的唯一有出土单位、

① 陈显丹：《论蜀绣蜀锦的起源》，《四川文物》1992 年第 3 期。

② 田云华、王帅：《三星堆遗址发现最明显、最大面积的丝绸残留物》，《央视新闻》2021 年 5 月 30 日。

③ 吴平：《三星堆新发现，丝织品现黄色涂层；神树上还是衣服上，金箔用途未定》，《川观新闻》2021 年 5 月 25 日。

④ 石湍：《记成都交通巷出土的一件"蚕纹"铜戈》，《考古与文物》1980 年第 2 期。

⑤ 北京市丝绸厂等：《有关西周丝织和刺绣的重要发现》，《文物》1976 年第 4 期。

⑥ 武敏：《吐鲁番出土蜀锦的研究》，《文物》1984 年第 6 期。

⑦ 四川省文物考古研究所等：《四川炉霍卡莎湖石棺墓》，《考古学报》1991 年第 2 期。

⑧ 四川省博物馆：《成都百花潭中学十号墓发掘记》，《文物》1976 年第 3 期；杜恒：《试论百花潭嵌错图像铜壶》，《文物》1976 年第 3 期。

完整的西汉时期织机模型，其先进性独步于当时的中国纺织界，而其纺织技术应该是承先秦蜀锦而来。这对研究蜀锦纺织技术的起源和发展有着重大意义。

三星堆丝绸的发现有着十分重要的意义。我们知道，历代史籍均记载黄帝元妃嫘祖"教民养蚕"，"治丝茧以供衣服"，称颂嫘祖为中国蚕桑丝绸之祖。黄帝嫘祖为其子昌意娶蜀山氏子女[1]，嫘祖氏族与岷江上游蜀山氏（今四川茂县叠溪）通婚，促成了蜀山氏从饲养桑蚕到饲养家蚕的重大历史性转变，由蜀山氏演变为蚕丛氏，从而引发了古蜀丝绸的起源和演进，在中国蚕桑丝绸史上具有非常重要的里程碑意义。

从蜀山氏到蚕丛氏名称的变化表明，两者关系是前后相续的发展演变关系，也是生物学上的遗传变异关系，包含并体现了深刻的历史内容，而不仅仅是一个名称的交替。[2]

从蜀山氏到蚕丛氏的转变，初步完成了蚕桑、丝绸的早期起源阶段，进入发展、传播的新阶段。其后，随着蚕丛氏从蜀山南迁成都平原"教民养蚕"，推动了古蜀蚕桑和丝绸业的兴起和演进，成为中国蚕桑、丝绸业的主要原产地和丝绸生产基地之一。三星堆青铜大立人冠冕和衣着所表现的蜀锦、蜀绣，以及新近发现的丝绸痕迹、丝蛋白、丝绸残片和数十件青铜器碎片上的丝绸残留物，可以说从一个重要方面证实了这种推想，并且对于南方丝绸之路的深入研究提供了十分重要的资料。

与此相映成趣的是，20世纪90年代，奥地利大学考古队在古埃及的一座金字塔内的一具木乃伊头发上发现来自中国的丝绸，年代约为公元前11世纪。[3]虽然目前还不清楚这块中国丝绸的来源地究竟为何处，也不清楚它是间接传播的产物还是直接传播的产物，但无疑来自中国。

虽然，在同一时期的中亚出现过中国商文化的一些因素，但是在西亚和南亚却几乎没有发现这一时期商文化的影响痕迹，倒是在中国西南古蜀文明地区却出现了印度古文明和近东古文明的因素，包括在四川广汉三星堆文化祭祀坑中发现的黄金面罩、黄金权杖和青铜人物雕像以及大量表现眼睛传的各式青铜眼睛等文化因素。如果我们把在古埃及金字塔内发现的中国丝绸，与在中国四川三星堆文化中发现的丝绸及其与近东和印度的古文明因素相互

文明的史迹：先秦、巴蜀及南丝路历史研究（巴蜀文化卷）

---

[1]《史记·五帝本纪》载："黄帝居轩辕之丘，而娶于西陵之女，是为嫘祖。嫘祖为黄帝正妃，生二子，其后皆有天下：其一曰玄嚣，是为青阳，青阳降居江水；其二曰昌意，降居若水，昌意娶蜀山氏女，曰昌濮，生高阳，高阳有圣德焉。"又载："帝颛顼高阳者，黄帝之孙而昌意之子也。"

[2] 段渝：《政治结构与文化模式：巴蜀古代文明研究》，上海：学林出版社，1999年，第319-371页。

[3] Philpipa Scott, The Book of Silk, London: Thames & Hudson, 1993, p. 78.

联系起来看，是否反映了两者之间的交流互动关系和丝绸的传播呢？

六、交流与互鉴

三星堆文化展示出与中原、长江中下游文明以及欧亚古文明交流与互鉴的深刻内涵。三星堆青铜文化的许多因素采借于中原文化以及长江中下游文化，其中一些文化因素的来源还显示出与近东和印度古文明有采借和互动关系，同时三星堆文化也向周边区域做强劲辐射。博采中外文明的优秀因素，兼包并容的气度和走向世界的视野，铸成三星堆特色独具的高度发展的文明样态。

应当指出的是，虽然与同一时期中原文化相比，古蜀不论在青铜合金技术、青铜器形制还是青铜器组合等方面都自成体系，具有十分鲜明的地域特色，有着自身青铜文化的发展演变序列和进程，但作为中国文明形成发展过程中的地域文化，古蜀青铜文化中不仅可以见到中原青铜文化的明显影响，而且许多礼器如青铜尊、青铜罍、玉戈等就直接仿制于中原青铜器，即令是特有的青铜人物雕像，其衣着上的纹饰也多来源于中原文化，打上了中原文化的深刻烙印，表明受到了中原文化的强烈吸引和影响。

出土古蜀铜人面具、铜兽面等铜器群的汉中城固地区，应是三星堆文化接受商文化的途径之一。三星堆青铜器尊、罍的形制表明，古蜀文明接受商文化影响的另一条途径是长江中游。而长江中游江西新干大洋洲吴城文化商墓出土青铜器，虽然其器物群及其组合在整体上与三星堆文化有显著区别，但其双面人头形神器、立鸟双尾虎、羊角兽面器等造型，却与三星堆青铜器有着一定程度的相似性。在年代相差不太多的长江中游和长江上游所出现的这种一定程度的文化相关性，显示了其间的某种文化关联。这种情况，显示了三星堆文化与中原商文化和长江中游文化密切的不可分割的交流互动关系。

三星堆青铜文化的主体是大型青铜雕像群和黄金面罩、金杖，这是为中原文化所无而为三星堆文化所特有的，因此其文化来源应与中原文化无关，却与西亚近东文明有文化采借关系，而超过 4 000 枚来自印度洋和南海的海贝，则显示了与南方丝绸之路的关系。

三星堆文化既有其鲜明的独特性，又与中原文化和其他区域的文化有着明显的共性，使它得以在自身文化的基础上，充分吸收了中原和其他文化的优秀因素，丰富和发展了自身的文化，使其达到更高的文明水平，充分表明了交流、互动和互鉴对于文明的生长和发展所具有的重要意义。至于进一步的研究，也还需要运用多学科的理论方法，才能从不同视角展现三星堆文明的全貌，以及对隐藏其后的关于政治结构、神权组织、宗教、意识形态、文化发展、演进、动力等进行深刻阐释。

| 13 |

三星堆：青铜时代的神权文明

　　三星堆文化是长江上游最早的古代文明，它的初创年代约在中原二里头夏文化的晚期（约公元前 2000 年），经历了整个殷商时代，直到西周初期（约公元前 1000 年），经过十二桥文化阶段发展演变到春秋前期（约公元前 600 年），雄踞中国西南，连续发展 1 600 年之久，这在中国古代史上是不多见的。

　　在三星堆文化宏阔的古城、灿烂的青铜制品群、滥觞的文字、伟大的艺术以及盛大的礼仪中心等物质文明后面，蕴涵着古蜀文明本质性、结构性的制度文明和精神文明特质，即神权政体。

　　三星堆遗址的发掘，尤其是祭祀坑（图一）大量青铜器的相继出土，揭示出三星堆与古蜀王国的王权与神权之谜。它使我们深刻地认识到，夏商时代的古蜀文明，是一支高度发达的神权文明；夏商时代的古蜀王国，是一个实行神权政治的国家，三星堆遗址便是这个神权文明的政治中心之所在。

图一　三星堆祭祀坑

一、金杖与雕像：神权政体的物化表现

三星堆一号祭祀坑出土的一柄金杖（图二），十分引人注目。金杖是用较厚的纯金皮包卷而成的金皮木芯杖，杖长 143 厘米，直径 2.3 厘米，净重 463 克。杖的上端有一段长 46 厘米的平雕纹饰图案，分为三组：最下一组线刻两个前后对称，头戴锯齿状冠，耳垂系三角形耳坠的人头。上面两组图案相同，下方为两背相对的鸟，上方为两背相对的鱼，鸟的颈部和鱼的头部压有一支羽箭。这柄金杖与大量青铜器礼器、青铜人头像、人面像、玉石器、象牙（图三）、海贝等巨大的物质财富同出一坑，由于用杖象征权力是司空见惯的文化现象，因此可以认定这是一柄权杖。

金杖上的人头图案，头戴兽面高冠，耳垂三角形耳坠，与二号祭祀坑所出蜀王形象造型——青铜大立人相同，表明杖身所刻人头代表着蜀王及其权力。鱼、鸟图案的意义在于，鱼能潜渊，鸟能登天，它们是蜀王的通神之物，具有龙的神化般功能。而能够上天入地，交通于神人之间的使者，正是蜀王自身。因此，金杖不仅仅是一具王杖，同时也是一具神杖，是用以沟通天地人神的工具和法器。《淮南子·地形训》说："建木在都广，众帝所自上下。"都广即《山海经·海内经》中的"都广之野"，指成都平原；而所谓"建木"，或许就是三星堆出土的青铜神树。既然众神从这里上下于天地，那么金杖上的鱼、鸟，便能够通过金杖那无边的法力，沟通人神，挥洒自如了。自然，与鱼、鸟同在图案上的蜀王，就是指挥、支配人神之间交际的神了。

金杖的含义还不止于此。杖用纯金皮包卷，而黄金自古视为稀世珍宝，其价值远在青铜、玉石之上。因此使用黄金制成权杖，又表现出对社会财富的占有，象征着经济上的垄断权力。所以说，三星堆金杖有着多种特权复合的象征意义，标志着王权（政治权力）、神权（宗教权力）和财富垄断权（经济权力）。这三种特权同时具备，集中赋予一杖，就象征着蜀王所居的最高统治地位。同时，它还深刻地意味着，夏商时代的古蜀王国，是一个神权政体，而夏商时代的古蜀文明，当然也是一个神权文明。

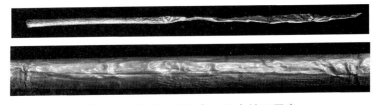

图二　三星堆一号坑出土的金杖及图案

图三　考古工作人员正在清理象牙

　　三星堆一、二号祭祀坑内出土了大量青铜雕像，分为人物雕像、动植物雕像等两大类。其中，青铜人物雕像包括各种全身人物雕像、人头雕像和人面像。全身人物雕像中的最大者通高 260 厘米，最小者仅高 3 厘米左右，既有站立，又有双膝踞坐和单膝跪地等姿态的造型。人头雕像的大小，一般同真人接近；根据发式、服式和脸型，可以分作几个不同的形式。人面像包括几个不同的形式，最大一尊通高 65 厘米，通耳宽 138 厘米，厚 0.5~0.8 厘米。此外，还出土数具纯金打制成的金面罩。二号坑出土一尊青铜人头雕像，面部还戴着一具金面罩（图四）。动植物雕像包括鸟、鸡、蛇、夔、龙、凤等造型，还有 6 棵青铜神树，最大的一棵高达 3.95 米以上。

图四　三星堆出土的戴金面罩青铜人头像

三星堆一、二号坑出土的数百件青铜人物雕像、人头像、人面像、兽面像，各种各样的动植物雕像以及黄金面罩、青铜神树等，五光十色，光怪陆离，构筑成一个阴森、威严、凝重、恐怖而又庄严肃穆的巨大青铜空间，处处充溢着令人望而生畏的神秘王国氛围。这正是神权政治中心的典型形式，其目的之一，即在于通过各种重型物质的复杂组合形式及其必然对人产生的巨大精神压力，来显示王权与神权至高无上的权威和力量。可以看出，三星堆遗址出土的大型青铜雕像群，毫无疑问是古蜀王国大型礼仪中心的主要器物组合，它们无一不是古蜀王国神权政体的物化表现形式。

二、青铜神树："天地之中"的神权结构

三星堆出土的青铜神树，已修复3株，即1号神树、2号神树和3号神树。其中，1号神树高达3.95米，树干有三层九枝，各枝顶端站一欲飞的立鸟，树干有一条头向下的飞龙；2号神树座上铸有武士形象的铜人雕像，背朝树干，面向外下跪，俨然一副虔诚的神树守卫者形象；3号神树的树枝包裹着金皮，果实柄部包卷着金箔，是一株典型的金枝，树枝顶端有两只人面鸟身的立鸟（图五）。不难知道，它们就是供奉在古蜀"天地之中"，供古蜀众帝"上天还下"的神树。

图五　三星堆3号神树

在 1 号青铜大神树上，有茂盛如锦的枝、叶、花卉、果实，还有飞禽、飞龙、铃等挂饰（图六）。而且因为用铜制成，枝叶中有铜制的铃，所以能够"呼而不响"。又因神树置于高高的庙堂之内，即使日当午时，也能够"日中无影"。并且，三星堆古城为蜀王之都，是古蜀国的神权政治中心之所在，所以又被称为"天地之中"。可见，三星堆出土的青铜神树，极有可能就是所谓建木，也就是蜀人的天梯。

图六　三星堆 1 号青铜大神树线图

《淮南子·地形训》说众帝在都广建木上下于天地之间，这"众帝"便是古蜀王国的君长兼大巫师，即蜀国的神权政治领袖。"帝"字在汉语古文字中有特殊意义。帝原本是一个祭名，后来演变成为天人之际的主神，殷卜辞中有"帝使风""帝令雨"等辞例，表明帝凌驾于诸神之上的崇高地位。帝虽然不是被中原视为"左言"的蜀语，但《淮南子》成书于西汉，是用汉人的语言文字记录的蜀人关于主神的概念。至于帝在蜀语中的音读，由于蜀语早已消失，无从稽考。从《淮南子·地形训》来看，古蜀国的帝是拟人神，有生命、有灵魂、有意志，基本功能是"替天行道"，为天神代言。而天神基本上是一个虚拟，既无实体，又无形象，只有意志，虽然神力无边，却须通过帝来传达意志。因此，在实际的宗教生活中，帝才是最重要的角色。由于这样，蜀王才借助于法器（神杖），施展法术（各种仪式），使自己扮演起帝的角色，俨然就是神权政治领袖。

三星堆古城为蜀王之都，是古蜀国的神权政治中心之所在，所以被称为"天地之中"，而青铜神树就是三星堆神权政治领袖往来于天人之际传达神意的天梯。神树上的飞龙，是古蜀王的登天工具。人面立鸟，则意味着神人借助于神鸟可以登天。在古蜀人的诸神当中，唯有众帝能够上天还下，高踞于群神之上。由于三星堆祭祀坑群的下埋年代不同，意味着三星堆不同的祭祀坑代表着不同的代系，而每一代都有各自高于群神的帝，故而所谓"众帝"，实为历代"帝"的总称。而帝与群神的关系，犹如众星拱月，是主神与群神的统帅关系。这种关系，带有"神统"的结构特点，它是人世间"君统"结构的反映，折射出当时的社会生活、政治生活和宗教生活。这个神统，又与三星堆青铜像中青铜大立人与其他雕像所形成的主从结构特点相一致，体现出三星堆宗教神权深刻、丰富和神秘的社会功能。

三、青铜雕像群：神权的功能

三星堆祭祀坑内出土的大批各式青铜人物雕像，它们的服式、冠式、发式各异，显示了不同族类的集合。它们所展示出来的图景是，以作为古蜀群巫之长的青铜大立人为中心，以作为西南各族首领的青铜人头像为外围所形成的有中心、分层级的人物像群，用以象征古蜀王国以宗教掩盖政治，以文化代替暴力，使控制合法化的现实情况，展现出三星堆神权政体在跨地域政治社会中的强大统治。

众多青铜人物雕像（图七）围绕青铜大立人，表现了以古蜀神权政治领袖为中心，聚合西南各族首领而举行的大型礼仪活动，充分展现出三星堆神权在跨地域政治社会中的双重功能。一方面，西南各族君长汇聚三星堆古蜀都，共奉蜀人神权领袖，同祭蜀地信奉之神，表明各族承认三星堆古蜀神权的至上地位。青铜人头像代表着西南地区各族的君长，而这些君长在各自的族群中也同样被尊为神。既然蜀人神权领袖控制了这些各族之长，那么他也就控制了各族的神，并进一步实现了他对西南各族意识形态的控制。另一方面，这些各个族群的君长形象，都是用青铜材料制作而成的，它们与蜀王形象的制作材料毫无二致，仅有体量大小的区别，而与用石质材料雕刻出来的奴隶像截然不同，又意味着它们在以三星堆神权为中心的跨地域政治社会中具有相当高的地位，扮演着并非不重要的角色。这表明，在三星堆神权文明的跨地域扩张中，十分巧妙地发挥了神权的双重功能，既达到了扩张势力范围的目的，又达到了稳固势力范围现存秩序并增强凝聚力、吸引力的目的。

图七　青铜人面像

四、青铜文化：多元一体的见证

　　虽然三星堆青铜文化具有鲜明的个性和特征，但其中不仅可以见到中原文化的明显影响，而且有许多陶器、玉器和青铜礼器本身就直接仿制于中原文化。比如，三星堆出土的陶高柄豆、陶盉，其形制无疑渊源于二里头文化，三星堆青铜人头像双耳所饰云纹，青铜神人大面像鼻、额之间上伸的夔龙纹饰，青铜神树上的夔龙等，都是中原青铜器常见的纹饰，而为三星堆文化所采借。又如，三星堆出土的青铜尊、罍和玉戈等青铜礼器和玉锋刃器，也完全仿制于中原或长江中游文化。三星堆青铜器吸收了通过长江中游传入的青铜器的某些因素，尤其是青铜容器。青铜容器，不论在中原还是长江中游，都是作为礼器使用的，青铜鼎、尊、罍等重器不但作为煮肉和盛酒的器物在庙堂使用，而且还是政治权力和宗教权力的象征物。三星堆文化的青铜容器尊、罍，在形制上与长江中游同类器物有不少相似之处，如青铜尊的高圈足、肩上的立鸟以及器身的纹饰等，应是从长江中游传入的。三星堆出土的一件龙虎尊，与长江下游安徽阜南出土的龙虎尊相似，也应是通过长江中游获取的。商文化的若干因素，就是经由长江走廊，源源不断地从长江中游传播到长江上游成都平原的三星堆古蜀王国的。

三星堆出土的各式青铜龙形象，尽管在形态上与红山文化、中原的玉龙和青铜龙有所不同，但有关龙的观念和基本造型等都无疑来源于中原和长江流域文化。这种同中有异、异中有同的特点，表明三星堆龙是综合采纳了华夏龙的形态特征，按照自身的理解整体结合而成的，可谓之"蜀龙"。它反映了飞龙入蜀的情况，同时也说明古蜀也是"龙的传人"之一。

中国青铜时代是中国古代文明从发展走向鼎盛的时代。在这个时代，三星堆青铜文化从无到有并走向繁盛，其中的重要原因在于它对中原和长江流域以及其他地区多种文明因素的吸收，并把这些优秀的文明成果融进自身的文明之中，从而光大了自身的文明，使它得以在那一时代大放异彩。由此可见，三星堆青铜文化是一种来源广泛的复合型文明，充分体现和见证了中国文明多元一体的发展过程和格局。

| 14 |

商代蜀国青铜雕像文化来源和功能之再探讨

在《论商代川西平原青铜文化与华北和世界古文明的关系》一文中，我们曾从文化史的比较研究角度出发，指出商代川西平原蜀国的青铜文化，是在其自身文明诸要素的基础上，主要吸收了华北商文明的因素，同时吸收了一些古代近东文明的因素，例如青铜雕像文化、权杖及其象征系统等，最终形成的高度发展并富于世界性特征的复合型文明。[①]本文拟从文化的进化及其功能性分析的角度入手，对此加以再探讨，就正于海内外方家。

一、青铜雕像史开端的疑点与冶金术基础

四川省广汉市三星堆遗址一、二号祭祀坑内出土的大型青铜雕像群[②]，是目前已知的古代蜀国年代最早、最为卓越的青铜器群。从雕像本身可以推断，如果这一高度成熟的青铜文化是蜀人自己发明的，那么就如此发达的冶金术而言，当然应该经历了若干世代的探索，由低级向高级逐渐发展进化的阶段，绝不是突然之间发明的。但迄今为止的蜀文化遗存中，尚无迹象表明曾经有过青铜雕像文化的独立发生发展过程。早于三星堆的青铜器即或有之，亦为数颇少。而与之同时或稍晚的青铜器，主要器类是兵器、容器等，不是雕像，不能证明蜀国青铜雕像文化的发生发展序列。

另一方面，三星堆雕像文化给人的强烈印象是，它似乎是突然间出现于川西平原大地之上的。从祭祀坑本身情况可见，一号坑开口于遗址第五、六层以下，从地层叠压打破关系分析，此坑年代的下限不晚于遗址第三期后段。

① 段渝：《论商代长江上游川西平原青铜文化与华北和世界古文明的关系》，《东南文化》1993 年第 2 期。

② 四川省文管会、四川省文物考古研究所、广汉市文管会、文管所：《广汉三星堆遗址一号祭祀坑发掘简报》，《文物》1987 年第 10 期；《广汉三星堆遗址二号祭祀坑发掘简报》，《文物》1989 年第 5 期。

而整个三星堆遗址第三期前段的地层内，迄今尚未发现青铜器。[1]尽管在相当于三星堆遗址第三期后段至第四期的年代中，包括三星堆祭祀坑在内的成都平原中部，都突然涌现大量青铜器，但反映的都绝非青铜雕像文化。这又为蜀国青铜雕像文化在其本土无先例可循提供了有力的旁证。

这些疑点，是否意味着蜀国青铜雕像群是一种外来文化，而它们所体现的高度成熟的冶金术也是一种随之而来的技术文化呢？对于前一个问题，我们已经有过详细讨论，得出了肯定的答案[2]，但只是回答了问题的一半。问题的另一半，则是这里讨论的主题之一。

众所周知，冶金术的起源与制陶术的进步有着不可分割的关系。矿石冶炼所必备的高温，一般是在制陶术发展到已经可以提供足够的加热温度后才可能获得的。而大多数青铜器铸造所需的陶范，也是在制陶术进步的基础上才可能制作的。中国古文献对于由制陶术进一步发展到冶金术的关系，曾有很好的说明。《墨子·耕柱篇》说："昔者夏后开使蜚廉折金于山川，而陶铸之于昆吾。"折金，乃开采铜矿之谓。所谓陶铸，即用陶范以铸铜器。陶铸一词，就是由制陶术到金属冶铸的极好说明。古文献以至现代汉语中屡见不鲜的"陶铸""陶冶"等词汇，其词根所自，正是在制陶术基础上诞生冶金术这一实际的历史进程。根据陶冶、陶铸的关系，对三星堆遗址制陶术进行分析，将有助于探讨商代晚期蜀国冶金术的情况。

从公布的资料看，三星堆遗址后段以前，制陶术的进步呈现为阶段性的渐进状态。就陶质陶色而言，除第二期开始以夹砂褐陶取代第一期以泥质灰陶为主的情况外，以后各期都与第二期大致相同。就器形而言，第一期出现的平底罐在以后各期都继续流行，成为贯穿各期的主要器形。第三期后段以前各期新增的器形，也都同样可以从其上一期找到变化发展的依据。制陶方法上，从第一期到第二期后段前，多为手制，只有少数是轮制。[3]但是到第三期后段，情况有了明显变化。陶质陶色虽与以前无大区别，器形和制法上却出现重要进步，在此期内出现的尖底器，颇具有特点。尽管从器形上看尖底器可能由过去的小平底器演化而来，但它一旦出现就立即取得独树一帜的地位，以致很快发展成为在第四期陶器中占很大比例的器形，并且与大体同时的成

---

① 四川省文管会等：《广汉三星堆遗址》，《考古学报》1987 年第 2 期。

② 段渝：《论商代长江上游川西平原青铜文化与华北和世界古文明的关系》，《东南文化》1993 年第 2 期。

③ 四川省文管会等：《广汉三星堆遗址》，《考古学报》1987 年第 2 期。

都十二桥商代木结构建筑遗址①、新繁水观音商周之际遗址②、成都羊子山周代土台遗址③、成都指挥街周代遗址④、成都方池街东周遗址⑤、成都南郊战国墓⑥、成都百花潭中学十号战国墓⑦、成都青羊宫遗址战国文化层⑧等一脉相承，有着清晰的发展脉络，确已形成一种完整而富于特色的共同地域传统。第三、四期之间制陶术的另一重要进步是，在制陶方法上大多数已运用轮制，手制仅限于少量器形。有大量证据表明轮制法有慢轮和快轮两种。⑨同一时期一个十分重要的情况是，遗址内出现大量厚胎夹砂坩埚和泥芯⑩，而这毫无疑问是在制陶术进步的基础上，高温加热技术的一个重要成果，从而为冶金术的产生提供了条件。

这种技术进步完全有可能导致冶金术的真正诞生，从而带来超出技术本身意义的革命性变革。从三星堆遗址陶器所反映的技术进步，到遗址中坩埚和泥芯的出现，再到青铜器群的铸造，其发展演变进程是合乎逻辑的，也是对陶冶、陶铸这一历史关系的再次证明。

由此可见，在三星堆三、四期之间，冶金术必已发生并得到一定程度发展，制作大型青铜雕像群所需的技术条件已基本具备。因此，从三星堆遗址制陶术的进步到大型青铜雕像群的出现，无可置疑地表明这样一个事实：商代晚期蜀人已经掌握了较为先进的青铜冶炼术和青铜器制作技术⑪，大型青铜雕像群就是在这种冶金术基础上吸收近东文明的雕像因素制作而成的。

二、青铜雕像群与文化的进化

作为连续性发展的青铜文化，商周之际蜀国的青铜合金术、青铜器制作技术的成果表现为一系列现已发现的器物。例如，1959 年冬和 1980 年春分别

---

① 四川省文物管理委员会等：《成都十二桥商代建筑遗址第一期发掘简报》，《文物》1987 年第 12 期。
② 四川省博物馆：《四川新繁水观音遗址发掘简报》，《考古》1959 年第 8 期；王家祐、江甸潮：《四川新繁、广汉古遗址调查记》，《考古通讯》1958 年第 8 期。
③ 四川省文管会：《成都羊子山土台遗址清理报告》，《考古学报》1957 年第 4 期。
④ 四川大学博物馆、成都市博物馆：《成都指挥街周代遗址发掘报告》，《南方民族考古》第 1 辑，成都：四川大学出版社，1987；罗二虎、陈放、刘智慧：《成都指挥街遗址孢粉分析研究》，《南方民族考古》第 2 辑，成都：四川科技出版社，1989 年。
⑤ 王毅：《成都市蜀文化遗址的发现及其意义》，《成都文物》1988 年第 1 期。
⑥ 赖有德：《成都南郊出土的铜器》，《考古》1959 年第 8 期。
⑦ 四川省博物馆：《成都百花潭中学十号战国墓发掘记》；《文物》1976 年第 3 期。
⑧ 四川省博物馆：《成都青羊宫遗址试掘简报》，《考古》1959 年第 8 期。
⑨ 陈显丹、陈德安：《从三星堆遗址看早期蜀文化的特征及其发展》，四川省文管会 1986 年 10 月印。
⑩ 陈显丹：《论广汉三星堆遗址的性质》，《四川文物》1988 年第 4 期。
⑪ 段渝：《论商代长江上游川西平原青铜文化与华北和世界古文明的关系》，《东南文化》1993 年第 2 期。

在彭县竹瓦街所发现的两处相距仅 25 米的青铜器窖藏①，共出青铜器 40 件，有罍、尊、觯等容器和戈、矛、钺、戟、锛等兵器和工具，年代为商末周初；1957 年和 1958 年在新繁水观音遗址和墓葬中发现的青铜兵器、工具共 39 件②，有戈、戳（三角形援无胡戈）、矛、钺、刀、削、斧、镞等，还出有铜器残片，年代为晚商或商末周初；1990 年春在成都十二桥新一村工地商代文化层内所发现的青铜器，有柳叶形短剑等③；1985 年底在成都十二桥商代建筑遗址第 12 层内发现的青铜器④，计 6 件，有凿和镞，年代约相当于殷墟文化晚期。

以上所举商周之际蜀国青铜器，在制作技术和器物形制方面可明显地区分为两种。一种是商周式器物，如彭县竹瓦街窖藏中铸有"牧正父己""覃父癸"等铭文⑤的青铜器，显然不是蜀器，而是殷器。一种是蜀人自己制作的器物，如无胡式青铜戈以及各种青铜罍等。不少学者早已指出过这种区别。可见，当商代后期华北青铜文化进入鼎盛时期之时，蜀国的青铜文化也已达到全盛阶段，三星堆祭祀坑所出大型青铜雕像群不过是它最辉煌的顶点，而这一时期蜀国青铜文化的普遍进化，也由此得到了充分证明。

三星堆大型青铜雕像群是如何发生的？至今是一个引起争论而饶有兴味的问题。将这个问题放在当时的社会背景和文化环境中去分析，视野将会更加开阔，将会有助于对问题的深入理解。

早商时期，三星堆已出现高大厚实的城墙。据试掘，城墙横断面为梯形，墙基宽 40 余米，顶部宽 20 余米。调查和勘测结果表明，三星堆遗址古城东西长 1 600 至 2 100 米，南北宽 1 400 米，现有总面积 2.6 平方公里⑥，城圈面积大体同于郑州商城，筑墙方法与华北区别甚大，因此不是中原文化的派生或传播。城墙体的高大坚厚，意味着可供支配征发的劳动力资源相当充足，进而可知统治者必已统治着众多的人口，控制着丰富的自然资源，这是无可怀疑的。⑦城圈的广阔，表明城圈内的社会生活、政治结构早已超出原始的部落联盟制水平。结合对众多劳动者的统治和对自然资源与社会财富的控制来看，已

① 王家祐：《记四川彭县竹瓦街出土的铜器》，《文物》1961 年第 11 期；四川省博物馆等：《四川彭县西周窖藏铜器》，《考古》1981 年第 6 期。
② 四川省博物馆：《四川新繁水观音遗址发掘简报》，《考古》1959 年第 8 期；王家祐、江甸潮：《四川新繁、广汉古遗址调查记》，《考古通讯》1958 年第 8 期。
③ 周尔泰：《十二桥商代建筑遗址有新发现》，《成都晚报》1990 年 4 月 9 日。
④ 四川省文物管理委员会：《成都十二桥商代建筑遗址第一期发掘简报》，《文物》1987 年第 12 期。
⑤ 徐中舒：《四川彭县濛阳镇出土的殷代二觯》，《文物》1962 年第 6 期。
⑥ 陈德安、罗亚平：《蜀国早期都城初露端倪》，《中国文物报》1989 年 9 月 15 日。
⑦ 段渝：《略论蜀古文化的物资流动机制》，《社会科学报》1990 年 12 月 6 日。

有一个集权的政府组织，应是无可怀疑的。迄今考古发掘尚未发现与城墙始建年代同期即相当于早商时期的能够充分体现权力结构的其他物质文化遗存，但有充分的理由可以相信，随着工作的深入开展，必定将有重大的惊人发现。

一、二号祭祀坑的年代，大致上就处在以上历史年代序列的后面。因此从文化的发展进化上看，大型青铜雕像群的出现，就有其必然性。但必然性仅能指出这一文化的总体发展方向，并不能指出为什么青铜雕像偏偏会在这里而不是在其他地区产生，这显然就属于特殊性问题。

在城墙产生与青铜雕像群问世之间，有一大段历史年代，大约可达数百年之久。[①]目前三星堆尚无这一段时间的青铜器出土。但整个勘查发掘工作尚在进行中，因此不能认为只此二坑，别无可能。就更大范围而言，新繁水观音、彭县竹瓦街等地所出蜀式三角形援无胡青铜戈，Ⅰ、Ⅱ、Ⅲ式并存。虽然这种年代结构似乎不尽合理，但却暗示着蜀国青铜文化发生年代应予提前的可能。因为Ⅰ式更为原始，其出现年代自然会早于Ⅱ式、Ⅲ式。三星堆二号祭祀坑内出土 20 件三角形锯齿援无胡戈，实为蜀戈的第Ⅲ式，而其年代又早于新繁水观音和彭县竹瓦街所出蜀戈的第Ⅰ式，即Ⅲ式戈的年代反而比Ⅰ式、Ⅱ式还早，这就更不合理了。考虑到蜀戈在蜀地有自成一系的演变脉络[②]，这种Ⅲ式戈早于Ⅰ式、Ⅱ式戈的现象就只能意味着，Ⅰ式、Ⅱ式戈的实际出现年代应当大大予以提前，即早于晚商时期三星堆二号坑的年代。当然，这还有待于今后考古发现的进一步证实。[③]同时，根据中外冶金史，实用器的出现早于礼仪用器。[④]所以，目前所见与雕像群同一时期的蜀式青铜戈，其产生年代也应提前，早于晚商，即早于青铜雕像群的年代。这几点，可以证明蜀国青铜文化的产生年代较早，不会晚到已知的商代晚期。因此，就不能把晚商时期以青铜雕像群为代表的蜀国青铜文化的出现看成是一个突发事件，从整体上视为一种外来文化。换言之，我们认为，尽管青铜雕像群这一特殊的文化形式源于近东文明，但早在这种文化形式传入之前，即在早商至晚商之间，蜀人已经有了自身的青铜文化。

---

① 三星堆遗址的城墙，形成于早商时期，见陈德安、罗亚平：《蜀国早期都城初露端倪》，1989 年；青铜雕像群则属殷墟时期，见四川省文管会、四川省文物考古研究所、广汉市文管会、文管所：《广汉三星堆遗址一号祭祀坑发掘简报》，《文物》1987 年第 10 期；《广汉三星堆遗址二号祭祀坑发掘简报》，《文物》1989 年第 5 期。故其间有数百年的距离。

② 李学勤：《论新都出土的蜀国青铜器》，《文物》1982 年第 1 期。

③ 段渝：《论商代长江上游川西平原青铜文化与华北和世界古文明的关系》，《东南文化》1993 年第 2 期。

④ 容庚、张维持：《殷周青铜器通论》，北京：文物出版社，1984 年，第 1 页。

青铜雕像群的出现，必须具备一定的社会背景和文化环境，不可能凭空产生，也不可能是古人随心所欲的创制。在目前情况下，我们认为要判断这一文化形式是文化交流和移入的结果，还是蜀人自己的发明创造，可以从以下两个方面进行分析讨论。

第一个方面，假如是蜀人自己的发明创造，而此前绝无此类雕像及其生产能力，那么就无疑意味着在蜀文化内部突发出一种新的文化形式。从对雕像群的功能性分析中，可以知道这是为了加强神权与王权的统治（详后）。这就进一步说明，当时有了加强神权与王权的统治的迫切需要，以致有必要创制出青铜雕像这一特殊的文化形式。但是，我们首先要提出的问题是，为什么未在早商至中商时期产生这种用于加强神权和王权统治的文化形式，却突然发生在晚商？既然蜀在早商时期就已建筑起规模宏大的三星堆城墙，产生并形成了以神权和王权为中心的政治统一体，当时也就特别需要宗教神权的护佑，新的文化形式在这一时期也就特别容易形成。其次，从早商到晚商的数百年间，三星堆遗址未发现任何同样类型的雕像，这又是为什么？再次，新发生的文化形式，对于旧有文化来说，无疑是一重大进步。青铜雕像群这类重器，技术复杂程度远远超出青铜戈、剑等兵器类的制作，更超出石、陶、木、角等器。如果这种文化形式完全独立地从蜀文化内部产生，那么，无疑就等于说蜀人社会经济飞跃到一个新的发展高峰。不仅如此，它所体现出来的细密的分工与协作、复杂而完整的生产过程、严格的组织与管理等，必然还会造成其他手工业的进步和整个文化的飞跃，带来全面深刻的变革，在考古学上必然有相应的结构性反映。也就是说，蜀文化内部既然突然形成大型青铜雕像群的生产能力，那么在社会组织和与之相适应的观念形态等方面都应同时有巨大变化，从而表现出文化的整体进化。

第二个方面，如果蜀人本身具备铸造青铜雕像群的技术能力，而仅仅借用外来文化形式，发展了青铜雕像这一特殊的文化形式，那么此时它的其他手工业就不必有重大变化，但是在其他某些方面则有变化。这些变化的方面与借用这种文化形式的目的性有关，与雕像文化所发生的功能有关。前面已指出，雕像文化在于加强神权与王权，即发挥维护、巩固和加强蜀王统治的功能，与一般社会民众的生活没有直接关系。因此，引进这种文化形式并加以整合，其后果必然是神权与王权得到进一步加强，与此无直接关系的经济部门和人民生活不受太多的影响。反映在考古学文化上，表现一般社会生活的器物就不会发生重大变化，也不会出现社会全面进步这样的后果。按照文化进化的稳定性原则①，受外力影响的程度，也不会达到改变基本结构和特征那样一种后果，除非被外来文化所全面取代。

以上两个方面都是青铜雕像文化产生的可能性解释，并且只可能有这两条途径，或者是自发产生，或者是文化移入。哪一种解释更符合历史实际，文献无征，只有以考古资料予以验证。

三星堆文化共分四期，第一期与后三期有明显区别，主要表现在陶系上，这已为许多学者所指出。但这种变化，并不反映文化的全面进化，只是文化内涵的变化，即文化发展的不连续性或间断性，意味着有新的文化传入。后三期中，每期之间虽有较小的变异性，更有明显的连续性，上一期中新出现的器物在下一期盛行，而上一期盛行的器物在下一期又大体消失。可以看出，后三期文化是成序列演进的，即所谓循序渐进、发展演变。青铜器方面，蜀戈形制的Ⅰ、Ⅱ、Ⅲ式，也应是循序渐进、发展演变的，没有出现突变。可见，陶器和青铜器的演变，表现出结构性的整体演进特点。

但是青铜雕像群的突现，却打破了这种结构性的整体演进。与此相适应的是，在青铜雕像群出现的同一时期，三星堆遗址也出现引人注目的变化。在城圈以内房屋密集的生活区内，出土大量陶质酒器和食器。不仅有面积十平方米左右的木骨泥墙小房舍，而且有面积超过六十平方米的穿斗结构大房子和抬梁结构的厅堂。在房舍所形成的聚邑内，出土大量工艺陶塑动物、乐器、雕花漆木器、玉石礼器，还出土双手反缚跪坐的石雕人像，而又缺少农业生产工具②，与仅出土大量生产工具和作坊遗迹的区域③，形成鲜明对照。而内涵丰富的三星堆一、二号祭祀坑，也与遗址内基本无随葬品的墓葬④，形成强烈对比。这一方面确切表明了阶级分化的加剧，另一方面则无可置疑地说明，王权在这一时期得到了强化。

尽管如此，但蜀文化的基本结构和特征却并无显著变化。除祭祀坑及其所反映的统治集团权力的强化外，富于显著连续性的陶、石器物序列的物质文化结构并未改变。社会组织中也没有新的机制出现。总之，除青铜雕像群及随之而来的统治权力的强化外，蜀文化的其他诸方面基本上都处于其自身

---

① 托马斯·哈定：《适应与稳定性》，《文化与进化》第3章，韩建军等译，杭州：浙江人民出版社，1987年。

② 林向：《蜀酒探原》，《南方民族考古》第1辑，成都：四川大学出版社，1987年。

③ 陈显丹：《广汉三星堆遗址发掘概况、初步分期》，《南方民族考古》第2辑，成都：四川科技出版社，1989年。

④ 四川省文管会等：《广汉三星堆遗址》，《考古学报》1987年第2期。

符合逻辑的发展演化进程当中，既看不出显著的突发性变化，也看不出文化的普遍进化的任何迹象。

因此，从考古发掘中显示出来的文化的进化情况看，只能认为青铜雕像群这一文化形式不是自发地产生于蜀文化内部，而是文化移入的结果。这是从以上分析得出的必然结论。

三、文化飞地还是文化移入

既然三星堆遗址祭祀坑所出青铜雕像文化来源于近东文明，那么这一现象有没有可能属于文化人类学上所谓"文化飞地"一类情况呢？

文化飞地，一般是指生活在某一文化中的某一部分人类群体，从某一文化环境中迁移到另一文化环境，随之将其原先文化整个地带至后来居地。在这种情况下，迁移过程中也许不会留下明显的文化遗物，因此不大可能从其原先居地到后来居地之间的迁移路途中发现文化传播痕迹。文化人类学界一般认为，如果在某一地点突然出现与当地完全不同的文化类型的遗物，而无法发现其来源，同时又在不相毗邻的某一地区存在过这种文化传统，那么可以断定此类现象属于文化飞地。例如美洲新大陆早期文化，欧美人类学家多认为属于文化飞地，其来源为东亚大陆，有的学者甚至认为来源于古代中国。

从三星堆大型青铜雕像群以及金杖、金面具等文化形式分析，它们的确反映了同近东文明的千丝万缕的联系。根据青铜雕像、青铜车以及人体装饰艺术风格上的鼻饰、额饰、面部涂红和手腕、足踝同时戴方格纹镯等文化现象的起源、年代与空间连续性分布等大量情况来看，从近东经南亚再东至川西平原古代蜀国之地，已经形成了同一文化因素在大范围内的空间连续性分布，并且在年代上也是基本前后相接的。如果认为是文化飞地，对这种明显的传播痕迹当然无法加以解释。因此可以肯定不是文化飞地。

上面提到，文化飞地的必要前提，是整个文化系统的迁移，即一种文化的移植，而不是某些或某个文化因素的传播。三星堆祭祀坑所出器物，虽已构成近东文化因素的某种集结，但完全限于祭祀礼仪用器，并且还不是所有祭祀礼仪用器。如尊、罍等器属于华北商文化因素，三角形锯齿援戈属于蜀文化自身的传统，海贝则当从近海地区交换而来。就青铜雕像本身而言，例如二号坑所出青铜大立人，其衣长袍左衽，与史籍所记蜀人衣式完全一致[①]；

---

① 扬雄：《蜀王本纪》，北京：中华书局，1958 年。

其衣襟前胸后背上的龙纹，也是新石器时代以来中国各地古文化的明显标志，均与近东文化无关。至于生活用器，如陶、石、木器等，更是在古代蜀文化中土生土长起来的。而各式玉器及其象征系统，则完全是中国文明的特有因素，与近东文化丝毫不相关。如果是文化飞地，那么必须从生活用器、居住建筑、武器、工具、宗教用器等，直到宗教观念、艺术风格的一切方面，都应处处体现近东文明的特征，处处表现出一种文化的全面移植。但在这些方面，三星堆文化绝大多数与近东文明毫无共同之处。大量比较研究材料证明，三星堆遗址的青铜雕像文化，是文化移入而不是文化飞地。

所谓文化移入，是指不同社会的文化共同体由于广泛而直接的接触和联系所产生的文化变迁。文化移入由于不同的条件、基础和联系方式而出现不同的结果：或者是原先处于支配地位的文化传统被所联系的对象全面取代，或者是完全排斥外来文化并避免与其发生任何接触，或者是有选择、有条件地吸收其他文化的某些新鲜因素但并不全面丧失自己的文化传统，如此等等。显然，古代蜀国的青铜雕像、金杖、金面具属于文化移入而不是文化飞地的产物。

作为文化移入的另一重要证据是，三星堆青铜雕像群仅仅是在雕像这种造型艺术即通常所说器物风格上与近东文明相同，但青铜雕像群的制作方法却完全是蜀人习用已久的铸铜法，即范铸法，包括浑铸法和多范合铸法等[1]，而不是近东文明中通常所见的失蜡法或锻铸法[2]。器形的相似与器物制作术的相异，无可非议地表明蜀人仅仅吸收了近东文明的雕像艺术形式，而运用本地世代相传的铸铜法制作。这正是一切以外采文化为表、以本土传统文化为里的文化移入方式的最普遍情况。如果是文化飞地，那么毫无疑问，铸铜法也应理所当然地运用随之而来的失蜡法或锻铸法，而绝不是罕见于近东文明的范铸法。

由此必然引出另一个问题：为什么蜀王国会与近东文明间实现这种文化移入，却不就近吸收华北商文明以九鼎和斧钺等作为王权、神权象征系统来加强统治呢？这种避近就远的行为应当如何解释呢？要回答这个问题，就不能不涉及文化移入环境的问题。

我们知道，商代川西平原的蜀文化与华北商文化是两个不同的文化区系，

---

① 曾中懋：《广汉三星堆一、二号祭祀坑出土铜器成分的分析》，《四川文物》"广汉三星堆遗址研究专辑"，1989 年。

② R. F. Tyiecote, A History of Metallurgy, 1976.

有其自身的"生长点"①。我们曾经指出,夏商周三代均用九鼎象征国家权力、宗教权力和对财富的垄断权力。②《左传》宣公三年、《墨子·耕柱篇》等先秦古籍对九鼎在三代间作为王权象征并随王朝代兴而转移的情况都有相同的记载。考古资料也提供了若干例证,证实商周王朝确已形成以鼎为核心的完整的用鼎制度。③但是,在川西平原蜀王国,无论文献还是考古资料,都绝无使用鼎的任何证据。陶器方面,蜀人亦以小平底罐、尖底罐、高柄豆、鸟头把勺等为基本器物组合,而明显地区别于以鼎、鬲、甗等三足器为基本器物组合的华北商文化。商、蜀之间这种文化区系差别的形成,除可上溯至史前时代文化渊源的不同外,也与商代的特定文化环境息息相关,不是随心所欲所致。

　　这种特殊的文化环境,一般地说,首先在于地域差异、民族差异和政权差异。从地域方面看,川西平原深陷于四川盆地西部盆底,同它周围的边缘山地共同形成一个独立或半独立的自然地理区划,深刻地影响到它向心形文化结构的形成。④在古代交通极不发达的条件下,与华北的经济文化往来不能不受到高峻的秦巴山地的限制。从民族上看,川西平原蜀人与华北诸夏民族不属于同一个人们共同体,其间不存在共同地域传统这一极为重要的文化和社会纽带。而最为重要的是,在政权方面,蜀王国历来是作为一个与商王朝毫不相关的独立的政治实体而存在的。这个政治实体,在"诸夏而外夷狄"的时代,也历来受到中原华夏国家的歧视,被称为"西辟之国""戎狄之长"⑤"南夷"⑥等类。至于殷墟甲骨文中的"蜀"字,虽极可能为译音,然其字形,从目从虫,则鲜明地表现出殷人对蜀的敌忾。这与中国封建社会的统治者对周边少数民族的称谓名词中通通加上"犭"偏旁的行为,竟一脉相传,丝毫不差。从殷卜辞可见,商王武丁对蜀曾大加征伐,甚至"登人征蜀"⑦,而西周早期对蜀的征伐也不仅见于古文献⑧,亦见于周原甲骨⑨。从产

文
明
的
史
迹
：
先
秦
、
巴
蜀
及
南
丝
路
历
史
研
究
（
巴
蜀
文
化
卷
）

---

①　苏秉琦:《在中国考古学会第六届年会上的讲话》,《东南文化》1988 年第 2 期。

②　段渝:《论商代长江上游川西平原青铜文化与华北和世界古文明的关系》,《东南文化》1993 年第 2 期。

③　愉伟超、高明:《周代用鼎制度研究》,《北京大学学报》1978 年第 1、2 期,1979 年第 1 期。

④　段渝:《论巴蜀地理对文明起源的影响》,《四川大学学报》1988 年第 2 期。

⑤　刘向:《战国策·秦策》,上海:上海古籍出版社,1985 年。

⑥　班固:《汉书·地理志》,北京:中华书局,1962 年。

⑦　郭沫若:《殷契粹编》第 1175 片;刘鹗:《铁云藏龟》105.3;罗振玉:《殷虚书契后编》上 9.7。

⑧　见《逸周书·世俘篇》。

⑨　周甲 H11；68,H11；97。见陈全方:《陕西岐山凤雏村西周甲骨文概论》,《四川大学学报》丛刊第 10 辑《古文字研究论文集》,1982 年。

生于上古直至春秋时代仍未泯灭的所谓"非我族类，其心必异"①的华夏传统心态，也人为地限制了蜀与中原诸夏间的经济文化交流。在此情形下，早已自成体系的蜀人国家政权必然会对商王朝产生越来越大的离心力，也必然会产生越来越强烈的所谓地方主义运动倾向。殷卜辞所记录的商王朝与蜀的和战不定关系，正是对考古资料中所见蜀王国较少华北文化色彩尤其是缺乏商王朝关于权力象征系统等重要现象的合理解释。而在作为商、蜀文化和政治势力范围相交界的汉中城固所发现的大量蜀戈与蜀文化青铜面具共存的现象②，则是对殷卜辞中关于商、蜀关系记载的极好证明。

蜀文化向北延伸受到限制，也不可能向南方无限深入。对于一个已经进入青铜文明的王权中心来说，扩大王权统治范围，最大限度控制各种资源和财富，乃是不可阻挡的发展趋势。与此相适应，不仅会加速对后进地区的文化传播，而且由于其自身的种种需要，对先进区间的文化移入也会日益频繁地发生。但这种性质的文化移入是有条件的，取决于双方的政治军事实力的对比，取决于双边关系。显然，拥有"邦畿千里，维民所止"③的商王朝，其与蜀的文化交往关系，不可能建立在平等互惠的基础之上。这种关系对双边互惠性的文化移入起着事实上的阻隔作用，正如其间森严的军事壁垒一样。在这种情形下，为加强蜀王的统治，蜀人就有可能借用其他文化的新鲜因素，达到在观念形态上强化神权并借以加强王权统治的目的。三星堆一、二号祭祀坑内大量礼器与兵器的共存，正是对此的绝好证明。

我们知道，还在蜀文明形成之前，近东文明早已发展起来并走向繁荣，并向东南欧、巴尔干、爱琴海诸岛和南亚等地迅速传播。在近东文明之风的四向吹拂中，冶金术及有关的一些文化因素传至南亚地区，印度河文明由此而出现青铜雕像。从对川西平原蜀文化与近东和印度河文明的相同文化因素的分析中，亦知近东文明的某些因素已经南亚地区达于川西平原，例如前面提到的青铜雕像文化、金面具、金杖以及一些人体装饰艺术等。由此可见，这些新移入的某些文化成分，因其充满着的神秘王国气氛，因其为古代蜀人所从未见，为整个古代中国所从未见，而恰好适应了蜀王国在神权的庇护下大大强化王权机制的需要。例如，作为神权、王权和经济特权统一体的最高象征物金杖的出现，无疑适应了作为蜀王统一政权并作为群巫之长标志的现

---

① 《左传》成公四年，十三经注疏本。
② 唐金裕、王寿芝、郭长江：《陕西省城固县出土殷商铜器整理简报》，《考古》1980 年第 3 期。
③ 《诗经·商颂·玄鸟》。

实需要。而大型青铜雕像则不仅显示出在物质财富上的垄断和在精神世界中的巨大威慑作用，同时还活生生地展现出蜀王国的神权与政权结构，即群巫从属于大巫、诸王从属于蜀王这一现实的权力结构，也足以使诸神或诸王对于大型礼仪中心的奢望得到充分满足。

特别应当指出的是，近东文明的因素几乎只出现在川西平原蜀文化中最为显赫并且最能代表崇高权威的那一部分，绝大多数日常用品乃至以金属制造的军事装备却丝毫未受影响。这一现象必须引起充分注意。它意味着这样一个事实：蜀文化同近东文明间的文化移入，只是在最高层中实现的，是直接为蜀王国的最高统治集团的利益服务的。近东文明因素在川西平原的出现，不是大量涌入，而仅仅流进它那最精华、最能象征神权与王权统治的部分，这一事实也意味着，蜀人对于近东文明的吸收，是绝对没有强制性、被迫性作为必要条件的。这一推论同样也可说明，蜀与近东文明间的文化移入，有着充分的选择性，目的在于满足统治集团对于权力与财富的各种需要。

比较而言，蜀与商王朝之间和战不定的紧张关系，阻碍着双方更多更深入的文化接触和交流，而从近东经南亚辗转而来的文化因素，则因没有以军事征服为必要条件，同时在某种程度上有助于蜀王国的地方主义运动，有助于与中原王朝相抗衡，也特别有助于神权和王权的强化，因而较易于为蜀所吸收。这些都无可置疑地说明，文化移入环境的有利与否对于双边以至多边的交流有着多么重要的意义。

四、青铜雕像群的结构和功能

三星堆一、二号祭祀坑所出众多雕像、面具、人头像究竟在蜀文化中发挥什么功能？前面指出，青铜雕像文化是一种外来文化，目的在于加强神权和王权的统治。但是，为什么要运用这种形式而不采取其他什么形式呢？这就涉及对雕像群的结构和功能性分析。

从文化人类学角度分析，环境（包括自然环境和社会文化环境）的适应可能引起文化的变异，但以不影响基本结构为限。[1]青铜雕像群的突然出现，对于蜀的土著文化来说，毫无疑问是一种变异。发生变异的根本原因，不在于社会基本结构的变化，因为统治集团依然是巫师和王者（见前），而在于适

---

① 托马斯·哈定：《适应与稳定性》，《文化与进化》第3章，韩建军等译，杭州：浙江人民出版社，1987年。

应一种新的统治机制。这种新的统治机制，根据考古资料、古代文献和文化人类学理论来看，应是以蜀族为统治核心的一个空间范围更广、族类更多的政治实体的最终形成，即以蜀为中心的多元一体的统治的形成。

一号坑、二号坑共出各式全身雕像、人头像、面具数十尊。[①]每坑所出，都是服式、冠式、发式各异。服式中，有左衽长袍、对襟长袍、右衽长袖短衣、犊鼻裤等，各不相同。发式中，有椎髻、辫发、光头等区别。冠式中，有花状高冠、平顶冠、双角形"头盔"等区别。从人类学和我国史籍对古代民族的划分标准来看，衣冠服式和发式都是区分族别的最重要标准，此外还有言语、饮食等。后两者今已不可考，仅就衣冠服式和发式而论，显然可一、二号坑各坑都显示出不同族类的集合。这些族类，证之史籍，当包括氐羌和西南夷各族在内，也有不见于古代中国的某外来族类。[②]

根据结构分析，这些雕像的社会地位似可粗略分作两种，即至少有两个层次或等级。二号坑所出连座通高 260 厘米、与真人大小基本一致的戴花状高冠的青铜大立人，衣襟前后饰龙纹，显然为群巫之长，同时又是最高政治领袖，即蜀王。[③]第二层次是各式人头雕像，看不出高低等级之分，何况都共存于同一祭祀坑的同一层位，无主次区别，表明地位基本没有差别，绝不可能是用于祭祀的牺牲（人牲）。因此，各坑人像、人头像与礼器共存的情况，明白无疑地展现出众多族类的共同祭祀礼仪活动。这一结构的核心即是青铜大立人，即大巫师，亦即蜀国之王。余皆次级群巫，即各族之长。而无论大巫师还是群巫，其实也都是当时的神。《国语·鲁语下》记孔子曰："丘闻之，昔禹致群神于会稽之山，防风氏后至，禹杀而戮之，其骨节专车。"又曰："山川之灵，足以纪纲天下者，其守为神。社稷之守者，为公侯。皆属于王者。"此事又见于《左传》。哀公七年《传》曰："禹合诸侯于涂山，执玉帛者万国。"可见，群神其实就是诸国之君，而禹则是主神，也就是万国共主，故《史记·夏本纪》称之为"帝禹"。在古代社会，各族之长，各国之君同时又是其治民所尊奉的神，这是一种普遍现象，又因其主持与上天的交通仪式，正如《国语·楚语》所载重、黎"绝地天通"一样，这一行为即是所谓巫术，故同时又是巫

---

① 四川省文管会、四川省文物考古研究所、广汉市文管会、文管所：《广汉三星堆遗址一号祭祀坑发掘简报》，《文物》1987 年第 10 期；《广汉三星堆遗址二号祭祀坑发掘简报》，《文物》1989 年第 5 期。

② 段渝：《论商代长江上游川西平原青铜文化与华北和世界古文明的关系》，《东南文化》1993 年第 2 期。

③ 沈仲常：《三星堆二号祭祀坑青铜立人像初记》，《文物》1987 年第 10 期。

师。群巫与群巫之长、各国之君与天下共主，这种关系其实就是多元一体、有层次有主从的结构关系。三星堆祭祀坑由于大巫师形象的特别突出，既有王者之风，又有主神之仪，因此是群巫之长。大巫师椎髻左衽，恰与《蜀王本纪》所记蜀人衣式、发式相符，因此当为蜀人，即是蜀王。其他人头像、人像则多为西南夷形象，或氐羌人形象，代表着蜀王治下各级统治者、各族之长或群巫。可见，青铜雕像群所表现出来的，是一个以蜀为核心的、拥有众多族类的统治集团结构。

正如许多学者所共同指出的，与一、二号坑同时的三星堆遗址的文化面貌，基本上承袭了三星堆二期和三期前段的各特征。三星堆文化成序列的继承和演进，正是对社会基本结构未变，统治者族属未变的极好证明。而同一时期的成都十二桥遗址[①]、羊子山土台遗址[②]、指挥街遗址[③]、新繁水观音遗址[④]、雅安沙溪[⑤]、忠县誉井沟遗址[⑥]、汉中城固铜器群[⑦]等，以及史籍所记载的岷江上游蜀文化[⑧]，与三星堆遗址属于同一区系文化，均应纳入蜀文化范畴。它们与三星堆遗址的关系，应是蜀文化结构框架中的各个层面和各支撑点与文化中心的关系。它们的空间构架可从两个方面加以认识。一是从平面结构看，三星堆遗址与其他各遗址的关系，是一种中心遗址与边缘遗址的关系；一是从垂直结构看，是一种高级中心与次级中心的关系，后者当中也包括低级中心和一般性居址或地点。平面与垂直两种结构，清楚地说明了蜀王国的统治在空间上的广延性和分级性。再从年代关系上看，根据从考古学层位理论发展而来的人类学理论的"年代—区域原则"（age-area principle）[⑨]，广为分布的文化因素比其分布受到限制的文化因素的历史悠久。一种文化因素的空间分布越广，其年代就越悠久。由此判断，分布于川西平原至汉中盆地的与三

---

① 四川省文物管理委员会等：《成都十二桥商代建筑遗址第一期发掘简报》，《文物》1987 年第 12 期。

② 四川省文物管理委员会：《成都羊子山土台遗址清理报告》，《考古学报》1957 年第 4 期。

③ 四川大学博物馆、成都市博物馆：《成都指挥街周代遗址发掘报告》，《南方民族考古》第 1 辑，成都：四川大学出版社，1987 年；罗二虎、陈放、刘智慧：《成都指挥街遗址孢粉分析研究》，《南方民族考古》第 2 辑，成都：四川科技出版社，1989 年。

④ 四川省博物馆：《四川新繁水观音遗址发掘简报》，《考古》1959 年第 8 期；王家祐、江甸潮：《四川新繁、广汉古遗址调查记》，《考古通讯》1958 年第 8 期。

⑤ 陈显丹：《论广汉三星堆遗址的性质》，《四川文物》1988 年第 4 期。

⑥ 唐金裕、王寿芝、郭长江：《陕西省城固县出土殷商铜器整理简报》，《考古》1980 年第 3 期。

⑦ 四川长江流域文物保护委员会文物工作队：《四川忠县㽏井沟遗址的试掘》，《考古》1962 年第 8 期。

⑧ 常璩著，刘琳校注：《华阳国志校注·蜀志》，成都：巴蜀书社，1984 年。

⑨ P. K. Bock, Modern Cultural Anthropology, 1979.

星堆遗址相同的文化因素，由于在当地找不到其起源和发生演变序列，只能认为是三星堆遗址文化在空间上的延伸，或者说是传播。而三星堆文化本身持续了数百年时间，又充分说明了蜀王国统治在时间序列上所达到的高度稳定性发展。空间上的连续性和时间上的稳定性，无可非议地说明，三星堆遗址作为蜀王之都，是高级权力中心之所在，其他处于边缘地区和不同层次的各次级中心及其支撑点，则是这个高级权力中心在各地进行统治的坚强基础和有力支柱，而它们的族属各不相同。这种情况，与青铜雕像所呈现出来的统治结构完全一致，表明蜀的最高政府控制着分布有众多族类的广阔地域，这一地域内各个地方性的族系之长，都是臣属于蜀王的小国之君，也是共奉蜀国之神的群巫。这一点，与商代诸方国对商王室的关系颇为类似。

三星堆一、二号祭祀坑不同时，一号坑雕像数量较少，型式较少，二号坑不仅个体数量多，而且型式类别亦多。这一现象似乎说明后者在前者的基础上又有新的发展，所包括的族类有所增加，所统治的地域有所扩大。

早于一、二号坑年代的时期，据史籍记载是"三代蜀王"时期[①]，从三星堆遗址所发现的高大的城墙看，早商时期当地已形成蜀的中心邑聚址，即是都城。从三星堆文化第二期起，各期文化一系相承，无本质变化，表明王者族属也没有变化。这就进一步说明三代蜀王的角逐争雄年代，还在商代以前，三代蜀王的战争性质，实际上也是史前军事民主制时期的部落征服战争[②]，其时尚处于文明时代的前夜。三星堆文化第一期与第二期之间的显著变化，可以合理地解释为这种部落征服战争的结果。其最终结局，是川西平原的一体化和早期蜀族的形成，并且直接导致王权的极大发展和本质性转变，导致国家产生，进入文明。

考古资料与这一推论恰相吻合。这一时期不仅器物群较前有显著变化，而且标志王权稳固有力的城墙也建立起来，其高大坚实超出同一时期中原商王朝的王都。而此期文化在后来数百年间的持续稳定发展和继续扩张，也正表明三代蜀王争雄角逐的时代业已结束，新的统治业已建立。据史籍记载，三代蜀王的最后一代为鱼凫。恰恰从三星堆文化第二期开始，出现大量鸟头柄勺，不仅与城墙的修建时期相当，也与三星堆文化的巨大变异契合。这明确反映了鱼凫王统治的建立，标志着蜀王国一体化历史的开端。

---

① 扬雄：《蜀王本纪》；常璩：《华阳国志·蜀志》。

② 段渝：《论蜀史三代论及其构拟》，《社会科学研究》1987 年第 6 期。

由此可见，三星堆一、二号祭祀坑所出青铜雕像群，是以鱼凫王为首的蜀国统治集团的群像。它一方面，揭示出这个政权的宗教神权性质；另一方面，则显示出蜀国统治集团的分级制结构，表现出它在民族关系上的多元一体结构框架。

| 15 |

古蜀象牙祭祀考

1994年，我在四川省博物馆与匹兹堡大学教授许倬云先生讨论三星堆青铜大立人的双手所执之物时，曾提出一个看法，认为从青铜大立人的双手不在一个同心圆上这一点来看，他的手握之物必然是一个呈曲线形状的物体，肯定不是如像沈仲常先生所认为的玉琮，而极有可能是一支象牙。对此，许倬云先生深以为然，并笑称：若能就实物做一次试验，完全可能证实这一看法。其后，我在不少场合谈论过这种意见，并见之于我的一些有关论著中，不过还没有写出专文对此进行论述。近几年来，感到有了越来越多的证据可以支持我最初的看法。本文结合近年成都市金沙遗址的考古新发现对此略加探讨，就教于海内外专家学者、博学通人。

一

1986年广汉三星堆祭祀坑出土80支象牙、120颗象牙珠等[①]，其后在仁胜村墓地又出土象牙。2001年以来，在成都市金沙遗址出土100余支象牙，同出有不少象臼齿，还出土大量由整支象牙切割成的短节象牙柱，以及象牙段、象牙片、象牙珠等。在金沙遗址10号祭祀遗迹内的一件玉璋上，还刻有四组对称的肩扛象牙的跪坐人像。[②]这些现象说明，商周时期，在古蜀文明神权政治中心的大型祭祀礼仪中，象牙祭祀盛极一时。

二

古蜀象牙祭祀有不同的形式，其中最盛大的是将若干整支象牙有序地铺陈在用于专门瘗埋祭祀典礼用品土坑内各种器物的最上层，其下为金、铜、玉器等物，三星堆一号、二号坑和金沙11号、10号遗迹均如此。这种现象意味着，古蜀的象牙祭祀，不论在形式还是内涵上，都有着固定的、程序化的

---

① 四川省文物考古研究所：《三星堆祭祀坑》，北京：文物出版社，1999年。
② 成都文物考古研究所：《金沙——21世纪中国考古新发现》，北京：五洲传播出版社，2005年。

规则和定制。进一步分析，透过这种固定的、程序化的规则和定制，可以看出三星堆政体和金沙政体具有共同的祭祀对象与内容，表明二者之间具有文化上和政治上的连续性关系，而这种连续性所包含的垂直关系和平面关系两个层面，将会对于我们深入分析三星堆与金沙的各种关系提供新的视角和理解。

<h1 style="text-align:center">三</h1>

三星堆青铜神坛（K2③：296）的第二层和第四层分别塑造有一组铜立人雕像（图一，图二）。其中，第四层（盈顶建筑层）的每个人物都作跪坐、双臂平抬前伸、双手呈环状，作抱握状，看不出手中握有什么器物。第二层（山形座）的每个铜人的手势完全相同，都是双臂平抬于胸前，双手前伸呈抱握状，手中各握一藤状枝条，此物已经残损，无完整形状。三星堆另一座青铜神坛（K2③：296-1）的圆座上有一立人像，双手作横握拳、收臂状。三星堆二号坑的一件跪坐持璋小铜人像（K2③：325），两臂平抬，双手执握一牙璋。二号坑另出有一件小型铜立人像，两臂向前平伸，双手相握，手中有一竖形孔隙，推测所执之物为牙璋一类器物。

图一　三星堆青铜神坛上层人物雕像

图二　三星堆青铜神坛中层人物雕像

三星堆二号坑出土的一件戴兽冠人物像（K2③：264），所戴的兽冠应为象首冠，冠顶两侧有两只斜立的大耳，冠顶正中是一只直立而前卷的象鼻（图三）。戴象首冠人物的双手曲臂前伸至胸，作握物状，颇为类似青铜大立人双手前握的形状，但角度与大立人不同。从戴象首冠人物像双手前握的角度看，它不具备双手同握一物的条件，很像是双手各执一物的形态，但它所握之物究竟是何器物，目前还无法加以推测。如果联系到金沙遗址出土的短节象牙柱来看，也许这件戴象首冠人物双手所握之物各是一个短节象牙柱。

图三　三星堆出土戴象首冠青铜人物像

金沙遗址出土的一件青铜小立人雕像，双手也作前伸握物状，其形态也与三星堆青铜大立人近似（图四）。从这件立人像双手的角度观察，双手所握之物不在一个同心圆上。这就是说，它双手所握的物体，定是件呈弧形的器物，因此不会是璋类竖直的器物。由此看来，它双手所握之物，有可能是象牙，不过这件青铜立人像仅高 14.6 厘米，连冠和座通高也仅有 19.6 厘米，所以，它的双手所握之物不会是支真正的象牙，而可能是象牙的小型仿制品。

图四　金沙出土小型青铜立人像

通观三星堆和金沙所出人物雕像和刻划图像，可以看出，三星堆青铜大立人双手前伸的形状和角度确实与众不同，他的双手所执之物既不可能是器身竖直的琮，也不可能是器身扁平的璋，更不可能是细长弯曲的枝条。从大立人的手形、两手间的距离和交错弧度等因素来考虑，再比较一下象牙的长度、弧度和直径，可以认为大立人双手所执之物是一整支象牙。而其余双手前伸的铜人像，不是手握牙璋，就是执握他物，或者空无一物。金沙小铜人像虽有可能手握象牙，但那只是象征而已，并非真正的象牙。如果此说成立，那么我们当可证明，只有三星堆青铜大立人才能手执整支象牙。因为它既是蜀王，同时又是西南夷各地方性族群之长的形象塑造。

再来看三星堆青铜大立人雕像（K2②：149、150），它的双脚立于一方形青铜座上，而方形座的中部（座腿）是由四个卷鼻的象头组成的（图五）。[1]这个象头座，应与立人手握之物有着密切关联。以此并结合其他相关材料分析，当可以再次证明三星堆青铜大立人双手所执之物是象牙，而不是玉琮。并且可以进一步说明，只有蜀王才有权力执整支象牙进行祭祀。我们曾经指出，三星堆出土的金杖，是古蜀王国最高神权政治领袖的象征[2]，这个最高权力，是对古蜀族群及其王国而言。而蜀王手执象牙进行祭祀，则是古蜀王国政治与文化势力范围内各个地方性族群之长共奉蜀王为共同首领的象征。

至于为什么古蜀文明在祭祀仪式上如此重视象牙，这个问题可以从中国西南的生态条件中找到答案。古代中国西南地区至东南亚大陆和南亚次大陆地区，气候条件和生态条件适合大象的生存，是富产大象的地区，至今而然。在印度河文明的摩亨佐·达罗遗址，曾出土不少象牙制品，说明从最早文明的开始，人们就把象牙作为珍品。三星堆和金沙的情况同样如此，都是把象牙作为珍品来看待的。大象以其体量和性情等特点，成为这个区域内各个族群共同的崇拜和敬畏之物，而以象牙尤为珍贵。由于西南夷多以象牙为珍品，所以象牙在西南夷地区被各族奉为共同崇拜之物，并以此在文化上取得认同。

---

[1] 四川省文物考古研究所：《三星堆祭祀坑》，北京：文物出版社，1999年，第162-164页。按，原报告认为大立人座腿为4个龙头，但仔细观察，实应为4个象头。

[2] 段渝：《商代蜀国青铜雕像文化来源和功能之再探讨》，《四川大学学报》1991年第2期；段渝：《论商代长江上游川西平原青铜文化与华北和世界古文明的关系》，《东南文化》1993年第1期。

图五　三星堆青铜大立人像

在这种文化背景中，同时在蜀王作为西南夷地区各族之长的政治背景中[①]，蜀王手执整支象牙，就意味着他取得了西南夷在文化和政治上的认同，手握了号令西南夷各族的权力。[②]因此象牙被赋予了西南夷各族之长的政治与文化内涵，成为号令西南夷各族权力的象征物。三星堆祭祀坑出土的众多发式各不相同的青铜人头雕像，是西南夷各族君长的象征，它们与青铜大立人的关系，正是蜀王与其文化和政治扩张所及地区的西南夷各地君长之间的主从关系。[③]这种情形，与西周天子执髦牛尾以君临天下[④]的现象及其文化和政治内涵有些类似，也与春秋五霸执牛耳以主中原诸夏会盟的现象[⑤]有着表现形式上的异曲同工之妙，同时与美索不达米亚和埃及等古文明中国王手执权杖的情形相似。可见，王者手握权力的象征物，这是世界早期文明史上各地文明古国的普遍现象，只是各文明古国王权象征物的具体形式有所不同罢了。

① 段渝：《政治结构与文化模式——巴蜀古代文明研究》，上海：学林出版社，1999 年。

② 《战国策·秦策一》记载司马错曰："夫蜀，西僻之国也，而戎狄之长也。"这种情形，实自商代以来便是如此。参见段渝：《商代蜀国青铜雕像文化来源和功能之再探讨》，《四川大学学报》1991年第 2 期。

③ 段渝：《商代蜀国青铜雕像文化来源和功能之再探讨》，《四川大学学报》1991 年第 2 期。

④ 司马迁：《史记·五帝本纪》，北京：中华书局，1959 年。

⑤ 参见《左传》的有关记载。

五

从迄今为止的三星堆遗址和金沙遗址的考古发掘资料来看，古蜀的象牙祭祀仅在商周之际的三星堆和金沙盛极一时，在三星堆一号、二号坑之前即殷墟时期以前，以及金沙遗址商周之际和西周中期文化层之后的时期，还没有发现古蜀盛行象牙祭祀的考古学迹象。① 透过这些现象可以揭示出这样的结构关系：在族群结构上，金沙遗址商周之际文化层的主体族群，是与三星堆文化相同的一个族群或亚族群；在政治结构上，金沙遗址商周之际文化层的政治单位，是三星堆高级政体即以鱼凫王为最高神权政治领袖的古蜀王国内的一个次级政体。西周以后三星堆文化的衰落和金沙遗址三星堆文化内涵的消失，正是考古学上对鱼凫王朝消亡的真实反映。

春秋中叶以后，金沙遗址大大衰落，直到战国时期开明王朝定都成都，成都才再度繁荣，出现成都市商业街大型船棺葬墓地。从年代关系上看，商业街大型船棺葬墓地应与开明王有关，当为开明氏王族的墓地，而与春秋以前的历代古蜀王无关，并且其文化内涵也与金沙遗址不同，这就意味着金沙遗址是战国时期开明王以前的古蜀王国的遗存。但金沙遗址的延续时间很长，其主体为商周之际到春秋中叶，文化面貌大致上是有所传承而又有所演变的。与文献所记载的古蜀史迹相对照，商代晚期至商周之际的古蜀王是鱼凫王，西周时期至春秋早期的古蜀王是杜宇②，这一古蜀王朝的序列与金沙遗址的考古文化内涵大致上是相互吻合的。

从这个意义上看，金沙遗址商周之际文化层其实并不是三星堆文化衰亡后迁徙而来所留下的文化遗存，而是三星堆文化金沙遗址的文化延续。换句话说，在作为商代古蜀王国首位城市的三星堆古蜀王都衰亡后，作为古蜀王国次级中心城市的金沙政体并没有同时消亡③，它仍然在连续发展中延续着三星堆文化的余脉，但为时不长，就被杜宇彻底灭亡。所以西周时期金沙遗址的面貌与商周之际相比已发生了变化，而商周之际鱼凫王朝所盛行的象牙祭

---

① 成都文物考古研究所：《金沙——21 世纪中国考古新发现》，北京：五洲传播出版社，2005 年，第 12-15 页。

② 段渝：《四川通史》第 1 册，成都：四川大学出版社，1993 年。

③ 我在 1992 年 4 月举行的"纪念三星堆考古发现 60 周年暨巴蜀文化与历史国际学术讨论会"上提交的论文中就曾提出：成都在商代晚期就已成为一座具有相当规模的早期城市，作为一座次级中心城市，它与较之更早形成的三星堆古蜀王都一道，构成商代蜀国的早期城市体系。金沙遗址的发现，可以说为拙文所提出的观点提供了坚实的新材料和新证据。参见段渝：《巴蜀古代城市的起源、结构和网络体系》，《历史研究》1993 年第 1 期。

祀虽在西周早期有所延续，但西周中叶以后最终予以废止，消失不存，其原因当在于此。

应当指出，我们在西周时期的金沙遗址中能够发现商周之际古蜀文明的某些遗存，这是并不奇怪的。其原因可以从两个方面进行分析：一方面，任何王朝的代兴都不可能完全切断前朝文化的延续，何况杜宇王朝的建立是以他和蜀地的江原女相结合所达成的政治联姻为基础的[1]，因而在杜宇王朝的文化中必然保留着大量的鱼凫王朝时期的文化；另一方面，杜宇立为蜀王后，大量招徕随鱼凫王退保岷山的部众，使"化民往往复出"[2]，回归其家园安居乐业[3]，因而杜宇王朝初期的成都必然聚集着大量的三星堆文化因素。从历史的观点分析金沙遗址西周早期的文化遗存，对于其中包含或聚集了不少三星堆文化因素乃至其精华因素的现象，就不会感到奇怪了。

六

金沙遗址 10 号祭祀遗迹玉璋所刻肩扛象牙跪坐人像[4]，应是一幅写实之作，有可能刻画的是蜀王举行祭祀仪式时的跪祭形象，但也有可能不是蜀王跪祭，而是蜀人肩扛象牙前行即搬运象牙的形象刻画，这一类例子在古代近东文明的雕像中常常可以见到。

将金沙遗址 10 号祭祀遗迹玉璋上所刻四组对称的肩扛象牙跪坐人像图案，联系三星堆二号坑出土的牙璋上所刻祭山图图案，以及三星堆祭祀坑内出土的大型青铜雕像群、金杖图案、神坛以及神殿立雕等分析，商周时期的古蜀文明在艺术形式尤其绘画和雕刻艺术上，盛行具有连续、成组的人物和故事情节的图案，并以这些连续、成组的图案来表达其丰富而连续的精神世界，包括哲学思想、政治观念、意识形态以及价值观和世界观等。如果把这些图案分类进行整理，并加以综合研究，以分析古蜀文明的艺术形式及其文化内涵，将是很有意义的。由此我们还可以进一步看出，它们与同一时期中原玉器和青铜器图案的艺术表现形式和内涵有很大不同，而与近东文明艺术形式的某些方面有着表现手法上的相似性。这种情形，当可以再次证实古蜀

---

[1] 段渝：《四川通史》第 1 册，成都：四川大学出版社，1993 年。

[2] 常璩著，刘琳校注：《华阳国志校注·蜀志》，成都：巴蜀书社，1984 年。

[3] 段渝：《四川通史》第 1 册，成都：四川大学出版社，1993 年。

[4] 成都文物考古研究所：《金沙——21 世纪中国考古新发现》，北京：五洲传播出版社，2005 年，第 74 页。

文明与近东文明之间所存在的某种关系。商周时期古蜀文明这种富于形象思维的文化特征，在它后来的发展史上凝为传统，成为蜀人思维模式的一个重要方面。[1]而商周时期古蜀文明有关文化和政治内涵的艺术表现形式及其手法，则在后来的滇文化中得到了比较充分的继承、发扬和创新。[2]

文明的史迹：先秦、巴蜀及南丝路历史研究（巴蜀文化卷）

---

[1] 段渝：《从巴蜀的巴蜀到中国的巴蜀》,《光明日报》2000 年 5 月 17 日"历史周刊"。
[2] 段渝：《商代中国西南的世界文明》,"中国文明起源研讨会暨中国先秦史学会第四次年会"论文,1989 年；段渝：《论商代长江上游川西平原青铜文化与华北和世界古文明的关系》,《东南文化》1993 年第 1 期。

| 16 |

酋邦与国家形成的两种机制

——古代中国西南巴蜀地区的研究实例

古代社会从史前向文明演进的道路虽然不尽一致，但却往往有着惊人的相似之处，如 E.塞维斯（E. Service）就描述了古代社会所经历的游群、部落、酋邦、国家四个连续演进的阶段。[①]不过，在具体的某一古代社会里，却不必都遵循着这一连续演进的发展模式。从广泛而不是从某一具体区域的视角看，人类社会在从史前向文明、从部落向国家演进的过程中，连续或者不连续地发展出了两类政治组织——酋邦（chiefdom）和王国（kingdom）。酋邦在性质上属于史前时期政治组织的最高形式，而王国则属于历史时期或文明时代政治组织的最初形式。由于人类社会从史前过渡到文明、从部落过渡到国家这一历史时期的长期性和复杂性，以及各人类社会所处环境的差异性，尤其是酋邦与王国之间在性质上比较接近，于是常常使得我们难以清楚地区分在史前与文明交替这个特殊历史时期中所出现的两类政治组织的性质，常常把这两类不同性质的政治组织混为一谈。当然，从早期国家的角度认识，我们还可认为早期国家这个概念包括从史前到文明演进过程中出现的这两类不同的政治组织形式，既有酋邦这种所谓"史前国家"的政治组织形式，又有王国这种所谓"早期国家"的政治组织形式。换句话说，即是把酋邦看成是早期国家形成过程中的初级阶段，而把王国看成是早期国家演进过程中的高级阶段。本文试以古代中国西南巴蜀地区的两种具有典型性的社会来说明这个问题。

一、清江流域廪君集团酋邦的形成

通过部落内部各个血缘单位的联合，实行各个血缘单位的政治一体化，形成血缘集团的政治组织，服从政治组织最高领袖的集中领导与决策，这是古代酋邦的一般特征。在长江支流清江流域，以廪君为最高首领的古代酋邦

[①] E. R. Service, Primite Social Organization: An Eolutionary Perspecive, New York, 1971; E. R. Servise, Origins of the State and Civilization: The Process of Cultural Evolution, Toronto, 1975.

的形成，走的就是这条道路。我们首先备列文献，然后进行分析。

《后汉书·巴郡南郡蛮传》记载：

> 巴郡南郡蛮，本有五姓：巴氏，樊氏，曋氏，相氏，郑氏。皆出于武落钟离山[李注《代（世）本》曰：廪君之先，故出巫诞也]。其山有赤黑二穴，巴氏之子生于赤穴，四姓之子皆生黑穴。未有君长，俱事鬼神，乃共掷剑于石穴，约能中者，奉以为君。巴氏子务相乃独中之，众皆叹。又令各乘土船，约能浮者，当以为君。余姓皆沉，唯务相独浮。因共立之，是为廪君，乃乘土船，从夷水至盐阳。盐水有神女，谓廪君曰："此地广大，鱼盐所出，愿留共居。"廪君不许，盐神暮辄来取宿，旦即化为虫，与诸虫群飞，掩蔽日光，天地晦冥。积十余日，廪君伺其便，因射杀之，天乃开明。廪君于是君乎夷城[李注：此以上并见《代（世）本》也]，四姓皆臣之。廪君死，魂魄世为白虎。巴氏以虎饮人血，遂以人祠焉。

这段史料表明，武落钟离山赤黑二穴五姓的关系，是以血缘为纽带的同一部落内部不同血缘单位之间的关系。当时的时代，是没有君长的蒙昧时代，社会成员之间处于平等地位，廪君仅仅是巴氏之子而已，是氏族部落中的一名普通成员。

根据《后汉书》的这段记载进行分析，赤黑二穴五姓酋邦组织的形成，经历了三个发展阶段。

（一）第一阶段：非暴力联合阶段

巴氏之子与其余四姓根据部落制传统，以勇力、智慧和技艺来决定谁为最高酋长。掷剑和乘土船两次竞赛，一为"约能中者，奉以为君"，一为"约能浮者，当以为君"，均属约定，表现了充分尊重原始部落习惯的特点，整个过程完全不带暴力性质，而是根据自愿原则进行。

在这个阶段，巴氏子争相以勇力、智慧和技艺取胜，得到五姓的共同拥戴，立以为君，自此称为廪君。不过，这个时候的所谓君，充其量不过是一个普通的部落酋长，还没有达到充分掌握并行使集中的政治、经济、宗教权力的最高领袖的地步，由五姓联合所形成的组织，也充其量不过是一个血缘部落集团，还没有达到酋邦的发展水平。而这一切的变成现实，是通过下一阶段对外战争的途径实现的。

（二）第二阶段：通过对外战争确立君权的阶段

廪君部落集团形成后，迅速走上了发动对外战争的道路，其武力扩张的方向，是从夷水至清江的盐阳，以争夺那里的食盐资源。《后汉书·巴郡南郡蛮传》李贤注引《荆州图副》曰："夷陵县西有温泉。古老相传，此泉元（原）出盐，于今水有盐气。"又引盛弘之《荆州记》曰："今施州清江县水一名盐水，源出清江县西都亭山。"表明清江盐阳之地是当时有名的盐产地。其时，这一食盐资源为当地的母系部落女首领盐水神女所控制，盐水神女又有盐神之称[①]，表明其族在清江流域产盐区拥有相当大的势力。廪君集团来到盐阳，随即便与盐水神女展开大战，"掩蔽日光，天地晦冥，积十余日"，战争之残酷惨烈，规模之宏大，于此可见一斑。最后，廪君终于一举破敌，射杀了盐神，将盐源据为己有。廪君集团通过发动大规模战争武装占领盐阳之地，并消灭了盐神，这就突破了原始氏族部落的领地原则，把不同生态之间族体的生态互补，变成了跨生态的武力扩张，以政治行为而且是流血的政治行为代替了文化行为和经济行为，这一点非常值得注意。

廪君发动对外战争，武力占领清江产盐区后所发生的"于是君乎夷城，四姓皆臣之"，说明了两个事实：一是廪君成为这个集团的最高领袖，一是酋邦组织的正式形成，夷城便是它的权力中心所在地，四姓中的上层便是统治中枢的成员。这样，廪君集团的性质便从经济系统和政治系统两方面同时发生了根本的转变，从过去的单纯血缘集团转变为现在的酋邦组织，平等社会不复存在。

（三）第三阶段：通过宗教仪式神化君权的阶段

政治系统和经济系统的根本转变，又进一步推动了文化系统的根本转变，通过宗教仪式在意识形态领域神化君权于是成为必要。所谓"廪君死，魂魄世为白虎。巴氏以虎饮人血，遂以人祠焉"，便深刻地揭示了神化廪君的史实。

廪君集团原先并无以人祭祀的习俗，只是当廪君成为政治领袖以后，出于神化廪君的需要才产生的，表明他同时又成了宗教领袖，集政治、经济、宗教大权于一身，俨然成为酋邦的最高领袖。同时，以人祭祀属于杀殉的性质，它与作为一些古代民族传统习俗的殉葬有着根本的区别，其实质是对被杀者人权的剥夺，而它是以对被杀者政治经济权力的剥夺为前提的。显然，

---

①《后汉书》卷86《巴郡南郡蛮传》李贤注引盛弘之《荆州记》，文渊阁四库全书本。

这意味着廪君对于酋邦之内的族众有着生杀予夺之权，这种权力又是通过神权的形式反映出来的，表明了君权与神权合一的事实。

《世本》记载的廪君出自巫诞，从原家族中分化出来后，到达武落钟离山（今恨山）定居，然后扩张至清江流域，战败当地的"盐水神女"，"于是君乎夷城"，是为了夺取食盐资源所进行的扩张，由此而导致了廪君集团层级组织的诞生和形成。在分层的政治体系中，使巴、樊、曋、相、郑五姓的社会结构复杂化，最终形成酋邦这种政治单位。这是古代酋邦形成的一个十分典型的例子。从对廪君酋邦形成过程的详细分析，可以看出不是由于人口压力、土地限制等因素导致文明起源，而是由于对食盐资源的争夺，通过政治手段直至军事占领，而导致了文明因素的出现，导致了政治权威的兴起，导致了与平等社会不同的分层社会这样一个新型政治组织——酋邦的诞生。

二、四川盆地三星堆古蜀王国的形成

亨利·梅因（H. Maine）在其名著《古代法》中说过，最早出现的国家可能是以血缘关系为基础的组织，以地缘关系为基础是在最早的国家形成以后不久出现的。[①] 亨利·梅因的论断是建立在对西方社会的材料分析基础之上所进行的归纳判断，具有相当说服力。但中国夏商周三代的情况与西方社会不尽相同，血缘关系及其组织和原则不仅在先秦夏商周三代尚不成熟的国家里没有丝毫消融，而且在秦汉以后越来越成熟的国家里还继续长久地与地缘组织同时并存而且交织在一起，这就是宗族组织和农村公社的二重性表现之所在。

古蜀三星堆鱼凫王朝的建立，使古蜀的社会组织和社会组织原则同时发生了剧烈变化。由于鱼凫王朝的建立是三代蜀王酋邦战争的结果[②]，因此蜀王蚕丛和蜀王柏濩的部民就成了鱼凫王朝的国民，古蜀也就从以血缘为基础的社会演进为以血缘和地缘二重结构为基础的社会。由于古蜀王国内部血缘关系多元化局面的形成，鱼凫王朝就不再是一个由单一血缘组织所构成的社会单位，而演化为一个由不同血缘组织所构成的政治单位，即以鱼凫氏为统治者集团的政治共同体或国家。虽然鱼凫王朝时期的古蜀国还是一个早期王国，它的血缘组织形式及其某些原则仍然长久地保存着，但是倘若仅仅根据它的血缘组织形式就轻率地否认其国家与文明性质，那将是极不科学的。

在国家形态上，鱼凫王朝时期的古蜀王国是一个实行神权政治的国家。

---

① 亨利·梅因：《古代法》，沈景一译，北京：商务印书馆，1984 年。
② 段渝：《论蜀史"三代论"及其构拟》，《社会科学研究》1987 年第 6 期。

三星堆一、二号祭祀坑出土的大量青铜器、青铜礼器群、黄金面罩，无一不与宗教神权息息相关，即令是三星堆巨大的城墙，本质上也是神权政治的产物。因此很明显，出土于一号坑内的金杖，实际上就是一具标志着王权、神权和经济、社会财富垄断之权的权杖，为古蜀王国政权的最高象征物。金杖杖身上端的三组人、鱼、鸟图案说明，金杖既被赋予着人世间的王权，又被赋予着宗教的神权，它本身既是王权，又是神权，是政教合一的象征和标志。金杖上的人头图案，头戴兽面高冠，耳垂三角形耳坠，与二号祭祀坑所出蜀王形象造型——青铜大立人相同，表明杖身所刻人头代表着蜀王及其权力。鱼、鸟图案的意义在于，鱼能潜渊，鸟能登天，它们是蜀王的通神之物，具有龙的神化般功能。而能够上天入地，交通于神人之间的使者，正是蜀王自身。所以，金杖不仅仅是一具王杖，同时也是一具神杖，是用以沟通天地人神的工具和法器。《淮南子·地形》说："建木在都广，众帝所自上下。"都广即是《山海经·海内经》中的"都广之野"，指成都平原；而所谓"建木"，或许就是三星堆出土的青铜神树。既然众神从这里上下于天地，那么金杖上的鱼、鸟，便能够通过金杖那无边的法力，沟通人神，挥洒自如了。自然，与鱼、鸟同在图案上的蜀王，就是指挥、支配人神之间交际的神了。

金杖的含义还不止于此。杖用纯金皮包卷，而黄金自古被视为稀世珍宝，其价值远在青铜、玉石之上，因此使用黄金制成权杖，又表现出对社会财富的占有，象征着经济上的垄断权力。所以说，三星堆金杖有着多种特权复合性的象征意义，标志着王权（政治权力）、神权（宗教权力）和财富垄断权（经济权力）。这三种特权的同时具备，集中赋予一杖，就象征着蜀王所居的最高统治地位。同时，它还意味着，商代的古蜀王国，是一个彻头彻尾的神权政体。

王权采取神权的形式，是政治权力宗教化的一种表现，它意味着政教合一的政治体制的形成。王权与神权处于同等重要的位置，国家元首同时也是最高宗教领袖，正如陈梦家先生所说"既为政治领袖，又为群巫之长"[1]，这是文明初兴时代盛极一时的风气和特征。三星堆一号祭祀坑出土的金杖，上有人头、鱼、鸟图案，一般认为它们是鱼凫王的合成形象。将鱼凫这一族群的传统神物与王者形象直接结合为一体，正是直接表现出了鱼凫王既为最高政治领袖，又为最高宗教领袖的至高无上地位，证明鱼凫王朝时期的古蜀王国是一个实行神权政治、政教合一的早期国家。

---

① 陈梦家：《商代的神话与宗教》，《燕京学报》1936 年第 20 期。

古代四川盆地以广汉三星堆遗址为中心的古蜀王国，是一个实行神权政治的独立王国。对这个独立王国神权政体的运作系统进行分析，将有助于增进我们对于上古国家的政治制度和权力结构的深入了解。

（一）分层社会的复杂结构

王权形成并诞生于分层社会之中。在文明社会之前的酋邦（chiefdom）时代，社会分层还是一种比较简单的等级制结构，不论在深度还是广度方面都还没有达到国家形态的复杂社会水平。只有在文明时代复杂的分层社会中所诞生的王权，才具备了对社会政治、经济、意识形态的全部垄断权，即凌驾于整个社会之上的至高无上的统治权力。

在三星堆文化的时代，古蜀王国已经是一个在中央集权统治之下的高度复杂的分层社会。这个复杂的分层社会由区分为阶级的各个人群所共同构成，存在着统治阶级和被统治阶级的区别，其间的界线壁垒森严，各阶级的内部又有不同的阶层和职业集团。

古蜀王国的统治阶级由国王、王室子弟、姻亲、贵族、臣僚和武士等构成，也包括分布在各地的大大小小的地方性族群之长，他们都是世袭贵族，世世代代享尽荣华富贵。三星堆一号祭祀坑和二号祭祀坑出土的各式青铜人像、人头像①，其间的时代相距达百余年以上，可是它们却在若干基本形制方面，比如面像、表情和衣式、冠式、发式等方面颇为一致，具有明显的继承性，意味着它们所象征的历代统治者集团完全是一脉相传、世代相袭的，在政治上所实行的是王位和贵族的世袭制度。②

古蜀王国统治阶级的上层和核心是一个权势倾人的神权政治集团，这种情况可以从三星堆一、二号坑内出土的大量青铜制品、黄金制品、象牙、海贝和玉石器得到确切证明。三星堆出土的青铜器的总重量达 1 000 公斤以上。如此巨量的青铜器，需要 5~20 倍的铜矿石才能熔炼出来③，也就是说，需要 5 000~20 000 公斤铜矿石原料，才能炼出三星堆出土的青铜器，这还不包括制作青铜器所必需的锡和铅。成都平原本土缺乏制作青铜器的铜、锡、铅等

---

① 本文所引三星堆考古资料，除特别注明外，均参见四川省文物考古研究所：《三星堆祭祀坑》，北京：文物出版社，1999 年。
② 段渝：《商代蜀国青铜雕像文化来源和功能之再探讨》，《四川大学学报》1991 年第 2 期。
③ 青铜制品与青铜原料的熔炼比例至少为 1∶5，若是贫矿，比例可高达 1∶20 以上。参见中国古代冶金编写组：《中国古代冶金》，北京：科学出版社，1976 年。

原料，这些原料只能通过某些途径，远距离地从其他地区进口。我们曾经从四川与云南青铜器合金成分相近的角度，推论三星堆青铜器的原料很有可能来自四川盆地以南的云南地区①，而金正耀教授等对三星堆青铜器高放射性铅同位素的研究成果②，当可以充分证实这一假说。三星堆古蜀王国要获得铜、锡、铅等青铜原料，其获取途径主要包括贡纳、贸易以至掠夺，其交换代价无疑是巨大的。因为，贡纳必须以征服为前提，而征服又必须以豢养一支强大的军队为前提，付出包括武器装备、军事训练、组织管理、指挥系统、食物供应等在内的人力、财力、物力和组织等方面的沉重代价。至于征服以后的占领，则情形更为复杂。其实掠夺也是如此，倘若没有供养一支强大的军队，要从遥远的云南地区掠夺回如此巨量的青铜原料，是绝不可能的。即令是远程贸易，也必须付出商队组织、军事保护以及用以交换的物品等代价。能够以付出如此高昂的代价来占有并享用这些贵重物品的，除了核心统治者集团以外，没有其他任何个人和社会集团能够做到。至于其珍贵价值远远超过青铜器的黄金制品，以及数量庞大的整支象牙，和专门用于重大祭祀和礼仪场合的成批玉石制品，其获取和制作过程及其使用权力，也都同样不是除了核心统治者集团而外的其他任何个人和社会集团所能够拥有的。这就说明，居于三星堆古蜀王国最上层的核心统治者集团——神权统治集团，垄断了这个王国的所有青铜原料和其他贵重珍稀物品的获取、占有和使用等一切权力。

三星堆遗址巨大的城墙也是神权统治者集团高高在上的重要证据。三星堆遗址古城东西长 1 600~2 100 米，南北宽 1 400 米，现有总面积 3.5~3.6 平方公里，其规模超过了早商时期商王朝统治中心的郑州商城。修建如此高大坚固的城墙，开掘如此巨量的土方，加上土方运输、工具制作、城墙设计、城垣施工、食物供给、组织调配、监督指挥以及再分配体制等一系列必需的庞大配套系统，足以表明统治者集团控制着足够支配征发的劳动力资源，控制着众多的人口，控制着丰富的自然资源和生产资源，控制着各种各样的劳动专门化分工和各种类型的生产性经济。神权统治者从把自然资源、生产性资源和劳动力资源物化为大型城墙建筑的角度，来显示国家的巨大威力，来标志神权与王权的强大和尊严，来象征统治权力的构造物和它的无限支配能力。而城圈的广阔，则表明城内的社会生活、政治结构早已超出酋邦制水平。结合对众多劳动者的统治和对丰富自然资源和社会财富的控制来看，显然已经存在一个集权的国家

① 段渝：《四川通史》第 1 册，成都：四川大学出版社，1993 年，第 146 页。
② 金正耀等：《广汉三星堆遗物坑青铜器的铅同位素比值研究》，《文物》1995 年第 2 期。

组织。^①这个集权的国家组织的核心，便是政教合一的神权统治者集团，他们拥有并掌握着政治、经济、军事、宗教、意识形态等一切大权。

在核心统治者集团的外围，是由各级臣僚和分布在各地的大小权贵以及众多的地方性族群之长所组成的统治阶级中下层，他们的权力或大或小，各受其上层或王室的直接指挥和制约，整个统治阶级呈现为一种层层从属的金字塔结构或品级结构。

三星堆古蜀王国的统治阶级豢养了一支常设的武装力量。在三星堆遗址两个祭祀坑内出土了大批玉石兵器，主要有戈、矛、剑等形制，毫无疑问是从实战使用的兵器演化而来。在三星堆二号祭祀坑中还发现了20件三角形锯齿援直内无胡戈，也是从实战兵器演化而来。三星堆祭祀坑中还发现了不少全身披挂戎装的青铜甲士雕像，既有站立甲士像，又有跪坐甲士像，充分证明古蜀王国常设武装力量的存在。而在古蜀王国腹心地区的成都新繁水观音^②和彭县竹瓦街^③发现的大量属于殷末的各式青铜兵器，以及在作为古蜀王国北部边疆重镇的陕南汉中城固发现的80多件商代中、晚期的三角形援蜀式青铜戈^④，更加证明了古蜀王国豢养了一支强悍的职业军队的事实。

古蜀王国的被统治阶级包括各种生活资料、生产资料和精神资料的生产者。大体说来，有各种农业生产者、陶工、木工、漆工、雕刻工、纺织工、酿造工、矿工、石工、玉工、运输工、冶炼工、建筑工、艺人，以及其他各方面的劳动生产者。此外，还有专门的商人阶层，在神权统治集团的支配下，从事对内对外的各种交换和贸易活动。

统治阶级与被统治阶级之间有着壁垒森严的界线，不得逾越。三星堆遗址内多出生产工具的区域，与基本不出生产工具但却出有大批玉石礼器和雕花漆木器等奢侈品的区域之间，几乎完全没有随葬品的狭小墓葬，与瘗埋着巨量青铜器、金器、玉石器、象牙、海贝的大型祭祀坑之间，形成无比强烈的反差和对照。而三星堆遗址内出土的两具双手反缚、跪坐、无首的石雕奴隶像，则意味着统治阶级不但可以剥夺并无偿占有被统治阶级的剩余劳动，而且还握有对被统治阶级的生杀予夺大权。这些，非常深刻而活生生地刻画出了古蜀王国这个神权政体的性质。

① 段渝：《巴蜀古代城市的起源、结构和网络体系》，《历史研究》1993年第1期。
② 王家祐、江甸潮：《四川新繁、广汉古遗址调查记》，《考古通讯》1958年第8期；四川省博物馆：《四川新繁水观音遗址试掘简报》，《考古》1959年第8期。
③ 王家祐：《记四川彭县竹瓦街出土的铜器》，《文物》1961年第11期；四川省博物馆：《四川彭县西周窖藏铜器》，《考古》1981年第6期。
④ 唐金裕等：《陕西省城固县出土殷商铜器整理简报》，《考古》1980年第3期。

（二）基本资源的占有模式

按照马克思主义创始人的观点，当社会由于自己的全部经济生活条件而必然分裂成为两大对立阶级时，为了压制阶级之间公开的冲突而出现了第三种力量，这个第三种力量便是国家。

恩格斯以后，由于大量新材料特别是人类学和考古学资料的发现与积累，使学术界对于国家起源的问题得以进行更加细致的研究，获得了若干新的进展。其中最重要的成果之一，是在理论上提出了分层的概念，并且提出和进一步完善了基本资源的概念。

社会各人群对于基本资源的不同关系，形成经济分层，它是一切社会分层和权力分层的基础。统治阶级之所以能够在经济上获得统治地位，首先是通过控制并占有基本资源来获得的。美国人类学家弗里德（Morton H. Fried）在其名著《政治社会的演进》（1967）中指出，只要有获取基本资源的不平等情况，就有分层存在，伴随着分层的是社会分化为根本不同的经济集团，那些获取基本资源较多或者获取基本资源不受限制的人构成一个阶级，那些获取基本资源受到限制或者很少能够获取同样资源的人构成另一个阶级。按照弗里德的解释，所谓基本资源，不单是指人们生存和再生产所必需的包括食物、工具等在内的各种消费品，还包括这些消费品的来源[1]，以及获取和制造维持人的生存和再生产的必需品的各种手段。[2]

以下，我们对古蜀王国的基本资源占有模式进行一些分析。

1. 对基本生活资源和生产者的占有与控制

基本生活资源主要是指维持生活所必需的食物。古蜀王国的各级统治者、大大小小的奴隶主，数量不少。从方圆 3.5~3.6 平方公里的巨大的三星堆古城看，其中必然聚集着大批权贵和显宦。作为商代古蜀王国次级中心城市的成都[3]，由成都市金沙遗址考古发掘的新材料再次证实[4]，商代晚期它同样是一

---

① Morton H. Fried, The Evolution of Prehistoric State, New York, 1969, p. 187；弗里德：《政治社会的演进》，多伦多，1969 年，第 187 页。

② Jonahan Haas, The Evolution of the Prehistoric State, New York, 1982。

③ 我在 1992 年举行的"纪念三星堆考古发掘六十周年暨巴蜀文化与历史国际学术讨论会"上提出，作为一座早期城市，成都形成于商代晚期。参见段渝：《巴蜀古代城市的起源、结构和网络体系》，《历史研究》1993 年第 1 期；《成都通史》卷 I《古蜀时期》，成都：四川人民出版社，2011 年，第 122-135 页。

④ 北京大学考古文博学院、成都市文物考古研究所：《金沙淘珍》，北京：文物出版社，2002 年。以下引此，恕不一一注明。

座颇具规模的早期城市，其中照样聚集着大批权贵和显宦。这些为数众多的权贵和显宦之所以能够花天酒地，为所欲为，生活得很奢侈，最基本的前提，就在于他们占有并控制了全部土地资源、生产资源、食物资源以及大量的食物生产者。古蜀王国的贵族统治者们嗜酒如命，三星堆遗址中发现了大量式样不同、制作精美的青铜和陶质酒器[①]，为这些贵族和权贵们所专有，其腥闻在上、作长夜之饮的奢靡场面可以想见。大量的酒必然是以消耗巨量的粮食原料为前提的。这种情况十分明显地说明，古蜀的贵族统治者已经控制了食物生产，控制了食物生产者，而这些又毫无疑问是以对于土地资源的控制和占有为前提的。这种现象，不但是贵族统治者阶级占有了农业劳动者阶级剩余劳动的证据，而且也是他们控制了基本生活资源的证据。

2. 对手工业者及其产品的占有和控制

规模庞大的三星堆古城，巨量青铜原料的开采、加工、运输、冶炼、翻模和铸造，大批玉器和石器的生产和加工，大片宫殿、居宅的建筑，以及成都羊子山高达 10 米、总面积约 10 733 平方米、使用泥砖 130 多万块、用土总量达 7 万立方米以上的三级四方形大型礼仪性土台[②]，成都十二桥商代大型木结构宫殿建筑[③]，成都金沙遗址出土的大批青铜器、金器、玉石器和重达 1 吨以上的象牙，大量的、各式各样精美的金、玉、铜、石、陶质等工艺美术品，如此等等，均无不出自各类专门手工业劳动者之手。而所有这些物质成果并且连同蕴涵在其中的全部精神成果，都统统被贵族统治者们一一攫取，全部据为己有。这就充分表明，这些手工业生产部门已经全部成为显贵们直接控制的生产领域，所有生产者及其产品，都成为他们那贪得无厌的巨大物质享受和奢侈糜烂生活的重要源泉。

3. 对生产资源包括基本资源和战略性物资的占有和控制

在古代文明之初，铜矿、锡矿、金矿、玉矿等自然资源，往往是一个文明古国各种资源中最为重要，并且是最富于战略意义的资源，同时也是一国之中最为重要的物资财富。

三星堆遗址出土的重达 1 000 公斤以上的青铜制品，所消耗的铜矿砂、锡矿石等原材料达 5~20 倍以上，足见制造青铜器所需的铜、锡矿原料之多，表

---

① 林向：《蜀酒探源》，《南方民族考古》第 1 辑，成都：四川大学出版社，1987 年。
② 四川省文物管理委员会：《成都羊子山土台遗址清理报告》，《考古学报》1957 年第 4 期。
③ 成都市博物馆：《成都十二桥商代木结构建筑发掘简报》，《文物》1987 年第 12 期。

明神权与王权控制并占有着这些最重要的战略物资资源，或其来源，或获取它们的各种手段。

三星堆遗址出土的各种黄金器物多达 100 件以上，金沙遗址出土的黄金器物更是多达数百件，金器数量之多，形体之大，均为商代中国所仅见。[①]黄金自古视为珍宝，人们总是将黄金世代相传，从不轻易抛弃，所以亘古以来，考古中发现的黄金器物并不多见。可是仅仅在古蜀国故都废墟的一角，便埋藏着如此丰富的纯金器物，这不能不使人感到古蜀国的神权政治领袖们是何等严密地控制着金矿的开采、黄金的加工和金器的制作，并把所有黄金据为己有。

三星堆遗址出土的玉石器，绝大多数发现于显贵们的居住区和两个祭祀坑当中，这同样表现了玉石资源为统治阶级所控制和独占的事实。

4. 对生产工具以及劳动分工的占有和控制

迄今为止，有关商代末叶之前古蜀窖藏和墓葬中埋葬生产工具的最早材料，见于四川新繁水观音墓葬[②]和两次在四川彭县竹瓦街发现的青铜器窖藏。[③]从新繁水观音晚期墓葬开始，蜀墓中埋葬大量、成套的金属生产工具这种习俗成为传统，并且生产工具还往往与青铜礼器和兵器等形成组合关系。青铜礼器和兵器是贵族身份和地位的重要代表和象征，埋葬青铜生产工具，与埋葬青铜礼器和兵器具有同样的内涵和意义，具有同等重要的地位。在先秦时期"国之大事，在祀与戎"[④]。这种体制和观念表现在墓葬中，就是大量埋葬各式精美的青铜礼器和兵器：礼器代表"祀"，象征着对宗教礼仪的占有和控制；兵器代表"戎"，象征着对武装力量的占有和控制。而蜀墓中与青铜礼器和兵器共生的大量青铜生产工具，其意义显然是象征着对生产工具和劳动分工的占有和控制。从整个蜀墓的发展序列来看，墓主生前地位越高，墓葬规模越大，随葬的金属生产工具的数量就越大，品种就越多。四川新都大墓可以说是一个典型代表。[⑤]这种情形再清楚不过地表明，随葬金属生产工具数量的大小、品种的多少，是与墓主生前的身份和地位有直接关系的。对金属生产工具的占有数量和种类，成为对劳动分工领域的占有深度和广度，以及以

---

① 段渝：《商代黄金制品的南北系统》，《考古与文物》2004 年第 2 期。

② 四川省博物馆：《四川新繁水观音遗址试掘简报》，《考古》1959 年第 8 期。

③ 王家祐：《记四川彭县竹瓦街出土的铜器》，《文物》1961 年第 11 期；四川省博物馆：《四川彭县西周窖藏铜器》，《考古》1981 年第 6 期。

④《左传》成公十七年，文渊阁四库全书本。

⑤ 四川省博物馆：《新都战国木椁墓》，《文物》1981 年第 6 期。

此来区分尊卑贵贱的一个十分重要的标志，从一个重要侧面反映出社会分层的情况。

蜀墓和窖藏出土的金属生产工具，大多数是刀、凿、斧、斤、削、锯、锛等，与手工业有着密切关系。这种情形意味着，古蜀的青铜手工业工具是属于统治者所有的，手工业生产和分工完全被贵族统治者所控制和垄断。

5. 对宗教礼仪用器以及宗教性建筑的占有和控制

三星堆遗址出土的全部青铜器群、玉石器群、黄金器物群以及某些陶器群，在性质上多属礼仪之器，均在礼仪和祭祀场合使用，无一不为神权政治集团所独占。兀立在成都平原一望无垠的原野川泽上的三星堆古城城墙，以及高达 10 米的成都羊子山土台[①]，也是古蜀神权无比强大的表征，它们以无法抗拒的物质形式的力量来威慑万民的心灵，从而达到巩固神权统治的目的。由此可见，宗教神权是古蜀王权最为重要的组成部分，是王权的核心。

以上分析表明，在古蜀王国，基本资源是由国家和统治阶级所占有的。其中，自然资源、战略性物资资源和宗教礼仪资源，由统治阶级当中的核心统治者集团代表神权国家所垄断占有，生活资源如粮食、酒类、肉类等和一些生产性资源（如生产工具）则由各级统治者所分别占有，国家则以收取贡赋的形式同各级统治者分享这些资源。

（三）再分配系统的运作机制

1. 农业产品的再分配模式

在古代社会，一切农业生产品的流动模式，总是从次级聚落流向中心城邑，供各个脱离食物生产的阶级和阶层消费，而次级聚落的食物资源，都从广大农村直接流动而来。

三星堆古城、成都金沙和十二桥遗址，都分布有不少平民的居址、作坊和工场，表明其中存在着大量的非食物生产者。他们当中，有建筑者、运输者、各门各类的手工业生产者以及艺术者等，也有贵族统治者们的家内奴隶。这是一大批脱离食物生产的人群，他们的基本生活资料，须由周边甚至远地的农村生产，直接或间接地流向这些中心城邑。这部分农业产品，连同被中心城邑内麇集着的大批贵族显宦们所消耗、挥霍的大量粮食、酒类、肉类、瓜果、蔬菜以及其他各种食品，均由各个次级聚落和低级聚落以交纳贡赋或

---

① 四川省博物馆：《成都羊子山第 172 号墓发掘报告》,《考古学报》1956 年第 4 期。

其他形式无偿提供。

2. 畜牧和渔猎产品的再分配模式

三星堆遗址出土大量各种兽类的遗骨遗骸，如鹿骨和一些大型动物的遗骸等。这些动物和野兽，都是狩猎或兼事狩猎、畜牧的部落为中心城邑的统治者提供的，也是一种由次级或低级聚落向高级中心流动的模式。

成都金沙遗址发现了大型卜用龟甲，十二桥遗址除出土各种兽类遗骨外，也还出土不少龟甲，都是占卜所用的。据动物学家研究，成都十二桥出土的卜用龟甲是陆龟的腹甲，而陆龟并不出产在成都平原。[①]可见，十二桥出土的陆龟是从外地引进的。根据《山海经·中次九经》《华阳国志·巴志》、左思《蜀都赋》刘逵注引谯周《异物志》等记载，岷山和川东各地出产大龟。古蜀王国在这些地方虽有若干文化传播和渗透，然而究非蜀土，蜀王政令也不能直接抵达。因而，出产在这些地方的大龟，只能是通过贸易交换方式引入古蜀中心城邑的，是一种双向性的物资流动模式。

3. 手工业产品的再分配模式

一是贵重的手工业产品，如金器、青铜器、玉石器和雕花漆木器等，仅在中心城邑出现，表现出单向性的流动模式。

二是珍稀原材料，如金、玉、铜、锡、铅、象牙、海贝等资源的流向，可分为几种情况：其中出产在蜀地的，呈单向性地流往中心城邑；不产于蜀地的，则以贡纳或交换等形式，呈单向或双向性地流往中心城邑。如海贝和象牙，分别出产在印度洋和南亚地区，这些产品就只能通过直接或间接的贸易双向性地交换而来。

三是青铜兵器的流动。三星堆遗址以外各地发现的蜀式青铜兵器，在出土地区均未发现铸铜作坊的遗迹。而在三星堆遗址，却发现大量铸铜的坩埚和铸出铜器后取出的模具碎块，以及大量熔炼青铜器后遗留下来的炼渣，表明三星堆遗址有大型青铜器作坊和工场。这些现象可以说明，包括兵器在内的金属军事装备，在古蜀王国是由中心城邑三星堆直接流向次级城邑或各个军事据点的，属于单向性的流动模式。

四是大型礼器群的流动，仅仅出现在古蜀核心统治者集团所在的三星堆古城和作为次级统治中心所在的成都金沙遗址，分布范围极为有限，其成品

---

① 转引自王毅：《成都市蜀文化遗址的发现及其意义》，《成都文物》1988 年第 1 期。

的制作就在这座城市内，或部分来源于次级城邑，呈现为封闭式、单向性的流动模式。

4. 富于特殊用途的自然资源的再分配模式

这类自然资源，本身其实是大自然极其普通的赐品，例如土、石、木材等。但由于这类自然资源可以充作各种各样的生产和生活材料，所以被赋予某种权力或神秘力量的内涵。

据《华阳国志》和其他舆地之书的记载，在成都平原古蜀王国的故土上，有数量众多的巨石建筑，这就是为学者们所盛称的"大石文化遗迹"，它来源于古蜀人对其先民及其居住环境的怀念，被作为一种国家崇拜性质的纪念性建筑，建造并矗立在成都平原古蜀王国故土各处。成都平原是一个大河冲积扇平原，本土不产任何大石。作为古蜀王国大石文化建筑材料的巨石，都是从邛崃山开采，经过千辛万苦运送到成都平原，再立于各地的。①这种流动，是一种单向性的流动模式。

此外，海洋生物资源的发现应当引起充分注意。三星堆一、二号坑内出土了数千枚海贝，其原产地主要是印度洋深海水域和南中国海，是古代南亚和东南亚地区的通用货币。三星堆出土的海贝，均从印度和东南亚地区交换而来，它们不仅被古蜀王国的权贵们作为财富的象征，更是作为垄断对外贸易的标志。②海贝的发现，表明了古蜀王国的权贵们对于外贸及其手段的独占。从对外贸易角度而言，这是一种互动性、双向性的物资流动模式。

再分配模式体现了生产、消费、交换、分配体系的全过程及其运作机制。古蜀王国的再分配模式，根据上面的分析，大致可以归结为三类结构：第一类是各次级聚落或族体间广泛的互惠性交换和贸易。第二类是各种物资从次级聚落向中心城邑的单向性流动以至高度汇聚，主要物资种类有食物、贵重手工业生产品、艺术品、奢侈品，尤其是富于王权权威和神权权威以及具有重大战略意义的自然资源和物资。第三类是从中心城邑反向流动于各次级聚落和军事据点的单向性流动，这类物资主要是青铜兵器。第二类物资流动的大规模化及其在中心城邑的集中化所表现出来的高度社会控制，与第三类物资的反向流动所表现出来的对专职暴力机构的控制和垄断，充分说明古蜀王

---

① 冯汉骥：《成都平原之大石文化遗迹》，《冯汉骥考古学论文集》，北京：文物出版社，1985 年；童恩正：《古代的巴蜀》，成都：四川人民出版社，1979 年，第 83 页。

② 段渝：《古代巴蜀与近东文明》，《历史月刊》1993 年第 1 期。

国的王权行使范围和程度，都已远远超出酋邦制组织的酋长权力，达到国家政权的水平。这一方面意味着古蜀王国的城乡连续体、文明中心和原始边缘等多重结构体系的形成；另一方面则深刻地揭示出，在古蜀王国的再分配体制中起决定作用的控制系统，是凌驾于社会之上的国家政权，其核心是王权和神权，其典型物化形式是金杖、青铜雕像群、青铜礼器、青铜兵器、玉石器、城墙、宫殿建筑和大型祭坛。

（四）统治集团的分级制体系

对权力系统的研究，是了解权力性质、权力行使的广度和深度的关键。三星堆出土的大型青铜雕像群，便是其中的秘密之所在。

三星堆青铜人物雕像，包括各式立人像、跪坐人像、人头像、人面像，以及金杖、金面罩等，是古蜀王国采借外来文化并加以创造性适应整合的一种对权力内涵的表现方式。[1]这些采借移入的文化因素，因其处处充满着神秘王国气氛，因其为古代蜀人所从未曾见，为整个古代中国所从未曾见，恰好适应了古蜀王国在神权的庇护下强化王权的需要。例如，作为王权、神权和财富垄断之权三位一体的最高权力象征物的金杖，无疑适应了代表蜀王统一政权和群巫之长的标志物那样一种现实需要；而大型青铜雕像群不仅显示了蜀王对物质财富的垄断和在精神世界中的巨大威慑力量，还活生生地展现出古蜀王国的神权与王权结构，即群巫从属于大巫、诸王从属于蜀王这一现实的权力结构，足以使诸神和诸王对于大型礼仪中心的朝拜奢望得到充分满足，特别有助于王权的神化，因而被古蜀加以采借并同自己的文化进行了创造性的整合。

三星堆一、二号祭祀坑出土的青铜人物雕像有好几种形制，各式之间存在着服式、冠式和发式上的若干区别。服式上，有左衽长袍、对襟长袍、右衽长袖短衣、犊鼻裤等，各不相同。冠式上，有兽面（或花状齿形）高冠、平顶冠、双角盔形冠等区别。发式上，有椎结、辫发、光头等区别。不论从人类学还是从中国古代文献对古代民族的识别标准来看，衣、冠、发式都是区分族别的最重要标志，此外还有语言、饮食等。三星堆文化的语言和饮食今已难以详考，但就其衣、冠、发式而言，一、二号坑出土的青铜人物雕像群明显地表现了不同族类的集合。证之史籍，不难看出这些族类包括氐羌和

---

① 段渝：《论商代川西平原青铜文化与华北和世界古文明的关系》，《东南文化》1993年第2期。

西南夷诸族。

　　根据结构分析，这些雕像所代表的社会地位至少有两个层级。二号坑所出连座通高 260 厘米、与真人大小基本一样的头戴兽面（或花状五齿）高冠的青铜大立人像，衣襟前后均饰异形龙纹，双手前伸围抱，做手握象牙状，可以肯定是群像之长、一代蜀王，即古蜀王国的最高政治领袖，同时又是主持宗教礼仪活动的神权领袖，即群巫之长、一代大巫师。第二个层级是各式人头雕像，其间看不出有明显的高低贵贱之分，它们共置一处，无主次之别，意味着地位基本没有差别，当然更不可能是用作祭祀礼仪牺牲（人牲）的代用品。各坑人像与礼器共存的情况，表现出众多族类举行共同祭祀礼仪活动的情景。这个青铜雕像群结构的核心，便是青铜大立人。

　　青铜大立人头戴兽面高冠，其形象与金杖图案上的人头像一致，表明是最高神权政治领袖。它身着左衽长衣，脑后椎结，与《蜀王本纪》所记载的蜀人"椎结左衽"完全一致，确切表明是蜀国之王、群巫之长。其余各式人头雕像，则是各族首领、次级群巫。不论群巫之长还是群巫，在当时都被各地奉若神明，代表着各地大大小小的神。

　　在古代社会，各国之君、各族之长同时又是其治民所尊奉的神，这是一种普遍现象。又因为这些君长们主持各种祭祀仪式，垄断天人之际的交通，正如《国语·楚语》所记载的重、黎"绝地天通"一样，因而同时又成为了掌握神权的巫师。于是，君统与神统就这样巧妙地结合在了一起。既然三星堆古蜀王国把西南夷群巫聚集一起，共奉蜀之主神，那么，这种群巫与群巫之长、各国之君与天下共主的关系，就形成了一种多元一体，有层次、有主从的层级结构关系。[①]

　　三星堆青铜大立人，由于其巫师的形象特别突出，由于它高踞于群像之上，既有王者之风，又有主神之仪，因此无疑是群巫之长。其他人头像、人面像则多为西南夷形象，或氐羌人形象，它们代表着蜀王治下各地的各级统治者、各族之长或群巫。由此看来，青铜雕像群所表现的内涵，是一个以古蜀王为核心的、有众多族类拥戴的统治集团的层级权力结构。

　　包括出土青铜雕像群的一、二号祭祀坑时期的三星堆文化面貌，是成序列地继承和演进的，表明从三星堆遗址二期以来，古蜀的社会基本结构未变，统治者族属未变。同一时期三星堆文化的空间分布，除三星堆遗址及其周边

　　① 段渝：《商代蜀国青铜雕像文化来源和功能之再探讨》，《四川大学学报》1991 年第 2 期。

区域而外，从考古文化上显示出来的还有成都金沙和十二桥遗址商代文化层、羊子山土台、指挥街遗址、新繁水观音遗址、雅安沙溪遗址、汉源和石棉商代遗址和遗存、重庆忠县泔井沟遗址、汉中城固青铜器群等，以及古文献如《华阳国志·蜀志》所记载的岷江上游的蜀文化等一大片连续性空间，它们不论在文化面貌还是文化内涵上都同属于三星堆文化，因此均应纳入古蜀文化区范畴。[①]它们与三星堆的关系，是古蜀王国权力结构中各个层面和各个支撑点同权力中心的关系。其空间构架可以从这样两个方面来认识：

第一，从平面结构看，三星堆遗址与其他遗址的关系，是一种中心遗址与边缘遗址的关系。

第二，从垂直结构看，它们之间又是一种高级中心与次级中心和一般性聚落的关系。

平面与垂直两种结构，使我们能以立体的视角，清楚地看出商代古蜀王国的统治在空间上的广延性和层级性，从而看出王权行使的广度和深度。

分布在成都平原到汉中盆地的与三星堆文化相同的遗址，由于在当地找不到其起源、演变的序列，而三星堆遗址本身有着清楚的起源、发展和演变序列，年代又早于那些遗址，因而它们必定是三星堆文化在空间上的延伸，三星堆遗址则是同一文化的传播源所在。同时，三星堆文化本身持续发展达上千年之久，又充分说明了古蜀王国的统治在时间序列上所达到的高度稳定性。空间上的连续性和时间上的稳定性，无可置疑地表明：三星堆作为蜀王之都，是最高权力中心之所在；其他位于不同层级和边缘地区的各级次中心及其支撑点，则是这个中心在各地实施统治的坚强基础和有力支柱，只是其族别各异而已。这种情况，与青铜雕像群所呈现出来的统治结构完全一致，表明古蜀王国的最高权力中心控制着分布有众多族类的广阔地域，这片广阔地域内的各个地方性族系之长，都是臣属于古蜀国王权的小国之君，既是蜀之附庸[②]，又是共奉蜀国主神的群巫。这一点，同商代诸方国与商王朝的关系极为类似。

通过以上分析，我们一方面揭示出商代蜀国王权的宗教神权性质，另一方面揭示出古蜀王国统治集团的分级制体系，看出它王权行使的基础在很大程度上是来源于对广阔地域上各个地方性族系之长的直接控制。

---

① 段渝：《三星堆文化·绪论·古蜀文化区》，成都：四川人民出版社，1993年，第9-12页。
② 方国瑜：《中国西南历史地理考释》上册，北京：中华书局，1987年，第15页。

结语

通过以上分析，我们可以初步获得下面几点结论。

第一，酉邦的政治制度，从清江流域廪君集团的情况分析，经过从非暴力联合阶段到通过对外战争确立君权的阶段直到最后通过宗教仪式神化君权的阶段，由这三个阶段的连续演变，最终发展成为由巴、樊、瞫、相、郑五姓组成的具有层级结构的酉邦，巴氏子廪君成为酉邦的最高首领，即所谓"酉长"或"酉豪"。在这个以部落血缘关系为纽带的酉邦内部，最重要的政治制度是祭祀制度，它包括以下两个方面的内容：①祭祀仪式本身，即"巴氏以虎饮人血，遂以人祠焉"[①]，通过杀人祭祀于庙堂（祠，祠堂，汉代及以后的祠堂，即相当于先秦的宗庙）的仪式，以达到威慑和制裁的目的。近年考古学家在清江流域和渝东长江流域发现的青铜器上往往铸刻有虎的形象，大多与此有关，它们应是廪君集团祭祀制度的物化表现形式，表明了祭祀制度的固化。②通过祭祀仪式，采取政治权力宗教化的方式，使"四姓皆臣之"[②]的强权政治转变成以祭祀为中心的神权政治，使强权统治转化为宗教统治，以宗教掩盖政治，以文化代替暴力，使控制合法化。通过神化廪君的方式神化酉长权力，使权力合法化，达到强化酉长权力的目的。

清江流域廪君酉邦植根于血缘组织，但它的层级结构的顶端是巴氏子，而巴氏始终占据着酉邦首领的位置，掌握着酉邦的各种权力，凌驾于血缘集团之上，从而表现出廪君酉邦所具有的初期国家的性质，可以认为它处于早期国家的初级阶段，或许这就是所谓"史前国家"。

第二，王国的政治制度，从三星堆古蜀王国分析，在经济分层、社会分化、政治经济宗教等权力的集中化以及再分配系统等方面，均与酉邦社会具有共同特点但却在更高的层面和更广阔的空间更加深刻地体现出来。它的更加深刻的内涵在于，三星堆古蜀王国所统治的民众，已不光是鱼凫氏古蜀人本身，还包括早于鱼凫王朝在成都平原立足而被鱼凫氏所征服的蚕丛氏和柏濩氏（柏灌氏），此外还有西南夷诸族群。这就是说，由鱼凫氏所建立的三星堆古蜀王国已是一个突破了氏族部落血缘纽带的血缘与地缘并存的政治组织。同时，三星堆古蜀王国建立了一支武装力量，部署在它的疆界并用于对外征服战争，另外还有考古迹象表现出拥有用于对内制裁的机器。这几点，

---

① 范晔：《后汉书·巴郡南郡蛮传》，文渊阁四库全书本。
② 范晔：《后汉书·巴郡南郡蛮传》，文渊阁四库全书本。

可以说比较充分地表现出了一个早期国家的政治制度内涵。

第三，比较而言，三星堆古蜀王国不论在政治组织的演进还是在政治制度的完善方面都比清江流域廪君酋邦前进了一大步，前者已经达到国家水平，后者还处于酋邦制度之中。然而，由于历史文献的缺乏，包括二者在内的有关中国西南地区酋邦和国家的历史资料必须从考古发掘中获取，必须透过考古资料进行观察和分析，因此对这些社会的政治制度的研究存在着相当难度，并且不大可能达到十分具体的程度。不过，通过上面的分析论述，我们还是可以认识到，从某些基本要素看，酋邦与国家在政治制度上没有太大的差别，例如经济分层、社会分化、政治经济宗教等权力的集中化、再分配系统等，是酋邦组织和国家组织都共同具备而为氏族社会所没有的。但是，从另外一些因素看，酋邦与国家却又有着根本的差别。恩格斯在《家庭、私有制和国家的起源》中认为国家的特点有二：一是按照地缘而不是按血缘来划分国民；二是军队、警察、监狱等公共机关的设立，而国家的本质是暴力。就我们所分析的中国西南地区的早期国家而言，在恩格斯所总结的两个特点中，除开并不是完全按照地缘而是按照血缘与地缘并存来划分国民，以及国家除暴力而外还有组织社会正常运转和组织生产等基本职能（酋邦亦具）而外，国家的这两个特点可以看作是国家在政治制度方面不同于酋邦的两个根本区别。这在我们对清江流域廪君酋邦和四川盆地三星堆古蜀王国的分析中得到了清楚的证明。

蜀文化考古与夏商时代的蜀王国

夏、商时代的早期蜀王国，是一个业已突破原始部落制国家狭小界限的领土国家。这个国家，以神权政治为特征，有广阔的社会基础，雄厚的经济实力，进步的知识文化和辉煌的古代文明。与任何一种国家形式的阶级实质相同，早期蜀王国也是建立在阶级统治基础之上的。

一、蜀国文明史的开端

半个多世纪以来的蜀文化考古发掘与研究表明，由早期蜀王国所开创的蜀国古代文明，首先诞生在川西平原上。

在广汉三星堆遗址先蜀文化废墟上，高高耸立起坚固而厚实的城墙，城墙外围掘有壕沟。①在面积约26平方公里的城圈以内，分布着密集的生活区、手工业区、宫殿区。宫殿区内，出土大量玉石礼器、乐器、陶塑工艺品和雕花漆木器。②南城墙外的两个祭祀坑内，埋藏着数以千计举世罕见的大型青铜器群、纯金制品、玉石器、象牙和海贝。③同一时期，在成都十二桥先蜀文化层之上，出现了规模宏大的木结构宫殿建筑群。④在成都羊子山，一座高达10米，底边103米见方的三级四方形大型土筑祭坛，也巍峨雄浑地拔地而起。⑤而在三星堆和十二桥遗址的一些出土器物上，刻划着早期的蜀文字。⑥所有这一切，都确证城市、文字、金属器，大型礼仪中心的出现，标志着先蜀文化的结束和蜀国文明史的开端。相应地，城乡、阶级、社会的分化，也都发展到新的阶段。证明国家权力已经形成。

三星堆祭祀坑出土的大型青铜器群和黄金制品，气势雄浑，蔚为壮观。

---

① 陈德安、罗亚平：《蜀国早期都城初露端倪》，《中国文物报》1989年9月15日.
② 林向：《巴蜀史研究的新篇章》，《社会科学研究》1987年第2期。
③ 四川省文物管理委员会等：《广汉三星堆遗址一号祭祀坑发掘简报》，《文物》1987年第10期；《广汉三星堆遗址二号祭祀坑发掘简报》，《文物》1989年第5期。
④ 四川省文物管理委员会等：《成都十二桥商代建筑遗址第一期发掘简报》，《文物》1987年第12期。
⑤ 四川省文物管理委员会：《成都羊子山土台遗址清理报告》，《考古学报》1957年第4期。
⑥ 段渝：《巴蜀古文字的两系及其起源》，《成都文物》1991年第3期。

其中的青铜立人、青铜人头像、人面像、兽面像、青铜神树和金杖、金面罩，都是中国首次发现的稀世之宝。与华北夏、商文化显然有别。大批玉石礼器和陶、漆用具、工艺品，无不表现出精湛的工艺水平，体现出手工业的细密分工和专门化生产。青铜器制作必需的采矿、运输、冶炼、铸造、加工等工艺流程，都是分工协作的佐证。可见，劳动者的分化，大批脱离农业生产的手工业者已形成专门化的技术队伍。

三星堆祭祀坑出土的大量穿孔海贝，来源于同滨海地区的远程贸易。大量象牙，也应是交换而至。青铜器制作所需的锡料，亦有可能仰仗外来。这说明，大宗贸易已经从获取原料发展到足以代表战略资源和社会财富的奢侈品。

考古资料和古代文献的综合分析研究表明，灿烂的蜀国古代文明，是由早期蜀王国所开创的。

二、早期蜀王国的形成

早期蜀王国的形成，是几个贵族政治酋邦之间征战的结果。其年代，约与夏、商时代相当。

史称蚕丛、柏濩、鱼凫均称王，即三代蜀王。所谓称王，还不是国家君主。仅仅是酋邦之长，其权力尚未超越以血缘为基础的部落制国家的首领，还处在向君主制转变的过渡时期。《华阳国志·蜀志》说蚕丛"始称王"，又说蚕丛"死，作石棺石椁，国人从之"，可见蚕丛称王，其王权已开始突破原始的部落酋长和部落民主制界限，实质是部落贵族政治的产生和贵族酋邦统治的形成。《魏略·西戎传》说"氐人有王，所从来久矣"，又说其"各有王侯"[1]。可见所谓王侯，实指部落酋豪，是建立在血缘关系之上的贵族统治，与古史记载的狄王、戎王、峒主等含义大体一致。这就意味着，当时的蚕丛氏一系，正处在史前军事民主末叶的发展阶段。柏濩和鱼凫的情况，亦当大体相同。

《蜀王本纪》记载："蚕丛、柏濩、鱼凫，此三代各数百岁，皆神化不死，其民亦颇随王化去。"结合其他文献材料分析，这条材料应当是指在部落征服战争中败亡的部落，其一部分成为征服者部落的臣民，一部分则随其首领逃亡。《史记·三代世表》正义引《谱记》说："周衰，先称王者蚕丛国破，子孙居姚、巂等处。"说明蚕丛氏在部落战争中失败后，其中一部分逃亡至姚（今云南姚安）、巂（今四川凉山）等地的史实。

---

①《三国志·魏志·乌丸鲜卑东夷传》裴松之注引。

从考古资料分析，约相当于早商时代的广汉三星堆遗址第 2 期，开始出现鱼凫氏的一种神器——鸟头柄勺，同时此期亦不乏代表从岷江上游地区迁徙移殖进入成都平原的蚕丛氏物质文化的器物，如小型磨光石器传统以及某些陶器。属于三星堆第 3 期后段的 1 号祭祀坑内所出青铜雕像群中，有一跪坐青铜人像（K1：293），发式似扁高髻，下身着犊鼻裤，一端系于腰前，另一端反系于背后腰带下。这尊雕像，当是蚕丛氏后裔形象的塑造。据民族学调查，古代岷江上游石棺葬文化的创造者戈基人，被称为"有尾人"[1]，实际上是"衣服制裁，皆有尾形"[2]中的一种，即着犊鼻裤。因其一端下垂，极似有尾，故名。1 号坑内所埋的一块自然梯形石块，亦与理县佳山寨蚕丛氏后裔未南迁者所遗石棺葬的情形颇相一致。[3]而三星堆遗址出土物中代表蜀国文明高度发达的部分，体现早期蜀王国政权核心的物质文化遗存，并非反映蚕丛氏的文化，所代表的是鱼凫王朝的统治。这表明，蚕丛氏遗民中的很大一部分，已成为鱼凫王朝统治下的臣民。考古学所揭示的情况，与对文献材料的分析所得结论恰相吻合，由此证实三代蜀王之间部落征战事实。[4]

部落征服战争扩大了征服者的王权，此时，在这个王权的统治范围内，不再以血缘关系来划分国民，而公共权力的设置和加强，则是其绝对的需要。于是，在川西平原大地上，以鱼凫王为统治核心的早期蜀王国建立起来。

鱼凫氏的年代，史籍列于蚕丛、柏濩之后。此三代间的关系，固然不是一系相传。也不是相继更替，但鱼凫氏最终使得川西平原政治一体化，融合了蚕丛氏等遗民，从而在建立起早期蜀王国的同时，也形成了早期蜀族。考古学文化上，三星堆遗址出土大量鸟头柄勺，形似鱼鹰，它们很可能不是日常生活中的舀水器，而是用于礼仪和祭祀等宗教活动的神器，或为宗教活动中的舀酒器。三星堆遗址出土了大量酒器，既有酿酒之器，又有盛酒和饮酒之器。而这些酒器，从祭祀坑出土的情况分析，多是用于礼仪和祭祀场合。鸟头柄作为舀酒之器，与其他酒器相配，用于礼仪和祭祀活动。因此，勺柄做成鱼凫的形状，就具有特殊的含义，不能作为一般的美术品来理解。

在三星堆文化的分期中，第 1、2 期之间有显著的变异，第 2、3、4 期则是循序渐进、发展演化的。表明从第 2 期开始，一种新的文化逐渐占据了主

---

① 胡鉴民：《羌民的信仰与习为》，《边疆研究论丛》，1940 年。
② 范晔：《后汉书·南蛮西南夷列传》，北京：中华书局，1965 年。
③ 阿坝藏族自治州文管会等：《四川理县佳山寨石棺葬发掘清理报告》，《南方民族考古》第一辑，1987 年。
④ 段渝：《论蜀史"三代论"及其构拟》，《社会科学研究》1987 年第 6 期。

导地位。同时，三星堆古城的城墙，也从第 2 期开始修建起来，一直使用到第 4 期，说明一个庞大的统治机器从第 2 期开始建立起来，直到第 4 期末，同样未中断过。在这第 2 期到第 4 期连续发展的文化中，出现大量以鱼鹰为模型的鸟头柄勺，并非偶然，它恰恰表明了鱼凫王统治的连续性。而 1 号坑所出金杖杖身图案中的人、鸟、鱼形，则更从金杖所具有的政治、宗教、经济等特权的象征意义上，显示出这个王国的最高首领是鱼凫。可见，三星堆文化第 2 至 4 期是以鱼凫氏为主的文化，三星堆遗址是鱼凫所建早期蜀王国的国都。

史载鱼凫王朝灭于杜宇，其年代在殷、周之际，与殷、周之间的政权更替相当。《逸周书·王会篇》记载周成王大会诸侯于成周，"蜀人以文翰，文翰者，似皋鸡"。晋孔晁注曰："鸟有文彩者，皋鸡似凫。"所谓似凫而有文彩的皋鸡，这与三星堆遗址所出头、颈、眼部有花纹的鸟头勺柄相合，凫为神物。周初蜀人前往周王朝献凫，其意义犹如周初及西周一代屡见的诸侯致祭、荐俘、献功于王庭和宗庙一样，表明杜宇王政权的建立。由此可见，鱼凫王国灭于殷末周初。同时证明，从早商至晚商三星堆高度发达的古文明，是由鱼凫王朝开创并连续发展下来的。

三、王权性质与结构

王权结构是揭示王权范围、程度和性质的最重要依据。早期蜀王国的王权性质，可以从考古资料中获得比较充分的认识。

1. 对基本生活资料和生产者的占有与控制

基本生活资料主要指维持生存所必需的粮食。早期蜀王国的上层统治者嗜酒，三星堆遗址出土大量青铜和陶质的酒器，为统治者所专有。说明统治阶级不仅占有劳动阶级劳动成果，还控制基本生活资料及其生产者。

2. 对手工业生产者及其产品的占有与控制

规模庞大的三星堆古城墙、成都羊子山土台、成都十二桥大型木结构宫殿建筑群、矿石开采、运输、金属冶炼、青铜器铸造等手工业，都是贵族统治者所直接控制的生产领域，表明这些生产者及其产品皆属王有。

3. 对生产资料的占有和控制

从对铜矿、玉矿、金矿等矿藏的控制，到对青铜制品、玉制品、黄金制品等的系统控制，皆属此类。

4. 对宗教礼仪用器的占有和控制

大型青铜器群、玉石器群、金器等皆属礼器，为上层宗教集团所占有，一方面表明宗教集团有自己的生产者队伍，或部分地占有世俗生产者的劳动成果；一方面表明宗教神权是王权的最重要组成部分。

上述足以说明蜀王行使国家君主的权力。

有了各阶级聚居的中心城邑，就需要提供脱离食物生产的阶层消费。三星堆和十二桥遗址表现出当时有大量非农业生产者，如建筑者、运输者、采矿者各种门类的手工业者、艺术者等，他们的基本生活资料均由周围或其他地点农村的聚落生产。统治者所消费的粮食、肉类、酒类和各种食品，均由次级聚落提供，必然形成农产品的流动。

在三星堆和十二桥遗址，均出土有畜牧、狩猎产品的遗骸、遗骨及制成品，以及作为狩猎产品的大量象牙、象骨，它们中的相当一部分不会是统治者田猎活动的遗物，也当是次级聚落猎取来流向中心城邑的见证。

贵重的手工业产品如金器、青铜器、玉器等，仅在中心城邑出现，这显然是绝对单向性流动。

珍稀原材料如铜、锡、金、玉的流向，其产于蜀地者流向中心城邑，产于蜀地以外者（如锡、玉等）也流向中心城邑，表明对内的单向性流动和对外的互动性流动这种双重关系，均由同一个中心控制。

青铜兵器这种特殊的手工业产品，在拥有大型铸铜作坊和生产能力的中心城邑三星堆古城内发现甚少，在未发现铸铜作坊的次级聚落如新繁水观音遗址[①]，以及蜀文化与商文化的边缘接触地带陕南汉中盆地[②]，则有大量发现。表明青铜兵器是由中心城邑流向次级聚落和边防重镇的，属于单向性流动。

大型礼器群集中出土于中心城邑，其中的部分礼器也流向边防重镇，如三星堆出土的青铜面具群，稍晚又以稍加变化的形式出现于陕南城固。表明了王权与神权相结合的中心城邑同王国边防在政治上和文化上的垂直关系。特殊用途的自然资源的流动，如海贝、龟甲等，其方式可能是贡纳。

物资流动机制，体现着生产、消费、交换、分配体系的全过程。如上所述，大体可归结为两种结构：一是各聚落间广泛的互惠性交换。二是各种物资从次级聚落中心城邑的单向性流动和高度汇聚。这些物资流动的大规模化

---

① 四川省博物馆：《四川新繁水观音遗址试掘简报》，《考古》1959 年第 8 期；王家祐等：《四川新繁、广汉古遗址调查记》，《考古通讯》1958 年第 8 期。

② 唐金裕等：《陕西省城固县出土殷商铜器整理简报》，《考古》1980 年第 3 期。

及其在中心城邑的集中化所表现出来的高度社会控制，与青铜兵器从中心城邑向次级聚落和边防要塞的反向流动所表明的对专职暴力机构的控制，说明蜀王国的王权行使范围和程度已经远远超出早期酋邦制国家的酋长权力，达到了国家君主阶段。在蜀王国的物资流动机制中起着决定作用的控制系统，是凌驾于社会之上的国家政权，其核心是王权和神权，其典型物化形式是金杖、大型青铜雕像群、青铜兵器、文字、宫殿建筑和大型祭坛。[①]

王权行使的深度和广度还表现在同一文化的空间连续性和时间稳定性上。早期蜀文化除在广汉三星堆及其附近外，在成都、新繁、雅安、荥经、汉源、阆中、汉中这一辽阔空间内呈连续分布状态。空间分布的广延性说明，三星堆遗址与其他遗址和地点的关系，一方面是中心遗址与边缘的关系，另一方面则是高级与次级以及低级的关系，反映了蜀王权力的广延及其社会基础的分级制度。而这个王权从早商时期的三星堆 1 期持续到晚商时期的三星堆 4 期，一脉相传达数百年之久，与商王朝相始终。三星堆遗址是早蜀王权中心所在，即国都，各边缘地区和不同层次的次级、低级中心，则是王权中心在各地进行统治的基础和有力支柱。[②]

蜀王权力结构表明，早期蜀王国的统治集团形成了一个集权性的政府，可以任意征伐、调动和支配农民、手工业者、建筑者、运输者和早期艺术师队伍，控制了劳动分工，占有广大直接生产者的劳动产品，将其据为私有财产，表现出它的专制主义性质。

早期蜀王国王权结构的另一个重要特点，是宗教神权的异常强大。成都羊子山土台、广汉三星堆出土的大批青铜器、金器、玉石器等宝贵财富，都集中发现于用于宗教性目的的祭祀坑，充分显示出宗教神权的统治地位，足以说明神权与王权的统一性。因此，早期蜀王国是一个实行神权政治的国家，政教合一，王权正是在神权外衣掩盖之下，对广大劳动者阶级实行阶级统治的。

早期蜀王国的王权，在民族关系上还表现出以早期蜀族为中心的多元一体结构。三星堆祭祀坑所出各种青铜人物雕像、衣、冠、发式各异，而以头戴花冠、椎髻、身着左衽长衣的蜀族为中心，合于《蜀王本纪》关于蜀人"椎髻左衽"的记载。说明除蜀族外，蜀王还统治着其他众多的不同民族。

蜀王国的统治者由国王、巫师、各级贵族、武士等组成。这些统治者都

蜀文化考古与夏商时代的蜀王国

---

① 段渝：《略论蜀古文化的物资流动机制》，《社会科学报》1990 年 12 月 6 日。
② 段渝：《商代蜀国青铜雕像文化来源和功能之再探讨》，《四川大学学报》1991 年第 2 期。

是世袭贵族。《古文苑》章樵注引《蜀纪》说"上古时，蜀之君长治国久长"，实指统治集团的世袭制而言。三星堆 1 号祭祀坑和 2 号祭祀坑所出青铜人像、人头像，基本的衣、冠、发式都具有继承性。1 号坑与 2 号坑，年代相差约百年以上。这一百余年，按古人世次，至少前后沿袭四世。三星堆 2 至 4 期鸟头柄勺的连续性承袭，对于王权的一脉相传就更是一个铁证。

统治阶级与被统治阶级之间，界限明显，壁垒森严。三星堆遗址内，多出生产工具的区域与基本不出生产工具却出土大批玉石器、雕花漆木器等奢侈品的区域①，形成鲜明而强烈的对比。表明统治阶级对被统治阶级劳动成果的无偿占有。出土的 2 件双手反缚无首跪坐的石雕奴隶像②，说明统治者对被统治者握有生杀予夺大权。这些材料说明蜀王国王权的奴隶制度性质。

四、早期蜀王国与夏、商王朝的关系

古代文献、考古资料和殷卜辞中，有一些蜀与中原王朝关系的零星记载。这些材料虽属片言只语，却留下探讨其间关系的珍贵线索。

关于蜀与夏王朝的关系，古本《竹书纪年》记载："后桀伐岷山，岷山女于桀二人，曰琬、曰琰。桀受二女，无子，刻其名于苕华之玉，苕是琬，华是琰。"③岷山，《汉书·地理志》"蜀郡湔氐道"下班固原注曰："《禹贡》崏山在西徼外，江水所出。"崏即岷。《说文·山部》："徼，山也，在蜀湔氐西徼外，从山敫声。"《竹等纪年》所说岷山，《艺文类聚》卷 83《宝玉部》引作"岷山庄王女于桀二女"。从《大戴礼记·帝系》《史记·五帝本纪》以及《吕氏春秋·古乐》《山海经·海内经》等史籍的有关记载分析，此岷山或岷山庄王，当指所谓"蜀山氏"，与蜀国古史传说有关。

桀伐岷山，还见于许多先秦古籍。《韩非子·难四》"是以桀索崏山之女"，崏与岷为同字异写。屈原《天问》："桀伐蒙山，何所得焉？"岷、蒙一声之转。至于《左传》昭公四年"夏桀为有仍之会，有缗叛之"，《左传》昭七十一年"桀克有缗，以丧其国"，这里的"有缗"，音虽与岷相近，但有缗氏之缗，偏旁绝不从山，应与岷山有别。顾颉刚先生据《左传》的有缗氏，否定

---

① 林向：《蜀酒探原》，《南方民族考古》第 1 辑，1987 年。
② 林向：《巴蜀史研究的新篇章》，《社会科学研究》1987 年第 2 期。
③《太平御览》卷 135《皇亲部》引，又见本书《皇王部》《人事部》《珍宝部》等，并见《艺文类聚》卷 83。

《竹书纪年》等所载岷山与蜀有关，认为均指有缗氏，地在今山东金乡。[1]但年湮代远，事属渺茫，以此定论，似嫌仓促。《管子·山权数》"汤以庄山之铜铸币"，庄山即汉严道铜山，今四川荥经，今仍为铜矿基地。《史记·佞幸列传》汉文帝"赐邓通严道铜山，得自铸钱，邓氏钱布天下"，即指此。夏末商初成汤在严道铜山采铜铸币之说，固不足信。但与夏代末帝桀伐岷山之说一样，总是事出有因，且均将年代上推至夏代之末，亦不是毫无根据的虚构之言。

根据近年来早期蜀文化的考古发现，广汉三星堆遗址出有与河南偃师二里头夏代遗址相似的陶盉、高柄豆等器物，说明蜀与夏确曾发生过经济文化交往的事实。据徐中舒先生研究，夏、商之际，夏民族由于遭殷人打击，开始大迁徙，其中一支逾西北而西迁。[2]在迁徙过程中，必然会留下文化交流、传播之迹，也会与沿途民族和古国发生和战关系。岷山从西北绵亘至于西南，岷江上游又是早期蜀文化的发源地之一，因此，岷江中游川西平原早期蜀文化遗址中出现的夏文化因素，部分地应与夏人西迁有关。桀为夏代末帝，夏人之西迁自桀始，这也与桀伐岷山的年代相吻合。可见，古史上夏、蜀关系的传说，确是事出有因，并非无据。

殷商时期，蜀与商王朝的关系主要见于殷卜辞，考古方面也有不少资料可资佐证。

殷卜辞中所见的蜀，约有三四十辞之多[3]，但作为地名或国名，不过十数辞。关于殷卜辞中蜀的地理位置，向有争议。郭沫若以为，蜀"乃殷西北之敌"[4]。董作宾认为蜀地约当今之陕南或四川境。[5]岛邦男认为，蜀地约在今陕西东南商县、洛南附近。[6]陈梦家先生以为蜀"大约皆在殷之西北，西南"[7]，后又认为卜辞中的蜀字不当释蜀，应释为旬，文献作筍，"古城在今（山西）新绛西"[8]。胡厚宣先生则认为卜辞中的蜀在山东，"盖自今之泰安南至汶上，皆蜀之疆土"[9]。此外，其他学者还有一些看法，但总体上与上述诸说相近，此不具引。

① 顾颉刚：《古代巴蜀与中原的关系说及其批判》，《论巴蜀与中原的关系》，成都：四川人民出版社，1981年。
② 徐中舒：《夏史初曙》，《中国史研究》1979年第3期。
③ 岛邦男：《殷墟卜辞研究》，台北：台北鼎文书局，1975年。
④ 郭沫若：《卜辞通纂》，北京：科学出版社，第119页。
⑤ 董作宾：《殷代的羌与蜀》，《说文月刊》3卷7期，1942年。
⑥ 岛邦男：《殷墟卜辞研究》，第378-383页。
⑦ 陈梦家：《殷代地理小记》，《禹贡》第7卷第6、7期合刊，1937年。
⑧ 陈梦家：《殷墟卜辞综述》，北京：中华书局，1988年，第294页。
⑨ 胡厚宣：《卜辞中所见之殷代农业》，《甲骨学商史论丛》第二集，齐鲁大学国学研究所，1946年。

确定殷卜辞中蜀的地理位置，除引证史籍以考其详外，关键还是在于确定卜辞中与蜀相关的一系列方国或地名的位置，才能取得可靠的内证。卜辞中，与蜀同在一辞的，有"羌"（"羌、蜀"，《铁》105、3）"缶"（"伐缶与蜀"，《粹》1175）等国名。羌，大量见于文献和甲骨文，在殷之西北，古今无异词。羌域广阔，以西北甘、青为分布中心，其东南近蜀。可见，蜀不在东方，缶亦古国，或释为陶，地在今山西永济①，不确。按殷卜辞中，缶屡与"我方"发生关系。我方，据卜辞"乙"未（卜）贞：立事于南，右比我，中比舆，左比曾（《掇》2.62），地在舆、曾之西。舆即举，地在汉水之东举水流域。②曾即曾，见于周成王时铜器《中甗》铭文，地在汉水上游。举、曾之西的我方，其地必在汉水上游附近。经常与我方发生关系的缶，其地势必在汉水上游一带。证诸文献，缶当即褒，二字音近相通。古无轻唇音，读褒为缶。褒即褒城，夏代褒姒之国，地当汉中盆地。卜辞中载殷王"伐缶与蜀"，又载"缶眔蜀受年"（《乙》6423），则蜀与缶地相毗邻即可得而知之。褒在陕南，卜辞中的蜀亦应在此，殆无疑义。

不过，陕南的蜀并非独立方国，它是川西平原蜀王国的北疆重镇所在，故亦称蜀，不足为异。汉中盆地城固所出早期蜀文化的代表器物，如三角形援无胡戈、陶尖底罐、青铜人面具和兽面具等，均同于或近于三星堆遗址所出同类器，年代较之后者稍晚，应是早期蜀文化向北连续分布的结果。尤其占城固铜器群中青铜兵器84%以上的三角形援无胡戈，年代虽早于殷墟所出，但在汉中却并无应有的起源演变序列，它应来源于川西平原的蜀文化系统。③这说明，陕南汉中一带是蜀王国北拒殷商的军事重镇，蜀与殷王朝政治军事力量的接触，就经常发生在这里。卜辞中的商、蜀关系，实际上记载的就是商王朝与蜀王国在其各自边境相接的区域所发生的一系列争战事件。

蜀与商王朝的关系，与卜辞所记其他商代方国有重要区别。据《尚书·酒诰》，殷王朝对于所征服的方国，均纳之于"外服制"体制之中，"越在外服，侯、甸、男、卫邦伯"，将外服各邦国（邦者，方也）之长，划分为侯服、甸服、男服、卫服四个等级，使其纳贡服役。《逸周书·职方》孔晁注曰"侯，为王斥侯也"，"甸，治田入谷也"，"男，任也，任王事"，"卫，为王捍卫也"。

① 陈梦家：《殷墟卜辞综述》，北京：中华书局，1988年，第294页。
② 李学勤：《商朝的南土》，《文物》1976年第2期。
③ 段渝：《商代蜀国青铜雕像文化来源和功能之探讨》，《四川大学学报》1991年2期。

按照外服制下的生产区域和地理方位①假如蜀国被商征服，当为男服，但卜辞的记载却不能支持这一推测。更重要的是，殷王室对所征服之国，均称为方，如土方、舌方、羌方、巴方等，但卜辞中的蜀却绝不称方。固然卜辞对有的方国有时不称方，但总有称方之例，不称方者均为省称。卜辞中既无一辞称蜀为方，足见绝非省称。这显然意味着，蜀王国并没有成为殷王朝的外服方国，故不称方。蜀王也没有成为殷王朝的方国之长，故不称方伯（方，国也。伯，长也。）。

从蜀文化的考古发现和研究中，也可得出同样结论。广汉三星堆遗址发现的蜀国都城，城墙规模相当庞大，东西长 1 600~2 100 米，南北宽 1 400 米，都城总面积 2.6 平方公里。②同一时期的早商都城河南偃师商城，东墙长 1 640 米，西墙长 1 710 米，北墙长 740~1 240 米，总面积为 1.9 平方公里。稍晚的中商都城郑州商城，北垣长 1 690 米，西垣长 1 870 米，东南垣各长 1 700 米，总面积为 2 平方公里多。③按照商王朝的内、外服之制和匠人营国之制④，王朝都城绝对大于方国都城，故商都在卜辞中称为"大邑商"。而方国之都的规模远小于大邑商。如湖北黄陂盘龙城为商王朝控临南方"金锡之道"的重镇，城垣南北约 290 米，东西约 260 米，总面积仅 7 万平方米。⑤山西夏县东下冯商代方国城址，南垣仅约长 400 米，其余三垣不详⑥，总面积甚小。说明方国之都无不小于大邑商，是为定制，自古而然，不能逾越。但蜀都却大于偃师商城，与郑州商城规模相当，这种情况却不见于商代外服体系。如将蜀王国纳入商代外服方国体系，就完完全全是罕见的严重逾制。

不言而喻，蜀王国都制与商王朝都制的对等性，显然表明二者是两个不同政治体制和政权系统下的产物。它们之间不存在权力大小的区别，正如它们之间不存在共主与臣属的关系一样，这与殷卜辞中绝不称蜀为方是恰相吻合的，充分表明了商代蜀王国是一个独立的政治实体这个事实。

① 殷代外服制中，男服多为南方之国。古男、南二字通用，男服又称南服。参阅徐中舒：《论西周是封建社会——兼论殷代社会性质》，《历史研究》1957 年第 5 期。

② 陈德安、罗亚平：《蜀国早期都城初露端倪》，《中国文物报》1989 年 9 月 15 日。

③ 河南省博物馆等：《郑州商代城址发掘报告》，《文物资料丛刊》第 1 辑，北京：文物出版社，1977 年。

④ 参见《周礼·考工记》。

⑤ 湖北省博物馆等：《盘龙城一九七四年度田野考古纪要》，《文物》1976 年第 2 期。

⑥ 东下冯考古队：《山西夏县东下冯遗址东区、中区发掘简报》，《考古》1980 年第 2 期。

| 18 |

巴蜀青铜文化的演进

巴蜀青铜文化对于学术界并不陌生，半个多世纪以来不少学者曾对此进行过探讨。如何从整体上考察巴蜀青铜文化的演进，以明了其发展脉络和特点，还有待于新的努力。本文仅对此做一初步尝试。

一、青铜合金技术

巴蜀青铜文化至迟在商代已经发展到相当发达的阶段。以三星堆遗址"祭祀坑"[①]为代表的青铜文化，是巴蜀青铜文化走向成熟的标志。

商代晚期，蜀人已熟练地掌握了青铜二元合金和三元合金的技术，青铜制品有铜锡、铜铅、铜锡铅、铜铅锡四类（表一）[②]。与同一时期中原地区商文化相比，蜀文化的青铜合金技术有五个显著特点。

表一　广汉三星堆商代一、二号坑部分铜器合金成分

坑号	试样编号	器物名称及取样部位	出土号	成分（%）								
				铜	锡	铅	锌	镍	磷	硅	铁	铝	总计
一号坑	04	铜人头下嘴唇	K1-207	94.91	4.84	0.05			0.7				100
	13	铜罍盖沿口	IC1-135	93.08	3.01	3.91							100
	14	铜瑗残片	K1-285-5	97.77		2.23							100
	17	龙虎尊虎头左侧腹片	K1-258	71.76	3.18	25.06							100
	10	铜戈穿前部	K1-53-1	98.4						0.7	0.9		100

---

① 四川省文物管理委员会等：《广汉三星堆遗址一号祭祀坑发掘简报》，《文物》1987年第10期；四川省文物管理委员会等：《广汉三星堆遗址二号祭祀坑发掘简报》，《文物》1989年第5期。

② 曾中懋：《广汉三星堆一、二号祭祀坑出土铜器成分的分析》，《四川文物》广汉三星堆遗址研究专辑，1989年；《广汉三星堆二号祭祀坑出土铜器成分的分析》，《四川文物》1991年第1期。

坑号	试样编号	器物名称及取样部位	出土号	成分（%）									
				铜	锡	铜	锌	镍	磷	硅	铁	铝	总计
二号坑	01	铜面具嘴唇下部	K2-148	96.48	3.17	0.09			0.27				100
	02	铜人腰部	K2-149	95.81	3.22	0.03		0.23	0.71				100
	03	铜人底座	K2-149	98.09	0.23	0.07		0.63	0.98				100
	05	铜面具耳部	K2-152	96.16	3.26	0.11		0.47					100
	06	铜人头颈部	K2-82	97.08	2.45	0.12		0.35					100
	07	铜罍下腹部	K2-88	63.31	8.56	16.82					1.51	7.8	100
	08	铜罍底部	K2-146	62.91	5.29	29.90			1.9				100
	15	铜尊上腹部	K2-127	77.69	4.42	15.97			1.92				100
	16	铜尊沿口	K2-129	99.05				0.95					100
	11	星状器外沿口	K2-139-1	78.08	4.65	16.31			0.96				100
	12	铜车器尖部	K2-123	73.11	0.63	24.7		0.69	0.87				100
	09	铜戈尖部	K2-261-5	87.02	7.90	1.64		1.32	2.12				100
	18	铜树座底部	K2-191	79.19	2.32	18.49							100
	19	铜树树干	K2-215	89.55	0.76	9.69							100
	20	铜树干浇铸缝	K2-24	78.68	1.19	19.95							100
	21	铜树干缠卷枝	K2-322-11-2	79.65	0.09	20.26							100
	22	铜树上的细小树枝	K2-261-5	73.86	0.43	25.72							100
	23	铜树上果实	K2-322-11-1	64.48	1.38	32.71			1.43				100
	01	铜人头耳后	K2-15	86.96	3.14	9.19					0.71		99.3
	02	铜面具下嘴唇	K2-201	78.18	8.54	12.25					1.04		100.01
	03	铜人头耳内壁	K2-121	90.99	3.15	4.99				0.14	0.62	0.12	100.01
	04	铜罍腹部	K2-159	88.41	4.76	6.27					0.56		100
	05	铜罍底部	K2-88	83.78	10.44	4.52					1.10	0.16	100
	06	铜罍底部	K2-103	85.39	4.03	9.16					0.73	0.22	100.03

坑号	试样编号	器物名称及取样部位	出土号	成分（%）									
				铜	锡	铜	锌	镍	磷	硅	铁	铝	总计
二号坑	07	铜尊沿口	K2-135	80.76	15.71	2.89				0.05	0.53	0.07	100.01
	08	铜尊沿口	K2-200	66.89	10.05	19.23				0.16	3.42	0.34	100.04
	09	铜尊沿口	K2-129	79.04	3.26	16.77					0.95	0.44	100.46
	10	铜车轮沿口	K2-67	82.92	0.03	10.34				0.07	0.53	0.12	100.01
	11	铜车轮轴辕边	K2-74	79.66	9.24	9.93				0.08	0.86	0.22	99.99
	12	神树底部中心	K2-215	96.98	0.67	1.65	0.24	（钙）			0.46		100

第一，蜀文化礼器的锡含量一般较低，实用器如罍、尊的锡含量则较高。如将《考工记》中"六齐"的"锡"理解为锡、铅含量的总和，则实用器的铜、锡配比恰合于或高于《考工记》"钟鼎之齐"的比例。殷墟出土的青铜器，兵器中绝大多数是铅青铜，仅少优质兵器使用锡青铜[1]，大量的锡青铜则被用于制作礼器。[2]这表明蜀、商对于合金的用途类别有不同的标准。

第二，蜀文化青铜礼器的铅含量较高，实用器的铅含量却很低，甚至完全不含铅。礼器大量含铅，除锡料来源有限外，也在于所追求的主要是器形及其铸造工艺，故大量代之以铅。殷墟兵器的含铅量较高，多数大于含锡量，可达 26.78%以上。礼器的含铅量则大大低于兵器。如司母戊大方鼎，含锡11.64%，含铅仅 2.79%[3]，司母辛大方鼎，含锡 12.62%，含铅仅 0.5%[4]，似乎表明"祀"比"戎"更为重要。

第三，蜀文化的青铜器，不论礼器还是实用器，均不含锌。商文化的青铜器则往往含有微量锌。这种差异可能是因青铜原料的产地不同所致。不过，若考虑到战国时期蜀国铜器往往含有微量锌，此点尚需进一步深入研究。

第四，蜀文化的铜锡类和铜锡铅类青铜器多数含有微量磷，其作用可以增强青铜的流动性，提高强度、硬度和弹性。[5]历来在商文化的铜器中均未发

---

① 闻广：《青铜与锡矿》附表一：商周青铜器合金成分表，1963 年。
② 夏湘蓉等：《中国古代矿业开发史》，北京：地质出版社，1980 年。
③ 杨根、丁家盈：《司母戊大鼎的合金成分及其铸造技术的初步研究》，《文物》1959年第12期。
④ 中国社会科学院考古研究所：《殷墟妇好墓》，北京：文物出版社，1980 年。
⑤ 重有色金属材料加工手册编写组：《重有色金属材料加工手册》（第一分册），北京：冶金工业出版社，1979 年。

现含磷。联系到战国时期蜀国铜器仍普遍含微量磷的情况，当可认为是有意添加。这表明蜀人在掌握青铜合金脱氧技术方面，达到了先进水平。

第五，三星堆出土的一件铜树座的中心部分，其合金成分中含有微量钙元素（K2-215），这是古代冶金史上的首例。[①]这件标本的维氏硬度值为 HV=60，强度较高。其成因如何，值得探讨。

上述五点表明，商代蜀文化在青铜合金技术上，具有鲜明的特色和显著的地域性。

战国时期蜀文化青铜器的合金成分，锡含量有明显提高，有些兵器的合金成分非常接近《考工记》"六齐"的配方，与中原青铜合金系统日益接近（表二）[②]。

表二　战国时期蜀文化青铜器合金成分

原编号	试样名称	出土时间	出土地点	成分（%）				
				铜	锡	铅	锌	氯
B102	钟		四川乐山	71.88	15.31			
B104	钟		四川乐山	75.56	14.12			
S2	钺	1976	成都郊区	82.244	10.56	6.155		1.038
S5	戈	1976	成都郊区	86.423	13.576			
S6	环首大刀	1976	成都郊区	84.322	11.293	4.383		
S8	戟矛	1961	四川彭县	81.948	7.528	10.523		
S9	弧形小刀	1958	四川彭县	81.4	16.7	0.88		
S7	矛	1961	四川彭县	89.162	10.837			
S10	矛	1958	四川彭县	78.282	10.002	11.715		
S11	矛	1958	四川彭县	84.628	8.126	5.763		1.508
S12	带钩	1956	四川遂宁	78.5	14.6	7.5		
S13	带耳铜镜	1956	四川遂宁	69.5	11.8	18.9	<0.01	
S14	戈			75.5	6.6	17.7	<0.01	
S15	戈			88.178	11.872			
S29	矛			87.147	9.57	3.282		

① 曾中懋：《广汉三星堆一、二号祭祀坑出土铜器成分的分析》，《四川文物》广汉三星堆遗址研究专辑，1989 年；《广汉三星堆二号祭祀坑出土铜器成分的分析》，《四川文物》1991 年第 1 期。
② 田长浒：《从现代实验剖析中国古代青铜铸造的科学成就》，《成都科技大学学报》1980 年第 3、4 期合刊；何堂坤：《部分四川青铜器的科学分析》，《四川文物》1987 年第 4 期。

这一时期的蜀式剑、矛、瓿等铜器，合金成分中大都含有微量磷（表三）[1]，同一时期中原铜器仍不含磷，显示出蜀文化青铜器自身的发展源流、演进特色。

表三　蜀文化铜器中的合金成分

名称	出土时间	出土地点	取样部位	成分（%）					
				铜	锡	铅	铁	锌	磷
剑	1976	四川绵竹清道	背脊	84.5	13.9	0.76	0.091	0.26	0.27
矛	1976	四川绵竹清道	刃	83.77	12.38	0.91	0.609	—	0.308
矛	1980	四川犍为罗城	背脊	81.55	15.93	0.79	1	0.03	0.3
剑	1980	四川犍为罗城	背脊	74.75	17.14	0.46	0.3	0.03	0.112
瓿	1985	四川广汉城关	口沿	91.31	1.43	3.64	0.301	0.05	0.3

巴文化早期铜器迄今还没有发现。战国时期巴国的青铜合金技术已发展到成熟阶段，对1972年涪陵小田溪出土巴国铜器的化验分析表明（表四）[2]，其青铜合金配方与《考工记》"六齐"的比例基本一致。

表四　涪陵小田溪巴国墓青铜兵器成分

名称	出土地点	成分（%）					
		铜	锡	铅	锌	铁	硫
矛	2号墓扰土中	82.11	15.04	1.51	0.037	0.064	0.11
剑	1号墓	82.21	14.67	1.28	0.043	0.039	0.056

二、青铜器制作技术和装饰工艺

巴蜀青铜器的制作主要采用范铸法，并较早运用了钢焊和锻打技术。范铸技术主要有混铸、分铸和嵌铸等[3]，各种铸法往往结合应用。加工工艺有焊、铆、热补等。

战国时期蜀文化青铜器制作除保持传统工艺外，还运用了局部塑形加工技术。对一些铜器的金相分析（表二：S5、S15、S29），发现金相组织有部分

---

① 曾中懋：《磷——巴蜀式青铜兵器中特有的合金成分》，《四川文物》1987年第4期。
② 四川省博物馆等：《四川涪陵地区小田溪战国土坑墓清理简报》，《文物》1974年第5期。
③ 曾中懋：《广汉三星堆一、二号祭祀坑出土铜器成分的分析》，《四川文物》广汉三星堆遗址研究专辑，1989年；《广汉三星堆二号祭祀坑出土器成分的分析》，《四川文物》1991年第1期。

滑移线，应是锻打加工留下的痕迹。[1]

蜀文化青铜器的制作技术有两点值得注意：第一，商代晚期已大量运用先铸法，而商周时期中原青铜器的分铸法是以榫卯式后铸法为主流，直到春秋时期才以先铸法为主。[2]由此可见蜀文化青铜范铸技术的进步程度。第二，商代晚期蜀人已熟练掌握了铜焊技术，三星堆出土铜器为此提供了可靠的证据。冶金史学界认为，华北的铸焊工艺约起源于两周之际，春秋中叶较多使用，战国达到普遍，是当时中原青铜工艺转变期的一种重要新兴金属工艺。[3]蜀人却比中原地区和东方的楚国早数百年。

战国时期蜀文化青铜器表面成分的最大特点是含锡量较高，含铜量较低（表五）[4]。蜀式兵器常见一种圆形、椭圆形和虎纹形黑色斑纹，据表面成分分析，是在已经镀过锡的器物表面上进行第二道镀锡所产生的特殊效果，与中原兵器表面处理的方法有异。带有这类斑纹的蜀式兵器，现知年代最早的是楚公鈼戈[5]，约为西周晚期之物。

巴蜀青铜器的装饰工艺，主要有镂刻、嵌错金银丝和红铜，以及浮雕等。纹饰常采用动植物、异形兽类，以及几何图形等。在许多青铜器上，常刻铸巴蜀符号。此外，在几件铜戈上，还发现似汉字的巴蜀表意文字。

表五　战国蜀文化青铜器扫描电镜表面成分分析

试样名称及编号	电子束取样情况		成分（%）							
	序号	位置和状态	铜	锡	铅	铁	硅	铝	磷	其他
戈 S5	1	表面，青黑色稍亮	44.585	47.455	3.723		4.234			
	2	表面，灰黑色	50.327	46.159	1.434		2.078			
	3	同1，另一处	40.219	50.628	4.601		4.55			
	4	同2，另一处	43.414	46.513	5.709		4.363			
环首大刀 S6	1	表面，灰黑色	41.884	46.251		2.53	5.592	1.997	1.763	
	2	同上，另一处	36.578	43.529	9.521	2.265	4.865	1.716	1.53	
矛 S7	1	表面，灰白色	65.751	28.648	4.439		1.16			

[1] 何堂坤：《部分四川青铜器的科学分析》，《四川文物》1987年第4期。

[2] 华觉明：《中国古代金属技术》，北京：科学技术文献出版社，1985年。

[3] 北京钢铁学院《中国冶金简史》编写组：《中国古代冶金》，北京：文物出版社，1978年。

[4] 何堂坤：《部分四川青铜器的科学分析》，《四川文物》1987年第4期。

[5] 高至喜：《"楚公鈼"戈》，《文物》1959年第12期；冯汉骥：《关于"楚公鈼"戈的真伪并略论四川"巴蜀"时期的兵器》，《文物》1961年第11期。

试样名称及编号	序号	位置和状态	铜	锡	铅	铁	硅	铝	磷	其他
矛 S10	1	表面，灰黑泛绿	9.571	40.915	25.332	3.68	14.149	6.35		
	2	在1之上的虎斑纹	14.867	46.097	21.327		11.807	5.899		
戈 S14	1	表面，灰黑泛绿	26.584	32.24	32.257		7.774	0.943		
	2	表面特殊保护层脱落处	53.703	5.787	19.634	3.196	9.97	8.258		
矛 S29	1	表面，灰黄色	12.222	38.168	22.928	9.503	6.512	4.142		铂 6.521
	2	同上，另一处	14.671	39.873	23.953	9.596	5.414	3.972	2.517	
	3	表面上虎斑纹，黑色	17.915	43.808	21.554	3.712	13.008			
	4	同上，另一处	35.775	58.614		4.609	2.692		0.308	
带钩 S12	1	表面，灰绿色	22.492	28.351	12.657	3.018	13.921	7.572		铂 11.986
	2	同上，另一处	23.101	38.329	5.716	6.094	10.853		6.774	硫 7.154
	3	同上，另一处	14.781	50.244	5.612	9.954	5.947		7.224	硫 5.33
两试样三虎斑纹分析点平均成分			22.852	48.84	14.294	2.774	9.196			
一般试样十四表面分析点平均成分			31.87	41.236	10.373		5.537			

注："十四表面分析点"是不包括三个虎斑纹分析点（S10.2、S29.3、S29.4），以及特殊保护层脱落处（S14.2）。

三、青铜器种类

近数十年来，巴蜀青铜器出土已达数千件。从出土地点看，除在四川盆地、成都平原、川东长江沿岸密集分布外，陕南、鄂西、湘西、贵州和云南等地亦有丰富的发现，并影响到越南北部红河地区青铜时代的东山文化。其年代，上起商代，下迄汉初。按性质、用途大致可分为生产工具、兵器、礼（容）器和生活用器、雕像四大类，各自包括不同的类、型、式。

（一）生产工具

主要有刀、锛、斧、凿、斤、锯、削、锥、雕刀等，从商代至战国均有发现。商代蜀文化墓葬即出有青铜工具，种类较少，数量不多，仅斧、削、凿等。①战国时期蜀文化墓葬出土大量成套青铜工具。在新都木椁墓内，出土各类青铜器 170 件，其中斧、斤、曲头斤、手锯、削、凿、雕刀等工具就达 12 套，计 60 件。同一时期中原和楚、秦的墓葬，则极少见到如此大批成套的青铜生产工具。这大概反映了古蜀人生产、生活与当时生态环境的关系。

相反，青铜农具在巴蜀文化中极为罕见，尚需进一步探讨。

（二）兵器

兵器在巴蜀青铜器中占有重要地位，历年出土数量最大，种类也相当多。主要有戈、矛、剑、戟、钺、镞、弩机、镈、胄等，在成都平原和川东广泛分布。商周时期呈现出向北伸展的态势，战国时期则呈现出向南发展的趋势。

巴蜀青铜兵器中以戈、矛、剑、钺最富特色，有别于中原同类兵器，具有自身的发展演变源流。

1. 戈

巴蜀戈分为无胡和有胡两类，一般将两类戈结合进行分式研究。②无胡戈与有胡戈虽然具有发展演变关系，但战国时期两者却长期并存，并无取代的迹象。将两类戈分别分式，将有助于对其源流进行深入研究。这里讨论无胡戈，有胡戈从略。

参考诸多意见③，无胡戈可分为五型。

Ⅰ型直援，援呈瘦长三角形，上下出阑，方内。Ⅰ型 1 式援较瘦长，援本处无穿。Ⅰ型式援本较宽，一侧有一穿，上、下刃略内弧（图一，1、2）。

Ⅱ型援稍变短，援本加宽，援呈三角形、近援本处有一圆穿，援本上、下各一穿，无阑，方内，内上一穿（图一，3、4）。

Ⅲ型援更短，援本更宽，援呈宽三角形，近援本处一圆穿，援本上、下各一穿，无阑，方内，内上一圆形或菱形穿（图一，5、6）。

Ⅳ型援本向上下延展，前援狭长而直，援呈束腰三角形，近援本处一穿，

① 四川省博物馆：《四川新繁水观音遗址试掘简报》，《考古》1959 年第 8 期。
② 张忠培：《关于"蜀戈"的命名及其年代》，《吉林大学学报》1963 年第 3 期；童恩正：《我国西南地区青铜戈的研究》，《考古学报》1979 年第 4 期；李学勤：《论新都出土的蜀国青铜器》《文物》1982 年第 1 期；冯汉骥：《关于"楚公𫑡"戈的真伪并略论四川"巴蜀"时期的兵器》，《文物》1961 年第 11 期。
③ 张忠培：《关于"蜀戈"的命名及其年代》，《吉林大学学报》1963 年第 3 期；童恩正：《我国西南地区青铜戈的研究》，《考古学报》1979 年第 4 期；李学勤：《论新都出土的蜀国青铜器》，《文物》1982 年第 1 期；冯汉骥：《关于"楚公𫑡"戈的真伪并略论四川"巴蜀"时期的兵器》，《文物》1961 年第 11 期；霍巍、黄伟：《试论无胡蜀式戈的几个问题》，《考古》1989 年第 3 期。

援本上、下各一穿，无阑，直内，内上一圆形或菱形穿（图一，7）。

Ⅴ型三角形援，援宽而短，前援向中轴折收成三角形锋，上、下刃略内弧，直内（图一，8）。

巴蜀无胡戈在川西平原蜀地产生最早，并具有完整序列。其年代，Ⅰ型首见于新繁水观音遗址和墓葬[1]，为商晚期，也有认为可早到商前期[2]。Ⅱ型出现于晚商[3]，流行到战国中期[4]。Ⅲ型始见于商周之际[5]，流行到战国晚期[6]。Ⅳ型为战国中期[7]，Ⅴ型为战国晚期到西汉初期[8]。其中Ⅱ型到Ⅲ型的演变历程达千年之久，且并行不悖；Ⅰ至Ⅲ型各自的形成年代相距很短，均在商代晚期。这种演变关系在其他地域的同类器物系统中是罕见的，表现出无胡戈在蜀文化中具有特殊的影响力。

从无胡蜀戈的年代、分布及形制演变的关系看（表六），它是以成都平原为中心向周围扩展，年代越晚，形制越进化，越向其他地区扩展。很明显，其演进并非受其他文化的影响。

值得注意的是广汉三星堆 2 号坑出土的 20 件铜戈。[9]这批铜戈的共同特征是援呈等腰三角形，两侧锯齿形，无刃，援本较宽，无胡，宽阑，阑与援本间一大圆穿，直内（图一，9、10）。根据其形制，应属无胡蜀式戈系统，具有Ⅰ至Ⅲ型的某些特征，其变化仅在于将三角形援的上、下刃做成锯齿形，明显是Ⅲ型戈的变种。

三星堆 2 号坑的年代，大致相当于殷墟一期[10]，所出铜戈与Ⅰ、Ⅱ型蜀戈的年代基本相同。这就意味着，Ⅰ、Ⅱ型蜀戈的发生年代还应早于殷墟一期。其实这种关系，可从川西南山地的汉源富林所发现的 2 件Ⅰ型Ⅰ式蜀戈[11]得到说明，因为它们明显是成都平原蜀戈向外扩展的结果，年代为晚商。那么，处于成都平原的这种形制的蜀戈，其年代应当早于晚商。

---

① 王家祐、江甸潮：《四川新繁、广汉古遗址调查记》，《考古通讯》1958 年第 8 期；四川省博物馆：《四川新繁水观音遗址试掘简报》，《考古》1959 年第 8 期。
② 杜乃松：《论巴蜀青铜器》，《江汉考古》1985 年第 3 期。
③ 四川省博物馆：《四川新繁水观音遗址试掘简报》，《考古》1959 年第 8 期。
④ 四川省博物馆：《成都百花潭中学十号墓发掘记》，《文物》1976 年第 3 期。
⑤ 王家祐：《记四川彭县竹瓦街出土的铜器》，《文物》1961 年第 11 期；四川省博物馆：《四川彭县西周窖藏铜器》，《考古》1981 年第 6 期。
⑥ 四川省文管会：《成都羊子山第 172 号墓发掘报告》，《考古学报》1956 年第 4 期。
⑦ 四川省博物馆等：《新都战国木椁墓》，《文物》1981 年第 6 期。
⑧ 成都市文物管理处：《成都市金牛区发现两座战国墓葬》，《文物》1985 年第 5 期。
⑨ 四川省文物管理委员会等：《广汉三星堆遗址二号祭祀坑发掘简报》，《文物》1989 年第 5 期。
⑩ 郑振香：《早期蜀文化与商文化的关系》，《中原文物》1993 年第 1 期。
⑪ 岳润烈：《四川汉源出土商周青铜器》，《文物》1983 年第 11 期。

分布情况	形制及数量						资料来源
	I 1	I 2	II	III	IV	V	
新繁水观音 M1、M2	6						《考古》1959.8
新繁水观音遗址	1	1	1				《考古通讯》1958.8
汉源富林	2						《文物》1983.11
广汉三星堆 2 号坑				20			《文物》1989.5
陕西城固苏村				82			《考古》1980.3
彭县竹瓦街		5	9	4			《文物》1961.11、《考古》1981.6
成都百花潭中学 M10			2	5	2		《文物》1976.3
新都战国木椁墓			95	15	5		《文物》1981.6
成都交通巷			1	1	1		《考古与文物》1980.2
成都无机校			1	4	2		《文物》1982.1
成都西郊战国墓			1	4	2		《考古》1983.7
大邑五龙 M2			1				《文物》1985.5
成都枣子巷				11			《文物》1982.8
彭县船棺葬				1			《文物》1985.5
成都南郊战国墓				1	1		《考古》1959.8
犍为金井				1	1		《文物资料丛刊》7
犍为五联 M6				1			《考古》1983.9
成都羊子山 M172				1			《考古学报》1956.4
成都金牛区					1		《文物》1985.5
巴县冬笋坝 M9、M11					2		《四川船棺葬发掘报告》1960
简阳糖厂			1		1		《文物资料丛刊》3
峨眉柏香林			1	14	6	1	《考古》1986.11
湖北荆门					1		《文物》1963.1

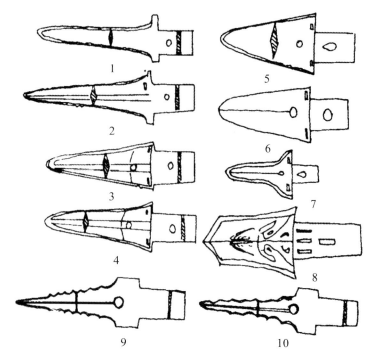

1、2—Ⅰ型（彭县竹瓦街）；3、4—Ⅱ型（彭县竹瓦街）；5、6—Ⅲ型（彭县竹瓦街，
成都百花潭中学 M10）；7—Ⅳ型（新都马家）；8—Ⅴ型（成都金牛区）；
9—三角型锯齿援戈（广汉三星堆二号坑）。

图一　无胡蜀铜戈

商文化铜戈，按内与秘的结合方式，有銎内、曲内和直内三类。銎内戈和曲内戈不见于蜀文化，可资比较的只有直内戈。二里头出土的直内戈均无上、下阑[①]（图二，1）；二里冈期的直内戈，援略呈瘦长三角形，上、下阑[②]（图二，2）；殷墟时期流行曲内戈，直内戈援一般呈不对称瘦长三角形，上侧微外弧（图二，3）。因此，从形制的演变看，商文化的直内戈与蜀戈显然不属同一个系统。

商文化中也发现有三角形援戈（旧称戣或戳），在考古发掘中发现很少，与商文化常见的瘦长三角形援戈迥然不同，应不属于同一个文化系统。[③]其中援两侧对称者（图三，1），颇类于Ⅲ型蜀戈。这种形制的铜戈，在陕南城固

① 中国社会科学院考古研究所二里头工作队：《偃师二里头遗址新发现的铜器和玉器》，《考古》1976年第 4 期。
② 河南省文物考古工作队第一队：《郑州商代遗址的发掘》，《考古学报》1957 年第 1 期。
③ 杨锡璋：《关于商代青铜戈矛的一些问题》，《考古与文物》1986 年第 3 期。

发现不少，有 80 多件。[①]

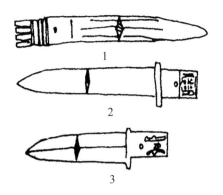

1—二里头；2—二里冈；3—殷墟。

图二　商文化直内铜戈

城固出土的铜戈可分为三种形制，一种为曲内戈；一种为不对称三角形援戈；另一种为宽三角形援戈，近援本处一圆穿，援本处两穿，无阑，方内，内上一圆形、三角形或菱形穿（图三，2、3）。

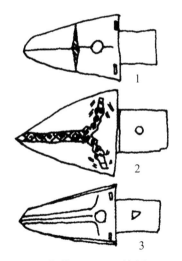

1—殷墟；2、3—城固。

图三　三角形援铜戈

不难看出，第一种为典型的商文化戈，第二种形制略类于蜀戈，第三种则与Ⅲ型蜀戈雷同。城固第三种戈的年代晚于三星堆 2 号坑，在当地没有自

　① 唐金裕等：《陕西省城固县出土殷商铜器整理简报》，《考古》1980 年第 3 期。

身的发生演化序列，与前两种间也不存在演变关系。因此，城固第三种戈应来源于蜀，是蜀戈向北扩散的结果。

另外，在宝鸡竹园沟、茹家庄、纸坊头等地出土的殷周时期三角形援戈[①]，形制与蜀戈相同，也应源于蜀文化。

战国时期，无胡蜀戈表现出南向发展的趋势，对川西南、云南滇文化，以至越南东山文化的铜戈形制均有一定影响。

巴文化铜戈以有胡戈为主，与蜀文化有胡戈类似，以长胡三穿为精，援后部伸出两翼，援及翼多铸虎、龙、蛇等纹饰，援及胡上多有各种巴蜀符号。也使用无胡戈，如湖北荆门出土的兵避太岁戈[②]，应属蜀式戈的第 V 型。但巴文化无胡戈出土很少，并显然与蜀文化的影响有关。

2. 矛

蜀文化的铜矛以骹两侧附弓形耳为特色，贯穿各期，与中原铜矛的环形耳有较大区别。依骹的长短，蜀式矛分为长骹和短骹两种。长骹式的叶与骹长度相当，骹一般通至近尖处。短骹式有窄叶和宽叶之分，骹一般仅占全长的三分之一。巴文化铜矛与蜀矛相近，但以短骹式为多（图四）。巴蜀铜矛在骹上多有各种纹饰或巴蜀符号。

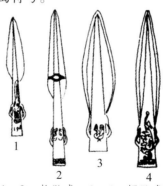

1、2—长骹式；3、4—短骹式。

图四　巴蜀铜矛

3. 剑

巴蜀铜剑的显著特征是扁茎，无格，剑身呈柳叶形，茎与身同铸。可分两种，一种剑身较宽而薄，中起脊，两侧有血槽，剑基多浅刻虎纹和巴蜀符号；另一种剑身较窄而厚，不见纹饰符号。在峨眉符溪、成都罗家碾和成都

---

① 卢连成、胡智生：《宝鸡強国墓地》，北京：文物出版社，1988 年。

② 王毓彤：《荆门出土的一件铜戈》，《文物》1963 年第 1 期。

三洞桥青羊小区还出土带鞘的双剑，大概是用于遥击的飞剑甲。①

巴蜀柳叶形铜短剑的起源，目前学术界看法不一，或认为源于中原，或认为源于陕南。这主要基于过去柳叶形剑在巴蜀地区发现的年代不早于春秋，而同样或类似的剑在陕西宝鸡茹家庄、竹园沟、长安张家坡、甘肃灵台白草坡，以及北京琉璃河等殷末至西周早、中期墓葬内有一定数量的发现。

1986 年春，在广汉三星堆遗址相当于殷末周初的地层中，出土 1 件柳叶形铜短剑，长 24 厘米。②同年夏在三星堆 1 号坑内出土一件柳叶形玉剑，扁茎，无格，茎上一圆穿，残长 28 厘米③（图五，3），年代相当于殷墟一期。1985—1989 年成都十二桥遗址发掘中，第 12 层出土 1 件铜短剑，剑身呈柳叶形，中起脊，扁茎，无格，茎无穿，残长 20.2 厘米（图五，1），年代为晚商。1990 年成都十二桥新一村晚商地层内又出土一件柳叶形铜短剑，残长 20.9 厘米④（图五，2）。这几件短剑不仅年代早，而且形制原始，尤其成都十二桥、新一村所出，茎上无穿，应是此种剑的早期型式。无论从年代还是从形制上看，它们均应早于宝鸡、长安等地所出同类剑。⑤由此可见，柳叶形铜短剑的发源地似应在成都平原古蜀地区，年代为商晚期或更早。

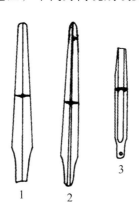

1、2—铜剑（成都十二桥、成都新一村）；3—玉剑（广汉三星堆 1 号坑）。

图五　巴蜀剑

① 童恩正：《我国西南地区青铜剑的研究》，《考古学报》1977 年第 2 期。
② 林向：《三星堆考古发掘琐记》，《文物天地》1987 年第 5 期。
③ 四川省文物管理委员会等：《广汉三星堆遗址一号祭祀坑发掘简报》，《文物》1987 年第 10 期。
④ 江章华：《巴蜀柳叶形剑渊源试探》，《四川文物》三星堆古蜀文化研究专辑，1992 年。
⑤ 宝鸡茹家庄西周墓发掘队：《陕西省宝鸡市茹家庄西周墓发掘简报》，《文物》1976 年第 4 期；宝鸡市博物馆、渭滨区文化馆：《宝鸡竹园沟等地西周墓》，《考古》1978 年第 5 期；宝鸡市博物馆：《宝鸡竹园沟西周墓地发掘简报》，《文物》1983 年第 2 期；中国科学院考古研究所：《沣西发掘报告》，北京：文物出版社，1962 年。

4. 钺

巴蜀铜钺可约略分为直内和銎内两类。直内钺出土于四川汉源富林[1]，弧刃，身长大于宽，为晚商之物（图六，1）。汉中城固出土的同一时期直内钺[2]，形制与富林所出近似，仅身长稍小于宽。

銎内钺分为六型。Ⅰ型仅有半圆形刃部[3]（图六，2）。Ⅱ型弧刃，斜肩，身近舌形[4]（图六，3）。Ⅲ型半圆形刃，中空，后部Ｖ形槽以受楔[5]（图六，4）。Ⅳ型身作圆形或椭圆形，中部折收成腰，平肩，椭圆形銎口[6]（图六，5）。Ⅴ型直身，弧刃，平肩，椭圆形銎口（图六，6）。Ⅵ型弧刃，两侧为锐角尖锋，扁长形銎口[7]（图六，7）。

巴蜀铜钺具有显著特色，直内钺刃部外突近半圆，銎内钺圆刃，身近斧形，均不见于商文化。它们在巴蜀出现均为晚商，两者间不大可能具有演变关系，但銎内钺的演变脉络较明显。西周以后，巴蜀铜钺均为銎内钺，直内钺已不见使用。

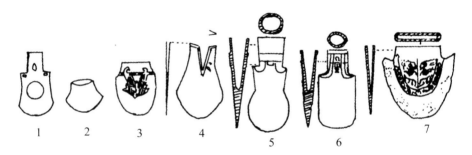

1—直内钺；2~7—Ⅰ~Ⅵ型銎内钺。

图六　巴蜀铜钺

（三）礼（容）器

巴蜀铜礼（容）器包括各种礼仪、祭祀用器和实用器，在全部巴蜀青铜器中占有显著位置。

铜罍是蜀文化青铜礼器中的重器，尤其在商周时期如此，明显区别于中

① 岳润烈：《四川汉源出土商周青铜器》，《文物》1983年第11期。
② 唐金裕等：《陕西省城固县出土殷商铜器整理简报》，《考古》1980年第3期。
③ 岳润烈：《四川汉源出土商周青铜器》，《文物》1983年第11期。
④ 四川省博物馆：《四川彭县西周窖藏铜器》，《考古》1981年第6期。
⑤ 冯汉骥：《四川彭县出土的铜器》，《文物》1980年第12期。
⑥ 四川省博物馆等：《新都战国木椁墓》，《文物》1981年第6期。
⑦ 刘瑛：《巴蜀铜器图录》，《文物资料丛刊》第7辑，1983年。

原地区以鼎、簋相配的列鼎之制，也区别于楚文化的用鼎制度。①蜀的罍制，件数不一。以五件一组的列罍，首见于彭县竹瓦街锅器窖藏（1号）②，年代为晚商（图七）。彭县竹瓦街另出有列罍4件（2号）③，原也应为5件。商周时期列罍多一大四小，战国时期列罍大小一致，且与同样五件成制的鼎、壶、盘等并行④，意味着罍制的衰落。巴文化亦屡见铜罍，从现有资料看，并未形成严格的用罍制度。

鼎在战国以前的巴蜀文化中所见绝少，现已发现的商周时期巴蜀青铜器群中，至今未见鼎，也不见其他质材的鼎。战国时期蜀墓中始出铜鼎，大型墓如新都木椁墓出五件列鼎⑤，中型墓如成都百花潭墓出鼎一件⑥，绵竹船棺葬出鼎四件⑦，小型墓则多不出铜鼎。这反映了蜀与中原的文化交流，主要是在统治集团的上、中层进行。

巴蜀墓葬多数出有鍪、釜、甑，器身常饰几何纹，或素面，肩部附一或二辫索纹耳。单耳鍪的出现年代可早到战国早中期，双耳鍪可晚至西汉初年。其原生地应为巴蜀，而不是秦。⑧

巴蜀铜礼（容）器常见的还有尊、盘、壶、觯、方彝、盉、鉴、敦、匜、甗、缶、豆、钫、提梁壶等，此外巴文化还常出錞于、钲、编钟等乐器，其上多有巴蜀符号。这些器物多数源于中原，也有部分与楚文化相近。

蜀文化青铜礼器具有独特的组合方式。新都战国木椁墓所出铜器，同样器物均以两件或五件为一组，而五件成组者居多。⑨两件成组的器物有9种，即敦、豆、缶、盘、鉴、甑、甗、匜、觯、勺。五件成组的器物有20种，即列罍、壶、三足盘形器、豆形器、釜、鍪、匕、编钟、剑、刀、戈、钺、矛、斧、斤、手锯、削、凿、雕刀。五件成组体现了蜀文化特殊的礼制与葬制，应与文献所记"尚五"有关。⑩

---

① 段渝：《论新都蜀墓及所出"邵之飤鼎"》，《考古与文物》1991年第3期。
② 王家祐：《记四川彭县竹瓦街出土的铜器》，《文物》1961年第11期；四川省博物馆：《四川彭县西周窖藏铜器》，《考古》1981年第6期。
③ 四川省博物馆：《四川彭县西周窖藏铜器》，《考古》1981年第6期。
④ 四川省博物馆等：《新都战国木椁墓》，《文物》1981年第6期。
⑤ 四川省博物馆等：《新都战国木椁墓》，《文物》1981年第6期。
⑥ 四川省博物馆：《成都百花潭中学十号墓发掘记》，《文物》1976年第3期。
⑦ 王有鹏：《四川绵竹县船棺葬》，《文物》1987年第10期。
⑧ 李学勤：《论新都出土的蜀国青铜器》，《文物》1982年第1期。
⑨ 四川省博物馆等：《新都战国木椁墓》，《文物》1981年第6期。
⑩ 常璩著，刘琳校注：《华阳国志校注·蜀志》，成都：巴蜀书社，1984年。

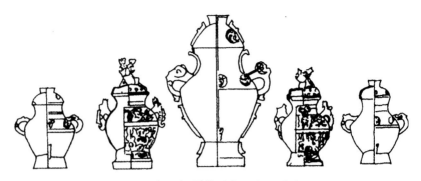

图七　铜列罍（彭县竹瓦街）

（四）雕像群

1986 年夏出土于广汉三星堆 1、2 号坑的大型青铜雕像群，展示了商代蜀青铜文化的辉煌成就。这批铜雕像群包括两大类，一类是人物雕像，一类是动植物雕像。

人物雕像有全身人物雕像、人头雕像、人面像等，约八十尊。全身人物雕像中最大的一尊立人像通高 260 厘米（图八，1）；最小的一尊仅高 3 厘米。这类雕像有站立、双膝跪坐、单腿跪坐等姿态（图八，2~4）。

立人像头戴五齿高冠，身着数重鸡心领左衽长襟衣，后摆作燕尾形，与《蜀王本纪》所记蜀人"椎髻左衽"和《后汉书·南蛮西南夷列传》所记"衣服制形，皆有尾形"相吻合。其面部高鼻深目，方颐大耳，双手错举于胸前，作握物状，双腕各戴 3 只手镯，近足踝处各戴一方格纹脚镯，赤足立于方座上象首。根据立人像的形制及在全部人物雕像群中的突出地位，似可以断定为蜀王的形象。

人头雕像仅号坑就出土 41 尊，均耳垂穿孔。可分为八型[1]：Ⅰ型头上部残，圆眼，高鼻（图八，5）；Ⅱ型戴双角盔，脑后有笄痕，三角立眼，高鼻挺直（图八，6）；Ⅲ型戴平顶冠，编发于脑后，插笄，大眼高鼻（图八，7）。Ⅳ型冠式不明，鼻高突（图八，8）。Ⅴ型戴平顶冠，脑后长辫，插笄，大眼高鼻（图八，9）；Ⅵ型戴回字形纹平顶冠，脑后短发平齐，大眼，高鼻（图八，10）；Ⅶ型脑后结一蝶形笄，大眼，高鼻（图八，11）；Ⅷ型辫发盘于头顶一周，大眼，高鼻，双耳各穿 3 孔（图八，12）。这些人头雕像冠式发式各

---

[1] 陈显丹：《广汉三星堆青铜器研究》，《四川文物》1990 年第 6 期；另见四川省文物管理委员会等：《广汉三星堆遗址一号祭祀坑发掘简报》，《文物》1987 年第 10 期；四川省文物管理委员会等：《广汉三星堆遗址二号祭祀坑发掘简报》，《文物》1989 年第 5 期。

异，显然不属同族，反映出古蜀文化广泛的民族构成①，它们与大立人雕像，形成了有层次、有等级、有中心的结构。

人面像可分为四型（图八，13~17），可与上述各型雕像互相比较参考。其中Ⅱ型面像最为奇特：Ⅲ型 1 式，眼球成圆柱体凸出眼眶，大钩鼻，嘴角至耳根，两大耳斜上，似戈援（图八，15）；Ⅲ型 2 式鼻上饰一高大的夔龙（图八，16）。这些人面像前额正中或耳根部有方形或圆形孔，应是装配在某种物体表面的。它们大概是古蜀人心目中的祖先形象。其中Ⅲ目型人像可能与《华阳国志》所谓"蚕丛纵目"有关，是祖先崇拜的形态，在宗教史上有重要意义。

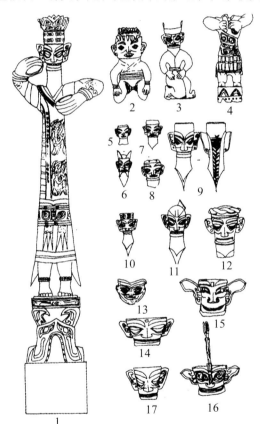

1—大立人像（K2）；2—跪坐人像（K1）；3—单膝跪坐人像（K1）；4—小站立人像（K2）；
5—Ⅰ型头像（K1）；6—Ⅱ型头像（K1）；7—Ⅲ型头像（K1）；8—Ⅳ型头像（K1）；9—Ⅴ型头像（K2）；
10—Ⅵ型头像（K2）；11—Ⅶ型头像（K2）；12—Ⅷ型头像（K2）；13—Ⅰ型面像（K2）；
14—Ⅱ型面像（K2）；15—Ⅲ型 1 式面像（K2）；16—Ⅲ型 2 式面像（K2）；17—Ⅳ型面像（K2）。

图八　三星堆一号坑出土部分铜人物雕像

① 段渝：《商代蜀国青铜雕像文化来源和功能之再探讨》，《四川大学学报》1991 年第 2 期。

动植物雕像包括兽面具、龙、虎、怪兽、蛇、鸟、鸡、蝉、树以及贝、墨鱼等海洋生物。其中爬龙与其他地区所出龙形有异，如在椅角内侧有一对小角，下颌饰须，形态似羊。神树残高 3 米以上，有圆形座，座上还有两个跪状武士雕像，大概便是古籍所谓"众帝所自上下"的"建木"。①海洋生物雕像则反映了古蜀人的远距离文化交流和经济活动。②

值得探讨的是三星堆铜雕像群文化风格的来源。在同一时期，中国其他文化系统均没有这种风格。虽然，在北京刘家河商代中期墓葬出土过 5 件铜人面形衣饰③，安阳西北冈大墓出土过 1 件铜人面具④，北京琉璃河 1193 号西周墓也出土了铜人面形饰⑤，湖南宁乡出土了人面方鼎⑥，西安老牛坡商代墓葬出过铜人面具⑦，还有江西新干商墓出土的铜双面人神器等⑧，但出土数量少，并且在形制风格和功能上，均与三星堆大型铜雕像群有异，不应属于同一文化，也不可能将其纳入同一个文化来源。陕西汉中城固苏村出土的 23 件铜人面具和 25 件铜兽面具（铺首）⑨，伴出大量的蜀式铜戈，以及宝鸡茹家庄西周墓出土的 2 件铜人雕像⑩，均与三星堆铜人风格近似，应是古蜀文化的孑遗。

可见，三星堆铜雕像群的文化来源，与中国其他地区均无关系。

在蜀文化自身范围内，这类大型铜雕像群也是独一无二的，它们在川西平原出现，带有显著的突发性和神秘性。可能是因与某外域文明的接触和交流，从而形成了新的文化特征。⑪

文明的史迹：先秦、巴蜀及南丝路历史研究（巴蜀文化卷）

① 刘安：《淮南子·地形》，上海：上海古籍出版社，1989 年。
② 段渝：《古代巴蜀与南亚和近东的经济文化交流》，《社会科学研究》1993 年第 3 期。
③ 北京市文物管理处：《北京市平谷县发现商代墓葬》，《文物》1977 年第 11 期。
④ 陈梦家：《殷代铜器》，《考古学报》第 7 册，1954 年。
⑤ 中国社会科学院考古研究所琉璃河工作队：《北京琉璃河 1193 号大墓发掘简报》，《考古》1990 年第 1 期。
⑥ 高至喜：《商代人面方鼎》，《文物》1960 年第 10 期。
⑦ 刘士莪、宋新潮：《西安老牛坡商代墓地的发掘》，《文物》1988 年第 6 期。
⑧ 江西省文物考古研究所等：《江西新干大洋洲商墓发掘简报》，《文物》1991 年第 10 期。
⑨ 唐金裕等：《陕西省城固县出土殷商铜器整理简报》，《考古》1980 年第 3 期。
⑩ 宝鸡茹家庄西周墓发掘队：《陕西省宝鸡市茹家庄西周墓发掘简报》，《文物》1976 年第 4 期；宝鸡市博物馆、渭滨区文化馆：《宝鸡竹园沟等地西周墓》，《考古》1978 年第 5 期；宝鸡市博物馆：《宝鸡竹园沟西周墓地发掘简报》，《文物》1983 年第 2 期；中国科学院考古研究所：《沣西发掘报告》，北京：文物出版社，1962 年。
⑪ 段渝：《商代蜀国青铜雕像文化来源和功能之再探讨》，《四川大学学报》1991 年第 2 期。

巴蜀城市

| 19 |

巴蜀古代城市的起源、结构和网络体系

城市是文明时代最重要的标志。"文明"（Civilization）一词，来源于拉丁文 Civis 和 Civatas，意指城市居民和社会，含有"城市化"或"城市的形成"等意义。城市一旦形成，便意味着史前生产方式和村落生活方式的基本结束，标志着新的生产方式、社会组织和城市生活方式的出现，宣告了文明时代的来临。正因为城市对文明社会具有特殊意义，V. G. 柴尔德才将社会从史前进入文明的巨大变革称为"城市革命"[①]。显然，研究古代文明的起源和形成，不能不着力研究古代城市的起源和形成。在当前我国学术界开始关注中国城市的起源和形成之际，对巴蜀古代城市给予具体分析，并与中外早期城市进行初步比较研究，是完全必要的。

一、早期城市的确认

本文所论述的巴蜀古代城市，既不等于中国封建时代的城市和欧洲中世纪城市，也不等于近代以来的城市。"古代城市"这个概念，是指城乡分化初期阶段的城市，即"早期城市"或"最初城市"。

早期城市的概念很难界定。尽管如此，正如 V. G. 柴尔德所说，"有 10 个以考古学材料演绎出来的抽象标准，可以把甚至是最早的城市与任何过去的或当代的村庄区别开来"。它们是：①大型居住区；②人口构成和功能与任何村庄都不同；③剩余财富的集中化；④巨大的公共建筑；⑤从事非体力劳动的统治阶级；⑥文字；⑦历法学和数学；⑧专职艺术家；⑨对外贸易；⑩以居住区而不是以亲属关系为基础的政治组织。[②]美国文化人类学家 R. M. 亚当斯认为，城市形成过程中最本质的转变是社会组织领域内的变化，即社

文明的史迹：先秦、巴蜀及南丝路历史研究（巴蜀文化卷）

[①] V. G. Childe, Man Makes Himself, New York, 1948.
[②] V. G. 柴尔德：《城市革命》(1948)，《当代国外考古学理论与方法》，西安：三秦出版社，1991 年。

会的规模加大，复杂性增多，同时在政治上和宗教上都有新的机构出现。^①柴尔德的演绎抽象，正如 C. 伦福儒评论的那样，强调了各种因素之间的相互关系，是一种具有普遍性的模式。^②而亚当斯又着重强调政治组织领域内的结构性变化和机制转变，他的论述也建立在对中美洲、秘鲁和美索不达米亚早期文明进行分析的基础之上，同样具有广泛的适应性。

具体从考古学文化上来界定早期城市，苏联学者 B. N. 古梁耶夫根据对古代东方和中美洲古代文明材料的研究所提出的看法是值得重视的。他认为古代城市形成的标志和特点是：①出现了统治者及其王室居住的宫殿群；②出现了宏大的寺庙和圣所；③宫殿、寺庙建筑群与平民的房舍隔离开；④圣区与住宅区明显不同；⑤具有奢华的王陵和墓葬；⑥产生了大型艺术品；⑦有了文字（碑铭石刻）；⑧数量上的标志是：大型广场、大量住宅和公用房屋、较密集的居民等。^③

西方人类学家和历史学家还普遍认为，城市革命进程中其他的一些重要特征还有：在特殊的及相互依存的地区间进行商品交换和商品再分配的机构；通常是在城市革命的核心部分形成以后，人口才有所增加。^④这些分析，同柴尔德、亚当斯、古梁耶夫的看法基本一致，也是界定早期城市的通行准则。

上述关于早期城市的各项界定标准，多数具有普遍性，对于中国早期城市的确认以及早期城市形成过程的研究，有着重要的借鉴意义和参考价值。根据考古、文献资料并参照上述理论进行分析，可以有把握地确认，在殷商时代，以成都平原为本土的蜀王国即已产生、形成了两座早期城市，这就是广汉三星堆古城和早期成都。

在广汉三星堆遗址，考古工作者发掘清理了早商时期蜀王国建筑的巨大城墙，从而确认三星堆遗址是商代蜀王国都城的废墟。^⑤据试掘城墙横断面为梯形，墙基宽 40 余米，顶部宽 20 余米。调查勘测表明，三星堆古城的东、西、南三面筑有城墙，墙外有壕沟。古城东西长 1 600 至 2 100 米，南北宽 1 400 米，现有总面积 2.6 平方公里。在古城的中轴线上，分布着蜀王国的宫殿区。

---

① R. M. 亚当斯：《关于早期文明发展的一些假说》(1959)，《当代国外考古学理论与方法》，西安：三秦出版社，1991 年。

② C. 伦福儒：《对考古学解释的反思》(1982)，《当代国外考古学理论与方法》，西安：三秦出版社，1991 年。

③ B. N. 古梁耶夫：《玛雅城市国家》，莫斯科 1979 年版，第 14、15、19 页。

④《简明不列颠百科全书》第 15 版 (1984) 第 2 卷，北京：中国大百科全书出版社，1985 年版，第 271 页。

⑤ 陈德安、罗亚平：《早期蜀国都城初露端倪》，《中国文物报》1989 年 9 月 15 日。

城墙体的高大坚固，反映出可供支配、征发的劳动力资源相当充足，进而可知居于城内宫殿区的统治者统治着数量庞大的人口，控制着丰富的自然资源、生产资源和社会财富。城圈的广阔，意味着城内复杂社会的形成，表明其中的生活方式已决然不同于史前乡村：社会组织、政治结构以及整个社会的控制系统和运作机制，都已远远超出史前酋邦的水平。结合对为数众多的直接生产者和从事非生产劳动的各类专业人员（如艺术师、设计师、商贾）的有效统治来看，一个具有集权性质的政府组织显然已经形成。①

在三星堆古城已发掘清理的房屋密集的生活区内，出土大量陶质酒器和食器。房屋遗迹，有平民居住的面积仅 10 平方米左右的木骨泥墙小房舍，也有显贵居住的面积，超过 60 平方米的穿斗结构大房舍和抬梁式厅堂，显示出深刻的阶级分化。生活区内发现纵横交错的排水通道，出土大量工艺陶塑动物、乐器、雕花漆木器和玉石礼器，还出土双手反缚踞坐的石雕奴隶像，而又缺乏农业生产工具。这与仅出土大量生产工具和作坊遗迹的区域形成鲜明对照，揭示出建筑群依照房主的尊卑贵贱进行分区以及早期的功能性分区情景。而内涵丰富，埋藏着大批青铜器、金器、玉石礼器的"祭祀坑"，又与基本无随葬品的墓葬形成异常强烈的对比。高耸的城墙、深陷的壕沟，是阶级冲突加剧的象征。早期的文字②，是脑力劳动与体力劳动分野的标志。以古城为中心，三星堆遗址在周围 12 平方公里范围内密集地连续分布，是城乡连续体业已形成的坚强证据。各种生产资源、富于战略意义和宗教权威神秘感的自然资源、大量社会财富向着三星堆古城的单向性流动及高度汇聚，表现出高度的社会控制，而青铜兵器从三星堆古城向次级邑聚和边缘地区的反向流动，又表现出对专职暴力机构的控制。说明在蜀王国的物资流动机制中，起决定作用的控制系统是凌驾于社会之上的国家政权，其核心是王权与神权③，其典型物化形式是巨型城墙建筑、青铜器、玉石器、大型礼仪中心和文字。

这些物质的和非物质的因素，无不揭示出人口集中的大规模化，非直接生产者的大批产生，剩余财富的集中化，商业关系的广泛建立和远程贸易的开通，社会分层的复杂化和阶级社会的形成，以及神权与王权的强化和统治机构的专职化，它们正是业已成为一座早期城市的最主要标志。即令仅从经济进步的角度来认识，作为城市化机制的核心，三星堆古城也明显表现出多

---

① 详见拙文《商代蜀国青铜雕像文化来源和功能之再探讨》,《四川大学学报》1991 年第 2 期。
② 详见拙文《巴蜀古文字的两系及起源》,《成都文物》1991 年第 3 期。
③ 详见拙文《略论蜀古文化的物资流动机制》,《社会科学报》1990 年 12 月 6 日。

种产业的生长点和地区的增长中心等特征，因此毫无疑问是一座典型的古代中心城市，即都市。

与三星堆蜀国都市几乎同步发展起来的早期成都，是蜀王国又一座颇具规模的早期城市。在今成都市西部，考古工作者发掘了属于早商时代的十二桥大型木结构建筑，总面积达 15 000 平方米以上，其中发现了大型宫殿建筑的庑廊遗迹。在主体建筑周围，发现了呈密集型排列的小型干栏式建筑遗迹，它们是大型宫殿的附属建筑群。大型主体建筑与小型附属建筑相互联结，错落有致，浑然一体，组成规模宏大的建筑群体。遗址内还发现数批商代早期至春秋战国时期的青铜器、陶器、玉石器，并在商代地层内出土刻有文字的陶轮。这些，都为证明商代成都已成为一座文明古城提供了直接依据。

在成都十二桥以北的羊子山，考古工作者曾清理了一座始建年代约为晚商的高大土台建筑。土台形制为三级四方，每层有登台土阶，最上层 31.6 平方米，台底 103.6 平方米。土台用泥草制土砖筑墙，内以土夯实。土台用土量在 7 万立方米以上，面积 1 万多平方米，高 10 米，在一望无际的成都平原，显得倍加巍峨。它的三级四方形制，与广汉三星堆 2 号坑所出青铜大立人的三层四方形基座颇相类似，而土台方向为北偏西 55°，又恰与三星堆祭祀坑的方向一致，绝非偶然。再联系十二桥遗址及相互连接的大片密集的古遗址看，羊子山土台应当是早期成都最宏大的公共建筑，即城市的礼仪中心。

与商代十二桥遗址属于同一时期的成都各古遗址，以十二桥建筑群为中心，在沿古郫江故道分别伸向北面和西南面的弧形地带密集分布，覆盖面积 10 多公里，文化特质均与十二桥遗址商代文化层各期相同。[1]其中任何一个遗址均未发现边缘，表明它们是同一个大型遗址的不同组成部分。各遗址出土陶片极为丰富，文化层中每一平方米范围内（厚约 20 厘米），可发现碎陶片200~1 000 片[2]，可见人口的集中化已达到相当程度，表明商代成都已具相当规模。

十二桥遗址下文化层分为早中晚三期，早期约当早商时期，中期约当殷墟 1 期，晚期为商末周初。各期分别连续发展数百年，达到了稳定的发展状态。以十二桥遗址为中心南北延伸分布的古遗址群，年代与十二桥基本一致，表明它们作为早期成都这个巨型遗址的不同组成部分，是同步发展演进的，其共存关系具有明显的空间连续性和时间稳定性。而在布局和级别上，十二

① 王毅：《成都市蜀文化遗址的发现及其意义》，《成都文物》1988 年第 1 期。

② 罗开玉：《成都城的形成和秦的改建》，《成都文物》1989 年第 1 期。

桥大型建筑群体显然又是早期成都遗址群的核心组成部分，无论其建筑规模、气势、主从配置还是建筑物形式，都远远超乎其他遗址之上，因此它无疑是早期成都社会的控制系统之所在，即权力中心之所在。这个权力中心所在的宫殿式建筑，与位于其北的羊子山土台大型礼仪建筑遥遥相望，这种格局恰是作为一座早期城市最明显不过的标志。

从更深刻的意义来认识，十二桥和羊子山建筑所体现出来的技术的专业化发展，文字的应用，力学、几何学、算学等科学知识的进步，动员、组织、支配劳动力资源、生产资源、自然资源和社会财富的广泛深入，还反映出一个更加波澜壮阔的时代背景，足以证明已经形成了一个拥有相当集中化权力的政治中心在支配着大批手工业者、建筑者、运输者、掌握科学知识的专业人员、各级管理者，以及为这些脱离食物生产领域的社会各阶层提供食物的大批农业生产者及其剩余劳动。所有这些社会阶级、阶层，在一个拥有众多建筑物而其空间分布又十分有限的范围内如此地集中，发生着种种复杂的关系，这恰恰是一座古代城市（现代亦然）所必须具备的社会结构，说明一个植根于社会而又凌驾于社会之上的政权组织已经形成，雄辩地证明商代成都是一座当之无愧的早期城市。

古代巴国的城市，在考古学上至今尚未见其一隅。不过通过文献的研究，却也能初步揭示其端倪。

巴是文明古国。据殷卜辞所见："巴奠（甸）"①之称，可知巴为殷商王朝的"甸服"。甸服即《尚书·酒诰》所载殷代外服制"侯、甸、男、卫"之甸。《逸周书·职方》孔晁注："甸，田也，治田入谷也。"说明巴有比较发达的农业，这正是城市革命必要的先决条件之一。西周初年，巴国受周王室分封，位列南国诸侯之首，同时又是汉阳诸姬之一，镇抚周之南土，不可能不形成早期城市。但巴国早期城市既是分封制的产物，而分封制的目的在于"封建亲戚，以藩屏周"②，固然也使"诸侯有田，以处其子孙"③，却诚如董仲舒所说："王者之封诸侯，非官之也，得以代为家也。"④因此，分封制下直接以政治统治和军事镇抚为目的形成并发展起来的早期城市，不能不具有浓厚的军事重镇色彩，严格说来，它至多只能是正在形成中的城市。

①《小屯南地甲骨》第1 059片。

②《左传》僖公二十四年，十三经注疏本。

③《礼记·礼运》，十三经注疏本。

④《史记·吴太伯世家》索隐引，北京：中华书局，1959年。

战国时代，根据《华阳国志·巴志》的记载："巴子时虽都江州（今重庆市），或治垫江（今重庆合川），或治平都（今重庆丰都），后治阆中（今阆中市），其先王陵墓多在枳（今重庆涪陵）。"此王都即是巴国从陕南、川北、鄂西之间的汉水大巴山地区南下入川后，在川东地区先后建立的都城。

巴子五都是否属于早期城市呢？《左传》庄公二十八年说："凡邑，有先君宗庙之主曰都，无曰邑。"东汉刘熙《释名·释州国》："国城曰都。都者国君所居，人所都会也。"国都作为拥有广大土地人民的政治中心，一般说来应发展成为城市。按照战国时代长江流域经济的发展程度和巴国经济的发展水平，其国都当会自然地形成地区的增长中心和国内多种产业的生长点，考古发现的大批优质青铜器、精美漆器、玉器、陶器、竹木器等，均应与此紧密相关。《华阳国志·巴志》在叙述巴国五都后记载："又立市龟亭北岸，今新市里是也。"《水经·江水注》也说："江水又东，左迳新市里南。常璩曰：巴旧立市于江上，今新市里是也。"其地在今重庆小南海。既称巴国立市，当然是指官市。可见，此时的巴国都城，已具有组织地区商业贸易的经济功能，同时也建有与其他地区进行贸易的官方职能机构。至于控制各种生产资源的机构，也不可能不相继建立起来。而考古中巴蜀货币"桥形币"（形制如璜，铜质）的普遍出土，则反映出商品经济的触角已经伸入社会各阶层，成为川东经济增长的动力之一。由此可见，战国时代的巴国国都已经开始发挥中心城市的功能，初具都市规模，成为川东地区的首位城市。

二、城市起源：聚合模式

在古代城市的起源与形成研究中，城市聚合模式的寻求具有十分重要的意义。因为在城市形成的早期阶段，城市内部结构、功能体系、空间组织以及主要发展方向，基本上都是由聚合模式所决定的。城市聚合模式不同，城市起源、形成的道路就不同，城市的性质也就不同。

广汉三星堆古城的聚合模式，从一开始就表现出强烈的神权政治中心性质；以神权政体为中心的社会组织和政治机构，在城市起源进程中发挥着核心的聚合作用。三星堆巨大的城墙始建年代为早商，直接叠压在新石器末叶的文化层之上，表明在三星堆古城开始聚合成形的时代，城墙就是最早的产物。换言之，三星堆的城市文明，是与城墙的营建一同发展起来的，城墙便是三星堆早期文明的首要代表和最重要标志。

三星堆城墙的墙体异乎寻常地厚实，基部厚 40 米，顶部厚 20 米。如此牢固宽大并具永久性的城墙，其功能和用途是什么？不少学者以为其本身就是防御体系，是为拱卫蜀王之都而营建的。这种解释未必恰当。三星堆城墙固然高大坚厚，但宅内外两面却都是斜坡，横断面呈梯形，与郑州商城决然不同，这种形制根本不可能适用于战争防御。[①]况且，从城墙剖面的文化遗物面貌和碳 14 测年数据来看，似乎几道城墙的筑成年代有先后早晚之分。如此，视其为防御体系，将更加失去依据。有学者认为城墙与防御洪水有关，其功能之一便是作为堤防。可是从地形和位置看，东西两道城墙分别纵贯于鸭子河与马牧河之间，其横断面分别正对南北的两道河流，却不是以其纵断面朝向河流，丝毫起不到御水的作用。南城墙（即著名的三星堆）虽与马牧河几字形弯道的东边相平行，然而马牧河弯道却又在城圈以内，因此也难以起到堤防的作用。

解释三星堆城墙的功能和用途，最好是联系城内有关文化遗存加以综合研究。迄今为止的三星堆考古发掘中，很少见到实战所用的兵器，即或有其形制，也多属仪仗、礼仪用器，例如玉戈、玉匕、无刃的三角形棱青铜戈等。而标志宗教神权及其礼仪活动的各类陶制品、玉石制品、黄金制品和青铜制品，出土却极为丰富。强大的宗教神权，显然是同城墙一道与生俱来的。城墙始建年代为三星堆 2 期，恰恰在这一期中，遗址内开始出现一种很有特色的鸟头柄勺，鸟头长喙带钩，形似鱼鹰，与史籍所述商代蜀王鱼凫的形象惊人地相似。这种鸟头柄勺，绝非一般的普通实用器，而是鱼凫氏蜀王国在特殊的宗教礼仪场合用以舀酒的神器。这种神器与城墙同时出现的现象，暗示着两者之间具有某种不可分割的内在联系。将它们系结在一起的纽带，正是宗教神权。

可以表明三星堆城墙所具宗教性质和神权象征性的，还有若干其他证据，其中重要的是三星堆遗址文化内涵的变化。三星堆文化分为 4 期，第 1 期为新石器文化，第 2 期以后进入早期文明。引人注目的是，在第 1、2 期之间，文化面貌出现了显著变异，反映了社会结构及其运作机制的突变，这种突变是另一支文化战胜土著文化的结果。作为这种文化征服后果的直接表现形式，最引人注目的便是城墙的诞生和鸟头柄勺的出现，两者最恰当不过地表明了社会组织领域内的本质性变化，以及政治上、宗教上新的机构的出现。结合

文明的史迹：先秦、巴蜀及南丝路历史研究（巴蜀文化卷）

---

① 详见拙文《关于长江文化研究的几点思考》，《东南文化》1992 年第 1 期。

《蜀王本纪》《华阳国志》等古文献分析，这种转变来自鱼凫王对蚕丛、柏濩的征服，来自以鱼凫王为核心的宗教神权政体——早期蜀王国的创立。作为这个宗教神权政体的象征性神器——以鱼凫为形象制成的鸟头勺柄，在这一时期的突然出现，绝不是偶然的。而城墙的营建，目的正在于适应这个新政体的宗教神权性质。城墙既然不能构成防御体系，又与御水无关，就只能合理地解释为宗教性建筑，神权统治者通过它那庞大的物质形式所产生的巨大威慑力量，来炫耀宗教政体至高无上的权威，并使王权在神权的庇护下达到充分合法化，借以实施严酷的阶级统治。联系到南城墙外瘞埋着大批青铜器群、金器、象牙、玉石器的"祭祀坑"来看，大型宗教礼仪活动和祭典等，便是在宽阔的城墙上举行的。这种情形，与美索不达米亚和中美洲古代文明、印加文明城墙、城堡的功能，竟毫无二致。

由此可见，尽管征服战争为三星堆成为蜀国王都奠定了基础，然而在这座古城的聚合过程中，根本性的促进因素却是宗教神权。三星堆文化 2 至 4 期的连续发展，城墙的连续使用和续有新筑，鸟头柄勺的始终存在和精益求精，以及金杖、金面罩、青铜雕像群、玉石礼器等神权政治产物的出现，都是同这座城市从聚合成形到规模不断扩大的发展进程相一致的。

早期成都城市的聚合，走着与三星堆蜀都完全不同的道路。早期成都唯一能够体现宗教神权权威的考古遗迹是羊子山大型礼仪性土台建筑。但是这座土台的建筑年代为商代晚期[①]，远远晚于早商时期成都城市聚合过程标志的一系列考古遗迹——以十二桥下文化层早期、抚琴小区下层（距今 4 010±95 年）、方池街第 7 层以及其他遗址为网络所构成的早期城址。这至少可以表明，成都城市的最初起源与形成，同宗教神权没有直接关系。

从宗教角度考察，迄今成都商周时期遗址出土的大量卜用甲骨，绝大多数出于一般性遗址，并且均为无字甲骨，钻凿形态极不规整。这与商周王朝的甲骨有着规整的形态相比，反映了占卜行为不由王室巫师集团掌握的特点。而且，从三星堆遗址绝未出土卜用甲骨来看，成都出土的甲骨又反映了占卜行为由民间自主的情景。此即《国语·楚语》所谓"夫人作享，家为巫史"，一般民众均可自主接神，自定位序，自作享祀。这实际上表明，早期成都还没有形成凌驾于社会之上的神权政治集团。

早期成都诸遗址中，以十二桥大型宫殿式建筑为中心，分布范围达 15 000

---

① 林向：《羊子山建筑遗址新考》，《四川文物》1988 年第 5 期。

平方米以上的建筑群遗迹的年代为最早，不仅表明它是成都城市革命的核心，而且表明正是在这个城市革命的核心部分形成以后，城市的规模才有所扩大，人口才有所增加。可见，在成都城市聚合的早期阶段，最重要的参变因素不是神权，而是王权。它同三星堆古城从一开始就直接成为一座神权政体都城的聚合模式，是截然两样的。

早期成都基本没有防御体系，文献记载所谓"管钥成都，而犹树木栅于西州"①，是说构木为城，谈不上有何防御价值。即令秦灭蜀后，在成都始筑夯土城垣，也还是"上皆有犀，而置观楼射阑"②，木构遗风仍存。考古学也证实，秦以前成都确无夯土或泥砖城垣。过去有人认为，成都之所以无城池，在于"成都无土"③。此说虽影响颇大，却并无根据。假如成都无土，何以在晚商时修筑起高达 10 米、用土量超过 7 万立方米的羊子山土台？又何以秦筑成都城，能够达到"周回十二里，高七丈"④的巨大规模？地质情况表明，在十二桥遗址早期的时代，成都城区主要是黏土，完全适合于营造城墙。成都所以有土而不以土设防，其实是由它的城市功能所决定的。徐中舒先生指出，成都是古代的自由都市⑤，颇具洞察力。关于此点，本文进一步简论如下。

商代成都已开始向着早期的工商业城市方向发展，拥有青铜器、陶器、玉器、石器、骨器等作坊。三星堆出土的雕花漆木器，大概也同成都的漆器生产传统有关。由成都的大量人口所决定，已形成一定规模的市场，当无疑问。商代至两周成都各考古遗址曾出土不少卜甲，其中的主要品种陆龟并不产于成都平原。《山海经·中次九经》"又东北三百里曰岷山，江水出焉，东北流注于海，其中多良龟"，良龟即形体丰硕、甲版宽大的大龟，成都商周考古所见此种大龟的甲版不少，当取之于此，可见大龟或其腹用必在成都有销售市场。成都无铜锡，其青铜作坊的生产原料也必须仰给于商品交换。成都指挥街周代遗址孢粉组合中发现成都平原所不产的铁杉、珙桐，以及最近几十年才引进成都的雪松花粉⑥，还出土仅产于川西高原的白唇鹿犄角标本，这些观赏性很强的动植物，显然都取之于市场。

至迟到春秋时代，成都的早期城市化进程基本结束，发展成为一座比较

文明的史迹：先秦、巴蜀及南丝路历史研究（巴蜀文化卷）

---

① 李昊：《创筑羊马城记》，《全蜀艺文志》卷。
② 常璩著，刘琳校注：《华阳国志校注·蜀志》，成都：巴蜀书社，1984 年。
③ 崔致远：《桂苑笔耕集·西川罗城图记》。
④ 常璩著，刘琳校注：《华阳国志校注·蜀志》，成都：巴蜀书社，1984 年。
⑤ 徐中舒：《成都是古代自由都市说》，《成都文物》1984 年第 1 期。
⑥ 罗二虎等：《成都指挥街遗址孢粉分析研究》，《南方民族考古》第 2 辑，1989 年。

典型的工商业城市。春秋战国时代四川荥经、青川等地墓葬中出土大量标有成都制造（"成""成造""成亭"）烙印戳记的各式精美漆器，都是在成都市场上出售的。①至于漆器铭刻不用巴蜀文字而用中原文字，其意图显然是为了销往巴蜀以外，是为了销售而生产，属于典型的外贸产业部门。这也意味着设有专门的官方外贸机构。如果再联系到早在商代即已初步开通的"南方丝绸之路"的起点在成都，而以成都为中心，分布及于川东和盆周山地的广阔空间内，又出土不少南亚、中亚以至西亚文化风格的制品来看，我们说成都是古代自由都市，是古代中国西南一大工商业中心，应当是恰如其分的。

至于巴国城市的聚合模式，主要与军事重镇的发展演变有关。此点上文已论及，无须赘述。

三、城市结构：人口构成、功能和结构

无论商代三星堆蜀都还是商周时代的成都，规模都很庞大，聚集了大量人口。据有关专家对中国早期城邑人口户数平均占地数值的研究，户均占地约为 158.7 平方米②，与《墨子·杂守》所记"率万家而城方三里"，即户均占地 154.2 平方米的实际情形基本吻合。按此人口密度指数估算，商代三星堆蜀都面积 2.6 平方公里，约有 16 383 户。以户 5 口计，应有 81 915 人。东周时期成都遗址的分布范围，从西到东 5 公里，从南至北 3 公里，总面积 15 平方公里。如果用同一人口密度指数计算，约有户 94 517，有口 472 585，已超过《战国策·齐策》所记齐都"临淄之中七万户"合 35 万口的人口总数，显然偏高。这就需要寻求另一个比较合理的人口密度指数。有学者根据考古发现的临淄故城总面积与文献记载的临淄人口总数来计算，得出户均占地 268 平方米的密度指数，并据以估算出楚国郢都城内人口为 30 万左右的比较合理的数字。③按照这个指数计算，总面积 15 平方公里的成都，应有户 55 970，有口 279 850。这个人口数据，大于商代三星堆蜀都，小于汉代成都"户七万六千二百五十六"④，约合 40 万人之数，应是比较接近历史实际的人口数据。

被组织或吸引到城市中的高密集人口，并非处于杂乱无章的自然状态，

① 详见拙文《先秦秦汉成都的市及市府职能的演变》，《华西考古研究》（一），成都：成都出版社，1991 年。
② 林沄：《关于中国早期国家形式的几个问题》，《吉林大学社会科学学报》1986 年第 6 期。
③ 马世之：《略论楚郢都城市人口问题》，《江汉考古》1988 年第 1 期。
④ 班固：《汉书·地理志》，北京：中华书局，1962 年。

而是在城市控制机制的作用下，各谋其生，各操其业，并且绝大多数人口被限制在阶级、阶层和等级的结构框架当中。根据文献和考古资料，巴蜀的城市人口构成，按阶级划分，有统治阶级和被统治阶级，其中各阶级之内又划分为不同等级，还有从属于不同阶级的社会各阶层。按职业划分，有王室、官吏、幕僚、将军、武士、商贾、宗教人员、工人、农民、艺术师以及其他职业。按民族划分，有蜀族、巴族、濮族、氐羌等。五光十色的人口构成，使城市社会结构呈现出日益复杂的面貌，城市的运作机制也随之而日益复杂化。仅就经济结构而言，作为城市人口集中化和人口构成复杂化的直接后果之一，是城市功能的不断完善，并直接导致了工商业的大幅度发展。

城市经济功能的不断完善，主要是通过商业网络的扩大，从而为巨量的城市人口提供从生活必需品到艺术品以至奢侈品等商品及其交换场所和手段等来实现的，同时也是通过地区之间、不同类型的生产性经济之间商品集散地和贸易机构的形成来实现的。

三星堆蜀都和成都聚集着数量庞大的人口，需要消费巨量的农业产品、副食品和各种手工业制品。城市各阶级、阶层中，能够依靠食贡获取消费品的，仅是王室、显宦等一小部分上层统治人物，而他们消费品的某些种类，特别是奢侈品，仍需通过交换从外获取，如大宗的象牙、海贝、玉料、黄金、铜锡原料等，均如此。中下层统治者虽可以衣租食税方式，或因拥有各类产业（主要是田产）解决其衣食的主要来源，但要获得租税所无或农田不产的各类商品，也必须加入商品交换行列。至于城市平民和工商业者，其主要衣食必须仰给于市场，经由交换解决。所谓"士食贡，大夫食邑，士食田，庶人食力，工商食官，皂隶食职"[①]，实际是指社会各阶级、阶层的职业性质，主要针对阶级地位和阶级关系而言。这与《国语·周语》所记"庶人工商，各守其业，以共其上"，《左传》昭公七年所记"天有十日，人有十等"，《左传》襄公九年所记"其庶人力于农穑，工商皂隶不知迁业"相同，所指主要是阶级关系和职事划分。可见所谓"食某"，并不是指其生活资料的唯一来源和唯一的经济形式。而城市的经济结构，也从来没有如此单纯，即令早期城市亦非如此。所以，无论殷商西周还是春秋战国时代，三星堆蜀都和成都必然拥有进步的工商业及其组织管理机构。

考古发掘中，广汉三星堆"祭祀坑"出土大量来源于印度洋海洋文明的

---

① 左丘明：《国语·晋语》，上海：上海古籍出版社，1978年。

穿孔环纹货贝，即齿贝，与云南出土的贝币一致，也与商周贝币的功能相同，是用于商业贸易的一种货币。这表明，作为王都和神权政治中心，三星堆古城同时也积极发挥着组织贸易的功能。这种贸易，当主要是外贸。东周时代的成都，不仅是手工业品的产地和地区间各类产品的集散地，还是商贾云集、拥有"国之诸市"的贸易中心，也是大量个体工商业者聚集或出入的场所[①]，的确是一座古代的自由都市。

《华阳国志·蜀志》记载："成都县本治赤里街，（张）若徙置少城内，营广府舍，置盐、铁、市官并长丞，修整里阓，市张列肆，与咸阳同制。"张咏《益州重修公宇记》载："案《图经》，秦惠王遣张仪、陈轸伐蜀，灭开明氏，卜筑是城（按：指成都秦城），方广十里，从周制也，分筑南北二少城，以处商贾。"左思《蜀都赋》："亚以少城，接乎其西（按：指成都大城之西），市廛所会，万商之渊。"刘逵注白："少城，小城也，在大城西，市在其中也。"参证群书所记，少城北部为官署的所在，南部则为商贾居处和市之所在。[②]《古文苑》载扬雄《蜀都赋》说"两江珥其市，九桥带其流"，两江即原从成都城南流过的郫江和检江，足证成都诸市主要集中在少城南部，这种格局从先秦而然，秦筑成都城后，仅是因其故市加以整顿罢了。《华阳国志》记载秦大夫张若城成都少城，"修整里阓，市张列肆"。阓为市门。[③]既言"修整里阓"，并非新建，足见蜀王国时期本已如此规模。

扬雄《蜀王本纪》记载，春秋时老子为关令尹喜著《道德经》，临别时说："子行道千日后，于成都青羊肆寻吾。"崔豹《古今注》谓："肆，所以陈货鬻之物也。"即是货栈。古有"市廛列肆"之说，是商业兴盛发达的产物。成都有青羊肆，不仅表明商业发达，而且展示出早在春秋时代已形成各种商品的专门市肆的图景，即所谓"肆以类分"，商品交换在专门的市场上分门别类进行。同时，羊是川西高原的经济产品，青羊肆当是成都平原农业手工业经济同川西高原畜牧经济相互交换产品的贸易中心之一。可见，成都早就发挥着组织地区之间和不同类型生产性经济之间的贸易的功能。这与成都所处的区位关系是恰相吻合的。

不仅如此，早在商周时代，三星堆蜀都和成都就已初步形成为中国西南同南亚、西亚进行经济文化交流的枢纽。商代三星堆"祭祀坑"所出大型青

① 详见拙著《四川通史》先秦卷，成都：四川大学出版社，1992 年。
② 蒙文通：《成都二江考》，《巴蜀古史论述》，成都：四川人民出版社，1981 年。
③ 许慎：《说文解字·门部》，天津：天津古籍出版社，1991 年。

铜人物雕像群、神树黄金权杖和黄金面罩，其文化因素的来源就与西亚近东文明有关，当经南亚地区引入。[①]大量海贝也是原产于印度洋的深水产品。东周时代蜀国王公乃至一般平民流行佩戴一种称为"瑟瑟"的宝石串饰或琉璃珠串饰，后世屡有出土。杜甫寓居成都时的诗作《石笋行》就说："君不见益州城西门陌上，……雨后往往得瑟瑟，此事恍惚难明论，是恐昔时卿相墓。"成都西门一带，确是东周蜀王国的墓区所在，近年不断发现大批墓葬。据杜诗，唐时瑟瑟往往出于成都西门地面下，足见随葬之多，蜀人佩戴此种串饰之普遍。瑟瑟（Sit-Sit）是古代波斯的宝石名称，是示格南语或阿拉伯语的汉语音译。[②]成都西门多出瑟瑟，既称瑟瑟，显然杜工部认为是来自西亚、中亚之物。由此可见，作为古代都市，无论三星堆古城还是成都，确已最大限度地发挥了其经济功能和对外文化交流功能。由此也可看出，汉代成都之所以发展成为中外闻名的国际贸易都市，实由先秦而然，可谓源远流长。

迄今为止，历史上任何一座城市，不论它在地球上哪个角落，从空间组织形态上看，都是一大片乡村中的一个人口密度更大、建筑规模更大和更密集的点，都存在着组织、改造和完善城乡连续体的问题。这不仅是城市结构，也是古今中外一切城市的功能体系之一。尤其在城市聚合成形的早期阶段，由于城市以乡村或城镇作为生长点并在此基础上逐渐扩大，所以它的显著特点之一，就是城乡的一体化。马克思说："亚细亚的历史，是城市和乡村无差别的统一。"[③]这种城乡无差别的统一，在空间组织形态上表现得至为明显。考古发掘中，不论三星堆遗址还是成都诸遗址群，都出土不少农业生产工具，表明城市地域内相当一部分属于农田，城市人口中有相当一部分属于农民。这些农田和农民，是在城市聚合和扩大过程中被组织在城市地域之内的，也反映了城市功能体系与结构的一个方面。《管子·大匡》说"凡仕者近宫，不仕与耕者近门，工贾近市"，可见中原华夏的早期城市，在空间组织形态上与巴蜀城市是大同小异的。即令古代美索不达米亚的苏美尔城市，情形也完全相同。[④]

虽然如此，但是，"城市本身表明了人口、生产工具、资本、享乐和需求

① 详见拙文《巴蜀文化是华夏文化又一个起源地》，1989 年 10 月 19 日《社会科学报》；《古蜀文明富于世界性特征》，1990 年 3 月 15 日《社会科学报》；《论商代长江上游川西平原青铜文化与华北和世界古文明的关系》，《东南文化》1993 年第 2 期。

② B. 劳费尔：《中国伊朗编》，北京：商务印书馆，1964 年，第 345-347 页。

③ 马克思、恩格斯：《马克思恩格斯全集》第 46 卷，北京：人民出版社，1973 年。

④ V. G. Childe, Man MakesHimself, NewYork, 1948. Lewis Mumford, The City in History: Its Origine Its Transformations, and Its Prospects, New york, 1961.

的集中，而在乡村里所看到的却是完全相反的情况：孤立和分散"①。由城市的性质所决定，它不仅在功能体系、内部结构诸方面与乡村有根本差别，就是在规划和布局上，也是乡村所无法比拟的。

商代三星堆蜀都是以中轴线为核心加以规划、开展布局的，几个重要遗址如宫殿区和作坊区都分别位于中轴线的不同区段上。中轴线东西两侧，东西城墙以内，分布着密集的文化遗存。中轴线南端，南城墙内外，也发现密集的文化遗存。其中有些是生活区，揭露出大片房舍遗迹；有些是生产区，发现陶窑、石璧成品半成品、大量生产工具，遗址内发现的陶坩埚和铸造所遗泥芯②，表明有大型铸铜作坊。加上广阔的城圈，具宗教功能的雄伟的城墙，南城墙外的大型"祭祀坑"，这一切都使三星堆古城在总体规划和具体布局上显示出王都气象。宫殿区、宗教圣区、生活区、生产区，便构成商代三星堆蜀国都城平面规划的四个基本要素。

早期成都则依江山之势，沿郫江古道呈新月形布局，城市聚合之初的核心部分是十二桥，商代晚期羊子山土台成为城市最高大宏伟的建筑。早期成都城市的规划布局完全不存在中轴线，它最显著的特点有二：一是无城墙，二是不成矩形，与三星堆蜀都和华北商周城市判然有异。而这两个特点是紧密相关的，主要在于适应城市的工商业主导功能。

战国时代川东巴国五都的城市规划和布局，由于考古和文献的贫乏，难以知其详。当前可以大略考见的是，巴国五都均无土筑城垣，仅在城市地域周围树以樊篱作为界限③，这种情形，与春秋时楚平王以前楚都无城垣一致④。而楚都规模之大，于南中国当推首位，表明并非只有围以高墙才能称为城市。早期楚国城市不筑土墙，仅以荆棘树木构为樊篱，主要原因与其频繁剧烈的军事扩张有关。巴族尚武，颇具强烈扩张愿望，并屡次付诸军事行动。巴与楚，地域相共，风俗略同，历史文化有许多共同之处，社会基础一致，因此春秋时代巴都不置城垣，并不奇怪。战国时代，巴国初入川东，东与楚国"数相攻伐"，西又与蜀"世（代）战争"⑤，政局动荡，百余年间竟互易其都。巴在穷于招架、捉襟见肘的急迫形势下，若要组织动员大批人力资源和财源以修筑城墙，实属空论。这与成都古无城墙相比，外象虽一，内容实质却决然不同。

① 马克思、恩格斯：《马克思恩格斯选集》第 1 卷，北京：人民出版社，1972 年，第 56 页。
② 陈显丹：《论广汉三星堆遗址的性质》，《四川文物》1988 年第 4 期。
③ 详见拙文《论巴、楚联盟及其相关问题》，《楚学论丛》第 1 集，1990 年。
④ 见《左传》襄公十四年、昭公二十年及杜注；《汉书·地理志》。
⑤ 常璩著，刘琳校注：《华阳国志校注·巴志》，成都：巴蜀书社，1984 年。

四、城市体系：等级与网络

商代成都平原腹地的两座城市，三星堆古城和早期成都，一南一北，形成蜀国的早期城市体系。作为神权政体，三星堆蜀都无可置疑地是蜀国城市体系的首位城市，居于中心和首脑地位。成都是次级城市，无论就政治权力还是经济权力来说，都居于次要的、从属的地位。在神权政治时代，包括经济在内的一切社会功能，都要为神权的存在服务，既是神权的附庸，又是神权的种种表现形式或神权作用的结果。因此，即使像成都这样的早期工商业城市，在那一时代也绝不可能获得突飞猛进的发展。

西周到春秋时代，随着王朝的代兴，政权的易手，神权政治的破灭，以及都城本身的迁移和地区之间、不同类型生产性经济之间交流的日益扩大和加深，蜀国又陆续产生形成了一批城市，构成了城市网络体系。

西周初年，杜宇王蜀，号曰望帝。《蜀王本纪》载"望帝治岷山下邑曰郫"，地在今成都市郫都区境。同时，据《华阳国志·蜀志》，杜宇"移治郫邑，或治瞿上"。《路史·前纪》卷四罗苹注："瞿上城在今双流县南十八里，县北有瞿上乡。"位于今成都市西南的双流区境。这两座新产生的城市，其空间组织形态与商代三星堆蜀都和成都的分布格局极为相似，一南一北。北面的郫城为王都，南面的瞿上则是别都。从性质上看，其体制为两都制，与商代不同，却与西周两都制大体略同。

杜宇王朝实行两都制，北面的王都紧靠岷山南麓，其都城位置的选择具有直接的政治军事意义，与防备被推翻并退走岷山的鱼凫王[1]出山复辟直接相关。因此郫城自然成为杜宇王朝的政治军事重心。这和西周初年周王朝建立东都洛邑（成周），屯驻"成周八师"，防备殷王子武庚禄父复辟，性质相似。

东周时代，"蜀以成都、广都、新都为三都，号名城"[2]。这三都即是其时成都平原的中心城市体系。成都原是工商业城市，春秋中晚期之际，随着开明王朝徙都成都，其政治核心地位最终得以确立，工商业经济的进一步发展也得到极大推动，由成都生产并大批外销的漆器、织锦等在此期间行销于境内外，便是明证。可见成都之号名城，在这一时期获得了充分高速度的发展。

广都在今双流区境，早在商代即以富庶著称。《山海经·海内经》记载："西南黑水青水之间，有都广之野，后稷葬焉。其城方三百里，盖天下之中，

文明的史迹：先秦、巴蜀及南丝路历史研究（巴蜀文化卷）

268

---

① 见扬雄：《蜀王本纪》；常璩：《华阳国志·蜀志》。
② 常璩著，刘琳校注：《华阳国志校注·蜀志》，成都：巴蜀书社，1984 年。

素女所出也（按：此十六字原脱入郭注，今据郭注、郝疏并王逸注《楚辞·九叹》所引补）。爰有膏菽、膏稻、膏黍、膏稷，百谷自生，冬夏播琴（毕沅云：'播琴，播种也。'）。"据蒙文通先生研究，此篇是古蜀人的作品，成书年代不晚于西周中叶。[①]都广为广都倒文。[②]《淮南子·坠形篇》："建木在都广，众帝所自上下，日中无景，呼而无响，盖天地之中也。"所说建木，大约与商代三星堆遗址所出青铜神树有关。据此，广都的历史自可早到商代。但广都成为城市，则始于两周时代，其号为名城，为蜀之王都之一，也是在此期间，而不是秦汉或以后。

新都的建城史，从当地发现战国时代的一代蜀王之墓，并有作为蜀文化宗教圣区的大石崇拜遗迹来看，至少应在战国早期，也不可能迟至秦汉。

除三都以外，蜀地还产生了一大批新兴城市。东周时代，杜宇故都郫城仍然是一座具有相当规模的城市。《华阳国志·蜀志》记载秦灭蜀后"城成都"的同时，还城郫："郫城周回七里，高六丈。"如按上文所述人口密度指数估算，约有 2 600 户，合 13 000 口。如此规模必然是西周以来持续发展的结果。东周时期的临邛（今四川邛崃市境），是又一座新兴城市。《华阳国志·蜀志》说秦城临邛，"临邛城周回六里，高五丈"，约有 2 300 户，合 11 500 口，够得上一座中等级的古代城市，必然也是经长期发展形成起来的。另据《舆地纪胜》卷一四七，川西山区今芦山县有"开明王城"；《水经·江水注》载南安县（今乐山市）"即蜀王开明故治也"；而川北的葭萌（今广元市昭化），《华阳国志·蜀志》载为蜀国封疆大吏苴侯的封地。这几处地方，均当形成具有一定规模的中小城市，此外，据《史记·秦本纪》《六国年表》，陕南重镇南郑在西周和东周中叶以前属蜀，而南郑是一座有名的古代城市。另据考古资料，位于今川西南荥经的严道古城，出土大批巴蜀墓葬，其聚合成形至晚是在春秋中晚期之际。可见，东周时代蜀国的城市网络体系一直在不断扩展，成为蜀国经济不断进步的强大推动力之一。

春秋战国时代蜀国的城市网络覆盖了整个成都平原，并辐射到盆周山区，其空间组织形态日益表现出稳定性和成熟性。在这个巨大的城市网络当中，协调与均衡发展的必要条件是功能体系分区的形成和发展。成都作为首位城市，是蜀地政治经济文化的中心。成都以北的新都，起着联系川西平原北部

[①] 蒙文通：《略论〈山海经〉的写作时代及其产生地域》，《中华文史论丛》第 1 辑，上海：上海古籍出版社，1962 年。

[②]《史记·周本纪》集解引此经文作"广都之野"。并见《海内西经》郭璞注及张衡《思玄赋》。

的作用。陕南的南郑，既是北疆军事重镇，又是控扼褒斜道，出入中原，"以所多易所鲜"①的经济门户。成都西的郫城，重在沟通成都平原工农业与川西北高原畜牧业的经济文化联系。成都以西的临邛城，重在沟通成都平原与川西高原的经济文化交流，《史记·货殖列传》载临邛城"民工于市，易贾"，正是对临邛城市经济功能的客观表述。可以说，郫城和临邛，充当着成都平原农业经济、城市手工业经济同川西北和川西高原畜牧业经济进行交流的媒介。而成都以南的南安，则不仅是蜀盐的供应基地，还是成都平原农业经济、城市手工业经济同南中半农半牧经济进行交流的媒介。位于川西南山地的严道城，也不但是控制着当地丰富铜矿资源的经济战略要地，同时还是南方国际商道贸易线路的前出点。②由此可见，蜀国城市网络的形成及其功能体系分区的不断完善，对整个四川盆地以及周边地区的经济文化发展，起到了巨大的组织、协调和推动作用。这种格局，不仅对先秦、秦汉及整个中古时代，而且对近现代四川城市网络的继续扩大和发展，都产生了明显的影响。

五、多元演进：蜀与中外古代城市的概略比较研究

在对巴蜀古代城市做了分析研究以后，有必要再将城市形态发展比较充分的蜀国城市与中外古代城市加以比较研究，以期获得某些意义更广泛的结果。

首先对城市聚合过程早期阶段的规模加以简略比较。

先看华北早期城市。河南淮阳平粮台是迄今华北发现的年代最早的古城遗址，碳14测定年代为距今4 355±175年（树轮校正）。城址有夯土城垣，每边长185米左右。发现南、北城门及南城门道地面下的陶质排水管道。城内总面积为三万四千多平方米，不足1平方公里，只能算作最初的城市。③河南偃师二里头遗址是迄今已知中原最早的都城遗址，或以为是夏都斟鄩，或以为是商汤之都亳，迄无定论。该城无城墙，但有宫殿区以及分布于四周的居住区和手工业作坊。河南郑州商城，公认是一座早商至中商的都城，或以为是商都亳，或以为是商都隞。这座商王朝都城被一夯土城垣所环绕，总面积约3平方公里，城内东北部有大片宫殿遗址。这几座处于城市形成早期阶段的夏商王朝国都，除郑州商城外，无一可同早商时期的三星堆蜀都和古城成都的规模相比。

① 司马迁：《史记·货殖列传》，北京：中华书局，1959年。
② 刘弘等：《南方丝绸之路文化论》，昆明：云南民族出版社，1991年。
③ 俞伟超：《中国古代都城规划的发展阶段》，《文物》1985年第2期。

再看古埃及城市。位于尼罗河三角洲西部边缘低沙漠地区的梅里姆达遗址（Merimda），碳14测年数据为公元前3820±350年，覆盖面积18万平方米，估计人口约有16 000。K. W. 巴策尔断定是一座新石器时代城镇[①]，但后来的研究证实，梅里姆达遗址并非属于新石器时代，而是属于埃及文明形成时期的涅伽达文化11期（Naqada Culture 11），甚至早王朝时期的城址。[②]前王朝时期的希拉康坡里遗址（Hierakonpolis），由一个中心城市和周围若干附属的乡村组成，面积约5万平方米，人口约有4 000至10 000。[③]在该城市发展的第二阶段，即早王朝和古王国时期，面积达到66 000平方米。[④]与古埃及的早期城市相比，中国古代的早期城市，在进入夏代以后，规模要大得多。三星堆古城和成都古遗址群，比上述埃及古城大出几倍甚至几十倍，人口也多出几倍甚至十几倍。

最后看美索不达米亚苏美尔城市和印度河文明摩亨佐·达罗城市。苏美尔早期城市以传说中亚伯拉罕的故乡乌尔（ur）以及乌鲁克（uruk）最为著名。乌尔古城占地220英亩（约89万平方米），将近1平方公里，而乌鲁克城墙则包围了2平方英里（约3.2平方公里）以上的土地。[⑤]印度河文明时代的摩亨佐·达罗城市（Mohen jo-Daro），占地为2.5平方公里。[⑥]苏美尔城市的人口，V. G. 柴尔德估计在7 000到20 000人之间[⑦]，H. 法兰克福估计不超过24 000[⑧]，L. 吴雷则估计有34 000[⑨]。至于摩亨佐·达罗的人口总数，V. G. 柴尔德估计接近2万，日知等中国学者则推测为35 000[⑩]。总的说来，三星堆蜀都的规模与西亚和印度河文明早期城市接近，但人口密度却大得多。

其次，我们准备就早期城市体系略做比较。

一般说来，在邦国林立的上古时代，一个邦国只有一个政治经济中心，而一个文明古国也只有其王都可以称得上城市。《左传》庄公二十八年："凡邑，有先君宗庙之主曰都，无曰邑。"《释名·释州国》释曰："国城曰都，都者国君所居，人所都会也。"王都不仅政治地位高于邑聚，而且是宗庙之所在，

① K. W. Butzer, Archaeology and Ceology in Ancient Egypt, Science, Vol. 132, No. 3440, p. 1618, 1960.
② The Cambridge Ancient History, Vol. 1, part2, p. 7, 1971.
③ K. W. Butzer, 上引文, p. 1619-1620.
④ J. E. Quibell, Hierakompolis, part2, p. 15, 1902.
⑤ L. 芒福德：《城市发展史》（1961），北京：中国建筑工业出版社，1989年，第48页。
⑥《世界上古史纲》上册，北京：人民出版社，1979年，第348页。
⑦ V. G. 柴尔德：《城市革命》（1948），《当代国外考古学理论与方法》，西安：三秦出版社，1991年。
⑧ H. Frankfort, The Birth of Civilization in the Near East, 1954.
⑨ L. 芒福德：《城市发展史》（1961），北京：中国建筑工业出版社，1989年，第48页。
⑩《世界上古史纲》上册，北京：人民出版社，1979年，第348页。

人口也最为集中，具有城市的规模。邑只是较大的聚落，不具备城市的规模、人口数量、功能体系和性质。如以 V. G. 柴尔德、R. M. 亚当斯和 B. N. 古梁耶夫等分别提出的早期城市的界定标准来衡量，古代相当多的小邦虽然有都，却不一定就有城市。

在商代，"大邦殷"是一个庞大邦国联盟的首邦，其邦国本土也只有一座城市，即商王都。商都"不常厥邑"①，徙都频仍，史称"前八后五"，每迁新都，故都即废。殷代的侯甸男卫外服体制，虽在空间组织形态上与城市体系有些近似，但外服君长称为"邦伯"，其邦不直属"大邦殷"版图。因此，在"大邦殷"本土内，仅有一都，而没有城市体系。正因有如此特点，日知等学者才称殷商为城邦制国家。

周初政体也是方国联盟，周王实为共主，常称各国为"友邦"，称各国君长为"友邦冢君"。②其时周为两都，形成西土和中土两个中心。宗周重在宗庙先君之主，成周重在军事。虽然成周号称"天下之中，四方入贡道里均"③，但真正具有组织区域性商业的功能，从《兮甲盘》铭文看，是在西周中晚期之际。而邑一级的聚落，是在春秋中叶以后，随着从卿大夫专权到"陪臣执国命"局面的形成和发展，才开始逐步上升形成城市，即所谓"城市之邑"④。这时的城市，除少数具有国家政治中心或军事重镇的主导功能外，大多数已走上工商业城市的发展道路，比起殷商西周时代已有了非常显著的变化和巨大的历史性进步。

在全球最早产生城市的两河流域南部，苏美尔城市文明的典型特征是城邦制国家，一个城市连同它附近的乡村就组成一个国家实体，城邦之间只有联盟，谈不上城邦内部的城市体系。

在印度河文明，摩亨佐·达罗城市与哈拉巴城市分别位于印度河上、下游，相距 400 英里（约 643.7 公里），形成两个中心，"显然是两个彼此独立的国家的都城（或许多城邦联盟的中心所在地）"⑤。当然，更谈不上其间具有什么城市体系的关系。

古希腊城市有所谓上城、下城之分。上城一般为城堡，是政治中心之所在，战时作为避难之所，是城市的屏障。下城一般为城市居住区，是城市的

---

① 《尚书·盘庚》，十三经注疏本。
② 《尚书·周书》诸篇，十三经注疏本。
③ 司马迁：《史记·周本纪》，北京：中华书局，1959 年。
④ 刘向：《战国策·赵策一》，上海：上海古籍出版社，1985 年。
⑤ 《世界上古史纲》上册，北京：人民出版社，1979 年，第 348 页。

工商业和文化中心。但上、下城是一个连续的城市整体，不能分离，一旦割裂便不能称其为完整意义上的城市。因此，在一个城市国家以内，同样不存在城市体系。

商代三星堆蜀都和成都，两座城市相距不过 40 公里，起源和形成年代也相差无几。在这两座城市的周围，都分别分布着密集的遗址。其内均有主体建筑和一般性建筑，拥有作坊区、生活区、宗教区、宫殿区。每座城市的遗址都具有空间连续性，自成一体，各自呈现出城市的完整面貌。这与黄河流域古城一般雄踞于周边各聚落之上，成为特定地域内若干聚落群中唯一的政治经济中心的情况，有着明显的区别；与西亚、埃及和印度河城邦的情况，也有重要的差异，与古希腊城市国家上、下城的情况，更有内涵和性质的不同。[1]可见，如像蜀国这类早期城市体系及其空间组织形态，在世界文明初期的城市史上几乎是罕见的。

我们知道，城市体系的形成，尤其是功能体系分区建立的城市体系，一般属于比较晚近的现象，它主要导源于工商业经济的高度持续发展。蜀国早期城市体系的形成，正反映了其工商业经济兴盛发达的情况。无怪乎秦大夫司马错力主秦惠文王伐蜀时说，"得其布帛金银，足以富国强兵"，足以"利尽西海"[2]。而巴蜀归秦后，"秦益强，富厚轻诸侯"[3]。

最后，再从城市起源模式上做些扼要说明。

中原城市的起源，一般认为与统治权力有关，是为了防御和保护目的而兴建起来的。[4]张光直先生进一步论证说，中国早期城市不是经济起飞的产物，而是政治领域中的工具。[5]换言之，中原城市首先是作为区域的政治军事中心而出现的，经济增长、城市起源即以此为基本条件并建立在此基础之上。巴国为姬姓封国[6]，乃宗姬的一脉后代[7]，因此其城市起源模式与中原大体一致。蜀的城市起源则有不同类型，三星堆古城和成都的聚合模式，均与中原有异。而且，东周时代蜀地的若干新兴城市，其起源主要同成都平原农业经济、城市手工业经济与盆周山区畜牧业或半农半牧业经济的交流有关，或与南丝路

---

① 详见拙文《古中国城市比较说》，《社会科学报》1990 年 1 月 25 日，又见《人民日报》海外版 1990 年 2 月 8 日。
② 刘向：《战国策·秦策一》，上海：上海古籍出版社，1985 年。
③ 刘向：《战国策·秦策一》，上海：上海古籍出版社，1985 年。
④ 傅筑夫：《中国经济史论丛》上册，北京：生活·读书·新知三联书店，1980 年，第 321—323 页。
⑤ 张光直：《关于中国初期"城市"这个概念》，《文物》1985 年第 2 期。
⑥《左传》昭公十三年，十三经注疏本。
⑦ 常璩著，刘琳校注：《华阳国志校注·巴志》，成都：巴蜀书社，1984 年。

国际贸易有关。这种情形，与中原东周时代的城市大多从过去的封邑、采地转化而来的情况，也有重要区别。这实际上表明，中国古代城市的起源、形成和演进，也同文明起源一样，存在着多种模式和多元演进道路，而不同地区、不同类型的城市最终都确立起工商业主导功能，则是城市发展的必然方向。

20

先秦蜀国的都城和疆域

先秦时期，位于中国西南的古蜀王国，是以四川盆地为中心、以成都平原为根据地的文明古国。在 20 世纪 80 年代中期以前，有关古蜀王国的历史和文化，仅有《尚书·牧誓》《逸周书·世俘》《逸周书·王会》《史记·秦本纪》等文献的片言只字记载，以及残缺不全的扬雄《蜀王本纪》和材料不算丰富的常璩《华阳国志·蜀志》可资参考，考古方面则鲜有可以说明问题的资料。20 世纪 80 年代后期至 21 世纪初随着四川广汉三星堆文化、成都十二桥文化和成都金沙遗址的发掘和研究，有关古蜀王国、古蜀文化、古蜀文明的研究开始朝着深入广泛方向发展，许多问题进入科学研究的轨道并开始获得解决的生机。但是毋庸讳言，关于古蜀王国的若干基本问题目前还处于探索之中，本文所讨论的即是其中一个十分重要的问题。

一、商代鱼凫王朝的统治范围

商代，古蜀王国鱼凫王朝以成都平原西北部今四川广汉三星堆为都城①，以成都平原中部为统治中心，以陕南汉中地区为北部屏障，以长江上游川江峡区的夔门、巫山地区为东部前哨，以西南夷地区为战略后方。

这一时期古蜀文明的空间分布，除三星堆遗址及其周边区域而外，从考古文化上显示出来的还有成都金沙和十二桥遗址商代文化层、羊子山土台、指挥街遗址、新繁水观音遗址、雅安沙溪遗址、汉源和石棉商代遗址和遗存、汉中城固青铜器群等，以及古文献如《华阳国志·蜀志》所记载的岷江上游的古蜀文化等一大片连续性空间，它们不论在文化面貌还是文化内涵上都同属于三星堆文化，因此均应纳入古蜀文化区范畴。它们与古蜀文明的政治关系，是古蜀文明结构框架中各个层面和各个支撑点同文化中心的关系。三星堆作为鱼凫王朝的都城，是古蜀王国最高权力中心之所在，其他位于不同层级和边缘地区的各级次中心及其支撑点，则是这个中心在各地实施统治的坚

---

① 参见段渝：《巴蜀古代城市的起源、结构和网络体系》，《历史研究》1993 年第 1 期。

强基础和有力支柱。这种情况，与三星堆青铜雕像群所呈现出来的层级结构完全一致，表明古蜀王国的最高权力中心控制着分布有众多族类的广阔地域，这片广阔地域内的各个地方性族系之长，大多是臣属于古蜀王国王权的小国之君，既是蜀之附庸，又是共奉古蜀王国主神的群巫。①鱼凫王朝王权行使的基础在很大程度上是来源于对这片广阔地域上各个地方性族系之长的直接控制的。这一点，同商代诸方国与商王朝的关系极为类似。

位于四川盆地北部边缘山地的陕南汉中，是古蜀王国的北方军事屏障。汉中城（固）、洋（县）地区滑水河两岸的苏村、五郎、莲花、吕村等地，近30年来出土商周青铜器近千件。②这批青铜器中，有大量兵器，主要的是三角形援无胡直内戈，这种青铜戈是古蜀王国兵器的主要器类，学术界称之为蜀式青铜戈。在城洋地区，蜀式青铜戈没有完整的起源演化序列，应当是由成都平原古蜀文明中心传播而去的。由大量蜀式青铜兵器可以证实，汉水、渭水河一带分布有古蜀的军事重镇。以此联系到殷墟甲骨文中"伐蜀""伐缶（褒）与蜀"的记载来看，殷人所伐蜀，实为蜀的北方军事边疆，即今汉中褒城、城固、洋城一带，并不是成都平原古蜀王国的中心地区。周原甲骨文中的"伐蜀""克蜀"，其实也是征伐蜀的北部边缘，而不是成都平原古蜀王国的腹心地区。③《逸周书·世俘》所记载的"新荒命伐蜀"，同样也是如此。蒙文通先生曾认为，《逸周书·世俘》所记载的武王命新荒伐蜀，前后只有5天，从距离上看，新荒的军队不可能在5天之内就能够往返于牧野与古蜀王国之间，所以此书记载的蜀，必然别是一个蜀。④其实，只要我们把上述考古资料、殷墟甲骨文和周原甲骨文以及文献资料相互联系起来，就会清楚地看出，商代晚期古蜀王国的北部疆域已经扩展到了汉中一带，这一带就是鱼凫王朝的北部边境所在，也是两周时期古蜀王国杜宇王朝和开明王朝的北疆所在。据李学勤先生研究，《逸周书·世俘》这条材料是说周武王曾令新荒追讨逃入蜀地的商王朝旧臣霍侯等⑤，并不是讨伐古蜀王国。可见，所谓"新荒命伐蜀"，应是新荒奉武王之命进入古蜀王国北部疆界追讨商王朝余部，而不是讨伐位

---

① 参见段渝：《商代蜀国青铜雕像文化来源和功能之再探讨》，《四川大学学报》1991年第2期。

② 西北大学文博学院、陕西省文物局，赵丛苍主编：《城洋青铜器》，北京：科学出版社，2006年。

③ 关于殷墟甲骨文中的"蜀"及其与汉中的关系，可参考段渝：《略论古蜀与商文明的关系》，《史学月刊》2008年第5期，本文不再赘述。

④ 蒙文通：《巴蜀古史论述》，成都：四川人民出版社，1981年，第46、47页。

⑤ 李学勤：《论繁蜀巢与西周早期的南方经营》，《南方丝绸之路研究论集》，成都：巴蜀书社，2008年。

于成都平原的古蜀王国大本营。

古蜀王国的东部边缘，是在渝东鄂西之际，即长江三峡的夔门、巫山之间。[1]考古学上，在成都平原到川中丘陵、渝东平行岭谷，再东出三峡直到鄂西宜昌地区的长江干流两岸，从二里头时期开始直到商周之际，三星堆文化因素已经在这片广阔地域内形成空间连续分布状态。渝东鄂西的大多数三星堆文化遗存，都属于一般性居址或地点，在鄂西出土了标志古蜀王国鱼凫王权统治的鸟头柄，有可能是古蜀王国镇抚其东界的官员驻节之地。

位于四川盆地西南地区的青衣江流域和大渡河流域，新石器文化面貌复杂，内涵不一。在这个区域内发现的古蜀文化遗存，年代均属青铜时代，是由古蜀三星堆文明的南向扩张所造成的。四川西南地区的汉源、石棉等地曾出土不少典型的古蜀文明青铜兵器，意味着古蜀王国曾经在此建立过军事据点，可能充当着三星堆文明南下扩张的前哨。汉源和雅安，仅一大相岭所隔，一南一北，两地扼守着古蜀文明中心与西南夷交通的要道，再往南，就深入古代的"夷越之地"[2]，即西南夷地区。三星堆出土的大量青铜人物雕像中，有许多是西南夷的形象，表明了西南夷各族从属于古蜀王国的事实。从古蜀文明的政治与文化扩张以及对外交流看，从四川盆地经西南夷地区再分别至缅甸、印度和中南半岛的交通线，即学术界所习称的"南方丝绸之路"[3]，在商代已经初步形成，在这条线路沿途的许多族类，同古蜀王国保持着贸易或贡纳等不同关系，成为古蜀王国极为重要的战略后方。

古蜀王国的东部边缘与北部边缘，由于边际区域的政治与文化接触对象不同，因此两地的驻节人员的使命就有所不同。在陕南汉中盆地，与蜀文化的北缘相接触的是商文化的西南缘，这两支文化都同时处在上升阶段，商文化正竭力扩展其西南边缘，蜀文化则正竭力扩展其北部边缘。这两支雄心勃勃的军事前锋一旦相遇，便互不相让，从并峙发展演变为军事对抗。商文化的南下和蜀文化的北上，从考古资料看，正值殷墟时期，这在商王朝正是高宗武丁执政前后。据《史记·殷本纪》，武丁时"殷国大治"。《诗经·商颂·玄鸟》记载说，武丁不断对外用兵，开疆拓土，"邦畿千里，维民所止，肇域彼四海"。《孟子·滕文公下》也记载说"武丁朝诸侯，有天下，犹运之掌"。而同一时期正值古蜀三星堆文明发展的高峰，大型祭祀坑中的大批金、玉、铜

---

① 参见徐中舒：《论巴蜀文化》，成都：四川人民出版社，1982年，第99页。

② 常璩著，刘琳校注：《华阳国志校注·南中志》，成都：巴蜀书社，1984年，第333页。

③ 段渝：《中国西南早期对外交通——先秦两汉的南方丝绸之路》，《历史研究》2009年第1期。

器便出在此时。所以，这两支朝气蓬勃的青铜文明一旦碰撞冲突，就发生一系列军事行动。殷卜辞中的"伐蜀"为第一期即武丁期卜辞，就是此期间两军在陕南对垒以至构兵的明确记录。

在古蜀王国东部边缘的渝东鄂西之地，情形却大不相同。渝东鄂西之际在二里头文化（相当于夏代后期）前后，社会和文化进化速度较为缓慢，程度较为浅显，土著文化都是新石器文化，总体上尚未进入文明。在这个时候，已经达到高度发展的古蜀文明向渝东连续分布，进行扩张，其势有如破竹，在当地难以遭遇强大的军事抵抗，所以基本上未见军事壁垒一类考古遗迹。在这种情形下，文化接触和交流的环境比较有利于蜀，因此古蜀文化的东部边缘，就主要发挥了其文化交流的功能，商文化的若干因素，就是经由长江走廊，从渝东鄂西传播到成都平原古蜀王国本土的。

所以，尽管在陕南汉中一带，古蜀王国与商王朝正在进行着无数战事，烽火连天，可是在静谧的东部，商文化的若干因素却能和平地、源源不绝地流入古蜀文化的腹心之地。可见，这两个边缘地带，对于古蜀王国来说，既保卫了古蜀文明中心的安全，又实现了与商王朝的文化交流，充分发挥了功能互补的重要作用。

二、西周至春秋初叶杜宇王朝的都城和疆域

商代末叶，杜宇取代鱼凫王蜀，这是古蜀王国的一次王朝更迭。经过这次王朝兴替，蜀王杜宇在成都平原建立起古蜀的第二王朝——杜宇王朝。杜宇王朝时期的古蜀王国，经济发展，文化昌盛，逐步成为中国西南地区的强国。

商末蜀人曾跟随武王伐纣，即《尚书·牧誓》记载的"庸、蜀、羌、髳、微、卢、彭、濮人"中的"蜀"。周初，蜀王杜宇封为西周诸侯。周成王时铜器《班簋》铭文以蜀为西周的"四方望"之一，即西南边疆之表率。[1]《逸周书·王会篇》也记载：周成王大会诸侯于成周（今洛阳），各方诸侯以其方物进献王室，"成周之会……蜀人以文翰。文翰者，若皋鸡"。孔晁注："鸟有文彩者。皋鸡似凫。"所谓有文彩而似凫的皋鸡，实即鱼凫王朝的神物和标记。三星堆第三、四期出土的陶塑鸟头，头顶、颈部、眼眶及嘴部饰有云雷纹，就是这种有文彩的凫。蜀王参加成周诸侯大会而献凫于周成王，其意义正如西周春秋时期诸侯告捷、献功、荐俘于周王廷一样，表示告以对商代鱼凫王

---

① 郭沫若：《班簋的再发现》，《文物》1972 年第 9 期。班簋年代，尚有争议，此从郭说。

政权的彻底推翻和取代。这无疑是杜宇开国年代的极好佐证，同时也是杜宇为西周诸侯的极好佐证。

杜宇开国建立王朝后，作为西周诸侯，按照西周制度，实行两都制[①]，即以成都为都城，作为杜宇王朝的"先君宗庙之主"所在地和政治经济文化中心；以"岷山下邑曰郫"为别都，作为防止前朝鱼凫王出湔山（今四川都江堰市境内的茶坪山）进行复辟的军事重镇。杜宇对外加深同西周王朝的关系，对内推行重农政策，加强统治机构，稳定统治秩序，招徕民众，使先前随鱼凫王"仙去"的"化民"复出归顺，恢复了生产力，古蜀王国逐渐重新走向强盛。

关于杜宇王朝建都何地的问题，历史文献没有确切记载，至今学术界亦众说纷纭，迄无定论。这里仅从文献与考古资料相结合的角度进行必要的考辨。

《蜀王本纪》记载："望帝治岷山下邑曰郫，积百余岁。"[②]《华阳国志·蜀志》记载："后有王曰杜宇，教民务农，一号杜主。时朱提有梁氏女利游江源，宇悦之，纳以为妃。移治郫邑，或治瞿上。"一说首治于郫，一说移治于郫，二者必有一误。

不论《蜀王本纪》还是《华阳国志》或是现存其他有关蜀史诸书，均未提及杜宇何时从何地移治郫邑。《全汉文》卷五三所引《蜀王本纪》说"望帝治岷山下邑曰郫"[③]，并没有提到杜宇移治之事，可是《太平御览》卷一六六引《蜀王本纪》，却在杜宇"乃自立为蜀王"句下有"移居邦邑"四字，下接"治岷山下邑曰郫，望帝积百余岁"句。据此，杜宇在推翻鱼凫王朝并在鱼凫王故都三星堆古城"自立为蜀王"后，随即"移居邦邑"，此"邦邑"应该就是成都。所谓"邦邑"，邦者国也，邑者居也，邦邑就是国邑，也就是国之所在，王之所居。"移居邦邑"既与"治岷山下邑曰郫"相对举，就表明了这是前后两个不同的阶段。依据古史记载，杜宇是在推翻了鱼凫王朝对古蜀王国的统治后，乃自立为蜀王，遂王于蜀的。按照学术界的普遍看法，广汉三星堆古城是古蜀王国鱼凫王朝的都城，那么杜宇从三星堆鱼凫王朝故都移居邦邑，就不会是直接移治到郫邑，而是首先移居成都。对于这个问题，还可以进一步深入分析。

先秦蜀国的都城和疆域

---

① 西周时期的两都制，以宗周为都城，以洛邑（成周）为东都。宗周有"先君宗庙之主"，成周为镇守东方的政治军事和经济中心。

②《文选》卷一五张衡《思玄赋》李善注引，文渊阁《四库全书》本。

③ 严可均辑：《全上古三代秦汉三国六朝文》，北京：中华书局，1958年，第414页。

从至今为止的考古发现来看，目前的考古资料不能支持杜宇王朝首建都城于郫邑的这段古蜀建都史传说。简言之，不单是《太平御览》卷一六六引《蜀王本纪》这段文献材料对我们提出了新问题，而且由于成都十二桥遗址和金沙遗址的发现，也使我们对于杜宇建都郫邑的说法有了重新认识的必要。

商周之际的成都，由于金沙遗址、十二桥遗址以及其他相关遗址的发现和发掘，证明它是当时一座具有相当规模并且具有王都气象的城市，它从商代晚期一直持续发展到西周末春秋初，中间没有间断，春秋以后走向衰落。这就是说，在三星堆古蜀鱼凫王都于商代末叶衰落之后，从商代晚期崛起而西周时期繁荣兴盛于成都平原的古蜀大型都市，目前只有以金沙遗址和十二桥遗址为中心的成都能够与之相匹。成都金沙遗址不但发现了大量制作精美的金、玉、铜器，而且在金沙遗址的黄忠村区域还发现了由五座房址组成的大型建筑基址，总面积在 2 000 平方米以上。该房基的结构，6 号房址位于北部，5 号、9 号房址分列东、西两侧，7 号房址呈方形居中。房址的柱洞显示，这五座房址是经过精心设计、同时施工建成的一组建筑群，非常类似中国后来的四合院的形式。在这组建筑群中，以 6 号房址的单体建筑面积最大，长度在 54.8 米以上，宽近 8 米，至少有 5 个开间，面积在 430 平方米以上。这种成组的大型建筑群不可能为一般平民所拥有，很可能是商代晚期至西周时期金沙遗址的宫殿建筑。[①]而在金沙遗址发现的大量祭祀遗迹，也显示出建有宗庙的迹象。按照《左传》的记载："凡邑，有先君宗庙之主曰都，无曰邑。"[②]东汉刘熙《释名·释州国》释："国城曰都。都者，国君所居，人所都会也。"这与既有宫殿建筑又有宗庙遗迹的成都金沙遗址几乎完全相合。因此，如果说西周初年杜宇在蜀地建都，那么，不论从规模、格局还是从文化内涵等方面来看，目前的材料说明应当是在成都，这正是杜宇"移居邦邑"的所在。可见，杜宇立为蜀王的建都之地不在郫，而在成都。

从另外一个角度分析，我们也能得出杜宇立为蜀王建都成都的结论。《蜀王本纪》记载"望帝治岷山下邑曰郫，积百余岁"，说明望帝在郫邑立都的时间约有百余年，而文献记载百余年后蜀相鳖灵推翻望帝统治，自立为蜀王，建立起开明王朝。开明王朝的开国年代，据《华阳国志·蜀志》所说开明氏"凡王蜀十二世"，以及《路史·余论》所说开明氏传三百五十年等，从其亡

文明的史迹：先秦、巴蜀及南丝路历史研究（巴蜀文化卷）

---

① 成都市文物考古研究所：《金沙——21 世纪中国考古新发现》，北京：五洲传播出版社，2005 年，第 9-10 页。

② 《左传》庄公二十八年《春秋左传注疏》卷九，文渊阁《四库全书》本。

于秦之年（前 316）往上推算，约当公元前 7 世纪中叶[1]，时为春秋前期。这也是望帝在郫邑所积百余岁的末年。从这个时间往前推百余年，即望帝在郫邑积年的开端，也就是望帝"移治郫邑"的时间，约为公元前 8 世纪初，相当于西周末到春秋早期这段时间，而这一时间段，正是考古资料所显示出来的成都金沙遗址走向衰落的年代。由此不难推断，杜宇是在金沙王都衰落后把都城从成都迁移到郫邑的。准此，那么文献材料与考古资料基本可以相互吻合。可见，根据《蜀王本纪》的说法并参证考古资料，那么望帝在郫邑立都的时间，就应该是在西周春秋之际，而不是以往所认为的西周早期。据《华阳国志·蜀志》的说法，杜宇立都于郫邑，是"移治"而去，就是说他是从原先的都城移治到"岷山下邑曰郫"，而不是从一开始就定都于郫邑的。《蜀王本纪》还记载："望帝积百余岁。荆有一人名鳖灵，其尸亡去，荆人求之不得。鳖灵尸随江水上至郫，遂活，与望帝相见。"说明杜宇王朝晚期的都城的确是在郫邑。那么，杜宇王朝在"移治郫邑"之前的都城，应当就是以金沙遗址为中心的成都。

不少学者在引用《蜀王本纪》"望帝治岷山下邑曰郫"时，引为"望帝治岷山下，邑曰郫"，把"下邑"二字断开。尽管单从此句来看，如此断句似无问题，但如果联系到史实来看，显然就有问题了。仔细分析《蜀王本纪》此语，可以看出此句应连读为"望帝治岷山下邑曰郫"，"下邑"二字不能断开。所谓"下邑"，实与"国都"即中心都市相对而言。《春秋》庄公二十八年"冬，筑郿"，杜预注曰："郿，鲁下邑。"孔颖达疏曰："国都为上，邑为下。"《史记·鲁周公世家》"迁于下邑"，《索隐》："下邑，谓国外之小邑。"可见，"下邑"也应是与上邑即中心都市相对而言的。《汉书·循吏传·文翁传》记载文翁在蜀兴学，"又修起学官于成都市中，招下县子弟以为学官弟子，为除更徭，高者以补郡县吏，次为孝弟力田"，颜师古注曰："下县，四郊之县，非郡治所也。"说明"下县"乃与郡治相对举而言。不难知道，"下县""下邑"等称呼是先秦两汉时期对从属于中心都市的县、邑等的通俗叫法。《蜀王本纪》旧题扬雄作，是西汉时期的作品，蒙文通先生认为其成书还当在扬雄之前[2]。据此，《蜀王本纪》称郫邑为成都的"下邑"，是符合先秦两汉的语言习惯的。可见，《蜀王本纪》既说望帝所治的郫为"岷山下邑"，也就表明郫邑是另一个中心都市的下邑。而这个中心都市，自然就是成都。

---

[1] 冯汉骥、童恩正：《记广汉出土的玉石器》，《文物》1979 年第 2 期。

[2] 蒙文通：《巴蜀古史论述》，成都：四川人民出版社，1981 年，第 38 页。

西周时期，成都有先君宗庙之主，是杜宇王朝的都城，而"下邑"郫则是杜宇王朝的别都。作为别都，尤其是作为防止鱼凫复辟的军事重镇，郫邑当有相当的建设规模。所以，当西周晚期成都衰落后，杜宇王朝"移治郫邑，或治瞿上"①，以郫为都城，以瞿上（今四川双流区境内）为别都，这种格局一直持续到春秋中叶，才为开明王朝所改变。

关于杜宇王朝的疆域，据《华阳国志·蜀志》记载：

> （杜宇）自以功德高诸王，乃以褒斜为前门，熊耳、灵关为后户，玉垒、峨眉为城郭，江、潜、绵、洛为池泽，以汶山为畜牧，南中为园苑。

据此，蜀疆北达汉中，南抵今四川青神县，西有今四川芦山、天全，东越嘉陵江，而以岷山和南中（今凉山州、宜宾以及云南、贵州）为附庸。这一记载，除东部疆域外基本正确。

汉中地区自鱼凫王朝以来一直是古蜀王国的北疆，到古蜀杜宇王朝和开明王朝时期依然如此，《华阳国志·汉中志》记载说"汉中郡，本附庸国，属蜀"，《华阳国志·蜀志》记载说"周显王之世，蜀王有褒、汉之地"，还记载"蜀王别封弟葭萌于汉中，号苴侯，命其邑曰葭萌焉"，均说明了这个事实。

值得讨论的是杜宇王朝的东部和南部疆界。东界，从蜀"以褒斜为前门"，北界直抵汉中来看，四川盆地北部的嘉陵江和渠江河谷应是从古蜀王国东部到达汉中的主要通道之一，当是蜀境。嘉陵江、渠江以东地区并三峡及鄂西宜昌长江干流沿岸，新石器时代和夏商时代曾受三星堆文化的深刻影响，西周时代是成都平原十二桥文化的影响区域，当是古蜀王国的东部疆土。这片地域的考古学文化，从三星堆时期开始就一直与成都平原的古蜀文化基本上保持着同步发展并不断整合的态势。②而《蜀王本纪》记载说"蜀王据有巴蜀之地"，《华阳国志·蜀志》也记载说巴在杜宇影响下致力于务农。综合考古与文献资料来看，嘉陵江、渠江以东的川东地区和重庆及峡江地区，从古蜀鱼凫王朝直到杜宇王朝时期均属古蜀王国的疆域，应是合乎实际的。徐中舒先生在论及这个问题时曾说："清江原为蜀地，则为不可否认的事实。据此言之，巴在夔巫以西的五都，在战国之前，必然都是蜀的旧壤。"③

《华阳国志·蜀志》说杜宇王朝的南部疆域以熊耳、灵关为界，应当说是

文明的史迹：先秦、巴蜀及南丝路历史研究（巴蜀文化卷）

---

① 常璩著，刘琳校注：《华阳国志校注·蜀志》，第182页。
② 江章华：《再论川东长江沿岸的史前文化》，《四川文物》2002年第5期。
③ 徐中舒：《论巴蜀文化》，成都：四川人民出版社，1982年，第99页。

正确的。熊耳即熊耳山，在今四川青神县境。①灵关，或作零关，其地所在，一说在"成都西南汉嘉界"②，地在今四川雅安地区的宝兴县境；一说"越巂有零关县"③，地在今四川凉山州的越西县境。不论杜宇之灵关是在宝兴还是在越西，总之都属于古代的西南夷地区，即南中之地。古代南中包括今四川凉山州和宜宾地区，以及云南和贵州等地。四川宜宾是先秦时期僰人的聚居区，属汉代的朱提郡境，而蜀王杜宇就出自朱提④，杜宇王朝把这里纳为其疆土应是顺理成章的。先秦时期今凉山州主要是邛都夷所居，与古蜀王国没有行政隶属关系，但凉山州是蜀王蚕丛国破后的迁徙之地⑤，凉山州的青铜文化也与成都平原古蜀文明有着直接和间接的关系。就此而论，今凉山州西昌一带应属古蜀王国的势力范围，当无疑问。至于云南的滇、昆明和贵州的夜郎，当然不是古蜀王国的疆土，但这些地区在文化上却受到了古蜀青铜文明的深刻影响。《华阳国志》所说杜宇以"南中为园苑"，园苑是指古代君王狩猎之地。方国瑜先生认为南中是古蜀的附庸⑥，确有道理。由此看来，南中地区虽非杜宇王朝疆土，但却是杜宇王朝的势力范围所及之地。

三、春秋战国时期开明王朝的都城和疆域

根据《蜀王本纪》《华阳国志》等文献的记载，在春秋中叶，蜀王杜宇因治水无力，被"荆人"开明氏取代。⑦古蜀开明王朝建立后，沿袭杜宇王朝旧制，定都于郫。《华阳国志·蜀志》记载："开明王自梦郭移，乃徙治成都。"这就是说，开明王因自己梦见都城的郭城发生了迁移，从而决定把都城迁往成都。很明显，这不过是为了迁都而采取的一种掩人耳目的说法。这条材料可以说明，开明王是从郫邑直接迁都到成都的，《路史·余论》卷一说"开明子孙八代都郫，九世至开明尚，始去帝号称王，治成都"，《蜀王本纪》的记

---

① 顾祖禹：《读史方舆纪要》卷七一，北京：中华书局，2006年，第3355页。

② 扬雄《蜀都赋》刘逵注，丛书集成初编本。

③《史记》卷一一七《司马相如列传》："通零关道，桥孙水，以通邛都"，《集解》引徐广"越巂有零关县"。北京：中华书局点校本，1959年，第3047、3048页。

④《太平御览》卷八八八引扬雄《蜀王本纪》。

⑤《史记》卷一三《三代世表》正义引《谱记》："周衰，先称王者蚕丛国破，子孙居姚、巂等处。"姚，今云南大姚；巂，今四川凉山州西昌市。

⑥ 方国瑜：《中国西南历史地理考释》上册，北京：中华书局，1987年，第9页。

⑦ 古蜀开明王朝的开国年代，据《华阳国志·蜀志》所说开明氏"凡王蜀十二世"，以及《路史·余论》所说"开明氏传三百五十年"等，从其亡于秦之年（前316）往上推算，约当公元前7世纪初，时为春秋中叶。参见冯汉骥、童恩正：《记广汉出土的玉石器》注释第50。

载则与《华阳国志》不同，认为开明王原来的都城在广都樊乡（今四川双流区境），是从广都樊乡徙居成都的。[①]从开明为杜宇王朝的丞相，因领导蜀民治服洪水而夺取杜宇王政、立为蜀王的情况看，他的开国都城应该是在郫邑。郫邑近于蜀西山（岷山），地当岷江进入成都平原的首个要冲，而杜宇败亡，"帝升西山隐焉"[②]，蜀之西山成了杜宇及其残部败逃的麇集之地。开明王以郫为都城，既有利于巩固其前期所取得的治水成果，又有利于防止杜宇部众从西山出来复辟。据此看来，古蜀开明王朝开国时期的都城，应是郫邑。到开明五世时，迁都成都。[③]

　　开明五世迁都成都与其王朝的发展战略和频繁的对外战争有关。开明王朝是一个雄心勃勃的王朝，大力对外扩张是它的一贯国策。根据文献记载，开明王朝初期就开始了南征北伐的对外战争，北伐秦雍[④]，南征僚僰[⑤]，东进清江[⑥]，竭力开疆拓土，到开明王朝中期时，古蜀王国已经成为中国西南地区首屈一指的泱泱大国。这个时期，开明王朝的政权已经充分稳固，成都平原也没有再次发生特大洪灾，前期的开明王朝立都于郫的战略意义已经失去，若开明王朝的都城继续在郫，不论对于王朝的保境安民还是对于王朝的疆域扩张，在地形上都将受到限制。因此，开明王朝把都城迁移到更加有利于王国发展的地方，已是大势所趋。开明五世把都城迁移到成都，其战略意图十分明显。迁都成都，不但可以克服地理上的障碍，而且可以获得成都富足的农业产品，征发到成都丰富的人力资源，满足王朝对外战争的各种需要。同时，成都地当北出中原的大道金牛道，地势平敞易行，"然四塞，栈道千里，无所不通，唯褒斜绾毂其口，以所多易所鲜"[⑦]，可以通过褒斜河谷直接通到汉中，既可与当时已然崛起的秦国相抗衡，又可以"隙陇、蜀之货物而多贾"[⑧]。而从成都东进川中地区，跨越嘉陵江，既可北上汉中，又可东下川东和渝中，进而东出峡江，直达楚地。可见，不论从成都平原的经济地理还是

---

① 乐史《太平寰宇记》卷七二引《蜀王本纪》："蜀王据有巴、蜀之地，本治广都樊乡，徙居成都。" 文渊阁《四库全书》本。

② 常璩著，刘琳校注：《华阳国志校注·蜀志》，成都：巴蜀书社，1984年，第182页。

③《蜀王本纪》记载开明五世移都成都《华阳国志·蜀志》则记载开明九世迁都成都。这里取《蜀王本纪》之说。

④ 常璩著，刘琳校注《华阳国志校注·蜀志》："开明立，号曰丛帝。丛帝生卢帝，卢帝攻秦，至雍。" 第185页。

⑤ 常璩著，刘琳校注《华阳国志校注·蜀志》："(保子) 帝攻青衣，雄张僚、僰。" 第185页

⑥ 严可均辑《全汉文》卷五三《蜀王本纪》："蜀王据有巴、蜀之地。"

⑦ 司马迁：《史记·货殖列传》，北京：中华书局，1959年。

⑧ 司马迁：《史记·货殖列传》，北京：中华书局，1959年。

从成都平原的战略地位来说，成都无疑是经济最繁荣、交通最便利的地区，加之成都有杜宇王朝时期的王都底蕴，规模庞大，因而成为开明五世移都的首选。成都地区历年发掘的战国早期墓葬内出土的随葬品显示出，战争是当时王朝的头等大事，从等级最高的墓葬到最下层的普通民众的墓葬内，都随葬有同样的成套兵器，普通民众平时为农，战时为兵，参与战争成为全社会所有民众的社会责任和义务。①这种情况实从春秋中叶延续而来，它与文献关于历代开明王朝大力发展武装力量、倾力开疆拓土的记载完全吻合。

除了适应日益频繁的对外战争而外，开明五世迁都成都的另外一个重要原因，在于借迁都之机实施王朝制度的某些变革。从历史文献分析，开明五世时期，古蜀王国实施了王朝宗庙祭祀制度的变革，这就是重建先君宗庙，并以"五色帝"命名先君宗庙。虽然开明五世以前的开明王朝祭祀制度文献缺载，目前尚不可知，但从杜宇王朝时期的成都金沙遗址来看，当时最隆重的祭祀是对自然神（天神、河神等）的祭祀。开明王朝从杜宇王朝发展而来，其立国初期必然要采用现成的各种制度，其中自然包括祭祀制度。但利用前朝的制度有一定时限，当自身王朝发展到一定阶段时必然会加以革新。由于王朝祭祀制度的变革事关重大，必须谨慎付诸实施，所以开明王采取了十分巧妙的策略，这就是乘迁都之机在重建中进行变革。开明王之所以散布"自梦郭移"的烟幕，就是要在这个烟幕下面实现都城迁移，是出于策略上的一种部署，这与商代盘庚迁殷的故事有着惊人的相似之处。成都市商业街发掘的战国早期的大型船棺、独木棺墓地，地面上有寝庙建筑遗迹②，其做法的源头就应在开明五世，应是从开明五世在先君墓地建立宗庙，在宗庙地面上立大石为墓志这种新的祭祀场所形式演变而来。开明五世以前的历代开明王，由于当时的都城在郫，不在成都，他们去世后的墓地自然也都不在成都。开明五世迁都成都，在成都重建先君宗庙，宗庙就建筑在墓地之上。这时的先君墓地，显然已是二次葬，而建筑在二次葬墓地上的宗庙，既然是为祭享所用，那么必然会建有享堂一类建筑，这和成都商业街船棺墓地的内涵和布局几乎毫无二致。可见，战国早期的成都商业街船棺墓地不论在形式上还是内容上都是承袭春秋时期开明五世的祭祀制度而来的。这就说明，古蜀王国先君二次葬墓地地面上的寝庙建筑，很有可能是从开明五世开始的，是开明五

---

① 江章华：《战国时期古蜀社会的变迁——从墓葬分析入手》，《四川文物》2008 年第 2 期。

② 成都市文物考古研究所：《成都市商业街船棺、独木棺墓葬发掘报告》，《成都考古发现（2000）》，北京：科学出版社，2002 年。

世迁都成都后所实施的祭祀制度变革的结果。

开明王朝的国力比杜宇时期大大增强。从开明二世开始，蜀北征南伐，东攻西讨，争城夺野，剧烈扩张。到战国时代，蜀已成为一个幅员辽阔的强大国家。

古蜀王国北境是与中原交通的重要门户，不仅是古蜀王国力保的战略要地，而且是力图北进的战略方向。《华阳国志·蜀志》记载："开明立，号曰丛帝。丛帝生卢帝，卢帝攻秦，至雍。"雍，今陕西凤翔县，秦德公元年（前677年）始以为秦都。[①]据推算，开明一世约当公元前7世纪前半叶（见上文），则开明二世约当公元前7世纪中叶，大致在秦都初迁雍后不久，在秦德、宣、成公之际。其时秦尚未强，又东与晋国相争，此时蜀乘秦弱而北攻秦至其雍都，并非不可能。卢帝攻秦至雍，"生保子帝"[②]。保应作褒，即殷卜辞中的"缶"，地在汉中褒城。保子帝即以褒为名，可见陕南汉中盆地一带，已全部入于蜀的北部版图[③]，这对后来古蜀王国北境的安宁，起了极大的保障作用。

秦初居西陲，距蜀较远，文献中未见两国发生交往的记载，至春秋初年秦文公时，始见两国发生经济文化往来。[④]春秋早期，蜀王开明二世攻秦至雍，这是蜀、秦构兵的最早记录。

战国初，蜀、秦基本上保持着对等的与国关系。《史记·秦本纪》载秦厉共公二年（前475年）"蜀人来赂"，《六国年表》所记相同。这是诸侯间常见的互通聘享之礼，致告命之辞的传统。或以为这是蜀人朝秦，不确。因为"赂"并不就是朝贡。《国语·晋语》"骊姬赂二五"，韦昭注曰"赂，遗也"，遗就是赠遗。秦厉共公时，秦势不振，国家内忧，未遑外事，"诸侯卑秦，丑莫大焉"[⑤]。在这种情形下，秦不可能具有使古蜀王国前来朝贡的威势。况且此时蜀势正值鼎盛之期，更不可能向秦朝贡。因此，战国初期，蜀、秦地位平等，一长南夷，一霸西戎，相互间不存在任何臣服关系。

蜀、秦之间的大规模战争始于公元前451年，围绕南郑展开长期争夺。南郑（今陕西南郑）位于汉中盆地西南部，米仓山之北，扼东汉水（今汉江）与西汉水（今嘉陵江）上源之间，其地左右逢源，既可北出褒斜道以进中原，

---

① 司马迁：《史记·秦本纪》，北京：中华书局，1959年。
② 常璩著，刘琳校注：《华阳国志校注·蜀志》，成都：巴蜀书社，1984年。
③ 殷商西周时期，汉中并不全部属蜀，商代有缶、覃等国，西周末郑桓公死难，其民南奔，据有南郑之地。至开明二世攻秦至雍，始将汉中盆地纳入古蜀王国版图。
④《史记·货殖列传》："及秦文、德、缪居雍，隙陇、蜀之货物而多贾。"
⑤ 司马迁：《史记·货殖列传》，北京：中华书局，1959年。

又可南下金牛道以入蜀中，战略地位十分重要。商周之际，已有蜀人活动于汉中，并在若干地点建有蜀的军事据点。但当时汉中显然并非全部为蜀地。其时地广人稀，各族、方国所据之地均以点状分布，并且犬牙交错，其中还有大片瓯脱之地，此时南郑尚不为蜀所有。《水经·沔水注》于"南郑县"下载"县故褒之附庸也"，又引《耆旧传》云"南郑之号，始于郑桓公。桓公死于犬戎，其民南奔，故以南为称，即汉中郡治也"。郑桓公死于公元前771年。可见春秋初年南郑为郑之遗民所居。但不久，其地即被古蜀王国占领。《华阳国志·蜀志》载开明二世"攻秦至雍"，雍在今陕西宝鸡以北。蜀北上伐秦，必经褒斜道前出，故知此役古蜀王国必已先期攻克南郑。由此看来，至少在春秋前期，即公元前7世纪前半叶，南郑已并入蜀的版图。

秦国战略，自穆公开始，一直企图东进与诸夏争雄。然而，"会往者厉、躁、简公、出子之不宁，国家内忧，未遑外事，三晋攻夺我先君河西地。诸侯卑秦，丑莫大焉"①，终不能东渡黄河争霸中原，于是企图南略汉中，以为向东进取的战略基地。《史记·六国年表》秦厉共公二十六年（前451年），"左庶长城南郑"，《秦本纪》集解引徐广曰："一本二十六年城南郑也。"秦以左庶长城南郑，表明秦于此年初取蜀之南郑，并按秦国习俗构筑城池，以防蜀师反攻。或以为此年以前南郑早已属秦，未当。开明二世时蜀已据有南郑，有史可考，毋庸置疑。自开明二世攻秦以后至公元前451年，蜀、秦无战事，蜀也不可能将南郑拱手送秦。可见秦厉共公二十六年以前的确未曾染指南郑，谈不上据有南郑之地。

秦初取南郑，经营十年，至秦躁公二年（前441年），蜀师反攻，收复南郑《史记·秦本纪》及《六国年表·秦表》均记载此年"南郑反"，表明秦复失南郑于蜀。此后数十年间，由于秦与三晋再开战端，加之秦内部有乱，故与蜀无大战事。

秦惠公十三年（前387年），秦再度出师，"伐蜀，取南郑"②。蜀师迅速组织反攻，于当年一举再复南郑。《史记·六国年表》于秦惠公十三年下记载"蜀取我南郑"，即是同一年秦取南郑得而复失。或以为《秦本纪》所载"伐蜀取南郑"发生在《六国年表》所载"蜀取我南郑"之后，似不确。按《华阳国志·蜀志》记载："周显王之世，蜀王有褒汉之地。"周显王于公元前368年至前321年在位，其即位之年上距此役仅19年，其间蜀、秦无战事。如蜀

---

① 司马迁：《史记·秦本纪》，北京：中华书局，1959年。
② 司马迁：《史记·秦本纪》，北京：中华书局，1959年。

先取南郑，而后复为秦取，则周显王之世就应当是秦王有褒汉之地，而不是蜀王。褒为褒中，汉为汉中，褒汉之地即包括南郑在内。可见，应当是《秦本纪》所记在前，《六国年表》所记在后，即秦取蜀之南郑后，旋又复失于蜀。

蜀、秦南郑之役，历时 65 年，终以古蜀王国胜利而告终。古蜀王国保有南郑之地，不仅对巩固蜀的北方防线有重要意义，同时蜀还以此为基地，进一步向西北拓展，一度兼有武都之地（今甘肃西和县南，一说成县境）。并且，此役的胜利，还对稍后（前 361 年）楚国占领汉中以东并企图进一步攻略汉中西部起到遏制作用，使楚不得不由汉中以东折而向南，兵锋指向巴、黔中。这说明，公元前 4 世纪前半叶蜀对南郑的固守，对于巴、蜀、楚、秦之间战争局势的变化起到了明显的影响。

向东扩张是古蜀王国一贯的重要国策，早在"三代蜀王"[1]和杜宇时期，蜀的声威即已远播于川东渝中并三峡及鄂西。春秋末战国初巴国从汉水流域进入长江上游地区后，西与蜀国为邻，先后在长江和嘉陵江一线建了五座都城，即有名的巴子五都[2]，由此引致"巴蜀世战争"[3]。战国时期，蜀国开明王朝承袭前朝故事，同样也以东进为战略扩张的重点。《太平寰宇记》卷八六"阆中"下记载："仙穴山在县东北十里。《周地图记》云：'灵山峰多杂树，昔蜀王鳖灵帝登此，因名灵山。'"《舆地纪胜》卷一八五亦载："灵山一名仙穴，在阆中之东十余里宋江上，有古丛帝开明氏鳖令庙存焉。"阆中位于嘉陵江上游、大巴山南侧。《蜀王本纪》则说："蜀王据有巴蜀之地。"可见开明王朝的东界已越过嘉陵江。在长江一线，开明王曾于公元前 377 年伐楚，取楚之兹方[4]（今湖北松滋市），势力远达鄂西清江流域，清江之名即为蜀人所取[5]。

开明三世时期，蜀王西征青衣羌地。《华阳国志·蜀志》："（保子）帝攻青衣。"青衣，今四川雅安芦山一带。《舆地纪胜》卷一四七"芦山县"下记其地有"开明王城"，又引旧经说此城是"开明王所筑"，当为保子帝亲征青衣时在当地所设宿卫行帐以及班师后留驻军队的镇所。《读史方舆纪要》卷六六引《华阳国志》说："蜀王开明以灵关为前门。"说明保子帝攻略青衣后，

文明的史迹：先秦、巴蜀及南丝路历史研究（巴蜀文化卷）

---

① "三代蜀王"，指古蜀早期历史上的蚕丛、柏濩、鱼凫等"蜀王"，《蜀王本纪》称之为"三代"。

② 常璩著，刘琳校注：《华阳国志校注·巴志》，成都：巴蜀书社，1984 年。

③ 常璩著，刘琳校注：《华阳国志校注·巴志》，成都：巴蜀书社，1984 年。

④ 《史记·楚世家》："肃王四年，蜀伐楚，取兹方，于是楚为扞关以距之。"《史记·六国年表·楚表》："蜀伐我兹方。"

⑤ 《水经·夷水注》："夷水，即很山清江也。水色清，照十丈，分沙石。蜀人见其澄清，因名清江也。"王国维校，袁英光、刘寅生整理标点《水经注校》卷三七《夷水》，上海：上海人民出版社，1984 年，第 1160 页。

今芦山一带成为古蜀王国的西方门户。这对成都平原的园艺农业经济、城市手工业经济与川西高原的畜牧业经济及粗耕农业经济之间的进一步交流，起了不可忽视的促进作用。

开明三世国力强盛，又大举向南兴兵，沿岷江南下，征服僚、僰之地。《华阳国志·蜀志》载保子帝"雄张僚、僰"，表明僚、僰之地这时已为古蜀王国所控制，成为蜀之附庸。①僚指夜郎，地当今贵州安顺地区至黔西地区；僰指僰道，地当今四川宜宾到云南昭通地区。从考古上看，在西周春秋之际，即公元前 800 年左右，今贵州西部地区受到了来自四川盆地青铜文化的强烈影响，文化发生了变异。②2002 年，贵州省文物考古研究所在黔西地区威宁县中水的水果站墓地钻探出土扁（直）内青铜钺和有领玉镯。2004—2005 年，在威宁中水红营盘墓地发掘出土柳叶形扁茎无格青铜短剑。③这些青铜兵器和玉器，都是古蜀文化的典型形制。其中，直内青铜钺与四川彭县竹瓦街、四川汉源背后山出土的相同，有领玉镯与三星堆相同。典型的蜀式青铜直内钺和蜀式扁茎无格青铜短剑在黔西地区出土，这个现象非常值得注意。它表明，蜀王国的军事力量在这个时期已经深入黔西，控制了当地僚人的上层。从黔西威宁中水几处墓地只发现蜀式青铜兵器和玉镯，却没有发现蜀人的陶器等生活用品的情况分析，很有可能是蜀王在征服僚地后，迫使僚人纳贡服役，并将蜀式兵器发放给当地上层，使其镇抚边地，作为蜀之附庸。僰，僰侯之国，今川南滇东北地区，以四川宜宾为中心④，本有僰人，故名。这个地区历年来出土不少蜀式青铜器，均与蜀王南征有关。《水经·江水注》载：南安（今四川乐山市）"县治青衣江会，袷带二水矣，即蜀王开明故治也"。《华阳国志·蜀志》说"僰道有故蜀王兵兰"，兵兰指驻兵营寨，此谓蜀王为前出攻僰所筑驻兵之所，并非都城。这些材料说明，蜀王"雄张僚、僰"，开疆拓土，其结果，是使蜀地"南接于越"⑤，广地至于南中濮越之地，为确保其西南国际通道的安全提供了重要保障。

开明王朝累代开疆拓土，所实施的是一种积极向外扩张的国策。尤其是历代开明王把北方和东方作为最主要的战略发展方向，并取得一系列成功，

---

① 方国瑜：《中国西南历史地理考释》上册，北京：中华书局，1987 年，第 9 页。

② 王红光：《贵州考古的新发现和新认识》，《考古》2006 年第 8 期。

③ 贵州省文物考古研究所：《2005 年度全国十大考古新发现——贵州威宁中水史前至汉代遗址》，2006 年。

④ 常璩著，刘琳校注：《华阳国志校注·蜀志》，成都：巴蜀书社，1984 年。

⑤ 常璩著，刘琳校注：《华阳国志校注·蜀志》，成都：巴蜀书社，1984 年。

一方面充分显示出蜀的强盛国力，另一方面则反映了古蜀王国试图跻身于中原大国之列，参与诸侯聘享盟会的战略意图。《华阳国志·蜀志》说"有周之世，限以秦、巴，（蜀）虽奉王职，不得与春秋盟会，君长莫同书轨"，仅是对当时形势的描述，并未反映出开明王朝的战略动态。四川盆地春秋战国时代的考古遗存中，有不少中原和秦、楚的文化因素，这固然与当时的文化交流有关，同时也与开明王朝对外来文化的态度有关，与其发展战略有关。开放性的文化与扩张性的战略已经充分巧妙地结合起来。

由于历代开明王的开疆拓土，到战国时代，古蜀王国疆域"东接于巴，南接于越，北与秦分，西奄峨嶓"[1]，成为中国西南首屈一指的泱泱大国。

---

① 常璩著，刘琳校注：《华阳国志校注·蜀志》，成都：巴蜀书社，1984 年。

21

商业、城市和交通：古蜀文明的动力

一、商业的兴起和发展

蜀的商业比较兴盛发达，不但是城市经济的动力和支柱，而且在农村经济中也发挥着重要作用，尤其古蜀的国际贸易比较发达，在先秦时代的中国历史上有着重要地位。

（一）蜀国境内通商的几种形式

在古代蜀国广大的农村，存在着明显的单一经济形式，因此各邑聚和族落之间存在着广泛的商品交换关系。即令是某些复合型经济中，往往也有一些生活必需品不能自给。例如食盐，仅从战国晚期秦在成都设盐官主盐税来看，先秦蜀地的盐，主要就是通过贸易形式输送到各邑聚和族落中去的。事实上，农业民族与狩猎民族之间的交换关系从很早以来即已发生，而成都平原由其区位所决定，很早以来就是几种不同经济类型民族间进行交易的中心地。这在考古发掘中斑斑可见。例如，东周时期成都各遗址出土不少羊骨，当从川西高原交换而来。因为其时成都业已开发成市，不再是野羊出没之地，而成都农人以养猪为主，养羊虽有，数量并不很多。又如成都指挥街遗址出土的 1 件白唇鹿犄角，原产于川西高原，必为交换而来。

城市兴起后，城市人口中的大量平民、工商业者，其生活必需品，从农产品到手工业品都必须通过交换获取。所谓"公食贡，大夫食邑，士食田，庶人食力，工商食官，皂隶食职"[1]，实指各阶级、阶层生活资料的来源，是针对各阶级、阶层的阶级地位和职守而言，也是指阶级关系，并不是指其唯一的经济形式。其实这种结构，与早期的商品经济并不矛盾，因为无论其中哪一种，都不可能包容所有生活必需品的生产，因此必然存在交换。

蜀国城市规模庞大，人口众多。按照林沄对中国早期城邑人口与每户平

---

[1] 左丘明：《国语·晋语》，上海：上海古籍出版社，1978 年。

均占地比例的研究，每户占地约 158.7 平方米①，与《墨子·杂守》所说"率万家而城方三里"，平均每户占地 154.2 平方米略合。据此计算，商代三星堆古蜀都城市面积为 3.5~3.6 平方公里，则应有 22 698 户。以户五口计算，应有 113 490 口。东周时期成都人口当然大大超过此数。迄今考古发掘说明，东周成都遗址的分布范围，由西到东约 5 公里，从南而北约 3 公里②，共约 15 平方公里。如果以林沄所说数据计算，应有户 94 517，口 472 585，似乎过多。如果以战国时临淄故城面积与人口的比例计算，每户占地约 268 平方米。③参照这个数据推算，战国时成都大约有户 55 970，口 279 850。④如此大量的人口，需要消费大量的农业产品、副食品和各种手工业品。城市各阶级、阶层中，依靠食贡获取消费品的仅是王族、显宦等一小部分上层统治者，而他们的消费品中的某些种类，尤其是奢侈品，仍须通过交换从外获取。中下级统治者的衣食来源，虽可以收取租税等方式，或因拥有产业（主要是田产）予以解决，但要得到租税所无的产品和奢侈品，也必须加入商品交换行列。至于一般平民和工商业者，交换更是寻常之事。

农村能够解决基本生活消费，但手工业产品或者制作手工业品的原材料多需交换。交换的主要途径是城镇市场，或如中土的"市井"。

城市是重要手工业产品的产地和销售市场。例如，春秋战国时代的成都，就是蜀国漆器、织锦等的生产中心，并形成了大型市场，产品多销往外地。荥经、青川等地发现的大批漆器，即由成都市鬻而来。

先秦蜀国有大批行商坐贾。《史记·西南夷列传》记载："巴蜀民或窃出商贾，取其筰马、僰僮、髦牛，以此巴蜀殷富。"筰马产自筰都，僰僮是指僰人之为奴婢者，髦牛主要产于汶山。这些商人买空卖空的传统手段，自不会始于秦汉之际，先秦已是如此。《华阳国志·蜀志》记载："成都县本治赤里街，（张）若徙置少城内，营广府舍，置盐、铁、市官并长丞，修整里阓，市张列肆，与咸阳同制。"可见蜀灭前，成都本有繁华的市场。张咏《益州重修公宇记》载："案《图经》，秦惠王遣张仪、陈轸伐蜀，灭开明氏，卜筑是城（按指成都秦城），方广十里，分筑南、北二少城，以处商贾。"左思《蜀都赋》：

---

① 林沄：《关于中国早期国家形式的几个问题》，《吉林大学社会科学学报》1986 年第 6 期。

② 罗开玉：《成都城的形成和秦的改建》，《成都文物》1989 年第 1 期。

③ 马世之：《略论楚郢都城市人口问题》，《江汉考古》1988 年第 1 期。

④ 按：《汉书·地理志》记载，西汉成都县有户 76 256。依据《汉书·食货志》"一夫挟五口"即户均五口计算，西汉成都县应有口 381 280。相比较而言，东周时成都人口的这个推算数据，应是比较符合实际的。

"亚以少城,接乎其西(按指大城西),市廛所会,万商之渊。"刘注:"少城,小城也,在大城西,市在其中也。"这些分处于南北二少城内的大批商贾,绝大多数是蜀商贾,原来就在成都市场开业经商,故上引《华阳国志》记秦灭蜀后在成都"修整里阓"(阓为市门①),而不是新建市场。由此可见先秦蜀国专门商人阶层的大量存在,亦可见蜀国商业繁荣之一斑。②这是与成都人口的大量集中相适应的。

《华阳国志》还说秦灭蜀后,成都"市张列肆",这其实也是自先秦而然。《蜀王本纪》记载春秋时老子为关令尹喜著《道德经》,临别曰:"子行道千日后,于成都青羊肆寻吾。"肆为货栈,"肆所以陈货鬻之物也"③,古有"市廛列肆"之说。市肆是商业兴盛发达的产物。青羊肆这一名称,表明蜀已形成各种类别的市肆,即所谓"肆以类分",物资交易在专门的市场分门别类地进行。④说明春秋时代成都市场已十分繁荣,而专门商人阶层的大量存在,也是确定无疑的事实。这种专门商人在当时社会就是富有者。故《史记·货殖列传》说:"用贫求富,农不如工,工不如商,刺绣文不如倚市门。"即指此而言。

(二)蜀与境外各地的贸易关系

1. 蜀与中国各地的贸易关系

蜀与相邻地区的通商,主要对象有秦、楚、滇、夜郎等古国,以及中原地区。

蜀、秦间很早就有广泛的贸易关系。《史记·货殖列传》说:"及秦文、德、缪(穆)居雍,隙陇蜀之货物而多贾。"春秋时代已建立起官方贸易,民间贸易当更早,也更普遍。

蜀与楚的贸易,漆器为其大宗,丝绸可能也是交易品之一。除此而外,铜料当也是一项重要内容。楚地富铜,《诗·鲁颂·泮水》说商周"大赂南金",西周青铜器铭文屡次提到伐楚"俘金",金即是铜。著名的湖北铜绿

---

① 许慎:《说文解字·门部》,天津:天津古籍出版社,1991年。
② 段渝:《先秦秦汉成都的市及市府职能的演变》,《华西考古研究》(一),成都:成都出版社,1991年。
③ 崔豹:《古今注》,上海:商务印书馆,1936年。
④ 关于老子为关令尹喜著书之事是否真实的问题,学术界曾有怀疑,不过却不能因此质疑先秦成都青羊肆的存在。青羊肆地在今成都青羊宫,其地正是先秦成都城市的中心区域之一,汉代也是繁华之区,市肆所在。说明《蜀王本纪》所载春秋成都青羊肆,有其所本,断非虚语。

山古铜矿早在西周时已经开采，在当时是中国的主要产铜区之一。春秋时铜器《曾伯簠》铭文讲到"金道锡行"，就是铜锡交易的商道。曾国位于汉水中游，近蜀。商周时期蜀国青铜器的大部分铜料，必须仰给于蜀境之外。而楚地之铜历来输出很多，蜀在缺乏足够的铜料的情况下，或许会在楚地输入铜料。

蜀、滇通商也有迹可循。云南的铜、锡矿开采甚早，商代就曾输往中原。蜀地历来乏锡，也不可能不取之于云南。商代三星堆青铜器所含铅，就来源于云南。蜀、滇青铜器合金成分的接近，当即与此有关。而蜀、滇都曾使用贝币，这就为两地的大宗商品交易提供了相同的等价物，形成金锡交易的有利条件。当然，由于蜀对南中的控临，云南输往古蜀的青铜原料中，相当部分应出于贡纳，但也存在贸易的情况。

蜀地自古产枸酱，《史记·西南夷列传》记载枸酱"独蜀出"。汉初唐蒙在南越食蜀枸酱，南越乃从夜郎经由牂柯江辗转输入，而夜郎之蜀枸酱又是蜀商"窃出"交易。可见其间具有一定的交流渠道，有悠久的历史，自不始于汉代。

《史记·货殖列传》记载蜀与中原间的贸易说："然四塞，栈道千里，无所不通，惟褒斜绾毂其口，以所多易所鲜。"说明蜀与中原的贸易经常存在。先秦时著名的"西蜀丹、青"，并见于战国时人的著作，说明蜀的丹砂和空青是输往中原和东方各地的名贵商品。

2. 蜀与外域的贸易关系

至迟在商代，蜀与中国以外的一些地区和国度就已建立并发展了商品贸易关系。从商周以迄战国，与蜀通商的主要外域地区有南亚、中亚、西亚和东南亚。

蜀与南亚的商品贸易关系，《史记》有明确记载。《西南夷列传》载：

博望侯张骞使大夏（今阿富汗）来，言居大夏时见蜀布、邛竹杖，使问所从来，曰："从东南身毒国，可数千里，得蜀贾人市。"

《史记·大宛列传》载：（昆明之西）可千余里有乘象国，名曰滇越，而蜀贾奸出物者或至焉。

身毒，今印度。滇越，即迦摩缕波国，位于今东印度阿萨姆地区的。[①]此

---

① 汶江：《滇越考》，《中华文史论丛》1980 年第 2 辑。

虽为汉世，但从商情探查、商道开辟直到商品贸易，有一漫长过程，固非短期所能奏效。结合其他文献和考古资料看，早在秦汉以前，蜀与南亚间的商路业已开通。

南亚地区是蜀与中亚和西亚进行贸易的必经之地。商代晚期三星堆出土青铜雕像群、黄金权杖和黄金面罩，其文化因素的来源即与西亚有关，当从西亚经南亚引入。东周时代蜀国王公卿相当中流行佩戴一种称为"瑟瑟"的宝石串饰或琉璃珠串饰，后世屡有出土。杜甫《石笋行》说："君不见益州城（今成都）西门，陌上……雨多往往得瑟瑟，此事恍惚难明论。恐是昔时卿相家。"成都西门一带正是春秋战国时代蜀王国的墓区所在。唐时瑟瑟往往出于成都西门地下，足见随葬之多。瑟瑟（Sit-Sit），是古代波斯的宝石名称，是示格南语或阿拉伯语的译音。中国古书关于瑟瑟的性质有不同说法，主要指宝石，明以后主要指人工制造的有色玻璃珠或烧料珠之类。[①]成都西门多出瑟瑟，从其时代看，应指宝石一类。既称瑟瑟，当然是来自西亚地区，并且经由南亚而来。

古代西南地区多见蚀花琉璃珠，也是瑟瑟的一种。《唐书》和《蛮书》都记载南蛮和南诏妇女以瑟瑟为发饰，《太平寰宇记》卷八七记载四川威州（今汶川县）妇女把成串的瑟瑟挂于发上为饰。四川茂县曾出土不含钡的琉璃珠[②]，理塘县也有发现[③]，四川盆地东部考古中还发现公元前8世纪的早期琉璃珠[④]，云南江川李家山战国24号墓中，也出土蚀花肉红石髓珠。[⑤]中国古代琉璃珠，按其成分分为两种，一是含钡玻璃，产自战国时代的中国，属铅钡玻璃类；一是不含钡的钠钙玻璃类，产自中亚和西亚。[⑥]以上西南各地所出，经化验和比较，均来自中亚和西亚，显然是从那些地区交换而来的商品。可见，从商代到春秋战国时期，蜀与西亚、中亚和南亚的商品贸易一直在持续不断地进行和发展。

古代蜀文化曾给东南亚以强烈影响。东南亚的粟米种植、岩葬、船棺葬、石棺葬、大石遗迹等，都与蜀文化的影响有关。东南亚的青铜器文化也吸收

① B. 劳费尔：《中国伊朗编》，林筠因译，北京：商务印书馆，1964年，第345-347页。
② 童恩正：《略谈秦汉时期成都地区的对外贸易》，《成都文物》1984年第2期。
③ 作铭：《我国出土的蚀花肉红石髓珠》，《考古》1974年第6期。
④ 龚廷万、庄燕和：《重庆市南岸区的两座西汉土坑墓》，《文物》1982年第7期。
⑤ 张增祺：《战国至西汉时期滇池区域发现的西亚文物》，《思想战线》1982年第2期。
⑥ 高至喜：《论我国春秋战国的玻璃器及有关问题》，《文物》1985年第12期。

了相当多的蜀文化因素，手工业品中的铜、铁、竹、木之器等，也多仰给于蜀。[1]在其间经济文化的频繁往来中，蜀主要扮演着文化传播和商品输出者的角色。

蜀与外域持久而频繁的商品贸易关系说明，早在商周时代，蜀已初步成为中国西南的对外贸易枢纽。而南方丝绸之路，正是以成都为其起点的，从中可见蜀国商业的繁荣和发达。

（三）蜀的货币

在不断发展进步的商业中，会自发形成充当等价物的货币。广汉三星堆出土的大量海贝，大多数背部磨成大孔，应是一种贝币。这与云南出土的贝币相似[2]，也与华北商周贝币大同。

战国时代，蜀国还流通一种铜币，形制如璜，学术界通称为"桥形币"[3]。这种铸币在成都平原及附近地区多有出土，具有强烈的区域性，是境内贸易中流通的一种货币。

黄金在商代蜀国就具有超乎其他金属之上的重要地位，与同一时期华北"金玉同色"的情况也有很大区别。战国时代蜀墓葬中常有金块出土，应即是充当贮藏手段的货币。它与楚国以金版郢爰为流通手段的情形不同，而与中原将黄金作为贮藏手段的情形一致。

由上可见，蜀国早在商代就已初步发展了内外商品贸易，到战国时代，无论对内还是对外的贸易都在继续扩大，日益成为中国西南以及与东南亚、南亚、中亚和西亚商品贸易的枢纽。因此，先秦蜀国商业的地位和作用，是不能不给予充分重视和进一步深入研究的。

二、城市的形成和发展

城市是文明社会最重要的标志之一。[4]城市的形成与阶级社会和国家的形成步伐大体一致。它既是经济发展的必然结果，也是私有制发展的必然产物。这在世界上任何一个古文明当中都是一样的。人类文明中城市的发展是有阶段的，先秦城市不等于中世纪和近代以来的城市，而是城乡分化初期阶段的

---

① 童恩正：《试谈古代四川与东南亚文明的关系》，《文物》1983 年第 9 期。
② 李家瑞：《古代云南用贝币的大概情形》，《历史研究》1956 年第 9 期。
③ 李光廷：《吉金志存》卷 1。
④ C. Kluckholm, The Moral Order in the Expanding Society, City Invincible: AnOrdiental Instivute Symposinm, 1960, P. 400.

城市，即早期城市。

（一）城市的形成

城市的出现，关键在于与史前村落相对立的新的生产方式和生活方式的出现。考古资料表明，在殷商时代，蜀国已经产生了早期城市，并初步形成了城乡一体化的政治经济格局。

在广汉三星堆遗址，考古工作者发掘清理了商代早期蜀国修建的巨大城墙，从而确认三星堆遗址是蜀国早期都城的废墟。在三星堆古遗址周围 12 平方公里的范围内，分布着十多处密集的古遗址群，文化面貌与三星堆相同。[①]这些古遗址群，毫无疑问是古蜀都城直接统治下的广大乡村。这正是古代城乡连续体业已形成的最显著实例。三星堆古蜀都城，首先就是作为这些乡村的对立物，从中生长、发展起来并对之实施统治的。

在三星堆遗址已发掘清理的房屋遗迹中，既有平民居住的木骨泥墙小屋，又有王公显贵居住的穿斗抬梁式大厅堂，反映出深刻的阶级分化。遗址内发掘的基本无随葬品的墓葬，与两个祭祀坑出土的大量财富形成无比鲜明的对比。城区内多出生产工具的区域，与基本不出生产工具而出有大量精雕细琢的玉石器，精美豪华的酒器、饮器、食器、雕花漆木器以及各种精致的工艺品的区域，对比也相当强烈，展示出一幅复杂社会中分层的生活方式图景。高耸的城墙，深陷的壕沟，是阶级冲突加剧的象征。早期的文字，是劳心者与劳力者分野的标志。祭祀坑内出土的大批金器、青铜器和玉石器，又无可置疑地显示出一个巨大的权力中心的崇高权威。所有这些，都无不表现出人口的集中、生产的专门化、剩余财富的集中和以神权、王权为核心的阶级统治的形成。而所有这些，正是形成一个古代城市所必须具备的重要条件，也是衡量是否形成城市的最主要标准。[②]

在三星堆古城的中轴线上，分布着三星堆、月亮湾、真武宫、西泉坎等四处台地，文化堆积颇为丰富、集中。1929 年发现的玉石器坑和 1986 年发掘的两个大型祭祀坑，都处在这一中轴线上，说明这一区域是三星堆蜀国都城的宫殿区（图一）。[③]

① 陈德安：《三星堆遗址》，《四川文物》1991 年第 1 期。
② V. G. Childe, The Urban Revolution, The Town Planning Review, vol. 21, No. 1, p. 3-17, 1950.
③ 陈德安、罗亚平：《早期蜀国都城初露端倪》，《中国文物报》1989 年 9 月 15 日。

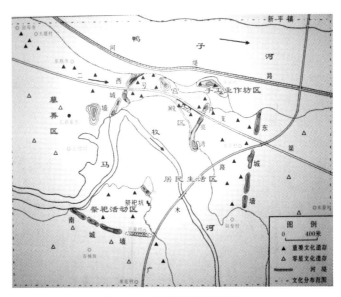

图一　三星堆城址平面图

商周时代的成都，是蜀国又一座具有相当规模的城市。

首先，1985—1986 年在成都十二桥发现了商代晚期大型木结构建筑，总面积达 15 000 平方米以上。①其中发现了宫殿建筑庑廊部分的遗迹。在主体建筑周围又发现了小型干栏式建筑遗迹，是大型木结构宫殿的附属建筑群。大型主体建筑与小型附属建筑相互联结，错落有致，浑然一体，形成规模庞大的建筑群体。1990 年初又在该遗址新一村住宅工程地面下掘出堆积四米以上的文化层，发现了纵横交错的房屋构件 20 多根，还发现一批商代至春秋战国时期的陶、石和青铜器②，为证明成都是一座文明古城提供了珍贵资料和重要依据。

其次，成都羊子山土台高 10 米以上，面积约 10 372. 96 平方米，用土总量在 7 万立方米以上。③在一望无际的成都平原，这座土台显得倍加巍峨高大。成都羊子山土台的方向，测定为北偏西 55°，而广汉三星堆遗址 2 个祭祀坑的方向，同样也都是北偏西 55°。羊子山土台三级四方，与三星堆二号坑所出青铜大立人的三层四方形基座形制相类，绝非偶然。它显然是成都城市的礼仪中心所在。

①　四川省文物管理委员会等：《成都十二桥商代建筑遗址第一期发掘简报》，《文物》1987 年第 12 期。
②　周尔太：《十二桥商代建筑遗址有新发现》，《成都晚报》1990 年 4 月 9 日。
③　四川省文管会：《成都羊子山土台遗址清理报告》，《考古学报》1957 年第 4 期。

再次，在以十二桥建筑群为中心，沿古郫江故道分别向北面和西南面延伸的弧形地带上，分布着密集的遗址群，由西向东约 5 公里，由南而北约 3 公里，其中任一个遗址均未发现边沿，表明它们都是同一个大型遗址的不同组成部分。这些遗址中出土陶器极为丰富，绝大多数已碎。一般说来，文化层中每一平方米范围内（厚约 20 厘米），可发现碎陶片 100～1 000 片，说明人口分布相当密集。[①]

最后，2001 年发现的金沙遗址，在商周文化层内出土大量青铜器、黄金器物和玉器。从平面分布观察，遗址总面积达 5 平方公里，包括金沙村、黄忠村、龙咀村、红色村、郎家村等自然村。在金沙遗址的东南面，20 世纪 80 年代以来，已发现和发掘了抚琴小区、方池街、君平街、指挥街、盐道街、岷山饭店、岷江小区等十几处商周遗址，绵延十余公里。[②]在年代关系上，成都各遗址的早中晚各期的历年基本一致。这种同一时期的共存关系表明，各遗址是同步演进的，具有明显的空间连续性和时间稳定性。从布局和级别上看，金沙遗址显然是这一相互连接、绵亘数公里的大型遗址群的中心遗址，无论其出土器物的级别层次，还是其建筑规模和主从配置，都远远超乎其他遗址之上，因此它毫无疑问处于各遗址的首脑和中心的地位。而位于这一大型遗址群北面，建有高大巍峨的羊子山大型土台礼仪性建筑，同金沙、黄忠小区和十二桥大型建筑群遥遥相望。这一格局，恰是作为一座早期城市最明显的标志，无论其规模还是布局，显然是任一个史前村落所无法比拟的，充分证明商代成都是一座当之无愧的早期城市。

从更深刻的意义来认识，金沙遗址出土的金属器群、十二桥遗址和羊子山土台建筑遗址所体现出来的技术的发展，知识的进步，动员组织人力、物力、财力的广泛和深入，还反映出一个更加波澜壮阔的时代背景，足以证明已经产生了一个拥有相当集中化权力的政治中心在支配着大批手工业者、建筑者、运输者、掌握科学知识和技术的专门人员、各级管理者，以及为他们提供食物的大批农业生产者及其剩余劳动。而上述各人等，恰好形成一个早期城市所必须具备的阶级、阶层和社会结构，说明一个植根于社会而又凌驾于社会之上的政权组织业已形成。这种社会结构和政权组织，

---

① 罗开玉：《三星堆遗址与古代西南文化关系初论》，《四川文物》1989 年专辑。

② 成都文物考古研究所：《金沙——21 世纪中国考古新发现》，北京：五洲传播出版社，2005 年，第 8、9 页。

同样是任一个史前村落所无法比拟的，更充分地证明商代成都是一座早期城市。

三星堆作为鱼凫王朝的蜀都，大约在商末周初废弃。西周时代，蜀王杜宇建都成都，西周晚期"治汶山下邑曰郫（今四川郫都）"[①]，"或治瞿上（今四川双流）"[②]，前者为王都，后者为别都，实行两都制。西周时期的成都，由于金沙遗址的发现，证明是一座具有相当规模的城市，是为杜宇都城，它从商代晚期以来一直在持续发展，没有衰败。春秋前期开明氏代蜀后，定都郫（今郫都）。至春秋晚期，开明五世迁都成都[③]，进一步推动了成都经济文化的进步。从此，成都作为全蜀的政治经济和文化中心，形成了稳定的格局，再未发生变动。

（二）早期城市体系

一般说来，在邦国林立的上古时代，一个邦国只有一个政治经济中心，而一个文明古国也只有其王都可以称得上城市。《左传》庄公二十八年："凡邑，有宗庙先君之主曰都，无曰邑。"刘熙《释名·释州国》："国城曰都，都者国君所居，人所都会也。"王都不仅政治地位高于邑聚，而且是宗庙之所在，人口最为集中，具有城市的规模。邑只是较大的聚落，不具备城市的规模和性质。在商代，"大邦殷"是一个庞大邦国联盟中的首脑之邦，在其本土也只有一座城市中心，即商都。商都"不常厥邑"[④]，前八后五，屡有迁徙。每迁新都，旧都即废。周初也是邦国联盟，周王实为共主，常称各国为"友邦"。其时周有两都，形成西土和中土两个政治中心。宗周重在宗庙先君之主，成周重在军事，但西周中晚期已开始出现组织区域性商业的萌芽。[⑤]邑一级的聚落，是在春秋中叶以后，随着从卿大夫专权到"陪臣执国命"局面的出现和发展，才开始逐渐上升为城市。这时的城市，除少量的具有政治中心或军事重镇的主导功能外，大多数已走上工商业城市的发展道路，比起商代和西周已有非常显著的变化和巨大的进步。

但是蜀国早期城市体系的形成，却与华北商周有较大差异。三星堆古城

---

① 扬雄：《蜀王本纪》，北京：中华书局，1958年。

② 常璩著，刘琳校注《华阳国志校注·蜀志》，成都：巴蜀书社，1984年。

③ 此据《蜀王本纪》。《华阳国志》则以为开明九世始迁成都。考之载籍，当从扬雄之说。

④ 《尚书·盘庚》，十三经注疏本。

⑤ 参见《令甲盘》铭文；《周礼·地官·司市》。

作为商代蜀国的都城已经比较明确，值得研究的是商代成都城市的性质。

早期成都的功能体系中，起主导作用的是工商业，是一座早期的工商业城市，与具有王都气象的三星堆古城不同。成都是古代的自由都市①，它的聚合形成，即与工商业有关。成都古无城垣，一方面是同它大量的干栏式建筑有关，显示出早期城市居民的民族风格和文化特性。一方面与它的功能体系相适应，是它作为一座早期的工商业城市的特点所决定的。这与三星堆作为王都尤其是神权政治中心，需要建筑高大坚固的永久性城垣，恰好形成一个鲜明的功能性比较。它与中原古城一般在聚合过程中就形成设防城市故需城垣，其区别也在于功能体系的重大差异。

商代成都已开始形成一座早期的工商业城市，拥有青铜器作坊、黄金作坊、石璧制造作坊、陶器作坊、漆器作坊等大型手工业生产基地，在专门化分工上业已达到相当高的水平。由成都大量的人口所决定，必然已形成专门的市场。它的进一步发展，使它成为一座典型的工商业城市。春秋战国之际荥经、青川等地出土的漆器，就是成都制造并销售的。漆器铭刻不用古蜀文字而用中原文字，其意图显然是为了销往蜀国以外，是为了销售而生产。商代至春秋战国之际成都各遗址出土的大量卜用龟甲，据《山海经·中次九经》，产于岷山，当在成都有销售市场。可见，从商代起，成都就开始走上早期工商业城市的形成和发展道路，由此使它得以进一步发展成为中国西南的工商业中心。②如果再联系到商代已开辟的南方国际商路的起点在成都，而以成都为中心，分布范围广及四川盆地东部并波及盆周山地的地域内，出土不少南亚、中亚和西亚文化风格的制品来看，这一点就更加清楚了。

成都古为工商业城市，它与三星堆蜀王都城共同形成了蜀国的早期城市体系。在这个体系中，三星堆王都是首位城市，居于中心的、支配的地位，发挥着神权政治中心的功能。成都是次级城市，居于从属地位，主要发挥工商业功能。

一般说来，城市体系的形成，属于比较晚近的现象，它主要导源于工商业经济的高度发展。尤其是功能体系分区建立的城市体系，不仅为商代中原所不见，而且在世界文明初期的城市史上也是不多见的，正反映了古蜀工商业经济

① 徐中舒：《成都是古代自由都市说》，《成都文物》1984 年第 1 期。
② 段渝：《先秦秦汉成都的市及市府职能的演变》，《华西考古研究》（一），成都：成都出版社，1991 年。

兴盛发达的情况。无怪乎秦大夫司马错力主秦惠文王伐蜀时说"其国富饶，得其布、帛、金、银，足资军用"[1]，足以"富国强兵"而"利尽西海"[2]。而秦灭蜀后，也的确使"秦益强，富厚轻诸侯"[3]。

西周和春秋战国时代，蜀国还陆续产生了一批城市。西周时代的蜀国是两都制，郫为王都，瞿上为别都，体制与周王室的两都制略同。《华阳国志·蜀志》记载"蜀以成都、广都、新都为三都，号名城"，此三都即是春秋战国之际蜀国的中心城市体系。除三都以外，蜀地还产生了一大批新兴城市。东周时代，杜宇故都郫城仍然是一座具有相当规模的城市。《华阳国志·蜀志》记载秦灭蜀后"城成都"的同时，还城郫："郫城周回七里，高六丈。"如按上文所述人口密度指数估算，约有 2 600 户，合 13 000 口，如此规模必然是西周以来持续发展的结果。东周时期的临邛（今四川邛崃市境），是又一座新兴城市。《华阳国志·蜀志》说秦城临邛，"临邛城周回六里，高五丈"，约有 2 300 户，合 11 500 口，够得上一座中等级的古代城市，必然也是经长期发展形成起来的。另据《舆地纪胜》卷 147 记载，川西山区今芦山县有"开明王城"；《水经·江水注》载南安县（今四川乐山市）"即蜀王开明故治也"；而川北的葭萌（今四川广元市昭化），《华阳国志·蜀志》载为蜀国封疆大吏苴侯的封地。这几处地方，均当形成具有一定规模的中小城市。此外，据《史记·秦本纪》《史记·六国年表》，陕南重镇南郑在西周和东周中叶以前属蜀，而南郑是一座有名的古代城市。另据考古资料，位于今川西南荥经的严道古城，出土大批巴蜀墓葬，其聚合成形至晚是在春秋中晚期之际。可见，东周时代蜀国的城市网络体系一直在不断扩展，成为蜀国经济不断进步的强大推动力之一。

春秋战国时代蜀国的城市网络覆盖了整个成都平原，并辐射到盆周山区，其空间组织形态日益表现出稳定性和成熟性。在这个巨大的城市网络当中，协调与均衡发展的必要条件是功能体系分区的形成和发展。成都作为首位城市，是蜀地政治经济文化的中心。成都以北的新都，起着联系川西平原北部的作用。陕南的南郑，既是北疆军事重镇，又是控扼褒斜道，出入中原，"以所多易所鲜"[4]的经济门户。成都以西的郫城，重在沟通成都平原工农业与川西北高原畜牧业的经济文化联系。成都以西的临邛城，重在沟通成都平原与

① 刘向：《战国策·秦策一》，上海：上海古籍出版社，1985 年。
② 常璩著，刘琳校注：《华阳国志校注·蜀志》，成都：巴蜀书社，1984 年。
③ 刘向：《战国策·秦策一》，上海：上海古籍出版社，1985 年。
④ 司马迁：《史记·货殖列传》，北京：中华书局，1959 年。

川西高原的经济文化交流，《史记·货殖列传》载临邛城"民工于市，易贾"，正是对临邛城市经济功能的客观表述。可以说，郫城和临邛，充当着成都平原农业经济、城市手工业经济同川西北和川西高原畜牧业经济进行交流的媒介。而成都以南的南安，则不仅是蜀盐的供应基地，还是成都平原农业经济、城市手工业经济同南中半农半牧经济进行交流的媒介。位于川西南山地的严道古城，也不但是控制着当地丰富铜矿资源的经济战略要地，同时还是南方国际商道贸易线路的前出点。[1]由此可见，蜀国城市网络的形成及其功能体系分区的不断完善，对整个四川盆地以及周边地区的经济文化发展，起到了巨大的组织、协调和推动作用。这种格局，不仅对先秦、秦汉及整个中古时代，而且对近现代四川城市网络的继续扩大和发展，都产生了明显的影响。[2]

三、内外交通

蜀地虽然"四塞"，然而"栈道千里，无所不通"[3]，交通却较发达，境内外交通一直畅通无阻。

（一）境内交通

蜀地河流众多，多可通航。《战国策·燕策二》："蜀地之甲，轻舟浮于汶，乘夏水而下江，五日而至郢。"《楚策一》："秦西有巴蜀，方船积粟，起于汶山，循江而下，至郢三千余里，舫船载卒……下水而浮……不至十日而距扞关。"这是岷江至长江的航路，横贯蜀中，是从川西北高原经巴蜀至楚、吴、越的东西交通大动脉。《禹贡》记载"沱、潜既导"，足见沱江、嘉陵江都能通航，是联系蜀地南北的交通动脉。

在高山峡谷和大河绝壁之处，蜀人发明了栈道和笮桥。栈道分为石栈和木栈两种。木栈是在森林中斩木铺路，或杂以土石[4]，也广泛地运用于悬崖绝壁之地，主要有标准式、立柱式、依坡搭架式、悬崖搭架式等形制。[5]石栈即"傍凿山岩，而施版梁为阁"[6]，"凿石架空，为飞梁阁道"[7]，也有不

① 刘弘等：《南方丝绸之路文化论》，昆明：云南民族出版社，1991年。
② 参见段渝：《巴蜀古代城市的起源，结构和网络体系》，《历史研究》1993年第1期。
③ 司马迁：《史记·货殖列传》，北京：中华书局，1959年。
④ 郑德坤：《四川古代文化史》，华西大学博物馆印，1946年，第113页。
⑤ 兰勇：《四川古代栈道研究》，《四川文物》1988年第1期。
⑥《史记·高祖本纪》索隐引崔浩之说。
⑦《初学记》卷8引《华阳国志·蜀志》。

同的形制。

筚桥起源甚古，其最初运用与筚人有关。[1]《广韵》释筚曰："竹索也，西南夷寻之以渡水。"筚桥主要用在河流绝壁无以渡越之处，后来又演化出溜筒等形制。[2]

古代成都处多水之乡，西、南两面临江，故多桥。秦时李冰在成都建七桥，其实并非全部新建，其中多沿古蜀国旧有桥梁。否则，古成都便无以西出江原（今崇州）、临邛（今邛崃），南出南安（今乐山）、严道（今荥经），不能顺利实现与川西地区和川南地区的经济文化联系。

（二）对外交通

1. 东路

蜀有江水通于巴、楚，直抵吴、越。《史记·楚世家》所记"蜀伐楚，取兹方"，《史记·秦本纪》《华阳国志》等记载秦因蜀攻楚，即由此路。蜀与长江中下游各地的交往，都由此顺江东下。

2. 西路

蜀西主要有岷江河谷与川西北高原沟通，有岷江支流南河达于临邛、青衣（今芦山县），入西夷各地。又有"秦道岷山青衣水"[3]，入青衣河谷，折转岷山谷地，北出秦陇，转达中原。

岷江河谷的交通线早在新石器时代即已开辟。岷江上游新石器文化的彩陶，即是西北地区马家窑文化循由此道南下而来的。

川西北地区的交通亦开辟甚早。史籍所载黄帝后代在此活动，便是明证。《山海经·海内东经》所载"出蜀（山名，今西倾山）而东南流注江"的白水（今甘南白水江），是联系蜀与武都（今甘肃西和县南）的重要通道。《禹贡》"西倾因桓是来，浮于潜，逾于沔，入于渭，乱于河"，即指此，可见也是川西北地区与中原联系的重要通道。由甘青入若水（今雅砻江），再转渽水（今大渡河），又可入岷江下游，进抵蜀之腹心，亦可由若水达绳水（今金沙江），转入南中。

---

① 《元和郡县图志》卷32。
② 姚莹：《康輶行记》卷15《筚桥》；嘉庆《四川通志》卷31《津梁》。
③ 《古本竹书纪年》"梁惠成王十年"。

3. 北路

北路是蜀与中原联系的最重要通道。蜀的北方通道主要有褒斜道和故道，统称蜀道。

褒斜道见诸史乘很早。《史记·货殖列传》记载："巴蜀亦沃野……然四塞，栈道千里，无所不通，惟褒斜绾毂其口，以所多易所鲜。"《史记·河渠书》："沿褒水通沔，斜水通渭，皆可行船漕。"褒斜道是水、陆两条并行的古道。这里所述为陆路，水路从略。

古褒斜道沿渭水南侧支流斜水（今名石头河）和汉水北侧支流褒水河谷行进，故名，亦省称为斜谷道。其走向，首先由蜀之金牛道抵汉中，经褒城，出褒谷口，越七盘岭或穿石门洞，经孔雀台，沿褒水干流狭谷险段至褒河上游三源相会的西江口，又经两河口，西折入红岩河上游虢川平地，入石头河中游宽平的桃川河谷，翻老爷岭，东北入斜谷关，经眉县，过周至，西行至户县，再东北直抵西安。①

褒斜道在商代即开通。殷卜辞所见蜀与商王朝交往，蜀文化中所见商文化因素，多由此道南入汉中，再入蜀之本土。武丁期卜辞"伐缶与蜀"，缶即褒，可见褒、蜀有路相通。殷末蜀师北出褒斜伐纣，西周末郑之遗民南奔南郑，春秋初蜀、秦商品的流通，战国时蜀、秦争南郑，蜀有褒、汉之地等等，都说明褒斜道在先秦时长期畅通不衰。

故道是北出蜀地，联系关中的另一条重要道路。因此道沿嘉陵江东源故道水河谷行进，故名。故道的走向，先由金牛道经五盘岭或阳平关至金牛镇，北至略阳，沿嘉陵江东北行，翻老爷岭，至白水江，北越青泥岭至徽县，东北折入两当县，东越嘉陵江支流永宁川、庙河、红岩河，入嘉陵江河谷狭谷区至凤县，东北经黄牛岭，越大散门，进抵渭水之滨的宝鸡。②

故道在商周之际已经开通。近年在宝鸡发现的大量古蜀文化遗物，即由故道进入。西周早期在宝鸡的渭水之南建有散国，周初青铜器《散氏盘》铭文中记有"周道"，王国维考证此周道即是故道。③《水经·渭水注》也提到宝鸡附近渭水支流汧水有"周道谷"。可见故道之开通，其年代大概与褒斜道相差不远。

故道是蜀道北段诸线中里程最长的一条道路。"故道多阪，回远"，从中

---

① 李之勤等：《蜀道话古》，西安：西北大学出版社，1989 年，第 24 页。
② 李之勤等：《蜀道话古》，西安：西北大学出版社，1989 年，第 29 页。
③ 王国维：《散氏盘跋》，《观堂集林》卷 18《史林》10，北京：中华书局，1959 年，第 887 页。

原经此入蜀,比经由褒斜道多四百里路程。[1]因此先秦故道的繁荣不如褒斜道。不过,由于故道途经之地居民区较多,又较之褒斜道安全,故汉唐时期官员商旅,多由此道往来。

4. 南 路

蜀南有数道,分别入南中、夜郎(今贵州安顺)。这几条道路都十分重要,尤其是自蜀入滇再出外域的几条道路,是我国古代西南地区最重要的国际交通线。

蜀至夜郎的道路,在今四川合江县沿赤水河南下,经赤水、习水、温水,跨娄山关,直抵夜郎。两周之际,蜀王开明氏即由此路自鳖入蜀。先秦秦汉独产于蜀的枸酱,也经此路输于夜郎,再转输番禺(今广州)。考古学上,在广东揭阳和香港南丫岛发现了三星堆文化牙璋,表明了由蜀至南中国海的交通和文化交流早在商代就已经存在的事实。

(三)国际交通线

从蜀经云南出外域的国际交通线,学术界称为"南方丝绸之路"。南方丝绸之路的起点为古蜀文明的中心——成都[2],向南分为东、西两线,西线为从成都到印度的"蜀身毒道",或称为川滇缅印道;东线为从成都到越南的"步头道"和"进桑道"。

西线从成都出发南行,分为东、西两路。西路沿牦牛道南下,出四川双流、新津、邛崃,经名山、雅安、芦山、荥经、汉源、越西、西昌、会理、攀枝花、云南大姚、姚安、楚雄,西折至大理。东路从成都南行经今四川彭山、乐山、犍为、峨眉山、宜宾,再沿五尺道经今云南大关、昭通、曲靖,西折经昆明、楚雄,进抵大理。两道在楚雄汇为一道,又继续西行,经云南保山、腾冲,抵达缅甸密支那,或从保山出瑞丽进抵缅甸八莫,向北进至东印度阿萨姆和曼尼普尔[3],至南亚、中亚和西亚地中海地区。这条国际交通线

① 司马迁:《史记·河渠书》,北京:中华书局,1959年。
② 一般认为,南方丝绸之路的起点是成都。不过,从三星堆出土文物分析,在商周时代尤其商代,南方丝绸之路国内段应是以成都平原古蜀都城为重心。
③ 伯希和:《交广印度两道考》,冯承钧译,北京:中华书局,1958年;桑秀云:《蜀布邛竹杖传至大夏路径的蠡测》,《"中央研究院"历史语言研究所集刊》41本10分,1969年,台北;饶宗颐:《蜀布与CinaPatta——论早期中、印、缅之交通》,《"中央研究院"历史语言研究所集刊》45本4分,1974年,台北。

的线路最长，途经国家最多，可谓古代亚洲的交通大动脉。[1]

南方丝绸之路东线也分为东西两路。西路即步头道，是一条水陆相间的道路，从成都南行，经四川宜宾至云南昆明、晋宁，至通海利用红河下航越南。《蛮书》卷六："通海城南十四日程至步头，从步头航行沿江三十五日出南蛮。"通海之南步头所在，众说纷纭，但诸说都认为步头是出云南至越南的水路分程地点，以下即沿红河下航。[2]方国瑜先生在《南诏通安南道》中认为，步头道在红河之元江经河口以至河内一线，这条线路是沟通云南和中南半岛交通的最古老的一条水道。[3]东路即进桑道，严耕望先生在《汉晋时代滇越道》[4]中认为，进桑约在今河江县（E105°、N22°50'）境，此道行程，北由贲古县东南行，沿叶榆水（今盘龙江）而下，经西随县（约今开化、文山，E104°15'、N21°25'），达交趾郡（今河内地区）。据此，东路从蜀入滇，至昆明，经弥勒，渡南盘江，经文山，出云南东南隅，经河江、宣光，循盘龙江，直抵河内。[5]

早在商代，中国西南地区便初步发展了与印度和东南亚大陆的陆上交通。西方考古资料也说明，中国丝绸至少在公元前 600 年就已传至欧洲，希腊雅典 kerameikos 一处公元前 5 世纪的公墓里发现了五种不同的中国平纹丝织品，而中国丝绸早在公元前 11 世纪已传至埃及。[6]到公元前四五世纪时，中国丝绸已在欧洲流行。这两种情况，在早期中西交通的开通年代上是完全相互吻合的。可是如果仅仅根据中国古文献的记载，至公元前 2 世纪末期汉武帝时，汉王朝才开通西域丝绸之路，远远晚于考古发现所真实反映的中国丝绸西传欧洲的年代。

中国是丝绸的原产地，早在商周时期丝绸织造就已达到相当水平[7]，而四川是中国丝绸的原产地之一，丝织素称发达，到商周时期，蜀地的丝绸业已有相当发展。[8]广汉三星堆二号祭祀坑内出土的青铜大立人像头戴的兽首花冠和身着的长襟衣服上所饰的有起有伏的各种花纹，显示出蜀锦和蜀绣的特征[9]。

① 段渝：《古代巴蜀与近东文明》，《历史月刊》1993 年第 2 期；《古代巴蜀与南亚和近东的经济文化交流》，《社会科学研究》1993 年第 3 期。
② 参阅向达：《蛮书校注》卷 6，北京：中华书局，1962 年。
③ 方国瑜：《中国西南历史地理考释中国西南历史地理考释》，北京：中华书局，1987 年。
④ 严耕望：《汉晋时代滇越道》，《"中央研究院"历史语言研究所专刊》之八十三，台北，1986 年。
⑤ 参考李绍明：《南方丝绸之路滇越交通探讨》，《三星堆研究》第二辑，北京：文物出版社，2007 年。
⑥ Philippa Scott, The Book of Silk, London: Thames & Hudson, 1993, p. 78.
⑦ 夏鼐：《我国古代蚕、桑、丝、绸的历史》，《考古》1972 年第 2 期。
⑧ 段渝：《黄帝嫘祖与中国丝绸的起源时代》，《中华文化论坛》1996 年第 4 期。
⑨ 陈显丹：《论蜀绣蜀锦的起源》，《四川文物》1992 年第 3 期。

西周前期，渭水上游宝鸡附近分布着一支𢀛氏族类[1]，是古蜀人沿嘉陵江向北发展到渭水上游的一个拓殖点。在𢀛氏墓葬内，发现丝织品辫痕和大量丝织品实物，丝织品有斜纹显花的菱形图案的绮，有用辫绣针法织成的刺绣，这些丝织品其实就是古蜀丝绸和蜀绣[2]，它们出土于以丝织著称的蜀人墓中，是不奇怪的。春秋战国时代，蜀地的丝绸业已达到很高的水平，湖南长沙和湖北江陵出土的战国织锦和刺绣，即是古代蜀国的产品[3]，与四川炉霍卡莎石棺葬内发现的织品相似[4]。不少学者认为，张骞在大夏[5]，意思是蜀地的丝绸以黄色的品质尤佳。印度考古学家乔希（M. C. Joshi）先生指出，古梵文文献中印度教大神都喜欢穿中国丝绸，湿婆神尤其喜欢黄色蚕茧的丝织品。[6]这种黄色的丝织品，也许就是扬雄所说的"黄润细布"。[7]印度教里湿婆神的出现年代相当早，早在印度河文明时期已有了湿婆神的原型，后来印度教文明中的湿婆神就是从印度河文明居民那里学来的。[8]从印度古文献来看，湿婆神的出现至少也是在公元前500年以前，相当于中国的两周时期，那时中原尚不知九州以外有印度的存在，而古蜀经由西南夷已与印度有了丝绸贸易关系。公元前4世纪印度古书里提到"支那产丝和纽带"，又提到"出产在支那的成捆的丝"[9]，即是指成都出产的丝和丝织品。季羡林先生指出："古代西南，特别是成都，丝业茂盛，这一带与缅甸接壤，一向有交通，中国输入缅甸，通过缅甸又输入印度的丝的来源地不是别的地方，就正是这一带。"[10]由此看来，先秦时期中国丝绸的西传，应当或主要是从蜀身毒道西行的。阿富汗喀布尔附近发掘的亚历山大城的一座堡垒内曾出土大量中国丝绸，据研究，这批丝绸是经南方丝绸之路，由蜀身毒道转运到中亚的蜀国丝绸。[11]喀布尔正当南方丝绸之路要道[12]，这批丝绸出现在那里不是偶然的。

文明的史迹：先秦、巴蜀及南丝路历史研究（巴蜀文化卷）

① 卢连成、胡智生：《宝鸡𢀛国墓地》，北京：文物出版社，1988年。
② 段渝：《渭水上游的古蜀文化因素》，《三星堆文化》，成都：四川人民出版社，1993年。
③ 武敏：《吐鲁番出土蜀锦的研究》，《文物》1984年第6期。
④ 四川省文物考古研究所等：《四川炉霍卡莎湖石棺墓》，《考古学报》1991年第2期。
⑤ 扬雄：《蜀都赋》，丛书集成初编本。
⑥ 转引自（印）谭中、（中）耿引曾：《印度与中国——两大文明的交往和激荡》，第71、72页。
⑦ 事实上，至今四川出产的生丝，仍略带黄色。
⑧ 刘建、朱明忠、葛维钧：《印度文明》，北京：中国社会科学出版社，2004年，第48、50页。
⑨ 《国事论》，或译《政事论》第11章，81节，转引自季羡林：《中国蚕丝输入印度问题的初步研究》，《中印文化关系史论文集》，北京：生活·读书·新知三联书店，第76页。
⑩ 季羡林：《中国蚕丝输入印度问题的初步研究》，《中印文化关系史论文集》，北京：生活·读书·新知三联书店，第75页。
⑪ 童恩正：《略谈秦汉时代成都地区的对外贸易》，《成都文物》1989年第2期。
⑫ 哈维：《缅甸史》，姚楠译，北京：商务印书馆，1957年，第51页。

先秦和汉初，从四川经云南至缅、印、中亚的南方丝绸之路在中西文化的早期交流中已扮演着重要角色。春秋以前，由中国西北方面民族的迁徙所带动的一些民族群团的大规模西迁还未发生。据西史的记载，欧亚民族的大迁徙发生在公元前七八世纪。当公元前七八世纪之际，欧亚大陆间的民族分布大致是：西梅瑞安人在今南俄一带，斯基泰人（Scythian，或译西徐亚）在西梅瑞安人稍东之地，索罗马太人（Sauromathae）在里海之北，马萨及太人（Massagetae）自黠嘎斯（kirghiz）草原至锡尔河（Sir Daria）下游，阿尔其贝衣人（Argippaei）在准噶尔及其西一带，伊塞顿人（Issedones）在塔里木盆地以东，阿里马斯比亚人（Arismaspea）在河西一带。[1]这一时期经中国西北方面以及经北方草原方面的对外文化交流尚存困难。至秦穆公时（前659—前621年在位），用由余之谋，“伐戎王，益国十二，开地千里，遂霸西戎”[2]。但秦在西北地区获取最终胜利是在公元前3世纪初，此后西戎也才远居秦陇之西。而秦穆公固然武功勋烈，独霸西戎，但却得而复失。《汉书·韩安国传》所以说“秦穆公都雍，地方三百里”，其原因正在于此。诚如蒙文通先生所说：“秦陇西之得而复失屡也，则穆公都雍地方三百里，疆土之蹙，事可互证。非秦之支柱其间，是诸戎者胥相率而东也。”[3]

战国至汉初，由于匈奴和西羌分别封锁了河西走廊和北方草原地带，致使中国西北和北方的中西交通仍受阻隔，张骞所说“今使大夏，从羌中，险，羌人恶之；少北，则为匈奴所得”[4]，反映的正是这种实际情况。而在中国西南方面，古蜀文化的空间分布十分广阔，《华阳国志·蜀志》记述道“其地东接于巴，南接于越，北与秦分，西奄峨嶓”，其西南方向与永昌、滇越等夷越直接相连，这正是蒙文通先生所论证的包括汉之益州、永昌、越嶲等在内的蜀之南中。[5]由于西南夷很早就已是蜀的附庸[6]，商周时期古蜀王作为西南夷诸族之长，长期控制着西南夷地区，“以汶山为畜牧，南中为园苑”，“僰道有故蜀王兵栏”[7]，古蜀与西南夷诸族之间的关徼常常开放，因此出西南夷道至缅、印而达阿富汗、中亚再至西亚和地中海，实比从西北和北方草

---

① 方豪：《中西交通史》上册，长沙：岳麓书社，1987年。
② 司马迁：《史记·秦本纪》，北京：中华书局，1959年。
③ 蒙文通：《周秦少数民族研究》，《古族甄微》，成都：巴蜀书社，1993年。
④ 司马迁：《史记·大宛列传》，北京：中华书局，1959年。
⑤ 蒙文通：《巴蜀史的问题》，《四川大学学报》1959年第4期。
⑥ 方国瑜：《中国西南历史地理考释》，北京：中华书局，1987年。
⑦《华阳国志·蜀志》。徐中舒先生认为“兵栏”即驻兵的营寨，见《巴蜀文化续论》，《四川大学学报》1960年第1期。

原西行更容易。张骞西行报告说明，通过他的实地考察，得知不论从西北还是从北方草原地区出中国去中亚，都不但路途遥远，而且沿途环境险恶，民族不通，极为困难，只有从蜀经西南地区去印度到中亚，才是一条既便捷又安全的道路。而古蜀在西南地区的文化辐射和影响，基本上就是沿着南方丝绸之路展开的。张骞，汉中城固人，亦即蜀人①，深知西南夷道上蜀与南中诸族的历史关系，所以说"从蜀宜径，又无寇"，可以由此打通中国与外域的关系。把张骞在中亚所见"蜀物""蜀贾"，同蜀贾在次大陆身毒和在东印度阿萨姆滇越从事商业活动等情况联系起来分析，可以清楚地看出，先秦和汉初蜀人商贾在印度和中亚从事丝绸、"蜀物"等长途贸易，必然是通过蜀身毒道进行的。

南方丝绸之路以巴蜀为重心，正如苏秉琦先生在《中国文明起源新探》一书所说："四川的古文化与汉中、关中、江汉以至南亚次大陆都有关系，就中国与南亚的关系看，四川可以说是'龙头'。"②以成都平原为起点的南方丝绸之路，是中国丝绸输往南亚、中亚并进一步输往西方的最早线路。早在商代中晚期，南方丝绸之路已初步开通，产于印度洋北部地区的齿贝和印度地区的象牙即在这个时期见于广汉三星堆和成都金沙遗址，三星堆青铜雕像文化因素和古蜀柳叶形青铜短剑形制等也由此而来，产于印度和西亚的"瑟瑟"也不仅见于四川考古，而且见于文献记载。③印度所最早知道的中国，梵语名称作 Cina，中译为支那，或脂那、至那等，就是古代成都的对音或转生语，其出现年代至迟在公元前 4 世纪，或更早。Cina 这个名称从印度转播中亚、西亚和欧洲大陆后，又形成其转生语 Seres、Thinai 等，如今西文里对中国名称的称呼，其来源即与此直接相关。而 Cina 名称的西传，是随丝绸的西传进行的④，说明古蜀丝绸在中西交流中发挥了积极作用，不愧为古代亚洲以至欧亚大陆的文化交流大纽带。

综上所述，古代蜀国的对外交通四通八达，对外经济文化交流频繁，这些都是与古代蜀文化强烈的开放性和兼收并容性相一致的。

---

① 汉中城固先秦时"属蜀"，见《华阳国志·汉中志》，第 103 页。考古学上，汉中城固亦曾发现大量商代中晚期的蜀式青铜兵器和陶尖底器，见唐金裕等：《陕西省城固县出土殷商铜器整理简报》，《考古》1980 年第 3 期，可证实《华阳国志·汉中志》之说。直到东汉，汉中仍"与巴蜀同俗"，见《汉书》卷 28 下《地理志下》，北京：中华书局，1962 年，第 1666 页。
② 苏秉琦：《中国文明起源新探》，北京：生活·读书·新知三联书店，1999 年，第 85 页。
③ 段渝：《古蜀瑟瑟探源》，《三星堆文化》；王滨蜀：《试论"菱形"网纹蜻蜓眼古代玻璃在四川地区存在的情况》，干福熹主编：《丝绸之路上的古代玻璃研究》，上海：复旦大学出版社，2007 年。
④ 参见段渝：《支那名称起源之再研究》，《中国西南的古代交通与文化》，成都：四川大学出版社，1994 年。

| 22 |

成都城市聚合形成模式的中外比较①

　　城市是文明时代最重要的标志。"文明"（Civilization）一词，来源于拉丁文 Civis 和 Civatas，意指城市居民和社会，含有"城市化"或"城市的形成"等意义。城市一旦形成，便意味着史前生产方式和村落生活方式的基本结束，标志着新的生产方式、社会组织和城市生活方式的出现，宣告了文明时代的来临。正因为城市对文明社会具有特殊意义，V.G. 柴尔德才将社会从史前进入文明的巨大变革称之为"城市革命"②。

　　公元前 9000—前 6000 年，约旦河谷出现了世界上最早的城市雏形——耶利哥城。公元前 4000 年前后，真正意义上的古代早期城市在美索不达米亚诞生，以埃利都、乌鲁克、乌尔等为代表，数以十计的苏美尔乡村聚落逐渐演化为城市。公元前 3820±350 年，古埃及出现了梅里姆达城。公元前 3000 年前后，印度河流域兴起了哈拉巴和摩亨佐·达罗两座城市。公元前 3000 末叶到公元前 2000 纪，中国黄河流域、长江流域出现了早期城市，河南郑州商城、古蜀三星堆、古蜀成都……与西亚、南亚诸城遥相呼应。这些城市的起源与形成各有特点，不尽相同，其发展道路也多种多样，这主要取决于它们各自的聚合模式。在城市形成的早期阶段，城市内部结构、功能体系、空间组织以及主要发展方向，基本上都是由聚合模式所决定的。城市聚合模式不同，城市起源、形成的道路就不同，城市的性质也就不同。因此，在古代城市的起源与形成研究中，城市聚合模式的寻求就具有十分重要的意义。这里，我们将以成都城市聚合形成为主要对象，研究成都城市的聚合形成模式，并与中外城市聚合形成模式进行比较研究。

一、早期成都城市的确认

　　这里所说的成都城市，是指早期成都城市，或指最初成都城市，即城乡

---

① 本文为本书作者与邹一清合作。
② V. G. childe: Man Makes Himself, New York, 1948.

分化初期阶段的城市。

对早期城市的界定，学术界曾有多种标准，其中，为历史学、考古学和文化人类学界所公认的比较权威的说法，有英国考古学家 V. G. 柴尔德（V. Gorden Childe）在 1950 年发表的《城市革命》一文中所提出的 10 条标准。柴尔德认为："有 10 个以考古学材料演绎出来的抽象标准，可以把甚至是最早的城市与任何过去的或当代的村庄区别开来。"它们是：①大型居住区；②人口构成和功能与任何村庄都不同；③剩余财富的集中化；④巨大的公共建筑；⑤从事非体力劳动的统治阶级；⑥文字；⑦历法学和数学；⑧专职艺术家；⑨对外贸易；⑩以居住区而不是以亲属关系为基础的政治组织。[1]此外，美国文化人类学家 R. M. 亚当斯（R. M. Adams）认为，城市形成过程中最本质的转变是社会组织领域内的变化，即社会的规模加大，复杂性增多，同时在政治上和宗教上都有新的机构出现。[2]柴尔德的演绎抽象，强调了各种因素之间的相互关系，是一种具有普遍性的模式；而亚当斯则注重政治组织领域内的机构性变化和机制转变，他的论述建立在对中美洲、秘鲁和美索不达米亚早期文明进行分析的基础之上，具有广泛的适应性。

苏联学者 B. N. 古粱耶夫从考古学文化上来界定早期城市，他根据对古代东方和中美洲古代文明的研究，提出古代城市形成的标准和特点为：①出现了统治者及其王室居住的宫殿群；②出现了宏大的寺庙和圣所；③宫殿、寺庙建筑群与平民的房舍隔离开；④圣区与住宅区明显不同；⑤具有奢华的王陵和墓葬；⑥产生了大型艺术品；⑦有了文字（碑铭石刻）；⑧数量上的标志是：大型广场、大量住宅和公用房屋、较密集的居民等。[3]

西方人类学家和历史学家还普遍认为，城市革命进程中其他的一些重要特征有：在特殊的及相互依存的地区间进行商品交换和商品再分配的机构；通常是在城市革命的核心部分形成以后，人口才有所增加。[4]这些观点与柴尔德、亚当斯、古粱耶夫的看法基本一致，也是界定早期城市的通行准则。

依据这些界定早期城市形成的标准，根据考古、文献资料，我们可以确认，在殷商时代，成都已经形成为一座早期城市。

在今成都市西部十二桥遗址，发掘出商代的大型木结构建筑，总面积达

---

① V. G. 柴尔德：《城市革命》，《当代国外考古学理论与方法》，西安：三秦出版社，1991 年。

② R. M. 亚当斯：《关于早期文明发展的一些假说》，《当代国外考古学理论与方法》，西安：三秦出版社，1991 年。

③ B. N. 古粱耶夫：《玛雅城市国家》，莫斯科，1979 年。

④《简明不列颠百科全书》第二卷，北京：中国大百科全书出版社，1985 年。

15 000 平方米以上，其中有大型宫殿建筑遗迹。在主体建筑周围，发现了呈密集型排列的小型干栏式建筑遗迹，它们是大型宫殿的附属建筑群。大型主体建筑与小型附属建筑相互连接，错落有致，浑然一体，组成规模宏大的建筑群体。遗址内还出土数批商代至春秋战国时期的青铜器、陶器、玉石器，并在商代地层内出土刻有文字的陶轮。这些，都为证明商代成都已成为一座文明古城提供了直接的依据。

在成都十二桥以北的羊子山遗址内，清理出了一座始建年代为晚商的高大土台建筑。[①]土台形制为三级四方，每层有登台土阶，最上层 31.6 平方米，台底 103.6 平方米。土台用泥草制土砖筑墙，内以土夯实。土台用土量在 7 万立方米以上，面积 1 万多平方米，高 10 米，在一望无际的成都平原，显得倍加巍峨。羊子山土台应当是早期成都最宏大的公共建筑，是城市的礼仪中心。

与商代十二桥遗址属于同一时期的成都各古遗址，以十二桥建筑群为中心，在沿古郫江故道分别伸向北面和西南面的弧形地带密集分布，覆盖面积 10 多公里，文化特质均与十二桥遗址商代文化层各期相同。[②]其中任何一个遗址均未发现边缘，表明它们是同一个大型遗址的不同组成部分。各遗址出土陶片极为丰富，文化层中每一平方米范围内（厚约 20 厘米），可发现碎陶片 200~1 000 片[③]，可见人口的集中化已经达到相当程度，表明商代成都已具相当规模。

十二桥遗址早期的第一段，即木结构建筑的地层，其年代与三星堆遗址一号坑相当，不晚于殷墟一期，十二桥遗址早期的第二段在殷墟三期左右，十二桥遗址早期第三段在殷墟四期前后。[④]这组年代数据说明，十二桥遗址早期各段是连续性发展演进的，各段的连续使用年代也是相当长久的，完全达到了自身的稳步发展状态。而以十二桥遗址为中心南北延伸分布的古遗址群，年代与十二桥基本一致，表明它们作为早期成都这个巨型遗址的不同组成部分，是同步发展演进的，其共存关系具有明显的空间连续性和时间稳定性。而在布局和级别上，十二桥大型建筑群体显然又是早期成都遗址群的核心组成部分，无论其建筑规模、气势、主从配置，还是建筑物形式，都远在其他遗址之上，因此它无疑是早期成都社会的控制系统所在，即权力中心之所在。

① 林向：《羊子山建筑遗址新考》，《四川文物》1988 年第 5 期。
② 王毅：《成都市蜀文化遗址的发现及其意义》，《成都文物》1988 年第 1 期。
③ 罗开玉：《成都城的形成和秦的改建》，《成都文物》1989 年第 1 期。
④ 孙华：《成都十二桥遗址群分期初论》，《四川考古论文集》，北京：文物出版社，1996 年。

这个权力中心所在的宫殿式建筑，与位于其北的羊子山土台大型礼仪建筑遥相对应，这种格局恰是作为一座早期城市最明显不过的标志。

2001年，在十二桥遗址西北面发现了金沙遗址。①金沙遗址分布面积在3平方公里以上，发掘、清理出房址、陶窑、墓葬、窖穴、灰坑、象牙堆积坑、石器及猪牙等文物分布区，整理1 000多件出土文物，包括金器、玉器、石器、铜器、陶器及骨器等种类。

从金沙遗址发掘情况来看，其出土的不同遗迹、不同质地文物表现出一定的功能分区。可以大致推测整个金沙遗址的规划布局：金沙遗址东部可能是宗教礼仪活动区或作坊区，金沙遗址中南部是人们的生活区并有一个小型墓葬区，金沙遗址中部应先为居住区后废弃为墓地，金沙遗址东北部很可能是大型宫殿建筑区的一部分。

将金沙遗址的出土文物置于整个成都平原先秦考古学文化序列中去分析，可知在成都平原宝墩村文化→三星堆文化→十二桥文化→上汪家拐遗存的考古学文化序列中，金沙遗址发掘出来的一些文物、遗存，体现出宝墩文化晚期、三星堆文化的文化形态，但其主体文化与十二桥文化最为接近。金沙遗址出土的铜器、陶器、金器、玉器等文物，时代为商代晚期至春秋前期，与十二桥文化时代相当；金沙遗址出土的陶器种类主要有尖底杯、尖底盏、圈足罐、高颈罐、瓮、高柄杯形器座、喇叭口罐等，都是十二桥文化的典型器。因此，可以比较明确地认定，金沙遗址是成都十二桥文化的组成部分之一，是早期成都城市的核心区之一。

从更深刻的意义上看，十二桥遗址、羊子山建筑遗址和金沙遗址所体现出来的技术的专业化发展，文字的应用，力学、几何学、算学等学科知识的进步，动员、组织、支配劳动力资源、生产资源、自然资源和社会财富的广泛深入，更加寓意深远，足以证明成都已经形成了一个拥有相当集中化权力的政治中心在支配着大批手工业者、建筑者、运输者、掌握科学知识的专业人员、各级管理者，以及为这些脱离食物生产领域的社会各阶层提供食物的大批农业生产者及其剩余劳动。所有这些社会阶级、阶层，在一个拥有众多建筑物而其空间分布又十分有限的范围内如此地集中，发生着种种复杂的关系，这恰恰是一座古代城市，所必须具备的社会结构，说明一个植根于社会而又凌驾于社会之上的政权组织已经形成，雄辩地证明商代成都是一座当之

---

① 成都市文物考古研究所：《金沙遗址发掘简报》，《文物》2004年第4期。

无愧的早期城市。

二、成都城市起源的时空背景

1995 年以来，在成都平原先后发现了 8 座史前古城，有新津宝墩、都江堰芒城村、崇州双河村和紫竹村、郫县古城村、温江鱼凫村、大邑盐店、高山等，根据文化特质，考古学者将其命名为"宝墩文化"①。从时间上分析，宝墩文化分为四期六段。第一期，以宝墩遗址的早期为代表。可分为早、晚两段，分别以宝墩遗址的第Ⅰ段和第Ⅱ段为代表。第二期，以芒城遗址和宝墩遗址的晚期为代表。第三期，以古城村遗址的早、中段和鱼凫村遗址早期为代表，可分早、晚两段。早段以古城村遗址的早段和鱼凫村遗址的早段为代表，晚段以古城村遗址的中段为代表。第四期，以鱼凫村遗址的晚期和古城村遗址的晚段为代表。②

根据宝墩文化古城的并存关系，可以把这批古城址群分为三个发展时期。第一时期，即形成期。以最早诞生的宝墩古城为代表，稍晚又产生了芒城村古城，形成古城址的并存关系，这是成都平原早期城址群形成的时期。第二时期，即演变期。有双河村古城、古城村古城、鱼凫村古城等三座古城存。第三时期，即衰落期。这不仅是宝墩文化古城群的衰落期，也是整个宝墩文化的衰落期。

就成都平原史前古城群的性质而论，从古城城墙建筑、城垣功能、社会等级的制度化、大型礼仪性建筑、文化分期及特征、古城群的堡垒化现象、社会文化等方面分析，可知这些古城都分别控制着足够支配征发的劳动力资源，进而表明各座古城的统治者必已统治着众多的人口，控制着各自地域内丰富的自然资源和生产资源，控制着各种各样的劳动专门化分工和各种类型的产生性经济。这不仅意味着各座古城人口的增长、社会规模的扩大和社会组织的复杂化，更重要的是，从实质上分析，所有这些其实都是政治组织和经济组织发生变化的结果，从根本上反映了政治权力的集中化，表现出各座古城的政治体系和经济结构的演变程度，已经远远超出了原始的血缘氏族制水平，达到了酋邦制发展阶段。城垣是统治者及其权力的象征。城内等级制

---

① 江章华、颜劲松、李明斌：《成都平原的早期古城址群——宝墩文化初论》，《中华文化论坛》1997年第 4 期。

② 江章华、王毅、张擎：《成都平原早期城址及其考古学文化初论》，《苏秉琦与当代中国考古学》，北京：科学出版社，2001 年。

度不但已经产生，而且还达到了定型化的程度。大型礼仪性建筑古城中拥有崇高地位，应是早期的宗庙，大型礼仪中心的形成，表现出宗教权力的集中化程度，它是宗教和政治领袖控制意识形态的结果，是政治权力和经济权力集中化在意识形态领域的反映，而这正是酋邦制的一大特点。从各阶段制陶技术、工艺文化变化可见，文化的较大变化与古城的衰落同时发生，正是政治组织发生重大变化的反映。宝墩文化古城陶器文化特征上的兴起、繁荣、稳定和衰落四大阶段，正好与酋邦社会政治组织的发展演变相吻合。从古城群的堡垒化现象可知政治组织间的关系，这几个古城之间尽管存在各自的利益，但总体上是友好邻邦，政治上有着共同的利益，属于同一政治集团。在文化上一荣俱荣，一毁俱毁，共同兴起，共同衰落，就是这种关系的真实反映。尽管成都平原各座古城内部都已经发生了严重的社会分化，大大突破了氏族制的樊篱，但这种分化是在各个族体内部进行的，并没有扩大到不同地域的不同血缘集团。同时，在社会内部分化中由于权力的集中化发展所产生的统治者集团和广大的被统治者，也都分别是以继嗣群这种血缘组织为单位，而不是以家庭和个人为单位。这也正是酋邦组织的特征，并以这种特征区别于国家组织。①

以上分析充分表明，宝墩文化古城的政治组织，是发展比较充分、形态比较典型的酋邦组织。

然而，宝墩文化各座古城的使用时间都不长，古城没有继续发展下去，而是逐步衰落，直至废弃。与此同时，成都平原第一座真正意义上的古代城市三星堆却逐渐形成、发展起来了。

根据对宝墩文化与三星堆遗址第一期文化遗存的初步比较研究，可以看出，三星堆遗址第一期应当属于宝墩文化的范畴，涵盖了宝墩文化的第一期至第三期，年代跨度较长，还处于新石器时代末叶。②其后，在广汉三星堆遗址一期文化（宝墩文化）的废墟之上，逐步形成了古代城市。考古发掘出的商代早期修建的巨大城墙，提供了确认三星堆遗址是蜀国早期都城的实证。在三星堆遗址周围 12 平方公里的范围内，分布着十多处密集的古遗址群，文化面貌与三星堆相同。这些古遗址群，是古蜀都城直接统治下的广大乡村。这正是古代城乡连续体业已形成的最显著实例。

现有总面积 3.5~3.6 平方公里的三星堆古城是以中轴线为核心加以规划、

---

① 段渝：《玉垒浮云变古今——古代的蜀国》，成都：四川人民出版社，2001 年，第 76-87 页。
② 陈德安：《三星堆遗址》，《四川文物》1991 年第 1 期。

展开布局的。在中轴线上，分布着蜀王国的宫殿区、宗教圣区、作坊区和生活区，构成商代三星堆蜀都平面规划的四个基本要素。在宫殿区和宗教圣区的玉器坑和两个大型祭祀坑中，出土了数百件青铜器和黄金制品，有青铜大立人、青铜人头像、青铜神树、青铜兽面具、黄金面罩、黄金权杖等，表明了三星堆青铜文化的昌盛以及国王、寺庙的权势；作坊区出土了大量生产工具、陶窑、石璧成品半成品等文物，还发现陶坩埚、铸造所遗泥芯，这些文物和遗迹表明有大型铸铜作坊存在；生活区内大大小小的房屋密布，既有面积仅 10 平方米左右的木骨泥墙小房舍，也有面积超过 100 平方米的穿斗结构大房舍和抬梁式厅堂，甚至还有面积达 200 平方米的超大型房屋，展示出一幅复杂社会中分层的生活方式图景。高耸的城墙，深陷的壕沟，是阶级冲突加剧的象征。早期的文字，是劳心者与劳力者分野的标志。祭祀坑内出土的大批金器、青铜器和玉石器，显示出一个巨大权力中心的崇高权威。所有这些，无不体现出人口的集中、生产的专门化、剩余财富的集中和以神权、王权为核心的阶级统治的形成。而所有这些，正是成为一个古代城市所必须具备的重要条件，也是衡量是否成为城市的最主要标准。

在三星堆都城形成之后，成都平原另一古城——成都也逐步聚合形成并发展起来。

三、早期成都城市的聚合模式

从现有的考古资料和文献资料分析，在早期成都城市聚合的动力系统中，最主要也是最重要的动力是王权，宗教神权力量虽然也构成动力之一，但并不占有主要地位。早期成都城市唯一能够充分体现神权权威的考古遗迹是羊子山大型礼仪性土台建筑。但这座土台的建筑年代为商代晚期或商末周初[1]，晚于成都城市聚合过程标志的一系列考古遗迹——以十二桥下文化层早期、抚琴小区下层（距今 4010±95 年）、方池街第 7 层、金沙遗址和黄忠址商文化层以及其他遗址所构成的遗址群，因此成都城市最初的聚合核心不是大型礼仪性建筑，而是代表王权权威的十二桥、金沙等遗址。而羊子山土台实际上是一座大型礼仪中心，是进行包括各种集会、观望和祀典的场所。[2]在一望无际的成都平原，这座高达 10 米的三级四方形土台倍显巍峨，它是古蜀国王权无

---

① 林向：《羊子山建筑遗址新考》，《四川文物》1988 年第 5 期。
② 段渝：《四川通史》第一册，成都：四川大学出版社，1993 年，第 140-141、183-184 页。

限强大的象征。

迄今成都商周时期遗址出土的大量卜用甲骨，绝大多数出于一般性遗址，并且均为无字甲骨，钻凿形态极不规整，反映了占卜行为不由王室巫师集团掌握，而为民间自主进行的情况。此即《国语·楚语》所谓"夫人作享，家为巫史"，一般民众均可自主接神，自定位序，自作享祀。这也表明，早期成都还没有形成凌驾于社会之上的神权政治集团。

虽然，在金沙遗址中出土了大量与祭祀礼仪有关的遗物，但并没有发现如像三星堆文化那样的神权重器。并且，金沙遗址出土青铜器，其体量都不大，体量较大的玉器则多为礼器而非祭祀用器。从性质上看，金沙遗址更像是早期成都的金、铜、玉、石制品的生产制作中心和基地，以及礼仪用器和宗教用品的贮藏地，而不是所谓的祭祀中心。

早期成都基本没有防御体系，文献记载所谓"管钥成都，而犹树木栅于西州"①，是说构木为城，没有什么防御作用。就是在秦灭蜀后，成都开始筑夯土城垣，也还是"上皆有屋，而置观楼射阑"②，木构遗风犹存。考古资料也证实，秦以前成都确无夯土或泥砖城垣。过去有人认为，成都之所以无城池，在于"成都无土"③。此说虽然影响颇大，却并无根据。假如成都无土，何以在晚商时修筑起高达 10 米、用土量超过 7 万立方米的羊子山土台？又何以秦筑成都城，能够达到"周回十二里，高七丈"④的巨大规模？地质研究表明，在十二桥遗址早期的时代，成都城区主要是黏土，完全适应于营造城墙。成有土而不以土设防，这只能说明，成都是一座自由都市。⑤

早期成都是一座自由都市，是由于在它的聚合形成过程中，工商业发展是主要的推动力量。从十二桥遗址、金沙遗址、黄忠小区遗址来看，商代晚期成都已经开始向着早期的工商业城市方向发展，拥有青铜器、陶器、玉器、石器、骨器等作坊。由成都的大量人口所决定，已经形成了一定规模的市场。商代至两周成都各考古遗址曾出土不少卜甲，其中的主要品种陆龟并不产于成都平原。《山海经·中次九经》记载："又东北三百里曰岷山，江水出焉，东北流注于海，其中多良龟。"良龟即形体丰硕、甲板宽大的大龟，成都商周考古所见此种大龟的甲板不少，当取之于此，可见大龟或其腹甲必在成都有

① 李昊：《创筑羊马城记》。
② 常璩著，刘琳校注：《华阳国志校注·蜀志》，成都：巴蜀书社，1984 年。
③ 崔致远：《桂苑笔耕集·西川罗城图记》。
④ 常璩著，刘琳校注：《华阳国志校注·蜀志》，成都：巴蜀书社，1984 年。
⑤ 徐中舒：《成都是古代自由都市说》，《成都文物》1984 年第 1 期。

销售市场。成都无铜锡，其青铜作坊生产原料也必定是仰给于商品交换。成都金沙遗址出土的成吨象牙，也绝不可能取之于成都平原，必定是从南中地区甚至缅印地区贸易而来的。成都指挥街周代遗址孢粉组合中不但发现了成都平原所不产的铁杉、珙桐，以及最近几十年才引进成都的雪松花粉[1]，还出土了仅产于川西高原的白唇鹿犄角标本，这些观赏性很强的动植物，显然都取之于交换。

至迟在春秋时代，成都的早期城市化进程基本结束，发展成为一座比较典型的工商业城市。春秋战国时代四川荥经、青川等地墓葬中出土大量有成都制造（"成""成造""成亭"）烙印戳记的各式精美漆器，都是在成都市场上出售的。[2]至于漆器铭刻不用巴蜀文字而用中原文字，其意图显然是为了销往巴蜀以外的地区，是为了销售而生产，属于典型的外贸产业部门。这也意味着设有专门的官方外贸机构。如果再联系到早在商代即已初步开通的"南方丝绸之路"的起点在成都，而以成都为中心，分布及于川东和盆周山地的广阔空间内，又出土不少南亚、中亚以至西亚文化风格的制品来看，说成都是古代自由都市，是古代中国西南和长江上游的工商业中心，应当是恰如其分的。

四、成都城市的功能、结构和地位

商代成都城市的规模就已经很大，聚集了大量人口。东周时期成都遗址的分布范围，从西到东5公里，从南至北3公里，总面积15平方公里。根据对战国时代临淄故城面积与人口的比例计算[3]，东周时代成都应有户55 970，口279 850。如此巨量的人口并非处于杂乱无章的自然状态，而是在城市控制机制的作用下，各谋其生，各操其业，绝大多数人口被纳入阶级、阶层和等级的结构框架中。根据文献和考古资料，成都城市人口构成，按阶级划分，有统治阶级和被统治阶级，其中各阶级之内又划分不同的等级，还有从属于不同阶级的社会各阶层。按职业划分，有王室、官吏、幕僚、将军、武士、商贾、宗教人员、工人、农民、艺术师以及其他职业。作为城市人口集中化和人口构成复杂化的直接后果之一，就是城市功能的不断完善，城市工商业

---

① 罗二虎：《成都指挥街遗址孢粉分析研究》，《南方民族考古》第二辑，1989年。
② 段渝：《先秦秦汉成都的市及市府职能的演变》，《华西考古研究一》，成都：成都出版社，1991年。
③ 马世之：《略论楚郢都城市人口问题》，《江汉考古》1988年第1期。

的大幅度发展。

成都城市的主要功能是工商业，其城市经济功能的不断完善，主要是通过商业网络的扩大，从而为巨量的城市人口提供从生活必需品到艺术品以至奢侈品等商品及其交换场所和手段等来实现的，同时也是通过地区之间、不同类型的生产性经济之间商品集散地和贸易机构的形成来实现的。根据《华阳国志·蜀志》等文献记载，成都在东周、秦汉时期，就是商贾云集，贸易四方乃至域外、国外的国际贸易都市，最大限度地发挥了其经济功能和对外文化交流功能。①

早期成都城市依江山之势，沿郫江古道呈新月形布局，城市聚合之初的核心部分是十二桥、金沙、黄忠等连续地域，而羊子山土台是城市地域内最高大宏伟的建筑。早期成都城市的规划布局完全不存在中轴线，它最显著的特点有二：一是无城墙，二是不成矩形。这两点紧密相关，而又恰好与成都城市的工商业主导功能相互适应。

商代成都平原腹地有两座城市，三星堆古城和早期成都，一南一北，构成蜀国的早期城市网络体系。在神权政体时代，一切社会功能都要为神权的存在服务。因此，作为神权政体的都城，三星堆拥有毋庸置疑的首要地位，是蜀国城市体系中的首位城市。成都是次级城市，无论从政治权力还是经济权力来说，都居于次要的、从属的地位。

西周到东周时代，伴随着三星堆神权崩溃，王权代兴，尤其是战国时期蜀之开明王朝定都成都，极大地推动了成都城市的经济发展。随着开明王朝时期蜀国商品交换的日益扩大和加深，蜀地又陆续产生了一批城市，如郫城、瞿上、广都、新都等，与蜀地的中心城市成都共同构成蜀国的城市网络体系。这个城市体系覆盖了整个成都平原并辐射到盆周山区，其空间组织形态日益表现出稳定性和成熟性。在这个城市网络体系中，成都作为首位城市，是蜀地政治经济文化的中心，起着统领、组织、协调和推动整个四川盆地及其周边地区经济文化发展的作用，不仅对先秦、秦汉及整个中古代，而且对近代四川城市网络的继续扩大和发展，都产生了明显的影响。

五、成都城市聚合模式的中外比较

形成于商代的早期成都，与形成于夏商之际的古蜀国都城三星堆古城的

① 段渝：《巴蜀古代城市的起源、结构和网络体系》，《历史研究》1993年第1期。

聚合模式是不一样的。三星堆古城的聚合模式，从一开始就表现出强烈的神权政治中心性质。以神权政体为中心的社会组织和政治机构，在城市起源进程中发挥着核心的聚合作用。这一点与成都城市以王权为重要因素的聚合模式截然不同。三星堆巨大的城墙始建年代为早商，直接叠压在新石器末叶的文化层之上，表明在三星堆古城开始聚合成形的时代，城墙就是最早的产物。以往的研究已得出结论，三星堆巨大的城墙并非军事防御设施，并且与大量青铜、玉石、金银等制成的神器、礼器一起存在，显示出强大的宗教神权是同城墙一道与生俱来的。城墙的连续使用和续有新筑，鸟头柄勺的始终存在和精益求精，以及金杖、金面罩、青铜雕像群、玉石礼器等神权政治产物的出现，都是同这座城市从聚合成形到规模不断扩大的发展进程相一致的。这种神器与城墙同时出现并存续的现象，暗示着两者之间具有某种不可分割的内在联系，将它们系结在一起的纽带正是宗教神权，充分证实三星堆城市聚合模式为神权政治型。①

中原城市的起源，一般认为与统治权力有关，是为了防御和保护目的而兴建起来的。②张光直先生进一步指出，中国早期城市不是经济起飞的产物，而是政治领域中的工具。③换言之，中原城市首先是作为区域的政治军事中心而出现的，经济增长、城市起源即以此为基本条件并建立在此基础之上。张光直先生还认为，夏商周三代都有一个永恒不变的"圣都"，也各有若干迁徙行走的"俗都"，圣都是先祖宗庙的永恒基地，而俗都屡变，则以追寻青铜矿源为主要的因素。④而作为方国之都的山西垣曲商城、山西东下冯商城、湖北黄陂盘龙城商城等，其性质实为军事据点。西周时期，由分封制所形成的诸侯国都，目的在于"封建亲戚，以藩屏周"（《左传》僖公二十四年），虽然使得"诸侯有田，以处其子孙"（《礼记·礼运》），但却如董仲舒所说"王者之封诸侯，非官之也，得以代为家也"（《史记·吴大伯世家》索隐引），其功能显然在于政治统治和军事镇抚。因此，分封制下形成和发展起来的早期城市，不能不具有明显的军事重镇性质，严格说来，它们只是正在形成中的城市。而邑一级的聚落，是在春秋中叶以后，随着从卿大夫专权到"陪臣执国命"的转变，才逐步上升成为城市，即所谓"城市之邑"（《战国策·赵策一》）。

---

① 段渝：《巴蜀古代城市的起源、结构和网络体系》，《历史研究》1993年第1期。

② 傅筑夫：《中国经济史论丛上册》，北京：生活·读书·新知三联书店，1980年，第321-323页。

③ 张光直：《关于中国初期"城市"这个概念》，《文物》1985年第2期。

④ 张光直：《夏商周三代都制与三代文化异同》，《中国青铜时代二集》，北京：生活·读书·新知三联书店，1999年。

东周时代中原出现的城市，大多数是从过去的封邑、采地转化而来，从而形成一个个区域的经济和政治中心。这与先秦成都以工商为主要凝聚力聚合成为城市的聚合模式，是大不相同的。①

在全球最早诞生城市文明的美索不达米亚，宗教神权在城市聚合形成过程的动力系统中具有重要的作用，每个城市都有寺庙和自己信奉的保护神，寺庙前的广场都是市民的活动中心。但是，宗教神权在城市聚合形成的动力系统中并不是最重要的因素，其主动力是国际贸易。

从美索不达米亚城市诞生的时空背景来看，美索不达米亚处在国际贸易的中心位置。从公元前 4000 年到公元前 400 年前后，世界贸易最集中、最频繁的地区是沿地中海东岸的欧亚非三大洲的相连接之处，再向东延伸到印度和中国。其范围大致为：东起古印度，西至爱琴海文明地区，南到古埃及，北达土耳其和伊朗高原。南来北往、东西穿梭的商队都必须从美索不达米亚经过。于是，美索不达米亚早期的居民点成了非常重要的中转站。这种中转、休整、集散的聚落性质在城市之间的空间距离上表现得更加明显。早期的美索不达米亚城市，沿同一条河流建起的城市之间的间距令人惊异地相当，都为 125 公里左右。②沿着贸易线呈等距离形成城市，这绝不是偶然现象，这应该是长期充当货物储存点、中转站、销售处，长期为来往商人提供客栈、饭店、补给，长期提供交通工具、修理交通工具，逐渐具有城市所应有的强大的聚集和辐射功能的结果。可以推论，只有为适应长途贩运的需要，才可能沿着贸易线出现这种间距相当的聚落并最终演进为城市。

分析美索不达米亚的经济资源，能够更加清楚地得知其城市聚合形成的动力。美索不达米亚土地肥沃，易于农耕，农业发达，有大量的剩余农产品。但与此形成鲜明对照的是，矿产、金属、石料、木材等资源奇缺。剩余产品需要出售，缺乏的资源需要进口，以便维持农业、加工业、建筑业等城市经济的生存与发展。因此，城市经济强烈依赖于对外贸易。考古发现，城市中普通市民使用的陶器普遍质地较差，而在两河流域周边地区却有相当多的原产于两河流域诸城的质地优良的陶器。这表明，城市中大批量生产的优质陶器主要用于出口贸易。③

① 段渝：《巴蜀古代城市的起源、结构和网络体系》，《历史研究》1993 年第 1 期。

② 刘易斯·芒福德著，倪文彦、宋峻岭译：《城市发展史——起源、演变和前景》第二章，北京：中国建筑工业出版社，1989 年；柴尔德著，周进楷译：《远古文化史》，北京：中华书局，1958 年。

③ 克劳福德著，张立文译：《神秘的英美尔人》，杭州：浙江人民出版社，2000 年，第 50 页。

正是由于城市对贸易的依赖，美索不达米亚诸城几乎无一例外地建在国际贸易交通线上。幼发拉底河流域著名的城市埃利都、乌尔、乌鲁克、巴比伦，底格里斯河沿岸声名远扬的城市吉尔苏、尼普尔、摩苏尔、尼尼微，从东到西依次耸立，成为国际贸易线上的重要枢纽。[1]

与美索不达米亚诸城对贸易依赖不同的是，成都平原物产丰富，使得成都城市经济发展平衡，虽然工商业是城市聚合的主要动力之一，但城市经济对于对外贸易的依赖性并不强。进一步说，成都城市并不是因对外贸易的需要而聚合形成。

六、城市聚合模式对成都城市发展的影响

成都城市聚合模式主要特点之一，是王权在聚合形成过程中的凝聚和推动作用。这一特性决定了在蜀国为神权政体时代，成都处于次级城市地位，城市经济文化得不到较大、较迅速的发展。但当王权时代到来后，成都经济文化得到了迅速发展的机会。成都从次级城市跃升为中心城市，在蜀国城市网络体系中起着统领、组织、协调等重要作用，影响着整个四川盆地乃至西南地区经济文化的发展。

成都城聚合模式主要特点之二，是工商业成为城市聚合形成的重要因素。这使得成都工商业兴盛，城市发展成为自由都市。但又因物产丰富，经济发展比较平衡，因此既有充分的商品贸易，又不过分依赖对外贸易。这应该是成都城市经济文化长期繁荣兴旺的重要因素之一，并且影响了成都从古代到近现代的发展。

---

[1] 邹一清：《古蜀与美索不达米亚城市演进中对外贸易作用之比较》，《中华文化论坛》2004 年第 1 期。

| 23 |

先秦秦汉成都的市及市府职能的演变

近年来，在湖南长沙、湖北江陵和四川荥经、青川等地，相继出土大批战国秦汉时期成都制造的精美漆器。部分漆器上的烙印戳记或刻划文字表明，这些漆器都是成都市官所属手工业作坊生产，并在成都市官所辖商业集市上销售的。对此，学术界已有著述论及。本文拟在考古学界已有成果的基础上，从出土文字资料与文献资料相结合的角度，对先秦秦汉成都的市及其级别分类，以及成都市府职能的分化演变的历史，略抒管见。旨在抛砖，就正于学术界及众师友。

一、古市概说

为了加深对本文主题的认识，有必要首先简略地讨论一下我国古市的基本情况。

市，商业贸易之所。《说文·门部》："市，买卖所之也。"《管子问》："市者，天地之财具也，而万人之所和而利也。"《广雅·释诂三》："市，买也。"《史记集解》引张晏曰："市，贸易也。"

我国商业贸易集市产生很早，按其性质，主要有官营商市和民间集市两类。谯周《古史考》谓"神农作市"，实本《周易·系辞》之说。[①]《世本》则称"祝融作市"。所说"作市"，实为官方兴设之市。从古文字的记载来看，至少从西周开始，国都就同时是商业贸易中心，有集中的官营商市。西周晚期青铜器兮甲盘铭文提道："王命甲政司成周四方积，至于南淮夷。淮夷旧我帛晦人，毋敢不出其帛、其积、其进人，其贾毋敢不即次即市。"次，即郑玄所云"思次""介次"，为市政管理机构之所在。[②]说明西周时期，在东都成周设有中心集市，四夷特产均须在成周之市上出售。《周礼·地官》中的《司市》等篇章，明确记有官市及其管理制度。官市有大市、朝市、夕市三种，是为

---

① 《说文解字》段玉裁注。
② 《周礼·地官·司市》郑玄注曰："次，谓吏治舍。"

"三时之市"①。"大市日昃而市，百族为主。朝市朝时而市，商贾为主。夕市夕时而市，贩夫贩妇为主。"三时之市，所在并非同一地点。"大市于中，朝市于东偏，夕市于西偏。"②《礼记·郊特牲》记鲁失周礼而孔子曰："绎之于库门之内，祊之于东方，朝市之于西方，失之矣。"足见朝市原位于城之东部，与原位于城之西部的夕市不在一地。由此可见，春秋时期列国的"国之诸市"③，早在西周已是如此。虽《周礼》并非成书于西周，郭沫若等俱认为是战国之书，然其关于三时之市的记载，与《郊特牲》所载孔子讲习的周礼相合，说明三时之市为西周古制。

古代民间集市产生早于官市。《孟子·公孙丑下》云："古之为市者，以其所有，易其所无。"实为民间集市起源之说。《周易·系辞》云："日中为市，致天下之民，聚天下之货，交易而退，各得其所。"时无官方市政机构管理，民众自相交易，是为民间集市。民间集市中有代表性的是所谓"市井"。《史记·平准书》张守节《正义》注"市井"曰："古人未有市，若朝聚井汲水，便将货物于井边货卖，故言市井也。"所谓古未有市，乃是张氏以唐代都市相比拟，故以为古代市于井者非市，实非。古代井田制下，人们于井中交易，井即为市。故《管子·小臣》曰："处商必市井。"可见，古代民间商业贸易是没有官方所定市制和管理机构的，仅为民间自发、自愿的交易。

春秋战国时期，各国经济竞相发展，商业也日趋繁荣。文献和考古资料对于这一时期各国的市，均有所反映，市政管理机构的名称亦屡见于封泥、陶文和漆文。至于秦汉，封建经济走向繁荣，各地的商业贸易日益发达，商业都市兴起不少，留下较前为多的各种文字资料和文献记载。这些，无疑为我们研究先秦秦汉包括成都在内的市以及相关诸问题，提供了可资参考的丰富的资料。

二、先秦成都的市

古代文献关于先秦时期成都设置市的记载，是从战国时期秦灭蜀以后开始的。此说见于《华阳国志·蜀志》："周赧王四年，仪与若城成都……营广府舍，置盐、铁、市官并长丞，修整里阓，市张列肆，与咸阳同制。"周赧王四年，即秦惠王后元十四年，公元前311年。但从考古资料看，并不如此，

①《周礼·地官·司市》贾公彦疏，十三经注疏本。
②《周礼·地官·司市》贾公彦疏，十三经注疏本。
③《左传》昭公三年，十三经注疏本。

蜀王国时期成都即已设有官市。

1981 年至 1982 年荥经曾家沟发掘的春秋时期土坑墓葬中，出土一批漆器。在这些漆器上，发现八个刻划文字，多为髹漆以前用利器刻划于胎上，髹漆后仅现出很浅的印痕。M12 出土的一件漆奁，盖面上刻划一"成"字，盖内面刻划"成中"二字。M16 亦出有此类刻划文字。① "成""戌"，释为成。"中"，屡见于殷墟甲骨文和西周金文，战国陶文复作"艸"。《说文·中部》："中，艸木初生也。"又云："古文或以为艸字。"《汉书·礼乐志》集注曰："中，古草字。"《广雅·释言》："草，造也。"可见，这批漆器为"成"这个地方生产并销售。成，即是成都之省称。先秦地名多有省字者。如商周春秋时期鄢陵省称鄢，牧野省称牧，郢都省称郢，皆其证据。战国时期列国印文、陶文，于地名也普遍省字，秦汉亦然。由彼例此，曾家沟漆器文字"成"，必指成都无疑。"成造"，也必指成都制造。这种标明制器地点，类似"物勒工名"的传统做法，各地大抵相同。

曾家沟出土的成都制造的漆器，应是通过贸易所得。春秋晚期，按照《蜀王本纪》《华阳国志·蜀志》以及《路史》的相关记载推算，当为开明氏统治蜀国的时期。其时蜀疆辽阔，国力雄厚，工商业发达，不可能没有官市。《史记·货殖列传》记载："及秦文、德、缪（穆）居雍，隙陇蜀之货物而多贾。"贾，《尔雅·释言》曰："贸、贾，市也。"足见早在秦文、德、穆诸公时期（前765 年—前 621 年，从秦文公至秦穆公，中有宁、出、武、德、宜、成诸公），蜀与秦之间已正式建立了双边的官市贸易关系，更不用说官市早已在蜀王国内部产生并发展起来。《华阳国志·巴志》称巴国"立市于龟亭北岸，今新市里是也"，而巴地农业是在开明氏以前的蜀王杜宇时期，由杜宇"教民务农"，"巴亦化其教而力务农"才发展起来的。② 古代商业一般建立在农业发展的基础上。因此农业优先发展于巴的蜀，其商业和集市也必定优先发展于巴。

考古发掘说明，蜀的官方贸易产生很早，历史相当悠远。广汉三星堆遗址一、二号祭祀坑内出土的大批海贝和数十支象牙③，均非成都平原所产。海贝必定是通过贸易途径，辗转从近海地区输入。象牙可能从云南甚至南亚地区交换而来，也有可能交易回整象作为祭祀时的牺牲。两坑内出土的大批青铜器群，根据抽样测试分析结果，铜锡二元合金占全部分析样品的 21.7%，

① 四川省文管会等：《四川荥经曾家沟战国墓群第一、二次发掘》，《考古》1984 年第 12 期。
② 常璩著，刘琳校注：《华阳国志校注·蜀志》，成都：巴蜀书社，1984 年。
③ 四川省文管会等：《广汉三星堆遗址一号祭祀坑发掘简报》，《文物》1987 年第 10 期；《广汉三星堆遗址二号祭祀坑发掘简报》，《文物》1989 年第 5 期。

锡含量的变化范围从 2.45%到 4.84%。铜锡铅三元合金占全部分析样品的 39.1%，锡含量的变化范围从 1.19%到 8.56%。①古代成都平原未闻有锡矿，青铜熔炼所需的大量锡料，当从外界贸易输入。②三星堆二号坑内出土有"巨大的车轮"③，就是远程贸易的极好说明。既然商代中晚期蜀已有大规模的对外贸易，那么其内部的商业必然已先期发展起来，也不可能没有一定规模的市场贸易。广汉三星堆遗址发现的蜀国早期城市，总面积为 2.6 平方公里④，大小与郑州商城相当。如此宏大的城市之中，必有专门的交易场所，以供城内外居民的各种日常生活和生产之需。其实，成都十二桥发掘的商代大型建筑遗址，也是商代蜀的一个城市中心，即是"成"之所在（详后）。三星堆遗址发现的雕花漆木器，当即在成制造。

稍晚于曾家沟漆器文字的材料，还见于青川郝家坪和荥经古城坪等地出土的漆器文字。1979 至 1980 年在青川郝家坪战国墓群中，出土大批漆器。其中若干件上有刻划文字和符号。一件漆奁（M41：2）底上有两组填朱的"成亭"烙印戳记。一件漆卮（M26：7）底部有"成亭"戳记。另一件漆卮（M2：9）底上也有两组"成亭"戳记。其他漆器上，还有"王×""×君"等文字和刻划符号。⑤青川战国墓群的年代，《发掘简报》根据 M50 所出牍文纪年，推定为战国晚期，早的则相当于战国中期。从戳记文字分析，应在蜀亡于秦后秦王国的纪年范围内。亭为秦制，是秦行政组织中的基层行政机构。而蜀王国的基层组织则是所谓"五丁"之制。⑥故知这批有铭漆器的生产和销售年代，必在秦灭蜀后。

与青川郝家坪漆器年代相差不远的，还有 1977 年在荥经古城坪秦墓中出土的一批漆器。其中一件漆圆盒上（M1：13）有烙印迹很浅的"成亭"二字，上复压以朱书"王邦"二字。在另 9 件漆耳杯的耳下部，亦有朱书"王邦"二字。⑦显然，这批漆器在成亭制造并销售后，器主在其所购的这批漆器上书写上自己的名字。说明这些漆器均是在成亭出售的，成亭就是市之所在。青川出土的漆器，事实上也表明了同样的情况。

---

① 曾中懋：《广汉三星堆一、二号祭祀坑出土铜器成分的分析》，《四川文物》"广汉三星堆遗址研究专辑"，1989 年。
② 段渝：《略论蜀古文化的物资流动机制》，《社会科学报》1990 年 12 月 6 日。
③ 陈显丹、陈德安：《记广汉三星堆遗址的发现及其发掘》，《文物天地》1988 年第 1 期。
④ 陈德安、罗亚平：《蜀国早期都城初露端倪》，《中国文物报》1989 年 9 月 15 日。
⑤ 四川省博物馆等：《青川县出土秦更修田律木牍》，《文物》1982 年第 1 期。
⑥ 常璩著，刘琳校注：《华阳国志校注·蜀志》，成都：巴蜀书社，1984 年。
⑦ 四川省博物馆：《四川荥经秦汉墓发掘简报》，《文物资料丛刊》第 4 辑，1981 年。

秦灭蜀以前，作为独立王国的蜀，政治上实行分封制，以此控制其疆域以内的全部领土。《华阳国志·蜀志》记载："蜀王别封弟葭萌于汉中，号苴侯，命其邑曰葭萌焉。"是其显著例证。公元前316年秦灭蜀后，始在蜀之故地实行郡县之制。在秦的郡县制中，亭是基层行政单位。《汉书·百官公卿表上》记载："大率十里一亭，亭有长。十亭一乡，乡有三老、有秩、啬夫、游缴。……县大率方百里，其民稠则减，稀则旷，乡、亭亦如之。皆秦制也。"《通典·职方典》亦云："汉乡、亭及官，皆依秦制也。"可见，亭是秦制，而非蜀制。荥经古城坪漆器出于秦墓，足证成亭是秦灭蜀而县之以后，在蜀地推行县、乡、亭制所建立的一个称为成的亭级行政单位。

其他出土文字资料表明，秦灭蜀而县之后，蜀都在秦一直称为成都，决不称成亭。1985年在荥经同心村战国晚期（秦灭蜀后秦的纪年范围内）的巴蜀船棺墓群中，出土一件铜矛（M1），骹部有铭文"成都"二字。[①]湖北云梦睡虎地秦墓中所出秦简上，也明确记有"成都"，其文曰："令吏徒将传及恒书一封诣令史，可受代吏徒，以县次传诣成都，成都上恒书太守处，以律食。"[②]1987年在青川白和乡发现一件"蜀东工"铜戈，戈内部另一面线刻铭文20字："九年相邦吕不韦造蜀守□东工守□□戈三成都"[③]，时为公元前238年。此三例，皆说明故蜀都在秦一直称为成都，成都是县，不是亭。因此，前述漆器文字成亭，自不能与成都同日而语。

前面提到，春秋战国之际蜀王开明时期，蜀的基层行政单位是"五丁"制度。蒙文通先生认为，五丁之制颇类于《春秋繁露·王道》所载"梁内役其民，使民比地为伍，一家亡，五家杀"，是一种劳役组织形式，可能是一种奴隶社会制度。[④]联系到春秋战国时期列国普遍实行的邻里制度来看，五丁之制更有可能是蜀王国特有的邻里制度，即以五家为邻，五邻为里。它起初大概是蜀地农村公社的一种地缘性结构，后随蜀王统治的日益强化，逐渐演化成蜀王国内部的一种基层统治组织。[⑤]虽然至今古文字中尚无五丁之制的记载，但历代史籍对此均有确载，并且蜀王国的确尚五，新都大墓出土青铜器

---

① 沈仲常、黄家祥：《从出土的战国漆器文字看"成都"的得名》，《巴蜀考古论文集》，北京：文物出版社，1987年。

② 睡虎地秦墓竹简整理小组：《睡虎地秦墓竹简》，北京：文物出版社，1978年，第261-262页。

③ 《人民日报》1988年10月8日。

④ 蒙文通：《巴蜀史的问题》，见所著《巴蜀古史论述》，成都：四川人民出版社，1981年。

⑤ 参阅段渝：《四川简史》，成都：四川省社会科学院出版社，1986年，第13页。

群即以五件为组合①，说明五丁之制必为蜀国旧制。再看有关成亭的名称，迄今所有成亭标识均出于战国中、晚期，均在蜀亡以后。而所有文献绝无蜀王国时期有成亭的任何记载。这就足以证明，成亭是秦在成都县以下设立的一个基层行政单位。其名曰成，则是继承了春秋时期蜀国漆器制造中心的名义。总之，从秦灭蜀后成都县与成亭并存这个事实出发，只能认为成都是县名，成亭是亭名，两者绝不是同一个，而且可以认为成或成亭所制造的漆器，至少其中的相当部分，是作为商品即市鬻之物而生产的，可以说明当时商业集市的存在。

  荥经曾家沟 M12、M16 出土漆器上的刻划文字"成"，既然标明制器地点为成，则这批漆器就决不会不经过商业贸易而转输到荥经。从史籍推断，春秋初叶开明氏从荆楚之地至蜀，代杜宇而王蜀，其年代大约在公元前七世纪前半叶。②其时都郫③，或都南安④，或都广都⑤，至开明五世或九世时迁都成都⑥。开明氏徙居成都的年代，推算起来，当在春秋末叶战国初年。此前蜀都虽不在成都，却都在成都平原以内。按照古代蜀国城市功能体系的特点，开明氏迁都成都以前，蜀的政治中心与工商业中心不是集中一地，而是分而治之的。⑦荥经曾家沟 M11 的碳 14 测定年代为公元前 475±60 年，树轮校正为公元前 505±70 年，M12 的碳 14 测定年代为公元前 630±75 年，树轮校正为公元前 690±125 年。⑧考虑到这批漆器从成转输到荥经尚需时日，以及墓主生前应使用过一段时间等因素，其生产年代还应提前，早于墓葬年代。此外，漆器刻划文字"成"字的风格，近于春秋"沇儿"钟铭文中的成字，也可见其制器年代必在春秋之时。这几个年代范围，均在史籍所载开明氏徙都成都以前，符合蜀国城市功能体系的分离性原则。这就表明，标明"成造"的漆器，是由成这个制器地点销售的，成就是春秋时期蜀都以外的一个工商业中心，也是一个集市的所在。

先秦秦汉成都的市及市府职能的演变

---

① 四川省博物馆等：《四川新都战国木椁墓》，《文物》1981 年第 6 期。
② 童恩正：《古代的巴蜀》，成都：四川人民出版社，1979 年，第 62-63 页。
③ 见《路史·余论》卷 1。《华阳国志》谓开明氏徙居成都前，都"梦郭"。
④《水经·江水注》："（南安）即蜀王开明故治也。"南安为今四川乐山。
⑤《太平寰宇记》卷 72 引《蜀王本纪》："蜀王据有巴蜀之地，本治广都樊乡，徙居成都。"广都，今四川双流。
⑥《太平御览》引《蜀王本纪》谓开明五世开明尚"自广都樊乡徙治成都"，《华阳国志》则云："九世有开明帝……乃徙治成都。"
⑦ 段渝：《古中国城市比较说》，《人民日报》海外版 1990 年 2 月 8 日。
⑧ 中国社会科学院考古研究所实验室：《放射性碳素测定年代报告（一〇）》，《考古》1983 年第 7 期。

战国时期，蜀都迁至成都，始将政治中心与工商业中心合而为一。开明末世，蜀为秦灭后，秦在成都设置市官，主要职能之一，是管理成都少城内的商贾。成都市的所在，张泳《益州重修公宇记》云："按《图经》，秦惠王遣张仪、陈轸伐蜀，灭开明氏，卜筑蜀郡城，方广十里，从周制也。分筑南北二少城，以处商贾。"参证诸书所记，少城北部为官署所在，少城南部则为商贾居处和集市所在。[①]《古文苑》所录扬雄《蜀都赋》曰："两江珥其市，九桥带其流。"两江，即郫江、检江，原从成都城南流过。可见成都之市确在少城南部。少城南部的市，当为蜀王时期设置的市之所在，秦筑成都城后，因其故市而扩充之。《华阳国志》记载张仪城少城，"修整里，市张列肆"。阓，崔豹《古今注》谓"市门曰阓"。既言修整，可见原已有之。《太平寰宇记》卷 72 引扬雄《蜀王本纪》云："秦惠王遣张仪、司马错定蜀，因筑成都而县之。成都在赤里街，张若徙置少城内，始造府县寺舍，令与咸阳同制。"可见开明定都本在赤里街，张若徙于少城内的只是秦所设官署，而不是商贾和市场。这也说明少城南部居商贾并集市，蜀王时期本是如此，非始自秦。

实际上，成都之都，原本就是都会、都市之意，不是所谓国都之称。开明氏徙居成都前，成都名称已有。从《史记·货殖列传》看，各大经济区的经济中心和商业中心，均称都会。徐中舒先生还进一步指出，成都古为自由都市，所谓"都"，其本义"就是古代边境上没有城防建设的自由都市"[②]。开明氏定都成都后，成都失去自由都市的作用，原先的自由都市也成为蜀王直接控制的官方集市。秦筑成都城后，在扩充故蜀集市的基础上，设置市官，成为成都县所辖的市政管理机构。

上文论及，与秦成都市并存的，还有一个漆器制造墓地成亭。从两者并存的事实看，成亭也绝不是成都少城南部的成都市。根据成都考古情况分析，今成都西面十二桥一带，或有可能是成亭的所在。

成都考古说明，北起今西门车站，南至今新南门一带，均发现较早蜀文化的遗址[③]，沿古郫江河道呈新月形密集分布。犹以十二桥为中心的地带内，文化遗址分布密集。十二桥商代大型木结构建筑[④]，总面积达 15 000 平方米以上，大型建筑与小型配套建筑结合成为一个规模庞大的中心建筑群，与羊子

文明的史迹：先秦、巴蜀及南丝路历史研究（巴蜀文化卷）

---

① 蒙文通：《成都二江考》，见所著《巴蜀古史论述》。
② 徐中舒：《成都是古代自由都市说》，见《巴蜀考古论文集》。
③ 王毅：《成都市蜀文化遗址的发现及其意义》，《成都文物》1988 年第 1 期。
④ 四川省文物管理委员会等：《成都十二桥商代建筑遗址第一期发掘简报》，《文物》1987 年第 12 期。

山土台南北相望。遗址第八、九层还发现春秋战国之际大型建筑的夯土台基、墙体等，充分说明十二桥一带从商代直到春秋战国，一直是作为蜀国腹地一个重要的文化中心而存在的。从其规模等情况看，应该是先秦蜀地的一个城市之所在。[①]而且很有可能，十二桥为中心的商代和春秋战国时期的遗址，就是荥经曾家沟出土漆器的制器地点"成"之所在，也即是青川郝家坪等地出土漆器的制器地点成亭之所在。十二桥遗址位于秦成都少城南墙以外，亦与成亭与成都市并存的情形相合。而所谓成亭，正如前文所论，是产销结合的漆器生产基地，乃成亭之市。这也是成都古为工商业城市的有力证据。

以上说明，先秦成都的集市，至少在春秋时期已正式设置，是手工业与商业相结合（即产销结合）的工商业中心，是为成，即成都。开明氏徙居成都后，另辟新市，与成不在一地。秦灭蜀筑成都而县之后，一方面在少城南部扩充故蜀王之市，设立市官行管理；另一方面又因成之故地而设亭，仍使其作为产销合一的漆器生产基地。按秦制，成亭的级别明显低于成都之市，前者的经营管理权可能属于后者。可见，成都初只一市，后来发展成为几个市，秦代亦然。这种情况，与春秋战国时期列国"国之诸市"[②]，大体相同。

三、汉代成都的市

汉初文、景时期，随着经济残破局面的恢复和好转，各地商业贸易日渐趋于繁荣[③]，成都的商业贸易也有所发展，在原有集市的基础上，又产生了若干新的集市。

在湖南长沙马王堆一号汉墓中，曾出土大批漆器。关于这批漆器的产地，原《报告》推测"大部分是在本地制造的"[④]。俞伟超等先生从漆器上，辨识出"成市草""成市饱""成市□""南乡□""□草"等烙印戳记。长沙马王堆三号汉墓出土的许多漆器上，也有"成市草""成市饱"和"南乡□□""中乡□"等烙印戳记。[⑤]在湖北江陵凤凰山八号汉墓中[⑥]，出土一批漆器，其上的烙印戳记有"成市""成市□""市府""市府饱""市府□""北市□""草"

---

① 罗开玉：《成都城的形成和秦的改建》，《成都文物》1989 年第 1 期。

②《左传》昭公三年，十三经注疏本。

③《汉书·食货志上》："汉兴 …… 天下已平，高祖乃令贾人不得衣丝乘车，重租税以困辱之。孝惠、高后时，为天下初定，复弛商贾之律，然市井子孙亦不得为官吏。"

④ 湖南省博物馆、中国科学院考古研究所：《长沙马王堆一号汉墓》，北京：文物出版社，1973 年，第 94 页。

⑤ 俞伟超、李家浩：《马王堆一号汉墓出土漆器制地诸问题》，《考古》1975 年第 6 期。

⑥ 俞伟超、李家浩：《马王堆一号汉墓出土漆器制地诸问题》，《考古》1975 年第 6 期。

等文字。①这几批漆器上的烙印戳记"成市""市府",释为成都市府,成市即成都之市的省称。②所谓成都市府,无疑与秦代成都市官一样,是对成都的商业贸易集市和部分手工业部门进行管理的官方职能机构。

上述几批烙印戳记漆器的生产和销售年代,从长沙马王堆一号墓的下葬时间为汉文帝十二年以后不久③、江陵凤凰山八号墓的年代为文景时期④来看,应为汉初成都生产之物。查《汉书·循吏列传·文翁传》,汉景帝末年,文翁为蜀守⑤,"又修起学官于成都市中",年代与上述几墓基本相接。说明成都市府在汉初已正式设置,其职能与秦成都市官基本相同。这个成都市府,直接管辖着成都诸市,包括城内的大市、北市和城外的南乡之市、中乡之市等集市。

汉初成都诸市中最为重要、最为繁华的市,应即所谓"大市"。《史记·汉兴以来将相名臣年表·大事记》记载:"高皇帝六年,立大市。"陈直先生认为,"盖在郡国之外,选择重要都市,改为大市"⑥。(又云:"大市制度,不久即废,故为《汉书》所未详。"⑦)成都的市,在战国秦代即已享誉中国。汉初,据《史记·货殖列传》,成都更是重要的工商业都会。故高祖六年所立大市,当有成都之市。由此大市,成都也才有可能在西汉一代名列全国六大都市之一,设置成都市长。⑧

成都大市的所在,当与秦代成都之市同为一地,在城之南部。上引《汉书·文翁传》记载文翁于成都市中立学官,说明成都市即在学官周围。文翁所立学官,据《华阳国志·蜀志》:"始,文翁立文学精舍讲堂,作石室,一曰玉室,在城南。"《水经·江水注》则记为"在南城"。以此并求之诸书所记,其地在秦少城南部,故址即今成都文庙前街之石室中学。这不仅与张泳所说"分筑南北二少城以居商贾"相合,而且从其规模看,既然精舍讲堂石室在市区之中,则市必然占地面积很大,也与大市相称。

四川历年出土的汉代画像砖中,就有展示当时市的规模和盛况的题材,

---

① 长江流域第二期文物考古工作人员训练班:《湖北江陵凤凰山西汉墓发掘简报》,《文物》1974年第6期。

② 俞伟超、李家浩:《马王堆一号汉墓出土漆器制地诸问题》,《考古》1975年第6期。

③ 湖南省博物馆、中国科学院考古研究所:《长沙马王堆二、三号汉墓发掘简报》,《文物》1974年第7期。

④ 俞伟超、李家浩:《马王堆一号汉墓出土漆器制地诸问题》,《考古》1975年第6期。

⑤ 《汉书·文翁传》谓文翁于"景帝末为蜀守",《汉书·地理志》谓"景、武之间文翁为蜀守";唯《华阳国志·蜀志》称"孝文帝末年以文翁为蜀守",误,当从《汉书》。

⑥ 陈直:《史记新证》,天津:天津人民出版社,1979年,第64页。

⑦ 陈直:《汉书新证》,天津:天津人民出版社,1979年,第64页。

⑧ 班固:《汉书·食货志下》,北京:中华书局,1962年。

不愧是历史的实录。出土于新繁县和成都西郊的两块同模所制的市井画像砖，刻画了成都市的概貌。市的平面略呈方形，有市墙围绕，三面设有市门。左面市门内隶书题记"东市门"三字，北面市门内亦隶书题记"北市门"三字。市内正中有重檐市楼一座。市内四隧，沿隧两侧列肆，又有市廛、市宅等建筑[1]，这显然是成都市全貌的一个缩影。另有一些汉代画像砖表现了不同类别的市，如广汉、彭县等地所出的画像砖，市显得狭小，无市墙、市门、隧列等，远不如成都之市"市廛所会，万商之渊，列隧百重，罗肆巨千。賄货山积，纤丽呈繁。都人士女，祛服靓妆。买贸增鬻，舛错纵横"[2]那样繁盛而规模宏大。这些市，可能就是马王堆汉墓和凤凰山八号墓出土漆器烙印戳记所说的"乡市"。

前述诸墓中出土漆器文字"中乡□""南乡□□""北市□"，其中的北市应是位于成都城内北部的一个市。"中乡□""南乡□□"，以例推之，当为中乡之市、南乡之市，是分别设在城外乡级机构中的两个市。

南乡之市当指城外以南的乡市，因其乡位于城南，故名南乡。汉代成都城南外确有市。《华阳国志·蜀志》曰："西南石牛门曰市桥，下石犀所潜渊也。"《括地志》云"郫江名市桥江"，可知市桥在少城外郫江旁。既言市桥，则附近必定有市。《后汉书·公孙述传》注引李膺《益州记》云："冲星桥，市桥也。"《古文苑》章樵注引李著同此。《太平寰宇记》引李膺《益州记》云："汉旧市在桥南，因以名。"可证汉代成都城南外有市。但据《华阳国志》，冲星桥与市桥非一，一在西，一在南。蒙文通先生排纷解异，独具创见，认为："岂先时市在冲星后又在石牛门耶？"又说："二桥附近，皆近州市，事亦有之，或市先在西后移于南也。"[3]就方位、道里、规模等看，这个城外以南的南乡之市，当在今十二桥一带，以十二桥为中心。

从考古情况看，十二桥遗址第八层发现秦汉时期大型建筑的夯土台基，台基上可见东西排列成行的柱洞，第六、七层遗物为汉代常见的折腹罐、广肩平底罐、绳纹釜、深腹罐、五铢钱等，还发现陶井四口、井圈饰绳纹等遗物。[4]并且，十二桥遗址的位置也正与上引诸书所记的"市桥""冲星桥"相近，在二桥之间，少城之南（西南），郫江之北（之东），符合关于"汉旧市

---

① 刘志远、余德章、刘文杰：《四川汉代画像砖与汉代社会》，北京：文物出版社，1983年，第59、60页，图五六。

② 左思：《蜀都赋》。

③ 蒙文通：《成都二江考》，见所著《巴蜀古史论述》，第216-219页，第215页。

④ 四川省文物管理委员会等：《成都十二桥商代建筑遗址第一期发掘简报》，《文物》1987年第12期。

在桥南，因以名"的历史记载以及诸书关于市桥方位、道里等记载。由此观之，此当为漆器文字所记的"南乡之市"。而其乡市的分布规模，也与汉初"为天下初定，复弛商贾之律"，并恢复和扩大秦代及以前商业贸易集市的政策相符合。①

前文证明，十二桥一带战国秦代为成亭之所在。但汉初以后，成亭未再见于世，而以考古资料和文献资料相印证，却成为南乡之市的所在，生产规模亦有扩大。这一变化，一方面说明汉初对秦代的乡亭组织有所调整改易，另一方面也说明文景盛世，确是"富商大贾，周流天下，交易之物莫不通，得其所欲"，而"夫用贫求富，农不如工，工不如商，刺绣文不如倚市门"②，社会重商之风日甚一日。至于中乡之市，根据对南乡之市的考证，应是一表示方位的乡市。然其具体位置，今已不可考。

汉代成都究竟有多少市，现已无法确知。从以上所论来看，成市（即汉初成都的大市）、北市、南乡之市、中乡之市等市的同时并存，可确定无疑。作为秦代"咸阳同制"，西汉一代又与长安、洛阳、邯郸、临淄、宛等大都市齐名的成都，四市并不算多。史称长安九市，班固《西都赋》谓"九市开场"，李善注引《汉宫阁疏》云"长安九市，其六在道西，三在道东"，形成两大市场区域。③翦伯赞先生还进一步认为长安"市以类分"，如酒市、柳市等类。④《汉书·百官公卿表上》云："武帝太初元年，更名（右内史）京兆尹。属官有长安市，厨两令丞。"又云："左内史更名左冯翊……长安四市四长皆属焉。"西安汉城遗址中，出土"市府"封泥最多，文字最精，又有东西南北四市封泥，皆半通式，为左冯翊长安四市所用者。⑤按汉长安城复原图，在宫殿区北面，城墙以内，亦设有市⑥，汉代名都临淄亦有左市、右市、西市、南市诸市⑦。据此，江陵凤凰山八号墓所出漆器上的戳记"北市"，即当指成都少城北部紧靠官署所设的市。

---

①《汉书·食货志上》。汉初各地陶器多有"某市"的戳记，如"代市""河市""陕市""谯市"等。

② 司马迁：《史记·货殖列传》，北京：中华书局，1959 年。

③《汉书·刘屈氂传》："腰斩东市。"《汉书·惠帝纪》："起长安西市。"《汉书·食货志》明言王莽改长安东、西市令为五均司市师，是长安形成东、西两大市场区之证。

④ 翦伯赞：《秦汉史》，北京：北京大学出版社，1983 年，第 217 页。

⑤ 陈直：《汉书新证》，天津：天津人民出版社，1979 年，第 131 页。

⑥ 王仲殊：《中国古代都城概说》，《考古》1982 年第 5 期。

⑦ 王献唐：《临淄封泥文字叙》，山东省立图书馆，1936 年。

与长安相较，成都虽非京师，但于汉家地位十分显要。汉初成都人口仅次于长安①，为全国第二大都市。成都县"下属十二乡、五部尉，汉户七万"②。按汉制"县大率方百里"，成都县已远远超出一般县制的规模，是特大的县。③如按《晋书·职官志》"县五百（户）以上皆置乡，三千以上置二乡，五千以上置三乡，万以上置四乡"，则汉代成都七万户分成十二乡，其乡也属特大。从南乡之市、中乡之市等名称分析，成都各乡皆有市，也属势所必然。

汉代陶文中，还常见"某亭"的戳记。如"蕾亭""临亭"④"整亭"⑤"河亭"⑥"陕亭"⑦"安亭"⑧"邯亭"⑨，等等，当为"某亭之市"的省称（详后）。其名称亦当因袭秦代而来，前述秦时的成亭即是如此。汉初未见成亭之称，当为南乡所取代。但以"某亭"陶文推之，成都乡以下所属的亭，也不应不设市。因其亭制比大多数地方的亭为大，人烟也稠密得多。

以上说明，汉代不论在县还是乡、亭，均设有市，并非如一些论著所说，仅在县以上城市设市。⑩

在此附带讨论汉代市的级别分类。简言之，大体如下。

第一，泛称。即不是专指某一郡国县的市名，而是"泛称大范围地区的名称"⑪。如像"代市"⑫"河市"⑬"曹市"⑭一类。代为燕代之代，汉时为泛指地域。河为黄河中游地区的泛称，有河南、河北之分，非行政区划。曹在先秦为国名，汉代亦泛指地域名称。故此类泛指地域的市，亦当为泛指，不是专称。

第二，大市，都市。《史记·汉兴以来将相名臣年表》："高皇帝六年，立大市。"陈直先生认为，大市为泛称地名的市⑮，似不妥。按大市之制，古已

① 班固：《汉书·地理志》，北京：中华书局，1962 年。
② 常璩著，刘琳校注：《华阳国志校注·蜀志》，成都：巴蜀书社，1984 年。
③ 刘琳：《华阳国志校注》，成都：巴蜀书社，1984 年，第 239 页，注释之二。
④《望文生谊斋辑存古陶文字》第一函，北京图书馆藏拓本，1969 年。
⑤ 陈直：《关中秦汉陶录》第一卷《洛阳中州路（西工段）》，北京：科学出版社，1959 年。
⑥ 陈直：《关中秦汉陶录》第一卷《洛阳中州路（西工段）》，北京：科学出版社，1959 年。
⑦ 黄河水库考古工作队：《1957 河南陕县发掘简报》，《考古通讯》1958 年第 11 期。
⑧ 俞伟超：《汉代的"亭""市"陶文》，《文物》1963 年第 2 期。
⑨ 河北省文物管理委员会：《河北武安县午汲古城中的窑址》，《考古》1959 年第 7 期。
⑩ 蒋英炬：《临沂银雀山西汉墓漆器铭文考释》，《考古》1975 年第 6 期。
⑪ 陈直：《汉书新证》，天津：天津人民出版社，1979 年，第 138 页。
⑫ 孙浔、孙鼎：《季木藏陶》第一、四卷，《考古通讯》1943 年。
⑬ 孙浔、孙鼎：《季木藏陶》第四卷，《考古通讯》1943 年。
⑭ 孙浔、孙鼎：《季木藏陶》第四卷，《考古通讯》1943 年。
⑮ 陈直：《汉书新证》，天津：天津人民出版社，1979 年，第 138 页。

有之。战国时期列国有大市，《荀子·非相篇》记载："俄则束乎有司，而戮乎大市。"战国时期的大市，与《周礼·地官·司市》所载大市当有一定继承关系。《周礼》中的"三时之市"，其实为"国之诸市"中最为重要的市，为首的市。《荀子》所记"戮乎大市"，大市作为官府杀人陈尸于城内最主要的市，是古代传统的做法，说明大市就是一国之中市的为首者。在齐国临淄故地出土的陶文中，有"夲坿区鉴"和"夲坿区鉴"等市量印文。①王献唐先生释"在"为"大"②，裘锡圭先生同此③，并认为"大市疑当属齐都临淄"，可谓精当。参证临淄出土陶文中有"中市"④，所出西汉封泥有左右西南四市的印文"⑤，也可证明大市是最重要的市，即中心市。汉代陶文中还有"都市"的戳记。⑥都市，疑即汉初所谓大市，而非都城或国都之意，当时尚无此种用法。都市之都，当与都统、都督之都同意，与汉职官中的都尉、都水之都，其意相近，均有为首者之意。又，西汉初中期各县均有"都乡""都亭"之制，"都乡为各乡之首，都亭为各亭之首"⑦，可以确证都为首者之意，诸市之首即是都市。此意与大市正相吻合。证诸史籍，《汉书·王嘉传》有"伏刑都市"之语，《后汉书·杨震传》亦有"伏尸都市"之句，《汉书·翟方进传》则明言"磔暴于长安都市"，均与上引《荀子·非相篇》"戮乎大市"之说，完全一致。汉初齐国官印中，又有"齐都市长"印文⑧，与齐陶文的诸市相比较，都市显然就是为首的大市。可见汉代都市，应为汉初大市的通称。疑大市之名所以不显，乃世人均用都市称之。故两《汉书》屡见都市之称，而无大市之名。

第三，郡国县市。如汉所封齐国百官中，就有"笛川市丞""市府""左市""右市""南市""西市"等封泥传世。⑨汉初吴王濞之封国，有"广陵市长"印文传世。⑩此皆为郡国所设市。各县按制度设市，传世有"定阳市

① 孙浔、孙鼎：《季木藏陶》第一、四卷，《考古通讯》1943 年。
② 王献唐：《临淄封泥文字目录》，山东省立图书馆，1936 年。
③ 裘锡圭：《战国文字中的"市"》，《考古学报》1980 年第 3 期。
④ 《坝室藏三代秦汉六朝古陶》。
⑤ 王献唐：《临淄封泥文字叙》，山东省立图书馆，1936 年，第 25 页。
⑥ 《季木藏陶》第 104 页。《望文生谊斋辑存古陶文字》第一函。传世亦见"都市"印文，见陈介祺。《十钟山房印举例》二，第 58 页。
⑦ 陈直：《汉书新证》，天津：天津人民出版社，1979 年，第 139 页。
⑧ 王献唐：《临淄封泥文字目录》，山东省立图书馆，1936 年。
⑨ 周明泰：《续封泥考略》卷 2，1928 年影印本，第 33 页。
⑩ 周明泰：《续封泥考略》卷 4，1928 年影印本，第 13 页。

丞"①"宛邑市丞"②等封泥。考古所见者，如本文所论"北市"，山东临沂银雀山四号汉墓出土褐漆耳杯上的"筥市"戳记③，陕县西汉墓所出绳纹陶罐上的"陕市"戳记④，等等，皆为县市。《史记·太史公自序》称司马迁曾祖父"无泽为汉市长"，可能即属某县市之长。

第四，乡市。除本文所论成都的南乡之市、中乡之市外，传世尚有"南乡之市"的陶文。⑤另有"莹市""东武市"⑥，其为乡市还是亭市，不可考，故为县以下市。因有汉一代，并无以"南乡""中乡""莹""东武"等作为县名者。

第五，亭市。汉代陶文屡见"某亭"的戳记。俞伟超先生认为，"以例推之，当与某'市'相同"⑦。实为"某亭之市"的省称，与乡市的省称相同。汉代"市亭"或"亭市"并不罕见。传世有"亭市"朱文小圆印⑧，汉灵帝光和四年《殽阬君神祠碑》记有"漓败亭市"之文⑨，汉顺帝建康元年《文叔阳食堂画像题字》有"亭市掾"职官之载⑩，均为汉代在亭设市之证。尤其"亭市掾"一职，为正式职官，足证亭有官市。汉灵帝建宁二年《史晨飨孔庙后碑》也明确记有"于昌平亭下立会市"⑪，是亭中设市的确证。

或谓汉代的亭市为旗亭或市楼的代称，不确。汉代城市中的市政管理机构，一般建有高楼，俗称市楼，或称旗亭。《史记·三代世表》褚少孙补曰："臣为郎时，与方士考功，会旗亭下。"《集解》注曰："立旗于上（市楼上），故取名焉。"《三辅黄图》卷2"长安九市"条云："市楼皆重屋，又曰旗亭。……当市楼有令署，以察商贾货财买卖贸易之事。三辅都尉掌之。"张衡《西京赋》"旗亭五重，俯察百隧"，薛综注曰："旗亭，市楼也。"但以此并不能证明它们是亭市，两者有重大区别。旗亭是一市之中的高大建筑，其本身不等于市。亭市则是亭中所设之市，自有其官方市政管理机构。故两

① 周明泰：《续封泥考略》卷4，1928年影印本，第13页。

② 《怀宁柯氏所藏封泥》。

③ 《临沂银雀山四号墓发掘简报》，《考古》1975年第6期。

④ 黄河水库考古工作队：《1957年河南陕县发掘简报》，《考古通讯》1958年第11期。

⑤ 《望文生谊斋辑存古陶文字》第一函。

⑥ 《望文生谊斋辑存古陶文字》第一函。

⑦ 俞伟超：《汉代的"亭""市"陶文》，《文物》1963年第2期。

⑧ 罗福颐：《古玺文字征》五，第3页。

⑨ 洪适：《隶释》，北京：中华书局，1986年，第14页。

⑩ 陆增祥：《八琼室金石补正》卷4，北京：文物出版社，第6页。

⑪ 王昶：《金石萃编》卷13，北京：中国书店，第3页。

者不可同日而语。

第六，里市。陈直《关中秦汉陶录》卷1录有"槐里市久"陶文[1]，认为"久"为"酒"字省文，汉初九、酒、久三字在陶器中均可通用，大率酒字省作九、久二字居多。槐里市酒，槐为里名，里即"十里一亭"之里，是汉代最基层的行政单位。槐里市酒，即槐里所设集市之酒。与传世陶文"新泽市久"[2]和内蒙古出土汉"市久"戳记陶片[3]，其意相同。可见，汉代在里一级行政单位，亦设有官市。

第七，其他各类市。从文献可以考见，有市井[4]、市邑[5]、小市[6]，还有上承战国时期的军市[7]。如此等等，不再列举。

以上说明，汉代上自京师，下至乡里，均可设市，反映了工商业的繁盛和发达。而成都诸市，只不过是汉代城乡商业发达的一个缩影。

四、成都市府职能的分化演变

先秦蜀王国的市制及其管理机构，文献和考古材料均不足征，已不可考。秦在成都设立市官，当为秦制。《秦律·关市律》记有"官府市"，与秦在成都设市官并长丞相吻合。战国时期列国的市多为官府市，齐官印有"陈市师钵"[8]，又有"中市之相"封泥[9]，师为正官，相为副职，由此两者所组成的官府市，与秦"市官并市丞"相近。

秦的成都市官，不仅掌管成都的市，还掌管成都的漆器生产和经营活动。青川郝家坪和荥经古城坪出土漆器上的成亭戳记，即是由秦成都市官掌管的手工业作坊生产并在亭市上出售的。战国时期列国市政机构的职能，大抵同此。长沙杨家湾楚墓出土的漆耳杯底部有"市工"二字戳记[10]，齐陶有"节墨

① 王昶：《金石萃编》卷13，北京：中国书店，第3页。
② 孙浔、孙鼎：《季木藏陶》第一、四卷，《考古通讯》1943年。
③ 吴荣曾：《内蒙古呼和浩特东郊塔布秃村汉城遗址调查》，《考古》1961年第4期。
④《史记·平准书》："然市井之子孙不得在官为吏。"《风俗通》"俗说市井者"云云。
⑤ 王符：《潜夫论》："百郡千县。市邑万数，类皆如此。"
⑥《汉书·外戚传》："其家在长陵小市。"
⑦《汉书·冯唐传》："李牧之为赵将，居边，军市之租皆自用飨士……今臣窃闻魏尚为云中守，军市之租以给士卒。"
⑧ 裘锡圭：《战国文字中的"市"》，《考古学报》1980年第3期。
⑨ 裘锡圭：《战国文字中的"市"》，《考古学报》1980年第3期。
⑩ 吴铭生、戴亚东：《长沙出土的三座大型木椁墓》，《考古学报》1957年第1期。

之亓市工”印文[1]，韩兵器上有“市库”铭文[2]，都是战国时期各国市官兼营手工业的证明。

汉承秦制，汉初市府的基本职能仍与秦相同，既是市政管理机构，又兼事部分地方手工业生产经营。这从汉初“成市草”“成市饱”等漆器文字可得到说明。草，造也。饱，乃“麲”的假借字。《说文·桼部》：“麲，桼垸已复桼之。”在此亦指上漆的器物而言。[3]诸如此类的漆器，还见于山东银雀山四号汉墓[4]，湖北云梦大坟头一号汉墓[5]等出土的漆器戳记。说明汉初各地方的漆器手工业，多由地方政府所属市政机构经营管理。汉代成都市府兼营手工业的历史并不长久，下限似不超过武帝时期，武帝以后即为蜀郡工官所取代。20世纪初在朝鲜乐浪郡出土的漆器上，有“蜀郡工官”和“广汉郡工官”的铭刻[6]，表明其时成都的漆器生产已由工官主持，不再归于市府。

蜀郡工官的设置年代，史无明文，俞伟超先生等推论当在吴楚七国之乱平定以后。但成都之有工官，非自汉始，秦已有之。涪陵小田溪三号墓出土的一件秦戈，内部有“东工”铭文[7]，青川白和乡发现的一件秦戈内部，一面有“蜀东工”铭文三字[8]，均为秦于成都置工官之证。秦不仅在成都，在其他县亦置有工官，称工师，如漆（县名）工师、高奴工师、咸阳工师等。秦在成都还置有“蜀西工”，见《小校经阁金文拓本》卷10。于豪亮先生认为，秦时蜀郡成都有东西两工，主持制造用器和兵器。[9]但并不主持漆器，漆器经营之权属于成都市府。汉兴，循而未改。汉高祖从蜀出塞，还定三秦，为其军械之需，当在成都设有工官。汉初，《汉书·诸侯王表·序》云：“天子自有三河、东郡、颖川、南阳，自江陵以西至巴蜀，北至云中至陇西，与京师内史，凡十五郡。”据此，《汉书·地理志》所载西汉所置八处工官，虽济南、泰山工官为平定吴楚七国之乱后置，但包括蜀郡等“天子自有”的郡内的工官，则当在汉初即置，没有理由定在平定七国之乱以后与济南、泰山工官同

---

① 《簠斋瓦器拓本》。

② 裘锡圭：《战国文字中的“市”》，《考古学报》1980年第3期。

③ 俞伟超、李家浩：《马王堆一号汉墓出土漆器制地诸问题》，《考古》1975年第6期。

④ 《临沂银雀山四号墓发掘简报》，《考古》1975年第6期。

⑤ 湖北省博物馆、孝感地区文教局、云梦县文化馆：《湖北云梦西汉墓发掘简报》，《文物》1973年第9期。

⑥ 梅原末治：《支那汉代纪年铭漆器图说》，《京都大学考古学丛刊二册》，1943年。

⑦ 四川省博物馆、重庆市博物馆、涪陵县文化馆：《四川涪陵地区小田溪战国土坑墓清理简报》，《文物》1974年第5期。

⑧ 《人民日报》1988年10月8日。

⑨ 于豪亮：《四川涪陵的秦始皇二十六年铜戈》，《于豪亮学术文存》，北京：中华书局，1984年。

置。而汉初的蜀郡工官，并不主持漆器手工业，与秦代蜀郡成都的东西两工官，基本无别。

从掌握的材料看，文景以后，未见成都市府制造的漆器，文献则反映出成都市府主造漆器这一职能在此后已归属蜀郡工官的情况。《汉书·贡禹传》载贡禹奏言曰"方今……蜀、汉主金银器"，师古注引如淳云：《地理志》河内怀、蜀郡成都、广汉皆有工官。工官，主作漆器物者也。"所谓金银器，实为扣器。《后汉书·和熹邓皇后纪》云"蜀汉扣器九带佩刀并不复调"，李贤注曰："扣，音口，以金银缘器也。"朝鲜乐浪所出全部蜀郡和广汉郡工官铭文漆器，都是扣器的代表作品。[①]贡禹，汉元帝时谏大夫，其奏言乃以今昔对比方式立论。称昔者，指"高祖、孝文、孝景皇帝"之时。称今者，是指景帝"后世"，即暗指武帝以来。由此观之，蜀郡工官主持漆器生产和经营，当自武帝时期始。[②]

汉代工官有两种基本职能，一是主持手工业生产，一是负责对地方和个体手工业征税。《续汉书·百官志五》本注曰："凡郡县出盐多者置盐官，主盐税。出铁多者置铁官，主鼓铸。有工多者置工官，主工税物。有水池及鱼利多者置水官，主平水收鱼税。"武帝实行盐铁专营，其余手工业则无专卖制。故知工官"主工税物"，除主持直辖中央的手工业外，还对地方和个体手工业征税。[③]工官主持漆器生产和征税，即是从市府职能中传承而来的。

从西汉成都的漆器生产和经营由市府掌管到工官掌管，可以看出成都市府职能的分化演变，即从汉初主管市政并兼营漆器手工业这两大基本职能，到武帝以后专主市政管理的单一职能。成都市府职能的分化，从一个侧面说明，汉武帝将这些手工业的经营权收归中央，由中央直接控制的工官经营，意味着中央对手工业的控制已经加强。但对市府主管市政的职能，循而未改，照旧由地方政府管辖，则表明对商业仍然给以鼓励发展的政策。因此，西汉商业发展很快，而成都得以成为南方最大都市和著名国际贸易中心，也就不奇怪了。

文明的史迹：先秦、巴蜀及南丝路历史研究（巴蜀文化卷）

---

① 陈直：《汉书新证》，天津：天津人民出版社，1979年，第380页。
② 端方《陶斋吉金录》卷六第4页著录有汉哀帝建平四年十一月"长安市造"南陵大铜钟铭文。据此看来，作为京师之市的长安市，有时也受命为皇室制造铜器，但不多见。而成都之市，则无此殊荣。
③ 汉代有大量个体手工业，如《汉书·游侠传》载有"箭张回"，服虔曰："作箭者姓张名回。"《汉书·王尊传》记有"翦张禁"，亦为作翦者姓张名禁。此皆为汉代著名的个体手工业作坊，故以此称之。

| 24 |

秦汉时代的四川开发与城市体系

　　巴蜀在先秦时代就已进行了相当规模的开发，并在开发中创建和发展了自己的城市体系。秦汉统一王朝时期，为了在政治上加强对巴蜀地区的控制，在经济上扩大对巴蜀地区的开发，中央朝廷把原来的巴蜀王国及其周边地区划分为若干个郡，郡下辖县，从而促使巴蜀地区的城市体系出现了新的格局。随着国内统一的形成和统一局面的加强与稳固，巴蜀地区的内外交通日益发展。而国内统一市场的形成和扩大，又给巴蜀地区的商业增添了新的活力，使其蓬勃发展，达到空前兴盛的水平。这些，不仅刺激了都市经济的进一步增长，而且为都市文化注入了无限生机，出现了一派欣欣向荣、繁荣昌盛的新气象，从而促成了驰名海内外的西南国际都会的形成，为秦汉及以后历代四川经济文化的继续发展造就了雄厚的实力和坚实的基础[1]。

一、城市体系的新格局

　　秦灭巴蜀以前，川东巴地曾先后以平都（今重庆市丰都县）、枳（今重庆市涪陵区）、江州（今重庆市渝中区）、垫江（今重庆市合川区）、阆中（今四川省阆中市）为都城，并形成以都城为中心的早期城市体系。川中和川西的蜀地，则以成都为中心，形成辐射于整个四川盆地及盆周边地区的城市体系网络。这两个城市体系，带动了整个巴蜀地区经济文化的发展，并奠定了秦汉时期巴蜀地区城市体系进一步发展的基础。[2]

　　秦并巴蜀后，将巴、蜀分别置为巴郡和蜀郡，不久分巴、蜀置汉中郡，在巴、蜀、汉中三郡之下，共置 41 县[3]，以便更好地实施行政、军事管理和经济开发。汉初，于汉高帝六年（前 201 年）分蜀郡东部置广汉郡。汉武帝建元六年（前 135 年）分蜀郡、巴郡及夜郎地区置犍为郡。元鼎六年（前 111 年），在今四川凉山州地区和阿坝州南部置越嶲郡；在今四川阿坝州置汶山郡

---

① 本文所说四川，包括今四川省和重庆市。
② 段渝：《巴蜀古代城市的起源、结构和网络体系》，《历史研究》1993 年第 1 期。
③ 此据《汉书·高帝纪》。据《华阳国志》，则为 31 县。

（宣帝地节三年，公元前 67 年，罢置汶山郡）；在今四川雅安地区及甘孜州置沈黎郡（武帝天汉四年，公元前 97 年，罢置沈黎郡）。这样，在两汉之际，原巴蜀境内共置有巴、蜀、汉中、广汉、犍为、越嶲 6 个郡，除汉中郡在今陕西省境，以及广汉郡、犍为郡和越博郡中有 8 县分属甘肃、云南、贵州等省而外，其余 5 郡全部在今四川省和重庆市境内，再加上属于南郡的巫县，总计有 59 县①。据《续汉书·郡国志》，至东汉中晚期，由于政区的一些变化，在上述 5 郡内共置 62 县，加上南郡之巫县，总计 63 县。

秦、汉王朝分割巴蜀为 6 郡数十县，直接目的在于缩小行政区划，以便管理、控制和进一步开发。但是由于新的行政区划之间互不统属，各郡直接对中央王朝负责，这样，事实上就造成了新的城市体系的产生，巴蜀地区的城市体系及其网络由此而形成了新格局。

在川东地区，以江州为中心的城市体系，从过去的巴国 5 都扩大到十多个县城，覆盖面遍及全川东，东至长江三峡，西抵涪水流域，北有嘉陵江流域，南据乌江下游，形成区域城市网络。在川东城市网络体系之内，由于受土壤、气候等生态环境的制约，各地经济发展很不平衡。据《华阳国志·巴志》的记载，经济文化发展程度较高的有江州、临江（治今重庆市忠县）、垫江、朐忍（治今重庆市云阳县）、阆中、安汉（治今四川省南充市）等县，这些城市大多拥有盐铁、桑麻、丹漆、鱼池之利，又产多种经济类作物，稻作农业比较发达。其余诸县地，多是土地贫瘠之区，"无蚕桑，少文学"，多从事刀耕火种的原始粗放农业，有的还以狩猎为主要经济类型。

虽然如此，由于区域城市网络的建立，给大多数城乡居民的生产和生活带来了许多便利，如像盐、铁等必需用品，尽管在离县城较远的地区，也能经由市易获取。尤其离郡治江州较近的临江、安汉等较大县城，"各有桑麻、丹漆、布帛、鱼池、盐铁，足相供给"，输送到其他县城。当时川东商业亦较前有所发展，"薪菜之物，无不躬买于市"②，许多乡、亭置有商业网点，销售人们生活上的一应用物。

不过，秦汉时期川东城市体系的发展还是有限的，所发挥的诸如组织、协调地区内和地区之间生产与贸易等经济功能还不充分。加上郡境广远，而山区交通又不方便，以及各地殊俗、性情不同等因素，给民事、农事、刑事的检查、管理和政府的上计、考绩等工作带来诸多不便，因而致使城乡连续

① 班固：《汉书·地理志》，北京：中华书局，1962 年。
② 常璩著，刘琳校注：《华阳国志校注·巴志》，成都：巴蜀书社，1984 年。

体之间、城市与城市之间存在脱节现象，中心城市也难以充分发挥其经济功能。所以，终秦汉之世，川东经济文化的发展长期处于缓慢的状态。

在蜀地，秦以前已形成以成都为中心的城市网络体系，并在成都东、南、西、北各个方向分别形成次级城市，同各地进行商品贸易。秦汉时期，在蜀地分置蜀、汉中、广汉、犍为、越嵩 5 郡数十县，作为地区内和地区之间新的经济增长点，因而进一步扩大了蜀地的城市网络，使城市经济加速发展，并由此带动了盆地及周边地区经济的大幅度增长。

在蜀郡，成都是工商业极为发达的大都市，丝织、布匹、漆器、金银器、铁器、竹木器，以及其他各类手工业高速发展，内外商业十分繁荣，文翁以后又建有学堂，且有不少私塾讲堂，大街小巷，市肆酒楼，灯红酒绿，加之成都水陆交通极为便利，沟通各地，因而充分发挥了组织地区内外工商业交流往来的经济功能。同时，"蜀以成都、广都、新都为三都，号名城"[1]，对于推动成都平原经济文化的高速发展，起了重要作用。

广汉郡和犍为郡，原为古蜀国之地，秦时均属蜀郡。汉代，此两郡"土地沃美，人士俊义，一州称望"，时人将此两郡与蜀郡相提并论，号为"三蜀"[2]。从汉代画像砖的图像可以看到，广汉郡工商业极为繁华，加之有盐、茶、水稻之利，的确不愧为"三蜀"之一。犍为郡有盐铁、灌溉之利，又有经济林木之饶，水陆交通亦颇发达，因而发展比较迅速。

越嵩郡主要是邛都、徙、筰等濮越系和氏羌系的少数民族居地，其中多有耕田的定居农业，亦有移徙的游牧业，并有半农半牧之民。秦汉时期，由于蜀郡中心城市功能的充分发挥，使得大批铁制农具、工具以及其他手工业品和农产品源源不断地输送到越嵩郡各地，带动了当地经济文化的发展。但由于当地各部"豪帅放纵，难得制抑"[3]，加上境内多大山恶水，因而经济发展很不平衡。一般说来，近蜀的地区和交通线路附近，经济发展较快，接受汉文化熏染也较快较多，边远地区则长期处于缓慢发展之中。

位于成都西北的岷江上游地区，西汉时曾一度置为汶山郡，后省郡并入蜀郡北部都尉，东汉时曾几度置郡而复省。这里主要是氏羌系少数民族的活动区域，从很早的时候起就同成都有频繁的交流往还。从不久前在茂县牟托

---

① 常璩著，刘琳校注：《华阳国志校注·蜀志》，成都：巴蜀书社，1984 年。
② 常璩著，刘琳校注：《华阳国志校注·蜀志》，成都：巴蜀书社，1984 年。
③ 范晔：《后汉书·邛都夷传》，北京：中华书局，2015 年。

发掘的墓葬可以看出，本区经济文化虽然带有浓厚的地方民族色彩，但接受汉文化的熏染却较深厚，尤其物质文化方面多仿汉器，反映了对汉文化的追求和向往。秦汉时期，蜀郡制作的铁器大量销往岷江上游地区，而当地"夷人冬则避寒入蜀，庸赁自食，夏则避暑反落（部落），岁以为常，故蜀人谓之作氐白石子"①。这就表现出成都作为中心城市对于边地经济所具有的巨大吸引力和强大推动力。

由于川中和川西城市密布，交流频繁，各郡的郡治不但基础深厚，而且区位优越，其辐射力往往不限于本郡，还影响到相邻的郡县；尤其成都经济文化的发展，辐射力十分强大，覆盖了整个四川盆地和盆周山区，因此带动了全蜀经济的增长。而全蜀经济的增长，又进一步刺激了成都经济的跃进，因而使成都发展成为一座有名的西南大都会。

就整个巴蜀的城市体系来看，秦汉时期东西两部分的发展步伐是不一致的，发展程度也不平衡。川东巴地仅有一郡，郡境广大，而县城只有十余个，县城与县城之间距离遥远，"远县去郡千二百至千五百里"，而县内"乡、亭去县或三四百里，或及千里"，"加以水陆艰难，山有猛兽，思迫期会，陨身江河，投死虎口"②，严重阻碍了各地经济文化的交流往还。当时人们就以郡大殊不方便为由，几度奏议提出分郡。江州虽为郡治，经济亦颇发达，但受各种自然条件的制约，难以将巴郡十余县的城市体系统一协调和组织起来，使其达到均衡发展的状态，从而迅速而全面地提高川东的发展水平。

与川东巴郡不同的是，蜀地一分为五（其中汉中郡今属陕西省，故此不论），仅在成都平原就分别形成了蜀、广汉、犍为三郡，号为"三蜀"。三蜀各辖数县，成为三个相互接壤而连续分布的城市体系网络。三蜀内部，先秦时就有基础良好的城市，秦汉时不但继承并扩大了内外网络，而且还进一步加强了郡治的中心城市功能，以至有"蜀以成都、广都、新都为三都，号名城"之说。三蜀虽然行政区划不同，经济独立发展，然而由于历史的原因而具有非常密切的联系往来，"三蜀之豪，时来时往"③，就从大工商之间相互的经济往来方面说明了这种情形。三蜀经济文化的协调发展，以及三蜀经济文化共同形成的强劲辐射力，便成为秦汉时期四川盆地经济文化全面高涨的重要推动力。

① 左思：《蜀都赋》。
② 常璩著，刘琳校注：《华阳国志校注·蜀志》，成都：巴蜀书社，1984 年。
③ 司马迁：《史记·货殖列传》，北京：中华书局，1959 年。

二、内外交通的扩大

秦汉时期巴蜀经济的大发展，除了经济结构的变化等原因外，很大程度上还得益于内外交通的扩大和发展。由于交通状况的改善，变"四塞"为"栈道千里，无所不通"[1]，加强了同内地和边区各地的经济文化交流，从而促进了巴蜀工商业的迅速发展。

大致说来，巴蜀地区内部的交通，多依赖于长江水系的水路和山间谷地。这些交通线路早在先秦即已开辟，诸如岷江、涪江、嘉陵江、青衣江、大渡河、乌江等水路，从成都西出江原（今崇庆）、临邛（今邛崃），南出南安（今乐山市）、严道（今荥经），北出什邡，东出广汉的陆路，以及从江州北至汉中，南至涪陵（今彭水）的陆路，四通八达，无所不至。[2]秦汉时期，出于统一事业的需要，巴蜀内部的水陆交通经过进一步整治和扩建，较前更加发达。但由于受地形的限制，川东平行岭谷间的崇山峻岭和川西高原的高山峡谷，以及川西南山地的雄浑群山，交通的改善程度并不太大。相反，由于川西平原河渠纵横，秦时李冰又"穿二江成都之中，此渠皆可行舟"[3]，又在青衣江、岷江合流处"通正水道"，以利行驶舟船，还疏通了文井江、白水河等水道[4]，使川西平原通往巴蜀各地的水路更加便利，军令、政令的畅达和经济文化的交往因此而更加迅速便捷。

秦汉时期巴蜀地区的对外交通，较之先秦也有了更大的发展。当时巴蜀的对外交通，主要有通往关中、陇西的北方数道，和通往越嶲、滇、夜郎的南方数道，以及由南路通往缅、印等南亚诸国和中南半岛等东南亚国家的"南方丝绸之路"。

北路数道是巴蜀与中原、陇西相联系的最重要通道，也是西南地区最大的交通大动脉，主要由褒斜道、嘉陵道、子午道、党骆道、剑阁道（亦称金牛道或石牛道）、米仓道，以及阴平道等数条线路所构成。褒斜道开通甚早，商王朝伐蜀曾达于此，殷卜辞中"伐缶与蜀"就证明了褒斜道已经畅通[5]，秦时又加以进一步整治，"栈道千里，通于蜀汉"[6]，使之更加畅达。嘉陵道又

---

① 司马迁：《史记·货殖列传》，北京：中华书局，1959年。
② 段渝：《四川通史》第1册，成都：四川大学出版社，1993年。
③ 司马迁：《史记·河渠书》，北京：中华书局，1959年。
④ 常璩著，刘琳校注：《华阳国志校注·蜀志》，成都：巴蜀书社，1984年。
⑤ 殷卜辞中的"缶"，即褒，在今汉中褒城。"伐缶与蜀"，表明褒、蜀之间道路畅通。
⑥ 司马迁：《史记·范睢蔡泽列传》，北京：中华书局，1959年。

称故道或陈仓道，早在西周时代即已开辟，西周在宝鸡的渭水之南分封有散国，周初青铜器《散氏盘》铭文中记有"周道"，王国维考证此"周道"即故道①。商周之际，蜀文化就曾沿此故道北上播染于宝鸡附近。虽从蜀入关中，故道较之褒斜道为远，但由于故道较之褒斜道安全，民居亦较多，所以汉代及后世官员商旅多经此道出入于巴蜀与中原之间。其余如子午道、党骆道、剑阁道等，都从不同方向沟通了巴蜀与中原的联系。至于阴平道，则可能初辟于秦灭巴蜀以后，但由于此道艰险，官员商旅很少沿此道往来，倒是善用兵者多沿此道取蜀，以攻其不备。

巴蜀以南的数条对外交通线，主要有通往南中的旄牛道（灵关道，又作零关道），通往云贵高原的五尺道，以及经由贵州夜郎（今安顺市）通往番禺（今广东省广州市）的牂柯道。这三条线路，在方位上正好分为东、中、西三路。东路，东出成都，在今合川沿赤水南下，经习水，跨娄山关，过夜郎，经红水河而达番禺。蜀地独产的枸酱，就是蜀商沿此道销往南海地区的。中路为五尺道，先秦即已初通，秦汉时进一步维修整治，并沿道分置邮亭，这是巴蜀联系贵州和云南东部的要道。西路为旄牛道，从成都经雅安、汉源，达于今凉山州，进一步入滇，这是从蜀入滇的最重要交通线路。

巴蜀地区的国际交通线，国内段以南方数道为干线，分为西路、中路和东路三条。西路，分别从成都经旄牛道和五尺道入滇，至云南大理（从蜀入南中的道路，汉代又称为"西南夷道"），向西经保山，出瑞丽，或经保山、腾冲，出德宏，达于缅甸，进一步到达东印度阿萨姆地区，再入印度等国家，这条线路又叫"滇缅道""蜀身毒（印度）道"。中路，从成都经旄牛道，南下至越嵩（今西昌市），出云南礼社江、元江，利用红河下航进入越南北部，即秦汉的交趾地区。东路，从成都沿五尺道南下至昆明，再出昆明经弥明，渡南盘江，经文山，入越南河江、宣光，进一步抵达河内。

从上面可以看出，四川盆地的内外交通，主要以成都为中心，呈辐射状向东西南北延伸，连接全国各地和南亚、东南亚地区。成都之所以形成为一座驰名中外的古代国际大都会，交通（即商道）的四通八达为它所提供的无比优越的条件，不能不说是一个非常重要的原因。

---

① 王国维：《散氏盘跋》，《史林》10，《观堂集林》卷 18，北京：中华书局，1959 年。

三、空前发展的商业

秦汉王朝的统一，结束了全国诸侯割据的分裂局面，为各地经济文化的交流往来开辟了新前景。由于大一统局面的形成和日益巩固，打破了先秦时期各个诸侯国画地为牢、以邻为壑的封闭状况，造成了统一的国内市场，因而商业贸易日益发达。《史记·货殖列传》说："汉兴，海内为一，开关梁，弛山泽之禁，是以富商大贾，周流天下，交易之物莫不通，得其所欲。"又因为交通事业的发展，促使商业贸易更加兴盛。《史记·淮南衡山列传》说："重装富贾，周流天下，道无不通，故交易之道行。"巴蜀商业的活跃以至空前发展，正是海内统一、道无不通所带来的重要成果。秦并巴蜀以为郡县后，在迅速恢复巴蜀工农业生产的同时，也积极整顿并发展了巴蜀的商业。虽然秦自商鞅变法以后，厉行重农抑商政策，但在事实上，由于秦"除井田，民得买卖"，"盐铁之利二十倍于古"[1]，商品关系发展更为迅猛。吕不韦为相时，由于他是"阳翟大贾人"[2]，更加重了秦王朝的大商人大地主政权性质。秦始皇对于以贩卖织物致富的乌氏倮，"令倮比封君，以时与列臣朝请"；对巴地世擅丹穴之利致富的巴寡妇清，"以为贞妇而客之，为筑女怀清台"[3]。司马迁以嘲讽的口吻说道："夫倮，鄙人牧长；清，穷乡寡妇，礼抗万乘，名显天下，岂非以富耶？"足见秦对于大工商还是给以鼓励发展的政策，并非一味抑制。

据《华阳国志》记载，秦惠王并巴蜀后，很快就在川东巴地修建江州城池，《舆地纪胜》引《图经》等古籍又说秦还在阆中筑城。《华阳国志》记载秦在蜀地同时修筑了成都、郫、临邛三座城池，规模很大，尤其成都城池，"与咸阳同制"。秦在巴蜀筑城的目的，首先在于加强政治统治，但同时也是将各座城市作为地区的工商业中心来对待的。对此，《华阳国志》说得十分清楚明白，"成都县本治赤里街，（张）若徙置少城内，营广府舍，置盐、铁、市官并长、丞，修整里阓，市张列肆"，将商业集中在少城以内，使得商贾云集，分门别类地开业经商。其他各座城市，情形大致与此相同。如临邛城，"其民工于市、易贾"[4]，也形成了专门的贸易市场，并有大批行商坐贾在当地经商，或坐列贩卖。

① 班固：《汉书·食货志》，北京：中华书局，1962年。
② 司马迁：《史记·吕不韦传》，北京：中华书局，1959年。
③ 司马迁：《史记·货殖列传》，北京：中华书局，1959年。
④ 司马迁：《史记·货殖列传》，北京：中华书局，1959年。

秦始皇时，将大批六国豪民迁入巴蜀。所谓豪民，多为工商之家，他们进入巴蜀后，继续其工商本业，推动了巴蜀商业的进一步发展。如卓氏、程郑等，就是在临邛冶铁，倾销于滇、蜀各地，以致"富致僮千人，田池射猎之乐，拟于人君"[①]。

楚汉之际，中原战乱，经济遭到极大破坏，以致汉初，"天子不能具钧驷，而将相或乘牛车，齐民无藏盖"[②]。但在巴蜀地区，由于未直接遭受战火侵害，因而工商业继续在较高水平上稳定发展。从考古发掘资料可以知道，汉初巴蜀的丝绸、漆器等商品，大批销往长江中、下游各地，占领了当地的市场；巴蜀生产的铁器，也大批倾销于滇、越嵩等西南民族地区。巴蜀商品的大量外销，一方面更加刺激了巴蜀工商业自身的增长，另一方面则在汉初经济残破的形势下，起到了稳定全国经济形势、恢复经济发展的作用。

两汉时期，巴蜀商业持续高涨，官私贸易都十分发达。通过褒斜道等道路，巴蜀北与中原、秦陇进行贸易。通过长江水路，巴蜀商品东达三楚。通过贵州、广西地区，巴蜀特产东南销至广州。通过南方商道，巴蜀一面输出铁器、竹木等货物，"南贾滇、僰"，一面进行"僰僮""笮马、旄牛"等交易。《史记·货殖列传》说："巴蜀亦沃野，地饶卮、蒐、丹砂、石、铜、铁、竹、木之器。南御滇僰、僰僮，西近笮马、旄牛。然四塞，栈道千里，无所不通，唯褒斜绾毂其口，以所多易所鲜。"《汉书·地理志》所载大致相同。《史记·西南夷列传》说到巴蜀民间贸易中，有一种枸酱，"独蜀产"，汉武帝时唐蒙在南越食蜀枸酱，而南越乃从夜郎输入，夜郎的蜀枸酱又被蜀商"窃出"交易。该篇还记载巴蜀有大批行商坐贾，"或窃出商贾，取其笮马、僰僮、髦牛，以此巴蜀殷富"。

由于商品经济的持续发展，秦汉时期巴蜀产生了一批著名的富商大贾。前面提到的卓氏、程郑等大工商家族，从秦始皇时一直兴盛，至西汉中晚期方始衰落。而"程、卓既衰，至成、哀间，成都罗裒訾至巨万。初，裒贾京师，随身数十百万，为平陵石氏持钱。其人强力，石氏訾次如、苴，亲信，厚资遣之，令往来巴蜀。数年间，致千余万。裒举其半赂遗曲阳、定陵侯，依其权力，赊贷郡国，人莫敢欺。擅盐井之利，期年所得自倍，遂殖其货"[③]。

---

① 司马迁：《史记·货殖列传》，北京：中华书局，1959 年。
② 司马迁：《史记·平准书》，北京：中华书局，1959 年。
③ 班固：《汉书·食货志》，北京：中华书局，1962 年。

文明的史迹：先秦、巴蜀及南丝路历史研究（巴蜀文化卷）

又如东汉时，广汉巨富折象家族，"有资财二亿，家僮八百人"①。

当时富商大贾经营的商品，种类众多，规模很大。据《史记·货殖列传》及他书所记，最重要的有盐铁之利和采铜铸钱之利，汉武帝实行盐铁官营并统一铸币后，则主要经营酤酒业、酱园业、屠宰业、粮食业、薪炭业、造船业、竹木业、造车业、油漆业、铜器业、铁器业、牧畜业、筋角丹砂业、布帛业、绸缎业、皮革业、生漆业、油盐业、鱼业、干果业、皮毛业、毡席业、蔬菜水果业、高利贷业、节驵会，等等。这些商业种类，绝大多数可以在巴蜀看到。例如，"酤一岁千酿""屠牛羊彘千皮""木千章，竹竿千万""木器鬃者千枚""素木铁器若卮茜千石""帛絮细布千钧""文采千匹""檗曲盐豉千答"，等等，以及其他许多商业门类。巴蜀富商大贾之所以能够"周流天下，交易之物莫不通"，其原因于此可见一斑。

巴蜀的官私商业及其商品不仅在国内享有名望，而且还跨出国门，大批销往周邻国家或地区。由蜀郡工官和广汉郡工官制造的精美漆器和瓷器，多销往今朝鲜境内的乐浪，并为北方草原匈奴贵族所喜爱。而个体商贾则往往铤而走险，常常沿南方丝绸之路进行边境贸易，还将蜀布、丝绸、邛竹杖等"蜀物"直接贩运到滇越（今东印度阿萨姆邦）和身毒（今印度），而又从南亚诸国购入西方的真珠、琥珀、珊瑚等宝物，以为奇货可居，在中国市场出售，赚取倍称之息。

秦初并巴蜀时，对巴蜀地区流行的巴蜀货币"桥形币"采取不予取缔的宽松政策，即令到秦始皇统一天下货币时，巴蜀桥形币仍可在境内见到、秦政府对巴蜀地方货币的这种政策，实际上是鼓励巴蜀地区原有工商业的继续发展。与此同时，秦政府也在巴蜀地区大力推行秦货币"半两钱"，并允许民间私铸。汉初、民间继续私铸铜钱。汉文帝赐蜀郡南安人邓通"严道铜山，得自铸钱，邓氏钱布天下"②。但随着不足值的私钱的泛滥，商品物价腾贵，"米至石万钱，马至匹百金"③，所以汉政府数度下令禁止私铸钱，不过终两汉之世，货币发行始终比较紊乱，黄金白银纷纷流入官僚和富商大贾手中，而百姓则屡遭其难，在巴蜀地区同样如此。

秦汉政府对巴蜀商业的管理，主要通过市官来实施。秦时，在成都设置市官并长、丞。汉承秦制，亦设市官并长、丞。汉初的成都市官不仅有管理

---

① 司马迁：《史记·佞幸列传》，北京：中华书局，1959 年。
② 司马迁：《史记·佞幸列传》，北京：中华书局，1959 年。
③ 班固：《汉书·食货志》，北京：中华书局，1962 年。

市场的职能，还有管理部分手工业如漆器等业的生产和销售等经营职能。在湖南长沙马王堆 1 号和 3 号汉墓以及湖北江陵凤凰山 8 号汉墓内出土的大批漆器上，多有"成市""市府""成市草""成市饱"等烙印戳记。所谓"成市"，即"成都市"的省称，草假为造，饱假为麃（再次髹漆）。这表明了成都市府对漆器所拥有的生产和销售职能。汉武帝以后，始将地方手工业的经营权收归中央，由中央直接控制的工官经营，所以武帝以后不再有成都市府加盖烙印的巴蜀漆器行世。市官职能的这种分化，表明中央对手工业的控制已经加强，但对市官主持市易的职能循而不改，仍由地方政府管辖，则意味着中央对地方商业仍然给予鼓励发展的政策。所以，汉代商业发展很快，而成都得以成为中国南方最大都市和著名国际贸易中心，就不奇怪了。[①]

四、成都：西南国际都会的形成

先秦时代，成都已初步发展成为中国西南的内外贸易枢纽。秦汉时期，随着成都经济文化建设的高速度发展，使它最终成为一座闻名中外的西南国际大都会。

汉初，"接秦之敝，诸侯并起，民失作业而大饥馑。凡米石五千，人相食，死者过半"，人口急剧减少。但巴蜀偏安一方，未遭战火摧残，所以汉高祖"乃令民得卖子就食蜀、汉"[②]。巴蜀不仅以其殷富解决了大批饥民的生存问题，而且它本身的人口也在经济持续发展的状态中保持稳定增长的势头。东周时代成都约有户 55 970，口 279 850[③]，经过西汉初、中期的发展，到西汉末平帝元始二年（2 年），据《汉书·地理志》记载，成都人口已大为增长，有"户七万六千二百五十六"，按"一夫挟五口"计，约有口 381 280。从东周到西汉末，经过四五百年，成都人口增长超过 10 万，即增长了近三分之一，这在当时是很高的人口增长率。东汉时，历史文献虽然没有关于成都人口的直接数据记载，但从《续汉书·郡国志》所记顺帝永和五年（140 年）蜀郡人口来计算，较之西汉末增长的比率为 47%，参照这个数据计算，东汉时成都人口约有 53 万之多，在 138 年之间增长人口达 17 万，大大超出西汉时人口的增长速度，也远远超过国内其他大城市的人口增长水平。这从一个重要方面反

① 段渝：《先秦秦汉成都的市及市府职能的演变》，《华西考古研究：（一）》，成都：成都出版社，1991 年。
② 班固：《汉书·食货志》，北京：中华书局，1962 年。
③ 段渝：《四川通史》第 1 册，成都：四川大学出版社，1993 年，第 143、144 页。

映出汉代成都经济繁荣昌盛的状况。

东周时代，成都的城市地域内尚有大量农田，城市中也有大批从事农业生产的人员。秦时筑成都大城和少城，以居官府、手工业者和商贾，农田和农业人口则绝大多数被排除在城市之外。《太平寰宇记》卷72引《蜀王本纪》记载："秦惠王遣张仪、司马错定蜀，因筑成都而县之。成都在赤里街，张若徙置少城内，始造府县寺舍，令与咸阳同制。"张泳《益州重修公宇记》引《图经》说："秦惠王遣张仪、陈轸伐蜀，灭开明氏，卜筑蜀郡城，方广十里，从周制也，分筑南北二少城，以居商贾。"大城为郡署之所在，少城为县署之所在，大城少城"周回十二里，高七丈"。少城又分南北二城，北部居官署，南部居商贾，集市亦在少城内外。成都时有七桥，"长老传言：李冰造七桥，上应七星"。汉代成都的布局，基本与秦时大同。武帝元鼎二年又"立成都郭、十八门，于是郡县多城观矣"[1]，更加雄伟壮丽。

汉景帝末年，文翁为蜀郡守[2]，在成都城南立文学精舍讲堂，作石室，选择成都官吏子弟作学生，以学习文学为主。又派遣隽士张叔等18人到京师"受业博士，或学律令"[3]，学成归来后，其所学教习其他学生。自此以后，成都文风日甚，"学徒鳞萃，蜀学比于齐鲁"[4]，风气焕然一新。

秦时，成都"与咸阳同制"，是秦的一大经济中心。汉代，与长安相比，成都虽非京师，但于汉家地位十分显要。两汉之际除京师外，名闻全国的有五大都市：洛阳、邯郸、临淄、宛、成都。五都之中，成都人口最多，仅次于京师长安，是当时全国的第二大城市。成都县"下属十二乡、五部尉，汉户七万"，远远超出汉代"县大率方百里"的制度，而成都县所辖各乡，在当时也是特大的乡。

考古资料证明，汉代成都建有若干个贸易市场，城内有"成市"（成都大市）、"北市"，城外有"中乡之市""南乡之市"等。市场非常繁华，云集了大批行商坐贾。出土于成都西郊和新繁的两块同模所制的市井画像砖，刻绘了当时成都市的规模和盛况。市的平面略呈方形，四周围以市墙，三面设有市门。左面市内隶书题记"东市门"三字，北面市内亦隶书题记"北市门"三字。市内正中有重檐市楼一座，为市府之所在。市内四隧，沿隧两侧列肆，

---

① 常璩著，刘琳校注：《华阳国志校注·蜀志》，成都：巴蜀书社，1984年。

②《华阳国志·蜀志》谓孝文帝末年以文翁为蜀守，误。此从《汉书·文翁传》。

③ 班固：《汉书·文翁传》，北京：中华书局，1962年。

④ 常璩著，刘琳校注：《华阳国志校注·蜀志》，成都：巴蜀书社，1984年。

又有市廛、市宅等建筑。①正如左思《蜀都赋》所说："市廛所会，万商之渊，列隧百重，罗肆巨千。赇货山积，纤丽星繁。都人士女，袨服靓妆。买贸墏鬶，舛错纵横。"扬雄《蜀都赋》描绘成都市，"东西鳞集，南北并凑，驰逐相逢，周流往来"，"万物更凑，四时迭代"，市上所售，不但有巴蜀商品，还有"江东鲐鲍，陇西牛羊"。这些，都表明成都是东西南北货物的商品集散地和贸易中心，成为富冠海内的天下名都。

汉代成都之成为西南大都会，除了它本身经济昌盛、文赋纷华而外，还得益于南方丝绸之路国际贸易的发展。沿着这条国际商道，成都生产的蜀布、丝绸等源源不断地销往南亚的印度，又辗转贩卖于中亚阿富汗等国，再转卖于地中海的希腊、罗马等国度。而西亚、中亚的商品，如琉璃珠、肉红石髓珠等宝物，也沿南方丝绸之路国际商道进入中国西南市场。作为南方丝绸之路国际贸易的起点，成都国际贸易的发达不难想见，可谓盛极一时。

由上可见，统一的国内市场、良好的区位、密集的城市网络、四通八达的交通、持续增长的工商业、昌盛的文化，以及频繁的国际贸易等因素及其交互感应和作用，是汉代成都得以发展成为一座驰名中外的西南国际大都会的几个主要原因。

文明的史迹：先秦、巴蜀及南丝路历史研究（巴蜀文化卷）

---

① 刘致远、余德章、刘文杰：《四川汉代画像砖与汉代社会》，北京：文物出版社，1983年，第59、60页。

春秋战国时期的巴蜀

25

论新都蜀墓及所出"昭之飤鼎"

1980 年 3 至 5 月，四川省博物馆在四川新都县（今新都区）马家公社清理了一座战国土坑木椁墓①。关于墓主、器物形制、文化类型等问题，学术界已有深入的分析讨论②。所出列鼎最小一件盖内有"昭之飤鼎"四字（图一，3）。对此，学术界解释不一。近读黄奇逸先生《商周研究之批判》一书提要③，受其启发，颇感此鼎铭文含义及相关问题还有重新探讨之必要。因成此文，以就正于博学通人。

一、墓葬形制

对"昭之飤鼎"铭文含义的理解，势必涉及对墓主、器形及用途、墓葬形制等若干问题的理解，故有必要首先加以研讨。

此墓为长方形土坑木椁墓，墓坑西面开有一条斜坡墓道，墓向正西。椁室内除棺外，南北两侧各有 3 个边箱，西端有脚箱 1 个，东端有头箱 1 个，椁室中部、木椁垫木下有一腰坑，内出大小青铜器 188 件，"昭之飤鼎"即出于此腰坑内。

关于此墓形制，论者或认为有浓厚的楚文化因素，或认为是一座比较典型的楚文化的墓葬。主要依据是椁室分有头、足、边箱，以及靠椁壁填有青膏泥等。

我们认为，以上现象尚不足以证明此墓是一座楚文化墓葬，更谈不上典型。墓中椁室分为头、足、边箱、虽确曾见于楚文化墓葬，如河南信阳长台灵 1 号墓④、2 号墓⑤和湖北江陵天重观 1 墓⑥等，但江陵雨台山大多数楚墓无

文明的史迹：先秦、巴蜀及南丝路历史研究（巴蜀文化卷）

---

① 四川省博物馆、新都县文物管理所：《四川新都战国木椁墓》，《文物》1981 年第 6 期。
② 徐中舒、唐嘉弘：《古代楚蜀的关系》，《文物》1981 年第 6 期；沈仲常：《新都战国木椁墓与楚文化》，《文物》1981 年第 6 期；李学勤：《论新都出土的蜀国青铜器》，《文物》1982 年第 1 期；李复华、王家祐：《巴蜀文化的分期、断代和渊源试说》，《四川史学通讯》1983 年第 3 期。
③ 黄奇逸：《商周研究之批判》，《四川大学学报》哲社版 1990 年第 4 期。
④ 河南省文化局文物工作队：《信阳长台关发掘一座战国大墓》，《文物参考资料》1957 年第 9 期。
⑤ 河南省文化局文物工作队：《信阳长台关第 2 号楚墓的发掘》，《考古通讯》1958 年第 11 期。
⑥ 湖北省荆州地区博物馆：《江陵天星观 1 号楚墓》，《考古学报》1982 年第 1 期。

头箱或边箱①。并且，椁室分有头、足、边箱的现象，亦见于关中秦墓，如甘肃天水放马滩战国墓 M1、M4，即在椁室中留有头箱、边箱②，故不能完全视此为楚文化所独有。

以青色或白色膏泥填塞椁或棺的周围，虽也是楚文化墓葬的特点之一，但亦并非为楚文化所独有。北京昌平白浮西周燕墓③、山东栖霞西周墓④，均在椁外填塞白膏泥。战国时期的列国墓葬，如山西长子牛家坡战国 7 号墓、12 号墓椁室四周上下填塞青灰色膏泥，11 号墓椁室上下填塞青灰色膏泥⑤，甘肃天水放马滩战国秦墓在椁（棺）上下四周填塞白膏泥⑥，均为其显著证据。有学者认为，填塞膏泥是一种防潮措施，只要有这类膏泥存在的地方，就会被人们所利用⑦。可见，是否填塞白膏泥，不能作为是否楚文化墓葬的确切证据。

从墓葬本身的一些重要因素分析，新都木椁墓与楚墓有若干显著区别。

我们知道，河南和两湖地区所发现的战国时期的大型楚墓，地面上大多有高大的封土丘⑧，是为冢墓⑨。如河南固始侯古堆大墓，人工夯筑的土冢高 7 米。直径 55 米，地处 50 多米高的丘陵之上⑩。湖北江陵纪南城附近的大批楚文化冢墓，一般直径余米至三四十米，高两三米或五六米，有些大冢直径达百余米，高十余米。大冢现存外形均为馒头形，在勘察中发现有的封土堆底边仍作方形，且有明显的夯筑痕迹。天星观 1 号墓残存封土丘长宽仍有 30~40 米，高 9 米以上，用未经夯打的黄灰色泥沙土堆成。望山 12 号墓和沙冢 1 号墓的坟丘陵较小，底径十余米，高尚存 2 米余⑪。信阳长台关 1、2 号墓虽坟丘已不明显，但从近旁有 6 个大冢看来，原来当也是有坟冢的地⑫。

而新都木椁墓，无论就其葬制还是随葬器物的丰富来看，都无可非议地是

论新都蜀墓及所出「昭之飤鼎」

---

① 中国社会科学院考古研究所：《新中国的考古发现和研究》，北京：文物出版社，1984 年，第 304、305 页。

② 甘肃省文物考古研究所：《甘肃天水放马滩战国秦汉墓群的发掘》，《文物》1989 年第 2 期。

③ 北京市文物管理处：《北京地区的又一考古收获——昌平白浮西周木椁墓的启示》，《考古》1976 年第 4 期。

④ 栖霞县文物管理所：《山东栖霞县松山乡吕家埠西周墓》，《考古》1988 年第 9 期。

⑤ 山西省考古研究所：《山西长子县东周墓》，《考古学报》1984 年第 4 期。

⑥ 甘肃省文物考古研究所：《甘肃天水放马滩战国秦汉墓群的发掘》，《文物》1989 年第 2 期。

⑦ 宋治民：《四川战国墓葬试析》，《四川文物》1990 年第 5 期。

⑧ 中国社会科学院考古研究所：《新中国的考古发现和研究》，北京：文物出版社，1984 年，第 308 页。

⑨ 王世民：《中国春秋战国时代的冢墓》，《考古》1981 年第 5 期。

⑩ 固始侯古堆一号墓发掘组：《河南固始侯古堆一号墓发掘简报》，《文物》1985 年第 1 期。

⑪ 湖北省文化局文物工作队：《湖北江陵三座楚墓出土大批重要文物》，《文物》1966 年第 5 期。参阅《新中国的考古发现和研究》，第 308 页。

⑫ 河南省文物工作队：《我国考古史上的空前发现——信阳长台关发掘一座战国大墓》，《文物参考资料》1957 年第 9 期；《信阳长台关第二号楚墓的发掘》，《考古通讯》1958 年第 11 期。

一座大型墓葬，所出各种青铜器亦尤足与大型楚墓相匹。如果它是楚墓，则毫无疑问应有同类大型楚墓地面之上所特有的高大封土丘。可是新都木椁墓的地面上却丝毫没有任何人工建筑的痕迹，并非冢墓，显然与楚文化的冢墓有别。

　　新都木椁墓的年代约为战国中期，同一时期的楚国大墓，其他方面也有明显的共同特点。江陵天星观1号墓，墓坑长宽20余米，坑壁上部有十五层台阶[①]。其他楚墓亦有台阶，多为三、五层或至七、九层[②]。近年发掘的十多座大型楚墓，除河南淅川下寺1号墓[③]没有墓道和江陵天星观1号墓的墓道向南外，其他都是东端有墓道，下寺墓地的墓向也都向东[④]。江陵雨台山的五百多座楚墓[⑤]，头向以基本向南者居多，约占总墓数的近70%，向东者其次，占12%[⑥]。湖北当阳赵家湖楚墓[⑦]，其头向大体与江陵楚墓一致，以向南者居多。湖南历年发掘的楚墓达一千余座[⑧]。年代较早的墓，墓坑的长宽多呈三比一的窄长形，常在头端掏出壁龛。年代较晚的墓则以长宽呈二比一或三比二的宽坑墓为多，壁龛常在墓坑的一侧[⑨]。

　　新都木椁墓的墓坑长10.45、宽9.2米，坑壁基本垂直，既无湖北楚墓坑壁上部的台阶，又无长沙墓头端或一侧的壁龛。新都大墓墓向正西，墓道也开在坑墓的西面。这同大型楚墓全然不同，而与广汉三星堆一、二号祭祀坑的方向大体一致。新都木椁墓中的棺具，乃一独木棺，系用直径约0.141米的原木挖凿而成，东端内凿成凹圆状，西端平直。这种独木棺常见于成都平原战国时期的蜀文化墓葬，如大邑五龙墓[⑩]、蒲江东北墓[⑪]、成都百花潭中学10号墓[⑫]、绵竹清道战国墓[⑬]等，皆是，均有别于楚文化墓葬的棺具。由此可见，新都木椁墓在其形制特点上，表现为蜀文化而不是楚文化。

① 湖北省荆州地区博物馆：《江陵天星观1号楚墓》，《考古学报》1982年第1期。
② 中国社会科学院考古研究所：《新中国的考古发现和研究》，北京：文物出版社，1984年，第308页。
③ 河南省博物馆：《河南淅川县下寺春秋墓葬》，《文物》1980年第10期；《河南淅川县下寺一号墓发掘简报》，《考古》1981年第2期。
④ 中国社会科学院考古研究所：《新中国的考古发现和研究》，北京：文物出版社，1984年，第307页。
⑤ 荆州博物馆：《江陵雨台山楚墓发掘简报》，《考古》1980年第5期。
⑥ 中国社会科学院考古研究所：《新中国的考古发现和研究》，北京：文物出版社，1984年，第305页。
⑦《湖北当阳赵家湖墓的分类、分期和年代》，《中国考古学会第二次年会论文集》，1981年。
⑧ 中国科学院考古研究所：《长沙发掘报告》，北京：科学出版社，1975年；《长沙楚墓》，《考古学报》1959年第1期。
⑨ 中国社会科学院考古研究所：《新中国的考古发现和研究》，北京：文物出版社，1984年，第306页。
⑩ 四川省文管会、大邑县文化馆：《四川大邑五龙战国巴蜀墓葬》，《文物》1985年第5期；《四川大邑县五龙乡土坑墓清理简报》，《考古》1987年第7期。
⑪ 四川省博物馆：《蒲江县战国土坑墓》，《文物》1985年第5期。
⑫ 四川省博物馆：《成都百花潭中学十号墓发掘记》，《文物》1976年第3期。
⑬ 王有鹏：《四川绵竹船棺葬》，《文物》1987年第10期。

二、青铜器形制与组合

新都木椁墓所出青铜器，在组合形式上亦颇具特点，同样器物以两件或五件为一组，而以五件成组居多。两件成组的青铜器有：敦、豆、缶、盘、鉴、甀、匜、甒、勺，共9种，18件。五件成组的青铜器有：列鼎（大小有序）、壶（二式）、罍、三足盘形器、豆形器（或以此器应与三足盘形器合为一器，称"铪"）、釜（大小有序）、鍪（大小有序）、匕、编钟、剑（三式）刀、戈（四式六组）、钺（二组）、矛、斧、斤、曲头斤、手锯、削（大中小三套有序）、凿（四套大小有序）、雕刀、共20种，170件，凡34套。大多数青铜器每种五件，大小有序，除可能有中原葬制的某些因素外，主要是蜀文化自身的葬制，与《华阳国志·蜀志》所记蜀王开明氏"以五色为主，故其庙称青赤黑黄白帝"以及其他一些所谓"尚五"的现象有关。并且蜀之尚五，由来已久，商末周初即已有之。彭县竹瓦街窖藏青铜器中即出有列罍五件[1]，早年在成都平原也还发现过四小一大的列罍五件[2]，说明蜀文化墓葬中的尚五现象，源远流长，而与楚制毫无关系。

1. 铜圆印　　　　　2. 铜方印　　　3. 昭之飤鼎铭文（均摹本）

图一　新都蜀墓出土的铜印和铜鼎铭文

楚国墓葬随葬青铜器的组合形式，中小型墓以随葬两两成对者为多。江陵楚墓随葬鼎、簋、壶或鼎、敦、壶各两套的占相当大的比重，也有簋、敦两对成对组合共出一墓的。长沙楚墓则出鼎、敦、壶两套者甚多，少数多至四套。大型楚墓随葬的鼎，除烹牲体的无盖大鼎和盥器小口罐形鼎外，大概用以盛庶羞的深腹带盖鼎数量最多，并且呈偶数出现，或四、或六、或八、

① 王家祐：《记四川彭县竹瓦街出土的铜器》，《文物》1961 年第 11 期。
② 冯汉骥：《四川彭县出土的铜器》，《文物》1980 年第 12 期。

升牲的平底无盖鼎似居其次，件数或一或三，以奇数随葬七鼎或五鼎者很少。[①]可见，楚墓随葬铜器的组合形式，与新都木椁墓有很大区别，许多重器根本不见于新都墓，而新都墓中许多重器也不见于楚墓，实难将两者划为同一个系统。

新都墓所出青铜器，某些器物如鼎、瓶、缶等，与湖北随县擂鼓墩曾侯乙墓所出颇为接近。所出器体呈球形的敦，与江陵望山 1 号墓所出相似。但更多的器物却是蜀文化自身的产物。如锋刃器中的戈、矛、剑等，在蜀文化中均有其自身清楚的发展演变程序，礼器中的列罍之制也是蜀文化礼制的最重要特点之一[②]。这些无论与中原文化还是楚文化，都有区别，不可能是其中任一文化的分支。因此，我们赞成李学勤先生的提法，蜀、楚青铜器的近似，应该说是"道一风同"，即在同样的时代流行类似的器形和艺术风格[③]。

这样看来，新都木椁墓所出青铜器，都是蜀国制作的，即是蜀器。尽管有些器物如罍、编钟、三足盘形器和豆形器等不很完整，出土时有程度不同的残缺痕迹。但经修复时分析，残口较圆，是因当时赶制这批器物，由于铜液不足所致。因此，就不能认为其时蜀国青铜器制作水平低下，更不能认为精者为楚器，粗者为仿楚器。同墓所出绝大多数青铜器，制作精良，工艺很高，尤其两件缶和鉴内所盛的数十件蜀式兵器、工具、匕等，初出水时光泽夺目，俨然如新，均为下葬之前新铸，既非前代遗留更非楚或其他文化地所流入。即令列鼎五件，其工艺的粗与精，也是由于相同原因，不存在楚器与仿楚器之分。假如最小一件"昭之飤鼎"为楚器，余四件为蜀仿楚制作，则此列鼎组合不伦不类，用于祭祀岂非大谬？《左传》僖公十年云："神不歆非类，民不祀非族。"祭祀即祭先祖神灵，固不宜杂以他器为列鼎组合，否则将为先祖神灵所不歆悦。并且，作为蜀文化重器的列罍，罍身亦有缺口，原因亦如前述。

以上青铜器，就其用途而论，多为礼器，亦即祭器。许多器物为新铸，甚至赶制而成，都是为墓主下葬前所举行的葬礼而用。列鼎五件有三件出土时分别盛有鸡、羊、猪骨骸，更清楚地表明了其礼器的性质。其他器物为敦、

文
明
的
史
迹
：
先
秦
、
巴
蜀
及
南
丝
路
历
史
研
究
（
巴
蜀
文
化
卷
）

①《新中国的考古发现和研究》，第 309、310 页。

② 1960 年四川彭县竹街窖藏铜器中出有铜鼎五件，抗日战争时期川西也曾出土一大四小铜鼎五件，冯汉骥先生提出为"列罍"。蜀文化礼器中多出罍，目前所见年代最早者出于广汉三星堆 1 号祭祀坑，为商代晚期。西周以后续有所出：新都木椁墓所出铜方印印文中，也有一罍形符号，墓中亦出列罍五件。足见罍是蜀文化青铜礼器中的重器。

③ 李学勤：《论新都出土的蜀国青铜器》，《巴蜀考古论文集》，北京：文物出版社，1987 年，第 191-198 页。

壶、豆等，虽其原始形式乃是实用器，但因用于祭祀燕享，便成为礼器①，故为礼器无疑。所谓"昭之飤鼎"，即是举行"昭祭"时所用的燕享之器，当然就是礼器。因此，将这些器物视为实用器，似乎并不妥当。

三、墓主族属

上文已经说明，新都大墓的墓主，应是战国中期蜀国诸王之一。清理报告认为，墓主可能是蜀王开明九世至十一中之一世，是有根据的。除上述诸证外，椁内所出二枚铜印颇能说明问题。其中圆印一枚，印文两半各有一符号（图一，1），显然是巴蜀符号之一种。方印一枚，印文分为上下两层，均为巴蜀符号。这类符号，既不见于中原古文字，也不见于楚文字。我们知道，印章由其性质所决定，最足体现其人的族别。新都大墓既出由巴蜀符号组成的印章，其墓主自当为蜀人无疑。由其墓葬形制及所出器件之丰富，又可断定其为蜀王，也是无可非议的。关于此点，学术界早有定论。②

另有一种意见认为，新都木椁墓的墓主当为巴人，此说似不确。无论从墓葬形制还是出土器物及其组合形式上看，此墓占主导地位的因素无疑是蜀文化，也有一些中原和楚文化的因素，但不占主导地位，巴文化因素却绝少。过去学术界认为巴蜀青铜器上的巴蜀符号为巴文，巴蜀青铜器上的虎纹为巴文化所特有，现据更多的资料可以认为并不妥当。西周时期成都平原蜀文化器物上即有虎纹，并且早在商代晚期的广汉三星堆一号祭祀坑内就已有纯金模压成的虎形饰和青铜制作的虎形器③，不仅年代远远早于巴文化，而且其空间分布也要广阔得多。至于所谓巴蜀符号，据我们研究，也不是巴文，而是蜀文，不是起源于巴，而是起源于蜀④。为此，把新都大墓中两枚由巴蜀符号组成印文的印章乃是巴文化这一偏见排除，则墓中并无所谓巴文化，更谈不上占有地位。

至于墓中楚文化的因素来源，其实文献早有记载。应劭《风俗通义·怪神》引《楚辞》云："鳖令尸亡，朔江而上，到岷山下苏起。蜀人神之，尊立为王。"《后汉书·张衡列传》李贤注引扬雄《蜀王本纪》曰："荆人鳖令死，

---

① 立参阅容庚、张维持：《殷周青铜器通论》，北京：文物出版社，1984年，第3页。
② 四川省博物馆、新都县文物管理所：《四川新都战国木椁墓》，《文物》1981年第6期；李复华、王家祐：《巴蜀文化的分期、断代和渊源试说》，《四川史学通讯》1983年第3期。
③ 四川省文物管理委员会、四川省文物考古研究所、四川省广汉县文化局：《广汉三星堆遗址一号祭祀坑发掘简报》，《文物》1987年第10期。
④ 段渝：《巴蜀古文字的两系及其起源》，《考古与文字》1993年第1期。

其尸流亡，随江水上至成都，见蜀王杜宇，以其国禅之。"张衡《思玄赋》："鳖灵殂而尸亡兮，取蜀禅而引世。"荆人鳖令（令或作灵）入蜀，取蜀王杜宇而代之，此说还见于汉扬雄《蜀都赋》、东汉末来敏《本蜀论》[①]、东晋常璩《华阳国志》[②]多及其他诸书。荆者楚也。根据《蜀王本纪》，荆人鳖令代杜宇王蜀后，号曰开明氏。其入蜀年代，据文献所记其传十二世[③]、历三百五十年[④]，而于公元前316年亡于秦推算，约当在春秋前期[⑤]。此时楚文化早已形成，故由楚至蜀的鳖灵，必然会同时代传入文化的某些因素。此即文化人类学上常见的迁徙传播，或称为"文化飞地"。文献所谓开明氏"以酒曰醴，乐曰荆"[⑥]，即其显著表现形式之一。但有楚文化因素，并不等于就是楚文化。正如《史记》所记吴大伯亡奔荆蛮，"断发文身，示不可用"，以及庄蹻王滇，"变服从其俗而长之"，学术界从不以为吴文化就是周文化，也从不以为滇文化是楚文化一样。开明氏由楚地流亡至蜀，其实也是"变服从其俗而长之"，开明氏取杜宇王国而代之，因袭蜀国、蜀地、蜀民、蜀文化及各种制度，业已融入蜀文化之中，其主流已是蜀文化而不是楚文化。如将新都蜀王开明氏之墓视为楚墓，无异于说蜀国是楚国的殖民地，这显然是难以解释的。

《史记·楚世家》记载："（楚）肃王四年，蜀伐楚，取滋方，于是楚为扞关以拒之。"楚肃王四年为公元前377年，滋方为今湖北松滋市。蜀伐楚的年代，正与新都木椁墓的年代（公元前四世纪前半叶[⑦]）大体相符。此条材料可以说明，一方面，蜀、楚关系并非殖民地与宗主国的关系，与《左传》僖公二十六年所载楚王与"自窜于夔"的夔子国之间的关系根本不同。另一方面，蜀、楚关系紧张以至恶化，互为敌国，作为楚国屈、景、昭三大世族之一的昭氏，不可能入蜀，并在蜀之腹心建立其墓地。同理，如将新都蜀王墓所出"昭之䬹鼎"释为楚之昭氏所用器，也无法解释其来历。"昭之䬹鼎"既为祭器，或宗庙之器，假如"昭"乃楚之昭氏，则应置于昭氏宗庙，或应埋于楚国昭氏墓地，而绝不会出现在蜀王墓中。

文明的史迹：先秦、巴蜀及南丝路历史研究（巴蜀文化卷）

---

① 郦道元：《水经·江水注》引，王国维校本，上海：上海人民出版社，1984年。
②《舆地纪胜》卷164引，今本佚有关内容。
③ 常璩著，刘琳校注：《华阳国志校注·蜀志》，成都：巴蜀书社，1984年。
④《路史·余论》。
⑤ 参阅蒙文通：《巴蜀古史论述》，成都：四川人民出版社，1981年，第43页。
⑥ 常璩著，刘琳校注：《华阳国志校注·蜀志》，成都：巴蜀书社，1984年。
⑦ 李学勤：《论新都出土的蜀国青铜器》，《巴蜀考古论文集》，北京：文物出版社，第192页。

四、"昭之飤鼎"与"昭祭"

从墓中所出多数青铜器的性质判断,"昭之飤鼎"的含义,应是经"昭祭"而后下葬,即是对墓主举行昭祭礼时所用的燕享之器。"昭"为祭名,这是明明白白的。

关于昭祭,古文献中有所论列。《周礼·春官·大司乐》:"牲入出则令奏《昭夏》。"《昭》为乐舞中的一种,字或作韶。《左传》襄公二十九年吴公子季札聘鲁,请观于周乐,见武王之乐《大武》、商汤之乐《韶》、舜乐《韶箾》。《韶》乐乃是歌颂有至德者之乐,故其乐曲舞容尽善尽美[①]。《论语·述而》:"子在齐,闻《韶》,三月不知肉味。曰:不图为乐之至于斯也!"《八佾》:"子谓《韶》尽善矣,又尽美也。"《韶》为祭祀有至德之先公先王时庙堂所用之乐,伴之以舞,故又称《韶》舞。《左传》和《论语》中,每以《韶》舞同《大武》舞相比较,认为《韶》尽善尽美,《武》则尽美而未尽善。所谓《武》或《大武》,是周初为纪念武王伐纣开创周王朝而创作的祭祀性乐舞,是在周室宗庙中演奏的庙堂之乐。因后代儒者认为武王以武胜,虽尽美,然而施之以兵则未尽善,故不如为祭祀有至德者舜所创作的《韶》乐那样尽美而又尽善。

《周礼·春官·大司乐》记载:"大祭祀,王出入则令奏《王夏》,尸出入则令奏《肆夏》,牲出入则令奏《昭夏》。大飨,不入牲,其他皆如祭,祀。"王国维《释乐次》一文所附《天子诸侯大夫士用乐表》亦据以认为天子大祭祀所用金奏为《王夏》《肆夏》《昭夏》[②]。可以确证《昭》为祭祀先公先王时所用之乐。因此,所谓昭祭,即是大祭祀时奏以《昭》乐,故称此种祭,祀为昭祭。

殷周甲骨文和金文中亦记有昭祭,所祭对象均为先公先王。周原甲骨H11:1片卜辞为[③]:

> 癸巳彝文武帝乙宗。贞,王其祁邵(同昭)成唐(汤)……

此片年代,徐中舒先生断为周文王时[④],极是。周文王处于殷代末叶,而以昭祭祭祀殷之先王成汤,证明昭祭乃殷代旧制。这也正合于《左传》襄公

论新都蜀墓及所出「昭之飤鼎」

① 《论语·八佾》,邢昺《疏》、何晏《正义》。
② 王国维:《观堂集林》卷二《艺林二》,中华书局,1959年,第104页。
③ 陈全方:《陕西岐山凤雏村西周甲骨文概论》,《四川大学学报》丛刊第10辑《古文字研究论文集》,1982年,第381页,第1片。
④ 徐中舒:《周原甲骨初论》,《四川大学学报》丛刊第10辑,1982年。

二十五年吴公子季札在鲁观成汤之乐《韶》的记载，同时证明昭、韶二字相通，《昭》乐即是《韶》乐。《左传》《论语》等认为昭祭产于舜的时代，然其详如何，今已难考。周代金文亦见昭祭之名，如《宗周钟》："用邵各丕显且考先王。"据此，昭祭当如《周礼·大司乐》所云，乃是对于先公先王大祭祀时所用之乐。

新都蜀王墓内所出"昭之飤鼎"，昭即昭祭，其用法、含义与上述甲骨金文和文献完全相吻合。墓中所出青铜器中，有编钟五件，也表明了演奏《昭》乐，举行昭祭的事实。这套编钟非墓主生前所用，亦非前代所遗。据一件器体上有缺孔来看，乃是举行祭祀前赶制而成所致，足见是为此次昭祭专门制作的，墓中出有铜方印一枚，其印文则更加直接表现出为墓主举行昭祭时的真实情景。

此枚印章的印文为一组巴蜀符号（图一，2），分为上下两层。下层中间部分为一罍，这是蜀文化的典型礼器。罍两边各立一人，伸手相握，另一手叉腰，相与为舞状，表明祭祀以舞。上层中部为一着长袍人形，双手左右平伸，手边各有一口向上的锋。或以此着长袍人形为罍的简化，不确，因为两者形象并不相符。释为乐器。《说文》："铎大铃也。"《广雅·释器》："铎，铃也。"长袍人双手持铃，足见其义为奏乐，表明祭祀以乐。这组巴蜀符号所表达的意思很明确：罍以置酒，此为大祭祀时不可缺少；祭以乐舞，所祭对象为一代蜀王，合于文献所记昭祭之说；乐为两铎，合于《周礼》所记《昭》乐金奏之论。可见，这组巴蜀符号正是表达了汉语昭祭的内容和含义。因其用巴蜀符号写出，而此类巴蜀符号属于会意字范畴，故以一组象形符号会以一个连贯的词义。可见，所谓"昭之飤鼎"之昭，其义与这组巴蜀符号是完全一致的。

墓中所出其他青铜器，如钺、戈、斤、曲头斤、斧、削、凿、管形器等，其上均刻有与此枚印章文上层符号相同而繁简略异的符号。这些器物均为新铸，非前代遗留，故不可能是所谓族徽。也正因其为新铸，即为此次祭祀专门制作，故其上的巴蜀符号只可能是此次祭祀的祭名。这些符号均略同于铜方印上层印文，中间为一着长袍人，双手平伸，手中各刻一直笔，显然是印文中铎的简化。因此这些符号必为巴蜀符号中昭祭祭名的简体。

综上所论，新都木椁墓乃战国中期一代蜀王之墓，所出"昭之飤鼎"，即是下葬前为墓主举行昭祭礼仪中所用燕享之器。

26

"古荆为巴"说考辨

先秦时代南方的巴、虎方和荆楚，三者间相互关系及其在国名族称上是否有相通之处，过去文献多付诸阙如，颇难稽考其详。朱俊明同志在《古荆为巴说》中认为，荆楚不同族，荆应当是虎即虎方，而虎方是巴，故荆应为巴[①]。这个问题的提出，作为一种探索无疑有益，然而与殷周间史迹却未必能够相合。殷周之际的巴、虎方和荆楚，固属"小国寡民"，作用和影响或不至于很大，但其间的关系却涉及先秦史上的一些基本问题，因而有必要对之进行讨论。

一、荆楚关系

认为荆楚不同族，这一看法并不新颖，早在二十世纪四十年代就曾有人推断"荆楚两族"[②]。此说的最大缺陷在于，既没有查证荆楚二字所以相通的原因，又没有考察荆楚由泛称地域名词向专称国名族称的转化，从而不能上溯根本，考镜源流，因此未能得到史学界的公认。

荆，甲骨文所无，于铜器彝铭屡见，其形作 𢀛[③]，𢀛[④]，𢀛[⑤]，𢀛[⑥]。《说文》古文荆作 𢀛，小篆作 𢀛，乃因 𢀛 形而传写者误分为二，又复增以艸[⑦]，正字应以金文之形为是。《说文·艸部》云："荆，楚木也；从艸刑声。"按荆字本不从艸，金文所见从井从 𢀛，故从艸刑声之说不确，应从井而得声。强运开《古籀三补》云："或谓古者刑杖以荆，故字从刑，则后人附会之说也。"荆字从井从 𢀛，𢀛 即耒，为古代农具，因用树枝或荆棘楚木制成，故《说文》训荆为"楚木"。徐中舒先生《耒耜考》云"《说文》云：'荆，楚木也'，因用

---

① 朱俊明：《古荆为巴说》，《贵州社会科学》1983 年第 4 期。

② 项英杰：《荆楚两族考》，《凯旋》1947-1948 年第 27-33 期。

③《贞簋》。

④《过伯簋》。

⑤《师虎簋》。

⑥《史墙盘》。

⑦ 强运开：《古籀三补》卷一，北京：中华书局，1986 年，第 5 页；商承祚：《说文中之古文考》，上海：上海古籍出版社，1983 年，第 9 页。

树枝耕，故得训为楚木"①，此解与金文之形义相合。楚，甲、金文作𣐈，《说文·林部》云："楚，丛木，一名荆也。"《广雅·释木》亦云："楚，荆也。"段玉裁《说文解字注》谓荆楚二字"是为转注"，即是言其有同源的关系。此均为荆楚相通故可互训之证。

荆楚均指木而言。用荆楚所称呼的地名，即是指荆棘楚木遍布之地，乃是因其地貌而名之。在西周以前，以荆楚相称的地名或族名，既非楚国所居地区的专有地名，亦非熊氏楚人的固有族称，《诗经·商颂·殷武》所说"奋伐荆楚"，此荆楚乃是指位于殷代王畿"南乡"的部族。《史记·周本纪》及《吴太伯世家》所谓太伯、虞仲"亡如荆蛮"，此荆蛮是指居于长江下游三角洲一带的"断发文身"之族，《史记·楚世家》所载熊渠立其三子为王，"皆在江上楚蛮之地"，此楚蛮又是指居于汉、淮间的部族。《春秋》经、传所见东、西二楚丘，则是分指曹、卫之地两个地貌相似之处。余如《水经注》《帝王世纪》《通典》《太平寰宇记》等所见楚之地者更是广袤，不胜枚举。而殷卜辞中所见之楚亦非楚国之楚。足见荆楚本为泛称地名之辞。大致说来，西起渭水中游，东至长江下游，北达山东平原，南及淮水流域，均有荆楚地名和部族见称于世，它显然不是专指一地一族②。

荆楚由泛称地域名词向专称国名族称演化开端于殷周之际。周原甲骨有两片卜辞反映了这一变化。

楚伯迄今秋来西王其则。③
曰今秋楚子来告父后□。④

这两片卜辞的年代是周文王之时，所记楚伯、楚子并指鬻熊。《史记·楚世家》云："周文王之时，季连之苗裔曰鬻熊，鬻熊子事文王。"《史记·周本纪》云："闻西伯昌善养老，……太颠、闳夭、散宜生、鬻子、辛甲大夫之徒皆往归之。"《集解》引刘向《别录》曰："鬻子名熊。"相互参证，可知周原甲骨所见是鬻熊归周的原始记录。周文王之前，周与熊氏之族似乎不存在交往关系，周甲所载应为其首次交往。此时周人称鬻熊之族为楚，是沿用古代"以国为氏"或"以居为氏"的部族命名惯法，熊氏之族由此始被周人称为

文明的史迹：先秦、巴蜀及南丝路历史研究（巴蜀文化卷）

---

① 中央研究院历史语言研究所：《中央研究院历史语言研究所集刊》二本一分，1930 年。
② 段渝：《荆楚国名问题》，《江汉论坛》1984 年第 8 期。
③ 周甲 H11：14。
④ 周甲 H11：83。

楚。到周成王之时，"封熊绎于楚蛮"①，"以子男由令居楚"②，此时楚国之称才正式见称于世，由周王室颁定，成为熊氏之国的专名。

西周初年，熊绎初建国之时，其国名又可称为荆。《国语·晋语八》云："昔成王盟诸侯于岐阳，楚为荆蛮，置茅蕝，设望表，与鲜卑守燎，故不与盟。"《国语·郑语》亦载周太史史伯称楚君为"荆子"，即是"楚子"，为周王室对楚国君主的通称。唐代孔颖达于《左传疏》云"荆、楚，一木二名，故以为国号，亦得二名"，以此概括荆楚相通，可谓言简意赅。可见，所谓荆楚为两族之说实与史实不符，故不足取。

二、荆与虎方之别

虎字于甲骨文屡见，其形均为虎的象形。金文中的虎字与甲文所见形体略同，亦为虎的象形结构。《说文·虎部》云："虎，山兽之君，从卢从儿。"大徐本谓"虎足象人足也"，又谓虎为会意字。但从甲、金文看，虎乃象形而非会意。王筠《文字蒙求》卷一《象形篇》收有虎字，并谓"虎象蹲踞形"，此解可信。虎与荆在字形上全然不同，这本来是一目了然的。但吴其昌先生在所著《金文历朔疏证续补》③中认为，虎字乃是荆字的本字。他认为，《中鼎》铭文虎作 🔲，省形则作 🔲，"即荆之本字也"。然而，吴说虎字省形作 🔲 之例，迄今在甲、金文中均未得见，为臆测之说，实难成立。按虎字所从之 🔲，乃是虎足爪之形，而荆字所从之 🔲，则为古朿之形，不可混为一谈。虎为象形字，荆为会意字，其造字法亦显有区别。可见二字本不可通。

从字音看。荆，《说文》谓"刑声"，实则井声，上古音属见纽耕部，段玉裁谓其"举卿切，十一部"。虎，上古音属晓纽鱼部，段玉裁谓其"呼古切，五部"。足见二字读音有很大区别。

至于字义，区别则更是显著。荆字从井从朿，会以持来耕于井田中之意④。战国时代的铜器中，荆字或作 🔲⑤，🔲⑥，其字从田，更为清楚地显示出荆字持来耕于井田中之意。而虎字纯为虎的象形，根本不具备荆字的意义，二字何以相通呢？

① 司马迁：《史记·楚世家》，北京：中华书局，1959年。
② 司马迁：《史记·孔子世家》，北京：中华书局，1959年。
③ 见《文哲季刊》二卷二期。
④ 中央研究院历史语言研究所：《中央研究院历史语言研究所集刊》二本一分，1930年。
⑤《荆萬钟》
⑥《古钵》。

可见，荆、虎二字的形、音、义均判然有别，不可释荆为虎。

那么，荆是否就是虎方呢？关于这一点，我们可以从荆楚与虎方不同的生产形态以及活动地域的考察中得到答案。

荆人的先民在很早的虞夏之际就已进到农耕时代。《国语·郑语》记载："祝融亦能昭显天地之光明，以生柔嘉材者也。"韦昭注云："柔，润也。嘉，善也。善材，五谷材木。"祝融是荆人直系先祖的称号，田重、黎、吴回先后承袭，最后在吴回一系中保存和流传①。祝融时代是否真能产五谷，此说尚有待进一步考证，但其时已进入农耕则无疑问。《山海经·大荒南经》载："有国曰颛顼，生伯服，食黍。"吴任臣《山海经广注》引《世本》云："颛顼生偁，得字伯服。"颛顼即帝高阳。屈原《楚辞·离骚》云："帝高阳之苗裔兮，朕皇考曰伯庸。"自认为乃颛顼之苗裔。《史记·楚世家》亦云："楚之先祖出自帝颛顼高阳。"而偁，《楚世家》作称，颛顼所出，与《世本》所记相合。偁为荆人先祖，在《楚世家》所记世系中为祝融祖父。既然荆人先民在偁的时代就有黍可食，则韦昭所说无误。

荆人有重农传统。《孟子·滕文公》记载："有为神农之言者许行，自楚之滕。"许行是楚国人，神农之言即重农学说。许行开战国重农学派之先河，这不仅反映了楚国农村公社的发达，而且还表明其农村公社历史悠远。周代人们屡称楚为荆，而荆字在周初金文中均从井从来，持来耕于井田之中。井田本为东方田制，殷周之际荆人先民曾长久地在东方居息，故有耕于井田之说，亦合于文献所记荆人的重农传统。西周初年人们如此写记荆人的特点，这就无可置疑地表明，荆人确为一有悠久农耕历史的部族②。

虎方则不然。虎方首见于武丁期甲骨卜辞。殷人的祝宗卜史称这一部族为虎方，是因其部族特征而名之。方为方国之意，殷人称方，周人称国。虎，则是这一方国的特征，意为善于捕虎的部族，以田猎为事。这种情况，古称"以职为氏"。从虎方的得名来看，它显然不是以从事农耕为主要经济部门的族类，这就与较之进步而以从事农耕为主要经济的荆楚划清了界限，证明虎方不是荆楚。

再从活动地域来观察。荆人先民最初的活动居息之区在今河南中部嵩山一带，处于虞、夏二族之南，而逐渐向东方移徙。《国语·周语》云："昔夏

---

① 见拙作：《楚人先民的世希和年代》，《江汉论坛》1983 年第 10 期。

② 参见拙作：《楚为殷代男服说》，《江汉论坛》1982 年第 9 期。

之兴也，融降于崇山。"韦昭注曰："融，祝融也。崇，崇高山也。"崇高山于《诗经》作崧山，即是嵩山。《左传》昭公十七年载梓慎曰："郑，祝融之虚也。"郑为今河南新郑，在嵩山以东。从崇至郑，反映了祝融向东迁徙的趋势。祝融其后八姓，主要是东向发展，一般处在黄河下游以南地区。荆人先祖的一支，在夏代应活动于黄河下游以南至淮水以北之间的地区。在殷代，荆为殷王室之男服，男古通南、任，"男任也，任王事"①，即是位于殷千里王畿以南的服王事的农耕部族。此期间荆人应位于许、宿、任、薛诸殷代男服部族附近。至殷周之际，荆人则移徙到河南中部一带，至周成王时徙于汉水、丹水、淅水之间，居丹阳②。

虎方之名出现于殷武丁期卜辞，其历史当为久远。虎方所在，一般认为是在淮水以南地区③，或认为在汉水、汝水以南④，抑或认为其地"应近于汉水流域"⑤，总的方位大体上是一致的。卜辞（武丁期）有这样的记载：

……贞，令望乘罪舆乏虎方？⑥

罪，及也。乏，伐也，望乘为人名，习见于殷武丁期卜辞。舆，人名，亦国名，又见于其他卜辞：

乙未〔卜〕贞，立事于南右比口，中比舆，左比函？⑦

舆，从舁，当为与之古体，应读为举⑧，方国名。函，为曾之省，亦方国名。曾在汉水中游以东，举又在其东，应位于举水附近。此处之举即上一条卜辞中伐虎方的舆。举伐虎方，表明在殷高宗武丁之时，虎方就在举水附近，今湖北省东部或至安徽以远，长江以北；淮水以南。

从武丁之时直至西周初年，虎方所处位置变化不大。而同时期中荆人的踪迹却由东向西，"不常厥邑"⑨，沿淮北的通道移徙。由此可见，虎方与荆

---

① 《逸周书·职方》孔晁注。
② 参见拙作：《楚地初探》，《民族论丛》第2辑《先秦民族史专集》。
③ 谭其骧：《中国历史地图集第一册》，北京：中国地图出版社，1982年。
④ 徐中舒：《巴蜀文化续论》，《四川大学学报》哲社版1960年第1期。
⑤ 李学勤：《殷代地理简论》，北京：科学出版社，1959年。
⑥ 《佚存》四九八。
⑦ 《缀续》六二。
⑧ 江鸿：《盘龙城与南朝的南图》，《文物》1976年第2期。
⑨ 《尚书·盘庚》，十三经注疏本。

并不同壤而居，荆等于虎方之说不能成立。

三、巴与虎方之别

巴，《说文·巴部》小篆作𢀳，许慎释曰："巴，虫也，或曰食象它。象形。"它，《说文·它部》云："它，虫也"，又云："蛇，它或从虫。"所谓食象它，乃本于《山海经·海内南经》之说，其文云："巴蛇食象，三岁出其骨，君子服之，无心腹之患。"屈原《楚辞·天问》亦有"蛇吞象"之语（郭璞注《山海经》引作"有蛇吞象"）。《路史·后纪十》以《淮南子·本经训》之"修蛇"作"长它"，修者长也，它者蛇也，合于《说文》之说。

巴训为虫或它，均不与虎同义，这是文献和文字学上有大量材料足资证明的，此不赘述。

殷周之际，巴已见称于世。其活动境地，大致说来，殷代末叶在千里王畿之西，为居于殷商西部边境的部族：西周初年，巴立国于汉水中上游以西，为周王室镇抚南土，是周初所分封的"汉阳诸姬"之一。

殷商末年巴在殷王畿之西。《尚书·牧誓》载周武王伐纣之师中有"庸、蜀、羌季、微、卢、彭、濮人"，其中当有巴人。《华阳国志·巴志》云："周武王伐纣，实得巴蜀之师，著乎《尚书》。巴师勇锐，歌舞以凌殷人，前徒倒戈，故世称之曰"武王伐纣，前歌后舞"也。所说"著乎《尚书》"，当指巴人见载于《尚书·牧誓》所说"前歌后舞"，即指"巴渝舞"。《华阳国志·巴志》又载："阆中有渝水，賨民多居水左右，天性劲勇。初，为汉前锋，陷阵锐气善舞。帝舞之，曰：'此武王伐纣之歌也！'乃令乐人习学之，今所谓巴渝舞也。"汉高祖之言当有所本。此事又见于《后汉书·南蛮西南夷列传》。足见巴人参与武王伐纣之师应为事实。

《牧誓》八国均在西方。周武王于誓词中明言："逖矣，西土之人。"又云："弗迓克奔，以役西土。"两言西，首尾互见。所谓西土，是指殷王畿以西的地区，为殷代侯服所镇守的王朝边围所在。所谓"西土之人"，即是居于殷王畿西方的方国或部族。殷末的西土，应如《左传》昭公九年所记"魏、骀、芮、岐、毕，吾西土也"，包括今陕南、鄂西、豫西和陕甘边境。此时的西土是指殷王室的西土，而不是周人的西土。《左传》昭公九年所云西土似乎是讲"我自夏以后稷"以来周人的封疆，实则不然。后稷之事本属渺茫，周之先人有确切世系可考的应从不窋开始。《国语·周语上》云"昔我先王世后稷，以服事虞、夏。及夏之衰也，弃稷不务，我先王不窋用失其官，而自窜于戎狄之间"，即其确证，不窋之孙公刘属幽，公刘的九世孙公亶父迁居岐山，所徙之地均在夏、殷王朝西方，是夏、殷的西土，而非周人的西土。周人在克殷前为"小邦周"[①]，文王之初还是仅仅"以百里"[②]，如何可能在夏、殷时代就视广袤的西土之地为自己的边疆呢？固然文王为西伯，乃一方诸侯之长，但其统帅的西方各国在名义上仍为殷王室的西土。只有在周武王克殷后，继之以周公东征，摧毁了殷人在东方的势力，攘夺了殷代侯甸男卫四服的土地人民，才可能形成周人的东南西北四土观念，那些属于西方的方国部族才能成为周王室的西土之人。殷代末叶巴为西土之人，即是言其为殷王畿以西的部族。

西周之初，巴人移居周都丰、镐以南，成为周王室南土的一部分。《华阳国志·巴志》载："武王即克殷，以其宗姬封于巴，爵之以子。"巴人的分封所至在周王畿以南。《左传》昭公九年载："及武王克商，……巴、濮、楚、邓，吾南土也。"西周时代的南土，在《诗经》中又称为南国、南邦。《诗经·大雅·崧高》记述周宣王封申伯于南阳，即以南土、南国、南邦相互换言，可见南阳是周室南土的中心区域所在。《史记·周本纪》记载周宣王"既长南国之师"，《集解》引唐固曰："南国，南阳也。"南国又可称南方，韦昭于《国语·郑语》桓公友曰"南方不可乎"下注云："南方，当成周之南，申、邓之间。"均同于《诗经》《左传》南土之说。西周初年的巴在周南土，其地自不能超出上述范围。

巴与濮、楚、邓为邻，共同构成周王室的南土，则此三国位置一经勘定，巴的位置就可相应而定。从诸史记载来看，楚在周成王时受封为男服诸侯，其地在丹阳，即丹水之阳，在汉、丹、淅之间[③]。邓在楚东，今河南邓县，古今无异词。濮，杜预《春秋释例》谓在"建宁郡南"，而晋建宁郡在今云南省境。按杜预此说未确，因为云南并非西周时代的南土所能及。徐中舒先生《殷周之际史迹之检讨》[④]谓春秋以前的濮"必尚居江汉流域"，与楚相邻。顾颉刚先生也曾详考过此濮所在，认为"在楚国附近，今湖北省境，无疑也"[⑤]。

『古荆为巴』说考辨

---

① 《尚书·大诰》，十三经注疏本。

② 《孟子·公孙丑上》，十三经注疏本。

③ 段渝：《楚地初探》，《民族论丛》第 2 辑《先秦民族史专集》，成都：四川民族研究所，1982 年。

④ 中央研究院历史语言研究所：《中央研究院历史语言研究所集刊》七本二分，1930 年。

⑤ 顾颉刚：《史林杂识》初篇，北京：中华书局，1963 年，第 31-32 页。

童书业先生亦认为此濮在今湖北省西部①。杨伯峻先生在《春秋左传注》文公十六年中认为濮在今湖北省石首市。按《左传》文公十六年所说"百濮离居，将各走其邑"，是言百濮分居散处，无君长总统，莫能相一，此濮在春秋时代尚居于楚之西南，与汉水相近。总而言之，西周时代濮、楚、邓均在汉水中上游一带，与之并列的巴亦应在其附近。所谓"巴、濮、楚、邓，吾南土也"，这四国正好是由西向东的排列顺序所构成的西周南土。

巴在汉水中上游地区，位于汉水之西，而非汉水以东。从《左传》所记巴与楚、邓等国交往的史迹来看，均发生在汉水之西，与汉东诸国无涉。"汉东之国随为大"②，汉东之事亦未见巴国染指。随国以东，有陈、蔡等封国，其东便接淮夷诸部了。巴国之封既在西周初年，西周初汉、淮之间封有陈、蔡、随、唐、沈、应、蒋诸国，则巴国之地不在汉东，而在汉西。

虎方的位置上文已述，在举水附近，淮南江北，与位于汉水中上游之西的巴国相去甚远，二者在地域上并不存在毗邻关系，更无同壤而居的史实发生，故不可合二为一。

巴与虎方有别，如从双方对殷、周王室不同的政治从属关系来看，就更加信而有征。

巴为姬姓。《华阳国志·巴志》记载巴国分封，"（武王）以其宗姬封于巴"。《左传》昭公十三年记载楚平王之母为"巴姬"，均足见巴为姬姓。巴国之封在汉水中上游以西，其显为"汉阳诸姬"③之一，是周初"封建亲戚以蕃屏周"④的产物。《左传》昭公二十八年说周初分封，"其兄弟之国者十有五人，姬姓之国者四十人"，"皆举亲也"，《荀子·儒效篇》亦云："周公兼制天下，立七十一国，姬姓独居五十三人焉。周之子孙苟不狂惑者，莫不为天下之显诸侯。"巴为汉阳诸姬之一；封在南土，其受封意图就明显是为王家镇抚南土，"以蕃屏周"。

西周时代分封所称的诸侯，是外服诸侯钊中侯、甸、男、采、卫的总称或通称，五服均非爵位。巴人在史籍中均称为"子"，乃是由于武王封其宗姬之故，为周干族的子族，在外服诸侯制中则应班列男服。所谓"子"，犹如殷卜辞中所见殷王族之有"子族""多子族"一样，并非指爵位而言。《华阳国

① 童书业：《春秋左传研究·春秋时巴国所在》。
②《左传》桓公六年，十三经注疏本。
③《左传》僖公二十八年，十三经注疏本。
④《左传》僖公二十四年，十三经注疏本。

志·巴志》称武王"爵之以子",又说"古看远国虽大,爵不过子,故昊、楚及巴皆曰子",此说乃是因袭汉儒关于"五等爵"之误,实不足据。常璩于《巴志》撰曰"(巴)封在周,则宗姬之戚亲,故于春秋,班伴秦、楚,示甸、卫也",此说则正误参半。秦在西周为附庸,无班列可言,襄公救平王驾才得为诸侯,守西垂之地[1]。楚在周代为男服,故史册称其为子男。子为养子之谓,男则为男服班列之称[2]。巴班伴于楚,应与楚相同,属男服之列,而非"示甸(服)、卫(服)也。"

虎方为殷人"三百六十夫"[3]即三百六十个氏族中的一支,原为殷人氏族中最善捕虎的猎人[4],属于殷人在东方的部族中较为强悍的势力。西周初年,殷人曾在东方设置坚强防线,阻止周人东进。在这一战役中,虎方积极反抗周师,故周成王有征伐虎方之举。北宋出土安州六器中的《中䵼》铸有"佳王令南宫伐反虎方之年"的铭文(见《中䵼》铭文其二)。此物为周成王时器[5]。"伐反虎方之年"一类用语,为殷周间甲、金文中习见的纪年用语,当时常用王室某件大事作为纪年标记,即以事纪年[6]。周成王之时既然用"伐反虎方"作为纪年标记,则显见虎方抵抗周人东进之烈,亦显见周人确把伐虎方当作重要事件。

周成王讨伐虎方之事,在文献记载中亦可得而征引。《吕氏春秋·古乐篇》云:"成王立,殷民反,王命周公践伐之。殷人服象,为虐于东夷。周公遂以师逐之,至于江南。"所谓殷人服象,是指殷人中服象的部族,与虎方等同为周公所逐。《孟子·滕文公下》云:"周公相武王;诛纣伐奄,三年讨其君,驱飞廉于海隅而戮之,灭国者五十,驱虎、豹、犀、象而远之,天下大悦。"伐奄当为成王时事,不应在武王时。虎、豹、犀、象是殷人三百六十夫中顽强抵抗周公东征的四个强悍凶猛的部族,其中的"象"即《吕氏春秋》所称服象的殷人,"虎"则应是《中䵼》铭文(其二)所记的虎方。周公驱走虎方,合于《中䵼》"伐反虎方"之说。正因为周成王"伐反虎方",使周公"驱虎豹、犀、象而远之",才使周王室在东方的统治秩序得以稳定,故曰"天下大悦。"

① 司马迁:《史记·秦本纪》,北京:中华书局,1959 年。
② 段渝:《论周楚早期的关系》,《社会科学研究》1986 年第 5 期。
③ 司马迁:《史记·周本纪》,北京:中华书局,1959 年。
④ 徐中舒:《巴蜀文化续论》,《四川大学学报》哲社版 1960 年第 1 期。
⑤ 郭沫若:《两周金文辞大系图录考释》,《中国古代社会研究》,北京:科学出版社,1957 年。
⑥ 相同的如《厚趠鼎》"佳王来各于成周年",《父乙卣》"佳明保殷成周年",等等,均为金文中以事纪年之例。

虎方败绩后，大部退出淮水流域，"至于江南"，故西周以后虎方的事迹几乎完全阙如。但仍有一部残留在汉、淮之间，逐渐为淮夷所融合，其后裔至春秋时代便被人们称为"夷虎"，春秋末叶终为楚国所灭。《左传》哀公四年记载："楚人既克夷虎，乃谋北方。"说明夷虎本在楚国之南，汉、淮之间。夷虎之夷，应为南夷之省称，夷虎即是南夷中的虎族。西周时代，淮水流域诸夷通称淮夷，淮夷诸部在西周铜器彝铭中又称为南夷或南淮夷。如周穆王时器《录卣》铭文和《录尊》铭文并称"淮夷敢伐内国"，同期《竞卣》铭文则称"命伐南夷"。周厉王时器《无異簋》铭文称"王征南夷"，同期《虢仲经》铭文则称"伐南淮夷"。周宣王时器《兮甲盘》铭文称"至于南淮夷"，紧接则说"淮夷旧我夏晦人"。可见，南夷为南淮夷之省称，其称为南，表示居于成周之南，淮夷则表示淮水流域之夷①。虎方残部回旋于汉、淮之间，在周人看来，自然属于南夷中的一支。夷虎，虎为虎方残部，方为国，周代省国，故仅称虎，夷虎表示其为虎族夷人所建之国。夷虎在淮水流域虎方故地立国，位于成周之南，表明其为南夷的一支，可能已为淮夷所融合。郭沫若同志曾怀疑虎方即是徐方②，大约就是因为虎方与徐方地界相近。不过，殷周之际的徐方并不能取代淮夷这一概念，《尚书·费誓》云"徂兹淮夷，徐戎并兴"，二者对举，可概见一斑。然而虎方残部由于与淮夷为邻，则有可能融合于淮夷，故称夷虎。

由上可见，殷周之际，巴为周文王所率的"殷之叛国"，参与武王伐讨之师，周初受封为男服诸侯，为"汉阳诸姬"之一，镇抚南土。而虎方则是殷人部族之一，曾于西周初年顽强抵抗周师东进，其后被周公征伐，驱逐至于江南，残留在汉、淮间的虎方余部则为淮夷所融合。因而，巴与虎方的区别，在各自对殷、周王室的政治从属关系上表现得清清楚楚，泾渭分明，显然不能合二为一。

四、图腾与氏族称号

巴人崇祀白虎。《后汉书·南蛮西南夷列传》云："巴氏子务相，……是为廪君。……廪君死，魂魄世为白虎。巴氏以虎饮人血，遂以人祠焉。"此习应起于战国年间。廪君的年代，多数学者认为当在战国。从巴人器物观察，

---

① 徐中舒：《禹鼎的年代及其相关问题》，《考古学报》1959 年第 3 期。
② 郭沫若：《两周金文辞大系图录考释》，《中国古代社会研究》，北京：科学出版社，1957 年。

在川东、鄂西和湘西所发现的被称为巴式的器物，如兵器和乐器等，其上均制作有虎纹，或器上铸有虎形，其年代，据研究，上限均不能超过战国早期。假如这些器物确为廪君及其后裔所遗留，则廪君的时代自不能提到春秋以上。《后汉书》记载廪君为"巴氏之子"，可见廪君为原已存在的巴氏后裔，故祭祀廪君白虎之说就不是巴人最早所能有，而是后起之说，产生于战国年间，这也同所出土的有虎纹或虎形的巴人器物在年代上基本相同。

虎方是殷代方国，而巴人崇祀白虎之习始于战国年间，仅就年代而论，二"虎"并无相通的理由，不可同日而语。

巴人崇祀白虎，可能是以白虎作为其图腾。樊绰《蛮书》卷十云："巴氏祭其祖，击鼓而祭，乃白虎之部也。"可见祭祀白虎之习至唐代犹存。而虎方的图腾既不见诸史乘，又不闻于传说。所可知者，虎方为殷人后族，而殷人以其始祖为玄鸟[①]。以此言之，虎方似以鸟为其图腾。可见巴与虎方图腾并不相同。虎方的得名是因为其族善于捕虎，是向殷王室贡献虎的氏族，故殷人以虎名之。

以职贡作为部族名称，是中国古代习见的一种氏族命名方法，古称"以职为氏"。例如，殷卜辞中多见"射方"，射方即是以射猎为事的氏族，亦"以职为氏"。此类例证在殷周时代非常之多，其遗俗还传诸后世及周边民族。从文献记载来看，先秦时代命氏之法主要有以国为氏，以居邑为氏，以官为氏，以职为氏，以王父字为氏，等等，在庞杂的氏族命名中，从未见以图腾为氏号者，可见图腾与氏号之间没有必然的联系。在同一图腾之下，却又可以包容若干不同名称的部族；在同一部落或胞族之中，却又可以并存若干使用不同图腾的胞族或氏族。我们不能随意地以族名为图腾，也不能简单地认为图腾即为族名。以此言之，巴人以白虎为图腾，但其氏族称号不是虎而是巴；虎方的氏族称号是虎，但其图腾不是虎而可能是鸟。从图腾与氏族称号的区别来看，既然战国时代巴人之崇祀白虎与殷代虎方之善捕虎不可等同而论，那么二者自然就没有什么继承关系可言了。

五、余论

殷代巴人是否见于殷墟卜辞，目前是一个有争议的问题。有学者认为殷卜辞中有"巴方"之载，但所说"巴"或可释为"儿"，其地与羌相近。殷周

「古荆为巴」说考辨

---

① 参见《诗经·商颂·玄鸟》。

之际巴人的史迹尽管文献不足征，但通过相关问题的研究仍可窥其梗概。

虎方是殷人三百六十个氏族中以善捕虎著称的一支，其族系固不与巴同。虎方与荆楚，无论在虎、荆二字的形、音、义方面还是在二族的史迹方面均有重大区别，故不能相等。

至于楚国，其先祖季连出自芈姓①，其族被周人称为楚是在殷周之际②，楚与荆同义，故以族以国其名又得称为荆。无论是楚还是荆，其意均不与巴通，并且据《逸周书·作雒》，巴为"殷之叛国"，楚则在周初为周公所虏，又为成王所迁③，二者的政治从属关系和活动地域在周初以前均决然不同，显见判然有别。

殷周之际，中原政治局面发生巨大变动，这一过程不仅对居于中原的民族，而且对居于王畿周边的民族都产生了重大影响，其显著后果之一，是造成民族的大迁徙。在东西南北四方八面众多的民族迁徙走廊中，一些民族间发生接触以至融合是不可避免的。另一方面，在民族迁徙过程中，一些属于殷人集团的族类随着殷代的覆灭和西周政权的确立而被迫往旧日的畿外迁徙，虎方、蒲姑等便是如此。还有被西周王师俘虏而强使迁徙异地并纳贡服役的部族，荆楚、殷民六族、殷民七族、怀姓七亲等④便是如此。而属于周人系统的王之亲室懿亲及军事扈从，则由于政治、经济、军事上的胜利而受王室之封，实质是"天子有田以处其子孙，诸侯有国以处其子孙，大夫有采以处其子孙"⑤，其经济政治利益得到满足；而周之同姓以及军事扈从在有土有民后的一个重要职守，便是捍卫王室，"以蕃屏周"。巴国是周初所分封的姬姓诸侯之一，与其兄弟之国同被人们称作"汉阳诸姬"。殷周之际的巴、虎方和荆楚，确乎不可混为一谈。

---

① 《世本》《大戴礼记·帝系》《史记·楚世家》。

② 段渝：《荆楚国名问题》，《江汉论坛》1984 年第 8 期。

③ 参见拙作：《楚为殷代男服说》，《江汉论坛》1982 年第 9 期。

④ 《左传》定公四年，十三经注疏本。

⑤ 《礼记·礼运》，十三经注疏本。

| 27 |

涪陵小田溪巴王墓新证

　　位于川东乌江西岸台地上的涪陵小田溪，1972 年清理发掘了三座巴族土坑墓①，出土文物极为丰富，在川东地区战国考古中当推首位，为研究中晚期的巴国历史提供了珍贵的实物资料。②

　　自从《清理简报》发表以来，学术界对墓葬性质、年代，以及其他相关问题已进行了较深入的探讨，解决了古代巴国历史上某些纷繁复杂的难点。但由于巴国史迹见诸文献太少，书缺有间，可供比应对照的史料不多，加以川东地区考古资料尚存在若干缺环，故学术界对小田溪墓葬中一些问题的看法还存在分歧。本文拟对这批墓葬的年代和墓主身份进行再考察。限于篇幅，仅就其中所涉及的几个问题进行讨论，余皆从略。

一

　　关于小田溪墓葬的年代，学术界主要有三种意见，一种认为是战国初期，一种认为是战国晚期，一种认为是秦代。分歧的主要之点，在于对三号墓中所出一件四穿长胡内刃戈年代的认识。此戈前援长 14 厘米、栏长 16.2 厘米、内长 10 厘米，内上一面刻有铭文三行十六字：

武廿六年蜀月武造
东工师宦丞业
工□

　　铭文字体纤细而浅。《清理简报》认为与秦统一六国前后的字体极相似，铭文与秦昭王四年《相邦冉戈》篆法体例一致，当为秦昭王二十六年之戈。③

---

① 见四川省博物馆等：《四川涪陵地区小田溪战国土坑墓清理简报》，《文物》1974 年第 5 期。以下引此，不再注明。
②《考古》1985 年第 1 期刊载四川省文管会等《四川涪陵小田溪四座战国墓》不论出土器种还是数量，均不能与 1972 年发掘的墓葬相比，本文所论，是指 1972 年发掘的三座墓葬。
③ 持此看法的还有徐中舒、唐嘉弘先生等。见《古代楚蜀的关系》，《论巴蜀文化》，成都：四川人民出版社，1981 年。

于豪亮先生虽同意此戈为秦戈，但又以为其年代应稍晚。理由是，铭文第一行第五字当释为守，连上下二字则为蜀守武；而秦灭巴蜀后秦王在位年数超过二十六年的有秦惠王、秦昭王和秦始皇，前二者二十六年时的蜀守均为张仪而不是名武，故此戈为秦始皇二十六年铜戈。[1]

王家祐先生等则认为此戈是秦厉共公二十六年戈。理由在于涪陵为巴先王政治中心，墓葬出土其他器物又非秦统一以后之物；而在秦孝公元年楚占领巴黔中以前的二十六年，只有秦厉共公二十六年。因而据此把小田溪墓葬定为战国初期。[2]

根据铜戈铭文摹本，戈内上铭文第一行第五字作 ⺆。而守字，殷周金文作 ⺆（《瓶文》）、 ⺆（《守篮》），战国楚帛书 ⺆。从字形上看，武二十六年戈第五字与金文中的守字有相似之处，尤与楚帛书中的守字相近。但其间区别却是显著的，可谓一目了然，故释为守字不妥，当从《简报》释为月。既然如此，则不能将铜戈的年代断在秦始皇二十六年，因而亦不能据以作为三号墓是秦代墓葬的断代依据。

为了正确判定这批墓葬的年代，除须对墓中所出器物进行鉴定并与其他地区所出同类器物进行比较以取得内证外，还须根据古代文献所记相关史事，对涪陵在战国时代的归属等相关问题予以必要的考订，以期得出合于或近于历史实际的解释。

二

涪陵古称枳，是战国时代巴国先王陵墓所在之地。[3]公元前 316 年秦灭巴时，虽取江州（今重庆），却未东向取枳。《战国策·燕策二》苏代说燕王曰"楚得枳而国亡"，《史记·苏秦列传》同此。国亡指国都沦亡，即指秦将白起拔郢，楚顷襄王东北保于陈城，其事在公元前 278 年[4]，楚得枳当在此年稍前。而楚取枳并非从秦手里夺取，是从巴直接取得。《舆地纪胜》卷 159 引《益部耆旧传》云："昔楚襄王灭巴子，封废子于濮江之南，号铜梁侯。"此事件与"楚得枳而国亡"不论在时间上还是地点上均正相吻合，说明楚所灭巴是指枳，

文明的史迹：先秦、巴蜀及南丝路历史研究（巴蜀文化卷）

① 见于豪亮：《四川涪陵的秦始皇二十六年铜戈》，《考古》1976 年第 1 期。
② 见王家祐、王子岗：《涪陵出土巴文物与川东巴国》，《四川大学学报》丛刊第五辑，《四川地方史研究专集》，1980 年；王家祐、刘磐石：《涪陵考古新发现与川东巴国历史的一些问题》，《文物资料丛刊》第 7 辑，1983 年。
③ 常璩著，刘琳校注：《华阳国志校注·蜀志》，成都：巴蜀书社，1984 年。
④ 司马迁：《史记·楚世家》，北京：中华书局，1959 年。

楚是直接从巴人手中占领枳的。可见，枳在入于楚之前，仍然为巴国余部所据，而秦灭巴之年，未曾取枳亦可由此得到证明。

尽管史籍未明确记载秦取枳的年代，但参证诸书，仍可大致得以考订。《史记·秦本纪》云：秦昭王二十七年（公元前 280 年），"使司马错发陇西，因蜀攻楚黔中，拔之"。《资治通鉴》胡三省注于此役下云："秦兵时因蜀出巴郡枳县，以攻楚之黔中。"认为此时枳已归秦。因为黔中在蜀之东南，司马错从陇西入蜀再转黔中，必然要东出巴地，在江州以东的枳向南折入乌江，方可直捣黔中。所以司马错必须首先克枳，才可能由此南出乌江。《华阳国志·巴志》云："司马错自巴涪水取楚商于地为黔中郡。"又云："涪陵郡，巴之南鄙，从枳南入，溯舟涪水，本与楚商于之地接。秦将司马错由之取商于地为黔中郡。"巴涪水指今乌江下游。司马错由枳南入溯乌江攻楚黔中，说明秦就是在这一年夺取枳。

虽然在公元前 280 年秦取楚黔中后不久，楚又一度收复失地。[1]但由于枳在楚是归巫郡而非黔中郡管辖（详后），不属楚收复的失地，故秦在枳的统治并未发生动摇。

楚得枳是在秦取枳之前。至于其年代，据《战国策·燕策二》《史记·苏秦列传》所载，是在楚顷襄王时期。关于此点，我们还可进一步加以论证。

《史记·西南夷列传》云："始，楚威王时，使将军庄蹻将兵循江上，略巴、蜀、黔中以西，……以兵威定属楚。欲归报，会秦夺楚巴、黔中郡，道塞不通。"对于这段记载，历来颇多争议。自《汉书》开始，历代史家对其多有订正。《汉书·西南夷列传》首先将《史记》"略巴、蜀、黔中以西"改为"略巴、黔中以西"。就战国形势而论，这一改动无疑是正确的。荀悦《汉纪》又将"楚威王时"改为"楚庄王时"，所记庄王，实为庄襄王的省称，而庄当读作顷，故此庄王应为顷襄王。[2]其后，常璩《华阳国志》（见《北堂书钞》卷 138，《太平御览》卷 166、771 所引），范晔《后汉书·夜郎传》，均直记为楚顷襄王时。今本《华阳国志》作楚威王时，乃因其文经南宋李垚妄改，而清廖寅题襟馆本以此作底本之故，致其误存至今，危害匪浅。[3]可见，楚顷襄王时略巴、黔中以西，确为不可否认的事实。

① 参阅杨宽：《战国史》附录一，郡表（六），上海：上海人民出版社，1980 年，第 539 页。
② 徐中舒、唐嘉弘：《夜郎史迹初探》，《论巴蜀文化》，成都：四川人民出版社，1981 年。
③ 参阅《论巴蜀文化》第 197、198 页。蒙文通：《巴蜀古史论述》，成都：四川人民出版社，1981 年，第 119、120 页。

《史记·西南夷列传》所谓巴、黔中，当等同于《史记·秦本纪》孝公元年所载楚自汉中所南有的巴、黔中。这里的巴，是指春秋战国之际巴国南移长江一线时中途的立国之地，而非战国时代川东的巴国。

从地理位置看，汉中当时非郡名，乃是地域名称。楚置汉中郡是在楚怀王时（前328—前299年在位）。秦孝公元年（前361年）汉中既非楚郡，就只能是《史记·楚世家》所说"汉中、析、郦"的汉中，为今陕西省东南角，与位于今河南省西南角的析（今西峡县）、郦（今南阳市北）之地相接。由此而南的巴，当然也不是指一个完整的国家概念。这是因为：第一，巴与汉中、黔中并举，汉中和黔中皆非国称，巴亦不能是国称，而是地域之名，只此才不致失《史记》原意。第二，如说此巴是巴国，则意味着巴国早在秦孝公元年已为楚所灭，这显然不妥。这里所说巴，在地域上应指汉中以南地，即从今陕西省东南角到湖北省西部之间的地区，正是春秋战国之际巴国辗转南下的途经之地。

从巴国南下史迹来看，亦可得出相同结论。西周春秋时巴国位于汉水上游与大巴山之间。至春秋中叶，巴不断东出襄阳，与楚、邓争夺汉东之地。但自《左传》哀公十八年（前477年）巴师与楚战而失利后，其踪迹即从襄阳以上的汉水以西地消失。稍后的史籍，却在原巴国地以南记有巴人活动的遗迹。《战国策·燕策二》苏代曰："汉中之甲，乘舟出于巴，乘夏水而下汉，四日而至五渚。"此巴即是巴人在其故地以南留下的地名。夏水，或以为是沔阳以下汉水的别称①，误。因此文之上有蜀地之甲乘夏水而下江之说，故知此夏水非专指水道名称。《史记·苏秦列传》张守节《正义》于"夏水"下云"谓夏潦之水盛长也"，南宋鲍彪注本亦同此说，这是符合《战国策》原意的。而文中所称巴，《索隐》称其为水名，与汉水近，《正义》则解为巴岭山。《水经·沔水注》亦载有若干称为巴的地名，均在汉水以西、以南和大巴山南北。这说明春秋末叶以后，巴国是沿大巴山东缘和汉水西岸之间的地带渐次南进的。《太平御览》卷171引《十道志》云"施州清江郡，……春秋时巴国，七国时为楚巫郡地"，表明春秋末叶巴正南下至清江流域。

从考古情况来看，湖北省博物馆曾在襄阳山湾发掘一批东周墓葬，在出土的大量青铜器中发现了巴式器物，为柳叶形剑、内上饰阴刻虎纹的戈、隆脊带血槽的柳叶形矛等②，年代均早于川东出土的同类器物。在湖北荆门曾发

---

① 见《战国策·燕策二》鲍彪注引《江夏注》。
② 见湖北省博物馆：《襄阳山湾东周墓葬发掘报告》，《江汉考古》1983年第2期。

现巴人的大武舞戚和柳叶形剑①，时代亦当在战国初年以前。在鄂西南的枝江、宜昌等地，也都发现了不少巴人的遗物。而在清江河谷，更是发现了大量典型的巴式器物，有虎纽錞于和各种兵刃、残镝。尤其是巴东沿江一带所发掘的战国墓葬中，出土了一批重要的巴式兵器，有柳叶形剑矛戈斧，带钩的戟，各种箭镞等。②如把上述巴式器物的分布地点连接起来并按年代早晚排列，正可看出巴国从汉中一带渐次南下的迁徙轨迹。而川、鄂之间长江一带所出土的大量战国时代的巴式器物，则说明战国时巴曾占有巴东长江之地。

上述情况表明，楚在公元前 361 年南有巴、黔中，并非消灭了巴国，而指其拥有汉中以南巴国曾一度占领过的土地。至于张守节《正义》所说楚已"南有巴渝"，就更是错误了。渝指渝水，即今嘉陵江，或以为今渠江。如依张氏之说，即包括江州、阆中在内的整个川东巴国均在公元前 361 年为楚所有，那么巴国又当立足何地？又如何可能再会发生秦灭巴时直接从巴国手中夺取江州和阆中之事？显然，张守节的说法实不足据。

再说楚顷襄王略巴、黔中以西。既然楚在公元前 361 年已占据鄂西的巴地，则顷襄王时略巴以西就应当是指川东长江之地，即故巴捍关（今长阳境）以西、楚之长江上游的巴之江关（今奉节）、阳关（今长寿）和枳。此役年代，《史记·西南夷列传》说庄蹻攻占原巴以西地后，"欲归报，会秦夺楚巴、黔中郡，道塞不通"，说明刚取川东长江地后不久，秦就攻占了楚之黔中郡。可见，楚夺取以下的长江地区，其年代是在公元前 280 年稍前（此年秦拔楚之黔中郡），大致为公元前 282—前 281 年之间。

有学者认为，枳入楚后，楚将其隶于黔中郡。此说似非。楚黔中郡置于楚威王时③，辖境有今湘西和黔东北 1291，并不包有位于乌江入长江处的枳。按楚取枳后，不是隶其于黔中郡，而是隶于巫郡。

《史记·秦本纪》昭王二十七年，"使司马错发陇西，因蜀攻楚黔中，拔之"。三十年，"蜀守若伐楚，取巫郡及江南为黔中郡"。秦军进入黔中的路线，《华阳国志·巴志·蜀志》并谓溯巴涪水（乌江）取楚商于地为黔中郡。尽管常氏所记秦出师年代有误，所说商于之地也不当在湘西和黔东北，而应在今陕西省商县至河南省内乡县之间④，但他所说秦攻楚黔中的路线却是正确的（见

---

① 见俞伟超：《大武舞戚续记》，《考古》1964 年第 1 期。
② 见林奇：《巴楚关系初探》，《江汉论坛》1980 年第 4 期。
③ 杨宽：《战国史》附录一，上海：上海人民出版社，1980 年。
④ 见《史记·楚世家》裴骃《集解》。

前文）。既然秦军南出枳后溯乌江攻黔中，则枳自当在楚黔中郡以外，不属黔中郡管辖。唐李吉甫《元和郡县图志》论曰："以山川言之，巴郡之涪陵，与黔中故地炳然分矣。"认为枳非黔中故地，这一辩解之词无疑是有相当根据的。

再从楚、秦郡境的变化来看，枳为楚巫郡地就会更加清楚。秦取楚巫郡、黔中郡后，即将两郡辖境做了很大调整。秦黔中郡大于楚黔中郡，此点学者早有定论，此不再赘。至于楚巫郡，则被秦肢解为三，一部并入南郡，一部并入黔中郡，另一部则并入了巴郡。并入黔中郡的部分，为今湖北省清江中、上游地区，即《史记·秦本纪》所称蜀守张若攻取的"江南"之地。并入南郡的部分，为今巫县以东的长江南北地，即《水经·江水注》所说："江水又东迳巫县故城南，县故楚之巫郡也。秦省郡立县，以隶南郡。"《通典》以为即是归州巴东县地。①而原楚巫郡的西部，则被并入了秦新置的巴郡。关于此点，似乎尚无人论及，但揆诸史乘，当为事实。

简单说来，巫郡是战国时代楚之西南边郡，乃以巫县为中心而向东、西延展，置于楚怀王时。在巫县以西长江地，巴曾设置关隘以拒楚。今本《华阳国志·巴志》云："巴、楚数相攻伐，故置扞关、阳关及沔关。"按今本有误，此三关应作"扞关、阳关及江关"。扞关在今长阳县，即《括地志》所说："扞关，今峡州巴山县界故扞关是。"《水经·江水注》亦曰："昔廪君浮土舟于夷水，据捍关而王巴。"捍、扞通用，巴指鄂西巴之故地，夷水为今清江。可见扞关当指长阳。阳关，《水经·江水注》云："江水东迳阳关巴子梁，江之两岸犹有梁处。"《括地志》云："阳关，今涪州永安县治阳关城也。"唐永安县故城在今长寿区东南，可见阳关地在长寿。今本《华阳国志》所记沔关，沔当为江字之误。《后汉书·公孙述传》和《岑彭传》李贤注并引《华阳国志》曰："巴、楚相攻，故置江关。"今本当经李奎篡改。江关在今奉节县，《汉书·地理志》"巴郡鱼复县"下班固原注云"江关都尉治"，可证。这三关中，除扞关早在楚怀王以前就被楚占领外，余皆在怀王时所置巫郡以西，当时是巴人所设，尚未被楚所取。顷襄王时循江略巴以西，则将江关、阳关和枳"以兵威定属楚"。楚取枳以东的长江地后，为便于管辖，必将其系于某郡之内。就楚郡的分布来看，只能是就近系于巫郡，舍此别无他郡可系。而秦取楚巫郡后，既未将这些地区并入南郡，又未将其并入黔中郡，而是并入了新置的巴郡。从《汉书·地理志》可见，川东长江地区的鱼复、涪陵（今彭水）和枳

---

① 参阅蒙文通：《巴蜀古史论述》，成都：四川人民出版社，1981年，第10页。

等地正是隶于巴郡之下。而原楚黔中郡不但没有被秦析出境土系于他郡，反而新增了江南地。此亦可见从枳到巫县以西的长江地区，不属原楚之黔中郡，而是原楚巫郡的西部。其中的枳，也正是楚巫郡的最西界限所在。

三

涪陵小田溪墓葬中的文化成分，除巴人固有的文化外，还可明显地看到分别所受秦、楚文化的影响之迹。武二十六年戈是秦戈，这是学术界所公认的。而十四件编钟的形制与信阳长台关所出楚十三件编钟（本当为十四件，下埋时当即有一缺遗）相同，镂空双龙纹铜镜也和湖南长沙枫树山 11 号墓所出楚方形透雕螭纹铜镜相似，仅图案不同。这一现象，如联系到上文所考楚、秦在川东地区的争夺来看，就很容易理解，可以说正是楚、秦川东战事在巴国文化上的直接反映。从这一点来看，小田溪墓葬的年代应当断在楚、秦激烈争夺川东枳地稍后，即在秦昭王时期。

关于此点，我们还可结合史料进一步予以论证。《舆地纪胜》卷 159 引陈寿《益部耆旧传》云："昔楚襄王灭巴子，封废子于濮江之南，号铜梁侯。"此巴子即秦灭巴未曾消灭的巴王子（详后）。濮江当即今嘉陵江合川下段之称。[①]《太平寰宇记》卷 179 云："石镜县，本汉垫江县铜梁山也。"宋石镜县即汉垫江县，为今合川。合川境内之铜梁山，当即楚襄王封予巴废子的居地。尽管嘉陵江合川一带早在公元前 316 年已成秦土，但由于当时秦尚未在巴、蜀置郡[②]，尤其是川东仍在原巴国所属诸部各自的大姓统治之下，实际上受到的秦文化影响并不很大。因此，一方面巴废子能受楚封，居于今合川；一方面又受到东面楚国的制约，故接受秦文化的程度远不及楚文化那样直接和深刻。小田溪三座墓葬中出土秦文物仅武二十六年铜戈一件，而楚文物则有编钟、铜镜等，正可说明墓主受到楚的统治比秦更深，时间更长。由此可见，小田溪墓葬的年代必当在秦取枳后不久，并且必不能晚到秦始皇时期。因为至秦始皇时，秦置巴郡已有半个多世纪，巴郡必然已按秦制推行车同轨、书同文之制，并且通行秦货币。这一点完全可从巴县冬笋坝和广元宝轮院所出巴人船棺葬内文化性质的分析中得到比较和证明。而在小田溪墓葬中，除一件铜戈外，却见不到秦置巴郡至始皇时期推行的各种制度所必然反映在文物上的

① 见邓少琴：《巴蜀史迹探索》，成都：四川人民出版社，1983 年，第 59 页。
② 见徐中舒：《论巴蜀文化》，成都：四川人民出版社，1982 年，第 28 页。

任何痕迹。因此铜戈所刻二十六年，显然就不是秦始皇的纪年，墓葬也就不能晚到始皇时期，而在秦取枳前后到秦末诸秦王的纪年中，有二十六年的只有昭王和始皇。既非始皇，则铜戈所刻二十六年就只能是秦昭王的纪年，故墓葬必为昭王之时。

秦昭王二十六年为公元前 281 年，此时距秦取枳还差一年。于是似乎出现这样一个矛盾：墓主巴废子（详下）既已在公元前 280 年以前已被楚封于濮江之南的铜梁山，为什么公元前 281 年制造的秦戈却出现在公元前 280 年才被秦取的枳的巴废子墓葬之中？要解决这一矛盾并不困难，关键在于必须弄清以下两个基本点。第一，巴废子生前得到秦戈的地点和死后下埋的地点不同，得戈在铜梁山，下埋则在枳。因为巴之"先王陵墓多在枳"[1]，古人普遍有归葬先王陵墓的传统，王之宗室更是如此，故巴废子死后归葬于枳，是丝毫也不奇怪的。秦戈则是其生前用品，故得在枳随葬。第二，巴废子得戈的时间与此戈下埋的时间不同，得戈在其生前，下埋则在其死后。因此，在巴废子的墓葬中出现早于其地被秦占领之年而制作的秦戈，同样是毫不足怪的。由于人们往往根据戈的出土地点来研究其年代，而忽视了出土地点与墓主生前得戈地点在空间和时间上的差别，故只能从秦取枳后的年代即公元前280 年以后去进行考虑，以为它不可能是秦取枳前一年之物，从而将其误断为秦始皇二十六年之戈。

至于将铜戈断为秦厉共公二十六年的说法，由于目前尚未见到确切的材料足资推定，故这里只能姑置不论。

四

秦于公元前 316 年灭巴后，巴国并未绝嗣，其宗支尚有未灭者，在枳负隅顽抗。《华阳国志·巴志》《舆地纪胜》卷 185 引《九域志》转引《图经》均称秦所执归的是"巴王"；而参证《史记》《战国策》和《益部耆旧传》，楚襄王取枳时所灭的则是"巴子"。从巴王和巴子这两个称谓中，我们完全可以看出其间所具有的直接的继承关系。

巴君在西周春秋时代均称为子，史籍记为巴子，是因为巴为周之子族之故。[2]到战国时代，列国为政治上的需要而相继称王。自魏、齐会于徐州相王

① 常璩著，刘琳校注：《华阳国志校注·巴志》，成都：巴蜀书社，1984 年。
② 见段渝：《古荆为巴说考辨》，《贵州社会科学》1984 年第 5 期。

后，又有五国相王，彻底抛弃了由周王室赐予的早已失去任何意义的封号。巴君此时亦紧随群雄，不再称子，故《华阳国志·巴志》云："及七国称王，巴亦称王。"此后直至为秦所灭，巴历代国君均自称王。但被楚襄王所灭的枳，其君史称巴子，并不称王。如他真是一个完整而独立意义上的国君，按战国形势就不当称子，而应称王。其所以称子，乃因他是被秦俘获而去的巴王的儿子，即原来巴国的王子。称其为子，则是对王子的省称。正如当时列国国君的儿子被通称为"王子某"，又普遍省称为"子某"一样。可见，巴子与巴王在世系上确有不可分割的直接的继承关系。

巴子所据守的枳，不仅是其先王陵墓所在之地，而且还是保卫巴都江州的一个重要军事基地。战国时代，巴、楚数相攻伐，巴在江州以东的长江地不断被楚吞并。在江关、阳关相继失于楚后，枳已成为江州以东唯一的军事屏障，因此必然是重兵据守。而巴王子坐镇于此，保卫江都，当可理解。秦并巴时，并没有经过激战消灭巴国的军事力量，也未进军枳，原因之一，当由于巴师主力在枳之故。加以秦取江州、阆中后，并未立即在巴地推行郡县制，仅与巴人"刻石为盟"[1]，"以巴氏为蛮夷君长，世尚秦女，其民爵比不更，有罪得以复除"[2]，实行羁縻政策[3]，巴人的力量还很完整地保存着。既然秦不肯贸然变革原巴国的各项制度，当然也就不肯轻易出师江州，攻占枳地。而由于此时楚在巴之北面与秦角逐激烈，处于多事之秋，也无暇挥戈西顾，故巴王子得以依其余部之师在两强的间隙中偏安一隅几达四十年之久，直到公元前281年前后为楚所灭。

再从小田溪墓葬出土器物的文化性质看，青铜兵器如铜剑均扁茎无格而剑身呈柳叶形，铜钺多为圆刃折腰式，铜矛则为短骹式，均属典型的巴式兵器。其余生活用具如铜釜甑、铜鍪等也与巴县冬笋坝和广元宝轮院所出相同。特别是出土的一件虎纽錞于，更可确证墓主与春秋战国之际从鄂西入川的巴国是同一国族，并非二个巴国。墓中所出青铜器上的刻划符号和纹饰，也是巴国器物上常见的特有之形。此亦颇能说明墓主与巴国之间不可分割的关系。

二号墓中一件铜钲和一件錞于伴出，这种情况在湘西、鄂西屡见。此钲身两面正中均刻有符号，其中一面符号的下部两边分别是一"王"字。从墓

---

① 常璩著，刘琳校注：《华阳国志校注·巴志》，成都：巴蜀书社，1984年。
② 范晔：《后汉书·巴郡南蛮传》，北京：中华书局，2015年。
③ 见徐中舒：《论巴蜀文化》，成都：四川人民出版社，第29页。

制和錞于较小的情况分析，墓主不当是巴国王，而是一个较小部族的王。[1]在湖南发现的巴国虎錞中，一件形体特别高大，肩径达 32 厘米×38 厘米、口径达 21.2 厘米×32 厘米、通高达 66 厘米，其他的通高则在 50 厘米上下，小的则仅 41 厘米。铜钲通高也在 40 厘米左右。[2]小田溪二号墓所出錞于通高为 47 厘米，钲仅 29.2 厘米，属于同类器物中较小的一种。錞于和钲是巴国军中号令士众进退之节的乐器，其形体大小当即表示主人身份和地位的高低。因此，小田溪墓葬的主人既不是巴国最高军事统帅巴王，也不是普通的中下级士大夫，而应是巴国上层统治人物中的某一位。联系到铜钲上的二"王"字和上述史实，可以认为其墓主就是巴王子。

最后，一号墓所出十四枚一组的错金编钟，显然不是一般士大夫所能有。据考证，十四枚一组是小架编制，中架应为十六枚一组，大架应为二十四枚一组。[3]依照先秦宗法制下等级之制的通例，"其功大者其乐备"[4]，则十四枚一组的编钟不会是诸侯国君所配用的编制。以此同湖北省随州市擂鼓墩曾侯乙墓出土的编钟相比较，这一点就更加清楚了。

① 见徐中舒：《四川涪陵小田溪出土的虎纽錞于》，《文物》1974 年第 5 期。
② 见熊传新：《湖南发现的古代巴人遗物》，《文物资料丛刊》第 7 辑。
③ 见邓少琴：《四川涪陵新出土的错金编钟》，《文物》1974 年第 12 期。
④ 司马迁：《史记·乐书》，北京：中华书局，1959 年。

| 28 |

论 "早期巴文化"

——长江三峡的古蜀文化因素与 "早期巴文化"

在长江上游与中游之际的古文化研究中，常见 "早期巴文化" 这种论题或提法，用以涵盖并指称具有相同性质的文化因素集结。从考古学文化角度观察，这些相同性质的文化因素集结，实际上多与长江上游成都平原的古蜀文化因素有关，与三星堆文明的扩散传播有关。因此，本文认为，川东鄂西的这些相同性质的文化因素集结，不能称之为 "早期巴文化"。至于什么是 "早期巴文化"，其内涵和文化形态的特征是什么，则需进一步深入研究，找到科学的立论依据。

一、巫峡以西的古蜀文化因素

20 世纪 50 年代以来，在从涪陵到巫山的长江沿线，发现了许多古文化遗迹，其中大多发表材料较少，难以进行系统研究论证。发表材料比较丰富的有忠县㙍井沟遗址和巫山大昌坝遗址。

忠县㙍井构遗址出土陶器以夹砂灰陶为主，泥质较少，器形以圜底釜为主，尖底钵、罐较多。器口常用手捏制成波浪状花边。纹饰多见绳纹、方格纹、附加堆纹、划纹等。遗址内还出土卜骨和双翼式箭镞。[1]

巫山大昌坝遗址陶器以夹砂红褐陶为主，器形以波浪形花边口沿为特色，还出土一件商代晚期的鸟首青铜尊。[2]

相同特质的文化因素集结，还分布在巫山江东咀、南陵村、涪陵陈家坝子等处[3]，在从忠县到巫山 360 公里的沿江地带亦多有发现。[4]

---

[1] 四川省长江流域文化保护委员会文物考古队：《四川忠县㙍井沟遗址的试掘》，《考古》1962 年第 8 期。

[2] 四川省博物馆：《四川省长江三峡水库考古调查简报》，《考古》1959 年第 8 期。

[3] 赵殿增：《四川原始文化类型初探》，《中国考古学会第三次年会论文集》，北京：文物出版社，1981 年。

[4] 四川省博物馆：《四川省长江三峡水库考古调查简报》，《川东长江沿岸新石器时代遗址调查简报》，《考古》1959 年 8 期。

此外，在川东长江上游支流嘉陵江流域的合川沙溪沙梁子①、南充淄佛寺②、阆中兰家坝，以及渠江流域的通江擂鼓寨等地，也有分布。

上述川东地区各古文化遗址和遗存，其陶系与成都平原古蜀文化即三星堆文化有若干共同特征，明显属于同一文化系统。但是，究竟是谁影响谁，由于种种原因，迄无定论。因而有学者建议将这一组文化统称之为"早期巴蜀文化"。③

我们以为，从文化因素集结的多与寡、集中与分散、完整与欠缺，从文化形态发展水平的高与低、器物制作的粗与精，从文化分布的源与流、中心与扩散等多层次、多角度、多种类的全面关系来认识，可以断定川东地区的上述文化因素是从成都平原三星堆文化传播而去的，而不是相反。三星堆文化的完整性和系统性是显而易见的，川东地区的相同文化因素却呈现为不完整性、分散性和文化形态上的相对粗陋性。这一特点，恰好表明了文化因素的中心分布区与扩散、传播和流变的关系。川东地区相同文化因素在质和量上所表现出来的各个特点，正是成都平原古蜀文化传播基因在长途传播过程中有所损耗、有所衰减、有所流变的结果。因为文化传播的本源特色，总是与传播距离、传播速率等要素成反比例关系的，距离越远，速率越低，本源特色保留就越少；反之亦然。从成都平原到川东地区，山重水复，古代交通障碍又很大，所以出现流变，原属自然。

相反，假如把成都平原和川东地区的相同文化因素看作同时发生，或者认为是川东古文化影响了成都平原古蜀文化，那么对这些相同文化因素在质量、数量和文化形态发展水平上的差异，就将难以做出令人满意的解释。

因此，川东地区上述从新石器时代晚期到青铜时代初期的古文化遗址、遗存，应是成都平原古蜀文化沿江辐射、扩散和传播的结果，其中多数应当是古蜀人迁徙传播所致，即由古蜀人的东向移殖开拓所造成，而不是"早期巴文化"。

二、西陵峡古文化中的三星堆渊源

在巫峡以东、西陵峡长江干流沿岸，远达江汉平原的西边，夏商时代分布着若干属于三星堆文化系统的考古遗物。它们是古蜀文化从成都平原沿江

文明的史迹：先秦、巴蜀及南丝路历史研究（巴蜀文化卷）

---

① 冯庆豪：《合川沙溪沙梁子新石器遗址调查》，《巴渝文化》第1辑，重庆出版社，1989年。
② 四川省博物馆：《四川嘉陵江中下游新石器时代遗址调查》，《考古》1983年第6期。
③ 赵殿增：《四川原始文化类型初探》，前引书。

东下，东出三峡，连续分布的结果，也是古蜀文化分布空间的极东界限之所在。

近年来，为配合三峡工程，长江流域规划办公室考古队、湖北省考古学界和四川省考古学界等，在西陵峡两岸做了大量考古调查和发掘工作，获得了数量可观的珍贵的古文化资料，为研究长江上游、中游之际地区的古文化面貌提供了基本条件。

二里头文化时期西陵峡沿岸的朝天嘴类型文化，分布在西陵峡区至鄂西的长江沿线，包括中堡岛上层，朝天嘴 B 区，路家河和白庙子的部分遗存，峡口区宜都毛溪套灰坑，红花套和城背溪上层的部分遗存，其中以朝天嘴 B 区的发现为最丰富。在朝天嘴类型的四种主要文化因素集结中，乙群因素即是从成都平原传播而至的三星堆文化集结。[①]

西陵峡两岸的三星堆文化集结，表现在文化形态上，是三星堆文化所特有的夹砂灰陶系，陶器有圜底罐、小平底罐、尖底杯、尖底钵、高柄豆、陶盉、豆形器、鸟头柄勺等器物组合群。表现在数量上，这些文化因素集结几乎占据了西陵峡地区夏商时代文化遗存一、二期的主要地位。其分布范围，西接巫峡地区沿江的三星堆文化遗存（如前所述），东达江汉平原西边的江陵荆南寺。这些文化遗存，均具与三星堆文化相近的发展演变进程。因此，湖北省考古学界的专家们普遍认为，这种文化无论同鄂东以黄陂盘龙城为代表的中原文化相比，还是同鄂西以沙市周梁玉桥为代表的江汉土著文化相比，都迥然不同，明显是受到了以三星堆遗址为代表的古蜀文化的影响。[②]对此，人们一般都表示赞同。

现在的问题是，长江西陵峡两岸三星堆文化集结的性质是什么？具体而言，它们究竟是古蜀文化沿江自然传播，还是三星堆文化与西陵峡古文化交汇发展，或是古蜀文化向东拓展扩张所以导致？

自然传播的结果，即是通常所说的"影响"。不论从西陵峡区三星堆文化空间分布的广度、深度，还是从它的持久性、稳定性，以及从它与当地其他系统的古文化遗存判然有别而自成一系等情形分析，这支文化显然不能够仅仅用"自然传播"或"三星堆文化的影响"一类概念来表达和涵盖。假如仅仅是"影响"，那么不论其多么深刻，多么广泛，其程度和范围都将是有限的，

① 林春：《长江西陵峡远古文化初探》，《葛洲坝工程文物考古成果汇编》，武汉：武汉大学出版社，1990 年。

② 王劲：《对江汉流域商周时期文化的几点认识》，《江汉考古》1983 年第 4 期；郭德维：《蜀楚关系新探》，《考古与文物》1991 年第 1 期；杨叔喜：《略论古代的巴》，《四川文物》1991 年第 1 期。

都不可能达到取代原先土著文化的地步。因为既然是影响，就必须以原先的土著文化因素为主，绝不可能全盘异化。可是，呈现在我们面前的各种资料却说明了相反的情形：不是土著文化因素为主，而是三星堆文化因素集结为主。很明显，这是"影响"所不能解释的。

那么，是否能够用"古蜀文化因素与西陵峡远古文化因素交汇发展"这类概念来解释呢？我以为也不能够。

所谓交汇发展，至少必须是两支不同文化的直接接触、交叉发展和融会一起，异源合流，同炉而冶，其中既有一种文化因素的集结，又有另一种或另几种文化因素的集结，并且一般说来存在主流与支流之分，即占主导地位的和占次要地位的文化之分，平分秋色的情况则难以见其实例。再者，古代文献所记载的"江上楚蛮之地"①，或"荆蛮"②"楚蛮"，一般也是指江汉平原或至鄂西北汉水流域，尚不得推导到上古的西陵峡区。可是，考古资料向我们展示的却不是这种情形。所以我认为，西陵峡以东的长江干流地区，夏商之际应是几大文化的边际交流区，即从中原南下的二里头文化，从成都平原东进的古蜀文化，西陵峡土著古文化以及其他文化的接触交流区。这几支文化各自之间的分布，固然不是壁垒森严，却也井然有序，足以判然有别。所以只能说得上共存与交流，谈不上交汇与合流。

从西陵峡古文化的发展时序即其阶段性来看，它从新石器时代到夏商时代经历了不同的发展时期，每一时期当中都有一支文化席卷这个地区，在很大程度上排斥着当地原有的其他文化。新石器晚期这里以大溪文化为主，分布广，内涵丰富。继后，由于三星堆文化东进的直接冲击，这里呈现出鲜明的成都平原古蜀文化特色，不仅遗存丰富，而且覆盖面广泛，历时长久，显示出它的深厚性和稳定性，表明发生了民族文化的迁徙，原先的文化向长江以下发展，让位于从长江以上源源而来的三星堆文化浪潮。这种强劲的冲击波，又是川东长江沿线古蜀文化冲击波的再度直接扩张。质言之，西陵峡区的三星堆文化因素集结，是古蜀人中的一支直接沿江东进迁徙、拓展扩张的结果，属于迁徙传播一类文化现象。

至于江汉平原西边江陵荆南寺的古蜀文化因素，则当是三星堆文化东进浪潮的余波，在当地未形成独立地位，并且年代稍晚，应为传播影响所致。与西陵峡长江两岸的三星堆文化的直接分布一类情况有所区别，不应混为一谈。

---

① 司马迁：《史记·楚世家》，北京：中华书局，1959 年。
② 左丘明：《国语·晋语八》，上海：上海古籍出版社，1978 年。

三、关于"早期巴文化"的一些概念

用考古学文化命名的方法来衡量[1]，如果将长江三峡地区若干处具有三星堆文化因素集结的遗存称为"早期巴文化"，显然不妥。与其称为"早期巴文化"，倒不如径直依其文化形态，称为早期蜀文化（即古蜀文化），更加真切著明，名实相符。退一步说，如果可以给这支文化单独命名，那么"巴"这个名义从何而来呢？依据考古学者的古文化命名惯例，某一单独、成群存在并富于特征的文化，应以首次发现的地点来命名，如仰韶文化、红山文化、良渚文化、三星堆文化等，莫不如此。可是，怎样理解将并不是首次发现于一个叫作"巴"地点的文化命名为"巴文化"呢？至于"早期"二字，更不知从何谈起。

依据考古学文化的命名原则，川东鄂西之际的考古实际工作者们把三峡地区发现的古文化，依其地名分别命名为"某文化""某类型""某遗存"，无疑是科学的、严谨的。只有这样，才能从形式到内容进行个案、共案的多方面研究，才不至于使人把三峡地区的史前文化混为一谈。

那么，什么是"早期巴文化"呢？

顾名思义，所谓"早期巴文化"，应是巴文化发展的早期阶段，依其文化演进规律，它将继续顺次发展出中期和晚期的形式，形成中期和晚期巴文化。因而，所谓"早期巴文化"，就应既是一个关于文化形态发展阶段的分期的概念，又是一个关于文化形态特质及其种系和族群面貌的概念。也就是说，只有把它置于全部巴文化的发展演变历史中去考察，才能认识它究竟是什么。很明显，这就必须首先讨论什么是巴文化。我们应当把较晚时期的巴文化的内涵和面貌弄清楚，再往上推，即从较晚时期巴文化的各种因素出发，根据其文化内涵、文化形态演变的发生、发展规律，从较晚的形式推导出较早的形式，从而建立起它的发展序列，这样才能确定什么是早期巴文化，认识清楚它的内涵及文化形态。

但是，要进行这样的工作，同前还存在相当困难。其一是，时至今日，考古学上可以确定为巴文化遗存的，其年代绝大多数不超过战国，以其青铜器、陶器等文化与川东鄂西的古文化遗存相比较，很难找到较早期的相对应的因素。其二是，对于"巴"这个概念的内涵的认识，学术界尚有较大分歧。其三是，对于巴文化这个概念的地域范围认识比较混乱，似乎汉水上游和长

---

[1] 夏鼐：《关于考古文化命名的问题》，《考古》1959 年第 4 期。

江三峡地区并存着若干巴文化，而其文化内涵和文化面貌又几乎全然不同。这些问题，都需要学术界做出艰巨努力，逐步加以解决。这里仅略抒管见。

从考古和文献结合分析，战国以前的所谓巴文化，其实应当包括巴国文化和巴地文化两大部分。这两部分不仅文化内涵不同，面貌有异，演化进程高低不一，而且在空间上也完全不重合，事实上，不是同一种文化。

所谓巴国文化，是指以巴王族为主体的历史时期的文化。据殷卜辞所载"巴方"和《左传》所载"巴子国"推断，商代巴国的地理位置当在汉水上游，此即巴国文化的分布区。西周一代，巴国为周王室的"南土"①，巴国文化仍以汉水上游为基本地理框架。春秋时代，巴国文化向东扩展，东至襄阳，南及大巴山北缘。春秋末战国初，随着巴国举国南迁，巴国文化区也从汉上南移江上，最终在川东地区建立起较稳固的基础。其汉中故地虽为楚所占，然而受巴国文化浸染既久，以至直到汉代仍"与巴蜀同俗"②。假如以巴国文化作为巴文化的内涵和主体，那么早期巴文化的遗迹就应到汉水上游地区去寻找。

所谓巴地文化，是对川东鄂西之交的史前文化的泛称，包括前述长江三峡地区的多种古文化，均属此范畴。巴地，是一个地域概念，它并不标志族属，也不代表政体和文化系统，凡在其地域范围内的古文化，均可泛称为巴地文化，或其中的一员。史籍称川东鄂西之交的地区为"巴"。如《山海经·海内南经》，均是指其地域范围，不是指族别和族称。由于长江三峡巴地诸文化的演变和盛衰兴替，巴地文化的内涵也在不断变化，丰富而复杂。至于为什么称之为"巴"，则有草名、蛇称、地理形势曲折如巴等不同说法，迄无定论。不过无论怎样，"巴"作为地域名称是实实在在的，而通常所说"巴人"，也是泛指居于这个称为"巴"的地域范围内的人，而无须考虑其具体族别。

春秋末战国初，由于巴国文化南移长江干流，其青铜文化与当时的巴地文化结合起来，两种不同文化的空间构架才由此基本重合，到这个时候，巴国文化与巴地文化才合二而一，"巴文化"成为一个独立的概念，发展成为一个比较完整的体系，从而形成巴文化区。

巴文化还应包括鄂西清江流域廪君一系的文化。《后汉书·巴郡南郡蛮传》称廪君为"巴氏子"，《世本》又称"廪君之先，故出巫诞"。这支文化原非清

---

① 《左传》昭公九年，十三经注疏本。
② 班固：《汉书·地理志》，北京：中华书局，1962年。

江流域土著文化，它来源于汉水上游地区。①尽管目前在清江流域尚未发现可以确定为廪君一系的文化遗迹，但从考古所见战国时期的若干遗物观察，它属于战国时期巴文化的范畴，则可以确定无疑。

这样看来，如果将三峡地区的各种不同系统、不同类型的史前文化称为"早期巴文化"，势必将泛称与专称混淆起来，将不同的文化概念混淆起来，不是给人以含糊不清之感，就是令人将其与巴国相联系，从而形成错觉，导致谬误。如果将其中的某一支专称为"早期巴文化"，而不必涉及其他错居的文化，那就容易使人认为是巴国的早期文化。因为按照考古学惯例，用国名或族称来命名一支文化，一般说来，这支文化应是一支历史时期的文化，而不是史前文化，如夏文化、商文化、楚文化、蜀文化，莫不如此。可是，战国以前的巴国分明立足于汉上，长江三峡直到战国仍在新石器时代徘徊。要说"早期巴文化"，此时只能指汉上巴国，何以说得上长江三峡？并且，如果把长江三峡地区的三星堆文化遗存称为巴文化，岂不是将蜀文化变成了巴文化？若依此类推，那里的二里头文化遗存和其他系统的古文化遗存又将怎样呢？

十分明显，长江三峡地区的史前文化，既不能统称为"早期巴文化"，其中的各个三星堆文化遗存也不能称为"早期巴文化"。如果考虑到这片狭长的长江干流沿岸地域，史前泛称为"巴地"，而我们为着种种缘由必须使用"巴"这个名称，那么不妨使用"巴地文化"或"巴地诸文化"这种相对应的泛称概念，既可表明其地域所在，又能反映这片地域内有若干种文化的共存、错居和交替等复杂情况，也不致使人将它同某一种文化串系起来。

以上从文化共时性角度讨论了长江三峡"早期巴文化"概念，证明其含混而不妥。倘若我们从文化历时性角度来考察，"早期巴文化"这个概念就更成问题了。

我们知道，长江三峡地区的古文化面貌丰富而复杂，从历史的纵向发展看，这里曾经是多个古代族类的迁徙、栖息和纷争的场所，也是长江流域及其与黄河流域古文化彼此交流的边际文化区。而在不同的历史时期，总有一支民族及其文化占据着这个地区的主导地位，成为推动当地文化演进的主流。从大溪文化算起，继后有红花套第四期文化，夏商时期又有朝天嘴类型文化、路家河文化、小溪口类型文化等。②这些文化的复杂关系、交替演进，从时序

① 段渝：《试论宗姬巴国与廪君蛮夷的关系》，《四川历史研究文集》，成都：四川省社会科学院出版社，1987 年。

② 林春：《长江西陵峡远古文化初探》，前引书。

上看，绝不是"早期巴文化"这个概念所能涵盖得了的。再者，假使不把二里头时期的朝天嘴类型看作三星堆文化遗存，而视为"早期巴文化"，那么就将导致考古研究上出现巴文化的发展真空，使其历史发展中断，归于消失。因为朝天嘴类型第三期遗存已经发生了重大变异，被吸纳或让位于另一支文化，它不再独立地存在。

由此可见，无论从文化发展演变的共时性还是历时性角度来看，长江三峡的史前文化都并不存在一个能够称为"早期巴文化"的独立的考古学文化。论者如从"巴蜀"角度去认识，把川东鄂西的三星堆文化遗存称为"早期巴文化"，也并不妥当。所以我们主张，长江三峡地区的古文化，可以总称为"巴地文化"或"巴地诸文化"，也可以依其特征划分为不同种系的不同类型，以类型来命名。至于其中属于三星堆系统的文化遗存，也既可以其地点称为"某类型"，又可以其属性称为"长江三峡的古蜀文化遗存"，或"川东鄂西的早期蜀文化因素"，或其他诸如此类的名称，使其名实相符，内容与形式相符。

文明的史迹：先秦、巴蜀及南丝路历史研究（巴蜀文化卷）

| 29 |

略谈罗家坝遗址 M33 的时代和族属

罗家坝遗址 M33 出土大量青铜器，其中青铜鼎、敦、盒、壶、篮、缶、豆等器物，属于中原诸夏和楚器的形制，但壶、豆等的纹饰和图案则是典型的巴蜀文化风格，无胡三角形援青铜戈、柳叶形青铜剑、弓形耳青铜矛等也是典型的巴蜀式兵器，墓中未见秦器。据此，初步考虑，M33 的时代应在战国晚期以前，约为战国中晚期，公元前 4 世纪前半叶。

据历史记载，春秋末巴国与楚大战于邻，败绩后从西汉水南下，沿嘉陵江、渠江进入川东北地区，与楚征战不息。M33 死者遗骸上带有多个箭头，显然是战斗而死。这很有可能是在与楚战中战死的。据《史记·秦本纪》，公元前 361 年 "楚自汉中，南有巴黔中"，楚自汉中南下扫荡巴人，巴楚数次战争，这与 M33 所显示出来的战争迹象相合，又与 M33 所显示的年代相合。

罗家坝所在地为渠江流域，古为板楯蛮之地。板楯蛮是巴国八族中影响最广、最深的一支，是巴王室即姬姓巴国中最基本的构成力量，原居西汉水，为周武王分封巴国之地。所以，板楯蛮的文化不但保有自己的传统，而且受到西周礼制的深刻影响。罗家坝 M33 出土大量中原诸夏的礼（容）器，同时又出土大量巴蜀兵器，即为坚实证据。又因板楯蛮长期居汉中，与楚为邻，多受楚风浸染，所以 M33 又多见楚文化风格的青铜器，当可理解。

从四川武胜县山水崖墓出土的年代为汉魏之间的板楯蛮陶俑来看，其人物发式（或冠式）为尖锥形，与罗家坝 M33 出土青铜壶图案上的发式（或冠式）一致，亦可以证明罗家坝 M33 为板楯蛮所遗。

总之，罗家坝 M33 的发现，对于巴文化、巴楚文化、巴蜀文化和巴与中原诸夏的关系的研究，提供了前所未有的十分珍贵的实物资料，具有相当重要的研究价值。

30

巴人来源的传说与史实

关于巴人的来源问题，学术界一直存在争论。徐中舒先生指出：巴为姬姓，是江汉诸姬之一，为周族；史籍所载巴为廪君后代，兴起于巫诞之说，并不正确；巴与濮原为两族，后因长期杂居成为一族，故称巴濮；巴人原居川鄂之间，战国时受楚逼凌，退居清江，秦汉时期沿江向西发展。蒙文通先生认为：巴国不止一个，秦所灭巴是姬姓之巴，楚所灭巴是五溪蛮，为樊瓠后代，即枳巴。缪钺先生提出：廪君之巴与板楯蛮不同族，廪君祖先化为白虎，板楯蛮则以射白虎为事，两族非一。邓少琴、童恩正等先生坚持巴人出自廪君的传统看法。邓少琴先生提出：古代数巴并存，有清江廪君白虎之巴，而巴诞是廪君族系并兼有狼人的名称；所谓太皞之巴，应源出氐羌。董其祥先生《巴史新考》支持这一看法，并认为密、诞、僚、獽等族，曾与巴共处于江汉平原或川东，有些就是巴族的组成部分。蒙默先生认为：古代没有一个单独的巴族，先秦至少有四个巴国，即廪君之巴、宗姬之巴、巴夷密国和枳巴，分别活动在夷水、汉水、渝水及涪陵水会，分属蜒族、华夏族、賨族和獽蜒族。李绍明先生则提出了广义巴人和狭义巴人的概念，认为广义的巴人包括"濮、賨、苴、共、奴、獽、夷、诞之蛮"，其族属未必一致；狭义的巴人则指巴国王室，即"廪君种"，其主源可追溯到濮越人，其次源可追溯到氐羌人，但一经成为一个统一的民族共同体，就与昨天那些母体民族告别了。[1]

不难看出，在巴人的来源问题上可谓歧说纷繁，难以缕析。必须经过辨证，才有可能整理出大致清楚的头绪。

---

[1] 参见徐中舒：《论巴蜀文化》，成都：四川人民出版社，1982年，第91-99页；蒙文通：《巴蜀古史论述》，成都：四川人民出版社，1981年，第62-63页；缪钺：《〈巴蜀文化初论〉商榷》，《四川大学学报》1959年第4期；邓少琴：《巴蜀史迹探索》，成都：四川人民出版社，1983年，第56-75页；蒙默：《试论古代巴蜀民族及其与西南民族的关系》，《贵州民族研究》1983年第4期；李绍明：《川东南土家与巴国南境问题》，《思想战线》1985年第6期。

一、巴义诸说辨证

古今对于巴的解释，主要有蛇称、草名、因水为名、坝称、鱼称以及其他一些不同看法。

巴为蛇称说。在有关巴义解释的诸种说法中流传最广，其主要根据来源于《山海经·海内南经》和《楚辞·天问》的有关记载。《山海经·海内南经》："巴蛇食象，三岁而出其骨，君子服之，无心腹之疾。其为蛇青黄赤黑。一曰黑蛇青首，在犀牛西。"《楚辞·天问》："一蛇吞象，厥大何如？"虽然屈原《楚辞·天问》讲述的故事与《山海经·海内南经》相同，但并没有明说食象的蛇是"巴蛇"，而是说"一蛇"，其义相当于"有蛇"。而郭璞注《山海经·海内南经》引《楚辞·天问》此句恰好作"有蛇吞象，厥大何如？"王逸注《楚辞·天问》则又作"灵蛇吞象"，也不称"巴蛇"，均与今本异。

对于"巴蛇食象"的解释，《说文·巴部》言："巴，虫也，或曰食象它，象形。"段玉裁《说文解字注》解释说："'巴，虫也'，谓虫名。'或曰食象它'，《山海经》曰：'巴蛇食象，三岁而出其骨'。'象形'，伯加切，古音在五部。按，不言从己者，取其形似而驸之，非从己也。"按照许慎的看法，释巴为虫是巴的本义，而释巴为食象蛇（蛇即它）乃是有关巴义的另一种看法，所以称之为"或曰"。段玉裁之说仅仅是解释许慎的说法。

郭璞在《山海经·海内南经注》中说："今南方蚒蛇（按，《藏经》本作'蟒蛇'）吞鹿，鹿已烂，自绞于树腹中，骨皆穿鳞甲间出，此其类也。《楚辞》曰：'有蛇吞象，厥大何如？'说者云长千寻。"按照郭璞的看法，所谓巴蛇其实就是南方所见的蟒蛇，其事与其状均大致相互吻合。不过，郭璞并没有采用《海内南经》"巴蛇"的记载，而是采用了与《楚辞·天问》相似的记载。这表明郭璞所见到的是古本《山海经·海内南经》，古本对于此句的记载是"有蛇食象"，而不是今本所记载的"巴蛇食象"。据《淮南子·本经篇》"羿断修蛇于洞庭"，《路史·后纪十》以"修蛇"作"长蛇"，罗苹注说："修蛇即所谓巴蛇。"六朝宋人庾仲雍《江记》说："羿屠巴蛇于洞庭，其骨若陵，曰巴陵也。"[①]由此可见，西汉《淮南子·本经篇》所记载的"修蛇"，同于西晋郭璞所说"长千寻"的长蛇，二者又均合于战国《楚辞·天问》的记载；而"巴蛇"之说则是六朝时期及以后出现的说法，所以与战国、汉、晋的记载明显不同。这表明，"巴蛇"之说其实是后起晚出即今本说法，而不是古本的说法。

---

① 《太平御览》卷171《岳州》引，北京：中华书局，1960年，第834页。《江记》又称《江源记》。

将《楚辞·天问》、古本《山海经·海内南经》郭璞注、《淮南子·本经篇》，同《江记》《路史·后纪十》以及罗苹注等文献相互对照来看，所谓巴蛇的故事很有可能是在南北朝时期在洞庭湖东岳州地区流传开来的。据《水经·江水注》："湘水又北至巴邱山入于江。"唐李吉甫《元和郡县图志》卷27载："昔羿屠巴蛇于洞庭，其骨若陵，故曰巴陵。"宋人范致明《岳阳风土记》说："今巴蛇冢在州院厅侧，巍然而高，草木丛翳。兼有巴蛇庙，在岳阳门内。"又说："象骨山。《山海经》云'巴蛇吞象'，暴其骨于此。山旁湖谓之象骨港。"①袁珂先生认为，这些均是从《山海经·海内南经》及《淮南子》附会而生出之神话，"然而既有冢有庙，有山有港，言之确凿，则知传播于民间已久矣"②。从《华阳国志》关于巴人分布的记载并结合考古资料来看，两晋之际及以前巴人除其主体在今川东鄂西外，还大量分布在川西、陕南、鄂东以及湘西等地，在此期间巴人并没有移徙到湘东北洞庭湖以东地区。结合其他有关资料看，巴人流布到洞庭湖以东地带的时代应为南北朝时期，这恰与巴蛇传说在洞庭湖东岳阳一带的流传时间相吻合。可见，巴蛇传说确为后起晚出之说。

虽然如此，对于巴蛇的传说也不能轻易否定，因为它是古代巴人若干支系中移徙到洞庭湖一带的支系对于其来源的传说。古代巴人是由多支族群所构成的来源多元化的亚民族集团，其中的每一支系都是这个整体的重要组成部分，由于不同支系的来源不同，所以各个支系关于其自身来源的传说自然也就不同。类情况常见于古代民族，不足为异。

此外，潘光旦先生认为，根据《山海经·海内南经》和《说文》，"巴蛇"的"巴"就是"巴人"，他说"大概巴人所在之地以前出过一种大头的蛇，巴人与这种蛇既出同一地方，传说就把巴人比作蛇了"，并认为这是影射着一种不同族类的人，而绝不是真的蛇。③另有学者认为，所谓巴蛇，是指巴地之蛇，并不是指人或族群。这几种看法也可自备一说。

巴为草名说。三国蜀汉谯周认为，巴的含义是指一种草，即所谓苴。《史记·张仪列传》记载"苴、蜀相攻击"，《集解》引徐广曰："谯周曰益州'天苴'读为'包黎'之'包'，音与'巴'相近，以为今之巴郡。"《索隐》曰：

① 转引自袁珂、周明：《中国神话资料粹编》，成都：四川省社会科学院出版社，1985年，第217页。
② 袁珂：《山海经校注·海经新释》卷5，上海：上海古籍出版社，1980年，第281-282页。
③ 潘光旦：《湘西北的"土家"与古代的巴人》，中央民族学院研究部编：《中国民族问题研究集刊》第4辑，1955年，第30页。

文明的史迹：先秦、巴蜀及南丝路历史研究（巴蜀文化卷）

"苴音巴。谓巴、蜀之夷自相攻击也。今字作'苴'者，按巴苴是草名，今论巴，遂误作'苴'也。或巴人、巴郡本因芭苴得名，所以其字遂以'苴'为'巴'也。注'益州天苴读为芭黎'，天苴即巴苴也。谯周，蜀人也，知'天苴'之音读为'芭黎'之'芭'。按：芭黎即织木葺为苇篱也，今江南亦谓苇篱曰芭篱也。"苴应是荆棘楚木一类植物，大概在古代巴地普遍生长着苴这种植物，所以把这个地区称之为苴，也就是所谓巴。

因水为名说。认为巴的得名来源于河流走向，即所谓"巴字水"的说法，谯周、李吉甫等持此说。谯周在所著《三巴记》中说："阆、白二水合流，自汉中至始宁城下入武陵，曲折三曲有如巴字，亦曰巴江，经峻峡中，谓之巴峡，即此水也。"[1]文中所说汉中，为今汉中地区；所说始宁城，据《隋书·地理志上》"清化郡"："始宁，梁置，并置遂宁郡。开皇初郡废。有始宁山。"据《旧唐书·地理志二》"山南道"："诺水，后汉宣汉县，梁分宣汉置始宁县，元魏分始宁置诺水县。"清末民国间四川井研人龚煦春所著《四川郡县志》卷3《梁代疆域沿革考三》云："始宁，郡治。治今巴中县东南一百里。"《三巴记》所说武陵，为黔中地区，大江在今重庆涪陵接纳从黔中而来的乌江，即"庾仲雍所谓有别江出武陵者也"[2]。据此，谯周所说巴的得名，应当来源于嘉陵江、渠江及其支流，因从汉中到涪陵，江水蜿蜒曲折，其形状有如巴字，所以称巴。

唐李吉甫基本沿用谯周的看法，《元和郡县图志》卷33《剑南道》"渝州"条下说："《禹贡》梁州之域，古之巴国也。阆、白二水东南流，曲折如'巴'字，故谓之巴，然则巴国因水为名。"但李吉甫并没有说阆、白二水自汉中流至始宁城下入武陵，这又与谯周之说相异。彭邦炯先生认为："《太平御览》引《三巴记》所说的阆、白二水，实际上则是今日渠江上游的支流南江（又称宕渠江或巴水）和它的分支，而不是嘉陵江的上游。"[3]可是南江在历史上从来没有称为阆水或白水。所谓阆水是指嘉陵江的上游流经阆中之处；所谓白水是指白龙江，在今四川省广元市老昭化汇入嘉陵江。李吉甫所说"阆、白二水东南流"，应如谯周所说的"阆、白二水合流"及以后的流向，即嘉陵江的流向，而不是指在嘉陵江以东的南江。谯周说阆、白二水合流后，从汉中流至始宁城下而后入于武陵，所说的汉中应是所谓巴汉之地，汉中东部先

① 《太平御览》卷65《地部》30引，北京：中华书局，1960年，第308页。
② 《水经·江水注》引，王国维校本，上海：上海人民出版社，1984年，第1053页。
③ 彭邦炯：《关于巴的探索》，《巴渝文化》第3辑，重庆：西南师范大学出版社，1994年。

秦时期恰为巴地。①而始宁城所在的流域为南江、巴河，向南汇入渠江。渠江古称宕渠，即渝水，在今重庆合川区汇入嘉陵江，而后南流入于长江，又东流，在今重庆涪陵接纳发源于武陵地区的乌江。从阆、白二水曲折南流而后东流这种流向来看，恰好是谯周和李吉甫所说的曲折三曲有如巴字。由此看来，所谓巴义"因水为名"之说应是有所根据的。谯周蜀人，他的说法应是取之于在巴蜀地区流传较为广泛的一种旧说，不会是向壁虚构之言。

其他诸说。徐中舒先生在《论巴蜀文化》中说道，巴的本义为坝，巴人即是居住在坝子中间的人。②张勋燎先生认为，巴的含义应当是鱼。③此外，还有巴的含义指虎、石、白色等说法，不一而足。

笔者认为，不论把巴解释为蛇、草还是解释为水流之形，都是有所据而持之有故，不宜非此即彼，将其他诸种解说斥之为非。巴其实是一个内涵十分广泛的概念，而它内涵的广泛性来源于居于巴地的不同族群对于巴义的不同传说和解说。在古代被称为巴，即北达陕南，包有嘉陵江和汉水上游西部地区，南及黔涪，包有黔中和湘西地区在内的一大片地域之内，分布有"濮、賨、苴、共、奴、獽、夷、蜒之蛮"④，以及廪君蛮⑤。他们当中，既有属于濮越系的族群，又有属于氐羌系的族群，还有属于华夏后裔的族群（详后）。由于他们的所属族别有异，来源地域有别，不但本源文化有所差异，而且始居于巴地的年代也各不相同。所以他们各自对于巴的含义自然会有不同的理解和传说，这并不奇怪。

从上述有关巴义的各种解说分析其各自来源，不难知道"巴为蛇称说"来源于六朝时期居于洞庭湖东岳阳一带的巴人；"巴为草名说"来源于先秦秦汉时期居于今四川广元市以西、剑门关之北，嘉陵江西岸老昭化的苴人，为巴人的一支，《华阳国志·汉中志》载"晋寿县，本葭萌城，刘氏更曰晋寿。水通于巴，又入汉川"，《华阳国志·蜀志》载蜀王封其弟为苴侯，驻葭萌，即指此巴苴之地；"因水为名"说则来源于先秦秦汉时期居于从陕南到黔中几乎整个巴地的巴人。可见，由于巴人的各个组成部分来源不同，所以各个巴人的族群对于巴义的解说也就不尽相同。而古代文献对于巴义解说的不同记

① 参见蒙文通：《巴蜀古史论述》，成都：四川人民出版社，1981年，第9-12页。
② 参见徐中舒：《论巴蜀文化》，成都：四川人民出版社，1981年，第92页。
③ 参见张勋燎：《古代巴人的起源及其与蜀人、僚人的关系》，《南方民族考古》第1辑，成都：四川大学出版社，1987年。
④ 常璩著，刘琳校注：《华阳国志校注·巴志》，成都：巴蜀书社，1984年。
⑤ 范晔：《后汉书·南蛮西南夷列传》，北京：中华书局，1965年，第2840页。

载，也是由于取材的地域、年代有所差异而造成的，以致歧义纷繁，难以缕析。

从最广泛的意义上说，巴是一个地域名称。从考古学上看，板楯蛮先民的分布地域与廪君蛮先民的分布地域十分接近，前者分布在川东北嘉陵江上游和渠江流域，北至汉中，后者发源于鄂北竹山，他们都居住在称为巴的界域内，所以他们都是巴人，尽管其族群有别，来源不同。罗泌《路史·后纪一》说巴国是"降处于巴"，就是说到了巴地建立国家，故曰巴国。西周初年周武王"以其宗姬封于巴"①，也就是把宗姬分封到称为巴的界域中，所以称为巴国。这种情况，正与《史记·五帝本纪》所谓"青阳降居江水，昌意降居若水"相似。《左传》隐公八年记载众仲说"天子建德，因生以赐姓，胙之土而命之氏"，杜预注曰"立有德以为诸侯"，封建诸侯而胙土命氏，就是分封诸侯于某地，诸侯以其地名作为氏号，此即先秦所谓"诸侯以国为氏"②。巴人的情况正是与此相同。由此可见，巴最初是地域名称而不是族称。

二、巴人先世来源之辨证

正如对巴义的解说一样，古文献对于巴人先世来源的记载也是歧说纷纭，莫衷一是。一般说来，无论学术界认为巴国源于黄帝、太皞，还是认为源于丹山之巴、廪君之巴，或源于周之宗姬，事实上都是针对巴国统治者的先世而言的，即指巴国王室的来源及地域所在，而不是指巴国民众即被统治者族群先世的来源和地域。

（一）黄帝之后

《华阳国志·巴志》记载："《洛书》曰：人皇始出，继地皇之后，兄弟九人分理九州，人皇居中州，制八辅。华阳之壤，梁岷之域，是其一囿，囿中之国则巴、蜀矣。其分野：舆鬼、东井。其君上世未闻。五帝以来，黄帝、高阳之支庶，世为侯伯。及禹治水，命州巴、蜀。禹娶于涂山，辛壬癸甲而去，生子启，呱呱啼，不及视，三过其门而不入室，务在救时，今江州涂山是也，帝禹之庙铭存焉。禹会诸侯于涂山，执玉帛者万国，巴、蜀往焉……巴国远世，则黄、炎之支。"这段文字实际上是追述巴国统治者即其王族的远世。巴与周同姓，故以巴为黄帝之后，这自然是有相当根据的。至于说禹娶

---

① 常璩著，刘琳校注：《华阳国志校注·巴志》，成都：巴蜀书社，1984年。
② 对于这种命氏之法，古姓氏之书多有记载，如王符《潜夫论·志氏姓》、邓名世《古今姓氏书辨证》、郑樵《通志·氏族略》等。

涂山为江州之涂山，则与《左传》等先秦史籍所记载的当涂说等大相径庭，学者多以《左传》所记为是。郦道元认为："（江州）江水北岸有涂山，南有夏禹庙、涂君祠，庙铭存焉，常璩、（庾）仲雍并言禹娶于此。余按群书，咸言禹娶在寿春当涂，不当于此也。"①郦说无疑是正确的。根据新出土的东汉熹平二年（173 年）景云碑铭文看②，江州的帝禹庙和涂君祠，可能与大禹后代帝杼"帷屋甲帐"、巡狩回蜀途经江州时所建有关。据此，江州帝禹庙和涂君祠的来源当是十分古远的。

（二）太皞之后

《山海经·海内经》记载："西南有巴国。太皞生咸鸟，咸鸟生乘釐，乘釐生后照，后照是始为巴国。"太皞是上古东方和中原地区传说中的人物，春秋时屡见记载。史称太皞风姓③，居陈④。《左传》昭公十七年记载："大（太）皞氏以龙纪，故为龙师而龙名。"杜预注曰："太皞，伏牺氏，风姓之祖也。有龙瑞，故以龙名官。"《吕氏春秋·孟春纪》"其帝太皞"，高诱注云："太皞，伏羲氏。"吴任臣《山海经广注》、郝懿行《山海经笺疏》亦均以太皞为伏羲氏，均本于《世本》之说。其实，在先秦文献中，太皞是太皞，伏羲是伏羲，二者并不混同，至汉代才将二者混为一谈。对此，前人早已有充分考证，无

---

① 郦道元：《水经·江水注》，王国维校本，上海：上海人民出版社，1984 年，第 1053 页。
② 2004 年 3 月，吉林省文物考古研究所三峡考古队在重庆云阳旧县坪发掘出土东汉熹平二年"胊忍令景云碑"，碑铭凡 367 字，其中记述有关"禹生石纽"极为珍贵重要的资料。碑铭全文分四部分，其第一、二部分说到大禹史迹及与巴蜀的关系，现录如下："汉巴郡胊忍令广汉景云叔于，以永元十五年季夏仲旬卒。君帝高阳之苗裔，封兹楚熊，氏以国别。高祖龙兴，娄敬画计，迁诸豪侠英杰，都于咸阳，/攘竟（境）蕃（藩）卫。大业既定，镇安海内。"先人伯沈，匪志慷慨，术禹石纽、汶川之会。帷屋/甲（怅）帐，龟车留造，家于梓潼，九族布列，裳统相龙，名右冠盖。"碑文说景云为帝高阳之苗裔，封于楚，为楚国屈、景昭三大姓之一的景氏。又说其先人伯沈，"术禹石纽、汶川之会"，伯沈当为伯杼，为禹后七世、夏后氏少康之子帝杼，即《左传》所载灭豷于戈的杼，《史记·夏本纪》所记载的帝予。术通述，循也。龟车，指君王出行队伍中悬龟蛇旗的车骑。留造，谓前往。这段碑文意为：景云的先祖伯杼在少康中兴后，为遵循"禹石纽、汶川之会"的遗则，曾甲账龟车，巡狩回蜀（参见魏启鹏：《读三峡新出东汉景云碑》，《四川文物》2006 年第 2 期）。这段碑文从多方面提供了有关先秦史的新材料。仅就大禹与古蜀的关系而言，可进一步证实《史记》《新语》《盐铁论》《蜀王纪》《越绝书》《三国志》等文献关于"禹兴西羌""禹生石纽"诸史迹流传的广泛性（参见段渝：《大禹史传的西部底层》，《四川大学学报》2004 年第 5 期），说明大禹不但兴于西羌，家于石纽，而且曾在石纽召集盟会。今岷江上游马家窑文化因素、庙底沟二期文化因素与本地土著文化因素共存，而土著文化因素占有主要成分的考古现象，应与代表土著族群的酋邦首领大禹所召集的"石纽、汶川之会"的历史事实有关。"胊忍令景云碑"现藏重庆中国三峡博物馆。
③《左传》僖公二十一年，十三经注疏本，北京：中华书局影印本，1980 年，第 1811 页。
④《左传》昭公十七年，第 2084 页。

须再考。

潘光旦先生采取汉代以后太皞伏羲氏的说法，据以认为巴人发源于西北地区。[①]按，《帝王世纪》记载说伏羲"生于雷泽，长于成纪"，成纪在今甘肃东南部西汉水以北的成县。由成县沿西汉水往东，经陕西略阳入嘉陵江，经过勉县，即是汉中，这里正是巴地的所在。而在甘肃东南的成县、武都、西和、天水、秦安等地，均发现不少主要是战国秦汉时期巴蜀文化的遗存。看来，从甘肃东南到陕西汉中，其中的一些巴蜀文化遗存应与巴人当中的某一支系有关，或许与汉中地区巴人的西迁有关，所以才产生出伏羲与巴人关系的传说。不过，从太皞伏羲氏这一称谓可以看出，巴人源于伏羲的传说当为晚出之说。但伏羲氏的问题以及与巴人的关系等问题还很复杂，尚需深入研究。

《山海经·海内经》说"太皞生咸鸟，咸鸟生乘釐，乘釐生后照，后照是始为巴国"，咸鸟，或认为即《诗经·商颂》所谓"玄鸟"。乘釐、后照，未详。或以为乘釐即廪君，后照即楚之昭氏之后，均无确切证据。《海内经》这段记载所说的太皞远裔的巴国，既然有其世系可以寻绎，当有所本。但所说巴国，却不当是巴国的统治者姬姓王族，而应如李学勤先生所分析的，是巴国的一部分民众[②]，是组成巴人的族群之一。

（三）丹山之巴

《山海经·海内南经》记载："夏后启之臣曰孟涂，是司神于巴，人请讼于孟涂之所，其衣有血者乃执，是请生。居山上，在丹山西。丹山在丹阳南，丹阳，居（巴）属也。"孟涂，或作血涂、孟徐、孟余，均形近而讹。郝懿行笺疏云："《水经注·江水》引此经作血涂，《太平御览》卷639作孟余或孟徐。"不知孰是。此段引文的最后十一字，据郝懿行笺疏云："《水经注》引郭景纯云：'丹山在丹阳，属巴。'是此经十一字乃郭注之文，郦氏节引之，写书者误作经文耳。居属又巴属字之讹。"可知乃后人将郭注窜入。依此，郭注原当作"丹阳，巴属也"，居、巴形近而讹。丹阳，郭璞注云："今建平郡丹阳城秭归县东七里，即孟涂所居也。"郝懿行笺疏云："《晋书·地理志》建平郡有秭归，无丹阳，其丹阳属丹阳郡也。"丹阳，今湖北秭归，地在西陵峡上游。《路史·后纪十三》罗苹注云："丹山之西即孟涂之所埋也。丹山乃今巫山。"据此，丹山当在西陵峡与巫峡之间，即今渝、鄂交界的三峡峡区。

---

① 参见潘光旦：《湘西北的"土家"与古代的巴人》，《中国民族问题研究集刊》第4辑。

② 参见李学勤：《巴史的几个问题》，《巴渝文化》第3辑，1994年。

夏后启，夏代开国君主。据史籍和夏文化考古，夏的地域范围在晋南豫北，长江三峡地区不曾成为夏之统治地域，因而丹山不可能有夏启之臣。依引文意，巴为地名，孟涂为神名，"听其狱讼，为之神主"[1]。据此，孟涂当是长江三峡丹阳一带土著部落所信奉的专司诉讼之神。可见，这个巴与巴国王族的起源谈不上有丝毫联系。

（四）廪君之巴

巴王族源出廪君，此说影响较大。廪君史迹最早见于《世本》，此书早已亡佚，刘宋范晔《后汉书·巴郡南郡蛮传》引有一段文字，李贤注谓"并见《世本》"，知为原文。东汉应劭《风俗通义》亦载其事，实际上也是本于《世本》之说。《后汉书·巴郡南郡蛮传》记载："巴郡南郡蛮，本有五姓：巴氏、樊氏、瞫氏、相氏、郑氏，皆出于武落钟离山。其山有赤、黑二穴，巴氏子生于赤穴，四姓之子皆生黑穴。未有君长，俱事鬼神。乃共掷剑于石穴，约能中者，奉以为君。巴氏子务相乃独中之，众皆叹。又令各乘土船，约能浮者，当以为君。余姓皆沉，唯务相独浮。因共立之，是为廪君。乃乘土船，从夷水至盐阳。盐水有神女，谓廪君曰：'此地广大，鱼盐所出，愿留共居。'廪君不许。盐神暮则来取宿，旦即化为虫，与诸虫群飞，掩蔽日光，天地晦冥。积十余日，廪君伺其便，因射杀之，天乃开明。廪君于是君乎夷城。"夷水，今清江，古又称盐水。武落钟离山，《水经·夷水注》谓即很山，在今湖北长阳境。

廪君的族属，《后汉书·巴郡南郡蛮传》注引《世本》曰："廪君之先，故出巫诞也。"巫诞，巫为地名，诞为族名，即是巫地之诞。诞，别本或作蜒、蟹、蛋。蜒人在秦汉以后屡见于史册，常与獠、夷、资、蛮等族杂居，有自己的"邑侯君长"[2]，属于濮越民族系统。徐中舒先生在《巴蜀文化续论》中认为，廪君出自巫蜒，这是关于濮族的传说。[3]廪君实出濮系（详后），这一看法可谓信而有征。

根据《世本》的记载，廪君有"乃乘土船，从夷水至盐阳"，并在那里与被称为"盐水神女"的土著居民争长的传说。按盐阳即盐水之阳，盐水为今清江。《后汉书·巴郡南郡蛮传》李贤注曰："今施州清江县水一名盐水，源

① 《山海经·海内南经》，郭璞注，转引自袁珂：《山海经校注》，第277页。
② 陈寿：《三国志·吴志·黄盖传》，北京：中华书局，1982年，第1285页。
③ 参见徐中舒：《论巴蜀文化》，成都：四川人民出版社，1982年，第95-97页。

出清江县都亭山。"盐水源于今湖北省西南的利川市，中经恩施、长阳，在宜都入江。其水名盐水是因为沿岸产盐，盐水应当是清江最早的称谓，故居于其旁的土著母系氏族部落才有"盐水神女"之称。其水又称夷水，那是因为"廪君浮夷"[1]入主其地，显为晚出之说。而其水称作清江，则是蜀王开明氏东征时所命名，时代更晚。

从《左传》的记载来看，夷水本在汉水中游之西，为汉水支流，即今蛮河。据《水经·沔水注》等书的记述，蛮河在东晋以前均称夷水，因"桓温父名夷"，曾官宜城太守，故桓温执政时为避父讳"改曰蛮水"，取蛮、夷义近之意。1975年在宜城南楚皇城内出土一方汉印，文曰"汉夷邑君"[2]，确切证实当地至汉代仍称为夷，乃自先秦而然。宜城西山直到北魏时仍然称为"夷谿"[3]，更是明证。而在此古夷水北面，先秦史籍中均记有一条水道名为丹水，即今丹、淅之会的丹江。这一带在商周时代本为濮人群落的分布之地。《左传》昭公九年所记载的周初南土四国巴、濮、楚、邓中的濮，正是在这里活动生息。[4]

廪君先世本为百濮之一，原在濮人聚居区之一的古夷水流域活动。清江本称盐水，由于廪君先世从夷水迁徙至此，将夷水之名带至，故始称其为夷水。原来的古夷水北面有丹水，廪君先世迁于清江后，亦将丹水名称带来，故清江北面也出现了丹水之名。这种南北二夷水、二丹水互相依托的现象绝非偶然，而且也是完全符合古代地名随人迁徙之习的。这种情况，在《左传》中称为"名从主人"。《世本》说廪君"乘土船从夷水下至盐阳"，可以说恰好是正确地反映了廪君先世从古夷水南下至于盐水的情况。

至于《水经·夷水注》所说"昔廪君浮土舟于夷水，据捍关而王巴"，其实也是反映了廪君先世从古夷水向南迁徙的情形。过去人们一提捍关就以为是一专指名称，或谓在今重庆奉节，或谓在今湖北长阳。其实捍关本非专指名称，捍为捍卫、防卫之意，不仅奉节、长阳有之，而且其他地方也有之。《盐铁论·险固》记载："楚自巫山起方城，属巫、黔中，设扞关以拒秦。"扞与捍，音同义通，可见楚在其西部边疆也是遍设扞关以为捍卫的。在排除捍关专指的成见以后再来看"廪君浮土舟于夷水，据捍关而王巴"的问题，就比

① 郦道元：《水经·江水注》，王国维校本，上海：上海人民出版社，1984年，第1064页。
② 参见顾铁符：《楚三邑考》，载湖北省楚史研究会、武汉师范学院学报编辑部合编：《楚史研究专辑》，武汉：湖北人民出版社，1982年，第26页。
③ 郦道元：《水经·沔水注》，王国维校本，上海：上海人民出版社，1984年，第907页。
④《史记·楚世家》正义引刘伯庄，北京：中华书局，1959年，第1694页。

较容易理解廪君先世从夷水南下节节设关之事了，这也就是《水经·江水注》中"捍关，廪君浮夷所置也"一语所从来。

既然廪君先世是从古夷水南下至盐水，那么又如何解释《世本》所记的"廪君之先故出巫诞"呢？这需要抛开巫仅仅是指长江北岸的巫山这一成见才能给以合理的解释。

巫诞所在，历代史籍记载未详，学者多有争议。今按巫诞当即《史记·楚世家》所记载的楚熊渠封其长子康的封地"句亶"。按，句亶之亶，《世本》原作祖[1]，亶、祖上古均元部字，又同在定纽，声、韵全同，故得相通。亶、祖与诞（诞亦元部定母字），双声叠韵，以声类求之，诞即亶、祖。句、巫二字，句为侯部见母，巫为鱼部明母，上古音韵侯、鱼二部恒通，顾炎武即将此两韵归于同一部（顾氏第三部）。又，句字，西周金文常作攻字，句吴即作攻吴。攻为见母，可知句亦可读见母。可见，句、巫二字亦音近相通。按上古字少，"寄音不寄形"之例，巫诞实即句亶，其地在巫山山脉的北端。《盐铁论·险固》："楚自巫山起方城，属巫、黔中，设捍关以拒秦。"方城即庸之方城，在今湖北竹山县南，可知竹山古亦称巫。《水经·江水注》载："捍关……弱关……秦兼天下，置立南郡，自巫上皆其城也。"可知捍关、弱关所在之地均称巫上。《晋书·地理志》"上庸郡"属县有"北巫"，为今竹山县。由此可证，自竹山以南至今巫山县，古代皆属巫地。竹山南称巫，《史记·楚世家》所载西周中叶楚熊渠伐庸，封其长子康为句亶王，正在其地。[2]长子康，《世本》原作"庸"，二字形近而讹，康原当作庸，此可谓铁证。句亶在竹山以南，其东南即是蛮河，即古夷水。[3]正是廪君先世巫诞的所在。廪君所浮夷水，原名盐水，由于廪君从古夷水南下而将夷水之名带至，故改称夷水。而古夷水（今蛮河）北至襄阳一带，正是殷周至春秋时代百濮的活动区域。由此可见，廪君之先，实为由汉至江之濮。[4]

《后汉书·巴郡南郡蛮传》既称廪君先世源于巫诞，又称廪君为"巴氏子"，这显然意味着廪君的先世称为巴氏。而廪君先世所在的句亶（巫诞），位于汉中东南角与大巴山之间的鄂西北巴地，那里正是先秦姬姓巴国之所在。这种情况，表明廪君一系的巴人来源于鄂西北巴地。

---

① 《史记·楚世家》索隐引，北京：中华书局，1959年，第1859页。
② 参见段渝：《西周时代楚国疆域的几个问题》，《中国史研究》1997年第4期。
③ 《水经·沔水注》"夷水"条，王国维校本，上海：上海人民出版社，1984年，第907、908页。
④ 参见段渝：《试论宗姬巴国与廪君蛮夷的关系》，《四川历史研究文集》，成都：四川省社会科学院出版社，1987年。

廪君的年代，据《太平寰宇记》卷 168 引《世本》云："廪君种不知何代。"可见由于廪君史迹的渺茫难征，其年代在战国秦汉间已经失考。但从上文所论廪君先世从古夷水南下以及廪君一系的史迹等情况来看，其年代是十分古远的，应在青铜时代以前的新石器时代之末。这表明，廪君早在史前时期已南迁清江流域，不能将其同《左传》所载周初分封在汉水上游与大巴山之间的姬姓巴国混为一谈。何况，在《华阳国志·巴志》这篇专门记载巴国及其史事的历史文献中，对于廪君却只字未提，这就充分说明了廪君并非巴国王族。

三、巴地八族的来源

先秦巴国只有一个，即姬姓巴国。除姬姓巴国外，其余所谓的巴国，都是居息在巴地上称为巴的族群。《华阳国志·巴志》说，巴国"其属有濮、賨、苴、共、奴、獽、夷、蜒之蛮"，显然这八个族群是巴国境内的属民，而不是与巴国并驾齐驱的另外八个巴国。以下对巴地八族略做分析，以明其来源。

《华阳国志·巴志》所记巴国之属的八种族类中的"濮"，与川东其他百濮系统相对举，说明此"濮"是专称，而不是泛指的濮。濮人的历史十分悠久，因其分布甚广，群落众多，故称百濮。《逸周书·王会篇》记载商代初年成汤令伊尹为四方献令说："正南，瓯、邓、桂国、损子、产里、百濮、九菌，请令以珠玑、瑇瑁、象齿、文犀、翠羽、菌、短狗为献。"这个殷畿正南的百濮，当即孔安国所说的"西南夷"，亦即杜预所说的"建宁郡南"的"濮夷"[1]，即云南之濮。濮或作卜，见于殷卜辞："丁丑贞，卜又象，口旧卜。"郭沫若在《殷契粹编》考释为："卜即卜子之卜，乃国族名。"卜子，《逸周书·王会篇》记载周初成周之会，"卜人以丹砂"，王先谦补注曰："盖濮人也。"卜、濮一声之转。先秦时代生产丹砂最为有名的是今重庆彭水[2]，故此以丹砂为方物进贡的濮，当指川东土著濮人。《尚书·牧誓》记载西土八国中也有濮，是殷畿西方之濮。可见，商周之际的濮，业已形成"百濮离居"之局，而不待春秋时期。这些记载说明，濮人支系众多，分布广泛，是一个既聚族而居，又与他族错居的民族集团。

---

[1]《左传》文公十六年孔颖达正义引，第 1859 页。
[2]《史记·李斯列传》载李斯《谏逐客书》"西蜀丹、青不为采"，丹指丹砂，青指空青。《史记·货殖列传》记载"巴寡妇清，其先得丹穴，而擅其利数世 …… 秦皇帝以为贞妇而客之，为筑女怀清台"，《集解》引徐广曰："涪陵出丹。"涪陵，今重庆彭水。

西周初年，西方的濮人已东进与巴、邓为邻①，居楚西南②，分布于江汉之间。西周中叶，江汉濮人力量强大，周厉王时铜器《宗周钟》铭文记载濮子曾为南夷、东夷二十六国之首，足见其势盛焰炽。西周末，楚在江汉之间迅速崛起，发展壮大，给濮人以重大打击，使其急剧衰落。"楚蚡冒于是乎始启濮。"③春秋初叶，楚武王"开濮地而有之"④，大片濮地为楚所占，从而造成江汉濮人的大批远徙。春秋时期江汉之间的濮人群落，已不复具有号令南夷、东夷的声威，部众离散，"无君长总统"⑤，各以邑落自聚，遂成"百濮离居，将各走其邑，谁暇谋人"之局⑥。在楚的屡次打击下，江汉之濮纷纷向南迁徙。文献中战国时代楚地已无濮人的记载，除留居其地的濮人改名换号，或融合于他族外，大批濮人的远徙是其重要原因。

江汉濮人的远徙，多迁往西南今川、黔、滇三省。究其原因，当为西南地区原来就是濮人早期聚居区之一的缘故。过去多有学者认为西南之有濮人，是由于春秋时期江汉百濮的迁入，其实不然。前引《逸周书·王会篇》提到商代初叶云南有濮人。川西南的大石墓，即《华阳国志》所记载的"濮人冢"，即是邛都夷所遗。川南的僰人，是濮的一个支系，至少在商代即在当地定居。《华阳国志·蜀志》记载蜀郡临邛县有布濮水，《汉书·地理志》记为仆千水，广汉郡郪县也有濮地之名，均为濮人所遗。而商代晚期由滇东北至川南入蜀为王的杜宇，也是濮人。至于川东之濮，有濮、賨、苴、獽、夷、蜒诸族。其中，居于渝水两岸的賨、苴和长江干流两岸的獽、夷为土著，蜒则是从江汉之间南迁濮人的一支。《华阳国志·巴志》所载川东诸族中作为专门族称的濮，也是从江汉迁来的濮，故虽徙他所，名从主人不变。

先秦长江上游的濮人，多为商周时代即已在当地定居的族群，也有春秋时代从江汉地区迁徙而来的濮人支系。分布在川境的濮人，以川东、川南和川西南以及成都平原最多，也最为集中。他们名号虽异，但在来源上却都是古代百濮的不同分支。后来，随着各地濮人经济、文化、语言等的不同发展和演变，以及与他族的混融，又形成了不同的民族集团。秦汉时期及以后历

---

①《左传》昭公九年："及武王克商，蒲姑、商奄，吾东土也；巴、濮、楚、邓，吾南土也。"（第2056页）

②《史记·楚世家》正义引刘伯庄，北京：中华书局，1959年，第1684页。

③《国语·郑语》，上海：上海古籍出版社，1978年，第524页。

④《史记·楚世家》，北京：中华书局，1959年，第1695页。

⑤《左传》文公十六年孔颖达正义引杜预《春秋释例》，第1859页。

⑥《左传》文公十六年，第1859页。

代史籍对这些民族集团或称夷，或称蛮，或称僚，就是因为这样的缘故。

百濮虽分布极广，但春秋时代直接称之为濮的，仅见于江汉之濮，其他地区的濮人则各以其名号为称，"随方立名，则各从方号"[1]。由此可见，《华阳国志·巴志》所载川东地区这支专称的濮人，既无方号，表明是从江汉百濮迁徙进入的一支。

这支濮人主要分布在今涪江下游，中心在今重庆市以北之涪江、嘉陵江和渠江相会的合川一带。《舆地纪胜》卷 159 引《益部耆旧传》载："昔楚襄王灭巴子，封废子于濮江之南，号铜梁侯。"铜梁，山名，在今合川附近。濮江当即今涪江，濮、涪音近而讹。《舆地纪胜》引《图经》说合川钓鱼山双墓的来历"巴王、濮王会盟于此，酒酣击剑相杀，并墓而葬"，说明合川一带是这支从江汉迁徙入川的濮人的分布中心。

賨人是板楯蛮的别称，为川东土著族群之一。秦昭王时，因板楯蛮射白虎有功，秦"复（免除）夷人顷田不租，十妻不算"。汉初，板楯蛮因"从高祖定秦有功，高祖因复之，专以射白虎为事，户岁出賨钱囗四十，故世号'白虎复夷'，一曰'板楯蛮'"[2]。称其为賨人，则如谯周《巴记》所说，"夷人岁出賨钱，口四十，谓之賨民"。秦汉以后逐渐演化为族称。

板楯蛮之名，来源于木盾。东汉刘熙《释名·释兵器》："盾，遁也，跪其后辟以隐遁也。大而平者曰吴魁，本出于吴……隆者曰须盾，本出于蜀……以缝编版谓之木络，以犀皮作之曰犀盾，以木作之曰木盾，皆因所用为名也。"胡三省《通鉴释文辨误》卷 2 说："板楯蛮以木板为盾，故名。"本由使用木盾得名，后遂成为族称。

板楯蛮古居嘉陵江和渠江两岸。《华阳国志·巴志》载："阆中有渝水，賨民多居水左右，天性劲勇。"《史记·司马相如列传》集解引郭璞曰："巴西阆中有俞水，獠人（按指賨民，即濮人）居其上，皆刚勇好舞。"《华阳国志·巴志》"宕渠郡"下载："长老言，宕渠盖为故賨国，今有賨城。"《舆地纪胜》卷 162 引《元和志》载："故賨城在流江县东北七十里。"《太平寰宇记》卷 138："古賨城在流江县东北七十四里，古之賨国都也。"流江县为今渠江县。板楯蛮居此，当从嘉陵江东进而来。按盾又称为渠，《国语·吴语》"奉文犀之渠"，韦昭注曰："文犀之渠，谓楯也。"宕渠、渠江等名称，当由板楯蛮所居而得名。

据《华阳国志·巴志》，巴东朐忍（今重庆云阳）和涪陵郡也有板楯蛮错

① 《左传》文公十六年孔颖达正义，第 1859 页。
② 常璩著，刘琳校注：《华阳国志校注·巴志》，成都：巴蜀书社，1984 年，第 35 页。

居。同书《汉中志》和《李特雄期寿势志》记载汉中亦有板楯蛮。《汉书·地理志》则说:"而汉中淫失枝柱,与巴蜀同俗。"可见板楯蛮分布包括整个川东地区,北及汉中东部之南,都是板楯蛮的活跃出没之地。诸书记载说明,板楯蛮不仅是构成川东巴地,而且也是构成川东巴国各族中分布最广的主要族群之一。板楯蛮是百濮的一支。扬雄《蜀都赋》说"东有巴賨,绵互百濮",这是賨人(板楯蛮)为濮系民族的确证。《华阳国志·巴志》所载阆中渝水有賨民,郭璞注《上林赋》则记为獠人。賨、獠互代,可见两者皆一。

苴也是川东地区的一支土著族群。《华阳国志·巴志》记载:"蜀王别封弟葭萌于汉中,号苴侯,命其邑曰葭萌焉。"同书《汉中志》载:"晋寿县,本葭萌城,刘氏更曰晋寿。水通于巴,又入汉川。"地在今四川广元市以西、剑门关之北,嘉陵江西岸的老昭化。

苴古读为巴。《史记·张仪列传》集解引谯周《古史考》说:"益州'天苴',读为'苞黎'之包,音与'巴'相近。"《索隐》曰:"苴音巴。"又曰:"今字作'苴'者,按巴苴是草名,今论巴,遂误作'苴'也。或巴人,巴郡本因芭苴得名,所以其字遂以'苴'为'巴'也。注益州天苴读为'苞黎',天苴即巴苴也。谯周,蜀人也,知'天苴'之音读为'苞黎'之'笆'。按,芭黎即织木苴为苇篱也,今江南亦谓苇篱曰芭篱也。"可见,苴不仅读为苞、芭,且意义也与巴同。《汉书·司马相如列传》载司马相如《喻蜀父老文》所说"略斯榆,举苞蒲","苞蒲"即"巴濮"。[1]说明苴即巴,是百濮的一支。

苴地本为巴濮所在地,故地名苴。后为蜀取,蜀王封侯于此,故曰"苴侯",乃以居为氏。但此时苴地的被统治族群仍然是原居其地的苴人。1951年在四川昭化宝轮院出土的巴人船棺葬,实非人主其地的蜀人遗存,也非巴国王族的遗存,而应是秦灭巴后,为秦戍边的苴人的墓葬。至于《史记·张仪列传》所载"苴、蜀相攻击",这里的苴则不是指苴人,而是指苴侯。由于蜀王开明氏并非巴人或楚人,其弟苴侯也不是巴人或楚人,这是应当顺便指出的。

獠人史迹不详。据《华阳国志·巴志》,涪陵郡和巴郡都分布有獠人群落。《水经·江水注》记载"江水东迳壤涂而历和滩",地在今重庆万州境内。《水经·江水注》又说鱼复故城东傍"獽溪",地在今重庆奉节。长江干流和峡区这两处獽地,均因古獽人所居而得名[2],说明是獽人的主要分布地。

① 邓少琴先生首倡此说,徐中舒先生深以为然。参见邓少琴:《巴蜀史迹探索》,成都:四川人民出版社,1983年,第18页;徐中舒:《论巴蜀文化》,成都:四川人民出版社,1982年,第92、93页。
② 参见邓少琴:《巴蜀史迹探索》,成都:四川人民出版社,1983年,第18页。

夷本为中原华夏对周边少数民族的通称，但川东之夷既为专称，显然就不是泛指。《华阳国志》记载巴东郡有夷人，也分布在长江干流和峡区一带。

獽、夷均为濮人。《隋书·地理志》"梁州"下记载："又有獽、蜒、蛮、贲，其居处、风俗、衣冠、饮食，颇同于僚。"《太平御览》卷76亦载："有獽人，言语与夏人不同，嫁娶但鼓笛而已。遭丧乃立竿悬布置其门庭，殡于其所。至其体骸燥，以木函置山穴中。李膺《益州记》云：'此四郡獽也。'又有夷人，与獽类一同。又有僚人，与獽、夷一同，但名字有异而已。"明确指出獽、夷与僚一同，足见两者均属古代濮人系统。

蜑字又作蜒、诞、蛋，形近音通。川东之蜑主要分布在巴东郡、涪陵郡。《华阳国志·巴志》"涪陵郡"下载："土地山险水滩，人多戆勇，多獽、蜑之民。""巴东郡"下载："有奴、獽、夷、蜑之蛮民。"与涪陵郡相接的清江流域的廪君，《世本》称："廪君之先，故出巫诞。"巫为地名，诞为族称，巫诞即是巫地之诞，可见廪君也是蜑人。

蜑人属百濮支系，秦汉以后史籍亦屡有记载，常与猿、夷、赛等杂居。《蛮书》卷10引《夔府图经》："夷、蜑居山谷，巴、夏居城郊，与中土风俗礼乐不同。"《隋书·地理志》"梁州"下载："又有獽、蜒、蛮、贲，其居处、风俗、衣冠、饮食，颇同于僚，而亦与蜀人相类。"蜀人，因蜀王杜宇、开明皆濮人，故西周以后蜀人的濮系民族特征愈益突出，一般即将蜀人视为濮系。僚本即濮。可见，蜑人确是濮人的一支。由于蜑人主要分布在峡区以至清江流域，为古代巴中之地[1]，故左思《蜀都赋》说"东则左绵巴中，百濮所充"，此亦蜑为百濮的确证。

奴，应即卢。[2]卢是巴地八族之一，是一个单独的族类，与板楯七姓中的卢（罗）毫无关系，应当区分开来。卢，最早见于《尚书·牧誓》，跟随武王伐纣，为西土八国之一。西周春秋时活动在汉水中游地区，《左传》桓公十三年楚伐罗，"罗与卢戎两军之"，大败楚师。其地，《续汉书·郡国志》"南郡"下记有"中卢，侯国"，原注引《襄阳耆旧传》云："古卢戎也。"《元和郡县志》卷21"义清县"载："本汉中庐县地也，西魏于此置义清县，后因之。中庐故县在今县北二十里。本春秋庐戎之国。"其地在今湖北襄阳西。《水经·沔水注》记载："襄阳县故城，楚之北津戍也……其土，古鄢、都、卢、罗之地。"[3]又载：

---

① 《后汉书·巴郡南郡蛮传》记载"及秦惠王并巴中，以巴氏（即指廪君）为蛮夷君长"，可证从川东至清江流域之地为古之巴中。

② 参见邓少琴：《巴蜀史迹探索》，成都：四川人民出版社，1983，第17页。

③ 参见石泉、王克陵：《宋元木渠考》，《农业考古》1984年第2期。

"中卢县东，维水自房陵县维山东流注之，县即春秋卢戎之国也。"《括地志》亦载："房州竹山县及金州，古卢国。"[①]房陵为今湖北房县。这应是春秋早期楚灭卢后，卢之一部迁于鄂西山地的居所。以后，鄂西这支卢人又辗转西迁于渠江流域，居今渠县境内。《华阳国志·巴志》"宕渠郡"下记有"卢城"，实即这支卢人入川东以后的定居之地。

关于卢人的族源，据史籍可以考定，来源于今山西境内，为舜后。《国语·周语中》记载富辰谏周襄王曰："昔鄢之亡也由仲任，密须由伯姞，郐由叔坛，聃由郑姬，息由陈妫，邓由楚曼，罗由季姬，卢由荆妫。"韦昭注云："卢，妫姓之国。荆妫，卢女，为荆夫人。荆，楚也。"此处的卢，即《左传》桓公十三年的卢戎。卢为妫姓，而妫姓出自帝舜。《史记·陈杞世家》记载：舜"居于妫汭，其后因为氏姓，姓妫氏"。妫姓后代，"夏后之时，或失或续"。[②]其续国承祀者，西周初年，武王褒封妫满于陈，为陈胡公。卢为妫姓，是未能承续舜所传国者，因之居西方，故称卢戎。但按其起源，却属于华夏民族系统。春秋早期卢国见于《左传》，很快便从历史上消失，当在鲁桓公十三年后不久被楚并灭。[③]其后，卢人一支西迁鄂西，春秋中叶，由于庸国日强，这支卢人不得不再西迁入川。以此看来，卢人入川的年代应在春秋中叶以后。

共也是巴地族群之一，《华阳国志·巴志》记其为巴国之属，是一个有别于其他族群的族类。共人最早见于《逸周书·王会篇》："具区文蜃，共人玄贝，海阳大蟹。"孔晁注曰："共人，吴越之蛮。"据此，在殷周之际，共人原为东方滨海地区的越系民族。大概在春秋战国时代，共人沿江西上进入川东。共人的分布，据《太平寰宇记》卷 120 载，唐麟德二年移洪杜县于"龚湍"，即今重庆酉阳之"龚滩"。共、龚字通，当为共人所居得名。[④]这个越系的共，与板楯七姓中的龚不同。板楯之龚，《蜀都赋》李善注引《风俗通》作"袭"，二字形近而讹，当以作龚为是。虽然板楯之龚与越系之共音同可通，但同在《华阳国志·巴志》中，却是将板楯七姓全部纳入赛人一系加以叙述，而共人则单出，不与巴地其他族群同系，可见两者非一。

由上可见，《华阳国志·巴志》记载的巴国之属"濮、赍、苴、共、奴、獽、夷、蜒之蛮"，尽管其各自来源不同，但均属先秦濮越集团这一包容面十

①《史记·周本纪》正义引，北京：中华书局，1959 年，第 123 页。
②《史记·陈杞世家》，北京：中华书局，1959 年，第 1575 页。
③ 参见何浩：《楚灭国研究》，武汉：武汉出版社，1989 年，第 152-154 页。
④ 参见邓少琴：《巴蜀史迹探索》，成都：四川人民出版社，1983 年，第 19 页。

分广泛的民族系统。从他们的来源不难看出，他们均非先秦巴国的统治者即巴国王族。恰恰相反，巴国王族是在西周初年由周王室分封到巴地建立诸侯国去统治巴地各族，用以藩屏周室，镇抚南土的。

四、宗姬之巴——巴国王族的来源

巴国王族，即学术界所盛称的宗姬之巴，亦即《左传》《史记》以及《华阳国志·巴志》等史籍所叙录的巴国。[①]

《华阳国志·巴志》记载："周武王伐纣，实得巴、蜀之师，著乎《尚书》。巴师勇锐，歌舞以凌殷人，前徒倒戈，故世称之曰：'武王伐纣，前歌后舞'也。武王既克殷，以其宗姬封于巴，爵之以子……巴国远世，则黄、炎之支；封在周，则宗姬之戚亲。"巴为姬姓，这在先秦史籍中可得而征引。《左传》昭公十三年记载："初，（楚）共王无冢嫡，有宠子五人，无嫡立焉。乃大有事于群望而祈曰：'使神择于五人者，使主社稷。'乃遍以璧见于群望曰：'当璧而拜者，神所立也，谁敢违之？'既，乃与巴姬密埋璧于太室之庭，使五人齐而长入。"巴姬埋璧之事亦见于《史记·楚世家》。

《左传》所记"巴姬"，根据《周礼》所载"妇人称国及姓"之制[②]，巴为国名，姬为国姓，巴姬即是姬姓巴国嫁于楚的宗室女。《华阳国志·巴志》记载直到战国年间，巴、楚的通婚关系尚存，足证巴为姬姓之说不误。

巴子称为宗姬，宗姬之姬为姓，宗则是同宗之意，表示与周人为同宗之后。姓原是母系氏族社会的产物，《说文·女部》曰："姓，人所生也。"其字从女从生，表明姓所标志的是出生的血缘关系。《左传》昭公四年记载叔孙豹与其过去"所宿庚宗之妇人"对话，叔孙豹"问其姓"，妇人答曰："余子长矣。"杜预注云："问有子否？问其姓（生产），女生（女子生产）曰姓，姓谓子也。"可见，问其姓就是问她所生的孩子，姓也就是出生的血缘关系。这种出生的血缘关系最初以母系计算，故曰"女生为姓"，后来发展到以男系计算血缘关系时就出现了宗。《说文·宀部》曰："宗，尊祖庙也。"宗即是祭祀祖先的庙主，所表示的完全是父系的血缘关系。[③]因此，由姓到宗的发展是同社会由母系转入父系相适应的。显然，巴有宗姬之称，说明巴人的父系先祖与

----

① 这里所论说宗姬巴国，指其王室及其后代，不包括巴国其他族类的统治者各阶层和被统治者。

②《史记·周本纪》索隐引，北京：中华书局，1959 年，第 147 页。

③ 徐中舒：《论尧舜禹禅让与父系家族私有制的产生和发展》，《四川大学学报》1958 年第 3、4 期合刊。

周人的父系先祖源出一脉，有相同的出生血缘关系，故为同宗之后。

对于宗姬的解释，有的学者从周之宗室子弟这一角度出发，认为宗姬应是周王室的直系后代。此说尚可商榷。如上文所论，宗为同宗之意，代表的是父系血缘上的同源关系，并非指宗室而言。从史实来看，根据《华阳国志·巴志》的记载，宗姬的分封是在周武王克殷之后。《左传》昭公九年也说是"及武王克商……巴、濮、楚、邓，吾南土也"，则此宗姬必与武王同时。假如宗姬果然是武王的宗室子弟，那么在有关文王、武王或成王进行分封的备物典册中就应该有史可考，但事实并非如此。从《史记·周本纪》关于王室世系的记载可见，周武王有子十人，长曰管叔鲜，最少曰冉季聃，十人及其后代中没有一个同宗姬巴国有关。对于文、武、周公的后代即宗室子弟在西周初年分封为诸侯的情况，《左传》僖公二十四年的记载颇为详细，其文曰："昔周公弔二叔之不咸，故封建亲戚以蕃屏周。管、蔡、郕、霍、鲁、卫、毛、聃、郜、雍、曹、滕、毕、原、酆、郇，文之昭也；邘、晋、应、韩，武之穆也；凡、蒋、邢、茅、胙、祭，周公之胤也。"这些诸侯国均为西周宗室子弟所建，其源流大多在史籍或金文资料中可以考见，其中同样没有一个与武王分封的宗姬国有关。按《左传》昭公二十八年对"武王克商，光有天下"后的分封之数有一说明，文曰："其兄弟之国者十有五人，姬姓之国者四十人，皆举亲也。"这里所说的兄弟之国，其实就是指宗室子弟所建之国；而所说姬姓之国，在此与兄弟之国对举，显然就不是指王之宗室子弟，而是指与周同源的其他姬姓所建之国，二者间的区别是一目了然的。至于《荀子·儒效篇》记载："周公兼制天下，立七十一国，姬姓独居五十三人焉。周之子孙苟不狂惑者，莫不为天下之显诸侯。"所说"姬姓独居五十三人"，与上引《左传》所记兄弟之国和姬姓之国的总数五十五人基本一致。两相对照，可知这是举全部姬姓诸侯之数合而言之，未作王室子弟和其他姬姓间的区分。既然史籍已明确指出姬姓诸侯中存在王室子弟和同宗后代的区别，而王之宗室子弟所建诸侯国中又无一称巴，与宗姬巴国全然无关，那么，认为宗姬是周王室子弟的说法无疑是一种误解。

宗姬与周同宗，在班辈上低于武王，在同宗关系的庞大血缘带中居于子辈，由于早已别为氏族，故对武王来说，属于子族之列，因其分封于巴，故称巴子。巴谓国名，子谓子族，此即宗姬称为巴子的由来。①

---

① 参见段渝：《"古荆为巴说"考辨》，《贵州社会科学》1984 年第 5 期。

据《华阳国志·巴志》记载，殷周之际的宗姬之巴，由于迫使殷人前徒倒戈而"著乎《尚书》"，名传千古。这里所说著乎《尚书》，古今学者均一致认为是指《尚书·周书》中的《牧誓》。《牧誓》是武王伐纣大战之前在商郊牧野所作的誓师词，篇首记载："王曰：嗟！我友邦冢君、御事、司徒、司马、司空、亚旅、师氏、千夫长、百夫长，及庸、蜀、羌、髳、微、卢、彭、濮人：称尔戈，比尔干，立尔矛，予其誓！"《史记·周本纪》所引与此略同。同参与伐纣之师的各族武装共同宣誓。可是在所有军队中，丝毫也未提到巴师，在整个誓词中也没有片言只语提到巴人，这同常璩之言显然矛盾。为了证实《华阳国志·巴志》关于巴师著乎《尚书》这一记述的可靠性，学者已经做了许多阐释，或说彭即巴，或说髳即巴，或说濮即巴，或说举濮而包巴，总之都在篇中具体提到的八国中去加以论说。然而均无确据，难成所论。有学者从新的角度来考察这一问题，认为今陕西宝鸡附近的弧国墓中出土的一些器物与四川彭县竹瓦街所出颇为相似，当为巴人的弧氏所遗，并认为弧氏即是参与武王伐纣的巴师，应属《牧誓》篇首所称的"友邦冢君"之列，与西土八国不存在什么关系。[1]此说颇有新意，不过把弧氏器物看作巴人所遗，从而把二者等同起来，这一说法似可进一步研究。从弧伯、弧季所作之器特别是青铜兵器来看，其形制与早期蜀文化颇为近似，并且彭县竹瓦街无论就地域上说还是就已发现的器物来说，均无不与蜀有关，而同殷周之际的巴人谈不上直接的联系。

巴师伐纣确为史实，但既不应在庸、蜀、羌、髳、微、卢、彭、濮人中去强取其证，也不必在《牧誓》中去详加稽考，以求从中析出一支巴人。上文说过，巴与周为同宗之后，关系甚密，居地相邻，在殷末参与以周为首的反殷集团，成为"殷之叛国"[2]，并协同武王伐纣，是没有什么疑问的，所以周初也才能够被武王举亲而封于巴。如像宗姬一类非周王宗室子弟的其他姬姓之国也是如此，均由于相随伐纣而受王室分封，故其名称也未见诸《牧誓》，更未流传下来。而《牧誓》所举西土八国则与此不同，这八国中没有一个是周之同姓，他们与周的关系并不像周之同姓那样紧密，参与伐纣也有各自不同的原因，故武王在誓师词中要把他们特别举出，一方面可略示其间的区别，另一方面则可收作戒训令之效。属于姬姓集团的各个宗支，则由于有血缘纽

---

① 参见尹盛平：《西周的弧国与太伯、仲雍奔荆蛮》，《陕西省文博考古科研成果汇报会论文选集》（西安）。

②《左传》襄公四年，十三经注疏本，第1931页。

带的牢固维系，并且在军事上易于连成一体，服从统一的号令指挥，因而用不着把各支的名称一一列出。事实上，《牧誓》对姬姓集团中的任何一支都是没有直接列举的，只是在篇首总挈各部时举出了各自所任军职，即御事、司徒、司马、司空、亚旅、师氏、千夫长、百夫长之类，其中自然就包括了宗姬的军事称谓。因此誓词中没有宗姬之名是极其自然的。[①]

巴国虽为姬姓，与周同源，但诸姬集团早在殷代或在此以前即已别为氏族，依照上古姓氏有别，"女子称姓，男子称氏"的通例，其方国名称均不与姓发生联系，而以职司名、居邑名等作为国名，并以此作为氏号，此即古人所谓"诸侯以国为氏"，因此同一族属的不同宗支在别为氏族后即有不同的名称。仅以姬姓而论，《左传》成公十三年记载吕相绝秦之辞曰："白狄及君同州，君之仇雠，而我之婚姻也。"这里的白狄，即指《左传》中所记的晋献公夫人大戎子狐姬和骊姬的族落，与晋同姓相婚，显为姬姓，此外鲜虞也是姬姓[②]，均为与周同姓而别为氏族后另立名号者，不失为显著例证。

五、与巴有关的几个概念

巴是一个内涵和外延都十分复杂的概念。从最广泛的意义说，作为地域名称，巴的包容面相当广阔。由于古代以川东、鄂西为中心，北达陕南，南及黔中和湘西地区的一大片连续性地域通称为巴，所以古代居息繁衍在这个地域内的各个古族也被通称为巴，并由此派生出巴人、巴国、巴文化等概念。从这个意义上看，巴这个名称包有地、人、国、文化等多层次的复杂内涵，是一个复合性概念。由于巴的内涵的复杂性，导致学者从不同的视角出发，往往各执一端，发生很大分歧，至今在若干基本问题上还远远没有取得一致意见。

巴地、国、巴人、巴文化，是几个既有区别又有联系的概念。

巴地，有广、狭二义。狭义上的巴地，是指姬姓巴国之地，初位于汉水上游陕东南地区与大巴山之间，是著名的"汉阳诸姬"之一，后辗转南迁到长江上游中游之间的川东鄂西地区。广义上的巴地，则随时代的变化而广狭不一。先秦至秦汉时期的巴地，是指被称为巴的一大片地域，即以川东、鄂西为中心，北达陕南，包括嘉陵江和汉水上游西部地区，南及黔涪之地，包

---

① 参见段渝：《试论宗姬巴国与廪君蛮夷的关系》，《四川历史研究文集》。

② 《春秋公羊传》昭公十二年何注及徐疏皆谓鲜虞与晋同姓，是知其为姬姓。十三经注疏本，北京：中华书局影印本，1980年，第2320页。

有黔中和湘西地区在内的一大片连续性地域。

巴国，是指以姬姓巴王族为主体，并包括版图内的其他族群，在先后以陕东南和川东鄂西为中心而其四至因时而异的地域范围内所建立的国家。但不同时期，由于巴疆范围的不同，巴国的范围也远非一成不变。在多数情况下，当巴疆缩小后，其故地仍可称巴。如汉中属秦后，其地仍有巴称。反之亦然。

巴人是泛指生长在巴国和巴地范围内的所有人，以及从巴迁徙至其他地方的人，而可以不论其本来族别如何。

巴文化有三个不尽相同的概念。战国以前的巴国文化与巴地文化是有区别的，巴国文化是指宗姬一系的巴国王族的文化，巴地文化则是指巴地各族的文化。春秋末战国初巴国从汉水上游南移长江干流，巴国文化与巴地文化才结合起来，形成完整意义上的巴文化。因此，巴文化含有巴国文化、巴地文化以及完整意义上的巴文化等三个不同的层次。完整意义上的巴文化是巴国文化与巴地文化复合共生的地域文化概念。春秋战国之际巴国从汉水上游南迁长江干流两岸巴（西陵）、巫、夔峡地区和川东地区，成为当地各族的统治者，于是巴国文化与巴地文化始多元共生，从复合、耦合到融合，两种不同文化的空间构架由此基本重合。到这个时候，巴国文化与巴地文化才合二而一，在考古学上表现为巴国青铜文化与巴地文化（陶、石）相融合，从生活、生产用具到武器等诸方面成为一个具有特色的整体性系统性文化结构。这个时候的"巴文化"才是完整意义上的，可以用"巴"来涵盖并指称国、地、人、文化的一个具有独立意义的文化概念，从而形成巴文化区。[①]

巴文化区的地域范围，大致上北起汉中，南达黔中，西起川中，东至鄂西。它的基本特点，一是大量使用巴蜀符号，多刻铸在青铜器和印章上；二是巫鬼文化异常发达，以致在川东鄂西尤其三峡地区形成一个颇引人注目的巫文化圈，传奇甚多，来源甚古，与众不同[②]；三是乐舞发达，人民能歌善舞，其青铜乐器以錞于为重器；四是崇拜白虎（廪君蛮）与畏惧白虎（板楯蛮）信仰的共生和交织；五是具有丰富而源远流长的女神崇拜文化传统；六是"其民质直好义，土风敦厚""俗素朴，无造次辨丽之气"[③]，等等。

---

① 参见段渝：《政治结构与文化模式——巴蜀古代文明研究》，上海：学林出版社，1999年；《巴文化与巴楚文化简说》，《楚俗研究》第3集，武汉：湖北美术出版社，1999年。

② 段渝：《略论巴、蜀与楚的文化交流关系》，《长江文化论集》，武汉：湖北教育出版社，1995年。

③ 常璩著，刘琳校注：《华阳国志校注·巴志》，成都：巴蜀书社，1984年，第28页。

春秋战国之际巴文化形成后，巴文化区的地域构架同时基本稳定下来，历秦汉魏晋南北朝基本没有大的变动，隋唐以后文化面貌始发生较多变化，但在峡区及岭谷之间其基本文化面貌则一直持续发展到近世。

考古学上的巴文化，研究对象与巴地的史前文化或全部巴人的文化有异有同。参照夏鼐先生所说历史时期的考古学文化应当用族名或朝代名（如夏文化、商文化等）来指代[①]，则考古学上的巴文化应当是特指历史时期巴人所创造的具有独特特征的全部物质文化遗存。另一种概念是狭义的文化概念，主要指巴人的精神文化。还有一种是文化人类学上的文化概念，包括巴人的全部物质文化、精神文化和社会结构。

---

① 夏鼐：《关于考古文化命名的问题》，《考古》1959 年第 4 期。

汉晋巴蜀

31

论秦汉王朝对巴蜀的改造

统一政治经济和整合多元文化，是秦汉史上的两大时代主题。大致说来，秦汉王朝对于新归并的异质文化区域，着重针对其原先的独立王国政体，从政治上进行大刀阔斧的彻底的变革，铲平割据势力，消除分裂基础，维护统一局面；在经济上，根据异质文化区域的实际经济结构和生产力水平，实行程度不等的变革；在文化上，秦王朝对异质文化区域并没有实行文化专制主义，而是采取比较温和、宽容的策略，主要通过政治经济变革对文化的自然反馈作用和通过各种形式的文化交流与感应，来达到整合多元文化的目的，汉王朝与此基本相同，但更注重文化教育和引导。秦汉王朝对西南泱泱大国巴国、蜀国的改造，就是照此模式运作的成功范例。

从公元前 316 年秦并巴、蜀，中经秦王朝的兴灭，直到西汉中叶，经过约及二百余年长期不懈的努力，终于从根本上改变了先秦巴蜀文化的性质，转变了它的发展方向，使它从作为独立王国形态和民族性质的文化，转化为秦汉统一帝国内的地域形态和汉民族组成部分之一的中华文化亚文化，巴蜀文化史从此揭开了新的一页。本文试从政治经济、社会组织、移民以及文化等几个方面，对秦汉王朝改造巴蜀的情况略作论析，以期深化对战国末秦汉之际政治统一与文化整合关系的认识，并希望有助于其他区域中类似问题的进一步深入研究。

一、秦王朝对巴蜀的政治经济改造

公元前 316 年秦灭巴、蜀后，采取了郡县制与羁縻制式分封制相结合的政策，分步骤对巴、蜀实施改造，并根据两地的实际情况，分别采取了不同的治理策略。

在巴地，秦消灭了宗姬巴国的政权，俘虏巴王，在原巴都江州（今重庆市渝中区）筑城，并于公元前 314 年置巴郡。①但是，一方面，由于江州以东

---

① 《华阳国志·巴志》《水经·江水注》。

还有巴王子残部据守枳（今重庆市涪陵区），负隅顽抗，涪陵以东长江两岸并北至汉中，更有楚国大军压境，准备与秦决战，而秦军精锐此时也集结在巴地以北的汉中，全力部署丹阳之战，使秦不能分派重兵入巴，推动全面改造。另一方面，由于巴地以大姓为核心的血缘部落集团依然完整存在，其势并没有因为巴国的灭亡受到丝毫损失，而大姓统治根深蒂固，各族团之间的关系又错综复杂，也使秦不敢轻易对他们进行根本改造，以免激化矛盾，引起新的强烈反抗。因此，秦对巴地采取了郡县制与羁縻制相结合的治理策略①，在将巴地纳入秦的郡县体制的同时，不改变其血缘集团的社会组织结构，保留大姓统治，并利用大姓首领作为其基层统治代理人，通过他们来实施秦的各项政策、制度和法令。《后汉书·南蛮西南夷列传》载："及秦惠王并巴中，以巴氏为蛮夷君长，世尚秦女，其民爵比不更，有罪得以复除。其君长岁出赋二千一十六钱，三岁出义赋千八百钱，其民户出幏八丈二尺，鸡羽三十鍭。"可以看出，政治上，秦仍以巴地大姓首领为君长，继续其血缘集团统治，并通过世代通婚的形式和交纳赋税的形式，从文化和政治两个方面来维系与巴地大姓首领的政治统属关系。对巴地大姓治下的部民，则通过普遍赐予不更爵级（不更为秦二十级军功爵制中的第四级）来广揽民心。经济上，秦在巴地迅速推行自商鞅变法以来确立的"舍地税人"征赋办法，按户按口征收赋税。同时，为了优容安抚巴地民众，又规定血缘大姓集团的部民免服更卒之役。②这些措施，既把巴地各族纳入秦国统一的郡县制体制之内，使其政治经济制度的主要方面按照秦制、秦律来运转，又稳定了巴地的社会秩序，因而收到良好成效。

秦昭王时，为了进一步巩固川东巴地这一战略基地，以支持秦对东方六国愈演愈烈的统一战争，又借板楯蛮射杀白虎、有功于民之机与之订立盟约，"乃刻石盟要，复夷人顷田不租，十妻不算，伤人者论，杀人得以倓钱赎死。盟曰：'秦犯夷，输黄龙一双，夷犯秦，输清酒一钟。'夷人安之"③。这在实际上等于免除了板楯蛮的田租和大部分算赋负担，大大有利于巴地政治秩序的稳定。所以，终秦之世，川东巴地一直未乱，成为秦在关中以南地区的战略大后方。

---

① 段渝：《涪陵小田溪巴王墓新证》，《巴蜀历史·民族·考古·文化》，成都：巴蜀书社，1991年。

② 秦惠王赐巴氏蛮夷之民爵比不更。不更，据《汉书·百官公卿表》颜师古注："言不豫（参预）更卒之也。"可知巴氏蛮夷免服更卒之役。

③《后汉书·南蛮西南夷列传》，并见《华阳国志·巴志》。

比较而言，秦对蜀的改造则要复杂得多，不但屡有反复，而且治蜀的措施也与治巴不尽相同。公元前 314 年，秦置蜀郡，同时又以蜀为侯国，"贬蜀王更号曰侯"①，实行郡县制与分封制并行的过渡政策。秦惠文王封蜀王子通国（又作公子通、公子繇通）为蜀侯，以陈壮（或作陈庄）为相，并以秦大夫张若为蜀国守。但是，蜀地的反秦势力并没有停止反抗。在蜀郡以南的南中地区，有蜀王子安阳王率领旧部三万人伺机反扑。②在青衣江地区，又有"丹、犁臣蜀"，拥戴蜀王为君长，内外接应反秦。秦惠文王更元十四年，"相壮杀蜀侯来降"③。公元前 310 年（秦武王元年），秦派名将甘茂定蜀，诛杀参预谋反的陈壮。公元前 308 年，秦复封蜀公子煇（或作恽、晖）为蜀侯。公元前 301 年，"蜀侯煇反，司马错定蜀"④，令蜀侯煇夫妇自裁，并"诛其郎中令婴等二十七人"⑤。次年，秦又封蜀公子绾为第三任蜀侯。公元前 285 年，秦昭王疑蜀侯绾反，王复诛之，但置蜀守。⑥从公元前 316 年灭蜀，直到公元前 285 年诛蜀侯绾，经过 30 余年的时间，秦才最终在蜀地确立起完全的郡县体制，将蜀地真正纳入秦的统治体系当中。

秦对蜀的政治改造，是有步骤、分阶段进行的。公元前 314 年秦虽置蜀国守，但同时又分封蜀侯，使其有国、有相、有臣僚，基本保留了原蜀王国的政府机构，实行郡县制与分封制并用的政策，而不急于立即着手对蜀的政治体制予以根本改造。其原因有二：一是蜀地反秦势力强大，一时难以扑灭，只能渐变，不能激变；二是秦正倾其兵力对付关东六国，也难以抽调重兵入蜀控临，因而对蜀的改造只能逐步进行。到秦昭王时，由于秦在蜀地成功地进行了土地制度变革，改变了蜀地原来的经济结构，造就了大批拥护秦国政权的个体小农，从而争取到广大蜀人的支持，使废除分封制、确立郡县制的时机臻于成熟，因而借口"蜀侯绾反"，诛之而国除。可见，秦对蜀的政治改造，的确是颇费心机，将其作为整个统一战略的重要组成部分来规划实施的。

经济方面，秦初并蜀时，一仍蜀国旧制，没有颁行新措施。到诛蜀侯通国后，秦派甘茂入蜀，于武王二年（前 309 年）在蜀颁布由甘茂奉命修订的

---

① 司马迁：《史记·张仪列传》，北京：中华书局，1959 年。
② 郦道元：《水经·叶榆水注》引《交州外域记》，王国维校本，上海：上海人民出版社，1984 年。
③ 司马迁：《史记·秦本纪》，北京：中华书局，1959 年。
④ 常璩著，刘琳校注：《华阳国志校注·蜀志》，成都：巴蜀书社，1984 年。
⑤ 常璩著，刘琳校注：《华阳国志校注·蜀志》，成都：巴蜀书社，1984 年。
⑥ 常璩著，刘琳校注：《华阳国志校注·蜀志》，成都：巴蜀书社，1984 年。

《为田律》①，并在蜀地推行。《为田律》主要是关于农田面积和封、畛、阡、陌以及除草、除道、修桥、修坡堤等的规定，其中最主要的是关于田界的规定。从当时秦尚未在蜀变革以土地制度为主要内容的生产关系来看，武王二年颁布《为田律》，对蜀地的田界加以严格规定，实际上是重新确定经政局变动后原蜀国民户的田界和田亩面积，以便日后进一步变革蜀的生产关系。

秦昭王四年（前303年），秦在蜀地大规模变革土地制度和生产关系。《汉书·地理志》记载"秦昭王开巴蜀"，《史记·秦始皇本纪》记载"昭王四年初为田，开阡陌"，两条史料记载的是同一事件，即把商鞅变法以来秦国实行的辕田制在巴蜀广大地区推行。②其中包括几个方面的内容：

第一，"初为田"，即首次在蜀改变田制，把过去农村公社公有制下"换土易居"的授田制，改变为私有制下"自爰其田"的辕田制，使农夫成为其田地的主人，也就是成为个体小农。这样，就促使蜀地原来介于公有制与私有制之间二重性的农村公社组织及其制度走向崩溃，对于蜀地新的经济结构和社会组织的形成与发展产生了重要作用。

第二，"开阡陌"，即决裂过去的阡陌，扩大田亩面积，按照秦制以二百四十步为亩，一夫一妇给予一百亩。这就不仅使农夫人尽其力，使地尽其利，并且扩大了私有制。

第三，全面发展私有制，允许土地买卖。秦自公元前350年商鞅第二次变法，即已"除（废除）井田，民得买卖"③，允许土地买卖，把私有制的发展引向深入。秦昭王变革巴蜀的生产关系，必然包括允许土地买卖这一重要措施，因为它是同"为田开阡陌封疆而赋税平"④联为一体的，是秦变革生产关系，全面实行土地私有制的重要内容。秦昭王既已在巴蜀"为田开阡陌"，则必然同时允许土地买卖。据《史记·货殖列传》记载，秦之迁虏赵人卓氏在蜀郡临邛即山冶铸，"富至僮千人"，《华阳国志·蜀志》说山东迁虏程郑"亦（有家僮）八百人"。这表明，由于秦在蜀推行了土地买卖，引起了剧烈的两极分化和土地兼并，所以才使卓氏和程郑拥有巨量田产，占有大批僮仆，也才有大批因失去土地而"无立锥之地"的蜀人前来为其即山鼓铸，从而使其"田地射猎之乐，拟于人君"。

① 四川省博物馆等：《青川县出土秦更修田律木牍》，《文物》1982年第1期。
② 蒙文通：《巴蜀古史论述》，成都：四川人民出版社。1981年，第65-66页。
③ 班固：《汉书·食货志》，北京：中华书局，1962年。
④ 司马迁：《史记·商君列传》，北京：中华书局，1959年。

秦昭王在蜀"初为田，开阡陌"具有两方面的重要意义。一方面，用法令形式正式废除了原蜀王国的土地国有制，从经济上剥夺了原蜀王国的贵族，使过去的广大农奴变成了个体小农，调动了生产积极性，有利于生产力的发展。另一方面，又以法令形式重建封疆，保护封建的土地所有制。这样，由于经济结构的改变，造就了大批新兴个体小农和地主，他们既是新制度的合法受益者，必然成为新制度的坚决拥护者，因而就造就了秦在蜀实施统治的最广泛和最坚强的社会基础。公元前 216 年，秦王朝发布"使黔首自实田"①的法令，使占有土地的地主和自耕农按照实际占有的田亩数量向政府申报，不论占有田数多少，均可取得国家法律的认可。这样，秦王朝的封建土地制度和法令就在巴蜀全境全面贯彻实施，使巴蜀的自耕农和地主同时取得了新的合法地位。

在工商业方面，公元前 311 年，秦惠文王令张仪、张若修筑成都城池，"营广府舍，置盐、铁、市官并长丞，修整里，市张列肆，与咸阳同制"②。将商业市肆集中到少城南部加以统一管理，形成规模很大的"成都市"，以致与秦都咸阳同制。同时，秦允许巴蜀的盐、铁业和其他手工业继续开业，置盐、铁、市官分别征收盐、铁和贸易税。四川青川郝家坪和荥经古城坪出土漆器上的烙印戳记、文字和刻划符号表明，秦灭蜀后仍然给蜀的工商业以允许其积极发展的政策。③由于这些政策推动了蜀地工商业的进一步发展，因而使蜀地的工商业者也成为秦制的积极拥护者。《华阳国志·蜀志》说秦时蜀地"工商致结驷连骑，豪族服王侯美衣"，表明工商业者成为秦制的很大受益者，成为秦王朝在蜀地进行统治的重要社会基础之一。

秦对巴蜀政治制度和经济结构的改造，从根本上使巴蜀从原来的独立王国转变为统一王朝之内的郡县，"法令由一统"，成为以秦王朝为代表的中华民族大家庭光荣之一员。与此同时，由于大批拥护秦王朝统治的巴蜀自耕农、地主和工商业者的兴起，他们分布在巴蜀各地，多数成为秦统治思想的坚决拥护者，因而造成了巴蜀文化对秦文化的直接感应，从而推动了巴蜀文化的转型，逐步与秦文化相整合，成为中华文化圈内的一个地域亚文化区。

---

① 司马迁：《史记·秦始皇本纪》，北京：中华书局，1959 年。
② 常璩著，刘琳校注：《华阳国志校注·蜀志》，成都：巴蜀书社，1984 年。
③ 段渝：《先秦秦汉成都的市及市府职能的演变》，《华西考古研究》（一），成都：成都出版社，1991 年。

二、汉王朝对巴蜀的政治经济改造

公元前207年10月，秦王朝在农民战争的急风暴雨中全面崩溃。公元前206年，自立为西楚霸王的项羽封刘邦为汉王，"王巴、蜀、汉中四十一县，都南郑"[①]。萧何献计刘邦："愿大王王汉中，抚其民，以致贤人，收用巴、蜀，还定三秦，天下可图也。"[②]刘邦用萧何之谋，据巴、蜀、汉中（汉中在先秦时为巴、蜀之地），以为汉军粮饷、兵员的供应基地；又采韩信之策，率军东伐，"留萧何收巴、蜀租，给军粮食"[③]。《华阳国志·蜀志》记载："汉祖自汉中出三秦伐楚，萧何发蜀、汉米万船而给助军粮，收其精锐以补伤疾。"《华阳国志·汉中志》也载："高帝东伐，萧何常居守汉中，足食足兵。"巴地阆中人范目为汉王募发川东板楯蛮还发三秦，板楯蛮"天性劲勇，初为汉前锋，数陷阵"[④]，"常嘉其功"[⑤]。这些史实表明，楚汉之争时，巴蜀人不但已为刘邦所收用，而且对汉王朝的建立做出了重要贡献。

由于巴蜀地区是"帝业所兴"[⑥]，又是汉王朝重要的粮仓和材官来源地[⑦]，所以汉王朝建立伊始，就把巴蜀划为"天子自有"之地[⑧]，"不封藩王"[⑨]。这样，巴蜀地区从楚汉战争以来被长期置于中央王朝的直接控制之下，长期处于汉家天下的稳定秩序之中，有利于增强汉王朝对巴蜀的凝聚力，增强汉文化对巴蜀文化的吸引力。

楚汉之争中，为支持汉王北征关中，巴蜀民众从汉军伐三秦者为数不少。汉高祖二年（前205年）特下诏："蜀、汉民给军事劳苦，复勿租税二岁。"[⑩]对川东板楯蛮，"复其渠帅罗、朴、督（昝）、鄂、度、夕、龚七姓，不输租赋，余口乃岁入钱，口四十"[⑪]。巴蜀广大民众在经济上受益，必然使他们在政治上成为汉王朝的坚决拥护者。《后汉书·南蛮西南夷列传》记载汉高祖对

---

① 班固：《汉书·高帝纪上》，北京：中华书局，1962年。
② 常璩著，刘琳校注：《华阳国志校注·汉中志》，成都：巴蜀书社，1984年。
③ 班固：《汉书·高帝纪下》，北京：中华书局，1962年。
④ 范晔：《后汉书·南蛮西南夷列传》，北京：中华书局，1965年。
⑤ 常璩著，刘琳校注：《华阳国志校注·蜀志》，成都：巴蜀书社，1984年。
⑥ 常璩著，刘琳校注：《华阳国志校注·汉中志》，成都：巴蜀书社，1984年。
⑦ 班固：《汉书·高帝纪下》，北京：中华书局，1962年；班固：《汉书·食货志》，北京：中华书局，1962年。
⑧ 班固：《汉书·诸王表序》，北京：中华书局，1962年。
⑨ 常璩著，刘琳校注：《华阳国志校注·汉中志》，成都：巴蜀书社，1984年。
⑩ 班固：《汉书·高帝纪上》，北京：中华书局，1962年。
⑪ 范晔：《后汉书·南蛮西南夷列传》，北京：中华书局，1965年，并见常璩著，刘琳校注：《华阳国志校注·巴志》，成都：巴蜀书社，1984年。

板楯蛮优礼有加，使板楯蛮"遂世世服从"，就是明显的例证。

汉高祖五年（前202年）五月，发布著名的"罢兵赐复诏"[1]，促使一大批士兵因为建有军功而成为新兴的军功地主，获得爵位和田宅，造成了西汉王朝最坚强的社会基础和有力支柱。巴蜀地区在楚汉战争中是汉军的兵员基地，从军随刘邦出关中定三秦者不在少数。《汉书·高帝纪》多处提到巴蜀民"给军事劳苦""士卒从入蜀、汉、关中者"；《华阳国志·蜀志》也说萧何收巴蜀"精锐以补伤疾"，表明有大批巴蜀民参加汉军。其中当有不少人因军功获得爵位和田宅，成为新兴的军功地主，他们在罢兵归家后，自然也就成为新兴的汉王朝在巴蜀各地进行统治的坚强支柱。西汉前期巴蜀文化加速向汉文化转型，这是其中十分重要的一个原因。

汉武帝时，实行盐、铁官营制度，在全国40郡国设置铁官49处，其中在巴蜀地区设置3处：蜀郡临邛，犍为郡武阳，犍为郡南安。[2]铁官的设置，强制性地使人们把在其物质文化生产中使用最普遍的铁制农具采用同一的官样形式，从而迅速取代了残存的巴蜀文化器物形制，对于巴蜀特有的青铜文化造成了根本性冲击。这样，从物质形态上保留下来的巴蜀文化残余，就最终被汉文化所取代了。从考古学上看，正是在汉武帝时期，传统的巴蜀器物基本上化于无形，表明其主体部分已转型为汉文化。

在汉王朝政治经济政策的直接作用下，巴蜀文化加深了对汉文化的感应和融会，朝着汉文化迅速转化，最终成为汉文化不可分割的重要组成部分。

三、秦汉王朝对巴蜀的社会组织改造

秦灭巴蜀后，旋即对巴蜀境内的各种社会组织进行改造。

巴国灭后，原王族的成员大概下降为一般富户，纳入秦的编户之中。巴王后裔中有所谓"巴废子"，于巴灭后逃往枳，于公元前280年左右为楚襄王所灭[3]，楚襄王又"封废子于濮江之南，号铜梁侯"[4]。楚灭于秦后，巴废子之族当也降为一般富户，成为秦王朝的编户。巴王后裔中，另有巴子五兄弟

---

① 班固：《汉书·高帝纪下》，北京：中华书局，1962年。

② 班固：《汉书·地理志》，北京：中华书局，1962年。

③《战国策·燕策二》苏代说燕王曰："楚得枳而国亡。"《史记·苏秦列传》同。据《史记·楚世家》，秦将白起拔郢，楚襄王退保陈城，其事在公元前278年。楚得枳，当在此年之前。又，陈寿《益部耆旧传》云："昔楚襄王，灭巴子。"此事件与"楚得枳而国亡"不论在时间还是在地点上均正相吻合，可知楚所灭巴子是枳地的巴子，为巴王后裔。

④《舆地纪胜》卷一五九引《益部耆旧传》。

的传说，梁载言《十道志》记载："故老云：楚子灭巴，巴子兄弟五人流入黔中。汉有天下，名曰酉、辰、巫、武、沅等五溪，为一溪之长，故号五溪。"巴子五兄弟是楚所灭巴废子的后裔，逃往五溪之地，应如《史记·西南夷列传》所说"变服从其俗以长之"，由夏变夷，其社会组织形式亦当与五溪蛮无异。

巴地的各个大姓，虽然血缘家族组织仍然保存下来，但包括大姓首领和部众也都被同时纳入秦的统一编户体制当中。前引《后汉书·南蛮西南夷列传》的记载表明，秦对巴氏征收赋税是按户为单位，而不是以族为单位，君长及其民均如此。《华阳国志·巴志》记载秦昭王与板楯蛮订立盟约，也是"复夷人顷田不租，十妻不算"。所谓"顷田不租"，是指在秦的"一夫百亩（一顷）"爰田制下本应按户征税，现予不征；所谓"十妻不算"，是指本应按户按口征收人头税（算赋），现予不征。这表明，从秦惠文王到秦昭王时，就已对巴地各族的社会组织进行了一定程度的改造，按户按口征收赋税事实上是对血缘大家族组织结构的一种冲击，尽管这种冲击力量还是很有限的。

据《华阳国志·巴志》记载，秦昭王时，巴地朐忍（今重庆市云阳县）板楯蛮有射杀白虎者廖仲药、何射虎、秦精（或读作廖仲、药何、射虎秦精），廖、何、秦应当是当地板楯蛮民户的姓氏。另据洪适《隶续》著录的《汉繁长张禅等题名》，板楯蛮中又有"白虎夷王谢节""白虎夷王资伟"，谢、资也是板楯蛮民户的姓氏。又据《三国志·魏志·张鲁传》《后汉书·刘焉列传》，川东有巴夷首领袁约（《资治通鉴》作"任约"），袁亦为板楯蛮姓氏之一。这些姓氏，无疑是秦汉王朝对板楯蛮的社会组织进行改造，将其纳入秦、汉的编户以后才新产生出来的。板楯蛮原来只有七姓，《文选·易郡赋》李善注引《风俗通》《华阳国志·巴志》《后汉书·南蛮西南夷列传》并载为"罗（《风俗通》作卢）、朴、昝（《风俗通》作沓，《后汉书》作督）、鄂、度、夕、龚（《风俗通》讹作袭）七姓"。七姓即七个血缘集团，姓即部落名称，各部内部只称名，姓则表示其血缘关系。上述廖、何、秦、谢、资、袁（或任）数姓均非板楯蛮原来所有，他们之所以在秦汉时期出现，表明是在这个时期中新产生出来的；说明他们已成为初步从大姓血缘组织中分化出来的地缘性的乡、里组织结构中的编户，虽然其族属并没有改变。从这里可以看出，在秦汉时期，川东板楯蛮的大姓血缘组织被纳入乡、里地缘性结构当中，促使板楯蛮内部发生了一定程度的分化。

秦对蜀地社会组织的改造，与对巴地有所不同。公元前316年，末代开明氏蜀王及其太子在秦伐蜀之役中先后败死，蜀亡，但开明氏并没有就地绝祀。从公元前 314 年到前 300 年，秦先后分封了三代开明氏为蜀侯，直到公元前 285 年诛蜀侯绾，开明氏王室才最终灭亡，开明氏作为王族的历史也才最终结束。从秦汉时期蜀中的"大姓"（秦汉及以后蜀中的"大姓"，是时人对豪族宗族组织的称谓，它与川东的血缘大姓有本质区别）和富户当中没有开明氏的情况看，秦昭王诛蜀侯绾以后，开明氏的家族组织必定是解体了，其族人不是由株连遭难，就是被贬为庶民，其族氏则分解成一个个普通的个体小家庭，变成秦王治下的编户齐民。

蜀开明王曾"别封"其弟葭萌于汉中，号苴侯，驻节葭萌（今四川广元市老昭化），形成蜀王族的支族（苴侯为蜀之苴氏，不能与川东的苴人混为一谈）。公元前 316 年秦取蜀后，移师东进，"司马错等因取苴与巴"①，苴侯这一支族也就由此灭亡了。不过，这一支族所失去的仅是其公族地位、身份等，其族系并没有被彻底消灭。从司马错灭巴，"执（巴）王以归"②的情况看，苴侯及其家族亦应被迁往秦国关中本土，以便就近监控。《汉书·货殖传》载有平陵苴氏，望出平陵（今咸阳西北），看来就是苴侯家族北迁咸阳以后的苗裔。

开明氏当中，唯一较长保有其姓氏的是蜀王子安阳王一族。据《水经·叶榆水注》引《交州外域记》以及其他一些中、越史籍，蜀亡后，蜀王子安阳王将兵 3 万远征交趾，在今北越红河地区建立"蜀朝"，延续数代，于公元前 180 年左右为南越王赵佗所灭。此后，开明这一个姓氏就彻底消失了。

秦时蜀王开明氏的一灭一迁，使蜀地的开明氏后世子孙变成了普通民户，开明氏的姓氏大概也被改换，开明氏的家族组织从此便不复存在了。这对于秦顺利地实现在蜀的统治，对于安定蜀地的政治秩序和社会秩序，无疑具有重要意义。

对于蜀地的普通民众，秦将其全部纳入编户体制，取消了原来蜀国的"五丁"这种社会组织，代之以乡、里等秦国的社会组织形式。《商君书·境内》记载，按照秦制，"国境之内，大夫女子，皆有名于上，（生）者著，死者削"。这里的"名"，即是国家的户籍，汉代又称"名数"。从云梦秦简《编年记》看，秦昭王时期的户籍，著有姓名、年龄等内容，民年十七必须"傅（附）籍"，即登记户口。在蜀地，将"五丁"组织改造为乡、里组织结构后，也必然将蜀民按户登记入籍，使其成为国家编户，一方面以应赋役，另一方面"使

① 常璩著，刘琳校注：《华阳国志校注·蜀志》，成都：巴蜀书社，1984 年。
② 常璩著，刘琳校注：《华阳国志校注·巴志》，成都：巴蜀书社，1984 年。

民不得擅徙"①，同时也起到了使蜀民习于遵守秦法并逐步改变过去的有关价值观念等作用。

秦始皇三十一年，"使黔首自实田"，目的之一，在于把民众实有的土地悉数载入户籍，作为国家征收租税的依据。这样，巴蜀与全国一样，民户的户籍中不仅具有姓名、年龄，还增加了土地等项内容。在川东巴地，巴氏蛮夷"其民爵地不更"，按照秦制，爵级须填写在户籍上，于是巴氏蛮夷之民的户籍中又增加了爵级一项内容，户籍又同时成为表明人们身份地位的法律凭证。

汉王朝建立后，由于汉初巴蜀有许多人成为军功地主，以功晋爵为大夫（第五级爵）②，所以这批人在罢兵归家后，势力膨胀，逐步形成庞大的家族组织，于是成为汉代巴蜀地区的大姓，形成新的豪族，"三蜀之豪，时来时往"③，对于巴蜀的经济和社会有着举足轻重的影响。从《华阳国志》看，蜀中豪族多为汉姓，当是其先世在汉初就已改从汉姓的缘故，这一类情况在内附的少数民族中并不鲜见。

秦汉王朝在改造巴蜀社会组织的同时，还大规模地进行了社区改造。据《华阳国志》中《巴志》《汉中志》和《蜀志》三篇文献的记载，秦在巴蜀故地分置 3 郡 31 县，西汉在巴蜀故地分置 6 郡 79 县，形成数十个新的大社区，各县县治所在地便成为新的社区中心。新社区抑制、削弱以至割断了原先巴蜀地区错综复杂的政治关系和社会关系，又"使民不得擅徙"，由中央王朝委派官吏治理，提高了各个社区对于中央王朝的政治整合程度。同时，由于新的社区中心往往就是社区的经济中心和商业中心，发挥着社区内部和社区之间对于劳动力资源、生产资源、社会财富，以及社会生产、商品流通等的组织、调节、吸引、控制等功能，因而不但对新的经济秩序的形成，而且对新的社会秩序的形成都产生了重要作用，也提高了各个社区对于中央王朝的经济整合程度。随着政治经济整合程度的提高，意识形态上的、法律上的以及观念上的文化整合，自然也就随之而至了。

四、秦汉王朝对巴蜀的移民

通过移民来控临巴蜀并推动巴蜀文化的转化，是秦汉王朝治理和改造巴

---

① 商鞅：《商君书·垦令》，上海：上海古籍出版社，1989 年。

②《汉书·高帝纪下》载汉高祖五年诏书："军吏卒会赦，其亡罪而亡爵及不满大夫者，皆赐爵为大夫……非七大夫以下皆复其身及户，勿事。"据《汉书·百官公卿表》，大夫为第五爵级。可知，巴蜀从汉军的军吏卒至少为大夫。

③ 左思：《蜀都赋》。

蜀所采取的又一个重要战略措施。

秦对巴蜀地区的移民，分为几种不同的情况，也有不尽相同的历史背景。秦统一中国以前，移民巴蜀的首要目的在于控临当地，防止反叛。秦始皇统一中国前后的移民巴蜀，则有三种不同情况：一种是控临巴蜀边地，以防生变；一种是迁六国强宗、豪右，使其脱离故土，以便控制；还有一种是流徙刑徒、罪人，主要是原秦政府中犯罪的官员。

秦对巴蜀的首次移民发生在公元前 314 年。据《华阳国志·蜀志》记载，秦惠文王灭蜀后，鉴于当时"戎伯尚强，乃移秦民万家实之"，表明这次移民的主要目的在于防备"戎伯"即臣属于蜀王的"西僻戎狄"的反抗。为了加强防卫，在秦一时难以再调重兵入蜀的情况下，于是惠王采取移民之策以实之。所谓实之，即是充实守备之意。这批移民数量庞大，以万家计，按当时"一夫挟五口"的通常情况，一万家的人口总数已达五万人之数。他们入蜀后，分别移住不同地点，多数集中分布在成都及周围地区。公元前 311 年秦蜀国守张若"城成都"，这批实蜀的秦民成为成都城垣的首批建设者。一部分秦民屯驻在从成都通往西南夷地区的交通要冲上，四川荥经古城坪发掘的第一期秦墓，当是这一部分秦民所遗。还有一部分秦民集中屯驻于秦、蜀之间的交通要道附近，四川青川郝家坪发掘的早期秦墓，当是这一部分秦民所遗。可见，除主要重点防卫蜀郡而外，利用移民保卫交通要道也是当时秦国的一个重要战略方针。

史籍所见秦对巴蜀的另一次大移民发生在秦始皇时期。《华阳国志·蜀志》记载："临邛县，（蜀）郡西南二百里，本有邛民，秦始皇徙上郡实之。"这次移民，直接目的在于充实当地守备，保卫临邛自先秦以来所形成的成都平原城市手工业经济和农业经济与南中半农半牧经济进行区域间交流的贸易中心地位。

临邛（今四川邛崃市）位于四川盆地西南边缘，其西为邛崃山，南为大相岭，属于纵贯南北的横断山系。由其区位所决定，临邛自古即是良好的农业区，而其西、南则是高原畜牧区和山地半农半牧区，属于百濮或羌人诸部的活动领域。所谓临邛，即取义于临近邛人，邛人即属南中濮人或羌人等彪悍族群。自东周以来，临邛作为蜀国城市网络体系中的一座新兴城市，一直充当着成都平原农业经济、城市手工业经济同川西高原畜牧业经济和南中地区半农半牧经济进行交流的媒介，《史记·货殖列传》记载临邛"民工于市，易贾"，正是对临邛城市功能的客观记述。秦惠文王灭蜀后不久，就于公元前

311 年在临邛筑城垣，"周回六里，高五丈"①，约有户 2 300，口 11 500，够得上一座中等级的古代城市②，当时在临邛筑秦城，是为了防备西南夷的反秦斗争，但没有移民当地。秦始皇时，尽管在西南夷靠近蜀境的一些地方置有郡县，如"邛、筰、冉、者近蜀，道亦易通，秦时尝通为郡县"③，但稍远的南中广大地区，却为秦王朝所未曾染指，政令不达，贸易不通，文化不至④；加上南中邛人"豪帅放纵，难得制抑"⑤，容易使"本有邛民"的临邛城遭致威胁，所以秦始皇徙上郡之民充实临邛，加强守备。保卫这座具有边地经济中心和政治中心双重意义的战略要地。

据《史记·货殖列传》和《汉书·地理志》，上郡之民自古有修习战备、高上气力的勇武之风，以及代相传承的"修我甲兵，与子偕行"那样一种壮烈气质。秦始皇之所以令上郡之民充实临邛，正在于充分利用他们这种习于征战的风气和勇敢顽强的品质。由此看来，秦始皇的这次移民，显然与加强临邛守备直接相关，说明了秦王朝对于临邛地位的高度重视，而这又是由临邛所在区位尤其是它的重要经济战略位置所决定的。

因罪而被秦王朝夺爵免官，流徙于蜀的移民也为数不少。据《史记·秦始皇本纪》记载，秦始皇镇压了嫪毐之乱后，清洗其余党，将其舍人轻者罚为鬼薪，"及夺爵迁蜀四千余家，家房陵"，以一家五口计，此次迁蜀共有 2 万余人。另据《史记·吕不韦列传》，吕不韦因嫪毐事发而免相后，秦始皇先令其就封河南，继而又赐世亲"其与家属徙处蜀"。不过，这几批人徙居蜀地时间并不长，在吕不韦饮鸩身亡以后，秦王朝"乃皆复归嫪毐舍人迁蜀者"，所以在巴蜀地区几乎没有留下多少影响。

除此而外，秦国王族中也有封于蜀者，如秦惠文王异母兄弟樗里子疾因战功于公元前 312 年封于蜀之严道，"号为严君"⑥。但从樗里子卒后葬于渭南章台之东的情况看，似乎他并没有前往严道就封，虽有封蜀之名，却无就封之实，自然也就谈不上在当地留下什么影响。

秦始皇统一山东六国后，把大量富豪、强宗迁往巴蜀地区，目的在于使

① 常璩著，刘琳校注：《华阳国志校注·蜀志》，成都：巴蜀书社，1984 年。
② 段渝：《巴蜀古代城市的起源结构和网络体系》，《历史研究》1993 年第 1 期。
③ 司马迁：《史记·司马相如列传》，北京：中华书局，1959 年。
④ 段渝：《支那名称起源之再研究——论支那名称本源于蜀之成都》，《中国西南的古代交通与文化》，成都：四川大学出版社，1994 年。
⑤ 范晔：《后汉书·南蛮西南夷列传》，北京：中华书局，1965 年
⑥ 司马迁：《史记·樗里子列传》，北京：中华书局，1959 年。

这些六国旧贵族脱离乡党，断绝作乱根基，从政治上对他们进行打击，从经济上削弱其势力。秦王朝强迫迁往巴蜀地区的这类强宗豪右究竟有多少，史籍没有记载，不过从《史记·项羽本纪》所说"秦之迁民皆居蜀"，以及《华阳国志·蜀志》所说"秦惠文、始皇克定六国，辄徙其豪侠于蜀，资我丰土"等材料来看，其数量必定是不小的，如赵王迁被"流于房陵"[①]，楚庄王后裔被迁于严道[②]，等等。迁徙方式，既有大规模迁徙，又有个别迁徙。大规模迁徙的情况，今多已不可考，个别迁徙的情况也大多失考，仅中原赵人卓氏和山东迁虏郑程徙蜀的情况，历史上有比较典型的记载。

《史记·货殖列传》记载："蜀卓氏之先，赵人也，用铁冶富。秦破赵，迁卓氏。卓氏见虏略，独夫妻推辇，行诸迁处。诸迁虏少有余财，争与吏求近处，处葭萌。唯卓氏曰：'此地狭薄。吾闻汶山之下沃野，下有蹲鸱，至死不饥。民工于市，易贾。'乃求远迁。致之临邛，大喜，即铁山鼓铸，运筹策，倾滇、蜀之民，富致僮千人，田池射猎之乐，拟于人君。"此篇还记载："程郑，山东迁虏也，亦冶铸，贾椎髻之民，富埒卓氏，俱居临邛。"六国富豪迁往蜀地，原是秦王朝对他们的一种惩罚性措施，但其中一些迁虏原为工商之家，如卓氏、程郑等，既有专门的技术知识，又有善贾的商业才能，所以他们迁蜀后，反倒如鱼得水，尽其能事，以致暴富。

蜀地原来就有悠久的工商业传统，成都早在春秋时就已发展成为一座典型的工商业城市，是古代的自由都市；卓氏之所以要舍近求远，致之临邛，也正是因为他早闻其地"民工于市，易贾"，容易在共同的工商业基础上，与之一拍即合，从而克服异质文化所造成的隔阂，取得文化认同。事实证明，正是在工商业这个共同基础上，卓氏、程郑等才成功地在西蜀之地取得了人们的文化认同，不但发展了自己的事业，也推动了蜀地冶铁和商业的进一步发展。

西汉王朝建立后，对于秦王朝移民巴蜀的政策循而不改。不过，汉王朝的移民巴蜀，并不完全与秦相同，除政府强行迁徙内地豪强、吏民和罪犯于巴蜀外，其他民众也可移居巴蜀。前者如东汉顺帝时《王孝渊碑》记载："□孝之先，元□关东，□秦□益，功烁纵横。汉徙豪杰，迁□□梁，建宅处业，汶山之阳。"[③]其先世为关东豪右，汉初被朝廷强徙于蜀。后者如东汉建家十

---

①《史记·赵世家》集解引《淮南子》。

②《太平御览》卷一六六引《蜀记》。

③ 谢雁翔：《四川郫县犀浦出土的东汉残碑》，《文物》1974 年第 4 期。

年,《樊敏碑》记载:"肇租宓戏,遗苗后稷,为尧种树,舍漆从岐……周室衰微,霸伯匡弼。普为韩魏,鲁分为杨。充曜封邑,厥土河东。肆汉之际,或居于楚,或集于梁。君赞其绪,华南西疆,滨近圣禹,饮汶茹沕。"其先世出自周人,后其分族辗转入蜀定居。又如扬雄,据《汉书·扬雄传上》,其先出自有周,春秋时逃于楚巫山,楚汉之争时徙居巴郡江州,汉武帝时迁居蜀郡郫县,"有田一廛,有宅一区,世世以农桑为业"。这两类移民,见诸史乘虽然不多,但从汉代巴蜀大量的汉人姓氏可以看出,外来移民必定为数众多。这些移民来到巴蜀地区后,"建宅处业",购置田产,大多在巴蜀世代居住下来。

由于秦汉王朝相继多次大批移民巴蜀,秦汉的华夏语言、行为方式、价值观念、精神风貌、风俗习惯等逐步对巴蜀产生了影响,经过较长时期的交流、融会,遂引起巴蜀文化的转型。蜀人首先从语言上学会了秦言,从"蜀左言"[①]变为"民始能秦言"[②],至西汉时,古蜀语基本消失,"言语颇与华同"[③]。所以作为蜀郡成都人的扬雄,在所著《方言》中历记全国各个地方的语言,却不记蜀语,显然意味着蜀中已成为汉语言区的一个亚区。在语言变化的同时,蜀人的一些风俗时尚,尤其在车服器用、丧葬嫁娶、社会交际等方面也与时俱变了。对此,《华阳国志·蜀志》有一段十分精彩的论说:"然秦惠文、始皇克定六国,辄徙其豪侠于蜀,资我丰土。家有盐铜之利,户专山川之材,居给人足,以富相尚。故工商致结驷连骑,豪族服王侯美衣,娶嫁设太牢之厨膳,归女有百两之从车,送葬必高坟瓦椁,祭奠而羊豕夕牲,赠襚兼加,赗赙过礼,此其所失。原其由来,染秦化故也。……箫鼓歌吹,击钟肆悬,富侔公室,豪过田文,汉家食货,以为称首。"文中所举,都是秦汉移民入蜀后所引起的文化变迁,其中多数还可以从巴蜀的考古发现中征引到确切的实物证据。而诸此种种文化变迁,归根结底,其原因在于"染秦化故也",即以秦为符号的华夏文化(后来是汉文化)在巴蜀地区的大传播,使得巴蜀文化的一些层面迅速"秦化",同秦文化相整合了,其后又成了汉文化的一个地域亚文化。

五、秦汉王朝对巴蜀的文化变革与引导

如果说,秦汉王朝对巴蜀的政治经济改造是暴力的、强制性的,那么对

---

① 扬雄:《蜀王本纪》,左思《蜀都赋》刘逵注引。

② 卢求:《成都记序》。

③《蜀都赋》刘逵注引《地理志》。

巴蜀的文化变革则是温和的、诱导性的，尤其是秦王朝对巴蜀的文化政策别具一格，同它对东方六国所采取的文化专制主义决然不同。

秦统一中国以前，除了在政治经济、社会组织等方面对巴蜀进行了急风暴雨般的根本性改造外，在文化方面几乎没有采取什么变革措施。从考古发掘看，这一时期巴蜀的各个考古遗迹的基本物质文化特征，仍与秦灭巴蜀以前一致，只是在一些墓葬内新出现某些秦器，但不占主要地位，巴蜀的钱币、印章、青铜器、陶器等仍在大量地充分地流行，表明巴蜀的文化内核还在继续发展。不仅如此，巴蜀文化的精神力量还十分强大，仍然发挥着它极为广大的社会功能。据《华阳国志·蜀志》记载，秦蜀守李冰为了稳定秦在蜀地的统治秩序，在修筑都江堰时，曾充分利用了蜀人自古形成的尚五宗教观念，"以五石牛以压水精"。由于李冰准确地抓住了蜀文化的精神实质，因而就牢牢掌握住了治蜀的精神武器，终于成功地修建了都江堰，创造了历史的奇迹，而受到蜀人世代崇敬。这个事例清楚地表明了蜀文化的历史穿透力。

秦始皇统一中国后，采丞相李斯之议，悉烧天下《诗》《书》、百家语，"所不去者，医、药、卜、筮、种、树之书"[1]。这个焚书令对于关东六国地区的文化产生了直接的法律效力，导致了严酷的文化摧残，但对巴蜀却几乎没有发生什么制约和影响。巴蜀地区原来就不传《诗》《书》，百家语中仅道、杂两家在巴蜀极少数人中传习，在当时地位并不重要。相反，巴蜀文化的精神动力来自从古相传不衰的各种宗教崇拜和观念，卜筮、方术、神仙术之类十分发达，它们非但不在秦王朝的文化专制主义所高压钳制的思想文化之列，反而在秦法予以保留并鼓励发展的范围以内。因而，当巴蜀的政治经济、社会组织俱已根本变革时，其文化却能够继续保存下来，发扬光大，并一再受到秦王朝的支持和利用。秦始皇推终始五德之传，"数以六为纪""而舆六尺"[2]，但在蜀地所开官道却不是六尺，而是"五尺道"[3]，这在秦王朝的皇权主义和文化专制下极为罕见。而蜀中长盛不衰的方术和神仙之术，更是在秦始皇求仙人、事鬼神形迹的激励下蓬勃发展。这样，巴蜀文化的精髓以及精英几乎全面保存下来。

正因为秦王朝的文化专制主义几乎没有对巴蜀的文化造成什么影响，而齐、鲁、中原的文化精英却遭到了空前浩劫，不是被秦王朝的文化专制主义

---

① 司马迁：《史记·秦始皇本纪》，北京：中华书局，1959 年。
② 司马迁：《史记·秦始皇本纪》，北京：中华书局，1959 年。
③ 司马迁：《史记·西南夷列传》，北京：中华书局，1959 年。

所消灭，就是被秦王朝作为迁虏而强迫徙走，因而急剧衰落了。即使到了汉初，惠帝"除挟书律"①，准许《诗》《书》、百家语行世，也难以在短期内恢复过来，更谈不上蓬勃发展，重现昔日的辉煌。所以，到汉景、武之际，一旦蜀人学习了汉文化的精髓，颇改其"蛮夷风"②，就立即飞跃前进，"蜀学比于齐鲁焉"③，迅速攀上汉文化的高峰，在辞赋、道家等方面行进在全国最前列。其中的关键，在于蜀文化的精英全部保存下来，在楚汉战争中也由于未遇战火，经济昌盛，所以能够积数代之功，内涵更加丰富，从而促进了其文赋纷华。此外，一部分中原精英在秦汉之际入蜀，给蜀文化注入了活力，也是蜀文化兴盛发达的一个重要原因。

汉景帝、武帝之间，文翁为蜀守，"遣张宽诸博士东受七经，还以教授，于是蜀学比于齐鲁。巴、汉亦化之……天下郡国皆立文学，由文翁唱其教，蜀为之始也"④。经文翁治蜀，引导蜀人走向全面汉文化的道路，"教民读书法令"，蜀中父老以其子弟能够接受汉文化教育为自豪，"及司马相如宦游京师诸侯，以文辞显于世，乡党慕循其迹，后有王褒、严遵（君平）、扬雄之徒，文章冠天下"⑤，标志着汉王朝转化巴蜀文化努力的成功。从考古学上看，正是在武帝前后，即文翁为蜀守时期，巴蜀文化的物质特征化于无形，为汉文化所全面取代，这一现象无疑是汉文化教育在巴蜀地区取得极大成功的有力物证。

在巴蜀文化的变迁中，汉文化的引导具有决定性意义。汉代巴蜀的儒家学者绝大多数治今文经学，"益部多贵今文，而不崇章句"⑥。原因在于，今文经学是孔子正名分（诛乱臣贼子）的思想体现，是封建专制主义具体应用在政治上的典型，乃朝廷所提倡，代表和反映着统治阶级当权部分的政治利益⑦，是士子入仕的正途，朝廷以此大开"禄利之路"⑧，吸引包括巴蜀地区在内的全国精英人才一代又一代地走上这条道路，无限制地走下去，皓首穷经，为统治者当权集团所用。巴蜀儒者正是在这条道路的指引下，追随封建

---

① 班固：《汉书·惠帝纪》，北京：中华书局，1962年。
② 班固：《汉书·循吏传·文翁传》，北京：中华书局，1962年。
③ 常璩著，刘琳校注：《华阳国志校注·蜀志》，成都：巴蜀书社，1984年。
④ 常璩著，刘琳校注：《华阳国志校注·先贤士女总赞（上）》，成都：巴蜀书社，1984年。
⑤ 班固：《汉书·地理志》，北京：中华书局，1962年。
⑥ 陈寿：《三国志·蜀志·尹默传》，北京：商务印书馆，1958年。
⑦ 范文澜：《中国通史简编》修订本第二编，北京：人民出版社，1964年，第111、117页。
⑧ 班固：《汉书·儒林传·赞》，北京：中华书局，1962年。

王朝的当权集团，"贵慕权势"①，以求荣华富贵的。这表现出全面接受了汉文化教育的巴蜀儒者迫切要求参预国家政治生活的普遍心态。同时也说明，当时多数学者的思想，就是统治阶级的思想。

由此可见，秦汉王朝对于巴蜀的文化战略是成功的，既增加了中央王朝对巴蜀的吸引力、凝聚力，又增强了巴蜀对中央王朝的向心力、整合力，经过长期发展，使这种凝聚和整合达到极深水平，即使中央王朝代兴，政权易手，这种稳定性都难以再度发生根本变化。秦末楚汉之际以及两汉时期的历次农民战争和少数民族起义，固然其中不乏巴蜀地区的民众或少数民族参与，然而他们所反对的并不是中央王朝的文化战略及其政策，而在急政暴虐、土地兼并或民族压迫等政治经济方面。从这里不难看出，秦汉王朝在整合多元文化方面所做出的努力，已经成功地达到了目的。进一步看，正因文化战略的成功，形成了无比坚强的中华民族凝聚力，所以汉代及以后，尽管割据与统一的斗争一再上演，但每次斗争的结局都是国家统一的力量赢得了最终胜利，而国家的统一和民族的团结，也自始至终是时代的最强音，自始至终是历史的主潮流，充分显示了秦汉王朝对中国历史的重大贡献。

① 班固：《汉书·地理志》，北京：中华书局，1962 年。

| 32 |

巴蜀文化与汉晋学术和宗教

　　中国上古文化由各个区系文化多元整合而成。秦王朝时，从政治、经济、疆域上统一了中国，"海内为郡县，法令由一统"①，同时也积极开展了整合多元文化的事业。但各区系文化的基本特征是在上千年历史、独特的地理等多种因素作用下形成的，不能也不可能骤然消亡，所以秦王朝的文化专制主义并没有从根本上改变各区系的文化特色。汉兴，汉王朝充分吸取秦灭的历史教训，以广阔的胸怀，博采中华各大区系文化的精华于王廷，为立祠，为乐舞。②这样，一方面，至西汉中叶前后，各大区系文化纷纷转型，同汉文化相充分整合，由此促成了汉代文化和学术的兴旺发达；另一方面，汉代文化又不能不带有多元来源色彩和区系文化特征。

　　汉中叶各大区系文化转型以后，其精神动力主要来自两个方面：一是汉代中央王朝为适应其统治需要，开通经学之途，以此作为"禄利之路"③，吸引全国精英人才为入仕而皓首穷经，为朝廷所用；一是汉代中央王朝对各区系的文化、宗教等采取宽容政策，保存了各地的基本文化内核，对于维系地方的典型人格、行为方式、价值观念以至风俗习惯、艺术形式、风格等的整体性形态及其稳定和传承，起到了重要的凝聚和延续作用。④汉代的巴蜀文化，就是在这种历史背景之下，由于汉王朝引导而迅速攀上了汉文化的高峰，又积数代之功，在汉晋之间的文化史舞台上扮演了重要角色。基于这些认识，本文试从学术和宗教的几个方面，对巴蜀文化与汉晋文明的诸种关系做一初步探讨，以就正于海内外博学君子。

---

① 司马迁：《史记·秦始皇本纪》，北京：中华书局，1959 年。

② 班固：《汉书·郊祀志》《汉书·礼乐志》，北京：中华书局，1962 年。

③ 班固：《汉书·儒林传·赞》，北京：中华书局，1962 年。

④ 段渝：《论巴蜀文化连续发展的动力机制——兼论文化变革与继承的稳定机制》，《中华文化论坛》2005 年第 3 期。

一、巴蜀文化与儒家

儒家学说及其思想在巴蜀地区传播甚晚，至汉景帝末年文翁治蜀时，始开风气之先。先秦时期，巴蜀的宗教信仰和鬼神崇拜盛行，并贯穿在巴蜀文化的诸方面，以致成为巴蜀文化的精髓，而这种根深蒂固的文化精神同儒家所倡导的"不语怪、力、乱、神"（《论语·述而》），"未能事人，焉能事鬼"（《论语·先进》），"天道远，人道迩"（《左传》）等完全不能相容。儒家的伦理道德等学说，很难自发地渗透进巴蜀文化区，更谈不上占有什么地位。

汉景帝末年，文翁受命治蜀，"见蜀地僻陋有蛮夷风"[1]，于是兴办教育，终于使蜀地风气为之大变，史称"巴蜀好文雅，文翁之化也"[2]。其实，这种看法实在是一种以我为中心的文化偏见。倘若从礼乐制度上来解说文化，理解文化的教化含义（这种含义是中国文化史上对文化一词内涵的最古老也是最权威的解说），那么巴蜀文化无疑早在商代就已达到了"有文化"（文明）的水平，即有文字、礼制、乐制、职官制度等[3]，这在观念上完全符合华夏关于文化概念的理解。然而究因传统不同，巴蜀与诸夏之间存在文明类型的差别与冲突（这导因于不同的民族、地理、环境和历史、文化等），所以尽管巴蜀有文化，并且拥有灿烂的文明，但仍被中原诸夏视为"西僻戎狄"[4]"巴戎"[5]"南夷"[6]，表现出早期中原文化的唯我独尊意识，和"非我族类，其心必异"[7]的民族主义观念。所以，秦汉之际，当秦汉文化不断改造着巴蜀文化之时，巴蜀的强烈自我意识也在不断地产生着抗拒心理，青铜器、钱币、印章、文字符号等一直延续至汉中叶，人们仍以族相聚，很大程度上保持着巴蜀文化的古老传统。文化差异、文明类型的冲突，自然使"质文刻野"即宗教鬼神信仰极为浓郁的巴蜀文化表现出完全不同于以儒雅之风著称的中原文化的特点，这也就导致文翁以为蜀人"颇有蛮夷风"。显然，文翁是以中原为中心来看待文化差异和文明冲突的，自然会把异类文明视若蛮夷。

---

① 班固：《汉书·循吏传·文翁传》，北京：中华书局，1962 年。
② 班固：《汉书·循吏传·文翁传》，北京：中华书局，1962 年。
③ 参考段渝：《四川通史》第 1 册，成都：四川大学出版社，1993 年。
④ 刘向：《战国策·秦策一》，上海：上海古籍出版社，1985 年。
⑤《荀子·强国篇》，上海：上海古籍出版社，1996 年。
⑥ 班固：《汉书·地理志》，北京：中华书局，1962 年。
⑦《左传》成公四年季文子引史佚之志。

经过景、武之间文翁治蜀，选派蜀中子弟到京师太学受业博士经学、律令，"东受七经，还以教授"①，又在成都"立文学精舍讲堂"，创立郡学，于是蜀风焕然一新，"蜀学比于齐鲁"②。所谓蜀学比于齐鲁，是指蜀人在文学和学术上取得的成就足以同先秦的稷下学派相比，而蜀文化在精神风貌上也转型为汉文化。《汉书·地理志》说："景、武间，文翁为蜀守，教民读书法令，……及司马相如宦游京师诸侯，以文辞显于世，乡党慕循其迹。后有王褒、严遵、扬雄之徒，文章冠天下。由文翁倡其教，相如为之师。故孔子曰：'有教无类。'"所指即是蜀文化转型的情况。此后，"巴、汉亦化之"③，相继转型为汉文化。从考古学上看，正是在文翁治蜀期间，巴蜀先秦古文化的特征基本上化于无形，作为一支独立的考古学文化，此后不复见于历史，不是偶然的。这一现象与蜀学比于齐鲁有着深刻的内在联系，表明两支文化间的冲突以汉文化的统一而告终。这一结局，一方面说明儒学本身具有强大的播化能力，另一方面也说明巴蜀文化原本就具有优秀的基础，所以接受新事物既迅速又彻底，以致"文章冠天下"，攀上汉文化的高峰。

汉代巴蜀文化转型后，文人辈出。据《华阳国志·先贤士女总赞》，两汉巴蜀地区有名的文人约计四五十人，当中约及半数是儒家学者，儒家学者中绝大多数以治今文经学为主，仅 2 人治古文经学。三国时儒士尹默说："益部多贵今文，而不崇章句。"④这里所说章句，即指古文经学。汉代经学的实质，是汉王朝开放一条"禄利之路"⑤，以吸引全国精英人才一代又一代地走上皓首穷经这条无限艰深的道路。而今文经学是孔子正名分（诛乱臣贼子）的思想体现，是封建专制主义具体应用在政治上的典型，乃朝迁所提倡，代表和反映了统治阶级当权部分的政治利益。⑥巴蜀儒者注重今文经学，充分表明巴蜀精英分子所受汉文化的影响完全是来自官方的，恰与汉文化对巴蜀所施的影响主要来自朝廷一致，也可以说是文翁化蜀成果的扩大和进一步延伸。巴蜀儒者正是在"禄利之路"的引导下，热切追随封建王朝当权集团，"贵慕权势"⑦，以求仕进，追求荣华富贵的。汉代巴蜀今文经学的兴盛，说明巴蜀儒

① 常璩著，刘琳校注：《华阳国志校注·先贤士女总赞（上）》，成都：巴蜀书社，1984 年。
②《华阳国志·蜀志》《汉书·文翁传》则说："蜀地学于京师者比齐鲁焉。"
③ 常璩著，刘琳校注：《华阳国志校注·先贤士女总赞（上）》，成都：巴蜀书社，1984 年。
④ 陈寿：《三国志·蜀志·尹默传》，北京：商务印书馆，1958 年。
⑤ 班固：《汉书·儒林传·赞》，北京：中华书局，1962 年。
⑥ 范文澜：《中国通史简编》修订本第二编，人民出版社，1964 年，第 111、117 页。
⑦ 班固：《汉书·地理志》，北京：中华书局，1962 年。

士对于学术怀抱一种经世致用的观念，表现出全面接受了汉文化儒家思想教育的巴蜀精英迫切要求参预国家政治生活的普遍心态和强烈愿望。这是当时政治环境的产物，也是转型以后巴蜀学术文化的一大特点，并对有汉一代及魏晋之际的巴蜀儒士产生了极为深刻的影响。

另一方面，今文经学之所以成为两汉巴蜀儒家的主流，还在于它是以儒家经典融会阴阳五行学说作为哲学基础的，其中的灾异成分占有相当重要的地位；而巴蜀文化从先秦至汉代，巫风盛行，神仙家经久不衰，在很大程度上与今文经学所鼓吹的灾异学说意气相投，所以较易接受今文经学，一拍即合。事实上，汉晋巴蜀的儒家多兼习图谶，如何英、杨由，均通经纬；杜琼通经纬术艺；严象、赵翘为著名灾异方术家杨宣门生，并为当世"大儒"；景鸾亦明经术。①至于其他精灾异、明经术、习内谶、通方术的巴蜀学者，汉代尤为众多。在这种文化传统背景下，又受朝廷"禄利之路"的巨大吸引，巴蜀儒家以研治今文经学为其主流，是不奇怪的。如此看来，东汉时朝中激烈的今古文经学之争，其巨大波澜竟然没有在巴蜀地区激起涟漪，就是容易理解的了。

三国之时，蜀汉以巴蜀为根本，北敌曹魏，东却孙吴，号称皇朝正统，以期北图中原，恢复汉室。这一客观现实，一方面激发起巴蜀儒家参预蜀汉政治的极大热情，另一方面又点燃了巴蜀儒士传统的区域意识和抗衡中原意识。②自先秦以来，巴蜀就存在强烈的区域意识和抗衡中原意识，这两种意识根深蒂固，尤在一些文人中代相传承，积为心态，虽经秦汉大一统的改造和抑制，也没有完全扑灭，依然"未能笃信道德，反以好文刺讥"，"淫失枝柱"③，"意相节却，不顺从也"④，又在群雄纷起、三国鼎立的政治动乱局面中日渐复活，不少巴蜀儒士为蜀汉政权所用，就是明显的史例。在这种政治和文化背景之下，蜀汉儒家一改昔日重今文经学之风，学者多以治古文经学为主，显然就是投蜀汉朝廷之所好⑤，从学术上与中原曹魏朝廷以何晏、王弼为代表的玄学相抗衡，当中所寄寓的其实就是早已化为传统心态的抗衡中原

---

① 并见《华阳国志·先贤士女总赞》。

② 参考段渝：《论蜀史三代论及其构拟》，《社会科学研究》1987 年第 6 期。

③ 班固：《汉书·地理志》，北京：中华书局，1962 年。

④ 班固：《汉书·地理志》颜师古注，北京：中华书局，1962 年。

⑤ 《三国志·蜀志·尹默传》载，尹默从荆州受业司马徽、宋衷研习古文经学归蜀后，以《春秋左氏传》授后主刘禅。刘禅继位，拜默为谏议大夫，后迁太中大夫。说明蜀汉朝廷倡导古文经学。这是蜀汉承东汉余绪而来，盖与蜀汉号称汉室正统有关。

意识，这是区域意识极端化发展的结果。其典型代表人物，就是蜀汉最著名的两位通儒和大学问家秦宓与谯周。

史称秦宓"少（年）有才学"，博古通今，被诸葛亮称引为"益州学士"[1]。他以巴蜀方术、图谶来表达其为蜀汉争正统的政治思想，是将文化与政治相结合的一个典型人物。在《三国志·蜀志·秦宓传》中，有两个事例明显地表露了他的这种意识形迹。一个事例是秦宓与吴使张温的对答。温曰："天有姓乎？"宓曰："有。"温曰："何姓？"宓曰："姓刘。"温曰："何以知之？"答曰："天子姓刘，故以此知之。"温曰："日生于东乎？"宓曰："虽生于东而没于西。"这一事例十分明显地表现了秦宓利用图谶之说为拥刘反曹张本的政治意图。另一个事例是秦宓与蜀汉广汉太守夏侯纂谈论益州与"余州"（指中国其他地区）的优劣。秦宓"陈其本纪"，从蜀文化掌故入手，谈了三件事："蜀有汶阜之山，江出其腹，帝以会昌，神以建福，故能沃野千里。淮、济四渎，江为其首，此其一也。禹生石纽，今之汶山郡是也。昔尧遭洪水，鲧所不治，禹疏江决河，东注于海，为民除害，生民以来功莫先者，此其二也。天帝布房心，决政参伐，参伐则益州分野，三皇乘祇车出谷口，今之斜谷是也。"最后他又反问夏侯纂："明府以雅意论之，（益州）若何于天下乎？"于是夏侯纂"逡巡无以复答"。秦宓所谈三事，第一事语出纬书《河图括地象》[2]，徐中舒先生认为乃指望帝、鳖灵之事[3]，实为巴蜀自古相传的旧说，秦宓以此引出"江为其首"的结论，显然意指巴蜀为天下之首，这是从地理形胜方面立言；所谈第二事，语出扬雄《蜀王本纪》[4]，又以《尚书》为证，引出巴蜀"生民以来功莫先者"的结论，显然意指巴蜀功冠华夏，这是从人事功业方面立言；所谈第三事，语出《蜀记》[5]，顾颉刚先生以为乃据《春秋命历序》[6]，实亦巴蜀世代相传的旧说，秦宓以此引出三皇所出谷口即"今之斜谷"（按：斜谷位于川陕之交，古为巴蜀之境）的结论，显然意指巴蜀文明教化早于天下，这是从历史文化方面立言。这三个方面的论说，集中表达了秦宓以巴蜀文化区域意识为核心的抗衡中原意识，不论其政治立场还是学

巴蜀文化与汉晋学术和宗教

---

① 陈寿：《三国志·蜀志·秦宓传》，北京：商务印书馆，1958 年。

② 《三国志·蜀志·秦宓传》裴松之注。

③ 徐中舒：《论巴蜀文化》，成都：四川人民出版社，1981 年，第 143 页。

④ 扬雄《蜀王本纪》原书已佚，后有诸家辑本，此据《太平御览》卷 82《皇王部》7 引。

⑤ 《华阳国志·序志》引。

⑥ 顾颉刚：《论巴蜀与中原的关系》，成都：四川人民出版社，1981 年，第 3 页。

术思想①，都是以此为基本出发点的。

谯周"治《尚书》，兼通诸经及图、纬"，"研精《六经》"，"耽古好学"②，"好古述儒"③，是古文经学家，他的政治立场和学术思想均师承秦宓，"具传其业"④，无不承其余绪。《三国志·蜀志·秦宓传》记载："初宓见《帝系》（按：即《大戴礼记·帝系》）之文，五帝皆同一族，宓辨其不然之本。又论皇帝王霸豢龙之说，甚有通理。谯允南少时数往咨访，纪录其言于《春秋然否论》。"谯周的《春秋然否论》今已不传，但其所作《古史考》则是根据秦宓之言阐述五帝不同一族之书。⑤谯周《古史考》之作，"皆凭旧典"，驳斥司马迁"采俗语百家之言"作《史记》的做法⑥，但谯周本人所作的《蜀本纪》却力陈"禹生石纽"这一巴蜀自古相传的旧说⑦，其用意不也是与秦宓完全相同，盖指巴蜀为"生民以来功莫先"、文明教化早于天下吗？可见他完全与秦宓一脉相承，站在巴蜀文化的基点上与中原相抗衡。如果再联系到蜀汉亡后，魏、晋累诏谯周用事，他却每以婉辞相拒，"自陈无功而封，求还爵土"⑧，甚至临终前还嘱其子勿以晋室所赐朝服加身，告以"当归旧墓""豫作轻棺"⑨，这一点就更加清楚了。

尽管古文经学家崇尚训诂，反对谶纬，标榜考据，鄙视义理，然而一旦涉及根本的政治立场、文化传统和学术思想，便立即站到了自己的反面。由此可见蜀汉儒家面目之一斑，清楚地表明了他们治学的终极目的也是为当世政治服务的，这同今文经学家又有什么两样呢？

二、巴蜀文化与方术神仙家

巴蜀地区自古巫术流行，巫风弥漫。早在商代三星堆古蜀文明时代，以萨满为特征的巫术就已笼罩在古蜀大地之上。⑩三星堆"祭祀坑"出土的大型青铜雕像群，包括各种大小立人、跪坐人物、奉璋人物、顶尊人物、人头像、

---

① 秦宓为谯周之师，谯周治古文经，可知秦宓亦然。
② 陈寿：《三国志·蜀志·谯周传》，北京：商务印书馆，1958年。
③《三国志·蜀志·谯周传》裴注引《益州耆旧传》。
④ 常璩著，刘琳校注：《华阳国志校注·先贤士女总赞》，成都：巴蜀书社，1984年。
⑤ 徐中舒：《论巴蜀文化》，成都：四川人民出版社，1981年，第149页。
⑥ 房玄龄：《晋书·司马彪传》，北京：中华书局，1996年。
⑦《三国志·蜀志·谯周传》裴注引。
⑧ 陈寿：《三国志·蜀志·谯周传》，北京：商务印书馆，1958年。
⑨《三国志·蜀志·谯周传》裴注引《晋阳秋》。
⑩ 林向：《蜀酒探原》，《南方民族考古》第一辑，成都：四川大学出版社，1987年。

人面像、祭坛、黄金面罩、金杖，和各种青铜动物、植物、怪兽群像，以及大量象牙、海贝、玉器，均与降神、通神、祈神降祸福于人间的巫术仪式和巫歌、巫舞有关。几株大型青铜神树，上有立鸟、悬龙、蝉、贝、铃、花蒂等铜制海陆空神物，树座之旁又有铜人护卫，竟与弗雷泽（James George Frazer）在其名著《金枝》（*The Golden Bough*）中所描写的情景相类似，不是偶然的，当与《山海经》和《淮南子》所记载的"众帝所自上下"之"建木"有关，而"建木在都广"，即今成都平原，建木就是古蜀诸神的"上天还下"之梯①，也就是所谓天梯。三星堆文明如此盛大的通神、降神场面，在当时全中国范围内绝无仅有，足以显示出巫风之盛。延及周代，巴蜀乃至整个西南夷地区的"巫鬼"（或作"鬼巫"）崇拜盛而不衰，不仅影响到江汉地区"信巫鬼，重淫祀"②传统的形成，还在西南各族中造成了深刻久远的影响，对于汉季道教的起源、形成和传播奠定了广泛的思想和社会基础，其遗风故俗直到隋唐之世仍然斑斑可见，以致在中国文化史上形成了一个颇引人注目的巫鬼文化圈，传奇甚多，由来甚古，与众不同③，使巴蜀文化分外扑朔迷离，令世人颇感茫然，无从缕述。

流传至今的两部蜀史，西汉扬雄的《蜀王本纪》和东晋常璩的《华阳国志》，对于古蜀历史文化的记载，通篇充满了神仙家的浓重气息。在《蜀王本纪》中，蜀之先王蚕丛、柏、鱼凫，"此三代各数百岁，皆神化不死，其民亦颇随王化去"，"（鱼凫）王猎至湔山，便仙去"，当杜宇开国后，"化民往往复出"，而"望帝积百余岁，荆有一人名鳖灵，其尸亡去，荆人求之不得，鳖灵尸随江水上至郫，遂活，与望帝相见，望帝以鳖灵为相"，此类神化不死、死而复生的故事，都是极其典型的神仙家之言。《华阳国志·蜀志》的记载也是如此，如"鱼凫王田于湔山，忽得仙道"，又如"杜宇化鹃""帝升西山隐焉""石牛便金""丈夫化女""五担石折"等，均为神仙家言。此类神仙家言流传到楚地，影响至深，故《楚辞》记载说："鳖令尸亡，泝江而上，到崏（岷）山下苏起，蜀人神之，尊立为王。"④可以说，整部古蜀史，就是由方术和神仙家言交织而成的宗教体系。

早于常璩的古蜀史著，据《华阳国志·序志》记载，在汉晋之间原有八

---

① 见《山海经·海内经》《淮南子·地形》及高诱注。

② 班固：《汉书·地理志》，北京：中华书局，1962年。

③ 段渝：《略论巴、蜀与楚的文化交流关系》，《长江文化论集》，武汉：湖北教育出版社，1995年。

④《风俗通·神怪》引。

家，但仅有题名扬雄的《蜀王本纪》因有清代辑本而流传下来，但已属断简残篇，其余七家则均已散佚（仅《三国志·蜀志·秦宓传》裴松之注引谯周《蜀本纪》一条传世），难考其详。但八家《本纪》均为常璩所亲见，并"略举其隅"。从《华阳国志·序志》所举来看，八家《本纪》均充满了方术和神仙家言一类描写，如"三皇乘祇车出谷口"，"蜀王蚕丛之间周回三千岁"，"荆人鳖灵死，尸化西上，后为蜀帝，周苌弘之血变成碧珠，杜宇之魄化为子鹃"等，常璩斥之为"世俗间横有为蜀传者"。但这些事类均为古蜀历史和文化上的重要环节和关键之点，而八家《本纪》的作者又都是汉晋之间巴蜀的成名之士。这就意味着，在两汉和魏晋之际，蜀中学人对于古代蜀史及文化的理解，本质上仍然是宗教性的，即是若干由方术和神仙家言汇聚而成的事类的叠加，亦即宗教史的延伸。

除常璩提到的八家《蜀本纪》外，汉末三国时言及古蜀史的尚有其人，有名的如汉末的来敏，魏晋之间的秦宓、陈寿等。来敏为刘焉宾客，著有《本蜀论》，记述蜀王本始，其书早佚，《水经·江水注》和《沔水注》分别引用一条，其中一条叙录望帝、鳖灵事，另一条叙录石牛便金事，与扬雄《蜀王本纪》大同小异，出自一辙。秦宓所叙，已见上文。陈寿所述，见于《水经·江水注》引其《益部耆旧传》，讲的是蜀中普通百姓夫妻死而复生的故事。这些都是为常璩所驳斥的不雅驯之言。然而在有汉一代、魏晋之世，以神仙家言为脉络的古蜀历史一再在巴蜀文人学士中翻版传习，却恰恰表明古蜀文化史体系不论在先秦还是汉魏都是由宗教这个黏合剂所聚合起来的。

尽管常璩激烈批评这些"世俗间横有为蜀传者"，但他既是蜀郡江原人，就不可能不受到蜀中世代相承的神仙家言的深刻影响，所以在他编撰《华阳国志》时，虽经他以《汉书》作为取舍标准，多方删正，但书中受神仙家的影响之迹仍然斑斑可见。这种情况说明，直至两晋之际，蜀文化中依然弥散着相当浓厚的方仙气息，而这种气息深深浸透了蜀人的心灵，以致连标榜正统、人称"蜀史"的常璩也难以摆脱其窠臼，足见蜀文化内蕴的宗教化程度之深。

汉世广泛流传着关于方术的种种传说，其中颇有名气的是苌弘及其形迹。苌弘，春秋末周大夫，以星象、术数著称于世[1]，《史记·天官书》称他为"昔之传天数者"，《淮南子·泛论篇》还说："昔者苌弘，周之执术数者也，天地

---

① 见《左传》昭公十一年、哀公三年，《国语·周语下》。

之气，日月之行，风雨之变，律历之数，无所不通。"据《史记·封禅书》，苌弘身怀"设射狸首"之术，"以方事周灵王。诸侯莫朝周，周力少，苌弘乃明鬼神事，设射狸首。狸首者，诸侯之不来者。依物怪欲以致诸侯，诸侯不从，而晋人执杀苌弘。周人之言方怪者自苌弘"。所谓"设射狸首"，渊源于古代的"射侯"，属于上古的一种方术。《封禅书》所说"方""方怪"，均指方术，可见苌弘是古代的大方术家。

大方术家苌弘与蜀大有关系。《庄子·外物》说："苌弘死于蜀，藏其血，三年化为碧。"《吕氏春秋·必己》说："苌弘死，藏其血，三年而为碧。"虽未言蜀，但义近《庄子》。《华阳国志·序志》说："世俗间横有为蜀传者，言……周苌弘之血，变成碧珠。"可见汉代人所著《蜀王本纪》原有苌弘化碧于蜀之说。[①]晋人干宝《搜神记》亦说："周灵王时苌弘见杀，蜀人因藏其血，三年乃化而为碧。"这些记载说明，苌弘死于蜀是战国秦汉魏晋约及七百年间流传广远的一种传说，这种传说的起源和流布必定有其深刻的历史文化背景，那就是蜀中历来为方术神仙家的渊薮。虽有人指认苌弘葬于洛阳[②]，但这并不重要。不论苌弘是否死于蜀，道家以《庄子》为首的诸书[③]，以及专门记载古代神怪事迹的《搜神记》，和深受神仙家观念浸染的诸种《蜀王本纪》，均一致指认苌弘死于蜀，绝非偶然。这种现象至少提供了一条非常清晰的线索，一头伸向上古，一头伸向近古，把千年之间蜀中连续发展的方术神仙家文化串联起来，对于我们理解蜀中为方术神仙家的一大策源地是大有帮助的，并且特别有助于我们理解巴蜀之成为道教发源地的历史文化渊源及其背景。

除苌弘而外，从战国至汉晋时期还风行关于仙人王乔和彭祖的传说。王乔之为神仙，见于屈原《远游》，其术显然属于行气一派仙术，屈原称其术为"道"，汉时亦称为"道"，即所谓"方仙道"[④]。《淮南子·齐俗》说："今夫王乔、赤诵子，吹呴呼吸，吐故纳新，遗形去智，抱素反真，以游玄眇，上通云天。今欲学其道，不得其养气处神，而放其一吐一吸，时诎时伸，其不能乘云升假亦明矣。"《淮南子·泰族》也讲到王乔之道术，与《齐俗篇》所述大体相同，兹不具引。关于彭祖仙术之迹，较早的记载盖为孔子所说"窃

---

① 蒙文通：《巴蜀史的问题》，见所著《古族甄微》，成都：巴蜀书社，1993年，第267页。

② 《史记·封禅书》集解引《皇览》。

③ 除《庄子·外物》而外，唐初著名道教学者成玄英的《庄子疏》、宋林的《庄子口义》等，均述苌弘死于蜀，其血化为碧之说。

④ 方仙道之称，始见于《史记·封禅书》。但"依于鬼神之事"的方仙道，自不始于汉初，先秦即有之。屈原既称王乔之术为"道"，则方仙道至少在战国时即已有所流传。

比于我老彭"（《论语·述而》），老彭即彭祖，因寿长，故称之为"老"。《庄子·刻意》明确讲到彭祖之术，此篇记载："吹响呼吸，吐故纳新，能经鸟申，为寿而已矣。此导引之士，养形之人，彭祖寿考者之所好也。"与庄子同时代的屈原也说："彭铿斟雉帝何飨，受寿永多，夫何久长？"（《楚辞·天问》）相传彭祖为殷守藏史、周柱下史，寿八百余岁[1]，汉晋间人对此颇多习知[2]。从《庄子》所述来看，彭祖和王乔的仙术，均以行气吐纳为特点，应属同一仙道派别。

王乔、彭祖都是蜀人，并且同出汉之犍为郡武阳县（今四川彭山区）。《淮南子·齐俗》高诱注："王乔，蜀武阳人也，为柏人令，得道而仙。"许慎《间诂》也说："王乔，蜀人。"南朝萧梁李膺《益州记》（亦作《蜀记》）亦载，武阳"县有王乔仙处，王乔祠今在县"[3]。周、汉时还另有两个仙人王乔，一是周灵王太子王子乔[4]，一是东汉叶县令河东人王乔[5]，与蜀中仙人王乔不同，这一点汉晋间人是区分得很清楚的。但对彭祖之为蜀人，则略有分歧。据《国语·郑语》《史记·楚世家》，彭祖为祝融陆终氏之子，又称"大彭"，"自尧时举用，历夏殷，封于大彭"[6]。《汉书·地理志》以为"彭城，古彭祖国"，地在今江苏省徐州市。但蜀中也有彭祖遗迹，《华阳国志·蜀志》于犍为都武阳县下载"郡治，有王乔、彭祖祠"，又载"王桥（乔）升其北山，彭祖家其彭蒙"。彭蒙之蒙，与望音近相通，《续汉书·郡国志五》犍为郡武阳县下载有"彭望山"，刘昭注引《南中志》云"县南二十里彭望山"，又引李膺《益州记》："县……下有彭祖冢，上有彭祖祠。"《元和郡县志》卷三二亦载："彭亡城亦曰平无城，彭祖家于此而死，故曰彭亡。"蜀地这个彭祖渊源有自，应与《尚书·牧誓》所载西土八国"庸、蜀、羌、髳、微、卢、彭、濮人"中的彭人有关，不必勉强去同陆终氏之后的大彭相比附。从三国时张鲁之子叫彭祖的情况看[7]，西蜀有为子取名彭祖之习。再从仙人彭祖行迹看，他以"吹响呼吸，吐故纳新"为特征，恰与其同乡王乔相同，所以《庄子》所说的仙人彭祖，应为西蜀犍为郡武阳县的彭祖，而非东方彭城的彭祖。此彭祖与王

文明的史迹：先秦、巴蜀及南丝路历史研究（巴蜀文化卷）

---

① 《世本》，并见刘向：《列仙传》卷上。
② 如刘向《列仙传》、应劭《风俗通》（逸文）、常璩《华阳国志》、干宝《搜神记》、葛洪《神仙传》《抱朴子》等，均极而言之。
③ 《续汉书·郡国志五》"犍为郡武阳县"下刘昭注引。
④ 见刘向：《列女传》，应劭《风俗通·正失》。
⑤ 见《风俗通·正失》《后汉书·方术列传》。
⑥ 司马迁：《史记·五帝本纪》，北京：中华书局，1959 年。
⑦ 见《三国志·魏志·张鲁传》。

乔并为一派，蒙文通先生考证其为南方之仙道，与燕、齐有殊，而吴、越的行气一派也是源于西蜀王乔、彭祖的。①至于《华阳国志·序志》所说"彭祖本生蜀，为殷太史"，则混淆了东方的彭祖和西方的彭祖，而两个彭祖又是各有渊源的，正如三个王乔各不相同一样。

从商代三星堆蜀都发达的巫术，到整个古蜀历史体系中无处不在的方术神仙家言，再到饮誉于世的方士神仙家苌弘、王乔、彭祖，可以清楚地看到蜀地巫术、方术、神仙之术从先秦到汉晋连续发展的历史陈迹，它们构成了古蜀文化最突出的特色要素，即是巴蜀文化的底蕴，所以当秦汉时代巴蜀文化的其他子系统纷纷转型，与汉文化合流以后，这个子系统却依然保持着自己的内蕴，几乎完整地继承下来。巴地的巫风同样源远流长，尤其巫鬼崇拜风行不衰，与蜀地连为一体，因而，"汉末张鲁居汉中（汉中原为巴蜀之地，至东汉仍'与巴蜀同俗'②），以鬼道教百姓，賨人敬信巫觋，多往奉之"③。正是因为巴蜀文化有着方术神仙家传统和巫鬼信仰传统，才使巴蜀成为道教思想及其组织的重要发源地，这是历史的必然。

三、巴蜀文化与道家

巴蜀是深受道家思想重要影响的一个地区，早在战国时就受道家哲学影响甚大。扬雄《蜀王本纪》记载："老子为关令尹喜著《道德经》，临行曰：'子行道千日后，于成都青羊肆寻吾。'今为青羊观是也。"④青羊观即今成都青羊宫。关于这段材料的真伪问题，过去曾有争论，但无论如何，它反映了蜀中道家传统渊源古远，透露出战国时代道家学说曾有西上入蜀历史的蛛丝马迹。《汉书·艺文志》"道家者流"下著录有"《臣君子》二篇"，班固原注曰："蜀人。"其时代远在战国末叶的韩非子之前，传于汉代，书在道家，很有可能是严君平学术的来源。⑤以此联系战国时道家学说西上入蜀的史迹看，确有源流可考。《汉书·艺文志》"道家者流"还著录有"《鶡冠子》一篇"，原注曰："楚人，居深山，以鶡为冠。"但应劭《风俗通》则认为"賨人以褐为冠，褐冠子

---

① 蒙文通：《晚周仙道分三派考》，见所著《古学甄微》，成都：巴蜀书社，1987年。

② 班固：《汉书·地理志》，北京：中华书局，1962年。

③ 《晋书·李特载记》。按，賨人即是板楯蛮，是构成古代巴人的最主要的一种民族成分，参考《华阳国志·巴志》。

④ 严可均辑《全汉文》卷53。

⑤ 蒙文通：《巴蜀史的问题》，见所著《古族甄微》，第251页。

著书"①，以鹖冠子为賨人。两说的矛盾其实不难解决。賨人又称板楯蛮，世居渝水（嘉陵江）左右②，地与楚近。渝水上源古称西汉水，流经汉中边缘，汉中之东原属巴境，后于战国末属楚，直至东汉，仍"与巴蜀同俗"③。所以居其深山之中的賨人鹖冠子又被称为楚人，是由后例前，不足为异，但如考镜源流，原为巴人。

至汉代，道家思想在巴蜀继续发展，成为巴蜀文化最重要的思想文化基础之一，也使得巴蜀成为道家思想的重要传播和弘扬地区；而将道家学说同巴蜀地区风行不衰的方术传统相结合，从而开道家学者与方士两位一体先河的，则是西汉成帝时的大学者严君平。

严君平，名遵，蜀郡成都人。成帝时，"君平卜筮于成都市，以为'卜筮者贱业，而可以惠众人。有邪恶非正之问，则依蓍龟为言利害。与人子言依于孝，与人弟言依于顺，与人臣言依于忠，各因势导之以善，从吾言者，已过半矣。'裁（同才）日阅（历也）数人，得百钱足自养，则闭肆下帘而授《老子》。博览亡不通，依《老子》，《严（庄）周》之指著书十余万言。扬雄少时从游学……君平年九十余，遂以其业终，蜀人爱敬，至今称焉。"④据《华阳国志·先贤士女总赞》，严君平"雅性澹泊，学业加妙，专精大《易》，耽于《老》《庄》"，"著《指归》，为道书之宗"。翻检史籍可以看到，严君平确是把道家之学同方术结合起来的典型人物，他卜筮于成都市上，虽说是"假蓍龟以教"⑤，但却是以前来卜筮者的社会或家庭角色而定蓍龟之言的，即是占卜结果依其对象而转移，这显然是十足的方术。正因严君平开道家与方术相结合的先河，在道教起源、形成的早期历史上占有十分重要的地位，具有深远影响，故其所著《老子指归》⑥被尊为"道书之宗"，而唐代著名道士兼学者杜光庭也才把其《指归》列为道教之书，并认为其旨是"明理国之道""以虚玄为宗"⑦，可见一斑。

严君平对于巴蜀的学术思想影响十分深刻，巴蜀为之"风移俗易"⑧。其

---

① 郑樵：《通志·氏族略》引。
② 常璩著，刘琳校注：《华阳国志校注·巴志》，成都：巴蜀书社，1984年；司马迁：《史记·司马相如列传》，北京：中华书局，1959年。
③ 班固：《汉书·地理志》，北京：中华书局，1962年。
④ 班固：《汉书·王贡两龚鲍传》，北京：中华书局，1962年。
⑤ 常璩著，刘琳校注：《华阳国志校注·先贤士女总赞》，成都：巴蜀书社，1984年。
⑥《隋书·经籍志》："《老子指归》十一卷，严遵注。"
⑦ 杜光庭：《道德真经广圣义·释疏题明道德义》。
⑧ 常璩著，刘琳校注：《华阳国志校注·先贤士女总赞》，成都：巴蜀书社，1984年。

后，两汉之际踵其后者代不乏人，多以学术同方术相结合，竟成两汉巴蜀学术的一大风气。合《华阳国志·先贤士女总赞》与《后汉书·方术列传》统计，两汉时期巴、蜀、汉中地区修黄老、通经纬、明经术、习图谶的有名人物约计三四十人，其中有的在当世就具有极大影响。如巴郡阆中人任文公，为《后汉书·方术列传》所首叙，而"益部为之语曰：任文公，智无双"。又如广汉郡新都人杨厚，"三司及公车连征辟，拜侍中。上言西方及荆、扬、交州当兵起，人民疫蝗，洛阳大水，宫殿当灾，三府当免，近戚谋变，皆效验。大将军梁冀秉权，自退去，归家遂修黄老，授门徒三千人"[1]，是将方术与道家相结合的重要人物，"朝廷若待神明"[2]，"年八十三卒，天子痛惜，诏谥曰文父"[3]，其"神道"传于后世[4]。此类学者，不但在数量上、声望上超过同一时期巴蜀的儒家学者，而且门徒众多，如杨厚授《老子》，门徒三千人，杨宣"教授弟子以百数"，董扶"弟子自远而至"等[5]，均为儒家学者所不及，足见风气之盛。

汉晋之际巴蜀地区的道家，在学术思想上直接承之于老子之术，而与黄老刑名之学即所谓黄学（黄老学派）无关。西汉严君平"专精大《易》，耽于《老》《庄》"，"著《老子指归》"，不为黄学，其学术思想当是上承《臣君子》而来，而《臣君子》又当是承袭了入蜀的老子之术而来，其间关系可以显示道家思想在巴蜀地区传播和连续发展的历史源流。汉初七十年，虽然汉王朝奉行黄老刑名之学，直到武帝即位以后，"及窦太后崩，武安侯田蚡为丞相，绌黄老刑名、百家之言，延文学儒者数百人"[6]，才开始独尊儒术；但汉初巴蜀地区"质文刻野"[7]，不存在接受并研治黄老刑名之学的社会基础。至文翁治蜀，"教民读书法令"，选派蜀人子弟东诣京师受业博士，所学也是儒家经典和律令[8]，并无黄老刑名之学。所以，有汉一代，巴蜀学林并无黄老刑名之学的学术传统。倘以汉初重黄老来推论巴蜀学术亦重黄老，那是没有什么根据的。关于这一点，从严君平"耽于《老》《庄》"，"闭肆下帘而授《老子》"，在巴蜀学林中承先启后的情况看，也是十分清楚的。

① 常璩著，刘琳校注：《华阳国志校注·先贤士女总赞》，成都：巴蜀书社，1984年。
② 范晔：《后汉书·方术列传上·论》，北京：中华书局，1965年。
③ 常璩著，刘琳校注：《华阳国志校注·先贤士女总赞》，成都：巴蜀书社，1984年。
④《隶续·侍中杨文父神道》："汉杨侍中文父之神道。"
⑤ 范晔：《后汉书·方术列传·董扶传》，北京：中华书局，1965年。
⑥ 司马迁：《史记·儒林列传》，北京：中华书局，1959年。
⑦ 常璩著，刘琳校注：《华阳国志校注·先贤士女总赞》，成都：巴蜀书社，1984年。
⑧ 班固：《汉书·循吏传·文翁传》，北京：中华书局，1962年。

西汉末大学问家扬雄"少贫好道"，曾师事严君平，"称其德"，受到严君平的很深影响。扬雄"以经莫大于《易》，故则而作《太玄》"[1]，《太玄》即《太玄经》。扬雄的《太玄经》在汉魏之际有着重要影响，一些大儒先后为之作注。东汉大儒张衡常耽好于《太玄经》，称引扬雄"妙极道数"[2]，并为之作《太玄注》。著名学者崔瑗、宋衷、王肃、陆绩等，均作有《太玄注》[3]。固然《太玄经》并不专属道家，《汉书·艺文志》"儒家者流"所列"扬雄所序三十八篇"，中有"《太玄》十九"，但其思想又确与道家相通，所以《道教义枢》卷二认为太玄与老子有关，而道教经典《道藏》"四辅"有"太玄部"，所收道书为巴蜀三张一派经典，即直通老子而不言黄学的巴蜀一派道教，与吸收了相当黄老学说思想成分的"太平部"判然有别，这可以说明扬雄《太玄经》同老子之道的关系。

东汉时，固然史籍所见巴、蜀、汉中不乏"修黄老"者，如杨厚从朝廷引退后，"归家遂修黄老"，冯颖"修黄老，恬然终日"[4]，折像"好黄老言"[5]，但这里所说的黄老并不是指黄老刑名之学，不是上承黄老学派的黄学而来，而是指将道家思想与方术结合起来的巴蜀一派道家，是上承西汉严君平所开创的巴蜀道家风气而来。杨厚明方术，为朝廷侍中，上言灾异，"皆效验"；冯颢于顺、桓之间为越巂太守，"政化尤多异迹"[6]；折像也是有名的方术家，《后汉书·方术列传》列有专传。显然，巴蜀的"修黄老"和"好黄老言"者，与兴起于战国、极盛于汉初的以《经法》为代表的所谓黄老学派（实即黄学）决然不同，不能混为一谈。

黄老学派的思想学说，其精要为《黄帝四经》，其书虽然列于《汉书·艺文志》"道家者流"，但从1973年长沙马王堆汉墓出土帛书《老子》乙本卷前古佚书即《黄帝四经》[7]来看，黄老学派主张"是非有分，以法断之；虚静以听，以法为符"[8]，通过改造老子道家的"清虚以自守"来达到其法治目的，与老子道家有重要区别。事实上，黄、老本来有别，这在先秦时原是清楚的，

---

① 常璩著，刘琳校注：《华阳国志校注·先贤士女总赞》，成都：巴蜀书社，1984年。

② 范晔：《后汉书·张衡传》北京：中华书局，1965年。

③《华阳国志·先贤士女总赞》。参考《隋书·经籍志》《唐书·经籍志》《三国志·魏志·王朗传》附《王肃传》。

④ 常璩著，刘琳校注：《华阳国志校注·先贤士女总赞》，成都：巴蜀书社，1984年。

⑤ 范晔：《后汉书·方术列传·折像传》，北京：中华书局，1965年。

⑥ 范晔：《后汉书·邛都夷传》，北京：中华书局，1965年。

⑦ 唐兰：《马王堆出土〈老子〉乙本卷前古佚书的研究》，《考古学报》1975年第1期。

⑧《经法·名理篇》。

只是到了汉代才把二者混同起来，并称黄老①，其旨仍是"君人南面之术"②，与"以虚无为本，以因循为用"③的老子之术迥然有别。由此不难看出，东汉巴蜀学者所"修黄老"，绝不是以黄学为主要内容的黄老之学，而是以老子之术同方术神仙家相结合的巴蜀一派道家。至于将这种学术称为黄老，则是东汉一代尤其桓、灵之际盛极一时的社会风气。

应当指出的是，东汉所称的黄老，虽然名分相同，然而在不同的地区却有不同的内容、不同的表现形式和不同的渊源，应该分析源流，不可一概而论。

较早见于史籍记载的是楚王英，其特点是将黄老与佛教相结合。《后汉书·楚王英传》记载："英少时好游侠，交通宾客，晚节更喜黄老，学为浮屠斋戒祭祀。"又载，永平八年，诏报曰："楚王诵黄老之微言，尚浮屠之仁祠，洁斋三月，与神为誓，何嫌何疑，当有悔吝？其还赎，以助伊蒲塞桑门之盛馔。""伊蒲塞"为汉语"近住"之意，"桑门"即"沙门"④。将黄老与佛教相结合的做法，由楚王英肇其端，终于发展成为东汉宫廷的传统，其时称这种特点的黄老为"黄老道"。《后汉书·襄楷传》记载："闻宫中立黄老、浮屠之祠，此道清虚，贵尚无为，好生恶杀，省欲去贪。"《后汉书·桓帝纪》亦载："前史（按指《东观汉记》）称桓帝好音乐，善鼓笙，饰芳林而考濯龙之害，设华盖以祠浮屠、老子，斯将所谓听于神乎！"《后汉书·王涣传》载："延熹中，桓帝事黄老道，悉毁诸房祀。"当时还盛传"老子入夷狄为浮屠"之事，桓帝以为"皆天文恒象之数"⑤。由此可见，在桓帝时，东汉宫廷中将黄老与佛教相结合的传统发展成为黄老道。这就意味着，所谓黄老道，是包含了佛教内容在内的，它与单纯的"黄老"显有区别。

灵帝时，巨鹿人张角自称大贤良师，"奉事黄老道，畜养弟子"⑥，又"为符祝，教病人叩头思过，因以符水饮之"⑦，收揽徒众，而以顺帝时宫崇所上于吉"所得神书"《太平清领书》（又称《太平经》）为思想指导，发动黄巾起义，"十余年间，众徒数十万"⑧。可见张角之术是吸收了宫中黄老道、民间方术和以"澄清大乱，功高德正，故号太平"为宗旨的《太平经》等诸方面

① 余明光：《黄帝四经与黄老思想》，哈尔滨：黑龙江人民出版社，1989 年，第 158-168 页。
② 班固：《汉书·艺文志》，北京：中华书局，1962 年。
③ 司马谈：《论六家要旨》，见《史记·太史公自序》。
④ 范晔：《后汉书·楚王英传》李贤注，北京：中华书局，1965 年。
⑤ 范晔：《后汉书·襄楷传》，北京：中华书局，1965 年。
⑥ 范晔：《后汉书·皇甫嵩传》，北京：中华书局，1965 年。
⑦《三国志·魏志·张鲁传》裴注引《典略》。
⑧ 范晔：《后汉书·襄楷传》《皇甫嵩传》，北京：中华书局，1965 年。

内容而成的。

东汉时，另有逸民亦好黄老，如矫慎"少好黄老"，仰慕赤松、王乔的导引之术等。[1]这一类黄老，其行迹纯属神仙家，并不称为"黄老道"，可见其渊源与宫廷黄老道不同，而与巴蜀神仙家有关。

由此不难知道，东汉所谓黄老，在顺、桓、灵之际大致可以区分为巴蜀以老子道家同方术和神仙家相结合而不预佛教的一派[2]，宫廷中以黄老同佛教相结合的黄老道一派，以及东方张角以黄老道、方术同治国平天下即神学与政治相结合的太平道一派等三大派，其来源不同，内容有异，表现形式也不尽一致。因此，在谈论东汉所谓黄老时，不能笼而统之，必须缕析派别，才不致步入历史的误区。这同时也表明，东汉巴蜀地区学者所修黄老，渊源有别，自成传统，不能把它与宫廷的黄老道和张角太平道中的黄老思想混为一谈。

道家思想在巴蜀地区原本是一种次生文化，但道家思想尤其庄子书中多见巫术和方术熏染之处，也流溢出宗教仪式的种种痕迹，而这些都是同巴蜀地区原生文化中的巫术、巫鬼、方术、神仙之术合拍的。因此，巴蜀成为道家土壤，道家能够在巴蜀地区立足、传播和弘扬；而巴蜀地区的原生文化虽然发达，却缺乏自身可以凝成体系的学说，又需要与其有着相当共同基础的道家学说作为理论指导。因此，道家学说一经西上入蜀，便迅速同巴蜀的原生文化结合起来，交融发展，聚为特征，积为传统，于是在两汉之际便形成了道教思想，使巴蜀文化区成为道教思想的主要策源地，经逐步发展，直至汉末天师道的正式创立，于是巴蜀文化区又成为道教的摇篮。这就是东汉顺帝时张陵在西蜀创立五斗道的历史文化背景。

四、巴蜀文化与道教

巴蜀地区以老子道家思想同方术神仙家相结合的学术和宗教传统，对东汉顺帝时入蜀、学道于鹤鸣山的张陵产生了十分明显的深刻影响。张陵在鹤鸣山创立道教，主要就是基于巴蜀文化传统，直通老子之术，推崇老子，既不讲中土的黄老刑名之学，也不讲西来的浮屠之术。张陵从宗教学角度出发

---

[1] 范晔：《后汉书·逸民列传·矫慎传》，北京：中华书局，1965年。
[2] 其代表人物是张陵，著有《老子想尔注》；又有张修，在汉中传播《老子》五千文，均既不讲黄学，也不言浮屠。

解释老子思想，所著《老子想尔注》①中，以老子为教主，奉老子为"太上老君"，曰"一者，道也""一散为气，聚形为太上老君"，这里的"道"即指老子。张陵把老子尊为太上老君，固然是对于东汉一代神化老子之风愈演愈烈的进一步发展，但更是上承巴蜀地区将老子与方术神仙家结合一体而推向极致的必然结果。由张陵在巴蜀开其端，老子被神化为太上老君、尊为道教始祖之说，便日益为道教所普遍信奉，终成不易之论。

张陵为沛国丰（今江苏丰县）人，据说曾入巴郡江州为官，后挂印而去，入江西龙虎山，结茅山中，炼丹筑坛。汉顺帝时，张陵"闻蜀人多纯厚，易可教化，且多名山，乃与弟子入蜀，住鹄鸣山（即鹤鸣山，在今成都市大邑县西北十五公里，故址犹存），著作道书二十四篇"②。张陵客居蜀之鹤鸣山，最初是为了"学道"，而不是布道。《三国志·魏志·张鲁传》"（鲁）祖父陵，客蜀，学道鹄鸣山中"，《华阳国志·汉中志》"汉末，沛国张陵学道于蜀鹤鸣山"，《后汉书·刘焉传》"（鲁）祖父陵，顺帝时客于蜀，学道鹤鸣山中"，均说明了这个事实。其后，据李膺《蜀记》：张陵"避病疟于丘社之中，得咒鬼之术书，为之，遂解使鬼法"。所谓丘社，即是农村乡野的泛称。所谓咒鬼之术书，即是巴蜀长期流传的巫鬼、巫术、方术之书，当以从先秦以来长期在民间保存流传的巴蜀古文字（或称巴蜀符号、巴蜀图语）写成，故须"解而使之"。所谓鬼法，即是巴蜀巫鬼、巫术、方术的行使方法，汉魏六朝时多称其为鬼法，又与五斗米道合称为鬼道，张鲁即"以鬼道见信于益州牧刘焉"③，又在汉中"以鬼道教民"，"其来学道者，初皆名鬼卒"④，可见其名实均来源于巴蜀文化。正因张陵在蜀之鹤鸣山学到了巴蜀方术，并使用巴蜀方术为民众治病，由此才获得了巴蜀人的信任，"于是百姓翕然奉事以为师，弟子户至数万"⑤，由此才创立了道教。而张陵所创道教之所以称为五斗米道，"从受道者出五斗米"⑥，也正是来源于巴蜀文化自古以来相承不衰的尚五宗教传统⑦。这些事实表明，五斗米道的道名、道术以至道学思想，均承袭了古代巴

---

① 《老子想尔注》的作者，唐宋间多认为是张陵，也有认为是张鲁。有学者以为此书吸收了《河上公章句》的内容，但《河上公章句》晚出，为晋人所著。如此，则张陵之书早于河上公书，而不是相反。

② 葛洪：《神仙传·张道陵传》

③ 常璩著，刘琳校注：《华阳国志校注·汉中志》，成都：巴蜀书社，1984年。

④ 陈寿：《三国志·魏志·张鲁传》，北京：商务印书馆，1958年。

⑤ 葛洪：《神仙传·张道陵传》。

⑥ 陈寿：《三国志·魏志·张鲁传》，北京：商务印书馆，1958年。

⑦ 段渝：《论巴蜀文化连续发展的动力机制——兼论文化变革与继承的稳定机制》，《中华文化论坛》2005年第3期。

蜀文化的主要传统，而予以了新的发展。

从文化渊源上分析，张道陵所创五斗米道，其道术中的符、行气、导引之术，以及三官手书等形式，均直接采于巴蜀文化的相关内容，或从巴蜀文化中衍生而来。

上引李膺《蜀记》说张陵在蜀"得咒鬼之术书，为之，遂解使鬼法"，这种所谓咒鬼之术书，当即五斗米道符的来源，因用巴蜀古文字写成，与汉字不同，故须破解才能行使。《后汉书·刘焉传》载，张陵"学道鹤鸣山中，造作符书，以惑百姓"，"符书"即符之书，乃是张陵学道得来，应当就是李膺《蜀记》所说的"咒鬼之术书"。从考古发掘的情况看，东汉墓中出土的道教符箓，有许多是似汉字而又非汉字的文字，且多有日月星辰等图像。这种文字不论在形体还是行款上，都同巴蜀古文字十分类似，而且日月星辰等图像也是巴蜀文字、符号中最常见的几种，它们应当就是先秦至西汉中叶巴蜀文字（又称巴蜀符号、巴蜀图语）的遗留。虽然道教符，可能有着多元性来源，但作为以三张（陵、衡、鲁，又称三师）为首的道教符派，既然在蜀之鹤鸣山"得咒鬼之术书""造作符书"，那么就与其他地区的符有不同的来源。考古发现的东汉时的早期道符[1]，分为不同的几种类型，恰能证明这一点。而东汉时早期道符中的"符篆式"和"符书式"两种，当即从巴蜀文字演化而来，即三张一派的道符。

张陵还吸收了蜀地长期流传的神仙家文化传统，以行气、导引为主，来源于王乔、彭祖一派蜀中仙术。《华阳国志·汉中志》记载："汉末，沛国张陵学道于蜀鹤鸣山，造作道书，自称'太清玄元'，以惑百姓。"所谓太清玄元，据陶弘景《登真隐诀》等书记载，五斗米道徒上章时称其道为"太清玄元无上三天无极大道"。《淮南子·道应》说："太清，元气之清者也。"同书《本经》说："玄元至砀而运照。"高诱注："玄，天也。元，气也。砀，大也。"此为五斗米道所本。[2]据葛洪《神仙传》，张陵并修行气、导引之术，这恰与其自称"太清玄元"相吻合。"陵死，子衡传其业，衡死，子鲁传其业"[3]，累世相承，成为五斗米道的主要道术之一。张陵死于鹤鸣山，被道教尊为"登天"，鹤鸣山也被称引为"张道陵登仙之所"[4]，这与古蜀王鱼凫"忽得仙道"、

① 王育成：《略论考古发现的早期道符》，《考古》1998 年第 1 期。
② 刘琳：《华阳国志校注》，成都：巴蜀书社，1984 年，第 115 页。
③ 常璩著，刘琳校注：《华阳国志校注·汉中志》，成都：巴蜀书社，1984 年。
④ 李膺：《益州记》，《蜀中名胜记》卷 7"崇庆州"引。

蜀中神仙家王乔"得道而仙"、有"王乔仙处"等完全出自一辙，意味着五斗米道的仙术主要源于巴蜀文化。

五斗米道崇奉"天、地、水三官"，有"三官手书"请祷之法作为其宗教仪式。三国时人鱼豢《典略》记载：五斗米道"请祷之法，书病人姓名，说服罪之意。作三通，其一上之天，著山上，其一埋之地，其一沉之水，谓之三官手书"①。如果分开来看，天地水三官中的任何一种宗教仪式都可以在不同的文化区见到，其间并无一般意义上的区别。如《礼记·觐礼》载"祭天燔柴，登山丘陵升，祭川沉，祭地瘗"，几种宗教仪式在不同文化的各个区系都可以见到。但是道教的三官不能分开来看，因为它并非三种不同的仪式，不是用三种不同的物质载体来分别举行三种不同的仪式，而是用同一载体来举行三次仪式，是同一种仪式的三道程序，它与《礼记》所记载的中原祭仪显有区别，也与秦、楚、吴、越的祭祀仪式迥然不同，所以不能如有些学者那样在《礼记》中去寻找三官的来源。道教三官的来源，实应在它的发源地去探寻，那就是古代的巴蜀。

仔细分析巴蜀文化的各种材料，不难发现将天地水汇为一体的材料至少在三星堆古蜀文明时就有所体现。三星堆1号"祭祀坑"出土的金杖，中端线刻2个戴高冠的人头像，上端刻有2组鱼、鸟纹饰，每组一鱼二鸟，一枝羽箭将其串连在一起。金杖图案的文化内蕴在于，鸟能登天，鱼能潜渊，它们是图案中人物肖像蜀王的通神之物；而能够上天入地，交通于人神之间的，是蜀王自身②，这恰是天地水融为一体的表现。三星堆2号"祭祀坑"出土的青铜神树，是"众帝（按：即众神）所自上下"③的"建木"④，亦即天梯，神树上有铜制立鸟、悬龙、贝、铃等，既具登天的功能，又具潜渊的功能，它与金杖图案具有相同的含义，均可谓天地水一以贯之。2号坑出土的一件"祭山图"牙璋上的图案，也表现了天地水一以贯之的宗教仪式及观念。发掘者认为，2号坑是一次祭天、祭地、祭山等重大综合祭祀活动的遗存⑤，颇有道理。从三星堆"祭祀坑"出土物来看，其宗教仪式的物质载体主要有金、铜、玉、石、海贝、象牙等物，分别取自山上、地下和水中，所举行的仪式也是

巴蜀文化与汉晋学术和宗教

---

① 《三国志·魏志·张鲁传》裴注引。
② 段渝：《论商代长江上游川西平原青铜文化与华北和世界古文明的关系》，《东南文化》1993年第2期。
③ 刘安：《淮南子·地形》，上海：上海古籍出版社，1989年。
④ 袁珂：《山海经校注·海内经》，成都：巴蜀书社，1992年。
⑤ 四川省文物管理委员会等：《广汉三星堆遗址二号祭祀坑发掘简报》，《文物》1989年第5期。

连续性的。以天地水为主的祭祀对象，不仅与其仪式所用物质材料相符合，而且也与仪式所体现出来的宗教观念相符合。巴蜀文化对于天地水一以贯之的这种宗教崇拜及其仪式，在春秋战国延及西汉的巴蜀青铜器上的文字（符号）以及巴蜀印章上也能见到。这表明，作为同一种宗教仪式的三道程序，对于天地水一以贯之的崇拜，在巴蜀文化中是自成传统而源远流长的。汉末张陵在蜀创五斗米道，对于天地水三官一以贯之的崇拜，以及由此而来的"三官手书"这种形式，显然就采用并进一步发挥了巴蜀文化的类似观念和形式，至少可以认为是从巴蜀文化的类似形式中衍生发展而来的。

汉晋时，巴、蜀、汉中承先秦之遗风，普遍信奉巫鬼[1]，同时又崇尚老子，既是五斗米道得以勃然兴起的必要前提，又是五斗道能够广为传播的先决条件，是五斗米道在巴蜀地区发源、成长的广泛而坚实的社会基础。

《后汉书·灵帝纪》记载：中平元年秋七月，"巴郡妖巫张修反，寇郡县"。李贤注引刘艾《纪》曰："时巴郡巫人张修疗病，愈者雇以米五斗，号为'五斗米师'。"据鱼豢《典略》，灵帝光和中，"东方有张角，汉中有张修"，"角为太平道，修为五斗米道"[2]。张修在汉中和巴郡传播五斗米道[3]，即教以老子之术，"又使人为奸令祭酒，祭酒主以《老子》五千文，使都习，号为奸令"[4]。其后张鲁据汉中，"因其民信行修业，遂增饰之"[5]，授以《老子》（当为《老子想尔注》）。因其道建立在巴蜀世代崇奉的巫鬼（又作鬼巫）基础之上，故又被称为"鬼道"。上引《后汉书·灵帝纪》称张修为"巫人"，巫人即崇奉巫鬼之人。东汉建安十年的《樊敏碑》[6]，又称其道为"米巫"，米即五斗米道，巫即巫鬼。《晋书·李特载记》说："汉末，张鲁居汉中，以鬼道教百姓，賨人敬信巫觋，多往奉之。"《华阳国志·李特雄期寿势志》也说："李特祖世本巴西宕渠賨民，种党劲勇，俗好鬼巫。汉末，张鲁居汉中，以鬼道教百姓，亲人敬信。"所谓鬼道，鬼即鬼巫（巫鬼），道即五斗米道，鬼道即是鬼巫与五斗米道的合称，正如米巫是五斗米道与巫鬼的合称一样，只是巴地和蜀地对这种合称的叫法稍异而已。张鲁之母即"兼挟鬼道"，而张鲁"部

---

① 参考段渝：《略论巴、蜀与楚的文化交流关系》，《长江文化论集》，武汉：湖北教育出版社，1995年。
②《三国志·魏志·张鲁传》裴注引《典略》。
③ 裴松之注认为："张修应是张衡。"张衡是张陵之子，张鲁之父。疑其说误。
④《三国志·魏志·张鲁传》裴注引《典略》。
⑤《三国志·魏志·张鲁传》裴注引《典略》。
⑥ 碑文见《隶释》，原碑现在四川省芦山县。

曲多在巴土"①，所以史籍中所见巴地"鬼道"的记载多于"米巫"，而蜀地"米巫"的记载又多于"鬼道"，实不足异。这表明，三张所创道教，是以巴蜀文化为其立足点，主要建立在巴蜀文化基础之上的，无论在其道名、道术还是思想渊源上，均与巴蜀文化一脉相通。所以天师道一经创立，就在巴、蜀、汉中取得极为迅速的发展。

蒙文通先生认为"天师道盖原为西南少数民族之宗教"②。向达先生也以为，天师道是"氐羌民族宗教信仰，而缘饰以《老子》之五千文"③。如果缕析源流，应当说，天师道的来源是多元性的，但其主源是巴蜀文化，当中又包括四个方面的来源：第一，来源于以巴蜀文化为重心的西南地区的巫鬼崇拜；第二，来源于巴蜀文化自先秦以来风行不衰的方术和神仙家传统；第三，来源于巴蜀文化自先秦以来长期流传的尚五宗教观念；第四，来源于严君平开创的将老子道家思想与方术相结合的学术和宗教传统，故《北史·泉企传》称"巴俗事道，尤重老子之术"，足可见其一斑。至于晋时南中地区有"五斗叟"，实指南中夷人当中的叟人（叟人为氐羌系民族，是唐代东爨乌蛮和今凉山彝族的先民④），因其"俗好鬼巫"⑤，与巴蜀文化相通，故崇奉五斗米道，因而被称为"五斗叟"，却没有足够的证据来论证五斗米道是其原生宗教。

关于从道家到道教的演变历史，从来就是一个颇有争论的问题。马端临《文献通考·经籍考》说"道家之术，杂而多端"，是主张道教经籍形成过程中的多元来源。《四库全书总目提要》也主张多元说："后世神怪之迹，多附于道家，原其本始，则至于清静自持，其后长生之说与神仙家合为一，而服饵、导引入之，房中一家近于神仙者亦入之，《鸿宝》有书，烧炼入之，张鲁之教，符入之，北魏寇谦之等又以斋醮章咒入之，大抵多后附之文，非其本旨。"所析亦为道教经籍的来源，也大体上概述了道教形成、演变的概略，虽然没有缕析从道家到道教演变过程中的各种源流关系。从这篇评述中所列举的"后附之文"即发展演变中的参合变化来看，当中及半数出自巴蜀，如：长生术与神仙家合一，指彭祖、王乔之术；导引术也是巴蜀神仙家的特点，

---

① 范晔：《后汉书·刘焉传》，北京：中华书局，1965 年。
② 蒙文通：《道教史琐谈》，见所著《古学甄微》，成都：巴蜀书社，1987 年。
③ 向达：《南诏史论略》，《历史研究》1954 年第 2 期。
④ 李绍明：《关于东爨乌蛮诸部的族源问题》，见所著《李绍明文选》，成都：成都出版社，1995 年。
⑤ 常璩著，刘琳校注：《华阳国志校注·南中志》，成都：巴蜀书社，1984 年。

与西秦房中术和燕齐服食术鼎足而三①；三张的符派道教出自巴蜀；北魏寇谦之的天师道改革，宣扬《新科》，"清整道教，除去三张伪法、租米钱税，及男女合气之术"②，主要就是清整巴蜀一派，使道教变成适合封建统治者口味的宗教。从这里不难知道，在从道家到道教的发展演变过程中，巴蜀文化起着特别重要的作用，既是道教的核心组成部分，又是道教形成过程中多元来源当中的主源。

五、巴蜀文化与魏晋风气

从文化史的演进来看，魏晋时期的中国文化较之先秦两汉已经发生了明显变化。由于国家分裂、体制破坏，造成了社会动荡、民无宁日，统治阶级内部各个政治集团间的斗争也愈演愈烈，于是经学衰变，而清谈之风日显。当时文化的基本特征，表现出由于深刻的精神危机而对传统学说主要是两汉经学的否定和扬弃，转而发展出以玄学为形式的思辨哲学，本体论思辨突出发展，学者多以老、庄为基础，注释经典，但在方法论上却又与汉代大不相同，个人主义意识也开始在文化上占据上风；同时文风绮靡，尤其骈文独领风骚；而佛教东传，佛法在中土弘扬，日益深刻地渗透进中国本土文化之中，与儒、道并世，相争而相切。这几大特点，都是魏晋文化对于汉代文化的演变，或者可以说出现了文化史上的发展新气象，深刻地体现了魏晋之际风行一时的反传统精神和社会文化风气。

然而，巴蜀地区的文化演进却与这个时代大潮不尽相符。巴蜀文化在魏晋时代基本上没有受到精神危机的影响，基本上看不到反传统的文化极端主义倾向，相反却表现出文化史上明显的发展连续性，其中起着核心凝聚作用的是自古以来累世相承的强烈的区域意识。这主要体现在经学、史学和道教传统等三个方面。两汉经学，在魏晋时已然衰落，东汉以来的今古文经学之争也一并消弭，而让位于以玄学解经或综合各家注本说经的魏晋经学，马（融）、郑（玄）、王（肃）也为王（弼）、郭（象）、杜（预）所取代。但在巴蜀地区，儒生却逆流而动，反而继承了东汉末叶朝中的经学传统，古文经学异军突起，盛极一时，格外引人注目。三国蜀汉涪县（今四川绵阳市）人尹默、李撰，即是其中有代表性的人物。尹默见蜀中先贤"多贵今文而不崇章

① 蒙文同：《晚周仙道分三派考》，见所著《古学甄微》，成都：巴蜀书社，1987 年。
② 魏收：《魏书·释老志》，北京：中华书局，1997 年。

句（按：此指古文经学），默知其不博，乃远游荆州"，师从古文经师司马徽、宋衷研习古文经学，"皆通诸经史，又专精于《左氏春秋》"[1]。尹默学成归蜀后，以《春秋左氏传》教授后主刘禅。李撰之父李仁曾与尹默一同游学于荆州，研习古文经学，李撰具传其业，又随尹默研习义理，"《五经》、诸子，无不该览，加博好技艺、算术、卜数、医药、弓弩、机械之巧，皆致思焉"，累官至右中郎将，"著古文《易》《尚书》《毛诗》《三礼》《左氏传》《太玄指归》，皆依准贾（逵）、马（融），异于郑玄。与王氏（肃）殊隔，初不见其所述，而意归多同"[2]。其余治经学者有：文立治《毛诗》《三礼》，司马胜之治《毛诗》《三礼》，常勖治《毛诗》《尚书》，王化治《毛诗》《三礼》《春秋公羊传》，陈寿治《尚书》《三传》，李宓治《春秋左传》，任熙治《毛诗》《京氏易传》，寿良治《春秋》三传，常骞治《毛诗》《三礼》，绝大多数为古文经学，而专治今文经学者，见于记载的仅何随一人而已，治《韩诗》和《欧阳尚书》[3]。

魏晋时巴蜀学林没有受到精神危机的影响，主要原因不应从地理条件方面去探寻，而应着重从文化和政治方面去寻求。巴蜀地区自古宗教兴盛，风行不衰，对各方面学者都有深刻影响，早已化为共同的心理素质，形成为典型人格，是巴蜀学者克服并抵制精神危机的强大精神力量之所在。另一方面，巴蜀学者代相传承的区域意识又在政治割据条件下走向极端，发展成为抗衡中原的意识，这种意识与蜀汉政治充分结合，以兴复汉室、光大巴蜀文化为己任，也不会盲目附和中原玄学，相反却加以自觉抵制。秦宓、谯周、李撰等人，不过是其中的典型代表而已。

魏晋时，史学趋盛，当时最著名的第一流史家和史著均出巴蜀，那就是谯周及其《古史考》二十五卷，陈寿及其《三国志》六十五卷，以及常璩及其《华阳国志》十二卷。他们的其他史著亦宏富可观，尤以地域史流传当世、享誉后代。谯周著有《蜀本纪》《三巴记》《益州志》《巴蜀异物志》等地域历史和文化著作；陈寿撰有《益部耆旧传》十篇，将巴、蜀、汉中从汉代至三国的众多人物合为一书，写出详备的传记；常璩号为"蜀史"，著有《汉之书》十卷，入晋后易名为《蜀李书》，专记成汉国史事。这些史著，历来为史家所重，多所引用。除此而外，巴蜀还产生了一大批史家，著有多种巴蜀文化的史著。如蜀汉时来敏的《本蜀论》，陈寿的《益部耆旧传》，杨戏的《季汉辅

① 陈寿：《三国志·蜀志·尹默传》，北京：商务印书馆，1958 年。
② 陈寿：《三国志·蜀志·李撰传》，北京：商务印书馆，1958 年。
③ 常璩著，刘琳校注：《华阳国志校注·后贤志》，成都：巴蜀书社，1984 年。

臣赞》，王崇的《蜀书》，晋时常宽的《续耆旧传》和《蜀后志》，赵宁的《乡俗记》，黄容的《梁益巴记》，杜袭的《蜀后志》等[①]，足见魏晋时巴蜀史学蓬勃兴盛，独秀于当时的中国史坛。

其时巴蜀史学显然是以地域史为主，其特点，除一般性地记述山川、物产、道里、族类、风俗、人物、史事、文化等而外，尤其注重将作者对于养育他们成长的巴蜀文化的纯真感情寄寓于所撰史著，这一点可以从传世的常璩《华阳国志》当中窥其梗概。[②]巴蜀史家多从其源远流长的文化史入手，尤以其人文教化之早而骄傲自豪，上溯"人皇之际"，极言"黄帝之后"，富于强烈的历史文化优越感和深厚的区域意识。由此不难看出，巴蜀士人的文化意识是多么地富于历史连续性。巴蜀士人不预清谈，不练谈功，不涉本体论思辨，而以史学独盛见诸魏晋史端，其基本原因在此。

魏晋时期道教的内容丰富多彩，表现出它发展中的多元性特点，并非巴蜀地区所独有。然而应当承认的是，这一时期巴蜀道教的发展与其他区域有所不同。在巴、蜀、汉中地区，道教的主要特点是组织化、社会化，强调道教组织在民众当中的大发展，更加突出了道教作为宗教组织所应具备的社会功能和政治功能，带有明显的政治色彩，在广大民众中具有极大的号召力和凝聚力，因而发展成为中国道教的主干，不论北魏寇谦之的北天师道还是刘宋陆修静的南天师道，事实上不过是东汉魏晋巴蜀天师道的演变。汉末张角创太平道，以宗教为旗帜，发动黄巾大起义，"十余年间，众徒数十万"[③]，黄巾失败后，太平道随之解体，道众大多融入了五斗米道，进一步壮大了巴蜀一派道教的力量。成汉国之时，更是奉道教为国教，奉著名巴蜀道士范长生为"李雄国师"[④]，尊为"四时八节天地太师"[⑤]，而"蜀人奉之如神"[⑥]，遂使巴蜀道教在政治上达到登峰造极的地步。而汉末魏晋以至南朝道教中的"丹鼎派"则主要是致力于发展并系统总结炼丹学说，实践炼丹学说，在政治上无所作为，完全不能同巴蜀一派道教的组织化和社会化功能相比较。魏晋时巴蜀一派道教（三张符派道教）的这一特点是东汉三国之际五斗米道的继续发展，有着深厚的文化根基和广泛坚实的民众基础；而丹鼎派则主要是上

---

① 常璩著，刘琳校注：《华阳国志校注·先贤士女总赞》及《后贤志》，成都：巴蜀书社，1984年。
② 参考段渝：《论蜀史三代论及其构拟》，《社会科学研究》1987年第6期。
③ 范晔：《后汉书·皇甫嵩传》，北京：中华书局，1965年。
④ 房玄龄：《晋书·周抚传》，北京：中华书局，1996年。
⑤ 常璩著，刘琳校注：《华阳国志校注·李特雄期寿势志》，成都：巴蜀书社，1984年。
⑥《资治通鉴》卷90"晋元帝大兴元年四月"。

承东汉宫中黄老道的余绪而来，因而主要在统治阶级和上层社会发展，没有像巴蜀道教那样形成坚固的宗教组织及其结构，更没有达到足以号召广大民众、具有广泛号召力和强大凝聚力的社会化程度，两者不能同日而语。

佛教传入巴蜀地区较早，迄今在四川境内发现的多件东汉时期的早期佛教造像和考古遗迹，表明至少在东汉时佛教已经传入巴蜀，并在民间取得初步发展。但是，从东汉至魏晋，佛教却从来没有在巴蜀文化中占据过主流地位。尽管巴蜀地区是汉晋之间南传佛教和北传佛教的交汇之地，也是长江流域早期佛教造像南传线路的起点，但魏晋以至南北朝时巴蜀地区的佛教却主要来自不论传播还是发展都比它晚得多的长江中下游佛教的影响。这就是说，长江中下游地区的佛教，最初有许多是经由长江上游的巴蜀地区传播而去的，很快便在当地生根、成长、壮大，可是佛教在作为其南传起点的巴蜀地区却并没有牢牢立稳足跟、发展壮大。这种情况，也有助于说明土生土长的道教在其发源地巴蜀所具有的深厚根基和牢固地位。正因如此，才使魏晋时代的巴蜀文化表现出明显的历史继承性和发展连续性，说明巴蜀文化具有根深蒂固的历史传统和生生不息的内在活力。

汉魏之世，巴蜀"文学笺启，往往可观，冠带风流，亦为不少"①，然而入晋以后，巴蜀长期战乱，"兵连战接，三州（梁、益、宁州）倾坠，生民歼尽"②，而"郊甸未实，都邑空虚"③。在严重的政治动乱环境中，巴蜀学术惨遭践踏，顿形衰落。宋人吕大防评论道："自先汉至晋初逾四百岁，（巴蜀）士女可书者四百人，亦可谓众矣。复自晋初至于周显德，仅七百岁，而史所纪者无几人。忠魂义骨与尘埃野马同没于丘原者盖亦多矣，岂不重可叹息哉！"④此说固然有失实之处，但其分析也确属有理。政治动乱给学术造成的严重摧残和巨大灾难，于此可见一斑。

---

① 魏收：《魏书·邢峦传》，北京：中华书局，1997年。

② 常璩著，刘琳校注：《华阳国志校注·序志》，成都：巴蜀书社，1984年。

③ 李膺《益州记》郭允蹈《蜀鉴》卷4引。

④ 吕大防：《华阳国志序》。

一

　　三国时期学术，迄今学者较多讨论以《老》《庄》解《易》的王弼、何晏之学，对于蜀汉学术，探讨者则不多见。蜀汉乃一代雄主，三分天下，鼎有一足，其英雄名垂青史事迹累代相传，学术文化也有史可考。然而何以蜀汉学术较少为学者所论呢？究其缘由不外乎三：其一，蜀汉在政治上从来没有占据过全中国的整体优势，虽号称汉家宗室，自居王朝正统，但毕竟不如曹魏"篡汉"成为真正的中原王朝正统，不论在政治上还是学术上都不能够代表王朝正统。其二，曹魏恢复垂三十年失其官守的学官制度，立经古文学十九博士，超过汉代，学术于时之盛自可想见。而蜀汉所置博士有史可考者二三而已。孙盛说："蜀少人士故（许）慈、（胡）潜等并见载述。"①不是没有道理的。其三，蜀汉人士既不多，加之积年不长传授相承之基尚未根深蒂固，很快便为司马氏所灭，而又紧接入于晋世，使师承为之中断，文籍为之散佚，因而学者论著大多没有流传下来，令后来学者难以评论甚至不足称述。除此而外，还有一点应引起注意，那就是魏晋之际乃是中国学术的转变时期，学术以玄学为前锋，突破了传统的经学理论与方法，终成潮流所向，而蜀汉学术未能达于此境，不能进于主流。所以，蜀汉学术历来较少为学者探讨，是可以理解的。

　　不过，蜀汉学术乃是整个三国学术的一个重要组成部分，谈论中国学术史自不能没有蜀汉。再者，蜀汉学术承世之变，在若干方面反映了当时学术思想的变化，固有其不小的研究价值。最后，三国时期在巴蜀历史上是一个重要的时期，在多方面具有承前启后的作用，学术上同样如此，对于晋时巴蜀的学术有着直接而重要的影响。所以，对于蜀汉学术实亦有深入讨论的必要。由于书阙有间，载籍不丰，本文仅对蜀汉学术诸流派及其承袭变化关系做一初步探讨，求正于博学君子焉。

---

　　①《三国志·蜀志·许慈传》裴注引。

二

　　将《三国志·蜀志》诸学者传与《华阳国志》中的《先贤士女总赞》和《后贤志》对读，参考其他相关载籍的记述，可以大致考析出蜀汉一代学者的基本情况。从群书可见，蜀汉学者有传或虽无专传却史留其名者，约有三四十人之多，其中多数人身处三国时期，少数人虽后入晋世但学有成就在蜀汉季世，所以讨论学术尽可归入蜀汉。依据诸书的记载，兹将蜀汉学术划分为 6 个流派，即：谶纬之学（内学），儒学（不明今、古文学者以及综合会通者归入此类），经今文学，经古文学，史学，文辞。其中一些学者，学兼数家，号为"通儒"，则分别列于各家之下。另将法家之术附记于后。

（一）谶纬之学（内学）

　　谶纬为东汉一代显学，是今文经学的重要哲学基础，其余任何学问无出其右者，尊为"内学"，诸经则被称作"外学"。蜀汉承汉世而来，谶纬之学自然盛而不衰。据《三国志·蜀志·先主传》记载，蜀汉群臣上言刘备称帝，"前后上书者八百余人，咸称述符瑞，图、谶明征"，太傅许靖、军师将军诸葛亮等蜀汉显要亦名列其中。这自然是王莽以来改朝换代的惯技，完全出于政治需要，未必均能指为谶纬学者。不过，蜀汉确有相当部分的学者精于图谶纬学。从史籍的记载分析，蜀汉通谶纬的学者多为巴蜀本土籍人士，显然与巴蜀传统文化有关，并且这些学者对于强化蜀汉的政治舆论起了不小的作用。[①]据史籍所记，蜀汉学者中有如下精通谶纬的学者。

　　杜微，字国辅[②]，梓潼涪人，学于广汉图谶方术大师任安，为一时名士。

　　周群，字仲直，巴西阆中人，与其父周舒、子周巨，三代均为有名的谶纬学家。

　　张裕，字南和，通晓谶纬，"亦晓占候"[③]，天才过于周群。

　　杜琼，字伯瑜，蜀郡成都人，受学于任安，精究任安之术，"通经纬术艺"[④]，为一时名士。但"不教诸子，内学无传业者"[⑤]。

　　何宗，字彦英，蜀郡郫县人，"通经纬、天官、推步、图谶"，与杜琼同

---

① 段渝：《巴蜀文化与汉晋学术和宗教》，《中华文化论坛》1999 年第 1 期。

② 《三国志·蜀志》本传、《华阳国志·先贤士女总赞》并作"国辅"，惟《三国志·蜀志·杨戏传》引《季汉辅臣赞》作"辅国"。

③ 陈寿：《三国志·蜀志·周群传》，北京：商务印书馆，1958 年。

④ 常璩著，刘琳校注：《华阳国志校注·先贤士女总赞》，成都：巴蜀书社，1984 年。

⑤ 陈寿：《三国志·蜀志·杜琼传》，北京：商务印书馆，1958 年。

事任安"而名问过之"①，亦一时名士。

许靖，字文休，汝南平舆人。曾与诸葛亮等上言刘备称帝，称引图、谶、纬书自如。许靖少年即知名于中原，学识颇广，与王朗深交。按汉魏之际风气，他既称引谶纬自如，必通其学。

秦宓，字子勑，广汉绵竹人，蜀汉有名的学士。他在答广汉太守夏侯纂问时，熟练引述纬书《河图括地象》和《春秋命历序》②，必精于此道。

尹默，字思潜，梓潼涪人，是有名的经古文学家。又通谶纬，曾与谯周等上言刘备称帝，大量引证《河图》《洛书》和谶纬之书，以纬书中带有"德""备""玄"等字眼的文句，以及星象物候的变化等作为符瑞之征，劝刘备登帝位。

谯周，字允南，巴西西充国人，常问于杜琼，颇晓星占，精隐语，通预言，颇常应验，时人疑其"以术知之"③。

以上12人，乃蜀汉学者通谶纬之学而于史可考者。

（二）儒学

自西汉晚期成帝时刘歆校书以后，儒家学者中逐步形成经今、古文学之分，均各有师承和家法。经今、古文学虽同奉儒家经典，但两者在旨趣、方法和目的上却大相径庭，经今文学重在"通经致用"，经古文学则重在"通经识古"，而两者所传典籍也完全不同。一般说来，根据学者师承、著述以及所传授的内容，可以分辨出属于今文经学还是古文经学。对于没有著述传世和不明师承的儒家学者，以及博综经今、古文学的学者，这里只能暂称为儒学。蜀汉以儒学著称的学者有如下数人。

许靖，汉末即知名于世，刘璋时由交州入蜀，刘备时为太傅、司徒。虽然史籍没有明确记载许靖所学，但《三国志·蜀志·许靖传》记载他"年逾七十，爱乐人物，诱纳后进，清谈不倦"，则显示出他对儒家经典有精深研究。所谓"清谈"，又称"清言"，是魏晋之际承东汉"清议"风气而来的一种经学辩论方式，曹魏王弼、何晏、阮籍、嵇康，以及西晋向秀、郭象等玄学家，即以"清谈"著称于世。许靖既然"清谈不倦"，按照魏晋语词含义，所谈必为儒家经典，虽不必为玄。故知许靖善儒学。

---

① 《三国志·蜀志·杨戏传》引季汉辅臣赞。
② 陈寿：《三国志·蜀志·秦宓传》，北京：商务印书馆，1958年。
③ 陈寿：《三国志·蜀志·谯周传》，北京：商务印书馆，1958年。

五梁①，字德山，南安人，以儒学节操称名于世，其通经情况则略无史传。

王长文，字德隽，广汉县人。《华阳国志》本传载于《后贤志》，是魏晋之间人。据任乃强先生《华阳国志校补图注》，王长文所卒之年当在永宁元年（301年），"时年六十四"，则当生于蜀汉延熙元年（238年），蜀亡时26岁。②据常志《后贤志》，大同（晋统一）前王长文"治五经，博综群籍"，学业已臻成熟。再据《后贤志》本传，入晋后王长文讲学，"著《无名子》十二篇，依则《论语》，又著《通经》四篇③，亦有卦名，拟《易》《玄》。以为《春秋》三《传》，传经不同，每生讼议，乃据经撅传，著《春秋三传》十三篇（有本作"十二篇"）。又撰《约礼记》，除烦举要，凡十篇，皆行于时"（《晋书》所记略同）。由此可以判言，王长文是一位博通经今、古文学的学者。五经，指儒家经典《易》《书》《诗》《礼》《春秋》，汉武帝时立五经博士，为今文经学，宣帝时五经共置十二博士。④王莽时曾立《古文尚书》《毛诗》《逸礼》等古文经博士，东汉初年即予取消，复立今文《易》《书》《诗》《礼》《春秋》等五经博士，共置十四博士。⑤不过，自马融、郑玄以古文遍注群经以后，古文不论在朝中还是民间都得到日益广泛传播，若仅说五经而不说注家，就分不清是今文还是古文。所以，《华阳国志·后贤志》所说王长文"治五经"，不明注家和师承，就不知是指今文经学还是古文经，只能笼统称为儒学，不过，王长文应是今、古文兼治，这从他治《春秋》三《传》可以得到理解。《春秋》三《传》是《公羊传》《谷梁传》和《左传》的合称。自汉武帝立五经博士以来，《春秋》只立《公羊传》于学官，为今文经，宣帝时立《谷梁传》于学官（崔适《春秋复始》认为《谷梁传》为古文经，或云《谷梁传》未立为博士），王莽时曾立《左氏春秋》为博士，东汉光武帝时废，不久复立而又废，此后未曾再立于学官。所以，蜀汉王长文治《春秋》三《传》，必然是今、古文兼治，不分派别。《后贤志》本传说他"以为《春秋》三《传》传经不同，每生讼议，乃据经撅传，著《春秋三传》十三篇"，也表明他不受今、古文间的派别局限，直接根据经典本义传经，以平今、古文间的"讼议"，从而达到汇通与综合。《后贤志》说他早年即"博综群籍"，博综二字正是对他综合治经的恰当概括。

---

① 《三国志·杜微传》附《五梁传》作"五梁"，《后主传》亦同，惟《华阳国志·先贤士女赞》作"伍梁"。

② 任乃强：《华阳国志校补图注》，上海：上海古籍出版社，1987年，第647、649、64页。

③ 《华阳国志》和《隋书·经籍志》并作《通经》，王隐《晋书》和唐修《晋书》则作《通玄经》。

④ 王国维：《汉魏博士考》，《观堂集林》卷4。

⑤ 《续汉书·百官志》并刘昭注。

寿良，字文淑，蜀郡成都人。《华阳国志》本传亦将其载于《后贤志》，也是由蜀汉入晋者。据任乃强先生考证，蜀汉亡时寿良年事已高，其卒当在太康末，年近七十。[①]以此推算，寿良当生于建安末至黄初年间，青壮年时正值蜀汉盛世。《华阳国志·后贤志》本传记载寿良少时"治《春秋》三《传》，贯通五经"，其贯通今、古文经的情况，当与王长文相同。

任熙，字伯远，蜀郡成都人，汉大司农任日方之后。《华阳国志》本传亦将其载于《后贤志》。任熙年六十九卒，当在太康以前，则出生于建安末叶，为官梓潼令以前皆在蜀汉之世。[②]任熙"治《毛诗》《京易》，博通五经"。《毛诗》为古文，《京易》（《京氏易传》）为今文，也是经今、古文学并治的一代儒者。

胡潜，字公兴，魏郡人，"不知其所以在益土"。虽然胡潜"学不沾洽"，史籍也没有明文说他所治为何，但从其"卓荦强识，祖宗制度之仪，丧纪五服之数，皆指掌画地，举手可采"，又从"先主定蜀，承乱历纪，学业衰废，乃鸠合典籍，沙汰众学"，与许慈并为学士，"与孟光、来敏等典掌旧文"[③]来看，应为儒家学者。自汉末董卓之乱以来至三国之初，京师太学以及各地郡学一并荒废，蜀地概莫能外。刘备定蜀后，振兴学业，所说学业当然是指两汉时期定于一尊的儒学。所谓"沙汰众学"，当指沙汰儒学以外诸学，仍以儒学为独尊。胡潜既参与主持其事，则必为儒者无疑，但其流派和学术倾向今已不可考。

以上 6 人，为蜀汉时期有名的儒家学者。

（三）经今文学

经今文学是汉武帝以来儒学的主流派，但自西汉末叶以来一再受到非主流派的经古文学的严重挑战，尤其是东汉贾逵、服虔、马融、郑玄等以古文遍注群经以后，经今文学实际上已走向穷途。虽东汉一代古文经未立于学官（仅《左传》短期置博士），但古文学家任今文学博士者却屡见不鲜，加之建安之后近三十年博士失其官守，因而今文学更加衰微。巴蜀地区的儒学，蜀汉以前也以经今文学为主流，"益部多贵今文而不崇章句（按：此指古文经学）"[④]，

---

① 任乃强：《华阳国志校补图注》，上海：上海古籍出版社，1987 年，第 647、649、64 页。
② 任乃强：《华阳国志校补图注》，上海：上海古籍出版社，1987 年，第 647、649、64 页。
③ 陈寿：《三国志·蜀志·许慈传》，北京：商务印书馆，1958 年。
④ 陈寿：《三国志·蜀志·尹默传》，北京：商务印书馆，1958 年。

郡国之学以教授今文为主流，有其相当深厚的基础。所以当三国时期经古文学再起而中兴之际，仍有一些儒家学者专治或主治经今文学，对巴蜀经今文学传统的一再相传，起到了承上启下的作用。

蜀汉知名的经今文学家于史可考者如下。

孟光，字孝裕，河南洛阳人，汉太尉孟郁之族。汉灵帝末为讲部吏，献帝时逃入蜀，刘璋父子以客礼待之。刘备定益州后，拜为议郎，与许慈等并掌制度，后主刘禅时，先后为符节令、屯骑校尉、长乐少府、大司农。《三国志·蜀志》本传说孟光"博物识古，无书不览，尤锐意三史，长于汉家旧典，好《公羊春秋》而讥呵《左氏》"，是一位典型的经今文学者。

杜琼，蜀汉有名的谶纬（内学）家，于儒学则专治今文经学，著有《韩诗章句》十余万言。

何随，蜀汉有名的文纬方术家，于儒学则专治今文《韩诗》和《欧阳尚书》。

蜀汉一代专治经今文学者，有史可考者仅以上 3 人。另有一些古文学家同时又兼治今文，附述于下文经古文学各家之后。

（四）经古文学

东汉中叶尤其中平以后，贾、马、郑之学日兴月盛，经今文学日益衰微。及至魏初，"汉家四百年学官，今文之统已为古文家取而代之矣"[1]。蜀汉的儒学也是完全如此。

董卓之乱以来，连年战乱，汉献帝自身难保，朝廷也无暇顾及学官之事，各地学校庠序一并衰废，博士及师、掾也一并失其官守，近三十年间无业可言。《三国志·蜀志·许慈传》记载"先主定蜀，承丧乱历纪，学业衰废"，所指正是这种情形。再从孟光等人"鸠合典籍"来看，从中平末年（18 年）到建安十九年（214 年）刘璋父子据蜀的近三十年间，蜀中的确是学官失守、学业衰废、典籍散失，无学校庠序可言。在这种形势下，昔日学官以授经今文学为主的经师、掾属，已不得其人，或难得其人。另一方面，蜀汉在政治上虽然今、古文学家并用，但在学术上则倡导经古文学。[2]据《三国志·蜀志·许慈传》和《尹默传》，蜀汉所立博士，悉数为经古文学博士，未闻经今文学立有博士。以蜀汉号称汉室正统而言，它立古文而不立今文为博士，实已违背了汉家正统，这应是一时风气所致，也是当时经学演变的必然。

---

① 王国维：《汉魏博士考》，《观堂集林》卷 4。
② 段渝：《巴蜀文化与汉晋学术和宗教》，《中华文化论坛》1999 年第 1 期。

以上两点足可表明，蜀汉儒学是以经古文学为主的。事实上，蜀汉的儒家学者也正是以经古文学家为其主流的。

蜀汉一代（包括学成以后方入晋世者），有史可考的知名的经古文学家（包括兼治经今文学者）有近二十位，几占知名学者的半数。兹分述于下。

许慈，字仁笃，南阳人。师事古文经师刘熙，"善郑氏学，治《易》《尚书》《三礼》《毛诗》《论语》"①。郑氏学是指郑玄所注群经之学，以古文为主而兼采今文。郑玄遍注群经，许慈既善郑氏学，则其所治《易》《尚书》《三礼》《毛诗》，必为郑氏所注，而为刘熙所传，故为古文学家。至于《论语》，则本无今、古文之分，它是当时郡学县校的必授之书，未置博士，博士可以兼授而无专授者。许慈治《论语》，当属其讲授之需。

许勋，许慈子。《许慈传》记载："子勋传其业，复为博士。"许勋为博士，是"复为"，而且是传许慈之业，这说明了两点：第一，许慈亦是博士，所以其子传其业是"复为博士"。复者，再也。第二，许慈父子均为经古文学博士，这从许慈"善郑氏学"便一望可知。

来敏，字敬达，义阳新野人，汉司空来艳之子。刘璋时入蜀为宾客，刘备定蜀后署典学校尉，后历官累迁，屡废而复起。来敏"涉猎书籍，善《左氏春秋》，尤精于《苍》（《仓颉篇》）、《雅》（《尔雅》）训诂，好是正文字"②，是典型的经古文学家。

来忠，来敏子，"亦博览经学，有敏（来敏）风"③，也是古文学家。

尹默，字思潜，梓潼涪县人。《三国志·蜀志》本传记载："益部多贵今文而不崇章，默（尹默）知其不博，乃远游荆州，从司马德操、宋仲子等受古学。皆通诸经史，又专精于《左氏春秋》，自刘歆《条例》、郑众、贾逵父子、陈元、服虔注说，咸略诵述，不复按本。先主定益州，领牧，以为劝学从事。及立太子，以默为仆，以《左氏春秋》授后主。"尹默既从司马徽、宋忠受古学，专精《左传》，又精熟两汉诸古文经学大师注说，历来被认为是蜀汉经古文学家中颇富成就者。

尹宗，尹默子。《尹默传》记载："子宗传其业，为博士。"《华阳国志·先贤士女总赞·尹默传》也记载说："子宗亦为博士耳。"显然也是经古文学家。

李仁，字德贤，梓潼涪县人，与同县尹默同游学荆州，从司马徽、宋忠

---

① 陈寿：《三国志·蜀志·许慈传》，北京：商务印书馆，1958年。
② 陈寿：《三国志·蜀志·来敏传》，北京：商务印书馆，1958年。
③ 陈寿：《三国志·蜀志·来敏传》，北京：商务印书馆，1958年。

等受古学，以修文自终。

李譔，字钦仲，李仁子，少受父业，具传其业，"又从默（尹默）讲论义理，五经、诸子，无不该览，加博好技艺，算术、卜数、医药、弓弩、机械之巧，皆致思焉"，"著古文《易》《尚书》《毛诗》《三礼》《左氏传》《太玄指归》，皆依准贾（逵）、马（融）异于郑玄。与王氏（王肃）殊隔，初不见其所述，而意归多同"①。是蜀汉经古文学家中最富成就者。

陈术，字申伯，汉中人。《三国志·蜀志·李譔传》附其小传，称他"亦博学多闻，著《释问》七篇、《益部耆旧传》及《志》"，但失其行事。从附于《李譔传》这一点来看，大概陈寿认为陈术是经古文学者。

谯周，字允南，巴西西充国人。其父谯山并治《尚书》，兼通诸经及图、纬。谯周"耽古好学""研精六经""好古述儒""词理渊通"，是蜀汉的大学问家，誉为一代"硕儒"②。谯周生平著述宏富，著有《法训》《五经论》《古史考》《春秋然否论》以及史地著述共百余篇。

谯同，谯周少子，"颇好周业"，亦为古文学家。

秦宓，字子来力，广汉绵竹人，诸葛亮称引为"益州学士"，是谯周之师，而谯周具传其业。《三国志·蜀志》本传记载秦宓辨《帝系》（今文经《大戴礼记·帝系》）"不然之本"，这与其弟子谯周凭旧典驳斥《史记》一样，均出古文家言。

文立，字广休，巴郡临江人，"少游蜀太学，治《毛诗》《三礼》，兼通群书"③，累官至蜀汉尚书，后入晋世，是古文学家。

司马胜之，字兴先，广汉绵竹人，"学通《毛诗》，治《三礼》"，后入晋世。

常勖，字修业，蜀郡江原人，"治《毛诗》《尚书》，涉洽群籍，多所通览"，累官至郫令，曾率吏民固城拒守以敌邓艾。

王化，字伯远，广汉郪县人，"治《毛诗》《三礼》《春秋公羊传》"，是以古文为主而兼治今文的儒家学者。

陈寿，字承祚，巴西安汉人，"少学于散骑常侍谯周，治《尚书》《三传》，锐精《史》《汉》"，累官至黄门侍郎，后入晋世。

李宓④，字令伯，犍为武阳人，"师事谯周"⑤，"治《春秋左传》，博览五

① 并见《三国志·蜀志·谯周传》以及陈寿"评"、裴松之注。
② 并见《三国志·蜀志·谯周传》以及陈寿"评"、裴松之注。
③《华阳国志·后贤志·文立传》，以下引此不再注出。
④《三国志·蜀志·杨戏传》裴注，《晋书》本传作"李密"，《华阳国志》作"李宓"。
⑤ 房玄龄：《晋书·李密传》，北京：中华书局，1996年。

经多所通涉"，"著《述理论》，论中和仁义、儒学道化之事，凡十篇"。

以上 18 人是蜀汉治经古文学之可考者。从蜀汉学术各流派的情况看，以治经古文学者为最多，这种盛况是前所未有的，足见蜀汉经古文学风气之盛，这应与蜀汉朝廷倡导古文和立古文博士有关。

（五）史学

史学在巴蜀学术中是富于传统的一个门类。两汉时期巴蜀学者撰有不少史学著述，其中不乏优秀史著，如成都人杨终删《太史公书》为十余万言，又著《春秋外传》《哀牢传》，郫县人何英著《汉德春秋》十五卷，雒人李尤与南阳人刘珍共撰《东观汉记》，司马相如、严君平、扬雄、阳城子张、郑廑、尹贡等人分别撰《蜀本纪》或《蜀王本纪》，郑廑又撰巴蜀《耆旧传》，等等。延及蜀汉，著史之风依然风行不衰，不少儒家学者兼治史学，精通《史记》《汉书》，而撰写地方历史、文化、地理、风俗、人物的传统也得到继承发扬。综括史籍，蜀汉史家及其史著主要如下。

谯周，主要史著有《古史考》《后汉纪》《蜀本纪》《三巴记》《益州记》《巴蜀异物志》等，尤以《古史考》最为著名，唐代以前一直与《史记》并行于世，颇受历代史家看重。《古史考》是一部颇能反映谯周历史观念的考述性史著，"皆凭旧典"，纠驳《史记》"或采俗语百家之言，不专据正经"以书周秦以上历史的谬误①，开后世疑古的先河，具有重要的意义。

陈术，著有《益部耆旧传》，其中不少内容为陈寿汲取。

杨戏，字文然，犍为武阳人延熙四年（241 年）著《季汉辅臣赞》，是一部有关当代历史的著述，其中的主要内容为陈寿记载于《三国志·蜀志》当中②，留下了有关蜀汉的丰富史料。

任熙，著有《蜀本纪》。

王崇，王化少弟，蜀汉时为东观郎，入晋后为尚书郎，累官至蜀郡太守，著有《蜀书》，"其书与陈寿颇不同"③。此书已佚，惟《华阳国志·刘后主志》载有王崇"论后主"语以及论邓艾、钟会、姜维之际"蜀之存亡未可量"等语，从中可见此书的独到见解。

陈寿，蜀汉时累官至黄门侍郎，少年即受学于谯周，"锐精《史》《汉》"，

① 房玄龄：《晋书·司马彪传》，北京：中华书局，1996 年。
② 陈寿：《三国志·蜀志·杨戏传》，北京：商务印书馆，1958 年。
③ 常璩著，刘琳校注：《华阳国志校注·后贤志》，成都：巴蜀书社，1984 年。

积累多年。入晋后，取东汉以来各家《巴蜀耆旧传》，合蜀、巴、汉而撰为《益部耆旧传》十篇，又著《古国志》五十篇，最大成就是"鸠合三国史，著魏、吴、蜀三书六十五篇，号《三国志》"，中书令张华"深爱之，以班固、史迁不足方也"[1]，时人亦深赞陈寿"善叙事，有良史之才"[2]。

以上 6 人为蜀汉时期知名史家。这些史家及史著，无疑对两晋巴蜀史学的继续发展产生了深刻影响。

（六）文辞

汉代盛极一时的大赋，到汉末已然式微，魏晋之际，诗歌、散文有了长足发展，占据了文坛前锋的位置。蜀汉诸儒也承风气之变，继承发扬了汉代蜀中"文章冠天下"[3]的传统，在文辞上颇有成就，著称当世，驰誉后代，其中之佼佼者有郤正、李密、陈寿。

郤正，字令先，河南偃师人，成长于蜀。郤正"安贫好学，博览土贡籍，弱冠能属文"，"性澹伯荣利，而尤耽意文章，自司马、王、扬、班、傅、张、蔡之俦遗文篇赋，及当世美书善论，益部有者，则钻凿推求，略皆寓目"，凡所著述诗论赋之属近百篇。陈寿评论说："郤正文辞灿烂，有张、蔡之风。"[4]

李密素以"机警辩捷，辞义响起"著称，其《陈情表》则是千古相传的佳作名篇。

陈寿才华横溢，自来"属文富艳"。《文心雕龙》评论说："及魏代三雄，记传互出，《阳秋》《魏略》之属，《江表》《吴录》之类，或激抗难征，若疏阔寡要，惟陈寿《三国志》文质辩洽，荀（勖曰）、张（华）比之迁（司马迁）、固（班固），非妄誉也。"

除以上 6 大学术流派外，另有法家之术在蜀汉皇室研习，附记于下。

法家学问及其思想曾风行于战国，极盛于秦代。汉初以后，法家因蒙秦王朝"急政暴虐"恶名，其理论隐而不显，但却渗透到汉王朝的政体、制度、政策、经济、社会、文化等方方面面。正如汉宣帝所说："汉家自有制度，本以霸（法家）、王（儒家）道杂之。"[5]"霸王道杂之"，确是汉以来历朝历代最有效的统治手段。蜀汉承汉家制度，自然也是如此。

① 常璩著，刘琳校注：《华阳国志校注·后贤志》，成都：巴蜀书社，1984 年。
② 房玄龄：《晋书·陈寿传》，北京：中华书局，1996 年。
③ 班固：《汉书·地理志》，北京：中华书局，1962 年。
④ 陈寿：《三国志·蜀志·郤正传》，北京：商务印书馆，1958 年。
⑤ 班固：《汉书·元帝纪》，北京：中华书局，1962 年。

蜀汉以儒为学，学者并不研习法家，但统治者却是儒法并用、外儒内法，需要深研法家之术的。刘备不甚乐读书，但其临终前遗诏后主却说："可读《汉书》《礼记》，闲暇历观诸子及《六韬》《商君书》，益人意智。闻丞相为写《申》《韩》《管子》《六韬》一通已毕，未送，道亡，可自更求闻达。"①所举书籍7部，有4部为法家，足见重视程度之深，也可见在后主刘禅所习所研之书中法家为数不少，这不正是外儒内法、霸王道杂之吗？诸葛亮治蜀，实亦多采法家之术，所谓"循名责实"②，正是申、韩之术的精要所在。但不论先主、后主还是诸葛亮，均不能指为法家，法家之术在他们其实无非是统治之术而已，并无学术可言。

三

以上是蜀汉学术的大致情况。从以上所考，可以看出蜀汉学术的几个特点。

第一，谶纬之学长盛不衰，比之东汉有过之而无不及。其中最明显的变化，是谶纬之学也成为古文家的重要学业，如古文家尹默、秦宓、谯周，均兼治谶纬。而东汉时古文家不言谶，仅今文家习之，光武帝时原想立《左氏》《谷梁》为博士，却因二家先师不晓图谶故令中道而废。③当然，从某种意义上看，古文家言谶纬，也可以看作是今、古文逐渐综合或合流的一种趋势。

第二，蜀汉史学尤为发达，一枝独秀，而且当代史、地方史所占史著比例最大，这是承袭了汉代巴蜀史学的传统而又有所发展。而谯周《古史考》开疑古先河，创新学术，进于中国史学前锋，意义尤为深远。

第三，蜀汉文辞承风气之变，赋体式微，而诗文代兴。但蜀汉文辞显然不如"文章冠天下"的汉代巴蜀，这一点对后世也颇有影响。

第四，蜀汉学术最大、最重要的变化，是经今文学衰微，而经古文学兴盛发达，综汇经今、古文学者亦颇有之。这既与当时中国经学变化的风气有关，也与当时的政治形势有关。④

第五，蜀汉儒家学者多有研习《易》者，但不论今文还是古文学家，均不能像中土王弼、何晏之伦，以《老》《庄》入《易》，故而守成有余，创新不足。以此言之，蜀汉儒学终不能进于中国学术前锋，实乃势所必至。

---

① 《三国志·蜀志·先主传》裴注引诸葛亮集，转引。
② 《三国志·蜀志·诸葛亮传》陈寿评语。
③ 范晔：《后汉书·贾逵传》，北京：中华书局，1965年。
④ 段渝：《巴蜀文化与汉晋学术和宗教》，《中华文化论坛》1999年第1期。

巴蜀文化特征

34

巴蜀文化，千年多元复合中的独特与辉煌

人们通常把四川盆地从古到今的文化通称为"巴蜀文化"。事实上，在战国时期以前，巴与蜀的文化并不是一个统一的文化整体，而分别是巴文化和蜀文化。

将巴文化和蜀文化这两种起源不同、类型有异、族别非一的文化统称为巴蜀文化，主要有如下几个原因：第一，导源于一种地理单元观念，即它们在地域上是紧相毗邻的，商周时期巴国与蜀国在汉中相邻，而蜀在四川盆地东部包有巴地，当战国时期巴国进入四川盆地后，西与蜀国紧邻，二者在频繁的和与战中得以在青铜文化、民族文化等各方面达到充分交流、互动以至部分整合。第二，导源于二者经济区的大体划一，民风、民俗的大体相近，增强了二者的亲和力。第三，最重要的是，战国时期巴文化区和蜀文化区通行共同的文字——巴蜀文字，更加增强了二者的凝聚力和整合力。

由于这些因素以及其他多种原因，最终在战国时期巴文化与蜀文化在诸多层面达到了融合状态，从而形成了大体整合的巴蜀文化。因此，巴蜀文化有广狭两种概念，狭义上的巴蜀文化，特指先秦时期的巴蜀文化，其中包括巴文化和蜀文化。广义上的巴蜀文化，则是指从古至今以四川盆地为中心，以历史悠久的巴文化和蜀文化为主体，包括周邻地区各少数民族文化在内的多元复合文化的总汇。

一、特色鲜明，源远流长

由于特殊的地理构造，四川盆地呈现从盆周山地向盆底逐渐下趋的向心结构，加上盆地优越的自然条件，为各种文化的交流融合提供了有利条件。于是，在这个地理单元内，文化的发展轨迹也就相应地呈现为一个向心结构。从历史脉络和发展阶段来看，先秦至清代巴蜀文化经历了新石器时代晚期萌芽，夏商周时期起源、形成并达到第一次鼎盛，秦汉时期转型、全面融入华夏文化并达到第二次鼎盛，魏晋南北朝时期出现第一个低谷，

唐宋时期第三次鼎盛并达到高峰，元明时期出现第二个低谷，清代重新走向鼎盛并向近代化转化等七个发展阶段，在漫长的过程中，形成了巴蜀文化的鲜明特征。

从人文性格来看，巴蜀文化的基本人文性格为"巴有将，蜀有相"，巴文化"其民质直好义，土风敦厚""俗素朴，无造次辨丽之气"，蜀文化重祭祀，重形象思维，工艺发达，尚滋味，好辛香，多悍勇，喜音乐，君子精敏，小人鬼黠，等等。为突破四川盆地四周高山大川地理环境的阻隔，实现与外界的经济文化交往，巴蜀人民不懈奋斗，表现出强烈的渴求开放和走向世界的意识、勇于创新的精神。不论三星堆时期还是历次移民，巴蜀文化都表现出特有的兼容气度。吃苦耐劳、不畏艰险，成为千百年来巴蜀文化最鲜明、最突出的人文性格特征。在思维方式上，蜀人求新善变，具有发达的形象思维、想象能力和飘逸、深邃的思想内涵，富于原创性和再创性内涵的事物也随之成为巴蜀文化最显著的外在表现方式之一。

从巴蜀文化的基本特点来看，其一，社会特点方面，巴蜀文化伴随着不同历史阶段"五方杂处"的移民文化而不断传承又不断更新。传承与更新，是历史上巴蜀文化的基本特点和显著特征。民风"俗好娱乐"，蜀人历来好游乐，成都尤甚。《岁华纪丽谱》记载："成都游赏之盛，甲于西蜀，盖地大物繁，而俗好娱乐。"

其二，学术传统方面，北宋理学家程颐有"易学在蜀"的说法。历史上，从西汉严君平、扬雄，到宋代陈抟、谯定、张行成，明代来知德、熊过，晚清廖平、民国刘子华，形成巴蜀文化显著的易学传统。

其三，巴蜀文化往往表现出"水库"特征，不断向外输出高文化人才，又不断从外引进高文化人才。历史上的四川人才走出夔门后，常常是大展才华，"文章冠天下"，如古代的司马相如、扬雄、"三苏"等，现代的郭沫若、巴金等。而外省文豪入川后，更加成就其"语不惊人死不休"，最典型的代表人物当推李白与杜甫。这使巴蜀文化在保持自己基本形态的同时，不断更新其表层结构，从而得以随时站在中国文化主潮流的前沿。

其四，在巴蜀古往今来的精神生活当中，也存在闭塞、保守、贪图安逸、小富即安等消极思想和行为方式。"少不入川，老不出川"，其根源是千百年来逐步积淀下来的，与优越的生存环境密切相关。

二、教育兴学，积厚流光

著名历史学家李学勤先生指出，"可以断言，如果没有对巴蜀文化的深入研究，便不能构成中国文明起源和发展的完整图景"，"中国文明研究中的不少问题，恐怕必须由巴蜀文化求得解决"。巴蜀文化以其卓越的成就，为中国文明做出了杰出贡献。

教育是文化的生机，要说文化，先谈教育。巴蜀教育有四个亮点：第一，文翁兴学。汉景帝、武帝年间，文翁在蜀兴学，开全国地方官办学校的风气之先。到汉武帝时，朝廷在全国推广文翁的做法，下令天下各郡国建立官办学校。第二，蜀石经。后蜀时期用石数千块，先后刻成《孝经》《论语》《尔雅》等立于益州州学（文翁石室故址）。至北宋又补刻《春秋经传集解》等，共有 15 部，统称为"蜀石经"，是我国古代规模最大和唯一有注文的儒家经典石经。第三，宋代书院。宋代四川的书院盛极一时，其中鹤山书院最负盛名，由著名理学家蒲江人魏了翁在蒲江城北大鹤山创办，"开门授徒，士争负笈从之，由是蜀人尽知义理之学"。四川书院对推动四川学术文化发展起了重要作用，巴蜀学者张栻、魏了翁等不少到湖南讲学，对开创湖湘学派起到重要作用。第四，清光绪二十八年（1902 年），尊经书院与锦江书院合并为四川省城高等学堂，成为四川高等教育的起点，也是后来四川大学的前身。

三、科技文明，"天数在蜀"

科技方面，巴蜀取得了多方面成就，是中华科技文明的瑰宝。都江堰水利工程技术、盐井钻井技术、蜀锦和蜀茶、天然气的发现和使用、天文学、数学、医药学均有巨大成就。

历史记载中，中国最早的盐井开凿于巴蜀。据《华阳国志·蜀志》记载，李冰为蜀守时，"穿广都盐井"，首创了开凿盐井取卤制盐的工业。清道光十五年（1835 年）自贡钻出 1 001.42 米的燊海井，是当时世界上第一口超千米的深井。与同时期的西方相比，燊海井的技术走在了世界前列。

四川是中国丝绸的主要起源地之一。早在公元前 2000 年代中晚期，四川的丝绸织造已达到成熟水平，到战国秦汉时期更是取得高度发展，称为"蜀锦"。蜀锦名列中国四大名锦之首。四川是中国茶叶栽培的发源地，公元前316 年秦并巴蜀以后，茶叶栽培和饮茶习俗才传播到中国各地，以后又向国外传播。

巴蜀是史籍所载中国最早发现和使用天然气的地区。至迟在西汉，巴蜀地区就已经发现并使用天然气。扬雄《蜀都赋》、左思《蜀都赋》、张华《博物志》、常璩《华阳国志》等文献均记载了临邛（今邛崃）取用"火井"即天然气的情况，为中国天然气的发现和使用历史留下了宝贵的资料。

历史文献说"天数在蜀"，盛赞巴蜀天文学成果丰富，天文学家众多。文献记载的巴蜀天文学家及其贡献主要有：落下闳参与的《太初历》，是我国历史上第一部较完整、成系统的历法，也是当时世界上最先进的历法，在天文学史上具有划时代的意义。太初历首次记录了五星运行的周期。比古罗马《儒略历》早了 58 年。《太初历》首次使用落下闳首创的连分数推算历法，较之西方早 1 600 多年。落下闳在创制《太初历》的过程中，为了观测天体，还造浑天仪，又作天球仪，对中国天文历法学的发展做出了重要贡献。此外还有扬雄、唐代巴蜀杰出的制造家梁令瓒、宋代的天文学家张思训，以及在天文绘图方面的隆庆府普城（今四川剑阁）人黄裳。黄裳于 1010 年绘制的《天文图》，是现已发现的最准确的古星图，受到世界科学家的高度重视，已被译成英、法、德、俄、日等国文字。

在宋元四大数学家中，普州（今四川安岳）人秦九韶最为杰出。秦九韶 1247 年完成数学名著《数书九章》18 卷，其中的"大衍求一术"（即一次联立同余式解法）和高次方程的数值解法，是他最杰出的贡献。欧美的整数论者十分推崇他的"大衍求一术"，称之为"中国的剩余定理"，这个定理比欧洲早五百年。他的任意高次方程的数值解法，比欧洲的相同发明早六百年。有的学者认为，欧洲的鲁斐尼—霍纳方法，理应改称"秦九韶方法"。秦九韶以他卓越的数学成就，成为中国古代数学史以至世界中世纪数学史上最杰出的人物之一。

在医药学方面，巴蜀人才辈出，以昝殷、韩保贞、陈士良、李珣等人成就最大。昝殷是唐末有名的医生，著有《经效产宝》，是我国最早的产科专著，其中的《产后血晕闷绝方论》"醋铁熏法"，历来在临床上普遍应用。这部书东传日本，引起重视。后蜀梓州（今四川三台）人李珣，祖籍为波斯，撰有《海药本草》，书中记载的药品来自欧、亚、非二十多个国家和地区，丰富了中国药物学内容，对我国医药学的发展有重要价值。宋代唐慎微编写的巨著《经史证类备急本草》，集宋以前药物之大成，记载药物总数达 1 588 种，由官版刊印颁行全国，使我国本草学从此具有药物学的规模。此书历朝重修刊印的版本多达 50 种以上，并东传日本、朝鲜。李时珍高度评价说："使诸家本草及药单方，垂之千古不致没者，皆其功也。"英国科技史专家李约瑟评论道："十二三世纪的《大观经史证类本草》（即唐慎微所著之书）的某些版本，要比十五和十六世纪早期欧洲植物学著作高明得多。"北宋眉州青神（今四川青神县）人杨子建的《十产论》，重点对异常分娩做了详细论述，是我国第一部较详细的助产学专著。

四、文史艺术，群星璀璨

文学方面，巴蜀文化群星荟萃。汉代文学，有辞赋、诗歌、散文等各种形式，其中辞赋是最为杰出的代表。巴蜀文学最大的成就就是辞赋，而以司马相如、王褒、扬雄为典型代表，"文章冠天下"，是西汉著名的辞赋四大家当中的三位大家。唐代巴蜀文学之风兴盛，陈子昂力驳初唐绮丽的唯美文风，主张恢复"汉魏风骨"，对唐诗发展产生了方向性的重要影响，杜甫称誉他为"有才继离骚""名与日月悬"。成就最大的是李白、杜甫，以及女诗人薛涛，前蜀花间派词人韦庄是当时名扬海内的大词人，与花间派创始人温庭筠齐名。

宋代，四川文坛兴盛非凡，"文学之士，彬彬辈出焉"。据《四库全书》统计，清代所存两宋蜀人文集有 30 多家，《宋代蜀文辑存》则辑录散见于群书的 452 家蜀人遗文 2 000 多篇，从一个侧面反映了宋代巴蜀文学的兴盛。其中最著名的是苏洵、苏轼、苏辙，号为眉山三苏，父子三人俱被列入唐宋散文八大家之中，在中国文学史上有着崇高地位。

明清时期，四川涌现出不少知名的文学家。在诗歌方面，杨基、徐贲号称明初吴中四杰，杨慎的诗更是独树一帜，杨慎的夫人黄峨也是富于才华的诗人。清代四川诗人辈出，最有名的有张问陶、李调元等人。在散文方面，杨慎、唐甄都是出色的散文家，另有彭端淑、彭肇洙、彭遵泗，号称"丹棱三彭"，享誉蜀中。

艺术方面，巴蜀绘画、雕刻、音乐、舞蹈、戏剧、书法等，均在全国产生过重要影响。成都前蜀王建墓棺床的东、南、西三面，雕刻有一组 24 幅乐伎图，再现了前蜀宫廷宴乐的生动情景。这 24 幅乐伎图所刻的，大多是器乐演奏者，乐器有正鼓、齐鼓、和鼓、笛、大筚篥、拍板、羯鼓、鞉鼓、簇、排箫、筝、吹叶、笙等几十种，属于中国化了的龟兹乐系统，而掺杂有清乐系统的乐器。

史学方面，汉代巴蜀地区有不少关于蜀人历史的史著问世，反映了巴蜀文化悠久的治史传统。魏晋南北朝时期，巴蜀史学硕果累累，涌现出一大批史学家和历史著述，其中最著名的是谯周和他的《古史考》，陈寿和他的《三国志》，以及常璩和他的《华阳国志》。

宋代史学极为发达，史家辈出，史著宏富，当时史学大家和史学名著多出蜀中，在宋代文化史上占有极为重要的地位。最著名的是李焘、李心传，为当世大史学家，写出了流传千古的大量史学名著。眉州丹棱（今四川丹棱）人李焘，最重要也是最有名的史学著作是《续资治通鉴长编》1 063 卷（今存520 卷）。隆州井研（今四川井研）人李心传以《建炎以来系年要录》和《建炎以来朝野杂记》两部为中国史学名著。《四库提要辩证》评论说："有宋一代史学之精，自司马光外，无如二李者。"

35

从巴蜀的巴蜀到中国的巴蜀

先秦时期，巴蜀地区在地理上与中原脱节，由于秦岭、大巴山、米仓山系的阻隔，使它自成一个单元。在政治上，巴蜀也基本是自成单位的。虽然在夏、商时代，巴蜀与中原有这样那样的和战关系，西周时代巴蜀也是周王室册封的诸侯，但"有周之世，限以秦、巴，（蜀）虽奉王职，不得与春秋盟会，君长莫同书轨"，巴则因"楚主夏盟，秦擅西土，巴国分远，故于盟会希"，均与中原缺乏经常的政治联系，不能在政治上与中原同步演进。战国前期，当中原列国纷纷掀起轰轰烈烈的变法运动之时，西方的秦国起而响应，虽加入较晚，却后来居上，变法更加彻底，又积极参与中国诸侯之政，文化上则采取开放政策，吸纳、延请三晋纵横家和法家知名人物入秦主持变法，"移风易俗"，以与中原诸夏所奉行的儒家学说相抗衡，结果是政治上与中原充分融为一体，文化上更加强了同中原的交流和融会。南方的楚国、东方的吴国和越国，也在政治上积极参与诸侯争霸，文化上以老、庄为代表的道家则应运而生，与齐鲁儒家、秦晋法家和纵横家等分庭抗礼，遂成百家争鸣之局，并在这一动态局面中与中原融为一体。唯有巴蜀，僻在西南，为"戎狄之长"，不与中原之政，不参与中原列国轰轰烈烈的变法潮流，又不与中原学术，不参与百家争鸣。这两大特点，说明了巴蜀与中原相隔绝的事实。

巴蜀自古有其国家组织，控制资源，掌握军队，维护王权，其政治势力主要是向西南大力伸张；又有自己的知识体系和知识分子，创造了独具特色的文字系统，物质文明也取得极大进步。但由于政治上与中原之政脱节，不在中原政治经济大变革的连锁反应圈以内，所以墨守成规，不能在文化上取得突破，更不能对传统习俗提出质疑，又遑论超越。

秦灭巴蜀，设置郡县，是巴蜀与中原密切联系的转机。但是，秦灭巴蜀的时代，正是秦的法家在理论上和实践上走向野蛮化的时代。如果说，商鞅时代秦还允许一点学术和思想自由，允许儒法之争存在的话，那么，到秦惠王、秦昭王尤其秦始皇时代，这一点点自由的学术和思想空间已被完全窒息。秦任刑罚，民以吏为师，不允许自由的学术环境存在。在这种残酷的政治和文化条件下，巴蜀不但没有产生出思想家，反而发扬了神圣的宗教传统，政治经济上虽然被纳入秦的势力范围之内，然而文化上却仍然在中原之外，两者出现了明显的脱节。

巴蜀真正融入中华是在汉代。汉兴，实行轻徭薄赋缓刑的政策，文化上允许百家共存，惠帝时"除挟书之律"，自此才有思想家、文学家的出现。

汉代巴蜀学者著书立说，均为私家著述，这是巴蜀文化汉化的重要标志。这一现象说明，汉代巴蜀文化的转型，不但已经超越了文化认同的阶段，还进一步发展到了文化自觉的阶段，从意识深处已认为自身是汉文化圈中当然的一员。其政治与文化背景有四：第一是巴蜀在政治上为汉高祖"帝业所兴"之地。高祖五年，汉军中的大批巴蜀士卒罢兵回家，成为巴蜀各地的大姓望族，加深了巴蜀对汉王朝的政治向心力。第二是汉王朝放宽思想禁锢，允许百家存在，武帝时虽独尊儒术，但百家之术仍在天下郡国有不同程度的发展，巴蜀则突出发展了道家学术和易学。第三是汉王朝吸收天下精英入朝为官，既加强了汉王朝的中央集权，提高了汉王朝认识处理天下郡国各类事务的能力和水平，又加强了中央王朝同全国各地的文化和感情联系，巴蜀地区的精英人物如司马相如、落下闳、王褒、扬雄等均在京师任为朝官，在文化上、思想上、感情上保持并维持着巴蜀与京师的各种联系。第四，也是最重要的，汉景、武之间，蜀郡守经文翁在成都兴办学堂，改造了巴蜀的"蛮夷之风"，使巴蜀逐步从对中原的文化认同转变为文化自觉，最终超越了神圣传统，在思想上、文化上与中原文化融为一体。

作为独立王国的先秦巴蜀，与作为大一统帝国郡县的秦汉巴蜀，在思想上、文化上的调控机制和原动力是不同的。借用梁任公《中国史叙论》关于"中国之中国"和"世界之中国"这一概念，可以说，先秦的巴蜀是巴蜀的巴蜀，而秦汉的巴蜀则是中国的巴蜀。这种历史性的演变，给予人们的启示是深刻的。

| 36 |

从文化转型谈中介论

——关于巴蜀文化转型的研究实例

　　中介论既是认识论又是方法论。运用中介论的观点和方法，不但可以成功地解决许多哲学问题、经济问题以及自然科学领域内的各种认识问题[①]，而且还可以作为历史学、考古学以及人类学的一种解释系统，为我们更科学地解释人类的过去提供理论和方法论钥匙。本文试从文化转型的角度，主要以战国末秦汉之际巴蜀文化转型的典型史事为例，从中介论的观点和方法入手，进行一些有关文化转型的理论探讨。不当之处在所难免，希望同行专家和博学君子予以斧正。

一

　　秦灭巴蜀（前 316 年）以后，巴蜀地区纳入以秦汉王朝为代表的中华国家的统一疆域之中，巴蜀的政治、经济、社会组织和各种制度被秦汉王朝予以根本改造，巴蜀文化也在秦汉文化的强烈感应下日益发生演变，逐渐转型，最终同秦汉文化化为一统，成为中华文化多元一体结构框架的重要组成部分。

　　战国秦汉之际巴蜀文化的转型，从性质上看，是由一种作为独立王国形态和民族性质的文化，向作为秦汉统一帝国内的一种地域形态和汉民族组成部分之一的亚文化的转型，其中的关键有两点：一是国家形态，从以前的"独立王国"转化为秦汉中央王朝的郡县；一是民族性质，从过去的以戎狄、南夷为主体转化为秦汉时期的以汉族为主体。这两个关键之点，前一个主要是政治上的、制度上的，后一个主要是文化上的、心态上的。正因为这两个关键之点存在于巴蜀和秦汉双方，既引起双方之间尖锐的对立和冲突，更有互为中介的融合、转化，因此要促使巴蜀文化转型为秦汉文化的地域亚文化，就必须突破并彻底消除其间的各种障碍。正是因为如此，所以秦并巴蜀后，立即就展开了对巴蜀的政治经济改造，直接目的在于为秦的统一战争提供战

　　[①] 详见刘茂才著：《中介论与相似论》，成都：四川人民出版社，1996 年。

略物质和战略基地，但政治经济政策实施的结果，却促使巴蜀的一批精英人物率先转化为秦王朝的坚决支持者，这部分人也就率先感应了秦文化，在思想和精神面貌上向着秦文化转变，成为巴蜀文化与秦文化相整合的重要中介。民族上的转化，却不是首先依靠政策法令去推行，而是依靠政治经济改造所产生的巨大成果，以及多次大批移民巴蜀所产生的文化认同以至涵化，再凭借一系列法令来达到的。因此，在政治和民族这两个关键之点上，政治上的转变是强制性的、暴力的；民族上的转化则是自然的、和平的、互为中介的。所以，这个时期的巴蜀文化具有国家民族意义上的和秦文化的地域亚文化意义上的二重性质，前者愈来愈少，后者愈来愈多。

不难看出，联系秦汉文化与巴蜀文化之间的中介，最重要的是秦汉王朝的政策、制度、法律、法令及其贯彻执行的一系列措施，以及从中原地区大批迁往巴蜀的各种移民。

秦王朝通过一系列政策、制度的强制推行，使巴蜀地区作为"独立王国"的原有基础分崩离析，荡然无存，并经过互为中介的融合过程，彻底转变为秦制，其中包括土地制度、赋役制度、田租制度、户籍制度、文字制度、车轨制度、度量衡制度、货币制度、城市制度、工商业制度、军事制度、旄旌制度、历法制度、法律制度、服饰制度、郡县制度等各个方面。这些制度，对于绝大多数巴蜀民众都具有直接的制约作用，其中有些制约是共同的，对每个人都概莫例外，有些则针对不同阶级、阶层、社会集团、民族群体等，分别发生制约作用。通过一系列制度全面地强制地推行，从秦并巴蜀（前 316 年）到秦始皇统一中国（前 221 年）再到秦灭之年（前 206 年），秦制在巴蜀地区的统治已达百余年，按三十年一世计算也约及四世。在这样一个较长久的历史时期中，秦制在巴蜀代相遵奉，累世相传，日益巩固，已化为巴蜀的根本制度，达到充分的稳定状态。《华阳国志·蜀志》记载说："秦惠文、始皇克定六国……家有盐铜之利，户专山川之材，居给人足，以富相尚。故工商致结驷连骑，豪族服王侯美衣，嫁娶设太牢之厨膳，归女有百辆之从车，送葬必高坟瓦椁，祭奠而羊豕夕牲，赠襚兼加，赙过礼，此其所失。原其由来，染秦化故也。"所列举的巴蜀文化几个主要方面的变迁，原因在于"染秦化故也"，即从文化形态上大体转化为秦文化。正因如此，汉武帝时司马迁作《史记》，从全中国的文化区系出发来划分，把巴蜀地区划入以关中为中心的秦地以内，而与齐、晋、三楚等文化区系相区别（详见《史记·货殖列传》，参考《汉书·地理志》）。

考古学所提供的一系列实物证据与此恰相符合。在战国末叶秦代之际的巴蜀墓葬内，往往是巴蜀式器物与秦器并存，表现出巴蜀文化转型过程中的二重性特征和中介性，而且愈是晚期，巴蜀本土文化因素就愈少，秦文化因素就愈多，同时，巴蜀式器物的形制、风格等也在发生变化。这表明，通过秦制的强制推行，累代相承，巴蜀文化从外在形式（器物形态）到内容实质（所表现的制度）都发生了明显变化，基本转型为秦文化。

而这种由秦与巴蜀文化的抗衡，冲突对立为中介的融合、渗透的过程，实际上是一种中介化的过程，虽然由于秦制的强制推行，经过互为中介的累代相承，产生质变。但质变的关键是秦与巴蜀互为中介化。

秦灭后，汉王朝继续在巴蜀地区强制推行汉化政策，楚汉战争中刘邦为汉王，把巴、蜀、汉中作为战略基地，粮食兵员等绝大部分军备出自巴蜀，而萧何在巴蜀具体置办，对于巴蜀文化的汉化产生了重要作用。尤其汉武帝时，实行盐铁官营制度，在全国 40 郡国设置铁官 49 处，其中在巴蜀地区设置 3 处，铁官的设置，强制性地使人们把在物质文化生产中使用最普遍的铁制农具采取同一的官样形式，从而迅速取代了残存的巴蜀文化器物形制，对于巴蜀特有的青铜文化产生了根本性的冲击。这样，从物质形态上保存下来的巴蜀文化残余，就最终被汉文化所取代了。所以，到汉武帝时期，从考古学上所发现的物质文化上看，巴蜀地区已绝少见到原先的巴蜀主体文化形式，而转型为汉文化了。

二

巴蜀文化的转型过程，可从时序和空间形态两个方面（两种结构）进行分析，将能更清楚地揭示其转型机制。

从时间序列上看，巴蜀文化的转型可以分为两个大的阶段，从战国末到秦王朝的崩溃为一段，从汉初到武帝时为一段，武帝时巴蜀文化的转型过程基本结束。在两大阶段中，还可分别划分出不同的小阶段。对此，本文不再详细讨论。下面从空间形态方面结合时序做些简略分析。

从空间形态上看，巴蜀文化的转型是以成都为中心，以若干县城为次级中心，有中心、分层次地逐步向周边地区扩展、推进的。即是说，转型在空间关系上也存在着互为中介的融合、过渡的过程，有一个从点到面的发展、互为中介的推进过程。中心城市被置于秦的直接统治之下，转型快；边远地区由于秦统治薄弱，甚至鞭长莫及，转型就慢，或至极少发生变化。

成都是西南地区的政治经济文化中心，秦于并灭巴蜀后的第六年（前311年）筑成都城，"营广府舍，置盐、铁、市官并长丞，修整里，市张列肆，与咸阳同制"[①]，城市在规模、格局和建置诸方面均与秦都咸阳同制，转型比较迅速，成为巴蜀文化转型在空间组织上的第一级中介，以此带动其他地区的相继转型。临邛（今四川邛崃市）是第二级中介，秦惠文王时有大量秦移民迁入临邛以南的严道（今四川荥经），又与成都同时筑城，"周回六里，高五丈"[②]；秦始皇时，迁中原赵人卓氏和山东程郑于临邛，卓氏在临邛"即铁山鼓铸，运筹策，倾滇、蜀之民，富至僮千人，田池射猎之乐，拟于人君"[③]，程郑"亦冶铸，贾椎髻之氏，富埒卓氏"[④]。此外，秦还修筑了郫城（在今四川郫县境），"周回七里，高六丈"[⑤]，也是巴蜀文化转型的第二级地域中介。

秦之所以同时修筑成都、郫县、临邛三座城池，首先向这三座城市大量移民，在于这三座城市在先秦时代就是古蜀王国的中心城市体系，分别发挥着古蜀文化的中心地区同四川北部、西部和南部的不同类型生产性经济及其文化之间的中介作用，对古蜀文明的进步产生了巨大的组织、协调和推动作用[⑥]，其中成都是高级中心，郫城和临邛是次级中心。秦充分利用古蜀城市的网络体系作为其在空间组织形态上使巴蜀文化转型的有力的中介，属于一种功能借用，而这个政策无疑是相当成功的。

除成都、郫城和临邛外，葭萌（今四川广元市老昭化）、南安（今四川乐山市）、南郑（今陕西省汉中），以及江州（今重庆市中区）等原先巴蜀王国时的城市，都在文化转型过程中发挥了不同级别的中介功能和作用。从秦惠文王并巴、蜀，首批修筑成都、郫城、临邛、江州四县，到秦王朝末年秦在巴蜀共置三十一县[⑦]，不难看出巴蜀文化转型在空间形态上以中心城市作为不同级别的中介，从点到面扩展、过渡和推进过程。

转型时期巴蜀文化的二重性明显地表现在空间形态的变化当中。一方面，中心城市是秦王朝的统治中心，是秦政府的郡署和县署所在地，具有掌握和执行各项政策、制度、律令的功能，同时又具有文化转型中心的领导和示范

---

① 常璩著，刘琳校注：《华阳国志校注·蜀志》，成都：巴蜀书社，1984年。
② 常璩著，刘琳校注：《华阳国志校注·蜀志》，成都：巴蜀书社，1984年。
③ 司马迁：《史记·货殖列传》，北京：中华书局，1959年。
④ 司马迁：《史记·货殖列传》，北京：中华书局，1959年。
⑤ 常璩著，刘琳校注：《华阳国志校注·蜀志》，成都：巴蜀书社，1984年。
⑥ 段渝：《巴蜀古代城市的起源、结构和网络体系》，《历史研究》1993年第1期。
⑦ 此据《华阳国志》的《巴志》和《汉中志》，按《汉书·高帝纪》则为四十一县，当以《华阳国志》所记为确，参考刘琳《华阳国志校注》的考证，成都：巴蜀书社，1984年，第33、34页。

作用，是空间形态转型的重要中介。另一方面，由于以蜀王为代表的故蜀政权仍然存在，经历了秦惠文王、武王和昭王之间的三十一年时间，虽然秦王朝"贬蜀王更号曰侯"①称"蜀侯"，但蜀王室及其臣僚机构仍完整保存下来，政治势力仍较强大，不但蜀侯有反叛举动，而且蜀王子安阳王所率旧部兵力3万驻在中心城市以外②，伺机反扑，同时在青衣江两岸的丹、犁二族也公开表示支持故蜀政权而反秦③，"戎伯尚强"④。因而，这个时期的中心城市仍然是"独立王国"和民族意义上的巴蜀文化中心和政治中心。

中心城市体现出来的这种二重性表明，秦王朝对于巴蜀文化的改造，最初只是分布了几个中介点，从中心城市做起，逐步加以改造，再以中心城市为中介，向整个巴蜀地区顺次推开的，所以直到秦末，秦王朝才在巴蜀地区设置了三十一个县。在秦刚灭蜀时，出于战略全局的考虑，没有立即消灭蜀王室，直到秦昭王二十二年（前285年），秦统一战争胜利大局已定，同时西南地区较为安定，才采取消灭蜀王室的措施，使蜀地成为单一的秦统治中心，"但置蜀守"⑤，郡县制最终确立。若从文化上分析，这同时也具有加速巴蜀文化转型的重要意义，消灭了蜀王室，古蜀文化的象征和表率随即破灭不存，有利于推进蜀文化加速秦化的进程。因此，彻底消灭蜀王室，不仅仅是一个政治事件，在蜀文化的转型上也具有重要意义的。这样，中心城市转型的初步完成，便使周边地区的转型加速展开。

三

在巴蜀文化的转型过程中，政策、制度的变革具有关键作用和决定意义。在蜀文化的中心地区成都平原，文化转型较快，是因为秦王朝在这个地区的统治力量强大到足以战胜各种形式的反抗、克服各个方面的阻力才得以推行的，否则就绝不可能促使广大蜀人接受那些与古蜀王国截然不同的秦制的统治。

与此形成鲜明对照的是，由于秦在西南夷地区（巴蜀以南的少数民族地区）的统治力量严重不足，虽然这一地区"近蜀，道亦易通，秦时尝通为郡

① 司马迁：《史记·张仪列传》，北京：中华书局，1959年。

②《水经·叶榆水注》引《交州外域记》。

③ 司马迁：《史记·秦本纪》，北京：中华书局，1959年。

④ 常璩著，刘琳校注：《华阳国志校注·蜀志》，成都：巴蜀书社，1984年。

⑤ 常璩著，刘琳校注：《华阳国志校注·蜀志》，成都：巴蜀书社，1984年。

县"①，"诸此国颇置吏焉"②，但因兵力不足，加上该地区也不是秦必须改造的重心所在，秦的政策、制度等几乎未对这个地区发生影响，政治不达，经济未通，文化未染③，所以一当秦王朝分崩离析，西南夷就"皆弃此国"④，一反到底，干脆独立。由此可见，所谓"秦时尝通为郡县""诸此国颇置吏焉"，仅流于形式而已，不可能推动西南夷的文化转型。汉兴，汉王朝内部矛盾错综复杂，汉初七十年实际上是中央朝廷与各地诸侯王激烈斗争的七十年，没有力量顾及"化外之地"的西南夷地区，直到汉武帝时中央集权得到极大加强和巩固，再加上为寻找通往西方的通路，才把精力顾及西南夷地区。汉武帝开西南夷，劳师费时，几经反复，才把西南夷地区纳入汉王朝的统一疆域之中，使之逐步成为汉王朝的一支地方文化。不过，由于多种原因，也由于西南夷地区不是汉王朝统治的重心，所以西南夷各族的文化仍然作为富于鲜明特色的民族文化保存下来，而没有转型为汉文化。

以政策、制度作为文化转型中介的动力的另一对实例是巴与蜀，由于秦对巴、蜀实施各不相同的政策和制度，因而致使巴地和蜀地的文化转型程度颇不一致，不论在转型的深度还是广度上都存有较大差别。

蜀地的文化转型较快，较彻底，毋庸再述。在巴地，秦王朝实施了与蜀不同的优容政策，"以巴氏为蛮夷君长，世尚秦女，其民爵比不更，有罪得以复除，其君长岁出赋二千一十六钱，三岁出义赋千八百钱，其民户出幏布八丈二尺，鸡羽三十镞"⑤。在政治上，秦仍以巴地原来的大姓首领为君长，让其继续进行血缘集团统治，并通过世代通婚和交纳轻赋的形式来维系同巴地大姓首领集团的政治统属关系；对巴地各族的普通民众，则通过普遍赐予不更爵级（不更是秦二十级军功爵制中的第四级）的形式，来广泛收揽民心。在经济上，秦在巴地迅速推行原商鞅变法以来所实行的"舍地税人"征赋办法，按户按口征收赋税。同时，为了优容安抚巴地各族，又规定法令，使血缘大姓集团的部民免服更卒之役⑥。秦昭王时，还与巴地板楯蛮订立盟约，"乃刻石盟要，复（免除）夷人顷田不租（田租），十妻不算（算赋），伤人者论，

① 司马迁：《史记·司马相如列传》，北京：中华书局，1959年。
② 司马迁：《史记·西南夷列传》，北京：中华书局，1959年。
③ 段渝：《支那名称起源之再研究》，《中国西南的古代交通与文化》，成都：四川大学出版社，1994年。
④ 司马迁：《史记·西南夷列传》，北京：中华书局，1959年。
⑤ 范晔：《后汉书·巴郡南郡蛮夷传》，北京：中华书局，1965年。
⑥ 班固：《汉书·百官公卿表》颜师古注，北京：中华书局，1962年。

杀人得以赎钱赎死。盟曰：'秦犯夷，输黄龙一双；夷犯秦，输清酒一钟。'夷人安之"[1]。

秦在巴地所实施的这些优容政策，固然直接目的在于求得巴地政治秩序的稳定，以便造成一个缓冲地带，阻隔秦在长江流域同位于巴地以东的赫赫楚国直接发生军事冲突（因为秦的主要军事力量部署在关中、汉中，而不在长江流域[2]），但这些政策实施的结果，使得秦对巴地社会组织的改造收效甚微，从而使川东鄂西巴地各族的文化几乎原封不动地保留下来，完全没有转型，而巴地各族文化转型的任务，又遗留给后来历朝历代，直至南北朝隋唐时代才逐步走上文化转型的道路。从巴、蜀这一对文化转型实例不难看出，政策、制度是推动文化转型的重要中介和主动力，所实施的政策、制度不同，所引起的文化转型结局和程度就不同。

由于巴蜀文化的转型在时序上具有分阶段发展的特点，在空间形态上具有从中心向周边渐次推进的特点，这就决定了转型的长期性、复杂性和地域不平衡性，因而中心城市及附近地区转型较快、较彻底，边远地区转型较慢、较不彻底，就成为巴蜀文化转型过程的必然特征。所以，尽管中心城市曾经是"独立王国"和民族意义上巴蜀文化的核心、堡垒和象征，边远地区仅仅是非中心区和外围地区；但中心城市由于文化转型较快、较彻底，染秦化、被汉风既深且广，原先巴蜀文化的许多特征化于无形，从总体上已转化为秦汉文化区；而边远地区由于文化转型缓慢、较不彻底，甚至少有变化，保留了相当浓厚的巴蜀文化因素及其特色，反而成了巴蜀文化因素的集中分布区和传播区，这样就引起了巴蜀文化空间形态和位置的明显变化，而这种变化存在于文化演变的时序之中，不论在历史文献还是考古资料上均能证实。用孔子的话来说，这种空间位置的转化，就是"礼失而求诸野"，也就是"天子失官，学在四夷"[3]，这是文化转型的一般特点和规律。

以上事实表明，在文化转型过程中，作为中介（起着中介的作用，发挥着中介的功能）的政策、制度、法律、法令等是极端重要的。一种全局性的或较强盛的文化通过经选择确定的中介与另一种或另几种局部性的或较弱小的文化相联系，联系越直接、越紧密、越深入、越广泛，那么另一种或另几种文化的转型就越迅速、越彻底、越深刻、越全面，转型程度就越高，状态

① 范晔：《后汉书·巴郡南郡蛮夷传》，北京：中华书局，1965年。
② 段渝、谭晓钟：《涪陵小田溪战国墓及所见之巴楚秦关系诸问题》，《四川文物》1991年第2期。
③《左传》昭公十七年，十三经注疏本。

也就越稳定，反之亦然，一切都相反。以上事实还表明，通过中介的作用，还会导致同一文化内部原来处于不同地位的部分之间各自朝着自己相反的方向转化，引起空间位置和空间形态的变化，以及文化主体或群体地位的变化等，以致演变出若干新的文化现象及其特征。由此可见，中介的选择对于促使和推进一种或几种文化向另一种文化转化，发挥着至关重要甚至是决定性的作用。

四

除以上所论一种文化转型的程度（广度和深度）以它同中介相联系的程度（广度和深度）而定以外，还应当说明的是，为中介所不曾直接联系的事物，就不会发生文化转型。在巴蜀文化的转型过程中，就存在一些不曾为秦汉中介所直接联系因而未曾发生转型的文化因素。这类事物中最明显的是巴蜀文化的"尚五"宗教观念、鬼神崇拜和方术、神仙之术等文化因素。

秦始皇统一天下后，采丞相李斯之议，焚天下《诗》《书》，百家语，只保留《秦记》和医药、卜筮、种树之书[1]，此令对于东方六国地区的文化具有直接的法律效力，导致了严重的文化摧残，但对巴蜀却几乎不发生任何制约和影响。巴蜀地区原来就不传《诗》《书》。百家语中仅道、杂两家在巴蜀极少数人中传习，并且在当时的巴蜀文化中不占重要地位。相反，巴蜀文化的精神动力是自古以来风行不衰的各种宗教崇拜和观念，不但不在秦王朝的文化专制主义所高压钳制的思想文化之列，反而在秦法予以保留的思想文化之列。因而，巴蜀文化深内层的各种因素（即巴蜀文化的底蕴）在其文化表层和中层（指政治制度、经济体系、服饰、器物形制等）俱已根本变革的情况下，却能够继续保留下来，发扬光大，并受到秦王朝的中央政府和地方政府的容忍，又经汉代的继续演变，进而在东汉发展成为道教（五斗米道）的主要精神渊源和方术，使巴蜀成为道教的重要发源地和中心地。[2]这表明，尽管政治、经济层面的巴蜀文化已相继转型为秦文化和汉文化，但思想深层面的各种宗教信仰的崇拜却未予触动，得以原封不动地保留下来。秦汉时期及以后的巴蜀文化之所以仍具鲜明特色，保持了先秦巴蜀文化精髓的发展连续性，原因正在于此。而齐、鲁、中原的文化精英，不是被秦王朝的文化专制主义

---

① 司马迁：《史记·秦始皇本纪》，北京：中华书局，1959 年。
② 段渝：《巴蜀文化与汉晋学术和宗教》，《中华文化论坛》1999 年第 1 期。

所消灭，就是被秦王朝所强迫迁走，因而急剧衰落了，即使汉初"除（废除）挟书律"①，准许《诗》《书》，百家语行世，也难以在短期内恢复过来，更谈不上蓬勃发展，重现昔日的辉煌。

巴蜀文化的转型，重在政治、经济、社会等子系统及其所涉及的各个层面。尽管政策、制度、法律、法令是推动转型的关键，但文化最核心的因素除了政治、经济和社会等子系统而外，还有处于认知结构水平的心理素质和文化精神等子系统，由此才决定其行为方式的外在表现形式及结果。秦汉王朝在巴蜀地区的先后统治，在经济生活中只从生产关系和经济制度上破旧立新，没有强迫改变巴蜀原先的经济生活类型，蜀人仍以稻作农业为主，巴人仍以狩猎和粗耕农业为主；在政治上则彻底消灭了巴国、蜀国这两个"独立王国"，使广大巴人、蜀人从服从一个权威、一个政权转变为服从另一个权威和另一个政权，而权力服从和政治依附这一抽象观念并未变化，变化的只是所服从和依附的具体权力对象。所以，巴蜀文化的转型并不是所有子系统全面地同时转变，不是彻底地被同化，而是形态上的转化。同时，与千百年来几乎极少有所变化的生态环境相适应而产生的一些文化因素，诸如生活方式、性情、风俗习惯、经济活动等，则几乎一成不变地保留下来，这些文化因素又成了巴蜀文化深层要素（各种宗教信仰，心态）得以继续发展的基础和源源不断的能量源泉。

既然秦汉王朝没有改变处于巴蜀人认知结构水平的心理素质和文化精神，没有改变巴蜀人的行为方式、性情和风俗习惯，那么也就没有促使巴蜀文化的底蕴发生转变，这就决定了秦汉巴蜀文化同先秦巴蜀文化具有相似性。这一结果，一方面可使我们判断秦汉时期巴蜀地区的文化仍然是巴蜀文化，另一方面又可使我们判断秦汉时期的巴蜀文化已经不是先秦时期"独立王国"形态和民族性质的文化，而是以秦汉王朝为符号的中华文化圈内的地域亚文化。

<h1 style="text-align:center">五</h1>

事实上，从中国历史上万邦林立到统一国家的发展演变过程来看，全国许多区域文化都有着与巴蜀文化转型相类似的历程和结果，正应了《周易·系辞》的一句话："天下同归而殊途，一致而百虑。"所以从古代经近世而到今天，尽管经历了千百年的沧桑演变，政治、经济、社会的变化一直在持续进

---

① 班固：《汉书·惠帝纪》，北京：中华书局，1962年。

行，文化的交流融合更是从未间断，但是各个区域文化仍然具有与众不同的、十分鲜明的地域特色，始终保持了独特的基本文化因素。从这个意义上说，不了解中国的地域亚文化及其发展演变历史，就不可能真正深刻地了解中华文化及其发展演变历史。同样，不从全局上把握中华文化的总体特征及其发展演变历史，也就不可能真正深刻地把握地域亚文化及其发展演变历史，这是必然的结论。从中介论的观点来看，地域文化与中华文化的关系，正是一对互为中介的融合、渗透、转化的关系。

不论在中华文化圈内的哪一个文化区，当这个文化的表层和中层相继转型以后，处于深内层面的文化核心部分其实也会与时俱变，随着历史的发展而演进。不过这种变化并不是突变的，而是一种渐变的过程，通过若干中介在时序中逐步演化，它的演化形态表现一个相似性跟着另一个相似性，无数相似形态的连续发展就构成了它自身的演变史，即中华区域文化史。因此，地域文化作为一种具有其独特内涵和外在形式的文化，必须从历史的视角、用历史的观点来分析考察，根据相似性原理，从无数相似性当中去发现它们的中介因素，找出它们的中介关系，进而探索其整个演变进程，才可能既辨章学术，又考镜源流，明了并把握其全部历史的和现实的形态以及其间的各种联系，从而展望其未来走向。如果不是这样，仅作断章取义性的应用，或牵强地作古今比附，就绝不可能取得任何符合实际的有价值的结论和科学的成果。

这就说明，要探其渊源、明其流变，最重要的研究对象是引起事物之间各种联系的中介。而中介本身又是多样性的，不同类型的事物之间有着不同的中介，同一事物也可以成为不同类型事物之间的中介，中介也可以相互转化，对此，必须加以悉心研究、探讨。只要从对中介的分析研究入手，就能看出各种演变因素之间的复杂联系，以及联系的性质（本质性的还是非本质性的）、程度（深层的还是表层的、中层的）、范围（普遍性的还是个别性的）、广延性（空间上是广泛性的还是狭隘性的）、规模（大规模的还是少量的），如此等等，从而得出既符合历史、又符合逻辑的正确的判断、认识和结论。而通过这种研究所得出的判断、认识和结论，就会具有充分的可靠性，从而具有相当的权威性。

37

先秦巴蜀文化的尚五观念

从新石器时代末叶经夏商周三代直到战国之末，巴蜀文化经历了约及二千年纷繁复杂的历史演变，作为其区域与民族文化的主体也屡易族别。但纵观其演进历程，其中有一种一以贯之的文化因素不论在哪一个时期都顽强而鲜明地存在着，难以泯灭，在异彩纷呈的多种文化因素的聚合整体及其连续发展中不仅清晰可辨，而且始终发挥着重要作用，发生着多种功能。这一文化因素，就是"以五为尚"的宗教信仰及其崇拜观念，这里简称为"尚五观念"。

一

古代蜀人的尚五宗教观念形成甚早，从目前的资料看，至少可以追溯到距今 4 000 年以前古蜀文明起源时代——今成都郫县三道堰古城遗址内"大房子"中的五座卵石台基[1]，由此连续贯穿商周、春秋战国各个时期，其遗风至汉魏之际犹可观瞻。可以举出如下一些例证来大体说明这个问题：四川广汉三星堆 1 号坑出土金杖上的图案，人头戴五齿高冠，2 号坑出土的青铜大立人，头戴五齿高冠，出土的青铜太阳轮形器轮条均为五条；三星堆 2 号坑内出土的石边璋（K2③：201 附 4）上，射部和柄部两面各阴刻两组图案，每一组均由 5 幅图案组成，每一组图案上均刻有 5 个人物形象[2]；四川彭县竹瓦街商周之际 1 号窖藏、2 号窖藏和抗战时期川西发现的青铜罍，均以五件为组合，一大四小，形成蜀文化特有的以五件为"列罍"的用罍制度[3]；四川新都木椁墓是战国时代的蜀王墓，墓中腰坑出土的青铜器，多数以五件为组合；五件成

---

① 四川省文物考古研究所：《郫县古城发掘取得重大收获》，《中国文物报》1998 年 3 月 18 日。

② 四川省文物管理委员会：《广汉三星堆遗址一号祭祀坑发掘简报》，《文物》1987 年第 10 期；《广汉三星堆遗址二号祭祀坑发掘简报》，《文物》1989 年第 5 期。

③ 王家祐：《记彭县竹瓦街出土的铜器》，《文物》1961 年第 11 期；四川省博物馆：《四川彭县西周铜器窖藏》，《考古》1981 年第 6 期；冯汉骥：《四川彭县出土的铜器》，《文物》1980 年第 2 期。四川彭县竹瓦街 2 号铜器窖藏出土青铜列罍四件，一大三小，疑原已遗失一件。又"列罍"概念，由冯汉骥先生最早提出，文见《文物》1980 年第 12 期。

一组，五组成一式[1]；开明王一至五世谥为五色帝，"以五色为主（庙主）"[2]；蜀王妃有五妇，民有五丁，石有五块石，地有五妇山，墓有五丁冢[3]；而整个先秦蜀王的历史，由蚕丛、柏灌、鱼凫、杜宇、开明等五个王朝前后相续而组成，五代而终；战国中叶秦惠王作五石牛，蜀王令五丁迎之，因成石牛道[4]，利用蜀人的尚五观念以欺之；战国末秦蜀守李冰亦利用蜀人尚五观念，在都江堰工程中以五石牛以压水精[5]；秦始皇统一中国，"数以六为纪""而舆六尺"[6]，但在蜀所开凿的道路却为"五尺道"[7]，同样是利用了蜀人的尚五观念；汉末张陵在西蜀鹤鸣山创天师道，以巴蜀文化的尚五传统之遗风为号召，号为五斗米道，蜀人"翕然奉事以为师"[8]，等等。如此之多神秘的五，贯穿在古蜀文化的方方面面，均以古代蜀王为中心节节展开，并且都是为着同一的宗教性目的，从中不难看出尚五观念在古蜀文化中多方面的重要功能和精神支配作用。

尚五的宗教文化传统，似乎是同古蜀人的祖先崇拜与生俱来的，大概源于古蜀人以"五"（五种祭法，五种祭品，或其他）配祭其先公先王的古老传统。[9]若联系到郫县三道堰古城址"大房子"内的五座卵石台基来看，可以更加肯定尚五观念的宗教性质，从五座台基与房子的关系分析，它可能是祭坛，而"大房子"则有可能属于宗庙一类建筑，或具有类似功能、性质的处所。如此，则意味着古蜀人宗庙的形成。商周及以后蜀人的尚五宗教观念，当是由此发展演变而来的。

在尚五观念的支配下，古蜀人发展出了一系列"数以五为纪"的文化丛，以五为朝代数的王朝盛衰史，以五为庙制的宗庙祭祀制度，以五为王制的青铜器组合，以五为单位的社会组织形式，以及以五计数的其他若干事物，都是以尚五观念为核心凝成的文化物质。由此可见，尚五观念已成为一种具有规范意义的文化模式和行为方式，规定并支配着蜀人的精神活动和社会行为。例如，青铜器中的罍，无胡三角形援戈，柳叶形剑等，从商代连续发展到战

---

① 四川省博物馆等：《四川新都战国木椁墓》，《文物》1981 年第 6 期。
② 常璩著，刘琳校注：《华阳国志校注·蜀志》，成都：巴蜀书社，1984 年。
③ 常璩著，刘琳校注：《华阳国志校注·蜀志》，成都：巴蜀书社，1984 年。
④ 来敏：《本蜀论》，《水经·江水注》引。
⑤ 常璩著，刘琳校注：《华阳国志校注·蜀志》，成都：巴蜀书社，1984 年。
⑥ 司马迁：《史记·秦始皇本纪》，北京：中华书局，1959 年。
⑦ 司马迁：《史记·西南夷列传》，北京：中华书局，1959 年。
⑧ 葛洪：《神仙传·张道陵传》。
⑨ 段渝：《四川通史》第 1 册，成都：四川大学出版社，1993 年，第 181 页。

国，表现出古蜀青铜文化的显著特征，自有其演进规律；然而青铜器的组合以五为纪，而为巨制，为王制（从新都蜀王墓中可充分证实此点），并且同样从商代连续发展到战国，存而不改，则表明古蜀青铜文化组合方式是在蜀人尚五观念支配下产生的一种行为方式，它的发展受到了尚五观念的严重制约。又如，五丁制度作为古蜀的社会组织形式，尽管其具体由来目前尚不清楚，但可以肯定的是，这种组织形式同样是在尚五观念支配下发展出来的社会行为方式。至于其他以五为纪的事物，均莫不受到尚五观念的支配和制约。

先秦蜀文化是一种复合型文化。构成古蜀文化主体的氏族成分是多种多样的，蜀人统治者的族别也不是始终如一的，先后经历了氐羌系和百濮系民族集团各个支系的文化激荡和混融。但是，不论多种民族成分是怎样的相互激荡，也不论统治者族别是怎样的先后变化，尚五观念却一以贯之，从新石器末叶直到战国之末，千百年来几乎不变地在蜀人中世代相承，积为传统，极顽强、极鲜明地贯穿在整个蜀文化体系当中。如果不是一种征服一切的宗教信仰，如果不是一种至高无上的人类精神，尚五观念就决不会如此强劲不衰地长久保存下来，并在各个不同的历史时期发挥着同一的社会文化功能，产生出持久的凝聚力。

由此可见，古代蜀人的尚五观念在整个先秦时代都是支配其文德武功、社会教化的核心力量，表现了尚五观念的多种功能，包括物质文化、精神文化、政治经济、社会组织等，几乎涵盖了古蜀文化所有重要的方面。我们知道，任何一种文化都是由组成它的各个子系统所整合而成的，而贯穿于各个子系统及其相互之间，从而使它们得以整合起来的是一种具有强大凝聚力的因素，这就是文化精神。在古代社会，这种文化精神往往就是宗教信仰或宗教观念。尚五观念既然如此深刻地贯穿在古蜀政治、经济、社会、精神文化各个子系统中，成为整合古蜀文化的一种重要凝聚力，那么它应当就是古蜀文化的精神，也就是古蜀文化前后一贯、至高无上的宗教信仰的观念，实质上就是古蜀文化在其共时性和历时性发展中的强大精神动力。从这个意义上说，尚五观念是古蜀文化的灵魂。

公元前 316 年蜀亡于秦以后，虽然古蜀文明物质文化形式的发展受到遏制，社会组织形式完全被秦予以改造，政治经济制度也发生了根本变革，但由于尚五观念极深地镌刻在蜀文化的精神实质当中，具有极广大的社会功能和极强劲的历史惯性，所以秦蜀守李冰为了稳定其统治秩序，不得不利用尚五观念来作为工具，因势利导，以期引起广大蜀人的共鸣。李冰之所以"以五石牛以压水精"，正在于他准确地抓住了古蜀文化的宗教观念，准确地抓住了古蜀文化的精神实质，因而他就牢牢把握住了治蜀的精神武器，终于成功地修建了都江堰，创造出历史的奇迹。秦始皇派常頞"略通五尺道"，也是出于同样的情况，因而成功地开凿了五尺道，在西南夷地区"通为郡县"[1]，"颇置吏焉"[2]。这些史例，十分清楚地从一个侧面反映了尚五观念在古代蜀人和先秦蜀文化中所占有的核心凝聚力地位。

西汉中叶以后，蜀地的古蜀文化特征几乎荡然无存，曾经作为一个重要古代族群的古代蜀族也已化于无形，但尚五观念遗风犹存，余波未尽，尤其在古蜀的边远地区长期流传。东汉末张道陵在鹤鸣山创立道教，就利用了古蜀的尚五宗教观念来发展道教组织，以五斗米道为号召，引起蜀人共鸣，而云集响应。张鲁在汉中传播五斗米道，史称"民夷便乐之"，从而使其"雄据汉中垂三十年"[3]，正在于汉中在先秦时曾为巴蜀之地，直到东汉《汉书·地理志》记载仍"与巴蜀同俗"，尚五宗教观念仍未泯灭殆尽，因而能够引起回应。这种情形，依然是尚五观念的功能发挥，尽管已成余波，但仍然体现了它一定程度的历史穿透力和精神动力的作用。

二

古蜀文化尚五的宗教观念，也极深地渗透到川东鄂西的巴文化之中，以致成为战国时代巴文化精神力量的源泉之一。

巴文化的尚五观念集中表现在几个方面：第一，国家起源，见于《后汉书·巴郡南郡蛮传》引《世本》所记载的"巴子五姓"，樊、瞫、相、郑四姓共立巴氏子务相，是为廪君，于是君乎夷城，四姓皆臣之，国家由以巴氏为核心的五姓所凝成，奠定了后来巴地大姓统治的基础。第二，王族来源，事见《山海经·海内经》"西南有巴国"的记载，巴王族的世系从太皞起，经咸鸟、乘釐、后照，"始为巴国"，四代而后王，合而成五。第三，巴国王都，见于《华阳国志·巴志》，巴国都城凡五迁，江州、垫江、平都、阆中、枳，是为巴子五都。第四，巴王后裔，见于梁载言《十道志》："故老云：楚子灭巴，巴子兄弟五人流入黔中，汉有天下，名曰酉、辰、巫、武、沅等五溪，为一溪之长，故号五溪。"以巴王群出于兄弟五人之数，作为巴文化的延续象

① 司马迁：《史记·司马相如列传》，北京：中华书局，1959 年。
② 司马迁：《史记·西南夷列传》，北京：中华书局，1959 年。
③ 陈寿：《三国志·魏志·张鲁传》，北京：商务印书馆，1958 年。

征和汉代巴文化分布地域的名称。

从以上四种表现形式分析,尚五观念在巴文化中所涉及的都是以巴王为中心而展开的几个重要领域,国家、王族、都城、王裔,四者无一不是古代文化最高层核心的组成部分,关系到王权结构,疆域变迁,文化来源,发展方向等,均至关重要。其中有关巴子五兄弟史迹的故老之言不容忽视,它实际上表达了一种文化心态,实质是先秦巴文化尚五观念在汉代及以后的继续延伸,这种延伸既是时间的延伸,又是空间的延伸,既是王族后裔的延伸,又是王权观念的延伸,显示出它顽强的生命力和穿透力,恰与蜀文化尚五观念的继续发展相类似。东汉灵帝中平元年(184年),"巴郡妖巫张修反,寇郡县"[①],以疗病为形式,传播五斗米道,号为"五斗米师"[②],巴人群起响应,这正是尚五观念在巴人中具有深厚基础,至汉魏之际仍未泯灭的历史证据。

先秦巴文化曾受蜀文化的深刻影响。考古发现的战国时代巴文化的三角形援无胡铜戈、柳叶形青铜剑、青铜兵器上的巴蜀文字,青铜礼器和印章上的巴蜀符号,以及以铜罍为重器的文化传统等,都同蜀文化的影响有关。《华阳国志·巴志》记载杜宇为蜀王,教民务农,"巴亦化其教而力务农",更表明了蜀文化的直接传播。由此可见,不论在精神文明方面(如尚五观念),还是在物质文明方面(青铜器形制,农业),或是在文字方面,蜀文化对巴文化的影响之迹均斑斑可见。正是因为巴文化中最重要的几个组成部分受到了蜀文化的极深浸染,所以使战国时代的巴文化与蜀文化有着相当共性,以致可分而不可分。可以看出,巴、蜀文化之所以面貌相似,在中国几大区系文化中形成一个具有鲜明特色的文化区,它的主要部分在很大程度上是以蜀文化为核心凝成并扩展而来的,这就是我们今天所说的"巴蜀文化"。

三

从文化的系统功能角度来认识,贯穿于一种文化几个主要子系统的同动力,可以促使各个子系统之间达到充分地相互适应、相互协调的程度,从而推动这种文化在整合的状态中正常运作,有序地发展演变,于是形成这种文化连续性发展的动力机制和稳定机制。就先秦巴蜀文化而论,在共时性方面,尚五观念的系统功能体现在它的结构性上,结构由各个子系统组成,它贯穿

---

① 范晔:《后汉书·灵帝纪》,北京:中华书局,1965年。
② 《后汉书·灵帝纪》李贤注引刘艾《纪》。

于各个子系统内部及其相互之间，使整个结构达到连接、协调和适应的状态。在历时性方面，它的结构性功能制约和调节着各个子系统的发展，使演变中的各个子系统不致突破所能容许的范围，并使各个子系统在保持大致平衡的状态下达到演变中的相互适应和协调，从而使整个结构在演变中趋于稳定，达到新的整合水平。可见，尚五观念，不论在共时性方面还是历时性方面，都发挥了它的制约平衡功能。巴蜀文化之所以在千百年的发展演变中始终保持着整合状态，呈现出极其显著的发展连续性，固然还有其他诸种原因，但在精神方面最为重要的还是因为它长期不变地贯穿了以尚五观念为主动力的稳定化机制。因此，将尚五观念作为先秦巴蜀文化的精神动力，这个结论是信而有征的。

38

论战国末秦汉之际巴蜀文化转型的机制

任何一种文化的发生和发展，必然存在着它的动力系统，这个系统贯穿到各个子系统内部，于是形成它的动力机制。动力机制有着不同的类型，大致可以概括为政治的、经济的、社会的、精神的等不同方面，各自具有不同的功能，发生不同的作用，但方向一致，性质相同，因而使整个系统充分整合起来。当由于某种或某些原因促使这种文化发生变迁以至转型时，它的动力机制也会发生变化。在战国末叶秦汉之际巴蜀文化的发展演变中，动力机制的变化至为明显。本文试就这个问题作一初步探讨，请方家指正。

一、战国末秦汉之际巴蜀文化转型的动力

从战国晚期秦灭巴蜀到秦汉之际，是巴蜀文化的转型时期。战国秦汉之际巴蜀文化的转型，从性质上看，是由一种作为独立王国形态和民族性质的文化，向作为秦汉统一帝国内的一种地域形态和以秦汉文化为符号的中华文化的亚文化的转化。所谓文化转型，是指文化性质的转变和文化形态的转化。①在战国秦汉之际巴蜀文化转型的过程中，发生了极为深刻的文化解构、文化重组与文化整合，有着极其复杂多样的表现形式。从文化整合的形态而论，可以将各种各样的表现形式归结为两种层次的整合，一种是巴蜀文化作为中华民族地域亚文化同秦汉文化的整合，另一种是先秦巴蜀文化解构以后自身的重组与整合。

秦汉王朝在巴蜀地区所实施的各项政治经济变革及其政策，造就了大批

---

① 刘茂才、隗瀛涛、段渝：《从文化转型谈中介论——关于巴蜀文化的研究实例》，《中华文化论坛》1998 年第 3 期。

新兴个体小农、新兴地主以及一批工商业者。①由秦始皇颁布的焚书令所导致
的文化专制主义政策②，虽然对东方六国造成了巨大的政治震动和严酷的文化
摧残，但对于基本不传《诗》《书》、百家语的巴蜀文化却没有造成什么影响，
相反，巴蜀文化深层核心部分的各种宗教观念、鬼神崇拜，以及方术、神仙
之术，却由于秦王朝的提倡和保护而全部继承下来，又在秦汉之际加以发扬
光大，使巴蜀文化的精英得以日益发展壮大。③这一大批不论在政治、经济还
是文化上得益于秦汉王朝并受其法律保护的各社会阶层、各政治集团、各不同职
业的人士，既然是秦汉王朝新制度的合法受益者，因而就成为秦汉王朝的坚决拥
护者，成为秦汉王朝在巴蜀这个原先的异质文化区内广泛而坚实的社会基础。

---

① 秦灭巴蜀后，分别在巴、蜀进行了两次经济变革。在巴地，秦惠王推行自商鞅变法以来确立的"舍
地税人"征赋办法，按户、按口征收赋税；同时，为了安抚优容巴地民众，又规定血缘大姓集团
的部民免服更卒之役（见《后汉书·巴郡南郡蛮传》）。这使巴地各族的经济关系按照秦制、秦律
运转，收到良好成效。到秦昭王时，又与板楯蛮订立盟约，实际上免除了板楯蛮的田租和大部分
算赋（见《华阳国志·巴志》，并见《后汉书·巴郡南郡蛮传》），于是使川东的政治经济秩序得
以大大稳定，终秦之世，巴地一直未乱，而楚汉之际又成为刘邦的重要战略大后方。在蜀地，秦
武王二年（前309年），在蜀颁布由甘茂奉命修订的《为田律》（见《青川县出土秦更修田律木牍》，
《文物》1982年第1期），对蜀地的田界加以严格规定，重新确定经政局变动后原蜀国民户的田
界和田亩面积，为日后变革其生产关系做准备。到秦昭王四年（前303年），秦在蜀地大规模变
革土地制度和生产关系（见《史记·秦始皇本纪》《汉书·地理志》），包括三方面内容：第一，
"初为田"，把过去农村公社公有制下"换土易居"的授田制，改变为私有制下"自爱其田"的辕
田制，使农夫成为其田地的主人，也就是成为个体小农。这使蜀地原来介于公有制与私有制之间
的二重性的农村公社组织及其制度走向崩溃，对于蜀地新的经济结构和社会组织的形成产生了重
要作用。第二，"开阡陌"，革除旧的田制，按秦制，一夫一妇给予百亩。不仅调动了农夫的生产
积极性，而且扩大了私有制。第三，全面发展私有制，允许土地买卖，把私有制的发展引向深入，
使两极分化加速发展，出现"富者田连阡陌，而贫者无立锥之地"（《汉书·食货志》）的后果，
产生了"富至僮千人，田池射猎之乐，拟于人君"的卓氏（《史记·货殖列传》），和"富埒卓氏"，
"亦（有家僮）八百人"的程郑（《华阳国志·蜀志》）那样一批新兴地主和大工商。此外，公元
前311年，秦惠王令张仪、张若修筑成都城池，将商业市肆集中到少城南部加以统一管理，形成
规模很大的"成都市"。同时，秦允许巴蜀的盐、铁业和其他手工业继续开业，给蜀的工商业以
允许其积极发展的政策，推动了蜀的工商业的进一步稳定发展。参考段渝：《先秦秦汉成都的市
及市府职能的演变》，《华西考古研究》（一），成都：成都出版社，1991年；《论秦汉王朝对巴蜀
的改造》，《中国史研究》1997年第1期；《秦汉时代的四川开发与城市体系》，《社会科学研究》
2000年第6期。

② 司马迁：《史记·秦始皇本纪》，北京：中华书局，1959年。

③ 先秦巴蜀"以五为尚"的宗教信仰，贯穿在物质文化、精神文化、社会组织、政治制度等各个方
面，成为巴蜀文化发展演变的重要精神动力之一（见段渝：《先秦巴蜀文化的尚五观念》，《四川
文物》1999年第5期）。秦灭巴蜀后，秦之蜀守李冰充分利用巴蜀的尚五观念，因势利导，在修
建都江堰时，"以五石牛以压水精"（《华阳国志·蜀志》）。秦始皇统一天下，推终始五德之传，
"数以六为纪"而舆六尺（《史记·秦始皇本纪》），但在蜀所开官道却不是六尺，而是"五尺道"
（《史记·西南夷列传》），这在秦王朝的皇权主义和文化专制下极为罕见。而蜀中长盛不衰的方术
和神仙术，更是与秦始皇求仙人、事鬼神的行迹处处合拍，因此，先秦蜀文化的精髓和精英几乎
全面完整地保存下来，并在秦汉时期的政治和文化舞台上发挥了重要作用。参考段渝：《巴蜀文
化与汉晋学术和宗教》，《中华文化论坛》1999年第1期。

不仅如此。这一大批人由于在政治上、经济上和文化上的受益而容易接受秦汉王朝的统治思想，因而又成了巴蜀文化区内积极吸收并维护秦汉文化的人物，他们当中的优秀部分或激进部分于是又成为当时具有新思想和新行为方式的精英分子。这一大批精英分子主要分布在巴蜀文化区的各级中心地区（郡治、县治所在城市），行进在巴蜀文化的最前列，对于新的文化浪潮、社会思潮以及时尚风气等的兴起，起到了推波助澜的重要作用。对此，《华阳国志·蜀志》有一段十分精彩的评述，其文曰："秦惠文，始皇克定六国……家有铜盐之利，户专山川之材，居给人足，以富相尚。故工商致结驷连骑，豪族服王侯美衣，娶嫁设太牢之厨膳，归女有百两之从车，送葬必高坟瓦椁，祭奠而羊豕牺牲，赠襚兼加，赗赙过礼，此其所失。原其由来，染秦化故也。"由于政治经济文化上的受益，因而在车服器用、嫁娶丧葬和社会交际等行为方式上都尽量模仿秦文化，即常璩所说的"染秦化"，以致出现了新文化浪潮。这个新文化浪潮改变了巴蜀文化原来的性质、形态和发展方向（常璩认为是"此其所失"，其评论与他当时所置身的环境有关，此不论），将它引入一个新轨道。

更多的个体小农、地主、工商业者等新兴阶级、阶层、等级中人，固然并不都像精英分子那么积极或激进，但对于新制度和新的统治思想无疑是拥护的，因为他们已经是各方面的既得利益者了。

从文献上看，除残存的蜀侯及其臣僚曾有反叛举动[1]，蜀王子安阳王率兵3万（后南迁于交趾之地，今北越地区）[2]，以及蜀刚灭时有"丹、犁臣蜀"[3]而外，全蜀各地均服从秦制的统治，成都市场更是"市张列肆"[4]，欣欣向荣；而巴人则由于秦惠王普遍赐爵"不更"[5]，免服更卒之役[6]，因此尽管"劲卒"尚存，但与秦订立盟约，互不侵犯[7]，因而拥护秦的统治。从考古资料看，秦统治时期，往往是巴蜀式器物与秦器并存，而随时序的进展，巴蜀本土的文化因素愈益减少，秦文化因素愈益增多，明显体现出巴蜀民众"染秦化"的范围越来越大，程度也越来越深。西汉初期，这种变化仍在持续发展，到汉武帝前后，考古学上所反映出来的巴蜀本土物质文化特色基本化于无形。这

① 常璩著，刘琳校注：《华阳国志校注·蜀志》，成都：巴蜀书社，1984年。
② 郦道元：《水经·叶榆水注》引《交州外域记》，王国维校本，上海：上海人民出版社，1984年。
③ 司马迁：《史记·秦本纪》，北京：中华书局，1959年。
④ 常璩著，刘琳校注：《华阳国志校注·蜀志》，成都：巴蜀书社，1984年。
⑤ 范晔：《后汉书·巴郡南郡蛮传》，北京：中华书局，1965年。
⑥ 按《汉书》颜师古注，不更"言不豫更卒之事也"。由此可知，巴氏蛮夷免服更卒之役。
⑦ 范晔：《后汉书·巴郡南郡蛮传》，北京：中华书局，1965年。

表明，由于秦汉制度法令通行于巴蜀全境，加上多次大批地向巴蜀移民，已彻底地改变了巴蜀原先的文化结构，并引起了巴蜀文化对秦汉文化全面深刻的感应，从而使得巴蜀文化在形态上向着秦汉文化转化，同秦汉文化相整合，最终成为秦汉文化圈内的一种地域亚文化。由此也可说明，政治经济变革对于文化变迁具有极其重要的激励和推动作用。

　　对于巴蜀本土文化而言，它原先（即先秦）的系统结构已被秦汉王朝的各项制度、政策、律令所彻底打破而解构，从而走上文化重组与重新整合的道路。由于巴蜀文化的重组建立在文化解构、破旧立新的基础上，尤其有上述各阶级、阶层、政治集团、经济部门的大批率先"染秦化"的精英分子作为各方面的转化中介，又有广大巴蜀民众作为秦汉制度的拥护者，所以不但规模较大，程度较高，而且重组过程中和重组以后的巴蜀文化仍然是整合的。换言之，被精英文化所改变了的那些文化因素，与尚未改变的那些文化因素之间，首先在精英分子中达到了充分调适，继而又扩展波及广大拥护秦汉制度的巴蜀民众之中，同样达到了充分调适，因而重组后的巴蜀文化是整合的。精英文化系统（代表着秦汉文化方面）与巴蜀本土文化系统不是彼此分离或彼此对立的，而是整合到了同一个主体对象之中。对于巴蜀文化的主体而言，大多数人都同时兼有这两个系统的某些要素，不论精英分子还是普通民众都是如此。

　　巴蜀文化转型过程中的精英分子虽然是新文化的前锋，但他们本身习得的巴蜀文化诸要素却不可能泯灭殆尽，在诸如性情、风俗、习惯、经济活动、生活方式，尤其在处于认知结构水平的文化精神等方面，都大量地表现出巴蜀文化的品格。《华阳国志》描述巴人和蜀人在性情上的区别，在风俗、习惯、经济生活、行为方式方面的差异等，都是自古而然，至晋犹可观瞻，并未发生重大变化，其中就包含精英分子在内。《汉书·地理志》则更直接地叙录了巴蜀精英分子的行为方式，至东汉仍然是"未能笃信道德，反以好文刺讥""淫失枝柱"，颜师古解释说："言意相节却，不顺从也。"这当然是出于不同文化类型的不同评价，但由此却可看出巴蜀文化精神在精英分子中间的世代传承，说明巴蜀文化的底蕴在文化转型过程中并没有被革除，反而代代相传，相承而成传统，积为心态。这样，一方面，精英分子受到了秦汉文化的深刻浸染，表现出秦汉文化的风度；另一方面，他们又具备巴蜀文化世代相传的品格。因而，巴蜀精英文化既成为巴蜀文化与秦汉文化的整合点，又成为巴蜀文化重组过程中两个系统之间的整合点，即是巴蜀文化转型的中介。实际上，大多数拥护秦汉制度的巴蜀民众身上都具有这种中介性，不过精英分子更加典型罢了。

巴蜀文化的转型，当然并不仅只由秦汉王朝的制度、法令等所推动，还有直接的文化移入、文化传播和交流，如秦汉之际的大批移民，尤其汉景、武之间文翁为蜀守，"教民读书法令"①，选派蜀中子弟前往京师，"东受七经，还以教授"②，又在成都修起学宫，"立文学精舍讲堂"③，大力兴办教育事业，从而使"蜀学比于齐鲁焉"④，产生了重要作用。

二、巴蜀文化重组与整合的调控机制

从文化变迁的角度看，基本结构的变化，才能导致整个系统的变化，导致性质的改变。如果引起变化的诸因素全部来自同一个系统，那么变化的这个系统就被那个文化所涵化，或者称为融合了。但是基本结构的变化有着程度上的差异，并不都等于文化系统所有要素毫无例外地全部改变，有的子系统仍然会保留下来，甚至在某些层面上还会继续发挥积极而重要的作用。不过无论怎样，对于整个系统而言，既然性质和形态已经转化，那么这一或这些残存的子系统就不可能起到左右全局的作用了。战国末秦汉之际巴蜀文化的转型，就是整体性变化，这种变化是由基本结构的变化所引起的。基又引致语言文字、车服器用、社会交往、丧葬嫁娶等一系列子系统的相继变化，甚至连服饰也变化了。这些重要变化表明，巴蜀文化已从总体形态上发生了转型，同秦汉文化整合起来，即《华阳国志·蜀志》所说"染秦化"。但先秦巴蜀文化的某些子系统仍然保留下来，如风俗习惯、典型人格、价值观念、宗教信仰、方术和神仙术等，有的还在进一步发展。不过，这些子系统的保留也不都是一成不变的，它们不但程度不同地注入了秦汉文化的新内容，而且在发展方向上已被纳入秦汉大一统文化的新轨道。正因如此，所以东汉末三张在巴蜀和汉中发动五斗米道，并不是为了从政治上恢复先秦巴蜀独立王国，而是一种反压迫斗争的形式，这就脱离了地域文化的框架，成为被压迫人民所普遍追求的一种美好目标。⑤尽管其中的某些内容和形式带有非常浓厚

---

① 班固：《汉书·地理志》，北京：中华书局，1962 年。

② 常璩著，刘琳校注：《华阳国志校注·先贤士女总赞》，成都：巴蜀书社，1984 年。

③ 常璩著，刘琳校注：《华阳国志校注·蜀志》，成都：巴蜀书社，1984 年。

④ 常璩著，刘琳校注：《华阳国志校注·先贤士女总赞》，成都：巴蜀书社，1984 年。

⑤ 据《后汉书·灵帝纪》记载：中平元年，"巴郡妖巫张修反，寇郡县"，以疗病为形式，传播五斗米道，号为"五斗米师"（《后汉书·灵帝纪》李贤注引刘艾《纪》），巴人群起响应。而张鲁在汉中传播五斗米道，"民夷便乐之"，从者甚众，使其"雄据汉中垂三十年"（《三国志·魏志·张鲁传》）。由此可见，五斗米道仅借用了先秦巴蜀尚五观念的外壳，其实质则完全不同。

强烈的先秦巴蜀文化遗风，但总的说来，不论在性质上还是形态上都同先秦巴蜀文化相去甚远，不可同日而语了。

巴蜀文化基本结构的改变及其所引致的一系列变化表明，在秦汉之际，巴蜀文化已经失去了从前形态的稳定性，秦汉主体文化的确立所造成的新的稳定化机制则说明，巴蜀文化已经从总体上转型为秦汉文化。这时，它的几大主要子系统已与秦汉文化汇为一体，达到充分整合状态。而这些主要子系统又与另几个继续保留下来的子系统重新整合，于是形成新形态的巴蜀文化（例如，前述巴蜀精英分子所体现的，就是这种整合的典型例子）。这种经过文化重组所实现的文化再整合，就是文化转型。这说明，在巴蜀文化的转型过程中，实现了两个层次的文化整合，一个层次是它同秦汉文化的整合，即外部整合，另一个层次是它自身原先的文化在解构以后经过重组而达到的再整合，即内部整合。而两个层次的整合，不论在性质上还是方向上都是完全一致的。

应当指出的是，秦汉之际巴蜀文化的转型并不是文化同化。转型包括子系统的变化和保留等多种情况，它不同于同化，只有当系统中所有的子系统全部发生转化时，才是同化。因此，同化是指全面彻底地丧失了自己的风格和特点，而转型则是指在基本结构变化的情况下，由于某些子系统的保留和继续发展而没有全面丧失自己的风格和特色。正是因为保留了某些子系统及其风格和特色，才使秦汉时期巴蜀地区的文化呈现出与先秦巴蜀文化的有机联系和相似性形态，从而显示出它内在的发展连续性，并由此表现出它的各种外部特征，唯其因为如此，我们才得以把秦汉时期巴蜀地区的文化仍然称之为"巴蜀文化"。很明显，这里所说的"巴蜀"，并不仅仅指其地域名称，这个词绝不只是地域的符号，更多的是指它所具有的特定的文化内涵，包含着从古代连续发展而来的一贯的文化特色。

战国末叶秦汉之际巴蜀文化的转型既然是性质和形态的转化，那么它的调控机制必然会随之发生变化。先秦巴蜀文化中，处于物质文明层面、政治经济制度层面和社会结构层面上的调控机制核心枢纽地位的是神权和王权，商代的古蜀文明表现为一种神权文明，西周至战国的巴蜀文明又表现为一种礼乐文明，分别是神权和王权调控机制作用的结果，构成巴蜀古代文明的两个发展阶段。虽然表现形式有所不同，但实质是一样的，这就是以独立政权的运作来调控文明的发展演变。秦汉之际，巴、蜀王国被彻底消灭而不存，巴蜀文化也已纳入统一的中华文化之内，因而政治经济制度、物质文明和社会结构等层面的调控机制相应地转变为以中央王朝政权作为权力枢纽，以政治经济制度和法律法令作为运作杠杆，以地方郡县政府作为运作网络，联为整体，和谐运转，从而形成调控机制，调节并制约着这些层面的运转及变化。

在精神文化层面，由于巴蜀独立王国形态的彻底消失，致使从前建立在王权基础上的文化动力失去其能量来源。如像作为先秦巴蜀文化精神动力的尚五观念[1]，就因为其王权基础的破产而失去了它长期以来的动力功能和作用，尽管秦王朝曾加以利用，但仅仅是利用它来统治巴蜀而已，却不再成为围绕王权而凝聚巴蜀文化各个子系统的精神力量。虽然三张也曾以巴蜀尚五的传统观念为号召，传播五斗米道，蜀人也的确翕然从之；但五斗米道突破了巴、蜀、汉中的狭隘地域文化界限，发展成为全中国范围内的民间宗教，它的地域性基础不再存在，它所带有的一些地域文化特色也就同时化于无形，从而完全失去了巴蜀文化的传统特征，"五"这个数目字不再具有象征巴蜀文化精神的任何意义了。六朝以后，巴蜀地区基本上看不到尚五观念的影响之迹，原因正在于此。

转型以后巴蜀文化的精神动力主要来自两个方面：一是秦汉中央王朝为适应其统治需要，大开"禄利之路"[2]，吸引巴蜀文化的精英分子一代又一代地走上经学道路，皓首穷经，为了禄利而在这条道路上无限制地走下去，而为中央王朝所用；一是秦汉中央王朝对地方的民间宗教、方术采取宽容政策，使之世代相传，成为民间的巨大精神寄托，又转而成为强大的精神力量，支配着诸多领域中的行为方式，对于维系地方的典型人格、价格观念以至风俗习惯和艺术形式、风格等的保持、稳定和发展演变，起到了重要的凝聚和延续作用。

另一方面，文化转型也不完全是被动的，转型的文化也有其积极的、有作为的一面，给予引起它转型的文化以一定程度的影响。巴蜀文化转型中，巴蜀不论在物质文化还是精神文化上均对秦汉王朝有重要影响。秦东伐楚，大量利用了巴蜀的布帛金银，"足资军用"，仅司马错浮江伐楚，就征调了"巴、蜀众十万，大舶船万艘，米六百万斛"[3]，而"蜀既属，秦益强，富厚轻诸侯"[4]。楚汉之争中，刘邦为汉王，王巴、蜀、汉中，以巴、蜀、汉中为战略基地和战略物资、粮食、兵员的来源地，关中人大批入蜀，巴蜀人也大批从军出关，随刘邦还定三秦。汉初，接秦之敝，民失作业而大饥馑，人相食，死者过半，

---

① 段渝：《先秦巴蜀文化的尚五观念》，《四川文物》1999 年第 5 期。
② 班固：《汉书·儒林传赞》，北京：中华书局，1962 年。
③ 常璩著，刘琳校注：《华阳国志校注·蜀志》，成都：巴蜀书社，1984 年。
④ 刘向：《战国策·秦策一》，上海：上海古籍出版社，1985 年。

"高祖乃令民得卖子就食蜀、汉"①，对于稳定汉初的经济形势起到了重要作用。精神文化方面，巴蜀的神仙家曾对长江下游吴越地区产生了重要影响②，尤其西汉严君平开把方术同老子道家相结合的先河，著《老子指归》，"为道书之宗"③，奠定了后来道教在思想上的基础，开其渊源，对道教的形成有深刻影响④。而汉代巴蜀文学在全国范围内处于领先地位，对繁荣汉代辞赋贡献尤为重大。巴蜀儒学也对汉代文化产生了重要影响，扬雄被作为两汉儒学 53 大家中的一家，名列《汉书·艺文志》，而其《太玄经》在魏晋之际尤为学者所推崇。这表明，文化转型既然是文化变迁中的一种，那么它所引起的感应必然是双向的、多重的。绝对的涵化为世所罕见，几乎没有实例可以征引，也无法在理论上给予说明。所以，研究文化转型，不能忽略转型过程中的交互感应和影响。

三、适应性变革与连续性发展之稳定机制

通过转型来实现文化的适应性和稳定性，这包括两个方面：一方面是文化结构和文化模式上的进化，即在文化形态上发生整体性变化，在质和量两个方面同时进步到一个新水平，或演化为一种新形态（所谓形态，即是文化结构和模式），使它得以从整体上适应变化了的环境（政治环境、经济环境、生态环境，以及其他），而不至于被引起它变化的那个文化所完全同化。另一个方面是保持转型后文化在结构上和模式上的稳定性，即保持它所以仍然是一种连续发展而来的文化而不是引起它转型的那个文化的那些文化特质。对于巴蜀文化来说，就是保持它仍然是巴蜀文化而不是中原文化的那些特色。

文化转型实际上是一种变异，变异的结果是分化和整体进化。所谓分化，就是变革掉那些已经不适应新环境的各种文化因素，并以此为代价形成新的文化因素，从而使得它能够继续蓬勃地发展。巴蜀文化变革掉那些不适应秦汉大一统新政治环境的因素，诸如巴蜀文字、语言、政治经济制度、社会组织、礼仪制度、货币制度、器服制度等体现它原先独立王国文化形态的最重要成分，并发展出新的文化因素，使其与秦汉统一政权下多元一体发展的中华文化充分整合，于是就使它获得了持续发展的动力和生机。分化就是重组。

① 班固：《汉书·食货志》，北京：中华书局，1962 年。
② 蒙文通：《晚周仙道分三派考》，《古学甄微》，成都：巴蜀书社，1987 年。
③ 常璩著，刘琳校注：《华阳国志校注·先贤士女总赞》，成都：巴蜀书社，1984 年。
④ 段渝：《巴蜀文化与汉晋学术和宗教》，《中华文化论坛》1999 年第 1 期。

显然，经分化而后的巴蜀文化，由于它的适应性更强，范围更广，程度更深，因而获得了整体水平的进化。

适应是创造性的。巴蜀文化由于适应了它与秦汉文化的整合，结果是创造性地发展了语言文字学、道学和辞赋。适应又是保守性的，因而巴蜀文化又保留下来它原先的宗教、风俗、艺术等传统。创造性适应，使它面貌焕然一新，文化形态转化到一个新水平，从它的精华层面上表现出整体进化的新模式、新姿态。在这个意义上的进化，是间断的、跳跃的。保守性持续，则使它保持了发展演变的连续性，使它不致出现断层，不致走向衰亡。创造性适应，使巴蜀文化与秦汉文化相积极整合；连续性发展（继承），就是秦汉时期巴蜀文化转型机制的重要内容。

转型后的巴蜀文化获得了新的稳定性，而它的稳定化程度取决于秦汉文化的引导。特别是由于汉文化的引导，在巴蜀兴办教育，"教民读书法令"[1]，改变了"蛮夷之风"[2]，"蜀学比于齐鲁焉"[3]，增强了巴蜀文化的稳定性。经过长期的发展，这种稳定性已达到极深水平，即使中央王朝代兴，政权易手，它的稳定性也难以再度发生根本变化。正由于有了这种稳定性，使它与中华文化紧密地结为一体，成为中华文化的重要组成部分之一，因而从根本上消除了分裂的文化基础。这一点是极端重要的，也为历史所多次证明。

那么，巴蜀文化转型后稳定化的机制是什么呢？从基本结构的变化来分析，已达到了使各个子系统之间大体均衡地发生变化，从而充分地相互适应、相互协调、相互连接的水平，使各个子系统达到变化中的重组与变化后的整合，而不是勉强拼凑，这样就使巴蜀文化能够克服其连续性发展过程中由于某些方面的变化所造成的阻力，并且继续发展到一个新水平。任何一种文化，当它的基本结构发生变化时，只要各个主要的、起核心作用的子系统达到相互协调、大致均衡的变化，即变化的水平大体相同，方向基本一致，变化后能够充分地整合起来，那么这种文化也就实现了进化中的稳定化。由此而论，促使文化各主要子系统协调变化的机制，就是它的稳定机制。对于巴蜀文化来说，自然不能例外。

---

① 班固：《汉书·地理志》，北京：中华书局，1962 年。

② 班固：《汉书·循吏传·文翁传》，北京：中华书局，1962 年。

③ 常璩著，刘琳校注：《华阳国志校注·先贤士女总赞》，成都：巴蜀书社，1984 年。

| 39 |

略论古蜀文明的物资流动机制

　　商周时代川西物资流动集中化所表现的高度社会控制，意味蜀文化中城乡连续体业已形成，机制中起决定作用的是神权和王权为核心的国家权力。商周时代，在川西平原及毗邻地区，棋布着许多具有文化亲缘关系的邑聚网，它们相互联系，形成大规模的邑聚网络，此即称为蜀文化共同体。处于它中心地位的是广汉三星堆遗址和成都十二桥遗址。各邑聚间在物资的分配与再分配关系上，存在着由低级向高级流动、汇筹向心结构。据考古材料，大致可概括为：

　　（1）农业产品的流动，一是由次级聚落流向中心城邑，供各脱离食物生产的阶层消费，这在三星堆和十二桥遗址中所表现的专业化分工有大量反映。二是各次级聚落间的互惠性流动，这是考古难以说明而为人类学直接证明的。

　　（2）畜牧、狩猎产品的流动。在中心城邑出现畜牧产品的遗骸遗骨和骨制品，以及似为狩猎产品的象牙、象骨，表明它是从次级向中心流动的。

　　（3）手工业产品的流动。一是贵重的手工业产品如金器、青铜器、玉器等，仅在中心城邑产出，这是绝对单向性的流动。二是珍稀原材料如铜、锡、金、玉的流向，其产于蜀地者流向中心城邑，说明存在对内单向对外互动的双重关系。三是青铜兵器，在未发现铸铜作坊的次级聚落和边缘地带外大量发现，似为中心流向次级，属于单向性流动。四是大型礼器群仅发现于中心城址，范围极有限。五是一般的生产和生活用品，其流动有单向、双方和多向。

　　（4）特殊用途的自然资源的流动。一是礼仪性建筑所用原材料，如产于川西的巨石，在成都大量出现，二是作为祭祀珍品和财富的海贝，在三星堆发现，为远程贸易所获，三是产于岷江流域占卜的龟甲，在成都许多古遗址和十二桥均有发现，可能存在有限地域内的单向和互动性流动。

　　以上流动关系，可归结为平面和垂直两种结构。前者说明的是各聚落间存在着广泛的互惠性贸易关系。后者说明的是各种物资从次级聚落向中心城邑的单向流动和高度汇聚，主要种类有食物、贵重手工品，尤其是富于宗教神秘感和战略意义的自然资源。这些物资流动集中化所表现的高度社会控制，与兵器由中心流向次级的反向流动的性质相同，意味着蜀文化的城乡连续体业已形成，说明在蜀的物资流动机制中起决定作用的因素是国家权力，其核心是神权和王权。对蜀文化的物资流动机制研究，可揭示其内部各阶层间的经济关系，深化对国家演进、聚落分级、城市起源及社会结构的研究。

巴蜀族群

| 40 |

先秦巴蜀地区百濮与氐羌的来源

横贯川西南和四川盆地的长江，自古就是我国东西民族迁徙的交通动脉。纵列川西高原的岷山山脉，自古也是我国南北民族迁徙的往来走廊。巴蜀地区自古就有许多族群活动、生息和繁衍，各族人民共同缔造了光辉灿烂的巴蜀古代文明。

一、先秦巴蜀地区各族的称谓和族系

先秦时代巴蜀地区的族群，除巴、蜀两族外，还有众多族类。分布在川东地区的，主要有"濮、賨、苴、共、奴、獽、夷、蜒之蛮"①。分布在巴蜀以西和以南的，则是汉代所谓"西南夷"，《史记·西南夷列传》记载：西南夷族类有异，成分复杂。按《史记》有关篇章所记，实际上包括西夷和南夷两部分。

西南夷君长以什数，夜郎最大，其西靡莫之属以什数，滇最大，自滇以北君长以什数，邛都最大：此皆魋结，耕田，有邑聚。其外西自同师以东，北至叶榆，名为嶲、昆明，皆编发，随畜迁徙，毋常处，毋君长，地方可数千里。自嶲以东北，君长以什数，徙、筰都最大，自筰以东北，君长以什数，冉駹最大。其俗或土著，或移徙，在蜀之西。自冉駹以东北，君长以什数，白马最大，皆氐类也。此皆巴蜀西南外蛮夷也。

所说夷，即上引《西南夷列传》末句所记蛮夷，是汉人对巴蜀西南外少数民族的通称，西、南皆方位词。西夷，即指巴蜀以西的少数民族；南夷，即指巴蜀以南的少数民族。称巴蜀西南外少数民族为西南夷，是始见于秦汉时期的称谓，先秦时期并不如此。据《战国策·秦策》所载张仪、司马错之

---

① 常璩著，刘琳校注：《华阳国志校注·巴志》，成都：巴蜀书社，1984年。

言，蜀是"西辟之国而戎狄之长也"，这应当是秦和东方六国的一致认识。《史记·秦本纪》也说秦灭蜀后，"戎伯尚强，乃移秦民万家实之"。戎伯即指臣属于蜀的各族君长。先秦臣属于蜀的族群众多，汶山、南中、僚、僰都曾先后为蜀的附庸。蜀为其"雄长"①，而称为"戎狄之长"，那么诸此族类也就是戎狄了。先秦文献中直接提到巴蜀西南外少数民族臣属于蜀者，仅此一见，说明汉代所称的西南夷，在先秦时代多称为戎狄，这是随时代的变化而引起的称谓变化。这种名异实同，在古代史上是常见的通例。应当指出，先秦史上所谓东夷、西戎，南蛮、北狄②，都是中原华夏对周边少数民族的称谓，是他称，非自称，是泛称，非专称。东夷、西戎，南蛮、北狄又可合称为四夷，即所谓四方之夷。关于此点，唐代孔颖达的解释最为精当。他说："四夷之名，随方定称，则曰东夷，西戎，南蛮，北狄。其随方立名，则各从方号。"又说："夷为四方总号。"③从《左传》《国语》等先秦史籍可见，不仅四夷事实上都包有大量不同的族系，其中许多族系可以蛮、夷或戎、狄互称，而且这些名称亦多随时代的变迁而异同不一。无论先秦西南地区的戎狄，还是汉代的西南夷，都包括若干不同的族类，所说戎狄或西南夷，都是泛称，而不是一个统一或单一民族的族称。

大体说来，先秦巴蜀地区各族，除巴、蜀两族外，可以划分为百濮和氐羌两大民族系统，此外还有华夏和百越系统，但不多。各系大致分布范围：百濮主要分布在四川盆地、四川西南和四川东部，氐羌主要分布在川西高原，部分进入成都平原，百越仅见于四川东部之一部；华夏则多不成系统，混融于四川盆地各处，其成系统者，仅见于川东之一部。

二、先秦巴蜀地区百濮的由来

濮人的历史十分悠久，因其分布甚广，群落众多，故称百濮。《逸周书·王会》载商代初年成汤令伊尹为四方献令说："正南，瓯、邓、桂国、损子、产里、百濮、九菌，请令以珠玑、瑇、象齿、文犀、翠羽、菌、短狗为献。"这个殷畿正南的百濮，当即《伪孔传》所说"西南夷"，亦即杜预所说"建宁郡

---

① 常璩著，刘琳校注：《华阳国志校注·蜀志》，成都：巴蜀书社，1984 年。

②《礼记·王制》《史记·五帝本纪》。

③《左传》文公十六年孔颖达疏。

南"之"濮夷"[1]，当即云南之濮。濮或作卜，见于殷卜辞："丁丑贞，卜又象，□旧卜。"郭沫若释为："卜即卜子之卜，乃国族名。"[2]卜子，《逸周书·王会》记载周初成周之会，"卜人以丹砂"，王先谦补注曰："盖濮人也。"卜、濮一声之转。先秦时代生产丹砂最为有名的是四川彭水，故此以丹砂为方物进贡的濮，当指川东土著濮人。《尚书·牧誓》记载西土八国中也有濮，是殷畿西方之濮。可见，商周之际的濮，业已形成"百濮离居"之局，而不待春秋时期。这些记载说明，濮人支系众多，分布广泛，是一个既聚族而居，又与他族错居的民族系统。

西周初年，西方的濮人已东进与巴、邓为邻，居楚西南[3]，分布于江汉之间。西周中叶，江汉濮人力量强大，周厉王时铜器《宗周钟》铭文记载濮子曾为南夷、东夷二十六国之首，十分势盛焰炽。到了西周末叶，楚国在江汉之间迅速崛起，猛烈发展壮大，"楚蚡冒于是乎始启濮"[4]，多次给濮人以重大打击，使濮人势力急剧衰落。到了春秋初叶，楚武王更是"开濮地而有之"[5]，大片濮地为楚所占，从而造成了江汉地区濮人的大批远徙。春秋时期江汉之间的濮人群落，已不复具有号令南夷、东夷的声威，他们部众离散，"无君长总统"[6]，各以邑落自聚，遂成"百濮离居，将各走其邑，谁暇谋人"之局[7]。在日益强大的楚国的屡次沉重打击下，江汉之濮纷纷向南迁徙。先秦文献中战国时代楚地已无濮人的记载，除留居其地的濮人改名换号，或融合于他族外，由楚国的猛烈扩张所造成的濮人的大批远徙是其重要原因。

江汉濮人的远徙，多往西南今川、黔、滇三省。究其原因，当为西南地区原来就是濮人早期聚居区之一的缘故。过去多有学者认为西南之有濮人，是由于春秋时期江汉百濮的迁入。其实不然。前引《逸周书·王会》提到商代初叶云南有濮人。四川西南安宁河流域的大石墓，即文献所记"濮人冢"，为濮越系的邛都夷所遗，其年代之早者，可上及商代；川滇之间今四川宜宾

---

①《左传》文公十六年孔颖达疏引。

②郭沫若：《殷契粹编考释》。

③司马迁：《史记·楚世家》，北京：中华书局，1959年。

④左丘明：《国语·郑语》，上海：上海古籍出版社，1978年。

⑤司马迁：《史记·楚世家》，北京：中华书局，1959年。

⑥《左传》文公十六年孔颖达疏引杜预《春秋释例》。

⑦《左传》文公十六年。

与云南昭通即汉代朱提郡的人，是濮的一个支系，至少在商代即在当地定居。《华阳国志·蜀志》记载蜀郡临邛县有布濮水（《汉书·地理志》记为濮千水），广汉郡郪县也有濮地之名，均为濮人所遗。而殷末周初由滇东北至川南入蜀为王的杜宇，也是濮人。至于川东之濮，有濮、賨、苴、獽、夷、蜒诸族，居于渝水两岸的獽、苴和长江干流两岸的賨、夷为土著，蜒则是从江汉之间南迁的濮人一支。《华阳国志·巴志》所载川东诸族中作为专门族称的濮，也是从江汉迁来的濮，故虽徙他所，名从主人不变。而居于鄂西清江流域的廪君蛮，文献记载说"廪君之先，故出巫诞"[1]，来源于巫地之诞，原为百濮之一，是由汉水中游南迁至清江流域的濮人。[2]

由此可见，先秦巴蜀地区的濮人，多为商周时代即已在当地定居的族群，也有春秋时代从江汉地区迁徙而来的濮人支系。分布在川境的濮人，以川东、川南和川西南以及成都平原最多，也最为集中。他们名号虽异，但在来源上却都是古代百濮的不同分支。后来，随着各地濮人经济、文化、语言等的不同发展、演变，以及与他族的混融，又形成了不同的民族集团。秦汉时期及以后历代史籍对这些民族集团或称夷，或称蛮，或称僚，就是因为这样的缘故。

三、先秦巴蜀地区氐羌的由来

氐、羌民族的历史十分悠久，在商代就已屡见于史册。《诗经·商颂·殷武》："昔有成汤，自彼氐、羌，莫敢不来享，莫敢不来王，曰商是常。"《竹书纪年》："成汤十九年，氐、羌来宾。"又载："武丁三十四年，王师克鬼方，氐、羌来宾。"又载："是时（殷）舆地东不过江、黄，西不过氐、羌，南不过荆蛮，北不过朔方，而颂声作。"《尚书·牧誓》西土八国有羌人。《逸周书·王会》："氐、羌以鸾鸟。"都表明氐、羌为古老民族。

氐、羌同源异流，原居西北甘青高原，后分化为两族。羌，殷墟甲骨文屡见，其字从羊从人。《说文》"羌，西戎牧羊人也"，是以畜牧业为主并营粗耕农业的民族。氐，《说文》释为"本也"，徐中舒先生认为原为低、平之义。[3]《逸周书·王会》孔晁注曰："低地羌羌不同，故谓之羌，今谓之氐矣。"鱼豢《魏

---

① 范晔：《后汉书·巴郡南郡蛮传》，北京：中华书局，1965年。
② 段渝：《西周时代楚国疆域的几个问题》，《中国史研究》1997年第4期。
③ 徐中舒：《论巴蜀文化》，成都：四川人民出版社，1982年，第79页。

略·西戎传》说氐人"其俗、语不与中国同，及羌杂胡同"，又说"其嫁娶有似于羌"，"其妇人嫁时著衽露，其缘饰之制有似羌，衽露有似中国袍、皆编发"①。氐、羌在语言、风俗上的相同处，正是两者同源之证。而氐人"俗能织布，善田种，畜养豕、牛、马 驴、骡"②，以农业为主，羌人则"地少五谷，以产牧为业"③。氐人"无贵贱皆为板屋土墙"④，羌人则是"其屋，织□牛尾及□羊毛覆之"⑤。两者的差异，又正是其异流的极好证据。综此可知，氐族其实就是从羌族中分化出来后由高地向低地发展并主要经营农业的族类。其初始分化年代，至少可上溯到商代。

一般认为，黄河上游湟水析（赐）支一带是上古时代西羌的分布中心，此即《后汉书·西羌传》所记载的"滨于赐支，至乎河首，绵地千里"的"羌地"。但西羌分布极其广阔，除黄河上游甘青地区而外，还南及岷山之域，这也就是《后汉书·西羌传》所说："赐支者，《禹贡》所谓析支者也，南接蜀汉徼外蛮夷。"所谓"蜀汉徼外蛮夷"，乃是指"在蜀之西"⑥的岷山山区，"其山有六夷、七羌、九氐，各有部落"⑦，不论在地理上还是文化上都是与河湟赐支地区连为一体的。

从考古学观察，新石器时代至青铜时代今甘肃、青海有众多民族活动居息。甘肃地区的古文化遗存，如马家窑文化、半山文化、马厂文化等，在广义上都同古羌人有一定关系。⑧分布在河西地区山丹、民乐至酒泉、玉门一带的火烧沟类型文化，年代与夏代相当，可能是古羌族文化的一支。而相当于殷商时期的辛店文化，也与古羌人有关。在陇山之东西，则分布有相当于殷周时期的寺洼文化。它分两个类型。⑨寺洼类型分布在洮河流域和陇山以西的渭水流域，年代早于西周。⑩安国类型分布在甘肃的泾水、渭水、白龙江、西

---

① 《三国志·魏志·乌丸鲜卑东夷传》裴松之注引鱼豢《魏略·西戎传》。
② 《三国志·魏志·乌丸鲜卑东夷传》裴松之注引鱼豢《魏略·西戎传》。
③ 范晔：《后汉书·西羌传》，北京：中华书局，1965 年。
④ 《三国志·魏志·乌丸鲜卑东夷传》裴松之注引鱼豢《魏略·西戎传》。
⑤ 李延寿：《北史·宕昌传》，北京：中华书局，1974 年。
⑥ 司马迁：《史记·西南夷列传》，北京：中华书局，1959 年。
⑦ 范晔：《后汉书·冉駹传》，北京：中华书局，1965 年。
⑧ 禽伟超：《古代"西戎"和"羌"，"胡"文化归属问题的探讨》，《青海考古学会会刊》1980 年第 1 期。
⑨ 甘肃省博物馆：《甘肃古文化遗存》，《考古学报》1960 年第 2 期。
⑩ 文物编辑委员会：《甘肃文物考古工作三十年》，《文物考古工作三十年》，北京：文物出版社，1979 年。

汉水诸流域，年代大致与西周同时。[①]寺洼文化这两种类型，应即是古代氏族的文化遗存。[②]它们西起洮河，东至白龙江、西汉水（嘉陵江上游），波及甘肃境内的泾水、渭水等域。这些地区，正是文献所记"世居岐、陇以南，汉川以西"[③]，以武都，阴平为中心的古氏人的分布区域。[④]可证寺洼文化为氏人所遗。而氏人所居之区，较之古羌人所居的河曲以西、以北[⑤]，地势相对说来既低且平，又多滨水，正与氐字本义相合。所谓低地之羌曰氐族，即由此而来。可见，氐、羌分化，在商代已是如此。

至于辛店文化和寺洼文化均出陶双耳罐，则如上述氐、羌文化风俗的联系一样，是两者同源的反映。《吕氏春秋·义赏》："氐、羌之民其虏也，不忧其系累，而忧其不焚也。"氐、羌均有火葬之俗。寺洼文化中火葬与土葬并存[⑥]，不仅证实了文献的可靠性，同时再次证明了古代氐、羌在族源上有着千丝万缕、不可分割的关系。这种起源甚古的火葬之俗，直到战国秦汉时期仍在岷江上游氐人中流传。

20 世纪 40 年代曾在岷江上游今四川省阿坝藏族羌族自治州的汶川、理县、茂县等地发现新石器时代的彩陶和石器，1964 年进行勘察，加上 2000 年营盘山遗址的考古新发现，新石器出土地点计有一百余处。[⑦]石器多为扁长形，刃部富于变化，有长条石刀、石刮刀、斧、锛、凿等，以通体磨光、狭长平薄的斧为特征。陶器以泥质灰陶为主，也有红陶和彩陶。器形多为平底，纹饰有绳纹、圆窝纹等。彩陶为红胎黑彩或黄胎黑彩，与西北甘青地区的马家窑文化相近，石兴邦先生认为是马家窑文化南下的一支。[⑧]

川西高原氐羌的历史，可以追溯到夏商时代，这无论在文献还是考古资料中都有充分证据可以证实。

川西高原近年发现大批石棺葬，广泛分布于岷江上游、雅砻江流域和金沙江流域，在大渡河流域也有发现。川西石棺葬起源甚早，延续时间也很长。

① 宝鸡市博物馆、渭滨区文化馆：《宝鸡竹园沟等地西周墓》，《考古》1978 年第 5 期。
② 文物编辑委员会：《甘肃文物考古工作三十年》，《文物考古工作三十年》，北京：文物出版社，1979 年。
③ 李延寿：《北史·氐传》，北京：中华书局，1974 年。
④ 《三国志·魏志·乌丸鲜卑东夷传》裴松之注引鱼豢《魏略·西戎传》。
⑤ 马长寿：《氐与羌》，上海：上海人民出版社，1984 年，第 11、12 页。
⑥ 夏鼐：《临洮寺洼山发掘记》，《考古学论文集》，北京：科学出版社，1961 年。
⑦ 林名均：《四川威州彩陶发现记》，《说文月刊》1944 年第 4 卷；郑德坤：《四川古代文化史》，成都：华西大学博物馆，1947 年；《四川理县汶川考古调查简报》，《考古》1965 年第 12 页；蒋成、陈剑：《岷江上游考古新发现述析》，《中华文化论坛》2001 年第 3 期。
⑧ 石兴邦：《有关马家窑文化的一些问题》，《考古》1962 年第 2 期。

川西高原石棺葬的族属，总的说来应是氐、羌系统的文化遗存。

从石棺葬的起源看，近年考古证明，最早出现在西北高原。1975 年在甘肃景泰县张家台墓地发现的 22 座半山类型墓葬中，既有木棺墓，也有石棺墓，以石棺墓为主。①半山类型的年代，约在公元前 2200—前 2000 年②，相当于五帝时代之末和夏代之初的纪年范围，早于川西高原石棺葬。石棺葬于夏商时代出现在川西高原，说明氐羌系统的民族中，有一部分在此期间已进入川境，而不是过去所认为的春秋战国时代。但由于氐、羌同源异流，文化、风俗上异同并存，加之早期活动地域相近，很难区分彼此，因而西北石棺葬就很难划分具体族属。从景泰张家台石棺葬所揭示出来的情形看，无论是氐还是羌，都应有石棺葬传统，此外也还有土葬、火葬等传统，不可非此即彼，一概而论。由此出发，川西高原石棺葬属氐属羌，也不能一概而论。综合多方面资料，大体说来，岷江上游石棺葬应是氐人的文化遗存，雅砻江、金沙江和大渡河流域的石棺葬，则应是羌人的文化遗存。

在岷江上游汶（川）、理（县）、茂（县）地区，当地羌族称石棺葬为"戈基嘎布"，意为"戈基人的墓"。在羌族端公（巫师）唱词和民间口头相传的《羌戈大战》长篇叙事诗中，戈基人是在羌族南下与之激战后被赶走的一个民族，先于羌人在岷江上游定居。③既然不是羌族墓葬，就只可能是氐族墓葬了。戈基人即是氐人。文献方面，《山海经·海内南经》记载："氐人国在建木西，其为人，人面而鱼身，无足。"建木，《淮南子·地形》谓"建木在都广"，《山海经·海内经》记有"都广之野"，即成都平原。都广之野以西，正是岷江上游之地。《汉书·地理志》记载秦在蜀西设湔氐道，湔氐道即是因氐人聚居而置。可见建木以西的氐人，恰恰是在岷江上游之地。所谓"建木西"，也恰与《史记·西南夷列传》所记氐族冉駹"在蜀之西"相合。又，《大戴礼记·帝系》说"青阳降居泜水"，《史记·五帝本纪》作"江水"，古以岷江为长江正源，可知此泜水指岷江，表明也与氐族有关。综此诸证，先秦岷江上游的石棺葬，应是氐族的文化遗存。

大渡河、雅砻江和金沙江流域的石棺葬，则应与古代羌族有关。据《水经·青衣水注》："县故青衣羌国也。"青衣江、大渡河流域古为羌族地，有笮、

文明的史迹：先秦、巴蜀及南丝路历史研究（巴蜀文化卷）

---

① 韩集寿：《甘肃景泰张家台新石器时代的墓葬》，《考古》1976 年第 3 期。

② 中国社会科学院考古研究所：《新中国的考古发现和研究》，北京：文物出版社，1984 年，第 126 页。

③ 罗世泽整理：《羌戈大战》，《木姐珠与斗安珠》，成都：四川民族出版社，1983 年。

徙等族，故其石棺葬应与青衣羌、牦牛羌等有关。雅砻江和金沙江流域也是古羌人居地。从巴塘扎金顶墓葬年代在公元前 1285 年即商代后期来看[1]，羌人早在商代就已入蜀，其南下路线当沿金沙江、雅砻江河谷而行。

综上所述，巴蜀境内的氐羌民族系统至少在夏商时代就已出现，长期在川西高原劳动，生息和发展，成为川西地区的最主要民族。

---

[1] 中国社会科学院考古研究所实验室：《放射性碳素测定年代报告（七）》,《考古》1980 年第 4 期。

41

从血缘到地缘：古蜀酋邦向国家的演化[①]

一

《论语·先进》记载："子曰：先进于礼乐，野人也；后进于礼乐，君子也。如用之，则吾从先进。"

傅斯年《周东封与殷移民》[②]认为：此语作何解，汉宋诂经家说皆迂曲不可通，今俗用之以表不开化之人，此为其后起之义。对照《诗经》《左传》《孟子》，可知野人指农夫，即殷人，君子指统治阶级，即周人。周灭殷，把一些殷人氏族分封给周贵族，殷人居野，故称野人，周人居城，故称君子。先进后进自是先到后到之义。礼乐泛指文明。野人先进入文明社会，而周人后进入文明社会。

傅斯年所做的阐释，基本符合商周时代的历史实际，故先秦史学者大多引以为是。

所谓君子与野人之分，实际上就是先秦史籍中多处提到的国、野之分，国人居于城内，野人居于城外，国人是统治者族群，野人是被统治者族群。

国、野之分产生形成于殷、周革命和西周分封制，政治上是"封建亲戚，以藩屏周"[③]，经济上是"天子有田以处其子孙，诸侯有国以处其子孙，大夫有采以处其子孙"[④]，文化上是"天子建国，诸侯立家，卿置侧室，大夫有贰宗，士有隶子弟，庶人工商各有分亲，皆有等衰"[⑤]。王城和诸侯城均以族群划域，带有浓厚的血缘政治组织色彩，这种社会形态是与商、周时代村社组织与氏族组织并存的二重性相符合的。完全以地缘来划分国民，这种情形在夏、商、周三代还不存在，历史学家大多认为这是中国社会之所以不同于古希腊、罗马的一个十分重要的特点之所在。

亨利·梅因（H. Maine）早就在其名著《古代法》中说过，最早出现的国

---

① 本文为本书作者与邹一清合作。
② 傅斯年：《周东封与殷遗民》，《国立中央研究院历史语言研究所集刊》4本3分，1934年。
③《左传》僖公二十四年，十三经注疏本。
④《礼记·礼运》，十三经注疏本。
⑤《左传》桓公二年，十三经注疏本。

家可能是以血缘关系为基础的组织，以地缘为基础是在最早的国家形成以后不久出现的。①

亨利·梅因的论断是建立在对西方社会的材料分析基础之上所进行的归纳判断，确实具有相当说服力；但中国夏、商、周三代的情况与西方社会不尽相同，血缘关系及其组织和原则不仅在先秦夏、商、周三代尚不成熟的国家里没有丝毫消融，而且在秦、汉以后越来越成熟的国家里还继续长久地与地缘组织同时并存而且交织在一起，这就是宗族组织和农村公社的二重性表现之所在。

那么，在古蜀地区，是否同样存在着如同或类似于中原地区那样的国、野之分呢？这就是本文所要提出来加以探讨的问题。

二

我们首先讨论古蜀史上所谓三代蜀王时期的社会组织的性质。

从历史文献方面看，根据《蜀王本纪》的记载，古蜀王蚕丛、柏濩、鱼凫，"此三代各数百岁，皆神化不死"，每一代都由名号相同的若干位王接续而成，也就是用一个固定不变的王名来表示一代。正如蒙文通先生所指出的那样，三代蜀王均为"一代之名，而非一人之名"②。这种事例在中国古史尤其中国民族史上颇不鲜见，就是用共名作为私名。

进一步分析，这种所谓"三代各数百岁，皆神化不死"的怪诞现象，同古文献所记载的"上古时，蜀之君长治国久长"③的现象完全一致，它们所表达的，其实并不是君长寿命有数百岁之长，而是指君长这个角色及其地位的长期性和稳定性。也就是说，在每一代的政治组织中，都已形成了固定的权力机构即决策机构，这个机构已经达到了相当稳定化的程度，以致前后相继维持达数百年之久。这个机构的首领，即是所谓蜀王，亦即文献上所说的"君长"。

但是，必须指出的是，三代蜀王中的每一代，虽然是各自政治组织中的"王""君长"，但这里所说的"蜀王"和"君长"，仅仅是指其角色而言，并不是指王位一系相传的世袭制度。上古时代有所谓共名和私名之分，不论蚕丛、柏濩还是鱼凫，三个名称首先分别是三个族系的名称，所以一些文献在

---

① 亨利·梅因：《古代法》，New York，1970 年，第 124-125 页。
② 蒙文通：《巴蜀史的问题》，《巴蜀古史论述》，成都：四川人民出版社，1981 年。
③《蜀纪》，《古文苑·蜀都赋》章樵注引。

提到这三个族系时，分别称为蚕丛氏、柏濩氏和鱼凫氏，这就是所谓共名，即其族群的名称，其次才是各族内部成员的私名，它们则是各不相同的。作为君长的若干位蜀王，原本都有私名，但一旦出任君长角色后，就用共名取代了私名，每一位君长都是如此，世代相承同一共名。于是在古文献的记载中，我们所看到的三代蜀王，每一代都是一个单一的名称，因而造成"上古时，蜀之君长治国久""长三代各数百岁，皆神化不死"那样的错觉，给人以实行王位世袭制度的错误印象。

其实，中国古史传说中的英雄人物如黄帝、颛顼等，其年世之所以十分久长，就是因为同一族群酋长的私名都取用其族名即共名的缘故，所以当族群分化或扩张的时候，随着族群的流布，其族群的名称也同时传到四面八方，以致造成族群酋长的世系如此久长的错觉。

从古蜀史上"三代蜀王"均以一王之名表示一代，即以共名作为私名的情况看，三代均各是一以血缘为基础的社会和政治组织单位，相互之间没有组织上或族群上的继承传递关系，它们都是自成系统，各自传承下来的。

三

其次，我们探讨三代蜀王时期的政治组织的性质。

从历史文献分析，三代蜀王时期已是原始社会的尾声。《华阳国志·蜀志》说："有蜀侯蚕丛，其目纵，始称王，死，作石棺石椁，国人从之。"所称"王"，并不是君主时代的王，而是犹如"氐王""白虎夷王"一类族类的酋豪或首领，其性质如同鱼豢《魏略·西戎传》所记载的"氐人有王，所从来久矣"[1]，属于前国家社会的酋邦之长[2]。这种现象表明，蜀王蚕丛已经拥有超越部众和组织的权力，作石棺石椁而国人从之，又意味着蚕丛不但拥有对部众实施政治权力的力量，而且还拥有实施经济权力和宗教权力的力量。显然，这已经不是纯粹血缘组织那种平等社会的特征，而是建立在等级制基础上的酋邦组织的特征。蚕丛不但握有号令部众的权力，而且还在相当深广的程度和范围内表现自身的意志，王者的意志不再取决于全体部众的意志，无须再经全民会议或其代表批准通过，这正是酋邦组织中拥有决策权力的首领的特征。可以

[1]《三国志·魏志·乌丸鲜卑东夷传》裴松之注引。
[2] 殷卜辞中的"王"，林沄先生《说王》一文认为像斧钺之形。这种看法还可以再研究。有的学者用此分析史前考古现象，以为某些地区的史前大墓是"王陵"，是阶级和国家社会的产物。这种看法是值得商榷的。

看出，所谓蚕丛"始称王"的实质是酋邦的诞生。

鱼凫王的情形同样如此。《华阳国志·蜀志》记载说"鱼凫王田于湔山，忽得仙道，蜀人思之，为立祠"，直接反映了鱼凫王对部众所拥有的宗教权力，而宗教权力是由政治权力和经济权力所赋予的。这同样意味着鱼凫王拥有超越部众之上的权力，鱼凫王时期已经突破了血缘社会的平等的组织原则，达到了酋邦政治组织的发展水平。而鱼凫所称的"王"，实质上也是酋邦组织中拥有决策权力的首领，即文献记载中所谓的"君长"。

四

再次，我们探讨三代蜀王的权力性质。

三代蜀王既是族群各别而分别达到了酋邦阶段的首脑，那么他们相互之间又有着什么样的关系呢？

从历史文献记载和考古资料进行综合分析，三代蜀王之间是一种在有限空间内同时并存，为争夺成都平原这块膏腴之地而角逐争雄的酋邦关系，是文献和考古所见古蜀地区最早的酋邦社会。[①]

我们曾经指出，三代蜀王中的蚕丛和鱼凫分别是从川西高原的岷江上游地区南迁进入成都平原的[②]；而柏濩的来源，按照一些学者的研究，应是成都平原西北部地区今都江堰市（原四川灌县）"灌口""观坂"一带的土著[③]，那里正是成都平原较早开发的地区之一，这已经由近年来成都平原的若干考古新发现所充分证实。三代蜀王虽然初入成都平原的时间不一，但他们的相继南迁却使他们在成都平原先后相遇，终致因资源和生存空间的争夺而发生大规模的酋邦征服战争。

蚕丛氏从岷江上游南迁成都平原，其迁徙路线是沿岷江河谷而下，经灌口从成都平原西北角进入成都平原的。在岷江南入成都平原之地，古有蚕崖关、蚕崖市、蚕崖石等地名[④]，正是蚕丛氏经由岷江河谷南出灌口进入成都平原的证据。蚕丛氏南出灌口，正与居息在这里的柏濩相遇，于是发生争夺土地和资源的战争。

鱼凫南下进入成都平原，也是经由岷江河谷南出灌口的，《蜀王本纪》和

---

① 段渝：《政治结构与文化模式：巴蜀古代文明研究》，上海：学林出版社，1999 年。
② 段渝：《论蜀史"三代论"及其构拟》，《社会科学研究》1987 年第 6 期。
③ 蒙默等：《四川古代史稿》，成都：四川人民出版社，1988 年第 13 期。
④《蜀中名胜记》卷 6。

《华阳国志·蜀志》都记有"鱼凫王田于湔山",湔山即今都江堰市与汶川县之间的茶坪山,表明了鱼凫经湔山南下,走的是蚕丛氏南下的同一条路线。于是,在鱼凫王与蚕丛之间,引发了另一场酋邦大战。

三代之间酋邦战争的史迹,可以从文献中大致考见。《蜀王本纪》记载:"蚕丛、柏濩、鱼凫,此三代各数百岁,皆神化不死,其民亦颇随王化去。"意思是说,在征服战争中失败的酋邦,其一部分民众成为征服者酋邦的臣民,一部分则随其首领逃亡。《史记·三代世表》正义引《谱记》说:"周衰,先称王者蚕丛国破,子孙居姚、嶲等处。"反映的就是蚕丛氏酋邦在战争中失败后,其中一部分逃至姚(今云南姚安)、嶲(今四川凉山州西昌市)等处的史迹。此即"神化不死""其民亦颇随王化去"的实质。

三星堆文化第 2 期始出现鱼凫王的标记——鸟头勺柄,同时此期也不乏蚕丛氏文化的石器、陶器等生产和生活用具。1 号祭祀坑所出青铜雕像中,有一跪坐人物像(K1∶293),发式似扁高髻,下身着犊鼻裤,一端系于腰前,另一端反系于背后腰带下,当是蚕丛氏后裔形象的塑造。据民族学调查,岷江上游戈基人被称为有尾人[1],实际上是"衣服制裁,皆有尾形"[2]中的一种,即着犊鼻裤,因其一端下垂,似尾,故名。1 号坑内所瘗埋的一自然梯形石块,也与理县佳山戈基人石棺葬中瘗埋自然石块一致。[3]而三星堆遗址出土文物中代表文明高度发展的部分,即体现古蜀王国政权核心的物质文化遗存,却不能反映蚕丛氏的文化。这就意味着,蚕丛氏遗民中的绝大部分,已成为鱼凫王所建早期蜀王国中的治民。而鱼凫王作为早蜀王国的创建者,作为一个国家政权的第一代君主,也由此得到了证明。

征服战争扩大了征服者酋邦的王权,为维护王权并保证对被征服者的土地、人民进行统治,王权又得到进一步上升,转化为君权,并建立起相应的统治机器。此时,在这个王权的统治范围内,既有战胜者鱼凫王的族群,又有战败者蚕丛氏和柏濩氏的前朝遗民,于是形成了一个血缘关系多元化的社会,和在这个血缘关系多元化的社会组织框架上所建立的统一的政治组织。这个统一的政治组织,就是古蜀王国。

---

① 胡鉴民∶《羌民的信仰与习为》,《边疆民族论丛》1940 年。

② 范晔∶《后汉书·南蛮西南夷列传》,北京∶中华书局,1965 年。

③ 阿坝藏族文物管理所∶《四川理县佳山石棺葬发掘清理报告》,《南方民族考古》第 1 辑,成都∶四川大学出版社,1987 年。

五

最后，我们探讨古蜀王国的社会组织结构和政体演进水平。

鱼凫王朝的建立，使古蜀的社会组织和社会组织原则同时发生了剧烈变化，从以血缘为基础的社会演进为以血缘和地缘二重结构为基础的社会。由于古蜀王国内部血缘关系多元化局面的形成，鱼凫王朝就不再是一个由单一血缘组织所构成的社会单位，而演化为一个由不同血缘组织所构成的统一的政治单位，即以鱼凫氏为统治者集团的政治共同体或国家，这就是古蜀王国。

在《蜀王本纪》和《华阳国志》这几段史料里，既有比较具体的历史事件，又包含着历史演化的比较明确的过程，十分具有典型性，应当引起我们的格外重视。

然而，对于三代蜀王之际政权的变换，化民的去留，以及鱼凫王朝政治社会中血缘与地缘结构的构成形态等，是否形成了殷、周革命以后所具有的那一类"先进"与"后进"、"国人"与"野人"之分的社会政治形态呢？对此，不论《蜀王本纪》或《华阳国志》还是其他史籍，都没有任何记载。

对这个问题的分析，必须求诸考古资料。

大家知道，三星堆文化是以鱼凫氏为主体所创造的文化，三星堆古城是鱼凫王所缔造的古蜀王国的都城。因此，我们考察鱼凫王朝是否存在着如像中原那样的"国""野"之分，就得以三星堆古城为考察对象，这是不言而喻的。

考察的方法是，通过对三星堆古城城内外物质文化遗迹、遗存和遗物的比较，来分析其间的异同。这不外会出现下面几种可能性情况。

第一，如果城内外位于三星堆遗址二期（三星堆文化一期）同一文化层位的相同功能的遗存或遗物有别，那么就可以证明城内外居民的族群有别。

第二，如果城内下一文化层（三星堆遗址一期）与城外上一文化层（三星堆遗址二期，三星堆文化一期）相同或相近，则可以表明原来城内的居民（三星堆遗址一期）现已移居城外，他们应是"先进于礼乐者"，是被现居于城内的"后进于礼乐者"（三星堆遗址二期，三星堆文化一期）所强制性地迁居城外的。前者是蚕丛氏和柏濩氏等前朝遗民，后者则是当政者鱼凫王的部民。

第三，如果城内外同时分布有位于三星堆遗址二期（三星堆文化一期）同一文化层的相同遗迹、遗存或遗物，那么可以考虑统治者的族群与被统治者的族群之间是否具有交错分布即错居的关系，或是大杂居、小聚居的关系，这需要仔细分析材料才能加以断定。

　　由于目前有关三星堆遗址的全面材料还未能公开发布，所以我们的比较分析尚不能有效展开，这里仅仅能够论其大概。

　　三星堆文化是在成都平原宝墩文化（三星堆遗址一期文化）的基础上，经过剧烈变化而形成的。三星堆遗址二期（三星堆文化一期）形成了巨大的古城，我们已经讨论过它是一座早期城市，是古蜀王国的中心城市，即古蜀王都。①从城内遗存看，在三星堆遗址二期中仍然存在着大量的一期之物，而城外遗存中也存在着大量的一期之物。这种情形意味着，三星堆文化时期并没有形成中原殷、周革命所形成的"国""野"之别，即"国人"城居、"野人"野居那样一种社会组织按族群的尊卑贵贱进行划分的空间分布和组织形态。换句话说，三星堆文化主要不是以"国""野"界线和血缘组织为单位来划分其国民的居住界域的。在三星堆古城内外，既居住有二期的主人，也居住有一期的主人。这就意味着，在三星堆文化时期，古蜀国形成了主要以地缘来划分其国民的政治组织。

　　三星堆文化时期古蜀王国以地缘为主的情形，既与殷、周之际中原由于剧烈的政治变化所形成的社会组织结构及其空间组织形态有所不同，也与夏代的情况有所不同。

　　在夏代，根据《左传》定公元年的记载："薛之皇祖奚仲居薛，以为夏车正。"薛，任姓，东夷之国，《世本》及其他诸书并谓其先祖奚仲作车②，谯周《古史考》谓禹时奚仲驾车。奚仲为薛国的君长，与夏不同族，但他既然是夏王朝的"车正"，就表明薛国是夏王朝统一政治单位中的一个组成部分，是夏王朝分层的政治体系中的一个次级层次。而这种政治上的分层，是以族群为单位作为划分基础的。奚仲由自己的族群入为夏王朝的王官，清楚地表明两者不仅族体界域有别，而且政治地位也是完全不同的。事实上，夏、商、周三代不同血缘组织与统一政治单位的关系可以从平面和垂直两个方面进行分析：从平面结构分析，三代的空间组织形态都是以族群来划分领地界域，即所谓聚族而居；从垂直结构分析，三代的政治统属关系都是以各个族群在统一政治单位即中央王朝中的尊卑贵贱地位来划分政治层级的。平面和垂直两

----

① 段渝：《巴蜀古代城市的起源、结构和网络体系》，《历史研究》1993 年第 1 期。

② 例如，《荀子·解蔽》《吕氏春秋·君守》《文选·演连珠》注引《尸子》《淮南子·修务》等，均谓奚仲作车。

种结构，使我们能够更加透彻地认识三代国家血缘组织与政治组织的结构关系和政体性质。

　　根据亨利·梅因、亨利·摩尔根、恩格斯、莫顿·弗雷德（M. H. Fried）等的观点[1]，国家的最主要标志之一是以地缘而不是以血缘划分其国民。据此来看，三星堆文化时期古蜀的政治组织必为国家无疑。

　　当然，三星堆文化时期的古蜀国还是一个早期的神权国家，它的血缘组织形式及其某些原则仍然长久地保存着，这是不可否认的。但是，倘若仅仅根据它的神权政体形式和血缘组织形式就匆忙地否认其国家与文明性质，那将是极不科学的。关于这个问题以及三星堆文化时期古蜀国的常设武装力量等有关国家与文明形成的问题，将另文讨论。[2]

---

① 梅因：《古代法》，摩尔根：《古代社会》，恩格斯：《家庭、私有制和国家的起源》，Morton H. Fried, The Evolution of Political Society, New York, 1969.

② 关于这个问题，可参见段渝：《政治结构与文化模式：巴蜀古代文明研究》，上海：学林出版社，1999 年；《从三星堆文化看古代文明的本质特征》，《社会科学研究》2006 年第 1 期。

42

试论宗姬巴国与廪君蛮夷的关系

在有关古代巴人历史的文献记载中，常见若干个称为巴的部族在不同的时代和地理区域中长期并存的情况。综括学者所论，大抵有姬姓之巴、廪君之巴、赟国巴夷之巴、枳巴、楚威王所灭之巴、楚襄王所灭之巴，等等。如果仔细搜求古史，辑佚钩沉，还会见到其他称之为巴的部族。对于这一纷繁复杂的现象，过去的学者往往迷惑不解。近几十年来，随着"巴蜀文化"命题的产生和研究的深入，有的问题已经开始得到解决；而更多的问题则因文献无征，或因歧见颇多，至今尚不能找到为学术界所公认的答案。笔者认为，要解决上述若干个巴的关系问题，应当从它们各自早期的历史入手，在族系、地域、年代、社会形态以及古史传说诸方面加以分析研究，比应对照，综合考察，从而得出结论。基于这一认识，本文拟就学术界历来颇有争议的姬姓之巴与廪君之巴的关系试作探讨。

一、关于宗姬之巴

所谓宗姬之巴，即是《华阳国志·巴志》所叙述的巴国或巴族①。《华阳国志·巴志》记载："周武王伐纣，实得巴、蜀之师，著乎《尚书》。巴师勇锐，歌舞以凌人，前徒倒戈，故世称之曰：'武王伐纣，前歌后舞'也。武王既克殷，以其宗姬封于巴，爵之以子。"常璩又在《巴志》之末"读曰"："巴国远世，则黄炎之支；封在周，则宗姬之戚亲。"两度肯定巴为姬姓之说。巴为姬姓，在先秦史籍中可得而征引。《左传》昭公十三年记载："初，（楚）共王无冢嫡，有宠子五人，无嫡立焉。乃大有事于群望而祈曰：'使神择于五人者，使主社稷。'乃遍以璧见于群望曰：'当璧而拜者，神所立也，谁敢违之？'既，乃与巴姬密埋璧于太室之庭，使五人齐而长入。"此事亦见于《史记·楚世家》。文中所记"巴姬"，根据《周礼》所载"妇人

---

① 凡本文所论宗姬巴国或巴族，均指其公室或公族及其后代，不包括巴国其他族类的统治者各阶层和被统治者。

称国及姓"①之制，巴为国名，姬为国姓，巴姬即是姬姓巴国嫁于楚的宗室女。《华阳国志·巴志》记载直到战国年间，巴、楚的通婚关系尚存，足证巴为姬姓之说不误。

姬姓巴国在许多史书和舆地之书中均被记作"巴子之国"。所说巴子，据《华阳国志·巴志》记载"武王既克殷，以其宗姬封于巴，爵之以字"，这是因为"古者远国虽大，爵不子，故吴、楚及巴皆曰子"的缘故。按巴为子爵之说并无根据。常璩囿于汉儒所谓"五等爵"的迁见，见古史中巴有子称，即误以子为爵位。其实殷周时代本无"五等爵"之制，所谓"殷爵三等""周爵五等"之说均为后儒的附会，实不足据（关于这个问题，另有专文论述，此不赘）。关于"子"，最初是儿子一辈的通称，又由此发展出儿子一辈的氏族，殷卜辞中所见"子族""多子族"均为此意，都是相对于"王族"而言。当氏族部落收留养子或养子氏族以后，"子"又具备了养子的含义。春秋以后，"子"也是男子的通称，史籍中所见"子某""某子"，很多即属此类。文献中的巴子，按照巴与周的关系来看，应当就是子族之意，与所谓爵位制毫无关系。②

那么，巴子为什么称为宗姬，二者的关系又是怎样的呢？宗姬之姬为姓，上文已论，宗则是同宗之意，表示与周人为同宗之后。姓原是母系氏族社会的产物，《说文·女部》曰"姓，人所生也"，其字从女从生，表明姓所标志的是出生的血缘关系。《左传》昭公四年记载叔孙豹与其过去"所宿庚宗之妇人"对话，叔孙豹"问其姓"，妇人答曰："余子长矣。"杜预注云："问有子否？问其姓（生产），女生（女子生产）曰姓，姓谓子也。"可见，问其姓就是问她所生的孩子，姓也就是出生的血缘关系。这种出生的血缘关系最初以母系计算，故曰"女生为姓"。后来发展到以男系计算血缘关系时，就出现了宗。《说文·宀部》曰："宗，尊，祖庙也。"宗即是祭祀祖先的庙主，所表示的完全是父系的血缘关系。③因此，由姓到宗的发展是同社会由母系转入父系相适应的。显然，巴有宗姬之称，说明巴人的父系先祖与周人的父系先祖源出一脉，有相同的出生血缘关系，故为同宗之后。

① 《史记索隐》引。
② 参见拙作：《"古荆为巴"说考辨》，《贵州社会科学》1984年第5期；《论周、楚早期的关系》，《社会科学研究》1986年第5期。
③ 见徐中舒：《论尧舜禹禅让与父系家族私有制的产生和发展》，《四川大学学报》哲社版1958年第3、4期合刊。

对于宗姬的理解，有的学者从周之宗室子弟这一角度出发，似乎认为宗姬就是周王室的直系后代，此说似可商榷。如上文所论，宗为同宗之意，代表的是父系血缘上的同源关系，并非指宗室而言。从史实来看，根据《华阳国志·巴志》的记载，宗姬的分封是在周武王克殷之后。《左传》昭公九年也说是"及武王克商，……巴、濮、楚、邓、吾南土也"，则此宗姬必与武王同时。假如宗姬果然是武王的宗室子弟，那么在有关文王、武王或成王进行分封的备物典册中就应该有史可考，但事实并非如此。从《史记·周本纪》关于王室世系的记载可见，周武王有子十人，长曰管叔鲜，最少曰冉季聃，十人及其后代中没有一个同宗姬巴国有关。对于文、武、周公的后代即宗室子弟在西周初年分封为诸侯的情况，《左传》僖公二十四年的记载颇为详细，其文曰："昔周公甲二叔之不咸，故封建亲戚以蕃屏周。管、蔡、郕、霍、鲁、卫、毛、聃、郜、雍、曹、滕、毕、原、酆、郇，文之昭也；邢、晋、应、韩，武之穆也；凡、蒋、邢、茅、胙、祭，周公之胤也。"这些诸侯国均为西周宗室子弟所建，其源流大多在史籍或金文资料中可以考见，其中同样没有一个与武王分封的宗姬巴国有关。按《左传》昭公二十八年对"武王克商，光有天下"后的分封之数有一说明，文曰："其兄弟之国者十有五人，姬姓之国者四十人，皆举亲也。"这里的兄弟之国，其实就是指宗室子弟所建之国；而所说姬姓之国，在此与兄弟之国对举，显然就不是指王之宗室子弟，而是指与周同源的其他姬姓所建之国，二者间的区别是一目了然的。至于《荀子·儒效篇》记载："周公兼制天下，立七十一国，姬姓独居五十三人焉。周之子孙苟不狂惑者，莫不为天下之显诸侯。"所说"姬姓独居五十三人"，与上引《左传》所记兄弟之国和姬姓之国的总数五十五人基本一致。两相对照，可知这是举全部姬姓诸侯之数合而言之，未作王室子弟和其他姬姓间的区分。既然史籍已明确指出姬姓诸侯中存在王室子弟和同宗后代的区别，而王之宗室子弟所建诸侯国中又无一称巴，与宗姬巴国全然无关，那么，认为宗姬是周王宗室子弟的说法无疑就是一种误解了。

宗姬与周同宗，在班辈上低于武王，在同宗关系的庞大血缘纽带中居于子辈，由于早已别为氏族，故对武王来说，属于子族之列，因其分封于巴，故称巴子。巴谓国名，子谓子族，此即宗姬称为巴子的由来。

据《华阳国志·巴志》记载，殷周之际的宗姬之巴，由于迫使殷人前徒倒戈而"著乎《尚书》"，名传千古。这里所说著乎《尚书》，古今学者均一致认为是指《尚书·周书》中的《牧誓》。《牧誓》是武王伐纣大战之前在商郊牧野所作的誓师词，篇首记载："王曰：嗟！我友邦冢君、御事、司徒、司马、司空、亚旅、师氏、千夫长、百夫长，及庸、蜀、羌、髳、微、卢、彭、濮人：称尔戈，比尔干，立尔矛，予其誓！"（《史记·周本纪》所引与此略同）同参预伐纣之师的各族武装共同宣誓。可是在所有军队中，丝毫也未提到巴师，在整个誓词中也没有片言只语提到巴人，这同常璩之言显然矛盾。为了证实《华阳国志·巴志》关于巴师著乎《尚书》这一记述的可靠性，学者们已经做了许多阐释，或说彭即巴，或说髳即巴，或说濮即巴，或说举濮而包巴，总之皆在篇中具体提到的八国中去加以论说。然而均无确据，难成所论。近据报道，有学者从新的角度来考察这一问题，认为今陕南宝鸡附近的强伯、强季墓中出土的一些器物与四川彭县竹瓦街所出颇为相似，当为巴人的强氏所遗，并认为强氏即是参预武王伐纣的巴师，应属《牧誓》篇首所称的"友邦冢君"之列，与西土八国不存在什么关系。[①]此说颇有新意，不过把强氏器物看作巴人所遗，从而把二者等同起来，这一说法似可进一步研究。从强伯、强季所作之器特别是青铜兵器来看，其形制与早期蜀文化颇为近似，并且彭县竹瓦街无论就地域上说还是就已发现的器物来说，均无不与蜀有关，而同殷周之际的巴人谈不上直接的联系。

在我们看来，巴师伐纣确为史实，但既不应在庸、蜀、羌、髳、微、卢、彭、濮人中去强取互证，也不必在《牧誓》中去详加稽考，以求从中析出一支巴人。上文说过，巴与周为同宗之后，关系甚密，居地相邻，在殷末参预以周为首的反殷集团，成为"殷之叛国"[②]，并协同武王伐纣，是没有什么疑问的，所以周初也才能够被武王举亲而封于巴。如像宗姬一类非周王宗室子弟的其他姬姓之国也是如此，均由于相随伐纣而受王室分封，故其名称也未见诸《牧誓》，更未流传下来。而《牧誓》所举西土八国则与此不同，这八国中没有一个是周之同姓，它们与周的关系并不像周之同姓那样紧密，参预伐纣也有各自不同的原因，故武王在誓师词中要把它们特别举出，一方面可略示其间的区别，另方面则可收做戒训令之效。属于姬姓集团的各个宗支，则由于有血缘纽带的牢固维系，并且在军事上易于连成一体，服从统一的号令指挥，因而用不着把各支的名称一一列出。事实上《牧誓》对姬姓集团中的任何一支都是没有直接列举的，只是在篇首总挈各部时举出了各自所任军职，

① 尹盛平：《西周强国与太伯、仲雍奔荆蛮》，陕西省文物事业管理局编印：《陕西省文博考古科研成果汇报会论文集》，1981年，第134、154页。
② 《左传》襄公四年，十三经注疏本。

即御事、司徒、司马、司空、亚旅、师氏、千夫长、百夫长之类，其中自然就包括了宗姬的军事称谓。因此在这篇誓词中找不到宗姬之名是极其自然而又合乎情理的。

既然《牧誓》中没有把姬姓之巴单独析出加以列举，是由于宗姬被包含在姬姓各部当中的缘故，那么，这是否意味着宗姬在殷代就不被称为巴呢？我们认为宗姬在殷代即已称巴，这就是殷卜辞中所见的"巴方"。武丁期卜辞屡见殷与巴方发生战事的辞例[1]，如《殷墟文字乙编》2948＋2950：

辛未卜，争贞，妇好其从沚　伐巴方，王自伐重阱于妇好立。
贞妇好其从沚　伐巴方，王勿自东伐重阱于妇好立。

妇好乃殷王武丁之妻。妇好伐巴方的辞例还见于《殷契粹编》1230片以及《殷墟文字丙编》313片等。按武丁之世王朝强大，《孟子·公孙丑上》称"武丁朝诸侯，有天下，犹运之掌也"，开疆拓土达到《诗经·商颂·殷武》所谓"邦畿千里，维民所止，肇域彼四海"之局。《史记·殷本纪》还称誉武丁"修政行德，天下咸欢，殷道复兴"，故曰"高宗"。强盛的殷王朝屡屡出兵征伐巴方，表明巴方抵抗之烈。但巴方究属小国寡民，终不能长期与殷抗衡，武丁以后即被殷王朝征服，成为自武丁以来始建立的外服制即所谓侯、甸、男、卫四服中的甸服，殷王已可进入其地活动[2]。这在殷卜辞中亦可征引，如《屯南》1059：

商（赏）于巴奠（甸）

巴甸之称说明前期的巴方已被征服，成为殷代统治下的甸服部族，向殷纳贡服役，交纳田猎产品。《逸周书·职方》孔晁注以为"甸，田也，治田入谷也"，其实田为田猎之意，不是治田入谷，而是贡献田猎所得之物。[3]

巴方虽为姬姓，与周同源，但诸姬集团早在殷代或在此以前即已别为氏族，依照上古姓氏有别，"女子称姓，男子称氏"的通例，其方国名称均不与姓发生联系，而以职司名、居邑名等作为国名，并以此作为氏号，此即古人所谓"诸侯以国为氏"，因此同一族属的不同宗支在别为氏族后即有不同的名称。仅以姬姓而论，《左传》成公十三年记载吕相绝秦之辞曰："白狄及君同

---

① 参见王宇信等：《试论殷墟五号墓中的妇好》，《考古学报》1977 年第 2 期。
② 参见王贵民：《晚商中期的历史地位》，《中国史研究》1982 年第 3 期。
③ 参见徐中舒、唐嘉弘：《论殷周的外服制》，《人文杂志》1982 年增刊《先秦史论文集》。

州，君之仇雠，而我之婚姻也。"这里的白狄，即指《左传》中所记的晋献公夫人大戎子狐姬和骊姬的族落，与晋同姓相婚，显为姬姓，此外还有鲜虞也是姬姓[1]，均为与周别为氏族后另立名号，是为显证。巴方亦与此相类。巴方之称，巴为地名，方者国也，巴方即是立于巴地之国。可见，巴作为方国名称，与其宗姬之称并不矛盾，前者表示其子孙所自分，后者则表示其祖宗所自出，二者的关系不过是姓氏之别罢了。

宗姬之巴所在，胡厚宣先生认为在殷之西北，约当今陕西境内（《战后京津新获甲骨集》）。唐兰先生在其《天壤阁甲骨文存考释》中则以为巴方在西南，武丁时西连巴蜀。顾颉刚等先生在所编《中国历史地图集》中将巴方置于汉水、丹水之间，即黄金峡一带，约当春秋时楚、邓之南，谷城以北，但未予以肯定。从史籍来看，《左传》昭公九年记载周景王使大夫詹桓伯说："及武王克商，……巴、濮、楚、邓、吾南土也。"这里所说武王克商后的巴，即是《华阳国志·巴志》所载武王封其宗姬于巴的巴，为西周初年宗姬之巴的所在。与巴同列的其他南土之国，濮居江汉流域，在今湖北省西部[2]；楚居丹阳，在汉水、丹水、淅水之间[3]；邓在楚东，今湖北襄阳市北，这三国的走向是由西往东。从这一列置顺序来看，巴应位于南土四国的最西边，同时宗姬又是"汉阳诸姬"之一，因此西周初年巴应立国于汉水上游即古沔水一带。从《水经·沔水注》可见，沔水一带有数处称为巴的地名，如巴岭山、巴岭、巴山、巴溪戍等，《战国策·燕策》也载苏代之言曰"汉中之甲，乘舟出于巴，乘夏水而下汉，四日而至五渚"，汉水自沔阳以下古称夏水，说明直到战国时代沔上仍有巴称。沔水一带巴名如此之多，当非偶然，不能不说它们与宗姬之巴在这一带立国是有所关系的。

春秋时代宗姬巴国的史迹略见于《左传》，《华阳国志·巴志》约其辞曰："周之仲世，虽奉王职，与秦、楚、邓为比。春秋鲁桓公九年，巴子使韩服告楚，请与邓为好。楚子使道朔将巴客聘邓，邓南鄙攻而夺其币。巴子怒，伐邓，败之。其后，巴师、楚师伐申，楚子惊巴师。鲁庄公十八年，巴伐楚，克之。鲁文公十六年，巴与秦、楚共灭庸。哀公十八年，巴人伐楚，败于鄾。是后，楚主夏盟，秦擅西土，巴国分远，故于盟会希。"可见巴与楚、邓因为

---

① 《春秋公羊传》昭公十二年《经》何注及徐疏皆谓鲜虞与晋同姓，是知其为姬姓。
② 见徐中舒：《殷周之际史迹之检讨》，《中央研究院历史语言研究所集刊》第 7 本第 2 分，1936 年；顾颉刚：《史林杂识》初编 30、31 页；童书业：《春秋左传研究》第 242 页《春秋时巴国所在》。
③ 见拙作：《楚为殷代男服说》，《江汉论坛》1982 年第 9 期。

疆域相近而发生和战不定的关系。从《左传》分析，巴与楚一度在鲁桓公九年到哀公年间缔结了政治军事盟约，联师出征，讨伐江汉间小国，至哀公十八年盟约始破，转而形成数相攻伐之局。①

《华阳国志·巴志》对于战国时代巴国史事的记载文略不具，尤其对巴入川东的过程未予着墨，颇为疏漏。但综观其他诸史所载，美基本线索仍然大略可以考见。《史记·秦本纪》记载"秦孝公元年（前 361 年），河山以东强国六，……楚自汉中，南有巴、黔中"，这里所指的巴，应该是指春秋战国之际巴国南下途中一度立国之地，约当今湖北省西南部，即梁载言《十道志》所云："施州清江郡，……春秋时巴国，七国时为楚巫郡地。"②据蒙文通先生在《巴蜀史的问题》一文中考证，"汉中上庸是巴地，施州和以北直到房州，凡枝江以西是楚的巫郡，也是巴地"③。宗姬巴国的疆域当然不可能如此之大，但蒙先生所考的这些地区也确曾是巴国一度居留之所，这与上文所论相同，均应是巴国在南迁过程中曾先后途经并占领的地区，不过在楚国不断发起的凌厉攻势下，又均先后失之于楚，最后不得不渡江而南，溯清江西上，在川东地区重新发展起来。

二、关于廪君蛮夷

廪君史迹最早见于《世本》，此书早已亡佚，刘宋范晔《后汉书·巴郡南郡蛮传》引有一段文字，章怀太子注谓"并见《世本》"，知为原文。东汉应劭《风俗通义》亦载其事，实际上也是本于《世本》之说。

廪君的族属，《后汉书·巴郡南郡蛮传》注引《世本》曰："廪君之先，故出巫诞。"巫诞，巫为地名，诞为族名，即是巫地之诞。诞，别本或作蜒、蟹、蛋。蜒人在秦汉以后屡见于史册，常与狼、夷、赉、蛮等族杂居，有自己的"邑侯君长"④。樊绰《蛮书》卷十引《夔府图经》云："夷、蜒居山谷，巴、夏居城郭，与中土风俗礼乐不同。"显见蜒与中夏之人不同。《隋书·地理志》于"梁州"下记载："又有獠、蜒、蛮、賨，其居处、风俗、衣冠、饮食，颇同于僚，而亦与蜀人相类。"所说颇同于僚，是《隋书》作者魏徵等人就隋唐之际所见其风俗文化颇相类似而言，虽未辨章源流，却颇有根据。实

---

① 段渝：《论巴蜀联盟及其相关问题》，《江汉论坛》1985 年。

②《太平御览》卷一七一引。

③ 蒙文通：《巴蜀古史论述》，成都：四川人民出版社，1981 年，第 18 页。

④ 陈寿：《三国志·吴志·黄盖传》，北京：商务印书馆，1958 年。

际上这几个族系均出僚人,《太平寰宇记》卷七六即载"又有獠人,与獽、夷亦同,但名字有异而已",可见是僚的不同分支。而僚人其实就是濮人。据蒙默先生研究,先秦汉魏时期的濮或僰就是魏晋以后的僚,濮、僚同义,可以互用,濮是他称,僚是自称,濮、僰、僚只是同一民族在不同场合的异称而已。[①]徐中舒先生在《巴蜀文化续论》中也认为,廪君出自巫蜒,这是关于濮族的传说。[②]廪君实出濮人,这一看法可谓信而有征。

除上述诸证外,我们还可从另一个角度进行考察,以观廪君的渊源所自。根据《世本》的记载,廪君有"乃乘土船,从夷水至盐阳",并在那里与被称为"盐水神女"的土著居民争长的传说。按盐阳即盐水之阳,盐水即今清江。《后汉书·巴郡南郡蛮传》章怀太子注曰:"今施州清江县水一名盐水,源出清江县都亭山。"盐水源于今湖北省西南的利川市,中经恩施、长阳,在宜都入江。其水名盐水,是因为沿岸产盐的缘故,盐水就应当是清江最早的称谓,故居于其旁的土著母系氏族部落才有"盐水神女"之称。其水又称夷水,那是因为"廪君浮夷"[③]入主其地的缘故,显为晚出之说。而其水称作清江,则是蜀王开明氏东征时所命名,时代更要晚一些。

从《左传》记载来看,夷水本在汉水中下游之西,为汉水支流,即今蛮河。据《水经·夷水注》等书的记述,蛮河在东晋以前均称夷水,至桓温执政时为避父讳始才改称蛮河,取蛮、夷义近而已。而在此古夷水北面,先秦史籍中均记有一条水道名为丹水,即今丹、淅之会的丹江。这一带在西周时代本为濮人群落的分布之地。《左传》昭公九年所说周初南土四国中的濮,正是在这里活动生息。杜预《春秋释例》以为濮在"建宁郡南",即今云南省境内,实际上建宁郡南的濮是在春秋战国之际由湖北省西部辗转远徙而去的,西周时代并不如此。濮人的四向远徙,大多与楚国的急剧发展有关。《国语·郑语》说周平王之时,"楚蚡冒于是乎始启濮",启者开也,为开辟之意,《史记·楚世家》亦载春秋早期楚武王"始开濮地而有之"。濮在西周中期以后号称南夷之首[④],但春秋年间已急剧衰微,在楚的屡次打击下,形成"百濮离居,将各

① 见蒙默:《僰为僚说》,《凉山彝族奴隶制研究》1977 年第 1 期;又见所作《僰人悬棺辨疑》,《思想战线》1983 年第 1 期。
② 见徐中舒:《论巴蜀文化》,成都:四川人民出版社,1982 年,第 95-97 页。
③ 郦道元:《水经·江水注》,王国维校本,上海:上海人民出版社,1984 年。
④ 周厉王时器《宗周钟》铭文记有统率南夷东夷廿又六邦的"𢓊孳"之事。𢓊,古文字学家大多释为濮。𢓊孳即濮子。足见濮势炽盛,堪称南国诸族之首。

走其邑，谁暇谋人"[1]之局。由于这时濮人已"无君长总统"[2]，部众离志剧增，故有百濮之称，其大规模的远徙也由是而始。

廪君先世本为百濮之一，原在濮人聚居区之一的古夷水流域活动，春秋战国之际在濮人大迁徙的洪流中南迁至今清江。上文说过，清江本称盐水，由于廪君先世从夷水迁徙至此，将夷水之名带至，故始称其为夷水。原来的古夷水北面有丹水，廪君先世迁于清江后，亦将丹水名称带来，故清江北面也出现了丹水之名。这种南北二夷水、二丹水互相依托的现象绝非偶然，而且也是完全符合古代地名随人迁徙之习的。这种情况，在《左传》中称为"名从主人"。《世本》说廪君"乘土船从夷水下至盐阳"，可以说恰好是正确地反映了廪君先世从古夷水南下至于盐水的情况。

至于《水经·夷水注》所说"昔廪君浮土舟于夷水，据捍关而王巴"，其实也是反映了廪君先世从古夷水向南迁徙的情形。过去人们一提捍关就以为是一专指名称，或谓在今重庆奉节，或谓在今湖北长阳，二说争执不休。其实捍关本非专指名称，捍为捍卫、防卫之意，不仅奉节、长阳有之，而且其他地方也有之。《盐铁论·险固》记载："楚自巫山起方城，属巫、黔中，设扞关以拒秦。"扞与捍同，可见楚在其西部边疆也是遍设捍关以为捍卫的。我们在排除捍关专指的成见以后再来看"廪君浮土舟于夷水，据捍关而王巴"的问题，就比较容易理解廪君先世从夷水南下节节设关之事了，这也就是《水经·江水注》中"捍关，廪君浮夷所置也"一语所从来。

既然廪君先世是从古夷水南下至盐水，那么又如何解释《世本》所记的"廪君之先故出巫诞"呢？这也需要抛开巫仅仅是指长江北岸的巫山这一成见。上引《盐铁论·险固》所说"楚自巫山起方城，属巫、黔中"，方城是指庸之方城，在今湖北省竹山县，可见从竹山县以南即称巫山[3]，不单是长江边上的巫山才称巫山。《晋书·地理志》记载上庸郡属县有北巫县，即今竹山县，足见竹山称巫从先秦以至晋代均有史籍可征，这是毋庸置疑的。竹山为巫，其东面即是古夷水，即是廪君先世浮舟南下之水。因此，巫诞之巫，应当就是指今湖北西部的竹山县及其近地。这些线索均可证明竹山一带是廪君的渊源所在。

至于廪君源于清江之说，此说其实只是指廪君一氏的起源，与其出自巫

---

① 《左传》文公十六年，十三经注疏本。

② 《左传》文公十六年孔颖达《正义》引杜预《春秋释例》。

③ 蒙文通：《巴蜀古史论述》，成都：四川人民出版社，1981 年。

诞的先世并无地域上的直接联系。廪君在清江与其原先所在部落别为氏族后，成为当地的主要居民，但追根溯源，其先世却绝非清江土著，这也是信而有征的。

关于廪君的年代，《太平寰宇记》卷一六八引《世本》云："廪君种不知何代。"可见由于廪君史迹的渺茫难征，其年代在秦汉之间就已难于稽考了。然而从上面所论廪君先世从古夷水南迁的情况来看，廪君的年代当不早于春秋战国之际，这从以下对于廪君所辖诸部的分析中也可取得进一步证明。

《后汉书·巴郡南郡蛮传》引《世本》记载："巴郡南郡蛮本有五姓：巴氏、樊氏、曋氏、相氏、郑氏，皆出于武落钟离山。其山有赤、黑二穴，巴氏之子生于赤穴，四姓之子皆生黑穴。未有君长，俱事鬼神。乃共掷剑于石穴，约能中者奉以为君。巴氏子务相乃独中之，众皆叹。又令各乘土船，约能浮者当以为君。余姓皆沉，惟务相独浮。因共立之，是谓廪君。……廪君于是君乎夷城，四姓皆臣之。"五姓，姓均应为氏。巴氏子廪君，其所以称为巴氏，是因为居于巴地的缘故。巴在当时还是一个地区名称，凡在巴地建国或居住的族系者可称巴，此即古代所谓"以国为氏"或"以居为氏"[①]。樊氏本在襄樊一带活动，而襄樊的得名是在春秋战国之际晋之羊舌氏南逃于楚居于其地后，依照古代"名从主人"之例而命名。[②]因此樊氏的氏号亦当取于羊舌氏居襄樊以后，《世本》径直称之为樊氏，可知其年代不能早于春秋末叶羊舌氏居襄樊以前。曋氏出自濮人，也应是春秋以后南迁者。相氏之相，按古人"寄音不寄形"之例，当同襄、湘，也是取于羊舌氏中叔向的后代居襄樊以后。郑氏则当为郑后或郑亡后为楚所收容的部族。[③]以此论之，樊、曋、相、郑四族与廪君争长的年代，均不能早于春秋战国之际。而廪君自身最早的传闻却从一开始便与这四族发生了紧密关系，并且廪君之名本为务相，务或即巫之音转，相或即襄、向，他是在战胜上述四族后始"为廪君"的，君为首领之意。由此可见，廪君的年代应与四族相同或稍晚，当在春秋末叶以后。[④]

《世本》记载廪君史迹，开宗明义即说"巴郡南郡蛮本有五姓"，似乎五姓自古以来就世居其地，其祖源亦在这里，实则不然。细寻文意，应当是说

---

① 参见王符：《潜夫论·志氏姓》，应劭：《风俗通义》，郑樵：《通志·氏族略》，邓名世：《古今姓氏书辨证》等古代姓氏之书。

② 见徐中舒：《论巴蜀文化》，成都：四川人民出版社，1982年，第104页。

③ 见徐中舒：《论巴蜀文化》，成都：四川人民出版社，1982年，第101页。

④ 参见拙作：《"古荆为巴"说考辨》，《贵州社会科学》1981年第5期。

秦在此地设置二郡的当时，已见五姓居于其地。因为《世本》对于廪君的年代并不知晓，"不知何代"，当然不可能明确指出其在何时始居此地，又因秦置二郡时廪君诸部已经过了一个较长时期的发展，部众增多，成为当地的主要居民，所以在秦汉之间成书的《世本》就只能以秦置二郡的时间为本。很明显，《世本》所说的"本有"，是相对于二郡设置的时间而言的，不是指自古以来。按巴郡南郡的设置之年均在战国末叶，巴郡当在蜀地置郡之年即公元前285年或稍后始置①，南郡则是在公元前278年秦取楚之巫郡及江南地后合并而成。这就说明，廪君的年代虽不能早于春秋末叶，但又不能晚于战国末期，因而把他看作春秋战国之际似乎是比较恰当的。

廪君巴氏的活动地域，《世本》以为在巴郡和南郡以内，故称"巴郡南郡蛮"，但此说并不准确。廪君五姓所居的武落钟离山，《水经·夷水注》谓即难山，又说山有留难城，《太平寰记》卷一四七"长阳县"下也记有留难山，"在县西北七十八里，本廪君所出处也"。难山在今湖北长阳境，清江北岸。依上文所论，廪君先世并不出自清江，其南迁于清江后才有廪君一代见称于世，始居难山，后来即沿清江"下至盐阳"②。廪君活动的这些地区，战国时代均属楚之巫郡地。《十道志》曰："施州清江郡，……七国时为楚巫郡地。"③至秦置南郡时，即划入南郡以内，《水经·江水注》载："（巫）县故楚之巫郡也，秦省郡立县，以隶南郡。"汉初，难山又隶于武陵郡。《汉书·地理志》"武陵郡"下记有"难山"，《续汉书·郡国志》"南郡"条下亦载："难山故属武陵。"可见西汉时难山不属南郡而隶于武陵郡。《世本》记载廪君活动的夷水清江，其中下游及入江口在西汉初年隶于夷道。《汉书·地理志》"南郡"条下有"夷道"，颜师古注引应劭曰："夷水出巫，东入江。""南郡"条下又记属县有"巫"，班固原注云："夷水东至夷道入江，过郡二，行五百四十里。"可见，廪君活动的清江口在西汉隶于南郡。这就证明，廪君兴起的难山，秦代属于南郡，汉初属于武陵郡，后汉又属南郡；而廪君顺夷水东下战胜盐水神女的入江口一带，西汉一代均属南郡，这些地区均与巴郡没有关系。因此，《世本》说廪君是巴郡南郡蛮，这一记载是不准确的。蒙默先生在《试论古代巴、蜀民族及其与西南民族的关系》一文中，曾根据《后汉书·巴郡南郡蛮传》所记汉代南郡太守报请廪君代岁赋一事，判言廪君巴氏所居之巴

① 见徐中舒：《论巴蜀文化》，成都：四川人民出版社，1982年，第28页。
② 郦道元：《水经·夷水注》，王国维校本，上海：上海人民出版社，1984年。
③《太平御览》卷一七一引。

中，秦时是在南郡境内，归南郡地方官管辖，汉承秦制，也属南郡[1]，这同我们的分析是颇为一致的。

三、宗姬与廪君的关系

通过以上对宗姬巴国和廪君蛮夷的几个问题所进行的考察分析，二者之间的区别大体上已揭示出来，最后有必要再作一些简略的比较以为结论。

就族属而论，宗姬巴国出自姬姓，姬姓在先秦史籍中被一致认为是黄帝后代，而黄帝则相传是西北高原羌人的祖先，故《华阳国志·巴志》撰曰："巴国远世，黄、炎之支。"巴与周同源同宗，故曰宗姬，常璩亦说："封在周，则宗姬之戚亲。"其源流和发展脉络可以说是比较清晰可考的。廪君出自濮人，《世本》记其先世"故出巫诞"，巫为北巫，在汉水支流古夷水一带，称为诞则表明是北巫的濮人，与出自姬姓的宗姬之巴显然有别。

从活动地域来看，宗姬巴国在殷卜辞中称为巴方，其地大致在今陕西南部，西周初年受封于周室南土，立国于汉水上游古沔水一带，是著名的"汉阳诸姬"之一，距殷时疆域相去不远。春秋时代，巴与楚、邓和战不定，其领地依然以汉上为中心，不过由于攻伐征战频仍，其疆域的伸缩屡随战争的胜负而变易，难以确定。春秋战国之际，巴受楚逼，逐渐南下，辗转进入今四川东部，发展成为一个"其地东至鱼复，西至僰道，北接汉中，南极黔涪"[2]的国家。廪君先世本在汉水中下游之西的古夷水及其近地活动，在春秋战国之际濮人大迁徙的潮流中南迁至盐水清江，依照地名随人迁徙即"名从主人"之例，将盐水命名为夷水，并在那里发展壮大了自己的部落组织。尽管宗姬巴国和廪君先世均有南迁的史实，地域也比较接近，但宗姬巴国南迁后又继续西上入川，而廪君则无这种史实发生，故于战国秦汉年间被视为南郡蛮夷，说明二者在地域上的区别是比较显著的。

宗姬巴国的年代可追溯到殷高宗武丁时期，文献中则明确记载周初为巴子之国，战国后期灭于秦，其余部则灭于楚。廪君的年代远远晚于宗姬，虽然濮人的历史可上溯到殷代，但廪君别为氏族另立宗氏的年代不能早于春秋末叶。此外从《世本》记载来看，廪君时"未有君长，俱事鬼神"，与其余四姓争长也仅是对于部落领导权的争夺，诸如以掷剑乘船得胜而约以为君，这

① 蒙默：《试论古代巴、蜀民族及其与西南民族的关系》，《贵州民族研究》1983 年第 4 期。
② 常璩著，刘琳校注：《华阳国志校注·巴志》，成都：巴蜀书社，1984 年。

种落后的方法正是准确地反映了当时所处的原始时代的情形，这同早已进入国家形态的宗姬巴国自然不能同日而语。

综上所论，宗姬巴国与廪君蛮夷并不存在同一的或相互继承的关系，无论在族属、地域、年代还是在社会形态诸方面，二者均判然有别，实难混为一谈。

| 43 |

巴文化与巴地的族群和政治组织

一、关于巴文化的几个问题

巴是一个内涵复杂的概念。从最广泛的意义上说，作为地域名称，巴的内涵相当丰富，包容面相当广阔，由于古代以川东、鄂西为中心，北达陕南，包有嘉陵江和汉水上游西部地区，南极黔涪之地，包括黔中和湘西地区在内的大片连续性地域通称为巴，所以古代居息繁衍在这个地域内的各个古族也被通称为巴，并由此派生出巴人、巴族、巴国、巴文化等概念。从这个意义上看，巴这个名称包有地、人、族、国、文化等多层次的复杂内涵，是一个复合性概念。由于巴的内涵的复杂性，导致学者们从不同的视角出发，往往各执一端，发生很大分歧，至今在若干基本问题上还远远没有取得一致意见。

很明显，探讨古代巴人的血缘组织和政治组织，首先必须解决巴文化的内涵问题，否则便没有共同讨论的基础。

在长江上游与中游之际的古文化研究中，常见"早期巴文化"这种论题或提法，用以涵盖并指称具有相同性质的文化因素集结。从考古学文化角度观察，这些相同性质的文化因素集结，实际上多与长江上游成都平原的古蜀文化因素有关，与三星堆文明的扩散传播有关。因此，川东鄂西的这些相同性质的文化因素集结，不宜称之为"早期巴文化"。至于什么是"早期巴文化"，其内涵和文化形态的特征是什么，则需进一步深入研究，找到科学的立论依据。

（一）巫峡以西的古蜀文化因素

20世纪50年代以来，在从涪陵到巫山的长江沿线，发现了许多古文化遗存，其中大多发表材料较少，难以进行系统研究论证。发表材料比较丰富的有忠县㴐井沟遗址和巫山大昌坝遗址。

忠县㴐井沟遗址出土陶器以夹砂灰陶为主，泥质较少，器形以圜底釜为主，尖底钵、罐较多。器口常用手捏制成波浪状花边。纹饰多见绳纹、方格纹、附加堆纹、划纹等，遗址内还出土卜骨和双翼式箭镞。①哨棚嘴遗址第二期陶器群以小平底盆器物群为代表，以夹砂陶为主，泥质其次，夹砂陶有红、灰、橙黄等，泥质陶有红、灰、黑等，纹饰以素面为主，有少量弦纹、附加堆纹、方格纹、绳纹和按压花边。②

巫山大昌坝遗址陶器以夹砂红褐陶为主，器形以波浪形花边口沿为特色，还出土一件商代晚期的鸟首青铜尊。③

相同特质的文化因素集结，还分布在巫山江东咀、南陵村、涪陵陈家坝子等处④，在从忠县到巫山 360 公里的沿江地带亦多有发现⑤。

此外，在川东长江上游支流嘉陵江流域的合川沙溪沙梁子⑥、南充淄佛寺⑦、阆中兰家坝，以及渠江流域的通江擂鼓寨等地，也有分布。

上述川东地区各古文化遗址和遗存，其陶系与成都平原古蜀文化即三星堆文化有若干共同特征，明显属于同一文化系统。但是，究竟是谁影响谁，由于种种原因，迄无定论。因而有学者建议将这一组文化统称之为"早期巴蜀文化"⑧。

我们以为，从文化因素集结的多与寡、集中与分散、完整与欠缺，从文化形态发展水平的高与低、器物制作的粗与精，进而从文化分布的源与流、中心与扩散等多层次、多角度、多种类的全面关系来认识，可以断定川东地区的上述文化因素是从成都平原三星堆文化传播而去的，而不是相反。三星堆文化的完整性和系统性是显而易见的，川东地区的相同文化因素却呈现为不完整性、分散性和文化形态上的相对粗陋性。这一特点，恰好表明了文化因素的中心分布区与扩散、传播和流变的关系。川东地区相同文化因素在质和量上所表现出来的各个特点，正是成都平原古蜀文化传播基因在长途传播过程中有所损耗，有所衰减、有所流变的结果。因为文化传播的本源特色，总是与传播距离、传播速率等要素成反比例关系的，距离越远，速率越低，本源特色保留就减少；反之亦然。从成都平原到川东地区，山重水复，古代

文
明
的
史
迹
：
先
秦
、
巴
蜀
及
南
丝
路
历
史
研
究
（
巴
蜀
文
化
卷
）

① 四川省长江流域文物保护委员会文物考古队：《四川忠县溪井沟遗址的试掘》，《考古》1962 年第 8 期。
② 王鑫：《忠县溪井沟遗址群哨棚嘴遗址分析》，《四川考古论文集》，北京：文物出版社，1996 年。
③ 四川省博物馆：《四川省长江三峡水库考古调查简报》，《考古》1959 年第 8 期。
④ 赵殿增：《四川原始文化类型初探》，《中国考古学会第四次年会论文集》。
⑤ 四川省博物馆：《四川省长江三峡水库考古调查简报》《川东长江沿岸新石器时代遗址调查简报》，《考古》1959 年第 8 期。
⑥ 冯庆豪：《合川沙溪沙梁子新石器遗址调查》，《巴渝文化》第 1 集，重庆：重庆出版社，1989 年。
⑦ 重庆市博物馆：《四川嘉陵江中下游新石器时代遗址调查》，《考古》1983 年第 6 期。
⑧ 赵殿增：《四川原始文化类型初探》，《中国考古学会第四次年会论文集》。

交通障碍又很大，所以出现流变，原属自然。

相反，假如把成都平原和川东地区的相同文化因素看作同时发生，或者认为是川东古文化影响了成都平原古蜀文化，那么对这些相同文化因素在质量、数量和文化形态发展水平上的差异，就将难以做出令人满意的解释。即如哨棚嘴遗址第二期和第三期，也分属于三星堆文化早期阶段和十二桥文化分布在川东地区的地方类型。[①]

因此，川东地区上述从新石器时代晚期到青铜时代初期的古文化遗址、遗存，应是成都平原古蜀文化沿江辐射、扩散和传播的结果，其中多数应当是古蜀人迁徙传播所致，即由古蜀人的东向移殖开拓所造成[②]，而不是"早期巴文化"。

（二）西陵峡古文化中的三星堆渊源

在巫峡以东、西陵峡长江干流沿岸，远达江汉平原的西边，夏商时代分布着若干属于三星堆文化系统的考古遗物，它们是古蜀三星堆文化从成都平原沿江东下，东出三峡，连续分布的结果，也是古蜀三星堆文化分布空间的极东界限之所在。

近年来，为配合三峡工程，长江流域规划办公室考古队、湖北省考古学界和四川省考古学界等，在西陵峡两岸做了大量考古调查和发掘工作，获得了数量可观的珍贵的古文化资料，为研究长江上游、中游之际地区的古文化面貌提供了基本条件。

二里头文化时期西陵峡沿岸的朝天嘴类型文化，分布在西陵峡区至鄂西的长江沿线，包括中堡岛上层、朝天嘴 B 区、路家河和白庙子的部分遗存、峡口区宜都毛溪套灰坑、红花套和城背溪上层的部分遗存，其中以朝天嘴 B 区的发现为最丰富。在朝天嘴类型的四种主要文化因素集结中，乙群因素即是从成都平原传播而至的三星堆文化集结。[③]

西陵峡两岸的三星堆文化集结，表现在文化形态上，是三星堆文化所特有的夹砂灰陶系，陶器有圜底罐、小平底罐、高柄豆、陶盉、豆形器、鸟头柄勺、尖底杯、尖底钵等器物组合群。表现在数量上，这些文化因素集结几

① 王鑫：《忠县㵲井沟遗址群哨棚嘴遗址分析》，《四川考古论文集》，北京：文物出版社，1996 年。
② 参考屈小强主编：《三星堆文化》，成都：四川人民出版社，1993 年，第 610-611 页。
③ 林春：《长江西陵峡远古文化初探》，《葛洲坝工程文物考古成果汇编》，武汉：武汉大学出版社，1990 年。

乎占据了西陵峡地区夏商时代文化遗存一、二期的主要地位。其分布范围，西接巫峡地区沿江的三星堆文化遗存（如前所述），东达江平原西边的江陵荆南寺。这些文化遗存，均具与三星堆文化相近的发展演变进程。因此，湖北省考古学界的专家们普遍认为，这种文化无论同鄂东以黄陂盘龙城为代表的中原文化相比，还是同鄂西以沙市周梁玉桥为代表的江汉土著文化相比，都迥然不同，明显是受到了以三星堆遗址为代表的古蜀文化的影响。[①]对此，人们一般都表示赞同。

现在的问题是，长江西陵峡两岸三星堆文化集结的性质是什么？具体而言，它们究竟是古蜀文化沿江自然传播，还是三星堆文化与西陵峡古文化交汇发展，或是古蜀文化向东拓展扩张所以导致？

自然传播的结果，即是通常所说的"影响"。不论从西陵峡区三星堆文化空间分布的广度、深度，还是从它的持久性、稳定性，以及从它与当地其他系统的古文化遗存判然有别而自成一系等情形分析，这支文化显然不能够仅仅用"自然传播"或"三星堆文化的影响"一类概念来表达和涵盖，假如仅仅是"影响"，那么不论其多么深刻、多么广泛，其程度和范围都将是有限的，都不可能达到取代原先土著文化的地步。因为既然是影响，就必须以原先的土著文化因素为主，绝不可能全盘异化。可是，呈现在我们面前的各种资料却说明了相反的情形：不是土著文化因素为主，而是三星堆文化因素集结为主。很明显，这是"影响"所不能解释的。

那么，是否能够用"古蜀文化因素与西陵峡远古文化因素交汇发展"这类概念来解释呢？

所谓交汇发展，至少必须是两支不同文化的直接接触、交叉发展和融会一起，异源合流，同炉而冶，其中既有一种文化因素的集结，又有另一种或另几种文化因素的集结，并且一般说来存在主流与支流之分，即占主导地位的和占次要地位的文化之分，平分秋色的情况则难以见其实例。再者，古代文献所记载的"江上楚蛮之地"[②]，或"荆蛮"[③]"楚蛮"，一般也是指江汉平原或至鄂西北汉水流域，尚不得推导到上古的西陵峡区。可是，考古资料向我们展示的却不是这种情形。所以，西陵峡以东的长江干流地区，夏商之际

① 王劲：《对江汉流域商周时期文化的几点认识》，《江汉考古》1983 年第 4 期；郭德维：《蜀楚关系新探》，《考古与文物》1991 年第 1 期；杨权喜：《略论古代的巴》，《四川文物》1991 年第 1 期。

② 司马迁：《史记·楚世家》，北京：中华书局，1959 年。

③ 左丘明：《国语·晋语八》，上海：上海古籍出版社，1978 年。

应是几大文化的边际交流区，即从中原南下的二里头文化，从成都平原东进的古蜀二星堆文化，西陵峡土著古文化以及其他文化的接触交流区。这几支文化各自之间的分布，固然不是壁垒森严，却也井然有序，足以判然有别。所以只能说得上共存与交流，谈不上交汇与合流。

从西陵峡古文化的发展时序即其阶段性来看，它从新石器时代到夏商时代经历了不同的发展时期，每一时期当中都有一支文化席卷这个地区，在很大程度上排斥着当地原有的其他文化。新石器晚期这里以大溪文化为主，分布广，内涵丰富。继后，由于三星堆文化东进的直接冲击，这里呈现出鲜明的成都平原古蜀文化特色，不仅遗存丰富，而且覆盖面广泛，历时长久，显示出它的深厚性和稳定性，表明发生了民族文化的迁徙，原先的文化向长江以下发展，让位于从长江以上滚滚而来的三星堆文化浪潮。这种强劲的冲击波，又是川东长江沿线古蜀文化冲击波的再度直接扩张。质言之，西陵峡区的三星堆文化因素集结，是古蜀人中的一支直接沿江东进迁徙、拓展扩张的结果，属于迁徙传播一类文化现象。

至于江汉平原西边江陵荆南寺的古蜀文化因素，则当是三星堆文化东进浪潮的余波，在当地未形成独立地位，并且年代稍晚，应为传播影响所致。与西陵峡长江两岸的三星堆文化的直接分布一类情况有所区别，不应混为一谈。

（三）关于"早期巴文化"的一些概念

用考古学文化命名的方法来衡量[1]，如果将长江三峡地区若干处具有三星堆文化因素集结的遗存称为"早期巴文化"，显然不妥。与其称为"早期巴文化"，倒不如径直依其文化形态，称为早期蜀文化（即古蜀三星堆文化），更加真切著明，名实相符。退一步说，如果可以给这支文化单独命名，那么"巴"这个名义从何而来呢？依据考古学上的古文化命名惯例，某一单独、成群存在并富于特征的文化，应以首次发现的地点来命名，如仰韶文化、红山文化、良渚文化、三星堆文化等，莫不如此。可是，怎样理解将并不是首次发现于一个叫作"巴"地点的文化命名为"巴文化"呢？至于"早期"二字，更不知从何谈起。

依据考古学文化的命名原则，川东鄂西之际的考古实际工作者们把三峡地区发现的古文化，依其地名分别命名为"某文化""某类型""某遗存"，无

---

① 夏鼐：《关于考古文化命名的问题》，《考古》1959年第4期。

疑是科学的严谨的。只有这样，才能从形式到内容进行个案、共案的多方面研究，才不至于使人把三峡地区的史前文化混为一谈。

那么，什么是"早期巴文化"呢？

顾名思义，所谓"早期巴文化"，应是巴文化发展的早期阶段，依其文化演进规律，它将继续顺次发展出中期和晚期的形式，形成中期和晚期巴文化。因而，所谓"早期巴文化"，就应既是一个关于文化形态发展阶段的分期的概念，又是一个关于文化形态特质及其种系和族群面貌的概念，也就是说，只有把它置于全部巴文化的发展演变历史中去考察，才能认识它究竟是什么。很明显，这就必须首先讨论什么是巴文化。我们应当把较晚时期的巴文化的内涵和面貌弄清楚，再往上推，即从较晚时期巴文化的各种因素出发，根据其文化内涵、文化形态演变的发生、发展规律，从较晚的形式推导出较早的形式，从而建立起它的发展序列，这样才能确定什么是早期巴文化，认识清楚它的内涵及文化形态。

但是，要进行这样的工作，目前还存在相当困难。其一是，时至今日，考古学上可以确定为巴文化遗存的，其年代绝大多数不超过战国，以其青铜器、陶器等文化与川东鄂西的古文化遗存相比较，很难找到较早时期的相对应的因素。而被一些学者称为"早期巴文化"的湖北长阳香炉石遗址[①]，其实也只是巴地诸文化之一，不能作为巴文化的代表。其二是，对于"巴"这个概念的内涵的认识，学术界尚有较大分歧。其三是，对于巴文化这个概念的地域范围认识比较混乱，似乎汉水上游和长江三峡地区并存着若干巴文化，而其文化内涵和文化面貌又几乎全然不同。这些问题，都需要学术界做出艰巨努力，逐步加以解决。这里仅略抒管见。

从考古和文献结合分析，战国以前的所谓巴文化，其实应当包括巴国文化和巴地文化两大部分。这两部分不仅文化内涵不同，面貌有异，演化进程高低不一，而且在空间上也完全不重合，实际上不是同一种文化。

所谓巴国文化，是指以巴王族为主体的历史时期的文化。据殷卜辞所载"巴方"和《左传》所载"巴子国"推断，商代巴国的地理位置当在汉水上游，此即巴国文化的分布区。西周一代，巴国为周王室的"南土"[②]，巴国文化仍以汉水上游为基本地理框架。春秋时代，巴国文化向东扩展，东至襄阳，南及大巴山北缘。春秋末战国初，随着巴国举国南迁，巴国文化区也从汉上南移

---

① 湖北省清江隔河岩考古队：《湖北清江香炉石遗址的发掘》，《文物》1995年第9期。
②《左传》昭公九年，十三经注疏本。

江上，最终在川东地区建立起较稳固的基础。其汉中故地虽为楚所占，然而受巴国文化浸染既久，以至直到汉代仍"与巴蜀同俗"①。假如以巴国文化作为巴文化的内涵和主体，那么早期巴文化的遗迹就应到汉水上游地区去寻找。

所谓巴地文化，是对川东鄂西之交的史前文化的泛称，包括前述长江三峡地区的多种古文化，均属此范畴。巴地，是一个地域概念，它并不标志族属，也不代表政体和文化系统，凡在其地域范围内的古文化，均可泛称为巴地文化，或其中的一员。史籍称川东鄂西之交的地区为"巴"，如《山海经·海内南经》，均是指其地域范围，不是指族别和族称。由于长江三峡巴地诸文化的演变和盛衰兴替，巴地文化的内涵也在不断变化，丰富而复杂。至于为什么称之为"巴"，则有草名、蛇称、地理形势曲折如巴等不同说法，迄无定论。不过无论怎样，"巴"作为地域名称是实实在在的，而通常所说"巴人"，也是泛指居于这个称为"巴"的地域范围内的人，而无须考虑其具体族别。

春秋末战国初，由于巴国文化南移长江干流，其青铜文化与当时的巴地文化结合起来，两种不同文化的空间构架才由此基本重合，到这个时候，巴国文化与巴地文化才合二而一，"巴文化"成为一个独立的概念，发展成为一个比较完整的体系，从而形成巴文化区。

巴文化还应包括鄂西清江流域廪君一系的文化。《后汉书·巴郡南郡蛮传》称廪君为"巴氏子"，《世本》又称"廪，君之先，故出巫诞"。这支文化原非清江流域土著文化，它来源于汉水上游地区。②尽管目前在清江流域尚未发现可以确定为廪君一系的文化遗迹③，但从考古所见若干遗物观察，它属于先秦时期巴文化的范畴，则可以确定无疑。

这样看来，如果将三峡地区的各种不同系统、不同类型的史前文化称为"早期巴文化"，势必将泛称与专称混淆起来，将不同的文化概念混淆起来，不是给人以含糊不清之感，就是令人将其与巴国相联系，从而形成错觉，导致谬误。如果将其中的某一支专称为"早期巴文化"，而不必涉及其他错居的文化，那就容易使人认为是巴国的早期文化。因为按照考古学惯例，用国名或族称来命名一支文化，一般说来，这支文化应是一支历史时期的文化，而

① 班固：《汉书·地理志》，北京：中华书局，1962年。
② 段渝：《试论宗姬巴国与廪君蛮夷的关系》，载《四川历史研究文集》，成都：四川省社会科学院出版社，1987年。
③ 有学者认为香炉石遗址为廪君所遗，并认为该地应为《后汉书》所记载的"夷城"，但香炉石遗址面积不大，仅长70米、宽10余米，共只700多平方米，不可能是廪君集团酋邦组织的政治中心所在地。

不是史前文化，如夏文化、商文化、楚文化、蜀文化，莫不如此。可是，战国以前的巴国分明立足于汉上，长江二峡直到春秋战国之际仍在新石器时代徘徊。要说"早期巴文化"，此时只能指汉上巴国，何以说得上长江三峡？并且，如果把长江三峡地区的三星堆文化遗存称为巴文化，岂不是将蜀文化变成了巴文化？若依此类推，那里的二里头文化遗存和其他系统的古文化遗存又将怎样呢？

十分明显，长江三峡地区的史前文化，既不能统称为"早期巴文化"，其中的各个三星堆文化遗存也不能称为"早期巴文化"。如果考虑到这片狭长的长江干流沿岸地域，史前泛称为"巴地"，而我们为着种种缘由必须使用"巴"这个名称，那么不妨使用"巴地文化"或"巴地诸文化"这种相对应的泛称概念，既可表明其地域所在，又能反映这片地域内有若干种文化的共存、错居和交替等复杂情况，也不致使人将它同某一种文化串系起来。

以上从文化共时性角度讨论了长江三峡"早期巴文化"概念，证明其含混而不妥。倘若我们从文化历史性角度来考察，"早期巴文化"这个概念就更成问题了。

我们知道，长江三峡地区的古文化面貌丰富而复杂，从历史的纵向发展看，这里曾经是多个古代族群的迁徙、栖息和纷争的场所，也是长江流域及其与黄河流域古文化彼此交流的边际文化区。而在不同的历史时期，总有一支民族及其文化占据着这个地区的主导地位，成为推动当地文化演进的主流。从大溪文化算起，继后有红花套第四期文化，夏商时期又有朝天嘴类型文化、路家河文化、小溪口类型文化等。[①]这些文化的复杂关系、交替演进，从时序上看，绝不是"早期巴文化"这个概念所能涵盖得了的。再者，假使不把二里头时期的朝天嘴类型看作三星堆文化遗存，而视为"早期巴文化"，那么就将导致考古研究上出现巴文化的发展真空，使其历史发展中断，归于消失。因为朝天嘴类型第三期遗存已经发生了重大变异，被吸纳或让位于另一支文化，它不再独立地存在。

由此可见，无论从文化发展演变的共时性还是历时性角度来看，长江三峡的史前文化都并不存在一个能够称之为"早期巴文化"的独立的考古学文化。论者如从"巴蜀"角度去认识，把川东鄂西的三星堆文化遗存称为"早期巴文化"，也并不妥当。所以我们主张，长江三峡地区的古文化，可以总称

---

① 林春：《长江西陵峡远古文化初探》，《葛洲坝工程文物考古成果汇编》，武汉：武汉大学出版社，1990 年。

为"巴地文化"或"巴地诸文化"，也可以依其特征划分为不同种系的不同类型，以类型来命名。至于其中属于三星堆系统的文化遗存，也既可以其地点称为"某类型"，又可以其属性称为"长江三峡的古蜀文化遗存"，或"川东鄂西的三星堆文化因素"，或其他诸如此类的名称，使其名实相符，内容与形式相符。

（四）巴文化的三个层次

以上分析了早期巴文化的概念，从中可以看出，战国以前的巴国文化与巴地文化是有区别的，巴国文化是指宗姬一系的巴国王族的文化，巴地文化则是指巴地各族的文化，春秋末战国初巴国从汉水上游南移长江干流，巴国文化与巴地文化才结合起来，形成完整意义上的巴文化。因此巴文化含有巴国文化、巴地文化以及完整意义上的巴文化等三个不同的层次。

1. 巴国文化

从考古学的角度看，巴国文化可以巴县冬笋坝、广元昭化宝轮院和涪陵小田溪墓葬出土文物作为典型代表，这些巴式器物均为晚期巴国文化之物。根据文化演变的一般规律往上追溯，湖北襄阳山湾东周墓葬内出土的柳叶形剑、内上阴刻虎纹的戈、隆脊带血槽的柳叶形矛，以及荆门出土的"兵避太岁"戈等，均属典型的巴式器物，年代早于川东所出同类器物。湖北枝江、宜昌等地近年也出土巴式青铜器，尤其清江河谷发现大量巴式青铜兵器。从巴式器物的分布范围及其年代早晚关系，不难看出巴国文化从汉中之东南迁三峡地区的历史陈迹，这与文献的记载是基本吻合的。若说巴国文化，它最典型的代表就是上述各地所发现的青铜文化。因此，考古学上的巴国文化是一支拥有相当文明水平的文化。

2. 巴地文化

史前巴地文化已如上述。历史时期的巴地文化，则不像史前时期那样因族别不明而无法判定其民族归属，由于文献可征，族群判然有别，因而可以从民族学上界定其概念。

根据古文献记载，先秦（主要是西周春秋战国时期）川东鄂西包括长江三峡和嘉陵江、汉水上游地区是众多族群的分布区。在西陵峡以东的清江流域，有源出巴氏子务相的廪君系统的文化[1]；有分布在川东至三峡的"濮、賨、苴、共、奴、獽、夷、蜑之蛮"[2]。这几大族群，构成巴地的主要民族，它们就是巴地文化的主体。

上述几大族群，若从族属上划分，可以划为三个大的民族集团，其中占主要地位的是濮系民族集团，另两个则分别属于华夏和越系民族集团。属于濮系民族集团的有濮、賨、苴、獽、夷、蜑、廪君等几大族群。其中的濮，当是春秋时代从江汉地区西迁进入川东的一支濮人，分布在濮江，即今涪江一带。賨即板楯蛮，为川东土著民族之一，分布在嘉陵江和渠江一带。苴人分布在汉中之南、嘉陵江西岸广元昭化。獽、夷主要分布在川东长江干流两岸和三峡峡区。蜑人在川东分布于巴东郡、涪陵郡，与清江流域"故出巫蜑"的廪君蛮相互连接，均属古代濮系民族集团。奴即卢，其先祖出自妫姓，原属华夏集团，春秋战国之际从鄂西迁入川东，共人见于《逸周书·王会》，是古越人西迁入川的一支。[3]

西周春秋时期巴地文化的主要特征可以大致概括如下：

1）经济活动

巴地各族有相当部分经营狩猎或渔猎，或与粗耕农业相结合的复合型经济。古渝水（今嘉陵江）流域的板楯蛮，以狩猎为主，古以射白虎闻名于世，"以射白虎为业""世号白虎复夷"[4]。清江流域廪君蛮世称"浮夷"[5]，清江为"鱼盐所出"[6]，廪君习用飞剑，可以表明也以射猎捕鱼为主要经济活动。三峡峡区则主要开垦耕种畲田，属于较原始的刀耕火种型经济，故《华阳国志·巴志》说"三峡两岸土石不分之处，皆种燕麦，春夏之交，黄遍山谷，土民赖以充食"[7]，此情此景至唐宋而然。[8]

手工业方面，战国时代以前的巴地各族尚未能制造青铜器，川东地区曾发掘 20 多处古遗址，多为战国文化层紧压在新石器文化层之上[9]，从而表明巴地各族在战国以前大多还在文明社会的门槛之外徘徊，这与前述巴国的青

① 范晔：《后汉书·巴郡南郡蛮传》，北京：中华书局，1965 年。
② 常璩著，刘琳校注：《华阳国志校注·巴志》，成都：巴蜀书社，1984 年。
③ 段渝：《四川通史》第 1 册，成都：四川大学出版社，1993 年，第 247-276 页。
④ 常璩著，刘琳校注：《华阳国志校注·巴志》，成都：巴蜀书社，1984 年。
⑤ 郦道元：《水经·夷水注》，王国维校本，上海：上海人民出版社，1984 年。
⑥ 范晔：《后汉书·巴郡南郡蛮传》，北京：中华书局，1965 年。
⑦《蜀中广记》卷 64 引。
⑧ 白居易：《南宾郡斋即事寄杨万州》；范成大：《畲田耕诗·序》。
⑨ 董其祥：《巴史新考》，重庆：重庆出版社，1983 年，第 18 页。

铜文明是根本两样的。云阳李家坝发现的战国青铜器，应为巴国文化南移长江后所制作，而不是当地土著的制品。

2）交通

巴地各族多居大河两岸，水上交通特别发达，交通工具主要是各种舟船。从文献记载看，廪君蛮"浮土舟于夷水"[①]，"乘土船从夷水至盐阳"[②]，可能是一种陶制小船。从考古看，巴地发现大量木制船棺葬，船棺当仿自或就是墓主生前的交通工具。

3）居住方式

巴地各族以居干栏为主，即《华阳国志》所说"重屋累居"，又有"结舫水居"者。岭谷间族群亦习居干栏，"依树积木，以居其上，名曰干栏，干栏大小，随其家口之数"[③]。廪君族群初为穴居，有赤穴、黑穴，均为洞穴，后从山地下迁河谷，滨水而居，其居住方式可能也是干栏。

4）行为方式

《华阳国志·巴志》记载巴地各族性情和行为方式，于"涪陵"下说"土地山险水滩，人多戆勇，多獽、蜑之民，县邑阿党，斗讼必死，无蚕桑，少文学"；记载板楯蛮说"其人性质直，虽徙他所，风俗不变"；于"巴东郡"下说"郡与楚接，人多劲勇，少文学，有将帅才"。尤其板楯蛮，"多居（渝）水左右，天性劲勇"[④]，"皆刚勇好武"[⑤]。自先秦至南北朝均以刚直善战闻名于世，故《华阳国志》记载"俗称：'巴有将'"，正是巴地人民行为方式的一般特征。

3. 巴文化

完整意义上的巴文化是巴国文化与巴地文化复合共生的地域文化概念。春秋战国之际巴国从汉水上游南迁长江干流两岸巴（西陵）、巫、夔峡地区和川东地区，成为当地各族的统治者，于是巴国文化与巴地文化始多元共生，从复合、耦合到融合，两种不同文化的空间构架由此基本重合。到这个时候，巴国文化与巴地文化才合二而一，在考古学上表现为巴国青铜文化与巴地文化（陶、石）相融合，从生活、生产用具到武器等诸方面成为一个具有特色

① 郦道元：《水经·夷水注》，王国维校本，上海：上海人民出版社，1984 年。
② 范晔：《后汉书·巴郡南郡蛮传》，北京：中华书局，1965 年。
③ 魏收：《魏书·僚传》，北京：中华书局，1997 年。
④ 常璩著，刘琳校注：《华阳国志校注·巴志》，成都：巴蜀书社，1984 年。
⑤ 司马迁：《史记·司马相如列传》集解，北京：中华书局，1959 年。

的整体性系统性文化结构。这个时候的"巴文化"才是完整意义上的、可以用"巴"来涵盖并指称国、地、人、文化的一个具有独立意义的文化概念，从而形成巴文化区。

巴文化区的地域范围，大致上北起汉中，南达黔中，西起川中，东至鄂西。它的基本特点：一是大量使用巴蜀符号，多刻铸在青铜器和印章上；二是巫鬼文化异常发达，以致在川东鄂西尤其三峡地区形成一个颇引人注目的巫文化圈，传奇甚多，来源甚古，与众不同①；三是乐舞发达，人民能歌善舞，其青铜乐器以錞于为重器；四是崇拜白虎（廪君蛮）与畏惧白虎（板楯蛮）信仰的共生和交织；五是具有丰富而源远流长的女神崇拜文化传统；六是"其民质直好义，土风敦厚""俗素朴，无造次辨丽之气"②，等等，不再列举。

春秋战国之际巴文化形成后，巴文化区的地域构架同时基本稳定下来，历秦汉魏晋南北朝基本没有大的变动，隋唐以后文化面貌始发生较多变化，但在峡区及岭谷之间其基本文化面貌则一直持续发展到近世。③

二、从部落到酋邦：廪君集团政治组织的演进

不论廪君还是板楯蛮，从广义上说，他们都是古代巴人的一支。虽然其来源不一，族系有异，前者出于巫地之蜑④，后者出于渝水之僚⑤，但由于都居住在古代巴地范围内，同属于巴地八族"濮、賨、苴、共、奴、獽、夷、蜒之蛮"⑥之一，因而都可以称作巴人。

廪君实行大姓统治。根据多种材料分析，这种大姓统治并不是单纯的血缘部落制组织，而是突破了政治经济平等这一部落制基本原则的酋邦制组织。

（一）清江流域廪君的来源及其时代

廪君史迹最早见于《世本》，此书早已亡佚，刘宋范晔《后汉书·巴郡南郡蛮传》引有一段文字，李贤注谓"并见《世本》"，知为原文。东汉应劭《风俗通义》亦载其事，实际上也是本于《世本》之说。

廪君的族属，《后汉书·巴郡南郡蛮传》注引《世本》曰："廪君之先，

---

① 段渝：《略论巴、蜀与楚的文化交流关系》，《长江文化论集》，武汉：湖北教育出版社，1995年。
② 常璩著，刘琳校注：《华阳国志校注·巴志》，成都：巴蜀书社，1984年。
③ 段渝：《巴文化与巴楚文化》，《楚նь研究》第3集，武汉：湖北美术出版社，1999年。
④ 范晔：《后汉书·巴郡南郡蛮传》引《世本》，北京：中华书局，1965年。
⑤ 范晔：《后汉书·巴郡南郡蛮传》，北京：中华书局，1965年。
⑥ 常璩著，刘琳校注：《华阳国志校注·巴志》，成都：巴蜀书社，1984年。

故出巫诞。"巫诞，巫为地名，诞为族名，即是巫地之诞。诞，别本或作蜒、蜑、蛋。蜒人在秦汉以后屡见于史册，常与獽、夷、賨、蛮等族杂居，有自己的"邑侯君长"[1]。樊绰《蛮书》卷十引《夔府图经》云："夷、蜑居山谷，巴、夏居城郭，与中土风俗礼乐不同。"显见蜒与中夏之人不同。《隋书·地理志》于"梁州"下记载："又有獽、蜒、蛮、賨，其居处、风俗、衣冠、饮食，颇同于僚，而亦与蜀人相类。"所说颇同于僚，是《隋书》作者就隋唐之际所见其风俗文化颇相类似而言，虽未辨章源流，却颇有根据。实际上这几个族系均出僚人，《太平寰宇记》卷七六即载"又有獠人，与獽、夷亦同，但名字有异而已"，可见是僚的不同分支。而僚人其实就是濮人。据蒙默先生研究，先秦汉魏时期的濮或僰就是魏晋以后的僚，濮、僚同义，可以互用，濮是他称，僚是自称，濮、僰、僚只是同一民族在不同场合的异称而已。[2]徐中舒先生在《巴蜀文化续论》中也认为，廪君出自巫蜒，这是关于濮族的传说。[3]廪君实出濮人，这一看法可谓信而有征。

除上述诸证外，我们还可从另一个角度进行考察，以观廪君的渊源所自。根据《世本》的记载，廪君有"乃乘土船，从夷水至盐阳"，并在那里与被称为"盐水神女"的土著居民争长的传说。按盐阳即盐水之阳，盐水即今清江。《后汉书·巴郡南郡蛮传》李贤注曰："今施州清江县水一名盐水，源出清江县都亭山。"盐水源于今湖北省西南的利川市，中经恩施、长阳，在宜都入江。其水名盐水，是因为沿岸产盐的缘故，盐水就应当是清江最早的称谓，故居于其旁的土著母系氏族部落才有"盐水神女"之称。其水又称夷水，那是因为"廪君浮夷"[4]入主其地的缘故，显为晚出之说。而其水称作清江，则是蜀王开明氏东征时所命名，时代更要晚一些。

从《左传》记载来看，夷水本在汉水中下游之西，为汉水支流，即今蛮河。据《水经·夷水注》等书的记述，蛮河在东晋以前均称夷水，至桓温执政时为避父讳始才改称蛮河，取蛮、夷义近而已。1975年在宜城南楚皇城内出土一方汉印，文曰"汉夷邑君"[5]，确切证实当地至汉代仍称为夷，乃自先秦而然。而在此古夷水北面，先秦史籍中均记有一条水道名为丹水，即今丹、淅之会的丹江。这一带在商周时代本为濮人群落的分布之地。《左传》昭公九

① 陈寿：《三国志·吴志·黄盖传》，北京：商务印书馆，1958年。
② 蒙默：《僰为僚说》，《凉山彝族奴隶制研究》1977年第1期。
③ 徐中舒：《论巴蜀文化》，成都：四川人民出版社，第95-97页。
④ 郦道元：《水经·江水注》，王国维校本，上海：上海人民出版社，1984年。
⑤ 顾铁符：《楚三邑考》，《楚史研究》专辑，武汉：湖北省社会科学院历史研究所，1982年。

年所说周初南土四国中的濮，正是在这里活动生息。①

廪君先世本为百濮之一，原在濮人聚居区之一的古夷水流域活动。清江本称盐水，由于廪君先世从夷水迁徙至此，将夷水之名带至，故始称其为夷水。原来的古夷水面有丹水，廪君先世迁于清江后，亦将丹水名称带来，故清江北面也出现了丹水之名。这种南北二夷水、二丹水互相依托的现象绝非偶然，而且也是完全符合古代地名随人迁徙之习的。这种情况，在《左传》中称为"名从主人"。《世本》说廪君"乘土船从夷水下至盐阳"，可以说恰好是正确地反映了廪君先世从古夷水南下至于盐水的情况。

至于《水经·夷水注》所说"昔廪君浮土舟于夷水，据捍关而王巴"，其实也是反映了廪君先世从古夷水向南迁徙的情形。过去人们一提捍关就以为是一专指名称，或谓在今重庆奉节，或谓在今湖北长阳，二说争执不休。其实捍关本非专指名称，捍为捍卫、防卫之意，不仅奉节、长阳有之，而且其他地方也有之。《盐铁论·险固》记载："楚自巫山起方城，属巫、黔中，设扞关以拒秦。"扞与捍同，可见楚在其西部边疆也是遍设捍关以为捍卫的。我们在排除捍关专指的成见以后再来看"廪君浮土舟于夷水，据而王巴"的问题，就比较容易理解廪君先世从夷水南下节节设关之事了，这也就是《水经·江水注》中"捍关，廪君浮夷所置也"一语所从来。

既然廪君先世是从古夷水南下至盐水，那么又如何解释《世本》所记的"廪君之先故出巫诞"呢？这需要抛开巫仅仅是指长江北岸的巫山这一成见才能给以合理的解释。

巫诞所在，历代史籍未详，学者多有争议。今按巫诞当即《史记·楚世家》所记载的楚熊渠封其长子康的封地"句亶"。按，句亶之亶，《世本》原作袒②，亶、袒上古均元部字，又同在定纽，声、韵全同，故得相通。亶、袒与诞（诞亦元部定母字），双声叠韵，以声类求之，诞即亶、袒。句、巫二字，句为侯部见母，巫为鱼部明母，上古音韵侯、鱼二部恒通，顾炎武即将这两韵同归一部（顾氏第三部）。又，句字，西周金文常作攻字，句吴即作攻吴。攻为见母，可知句亦可读见母。可见，句、巫二字亦音近相通。按上古字少，"寄音不寄形"之例，巫诞实即句亶③，其地在巫山山脉的北端。《盐铁论·险固》："楚自巫山起方城，属巫、黔中，设捍关以拒秦。"方城即庸之方城，在

---

① 司马迁：《史记·楚世家》正义引刘伯庄，北京：中华书局，1959年。
② 司马迁：《史记·楚世家》索隐引，北京：中华书局，1959年。
③ 段渝：《四川通史》第1册，成都：四川大学出版社，1993年，第253、254页。

今湖北竹山县南，可知竹山古亦称巫。《晋书·地理志》"上庸郡"属县有"北巫"，为今竹山县。由此可证自竹山以南至今巫山县，古代皆属巫地。竹山南称巫，《史记·楚世家》所载西周中叶楚熊渠伐庸，封其长子康为句亶王，正在其地。①长子康，《世本》原作"庸"，可为铁证。句亶在竹山以南，其东南即是蛮河，即古夷水②，正是廪君先世巫诞的所在。廪君所浮夷水，原名盐水，由于廪君从古夷水南下而将夷水之名带至，故改称夷水。而古夷水（今蛮河）北至襄阳一带，正是殷周至春秋时代百濮的活动区域。由此可见，廪君之先，实为江汉巴文化与巴地的族群和政治组织之濮。

至于廪君源于清江之说，此说其实只是指廪君一氏的起源，与其出自巫诞的先世并无域上的直接联系。廪君在清江与其原先所在部落别为氏族后，成为当地的主要居民，但追根溯源，其先世却绝非清江土著。

关于廪君的年代，《太平寰宇记》卷一六八引《世本》云："廪君种不知何代。"可见由于廪君史迹的渺茫难征，其年代在战国秦汉间已经失考了。但从上文所论廪君先世从古夷水南下的情况，以及廪君一系的史迹等情况来看，其年代是十分古远的，应在青铜时代以前的新石器时代之末，这正是文明起源的时代。

（二）廪君集团酋邦的形成

通过部落内部各个血缘单位的联合，实行各个血缘单位的政治一体化，形成血缘集团的政治组织，服从政治组织最高领袖的决策，这是古代酋邦的一般特征。以廪君为最高首领的古代清江流域酋邦的形成，走的就是这条道路。

我们首先备列文献，然后进行分析。

《后汉书·巴郡南郡蛮传》记载：

> 巴郡南郡蛮，本有五姓：巴氏，樊氏，瞫（李注：音审）氏，相氏，郑氏。皆出于武落钟离山[李注：《代（世）本》曰廪君之先，故出巫诞也]。其山有赤黑二穴，巴氏之子生于赤穴，四姓之子皆生黑穴。未有君长，俱事鬼神，乃共掷剑于石穴，约能中者，奉以为君。巴氏子务相乃独中之，众皆叹。又令各乘土船，约能浮者，当以为君。余姓皆沉，唯务相独浮。因共立之，是为廪君，乃乘土船，从夷水至盐阳。盐水有神女，谓廪君曰："此地广大，

---

① 段渝：《西周时代楚国疆域的几个问题》，《中国史研究》1997年第4期。

② 郦道元：《水经·沔水注》"夷水"条，王国维校本，上海：上海人民出版社，1984年。

鱼盐所出，愿留共居。"廪君不许，盐神暮则来取宿，旦即化为虫，与诸虫群飞，掩蔽日光，天地晦冥。积十余日，廪君伺其便，因射杀之，天乃开明。廪君于是君乎夷城[李注：此以上并见《代（世）本》也]，四姓皆臣之。廪君死，魂魄世为白虎。巴氏以虎饮人血，遂以人祠焉。

这段史料表明，武落钟离山赤黑二穴五姓的关系，是以血缘为纽带的同一部落内部不同血缘单位之间的关系。当时的时代，是没有君长的蒙昧时代，社会成员之间处于平等地位，廪君仅仅是巴氏之子而已，是氏族部落中的一名普通成员。

根据《后汉书》的这段记载进行分析，赤黑二穴五姓酋邦组织的形成，经历了三个发展阶段。

第一阶段是非暴力联合阶段。

巴氏之子与其余四姓根据部落制传统，以勇力、智慧和技艺来决定谁为最高酋长。掷剑和乘土船两次竞赛，一为"约能中者，奉以为君"，一为"约能浮者，当以为君"，均属约定，表现了充分尊重原始的部落习惯的特点，整个过程完全不带暴力性质，而是根据自愿原则进行。

在这个阶段，巴氏子争相以勇力、智慧和技艺取胜，得到五姓的共同拥戴，立以为君，自此称为廪君。不过，这个时候的所谓君，充其量不过是一个普通的部落酋长，还没有达到充分掌握并行使全部政治、经济、宗教权力的最高领袖的地步，由五姓的联合所形成的组织，也充其量不过是一个血缘部落集团，还没有达到酋邦的发展水平。而这一切的变成现实，是通过下一阶段对外战争的途径实现的。

第二阶段是通过对外战争确立君权的阶段。

廪君部落集团形成后，迅速走上了发动对外战争的道路，其武力扩张的方向，是从夷水至清江的盐阳，以争夺那里的食盐资源。《后汉书·巴郡南郡蛮传》李贤注引《荆州图副》曰："夷陵县西有温泉，古老相传，此泉元（原）出盐，于今水有盐气。"又引盛弘之《荆州记》曰："今施州清江县水一名盐水，源出清江县西都亭山。"表明清江盐阳之地是当时有名的盐产地。其时，这一食盐资源为当地的母系部落女首领盐水神女所控制，盐水神女又有盐神之称①，表明其族在清江流域产盐区拥有相当大的势力。廪君集团来到盐阳，随即便与盐水神女展开大战，"掩蔽日光，天地晦冥，积十余日"，战争之残

---

① 《后汉书·巴郡南郡蛮传》李贤注引盛弘之《荆州记》。

酷惨烈，规模之宏大，于此可见一斑。最后，廪君终于一举破敌，射杀了盐神，将盐源据为己有。

食盐是人类的基本生活资源之一。古代生活在非产盐区的族体，其获得食盐的途径不外乎两种，一种是互惠性贸易，一种是暴力性劫掠。廪君集团原先所居的夷水虽不是产盐区，但原应有获得食盐的正常方式，那就是贸易。即令是采取非正常方式，通过抢劫的途径来获取食盐，那么按照原始社会氏族部落领地的通行原则，也只是抢劫食盐，而不占领产盐区。可是廪君集团通过发动大规模战争武装占领盐阳之地，并消灭了盐神，这就突破了原始氏族部落的领地原则，使不同生态之间族体的生态互补，变成了跨生态的武力扩张，以政治行为而且是流血的政治行为代替了文化行为和经济行为，这一点非常值得注意。

通过发动对外战争占领产盐区，不光是夺取了一种十分重要的基本生活资源；更为重要的是，这种资源原先并不属于廪君集团的公有财产，一旦通过战争夺取到手以后，这额外的财富就只属于军事领导集团的上层统治集团所有，于是使廪君的经济权力得到大大增长和加强，而经济权力的增长和加强，又带来了政治权力的大大增长和加强，从而把廪君推上了掌握全部政治经济权力的最高领袖的地位，"于是君乎夷城，四姓皆臣之"。可见，正是由于对外战争扩大了廪君的政治、经济权力，才出现了"四姓皆臣之"的后果的。两者之间的这种因果关系，也足可以反过来认识对外战争对于首领权力增长的极端重要意义。

廪君发动对外战争，武力占领清江产盐区后所发生的"于是君乎夷城，四姓皆臣之"，说明了两个事实：一是廪君成为这个集团的最高领袖，一是酋邦组织的正式形成，夷城便是它的权力中心所在地，四姓中的上层便是统治中枢的成员。这样，廪君集团的性质便从经济系统和政治系统两方面同时发生了根本的转变，从过去的单纯血缘集团转变为现在的酋邦组织，平等社会不复存在。

第三阶段是通过宗教仪式神化君权的阶段。

政治系统和经济系统的根本转变，又进一步推动了文化系统的根本转变，通过宗教仪式在意识形态领域神化君权于是成为必要。所谓"廪君死，魂魄世为白虎。巴氏以虎饮人血，遂以人祠焉"，便深刻地揭示了神化廪君的史实。

廪君集团原先并无以人祭祀的习俗，只是当廪君成为政治领袖以后，出于神化廪君的需要才产生的，表明他同时又成了宗教领袖，集政治、经济、宗教大权于一身，俨然成为酋邦的最高领袖。同时，以人祭祀属于杀殉的性质，它与作为一些古代民族传统习俗的殉葬有着根本的区别，其实质是对被杀者人权的剥夺，而它是以对被杀者政治经济权力的剥夺为前提的。显然，这意味着廪君对于酋邦之内的族众有着生杀予夺之权，这种权力又是通过神权的形式反映出来的，表明了君权与神权合一的事实。

由上可见，从族体的非暴力联合，到通过对外战争确立君权，再到通过宗教仪式神化君权，是廪君集团酋邦组织发展演变的三部曲，也是廪君从部落集团首领变为战争首领再变为酋邦领袖这一个人权力演变的三部曲。这一演变过程非常具有典型性，对于我们了解古代酋邦组织的发生途径、发展历程以及性质等，提供了一个完整的认识模式，有着极为重要的研究价值。

三、板楯蛮的大姓与酋邦

板楯蛮是古代川东地区最具影响的族群，是构成古代巴人最重要的民族主体，对于川东地区巴渝文化的创造有着极为重要的贡献。

（一）嘉陵江流域板楯蛮的来源

板楯蛮，在一些文献中又称为賨人，是世居川东地区的土著民族之一。秦昭王时，因板楯蛮射杀白虎有功，秦"复（免除）夷人顷田不租，十妻不算"[①]。汉初，板楯蛮因"从高祖定秦有功，高祖因复之，专以射白虎为事，户岁出賨钱口四十，故世号'白虎复夷'，一曰'板楯蛮'"[②]。称其为賨人，则如谯周《巴记》所说："夷人岁出賨钱，口四十，谓之賨民。"本由交纳賨钱得名，秦汉以后逐渐演化为族称。

板楯蛮之名，来源于木盾。《释名·释兵器》："盾，遁也，跪其后辟以隐遁也。大而平者曰吴魁，本出于吴……隆者曰须盾，本出于蜀……以缝编版谓之木络，以犀皮作之曰犀盾，以木作之曰木盾，皆因所用为名也。"胡三省《通鉴释文辨误》卷二说："板楯蛮以木板为盾，故名。"本由使用木盾得名，后遂成为族称。

板楯蛮古居嘉陵江和渠江两岸。《华阳国志·巴志》载："阆中有渝水，賨民多居水左右，天性劲勇。"《史记·司马相如列传》集解引郭璞曰："巴西

---

① 常璩著，刘琳校注：《华阳国志校注·巴志》，成都：巴蜀书社，1984年。
② 常璩著，刘琳校注：《华阳国志校注·巴志》，成都：巴蜀书社，1984年。

阆中有俞水，僚人（按指賨民，即濮人）居其上，皆刚勇好舞。"《华阳国志·巴志》"宕渠郡"下载："长老言，宕渠盖为故賨国，今有賨城。"《元和志》："故賨城在流江县东北七十里。"①《太平寰宇记》卷一三八："古賨城在流江县东北七十四里，古之賨国都也。"流江县为今渠江县。板楯蛮居此，当从嘉陵江东进而来。按盾又称为渠，《国语·吴语》"奉文犀之渠"，韦昭注曰："文犀之渠，谓楯也。"宕渠、渠江等名称，当由板楯蛮所居而得名。

据《华阳国志·巴志》，巴东朐忍（今云阳县）和涪陵郡也有板楯蛮错居，同书《汉中志》和《李特雄期寿势志》记载汉中亦有板楯蛮。《汉书·地理志》则说："而汉中淫失枝柱，与巴蜀同俗。"可见，板楯蛮分布甚广，包括整个川东地区，北及汉中东部之南，都是板楯蛮的活跃出没之地。诸书记载说明，板楯蛮不仅是构成川东巴地，而且也是构成川东巴国各族中分布最广的主要民族之一。

板楯蛮是百濮的一支。扬雄《蜀都赋》说"东有巴賨，绵亘百濮"，这是賨人（板楯蛮）为濮系民族的确证。《华阳国志·巴志》所载阆中渝水有賨民，郭璞注《上林赋》则记为僚人。賨、僚互代，也可见两者皆一。

板楯蛮的经济成分比较复杂，表现出农业与射猎相结合的复合型经济特征。社会组织上具有浓厚的部落制特点，处于以血缘为纽带的大姓统治即酋邦制发展阶段。其俗信巫鬼，其风崇勇武。文化上最突出的成就是创立了著名的巴渝舞，表明殷末曾随巴师参加武王伐纣，也反映出板楯蛮的来源是相当古远的。

（二）板楯蛮的酋邦

有关板楯蛮大姓组织的材料，既不像廪君那样集中，也不如廪君那样完整。不过，通过对一些零星材料的分析，我们仍然可以初步认识它的一些基本情况。

板楯蛮的社会组织是以血缘纽带为基础的。根据各种文献，板楯蛮有七姓，即是七个大的部落组织。《后汉书·板楯蛮传》记载："至高祖为汉王，发夷人还伐三秦，秦地既定，乃遣还巴中，复其渠帅罗（《风俗通》作卢）、朴、督（《风俗通》作沓，《华阳国志·巴志》作咎）、鄂、度、夕、龚（《风俗通》讹作袭）七姓，不输租赋，余户乃岁入賨钱，口四十。"这里的姓是大

---

①《舆地纪胜》卷 162 引。

姓的姓，是一种部落组织，每一个大姓，就是一个部落①，各个部落都有自己的渠帅，实行大姓统治，从这段引文分析，七个部落渠帅不输租赋，与余户不同，表明其间具有等级关系。

根据一些文献的记载，古代板楯蛮不但族群相聚，而且还建立过自己的政治中心。《华阳国志·巴志》记载说："宕渠盖为故賨国，今有賨城。"《舆地纪胜》卷一六二引《元和志》说："故賨城在流江县东北七十里。"《太平寰宇记》卷一三八也记载说："古賨国城在流江县东北七十四里，古之賨国都也。"所谓賨国、賨城、賨国都，其存在年代均应在公元前 316 年秦惠王灭巴国以前，表明先秦时代賨人（板楯蛮）确曾有过比较发达的政治组织及其形式，只是在秦灭巴国时一同被消灭掉了。不过，这个賨国看来并不是一个独立王国，它应是巴国境内的一个酋邦组织，建立在部落血缘关系之上，主要是以血缘纽带维系起来的，板楯七姓是其全部力量，大姓传统大概就是从那一时代延续下来的。因而，到秦汉时代，虽然经过封建统一王朝的改造，其酋邦组织不再存在，但其基本结构却继续保存了下来。正如徐中舒先生分析的那样："他们一方面虽然服属于封建王朝，一方面还是自擅山川，在自己的部族间，称王称侯。鱼豢《魏略》说：'氐人有王，所从来久矣'；又说：'今虽都统于郡国，然故自有王侯在其虚落间。'这就是秦汉以来的大姓与封建王朝的关系最好的说明。"②

文明的史迹：先秦、巴蜀及南丝路历史研究（巴蜀文化卷）

① 徐中舒：《论巴蜀文化》，成都：四川人民出版社，1981 年，第 13 页。
② 徐中舒：《论巴蜀文化》，成都：四川人民出版社，1981 年，第 30 页。

交流互动

古代巴蜀与南亚和近东的经济文化交流

早在夏商时代，在富饶的巴蜀大地上，就已诞生了古代文明。四川广汉市三星堆遗址的发掘，早商时期城址的发现，中晚商时期大型青铜雕像群、金杖、金面罩的出土，正是巴蜀文明形成的几个重要表征。古代巴蜀不但曾经产生过辉煌灿烂的青铜文明和城市文明，是中华文明的重要组成部分之一，而且至少从商代起，就发展了与南亚和近东文明的关系，成为中国西南的国际文化交流枢纽。有关这一问题的深入研究，将有助于中西文化交流史、中西交通史等研究；特别将使人们清楚地认识到，公元前二千年代中叶到公元前一千年代末的 1 000 多年之间，欧亚几大主要古文明频繁地接触和往来，对于世界文明联为一体的最初萌芽所起到的巨大作用。

一、巴蜀文化与南亚文明

南亚文明史有先后两个时代。第一个时代是印度河文明，以巴基斯坦的摩亨佐·达罗和印度的哈拉巴城市文明著称于世，时间为公元前 2500—前 1750 年（M. 惠勒将其下限断为前 1500 年）。第二个时代是印度河文明衰落之后，北方操雅利安语的印欧人进入印度北部所创造的印度古代文明。这个文明的最初发展，并无翔实可靠的资料传世，直到公元前六世纪初，随着印度奴隶制国家的兴起，才有系统可靠的历史记载。

中国西南与印巴次大陆之间，早有道路可通。由蜀入滇，经缅甸达于印度、巴基斯坦的"蜀身毒道"（或称"滇缅道"），是沟通其间各种联系的主要通道。这条线路固然不是坦途，但古代的远程文化交流和传播几乎都不存在坦途。所谓坦途，是随着国际经济文化交流加快发展的步伐逐步走出来的。

早在印度河文明时代，巴蜀便与南亚文明发生了若干联系，只因年湮代远，没有历史文献传世。这一时代两者的联系，只有用考古学材料来说明。印度古代奴隶制时期，巴蜀同印巴次大陆的文化联系日益加强，中印的历史文献对此均略有记载。虽然见于文献的仅仅是点滴事例，却足以揭示两大文明交流的盛况。

（一）海洋文明因素之谜

1986年夏季四川广汉三星堆遗址一、二号祭祀坑相继发掘出土的大批青铜器群、黄金制品、海贝、象牙、玉石器，使人们惊异地注意到，以三星堆文化为代表的早期巴蜀文明，原来是以它自身高度发展的新石器文化为基础，而又具有多元文化来源的复合型文明。它所展现出来的世界文明的若干特征，使人们不能不用崭新的眼光来重新评价这一充满了开放精神的古代文明。

在三星堆文明的非土著因素中，海洋文明因素颇为引人注目。这里，出土了虎斑宝贝、货贝、环纹货贝等大量海贝。其中的环纹货贝与云南省历年发现的环纹货贝基本相同。环纹货贝，即日本学者所说的子安贝，俗称齿贝。这种海贝只产于印度洋深水水域。地处内陆盆地的广汉三星堆出土如此之多的环纹货贝，表明巴蜀文明与南亚印度洋文化有着某种直接或间接的关系。

三星堆海贝的用途，是充当货币。海贝部分出土于祭祀坑坑底，部分发现于青铜尊、罍等礼（容）器中，与云南滇池区域青铜时代海贝的出土现象一致，均非装饰品。云南汉晋时期、南诏大理时期和元明清时期，凡商道附近几乎都使用过贝币，近世亦然。《马可波罗游记》说，昆明一带"用白贝作钱币，这白贝就是在海中找到的贝壳"，又说大理"也用白壳做钱币"。马可波罗认为，"这些贝壳不产在这个地方，它们全从印度来的"。近人彭信威《中国货币史》也认为，云南古代使用贝币是受印度的影响，方国瑜亦主此说。三星堆出土的海贝，环纹货贝数量最多，且大多数背部磨平，形成穿孔，这正是贝币成串计数的重要特征。华北商文化的"朋贝"和云南环纹货贝也是如此，都在背部穿孔以便串系。而印度古代也是"以齿贝为货（币）"（《旧唐书·天竺传》），云南用齿贝充当货币，就是从印度传播而来的。可以看出，既然齿贝特产于印度洋，而印度以齿贝为货币的习俗曾深深地播染于中国西南，那么就没有理由不认为三星堆文明的大量齿贝正是从印度输入的。所以，环纹货贝实实在在是一种海洋文明因素。

如果三星堆出土的印度洋齿贝仅仅单独存在的话，那当然可以认为齿贝的出现只是出于某种偶然原因，还不足以证明三星堆文明同海洋文明有什么必然联系。可是，无独有偶，恰恰就在三星堆祭祀坑中，又与齿贝同出了大量海生动物的青铜小雕像，它们与齿贝一道构成了海洋文化因素的集结，证实了三星堆文明与海洋文明之间直接的文化联系的可靠性，可谓信而有征。

经本文作者数次仔细观察，这些海洋生物青铜制品，全部采用平雕方法制成，即翻模铸造成各种各样的海生动物形象。这些青铜雕像，有的像海龟，有的像甲鱼，有的像墨鱼，还有的像其他鱼鳖之类，其数量不下于几十成百只。其中一部分，尚存头部、两只前足和后足，有的还有短小而尖的尾。不过，多数雕像的头、足及尾已经蚀毁不存了。这一惊人的发现，与三星堆齿贝的发现交互印证补充，在文化史上具有不可低估的意义。

事实说明，早在三千多年前，巴蜀文明就曾以朝气蓬勃的姿态，迎接了来自印度洋的文明因素的碰撞。至少从那个时代起，中国西南同南亚次大陆古文明之间，便建立起了颇具规模的经济文化联系。这比起史书上的记载来，足足早了一千多年。

（二）城市文明与热带丛林文化

三星堆文化给我们展示出一幅古代城市文明的恢宏图景：高耸的城墙，深陷的壕沟，密集的生活区和作坊区，错落有致的房舍，中轴线上的宫殿、祭祀坑、玉石器窖藏，面积达 2.6 平方公里的城圈，城圈以外连续分布方圆10 公里的乡村。考古文化遗迹雄辩地揭示出：人口集中的大规模化、人口结构中非直接生产者的大批产生、剩余财富的集中化、商业贸易的广泛建立、社会分层的复杂化以及神权与王权的形成和统治机构的专职化，等等。所有这些物质的和非物质的因素，正是一座古代早期城市崛起的最主要标志。即令仅从经济进步的角度来认识，作为城市化机制的核心，三星堆城址也明显地表现出多种产业生长点和地区增长中心的特征，呈现出一座典型的古代中心城市即都市的卓著风采。

城市文明是东方古代文明最重要的特征之一。印度河文明的两座典型城市摩亨佐·达罗和哈拉巴，是南亚古文明的表征。这两座古城都规划有序。摩亨佐·达罗古城布局井然，城市面积大约 2.5 平方公里。摩亨佐·达罗考古出土的青铜器，既有将手放在腰际的舞女雕像，又有男子铜像和头像，还有动物雕像和青铜车，青铜器制作工艺上运用了铜焊法、锻打法。陶器中有各种工艺陶塑。城市建筑物多以土坯为材料。这些，均与三星堆青铜文明不乏相似之处。

另一引人注目的现象是，三星堆二号祭祀坑所出大型青铜立人的左右手腕各戴三圈手镯，两小腿近足踝处各戴一圈方格形纹脚镯。这种手足戴镯的习俗既不是古代巴蜀也不是西南夷和中原民族的装饰风格，但在南亚从古至今的文化传统中却比比皆见，在其早期的雕像艺术中也有明确反映，其间的联系当非偶然。看来，这与上述城市文明因素的近似一样，均为文化交流和传播所致。

国际学术界一般认为，印度河文明中有若干因素同近东文明有确切关系，譬如冶金术、青铜雕像等，大都是近东文明因素向南亚传播并与当地古文化融合的结果。中国西南腹地的巴蜀文明，地处南亚之东，出土的大量青铜雕像与近东文明极为类似，其年代又晚于近东文明和南亚印度河文明，因而极有可能是通过南亚文明区吸收了近东文明的相关因素发展起来的。

与此相映成趣的是，在三星堆辉煌的城市文明中还蕴藏着浓厚的热带丛林文化因素。一号祭祀坑内出土了 13 支象牙，二号祭祀坑内出土了 60 余支象牙。一号坑内还堆积着 3 立方米左右较大型动物打碎燔燎过的骨渣，很可能就是大象骨骼。二号坑所出青铜大立人雕像基座的中层，也是由四个长有长鼻的象头联结而成。以此看来，蜀人是用整象充作祭祀礼仪牺牲的，否则就无法解释大象白骨与象牙瘞埋一处的现象。

根据史籍记载，巴蜀地区曾产象。《国语·楚语》载："巴浦之犀、牦、兕、象，其可尽乎？"《山海经·海内南经》云："巴蛇吞象，三岁而出其骨。"《中山经》亦云："岷山，江水出焉，……其兽多犀、象，多夔牛。"巴蜀之东的荆楚之地也有象。《诗经·鲁颂·泮水》："憬彼淮夷，来献其琛，元龟、象齿，大赂南金。"《左传》也提到楚地产"象齿"（定公四年，僖公十三年）。《尚书·禹贡》亦称荆州、扬州贡"（象）齿"。这些记载，是否意味着三星堆"象群"取之于蜀地本土或相邻地区呢？

虽然"巴浦""岷山"有象，然而巴浦显然是指靠近荆州的鄂西乃至荆南之地，岷山也是指江水所出的岷江上游之地，其地均非蜀本土。而史籍中从未见有成都平原产象的记载。可见三星堆"象群"必定不是原产于蜀，乃是从外引入。此其一也。

固然，新石器时代以三星堆文化为代表的早期蜀文化曾远播于川东鄂西之地，岷江上游也是构成早期蜀文化的渊源之一。不过，无论在川东、鄂西还是在岷江上游地区，数十年来的考古调查和发掘都未曾发现过象牙，其毗邻区域亦然。这似乎表明这些地区不是文献所记载的产象之地，因而也谈不上由土著部落向蜀王进贡象牙的问题。至于段成式《酉阳杂俎》所记"今荆地象，色黑，两牙，江猪也"，则不仅晚出，而且也是指荆南之地。这些地区的文化因素在三星堆祭祀坑中全无反映。可见三星堆"象群"也不是来自于川东鄂西、岷江上游和荆南闽粤之地。此其二也。

此外，古地学资料表明，新石器时代成都平原虽然森林繁茂，但却沼泽甚多，其自然地理环境并不适合大象群的生存。至今为止的考古学资料还表明，史前至商周时代成都平原固然有许许多多的各种兽类，但是诸多遗址所发现的兽骨，除家猪占很大比重外，主要是鹿、羊、狗、鸡、牛、马的骨骼，没有一处遗址发现过大象的遗骸遗骨。可见三星堆象群的来源必定不在内地。此其三也。

商代的华北曾经盛产大象，河南被称为"豫州"，即与象有关。据《吕氏春秋·古乐》记载：商末时，"商人服象，为虐于东夷"。又据《孟子·滕文公下》记载：西周初年，"周公驱虎、豹、犀、象而远之，天下大悦"。从《尚书·禹贡》及《诗经》《左传》、诸史《地理志》等看来，周公率师将服象的商人逐于"江南"，远离中原，则象群是南迁到了荆南、闽、粤等地，秦代所置"象郡"大约便与此相关。无论史籍还是考古资料，均不曾有殷民逃往或迁往蜀中的任何痕迹；何况，蜀为《牧誓》"西土八国"之一，参预伐纣翦商，服象的殷民也绝不会逃往其域中。而商王武丁之时，即相当于三星堆祭祀坑年代的时期，商蜀之间在汉中之地有严格的军事壁垒，时常交恶，商王朝自不可能赐象与蜀，何遑乎卜辞、史籍亦全无赐象的记载。此其四也。

云南自古盛产大象，自《史记》以降，历代史书多有记载。但是从汉唐时期的文献看来，云南出产的象，均分布在其西南边陲，即所谓"哀牢"地区，向中原王朝进贡的象，均来源于此。云南东部、东北部，即古代滇文化区域，以及云南西部，即滇西文化区域，却并无产象的记载。考古发掘中，无论在滇池区域还是滇西文化中，都没有发现数十支象牙瘗埋一处的情形。而古代巴蜀与云南的关系，主要是与滇文化的关系，至今为止的各种材料，尚无与古哀牢夷有何关联者。由此看来，三星堆祭祀坑内的象牙、象骨，亦似与滇文化无关。此其五也。

上述五端表明，商代三星堆遗址的象群遗骸、遗骨，既不来自巴蜀本土，也不来自与巴蜀有关的中国各古文化区。显然，它们是从其他地区引进而来。通观文献记载，象群应当来自南亚。

《史记·大宛列传》载张骞西行报告说："然闻其西（按：此指'嶲、昆明'即今大理之西）可千余里，有乘象国，名曰滇越。"据考证，"滇越"实即印度古代的迦摩缕波国，地在今东印度阿萨姆邦。《大唐西域记》卷十《迦摩缕波国》载："迦摩缕波国，周万余里……国之东南，野象群暴，故此国中象军特盛。"《后汉书·西域传》亦云："天竺国，一名身毒，……其国临大水，乘象以战。"文中所称"大水"，即今巴基斯坦境内的印度河。诸种文献极言南亚产象之多，表明即令在汉武帝开西南夷，永昌郡归属中央王朝以后，南亚象群的数量仍然令中国刮目相看，使得历代史官大书特书。

"大水"正是印度河古代文明的兴起之地。考古发掘中，在"死亡之城"摩亨佐·达罗废墟内，也正好有发达的象牙工业，还发现不少有待加工的象牙。以此并联系南亚盛产象群的情况来综合考察，三星堆祭祀坑中的大批象群遗骨，完全有可能是来源于南亚地区的。如果我们再将这种文化现象同前文所述城市文明、海洋文化因素等结合起来看，同一时期如此众多丰富的南亚文明因素所构成的文化集结，已经并非偶然，证明了早在商代巴蜀地区便同南亚地区发生了文化往来的事实。

（三）蜀物南亚传

巴蜀文化中南亚文明因素的出现，绝非偶然现象。它是与巴蜀文化传播于南亚相互交织进行的，表现出文化交流传播的互动原则。

中国史籍关于中印文化交流的最早记载是《史记》，其来源于张骞出使西域归汉后的西行报告："臣在大夏时，见邛竹杖、蜀布。问曰：'安得此？'大夏国人曰：'吾贾人往市之身毒。……'以骞度之，大夏去汉万二千里，居汉西南。今身毒又居大夏东南数千里，有蜀物，此其去蜀不远矣。"又云："然闻其西可千余里有乘象国，名曰滇越，而蜀贾奸出物者或至焉。"《三国志》卷三十裴松之注引鱼豢《魏略·西戎传》载："盘越国，一名汉越王，在天竺东南数千里，与益部相近，其人大小与中国人等，蜀贾人似至焉。"表明蜀贾人不但远出东印度阿萨姆地区，而且深入了印度及巴基斯坦，同南亚地区建立了稳定的商业贸易关系。

二、巴蜀文化与近东和欧洲古代文明

近东文明包括西亚、中亚、埃及古代文明。欧洲文明，这里指的是古希腊、罗马文明，即所谓欧洲古典文明。这几种文明，不少学者是将其作为整个西方文明一并加以论述的。从最近的考古新发现分析，中国西南的巴蜀文化与近东文明有某些联系。关于这些，这里提供的只是初步的研究成果。

（一）三星堆青铜文明中的近东因素

商代成都平原广汉三星堆青铜文明，已经以其惊人的进步程度震撼了国际学术界。有学者注意到，三星堆高度发展的青铜文明，与近东西亚文明有某些近似之处。至少从青铜雕像、神树、权杖和金面罩等四个文化因素所构成的文化丛分析，巴蜀与西亚近东文明的交往早已经存在了，其年代大约为公元前十四五世纪。

三星堆祭祀坑共出土青铜人物雕像 82 尊，包括各种全身人物雕像、人头雕像和人面像。根据发式、服式和脸型，可以分作八个型式。一号祭祀坑内出土纯金皮包卷的金杖一柄，长 142 厘米。金面罩出土数具，二号坑出土的一尊青铜人头雕像面部还戴着一具金面罩。金面罩系用纯金皮模压而成，与铜头像面部大小相似，扣合紧密，双眉、双眼镂空，鼻部凸起。此外，还出土金虎形饰，通身模压目形纹，并出土金鱼、金叶等饰件。据统计，三星堆遗址共出金器近百件。三星堆祭祀坑还出土青铜神树三棵，高达 3.5 米以上。树座上有跪坐青铜人雕像。树上有枝、叶、花果、飞禽走兽、悬龙和铃等挂饰。此外，还有多种青铜动物雕像，如鹰、鸟、蛇、鸡、夔、凤等，以及青铜戈、尊、罍、盘等礼器。

商代三星堆遗址出土的这些青铜人物雕像群、金权杖（神杖）和金面罩以及青铜神，不仅在巴蜀地区，而且在整个夏商时代的中国范围内都是前所未见的，无论文献还是考古材料中，都丝毫找不到这些文化因素的来源。但是，只要我们把眼界放开，观察世界文明相关因素的发生发展，便可以寻找到这些文化因素来源的蛛丝马迹，从而确定它们的起源地是近东。

至迟从公元前 3000 年初起，西亚美索不达米亚地区就出现了青铜雕像传统。据古埃及文献记载，这类青铜雕像制作年代可以上溯到公元前 2900 年。西亚以南的印度河文明亦受近东影响，制作青铜雕像。摩亨佐·达罗城址出土的青铜人物雕像、动物雕像和青铜车等，就是由此而来的，并以其中一件戴着手镯臂饰的青铜舞女立雕而饮誉于世。

权杖起源于美索不达米亚欧贝得文化第四期，年代约为公元前 4000 年代前半叶。在今以色列的比尔谢巴发现了公元前 3300 年的铜权杖首。死海西岸以南恩格迪的一个洞穴窖藏中，发现了铜权杖首 240 枚，杖首 80 枚。青铜时代西亚巴比伦用权杖标志神权和王权的传统，在当时的石刻、雕塑和绘画作品中比比可见。古埃及亦有使用权杖的传统，早王朝初期埃及文字中的形，即是权杖的象形。后来世界许多国家用权杖标志权力，作为政权的象征，其本源即在美索不达米亚。

黄金面罩最早也出现在美索不达米亚。乌鲁克文化期娜娜女神庙中的大理石头像，据说曾覆以金箔或铜箔。叙利亚毕布勒神庙地面下发现的一尊青铜雕像，也覆盖着金箔。在伊拉克，还发现古巴比伦时期制作的面部和双手均覆以金箔的青铜人物雕像。西亚艺术中的许多雕像都饰以金箔。埃及的黄金面罩，最驰名的是十八王朝法老图坦哈蒙王陵内的葬殓面具。迈锡尼文明中也曾发现不少黄金面罩，均覆盖在死者头部，这种文化形式当是受到了埃及文化的影响。

至于青铜神树，美索不达米亚似乎也是其渊薮。乌尔王陵即出土黄金制成的神树，上有带翅的山羊。安那托利亚出土的公元前2200年的神树，其上亦有各种人物和动物雕像。埃及古王国的浮雕，也刻有满是奇珍异果、飞禽走兽的神树。克里特人则以神圣的树、树枝和鸟作为女神的象征，克诺索斯壁画上就有着生动的描绘。饶有趣味的是，在印度古代文明深受近东美术影响的纪念性雕塑中，也有不少反映神树的作品，药师女与神树的结合可以看作是其代表作。

以上扼要的论述表明，青铜雕像群、神树、权杖和面罩等文化形式，在近东文明产生的年代最早，并且向东南欧和南亚次大陆广泛传播。

商代中国西南川西平原三星堆祭祀坑的青铜人物雕像群、神树、金杖和金面罩，由于其上源既不在巴蜀本地，也不在中国其他地区，但却同上述世界古文明类似文化形式的发展方向符合，风格一致，在年代序列上也处在比较晚的位置，因而不能不使人考虑是吸收了近东文明的相关文化因素并予以再创作而制成。对此，我们还可以根据其文化特征进一步阐述如次。

在雕像人物面部形态上，三星堆青铜人物雕像群中除了那些具有典型西南夷特征的形象外，高鼻、深目、颌下留一周胡须等特征给人留下深刻印象。这类人物，不仅与同出的西南夷面部特征不同，而且与成都指挥街发现的扁宽鼻型的周代土著居民人头骨的特征不同，也与商代和商周之际华北以及长江中下游的各种人头像、人面像所具特征不同。显然，此种风格的人物面部形态造型，来源于中国以外的文化。

在艺术风格上，三星堆青铜人物雕像群的面部神态几乎雷同，庄严肃穆，眼睛大睁，缺乏动感和变化，尤其着意表现双眼在面部的突出地位，这同近东雕像艺术风格一致。眼睛多在面孔平面上铸成较浅的浮雕，以明显的双眉和下眼眶来表现其深目，这也是近东雕像习用的艺术手法。对于人物雕像的现实主义表现和对于神祇雕像（如眼球成圆柱突出于眼眶十余厘米，和像戈一般大而尖的耳朵等）的夸张表现，亦与近东早、中期的艺术特点类似。对于神树的崇拜，则反映了这种文化形式从近东向南连续分布的情形。顺便指出，商代中国并无神树崇拜传统，古籍中以神树为天梯的记载仅有"建木"一处（见《山海经·海内经》及《淮南子·坠形》），这种神树崇拜，与商代的所谓"社树"完全不同，不能混为一谈。

在功能体系上，无论西亚、埃及还是爱琴文明的青铜雕像群，大多出于神庙和王陵，具有祭祀纪念的功能及意义。三星堆青铜雕像群全部出于祭祀坑，无一不具宗教祭祀礼仪功能，它们显然与华北殷墟等地出土的仅充作挂饰一类的小型雕像不能同日而语。至于用权杖作为国家权力、神权和财富垄断之权的最高象征，就更与中原三代用"九鼎"来表示这些权力的传统相去甚远，而与近东文明完全一致。

综上所述，三星堆青铜雕像、神树、金杖、金面罩等文化丛与近东文明的相似性，表明商代的巴蜀文明是一个善于开放、容纳、改造和多元、多方位地对待世界优秀文化的古文明，是一个富于世界文明特征的古文明。

应该指出的是，巴蜀文明是在自身新石器文化高度发达的基础上诞生的，在其文明形成的过程中，受到了中原文化较强的影响，这是无可非议的。至于它与近东文明的关系，则完全是一种采借，其间绝对没有发生文化取代那样的事实。而这种采借，也在于强化蜀国的王权与神权，巴蜀文化也并未因此而出现结构性演变。

（二）"瑟瑟"来路觅踪

西周以后，如像大型青铜雕像群、神树、金杖、金面罩一类文化特质，在巴蜀地区消失无存了，意味着这类文化传承的中断。这个现象，恰与史籍和考古材料所反映的蜀国王政的更替一致，也与殷末周初中原政局的大变化一致，表明商代的蜀王政权已分崩离析，它所代表的文化特质也随着它的消失而一去不复返了。但是，以巴蜀文明为重心的中国西南文化，却并没有因此而失去同近东文明的悠悠历史联系，而是由于时代背景的变换采取了新的文化特质作为交流内容。这些新特质，便是"瑟瑟"和肉红石髓珠、琉璃珠等物质文化。

东周时代，蜀国王公卿相乃至一般富贵之民流行佩戴一种称为"瑟瑟"

的宝石串饰，后世屡有出土。唐代诗圣杜甫寓居成都时，曾写过《石笋行》一诗，提到这种情况："君不见益州城西门陌上，石笋双高蹲。古来相传是海眼，苔藓蚀尽波涛痕。雨多往往得瑟瑟，此事恍惚难明论。是恐昔时卿相墓，立石为表今尚存。……"成都西门一带，确是蜀王国时期的墓区所在，近年来不断发现大批冢葬，均属东周时期的蜀墓。据杜工部所云，既然唐时瑟瑟往往出于成都西门地面之下，可见随葬之多，蜀人生前佩戴之普遍。

瑟瑟，是古代西亚至中亚的波斯帝国对宝石的称呼，是乐格南语或阿拉伯语的汉语音译。中外学者关于瑟瑟的性质，向有不同说法。据 B.劳费尔研究，当主要指宝石，明代以后则主要指人工制造的有色玻璃珠烧料珠之类。成都西门多出瑟瑟，从其时代看，当是宝石等类串珠。杜甫既称其为瑟瑟，显然他认为是来自于西亚之物。唐代中西交流昌盛，杜工部所见所识又极广，他的判断不会有误，表明东周成都确有大量来源于西亚的宝石。

宋人吴曾对杜甫所说瑟瑟出土于石笋之下表示怀疑，他在《能改斋漫录》卷七《杜〈石笋行〉》中写道："杜《石笋行》：'雨多往往得瑟瑟。'按：《成都记》开明氏造七宝楼，以真珠结成帘。汉武帝时，蜀郡遭火，烧数千家，楼亦以烬。今人往往于砂土上获真珠。又赵清献《蜀郡故事》，石笋在衙西门外，二株双蹲，云真珠楼基也。昔有胡人，于此立寺，为大秦寺，其门楼十间，皆以真珠翠碧，贯之为帘，后摧毁坠地。至今基脚在。每有大雨，其前后人多拾得真珠瑟瑟金翠异物。今谓石笋非为楼设，而楼之建，适当石笋附近耳。盖大秦国多璆琳琅玕、明珠夜光碧，水通益州、永昌郡，多出异物。则此寺大秦国人所建也。"按照吴曾之见，常璩《华阳国志》、李膺《成都记》所说开明氏以珍珠相贯而成的七宝楼之帘，珍珠写作真珠，非中国所产，来之乎近东，这是不错的。但他认为杜甫所说瑟瑟为大秦寺门楼珠帘坠地所遗，虽有一定根据，却与杜甫之说南辕北辙，实为两事。

据李膺《成都记》："开明氏造七宝楼，以珍珠为帘。其后蜀郡火，民家数千与七宝楼俱毁。"《通志》："双石笋在兴义门内，即真珍楼基也。"曹学佺《蜀中名胜记》卷二："西门，王建武成谓之兴义门矣。"据此，真珠楼与石笋不在一地（成都石笋原本不止一处，既为开明氏墓志，必有数处），真珠楼在西门内，杜甫所说石笋则在西门外。况且，石笋既为历代开明王墓志，开明氏又如何可能以之为楼基？足见吴曾乃是"以其昏昏，令人昭昭"，其说绝不可从。

不过，大秦国胡人曾在成都西门内真珠楼故址立寺，倒确为事实，《蜀中名胜记》即提及其事，然未详。中国古代称罗马帝国为大秦，其国多出真珠、琉璃、璆琳、琅玕等宝物，"又有水道通益州"（《三国志》卷三十裴注引《魏略·西戎传》），早与巴蜀地区有文化往来。至于成都出土古罗马瑟瑟、真珠、金翠异物，则非先秦，事在汉唐而已。

除瑟瑟而外，古代巴蜀还从近东地区输入琉璃珠和蚀花肉红石髓珠。1954年在四川巴县冬笋坝船棺葬中发现蚀花琉璃珠2颗，圆形有穿孔，球面蓝色，蚀黄、白色眼形纹。1978年在重庆南岸区马鞍山汉墓出土蚀花琉璃珠2颗，其中一颗球面有白色圆圈纹，另一颗蚀白色圆点纹构成的菱形方块，方块内为白蓝色眼形纹。20世纪30年代或稍早，英国人还在四川理塘县购得2颗大型的蚀圆圈纹花的玛瑙珠，据云也有用肉红石髓蚀花，或用琉璃仿制者。

蚀花石髓珠原产于西亚、中亚和印度河文明，具有悠远的历史。据H.培克研究，蚀花石珠的生产和流行大致分为三期，早期为公元前2000年以前，中期为公元前300年至公元200年，晚期为公元600年至1000年。早期的蚀花石珠，以圆圈纹为特征，仅见于西亚伊拉克和印度河流域的文化遗存中，其他地方所见，均由这两地制造后输出。古代巴蜀地区出土的蚀花石珠，均为圆圈纹花，即H.培克所说早期蚀花石珠，均非本地或中国内地所产，应从西亚引进而来。

在成都西北岷江上游早期石棺葬内，曾出土过琉璃珠，据测定不含钡。而中国战国时代自制的琉璃，均属铅钡琉璃。其时不含钡的钠钙琉璃，均是从西亚或中亚引入。可见，古代巴蜀的钠钙玻璃（琉璃）和蚀花石珠，都是从西亚经中亚、南亚长途引进的。从早期蚀花石珠的制作流行年代可知，其输入中国西南巴蜀地区，应在公元前1000年左右。

由此可见，商代巴蜀文化特有的西亚文明因素（青铜雕像群、神树、金杖、金面罩）中断后，西周以降巴蜀文化中又出现了西亚文化新的文化集结，一方面表明巴蜀文化扬弃了神权政治而更加追求艺术和生活中美的享受，另一方面则表明巴蜀地区与西亚的经济文化联系未曾中断，一直在持续发展。

（三）巴蜀丝绸文化的西传

巴蜀丝绸织锦，自古称奇，品种繁多，数量亦大。谯周《益州记》："成都织锦既成，濯于江水，其文分明，胜于初成。"足见成都织锦量多而质优。巴蜀织锦的历史十分悠久，商代三星堆二号祭祀坑出青铜大立人长袍上所饰各种花纹，表明其时已有织锦。另外还在一件手镯上发现缠有方格纱，纱极细，呈白色，经纬明显。墓中还出土两枚铜针，一圆一扁，圆针长 6.5 厘米，扁针残长 5.5 厘米。从文献所记其时"锦绣千束""文绣万束"(《史记·张仪列传》)，看来，巴蜀的织锦刺绣都是极为发达的，达到了成熟的阶段。

西方地中海的古希腊、罗马，最早知道并使用的中国丝，便是古代蜀地生产的丝。在公元前四世纪脱烈美的《地志》中，记有一产丝之国，名为"赛力丝"，其南有北印度和古代蜀国。这个记载应当是古蜀的丝绸织锦远销地中海文明区后，在那里所留下的深刻痕迹。如此说来，巴蜀文化远播西方文明的腹心之地，年代还在公元前四世纪以前。考古学家曾于 1936 年在阿富汗喀布尔以北约 60 公里处发掘亚历山大城时，在一座城堡中发现许多中国丝绸。这些丝绸，就有可能是蜀地经滇缅道运到印巴次大陆，再转到中亚的巴蜀丝绸。

其实，古代出西域西行中亚、西亚的丝绸之路，其国际贸易物品中便有大量巴蜀织锦。不久前在新疆吐鲁番发现的大批丝织品，其中许多品种就是蜀锦，从南北朝到唐代的均有，表明蜀锦确是西域丝绸贸易的重要品种。因此，唐时吐鲁番文书中有"益州半臂""梓州小练"等蜀锦名目，不是偶然的。联系到湖南长沙、湖北江陵战国时代的楚墓中出土织锦实为蜀锦，以及公元前四世纪以前蜀国丝绸即已远销欧洲等情况分析，西汉时内地与西域的丝绸贸易中，巴蜀织锦当是其中的佼佼者。

古代巴蜀丝绸文化的西传，丰富了南亚、中亚、西亚和欧洲地中海文明的内容，并使中西文化纽带和交通大动脉向欧洲大陆延伸。从这个意义上不能不认为，巴蜀文化自古就是一个外向型的文化体系，对于世界文明的繁荣和西方古典文明的发展，做出了积极的卓越的贡献。

古代巴蜀与南亚和近东的经济文化交流

| 45 |

先秦巴文化与巴楚文化的形成

一、问题的提出

不论在先秦巴史、巴文化还是巴蜀文化、巴楚文化的研究中，学术界首先面临着一大难题，那就是如何解决巴与巴文化的内涵问题，如何界定巴文化的时空位置、表现形态和族属问题。长期以来，学者们由于从不同视角、不同时空关系上去理解巴与巴文化，所以歧见纷出，聚讼难平，至今在许多基本问题上仍远未达成共识。综括学者所论，学术界对于历史文献上记载的巴，在古国和古族方面，大体上有宗姬之巴、廪君之巴、贝国巴夷之巴、枳巴、楚威王所灭之巴等不同认识；在地域方面，有汉水上游陕南地区、江汉平原、川东鄂西等不同看法；或认为先秦时期的巴是一个统一的巴族和巴国，或认为古代数巴并存，并没有一个单独的、统一的巴族和巴国，如此等等，不一而足。而在考古学上，由于近年三峡考古的若干新发现，学术界又提出了考古学上的早期巴文化问题，与上述尚未解决的问题相互交织，使巴文化的问题变得更加错综复杂，难以缕析。可以说，巴文化的问题已经成为先秦史上最复杂、最难解决的问题之一。

笔者曾经指出，巴是一个内涵复杂的现象，不可作单一文化和地域的理解。从最广泛的意义上认识，作为地域名称，巴的内涵相当丰富，包容面相当广阔。由于古代以川东鄂西为中心，北达陕西汉中，包括汉水上游西部地区和嘉陵江以东地区，南极黔涪之地，包括黔中和湘西地区在内的一大片连续广袤的地域通称为巴，所以古代居息繁衍在这片地域内的各个古族也就通称为巴，并由此派生出巴人、巴族、巴国、巴文化等概念。从这个意义上看，巴这个名称包有地、人、族、国、文化等多层次的复杂内涵，是一个复合性概念。[①]因此，要深入研究巴文化，必须首先从它的内涵入手，对它的不同层面进行分析，否则就没有讨论的共同基础。对于巴楚文化研究来说也是如此，如果没有认清巴文化的内涵，那么巴楚文化自然也就无从谈起。

---

① 段渝：《政治结构与文化模式：巴蜀古代文明研究》，上海：学林出版社，1999年，第54页。

二、巴史源流与巴国文化

巴国文化是一个古国文化的概念。所谓巴国文化，其中的"国"和"文化"，大致相当于苏秉琦先生所说的"古文化、古城、古国"[①]的概念，也即是夏鼐先生所说历史时期的考古学文化应当用族名或朝代名称来表述的意思[②]。不过，巴国文化并不仅仅是一个考古学文化概念，从历史学上说，它应当是特指巴国王族及其宗室子弟的文化，不包括巴国疆域内各被统治者族群的文化，这是两个不同层面的问题，将在本文后面加以论述。

讨论巴国历史与文化，主要是讨论其中三个方面的问题：一是起源问题，二是族系问题，三是地域问题。三个方面的问题都很复杂，本文仅扼要阐释个人的观点。

有关巴的起源，传说甚多，据文献的记载，至少有四种传说流传于世。其一是《华阳国志·巴志》记载的"黄帝，高阳之支庶"；其二是《山海经·海内经》记载的"西南巴国"，为太白皋之后；其三是《山海经·海内南经》记载的"丹山之巴"；其四是《世本》记载的"廪君之巴"。四种传说均有不同的材料来源，并且取材古远，因而引致学者们对巴人起源与族属的种种不同看法。然而，如果我们细审这四条材料，就会发现，虽然它们对巴的族属有不同的论述，但是有一点却是大致相同的，那就是在地域上都共同把巴大体定位在北起汉水上游，南至清江流域，东起宜昌，西达川东这样一个地域范围内，而这个地区又恰与《华阳国志·巴志》所记述的巴地的范围大体一致，均属巴国疆域前后变迁的范围。但是，从巴国文化即巴王族及其宗室子弟文化这个角度看，四条材料中除《华阳国志》外，均不符合巴国文化的概念。

史载巴王族出自姬姓。《左传》昭公十三年记载楚共王之妻、平王之母为"巴姬"，《史记·楚世家》所记亦同。根据古代"妇人称国及姓"（《史记·吴太伯世家》索隐引《周礼》）之制，巴为国名，姬为国姓，所谓"巴姬"就是嫁于楚的姬姓巴国之宗室女。《华阳国志·巴志》明确记载说："武王既克殷，以其宗姬封于巴。"又说："（巴国）封在周，则宗姬之戚亲。"这就确切表明巴王族出自姬姓集团，与周人同姓同宗。[③]显然，由于西周分封其宗姬于巴而有巴国或巴子国，因此所谓巴国文化，它的起源实应是指宗姬巴国的王族系

---

① 苏秉琦：《辽西古文化古城古国》，《辽海文物学刊》1986 年第 1 期。

② 夏鼐：《关于考古文化命名的问题》，《考古》1959 年第 4 期。

③ 段渝：《试论宗姬巴国与廪君蛮夷的关系》，《四川历史研究文集》，成都：四川省社会科学院出版社，1986 年。

统的文化起源，而与风姓的太白皋、丹山之巴和出自巫诞的禀君之巴的文化无关，不能混为一谈。

巴国王族既与周人同姓同宗，那么《华阳国志·巴志》所载巴为"黄帝、高阳之支庶"，"巴国远世，则黄炎之支"就是确凿有据的，而《巴志》以巴国王族为主体叙录巴国、巴人、巴地、巴文化，也是十分确切的。

有关巴国立国的最早记载，目前所见资料可以追溯到商代，此即殷卜辞中所见的"巴方""巴奠（甸）"，方者国也，甸者侯甸男卫之甸也。"巴方"卜辞多属第 1 期卜辞，"巴甸"卜辞则属 2 期或以后的卜辞，这表明了巴从独立方国演为殷代甸服的历史事实。[①]倘若要谈论巴国文化的起源，那么殷卜辞中所记载的"巴方"就是当前所能追寻到的巴国文化的上源。至于此前是否有一个独立存世的巴国，尚无材料可以论及。

殷末周初，巴国参与武王伐纣，《华阳国志·巴国》记载巴师为伐纣前锋，"歌舞以凌殷人，前徒倒戈"，以胜利之师受西周王室分封，"武王既克殷，以其宗姬封于巴，爵之以子"，成为周王室控临南土的一支重要力量。《左传》昭公九年说："及武王克商，……巴、濮、楚、邓，吾南土也。"巴为南土诸侯之首，同周王室陆续分封在成周以南、汉水以北的"汉阳诸姬"一道，构成捍卫周室、镇抚南国的坚强军事防线，是为"天下之显诸侯"（《荀子·儒效》）。

春秋时代，王纲解纽，诸侯逾制，巴国"虽奉王职，与秦、楚、邓为比"（《华阳国志·巴志》），但亦图谋东出汉东，扩张江汉，因而一度与楚结成联盟，扫荡江汉间小国。后来盟约破裂，巴与楚反目成仇，数相攻伐，从《左传》哀公十八年（前 477 年）以后即不再见于春秋历史。据《华阳国志·巴志》所记，公元前 477 年以后，"楚主夏盟，秦擅西土，巴国分远，故于盟会希"。紧接此句，《巴志》又说："战国时，（巴）尝与楚婚，及七国称王，巴亦称王。"显然是把战国时代的巴国定位在长江三峡左右的川东鄂西地区，因此学术界均以巴国败于楚后，于春秋战国之际从汉水上源南下进入长江三峡地区，其后又受楚国兵锋威迫，最后沿江西上，退入川东地区。

由此可见，所谓巴国文化，若以起源论，是炎黄后裔的文化；若以族属论，是巴王族系统的文化；若以地域论，商周时期约在汉水上源今陕西东南汉中东部，春秋时期一度向东向南扩展，战国时期南移长江三峡今川东鄂西

---

① 段渝：《四川通史》第 1 册，成都：四川大学出版社，1993 年，第 199 页。

地区，战国中后期至川东，直至公元前 316 年为秦所灭。

从考古学的角度看，巴国文化可以巴县冬笋坝、广元昭化宝轮院和涪陵小田溪墓葬出土文物作为典型的巴式器物，均为晚期巴国文化之物。根据文化演变的一般规律往上追溯，湖北襄阳山湾东周墓葬内出土的柳叶形剑、内上阴刻虎纹的戈、隆脊带血槽的柳叶形矛，以及荆门出土的"兵避太岁"戈等，均属典型的巴式器物。年代早于川东所出同类器物。湖北枝江、宜昌等地近年也出土巴式青铜器，尤其清江河谷发现大量巴式青铜兵器。从巴式器物的分布范围及其年代早晚关系，不难看出巴国文化从汉中之东南迁三峡地区的历史陈迹，这与文献的记载是基本吻合的。[①]若说巴国文化，它最典型的代表就是上述各地所发现的青铜文化。因此，考古学上的巴国文化是一支拥有相当文明水平的文化。

三、巴地族群与巴地文化

所谓巴地文化，是长江三峡川东鄂西之间的地域文化的总称。巴地，是一个地域概念，它并不标志族属，也不代表政体和文化系统，凡在这个地域范围内的古文化，均可统称为巴地文化，或其中的一员。史籍称长江三峡川东鄂西之交的地区为"巴"，如《山海经·海内经》等，均是指其地域名称，不是指族别和族称。至于为什么把这片地域称为"巴"，则有草名、蛇称、江山之形等多种说法，迄无定论。但不管怎样，"巴"作为地域名称是没有歧义的，通常所说古代"巴人"，也是泛指居于这个称为"巴"的地域范围内的人，而无须考虑其具体族别。

巴地史前文化是一个包容量很大的泛文化概念，考古学界一些学者所称的长江三峡地区的所谓"早期巴文化"，大致与巴地史前文化的概念相当，但不应称为"早期巴文化"，而应称为"巴地诸文化"或"巴地文化"，也可以依这个地域内各种古文化的特征划分为不同种系的不同类型，以类型来命名；或以文化属性命名，称为"某文化的某遗存"。

大家知道，在三峡地区古文化的发展时序上，从新石器时代到夏商时代经历了不同的发展时期，每一个时期当中总有一支文化席卷这个地区，在很大程度上排斥着当地原有的其他数支文化。新石器晚期这里是以大溪文化为主，分布广，内涵丰富。继后有红花套第四期文化，夏商时期又有朝天嘴类

① 段渝：《论早期巴文化》，《巴渝文化》第 3 辑，重庆：西南师范大学出版社，1994 年。

型文化、路家河文化、小溪口类型文化等。①对于这些文化的复杂关系和交替演进，即使仅从时序上看，也绝不是"早期巴文化"这个单一考古学内涵或民族学内涵的概念所能涵盖得了的。举例来说，假如把朝天嘴类型视作"早期巴文化"，那么，当二里头时期的朝天嘴类型第三期遗存发生了大变异，被吸纳或让位于另一支文化以后，"早期巴文化"不是就归于消失了吗？可见，不能以"早期巴文化"来指称三峡地区的古文化。

另一方面，为某些学者所称的"早期巴文化"，其主要考古遗存包括巫峡以西的忠县甘井沟、巫山大昌坝遗址、江东嘴、南陵村、涪陵陈家坝子，川东长江上游支流嘉陵江流域的合川沙溪梁子、南充淄佛寺、阆中兰家坝，渠江流域的通江擂鼓寨遗存和西陵峡沿岸的朝天嘴类型文化，包括中堡岛上层、朝天嘴 B 区、路家河和白庙子的部分遗存、宜都毛溪套灰坑、红花套和城背溪上层的部分遗存等。从文化形态上看，川东长江沿岸和嘉陵江沿岸的各古文化遗存，其陶系与成都平原古蜀文化有若干共同特征，明显属于同一文化系统。从文化因素集结的多与寡、集中与分散、完整与零散等全面关系来认识，可以断定川东地区的上述文化因素是从成都平原古蜀文化即三星堆文化传播而去的，而不是相反。在西陵峡区至鄂西长江沿线的朝天嘴类型中，有四种主要文化因素群②，其中乙群因素的形态特征是夹砂灰陶系，陶器有圜底罐、小平底罐、尖底杯、尖底钵、高柄豆、盉、豆形器、鸟头柄勺等器物组合群，其器物数量几乎占据了西陵峡地区夏商时代文化遗存一二期的主要部分，其分布范围西接巫峡以西的三星堆文化遗存，东达江汉平原西边的江陵荆南寺。湖北考古界多认为是受到了成都平原以三星堆遗址为代表的古蜀文化的影响③，实际上就是三星堆文化沿江东进所留下的文化遗存，可以称为"长江三峡的古蜀文化遗存"④，而不是什么"早期巴文化"。

事实上，在长江三峡川东鄂西地区，史前至夏商之际并存着数支不同类型的考古学文化，数支文化的分布虽不是相互间壁垒森严，但却井然有序，判然有别，这种分布形态绝不可能用其中任何一支文化来涵盖。因此，上古

---

① 林春：《长江西陵峡远古文化初探》，《葛洲坝工程文物考古成果汇编》，武汉：武汉大学出版社，1990 年。

② 林春：《长江西陵峡远古文化初探》，《葛洲坝工程文物考古成果汇编》，武汉：武汉大学出版社，1990 年。

③ 王劲：《对江汉流域商周时期文化的几点认识》，《江汉考古》1983 年第 4 期；郭德维：《蜀楚关系新探》，《考古与文物》1991 年第 1 期；杨权喜：《略论古代的巴》，《四川文物》1991 年第 1 期。

④ 段渝：《论早期巴文化》，《巴渝文化》第 3 辑，重庆：西南师范大学出版社，1994 年。

长江三峡应是某几大文化的边际交流区，夏商之际是从中原南下的二里头文化、从成都平原长江上游东进的古蜀文化和三峡原有古文化的边际接触交流区。由于这个地区在文献上称为巴地，所以从考古学上看，所谓巴地文化，就应当是长江三峡川东鄂西之间各种古文化的总称，是一个泛称概念，而不是专称概念。

历史时期的巴地文化，不像史前时期那样因族别不明无法判定其民族归属，由于文献可征，族群判然可别，因而可以从民族学上界定其概念。

根据古文献记载，先秦川东鄂西包括长江三峡和嘉陵江、汉水上游地区是众多族群的分布区。在西陵峡以东的清江流域，有源出巴氏子务相的廪君系统的文化（《后汉书·巴郡南郡蛮传》），有分布在川东至三峡的"濮、宗、苴、共、奴、獽、夷、延之蛮"（《华阳国志·巴志》），这几大族群构成巴地的主要民族，它们就是巴地文化的主体。

上述几大族群，若从族属上划分，可以划为三个大的民族集团，其中占主要地位的是濮系民族集团，另两个则分别属于华夏和越系民族集团。属于濮系民族集团的有濮、贝、苴、獽、夷、廪君等几大族群。其中的濮，当是春秋时代从江汉地区西迁进入川东的一支濮人，分布在濮江，即今涪江一带。贝即板楯蛮，为川东土著民族之一，分布在嘉陵江和渠江一带。苴人分布在汉中之南、嘉陵江西岸今广元昭化。獽、夷主要分布在巴东郡、涪陵郡，与清江流域"故出巫诞"的廪君蛮相互连接，均属古代濮系民族集团。奴即卢，其先祖出自妫姓，原属华夏集团，春秋战国之际从鄂西迁入川东。共人见于《逸周书·王会》，是古越人西迁入川的一支。[1]

西周春秋时期巴地文化的主要特征可以大致概括如下。

（1）经济活动巴地各族有相当部分经营狩猎或渔猎，或与粗耕农业相结合的复合型经济。古渝水（今嘉陵江）流域的板楯蛮，以狩猎为主，古以射白虎闻名于世，"以射白虎为业""世号白虎复夷"（《华阳国志·巴志》）。清江流域廪君蛮世称"浮夷"（《水经·夷水注》），清江为"鱼盐所出"（《后汉书·巴郡南郡蛮传》），廪君习用飞剑，可以表明也以射猎捕鱼为主要经济活动。三峡峡区则主要开垦耕种田，属较原始的刀耕火种型经济。《华阳国志·巴志》说："三峡两岸土石不分之处，皆种燕麦，春夏之交，黄遍山谷，土民赖以充食。"此情此景至唐宋亦然。

---

① 段渝：《四川通史》第 1 册，成都：四川大学出版社，1993 年，第 247-246 页。

手工业方面，巴地各族尚未能制造青铜器，川东地区曾发掘 20 多处古遗址，多为战国文化层紧压在新石器文化层之上①，从而表明巴地各族在战国以前大多还在文明社会的门槛之外徘徊，这与前述巴国的青铜文明是根本两样的。

（2）交通巴地各族多居大河两岸，水上交通特别发达，交通工具主要是各种舟船。从文献记载看，廪君蛮"浮土舟于夷水"（《水经·夷水注》），"乘土船从夷水至盐阳"（《后汉书·巴郡南郡蛮传》）。从考古看，巴地发现大量木制船棺葬，船棺当仿自或就是墓主生前的交通工具。

（3）居住方式巴地各族以居干栏为主，即《华阳国志》所说"重屋累居"，又有"结舫水居"者。岭谷间族群亦习居干栏，"依树积木，以居其上，名曰干栏，干栏大小，随其家口之数"（《魏书·僚传》）。廪君族群初为穴居，有赤穴、黑穴，均为洞穴，后从山地迁河谷，滨水而居，其居住方式可能也是干栏。

（4）行为方式《华阳国志·巴志》记载巴地各族性情和行为方式，于"涪陵郡"下说："土地山险水滩，人多戆勇，多獽、蜑之民，县邑阿党，斗讼必死，无蚕桑，少文学。"记载板楯蛮说："其人性质直，虽徙他所，风俗不变。"于"巴东郡"下说："郡与楚接，人多劲勇，少文学，有将帅才。"尤其板楯蛮，"多居（渝）水左右，天性劲勇"，皆刚勇好武，自先秦至南北朝均以耿直善战闻名于世。故《华阳国志》记载"俗称：'巴有将'"，正是巴地人民行为方式的一般特征。

完整意义上的巴文化是巴国文化与巴地文化复合共生的地域文化概念。春秋战国之际巴国从汉水上游南迁长江干流两岸西陵峡、巫峡、夔峡地区和川东地区，成为当地各族的统治者，于是巴国文化与巴地文化始多元共生，从复合、耦合到融合，两种不同文化的空间构架由此基本重合。到这个时候，巴国文化与巴地文化才合二为一，在考古学上表现为巴国青铜文化与巴地文化（陶、石）相融合，从生活、生产用具到武器等诸方面成为一个具有特色的完整的文化结构和系统。这个时候的"巴文化"才是完整意义上的、可以用"巴"来涵盖并指称国、地、人、文化的一个具有独立意义的文化概念，从而形成巴文化区。

巴文化区的地域范围．大致上北起汉中，南达黔中，东起鄂中，西至川

---

① 董其祥：《巴史新考》，重庆：重庆出版社，1983 年，第 18 页。

中。它的基本特点：一是大量使用巴蜀符号，多刻铸在青铜器和印章上；二是巫鬼文化异常发达，以致在川东鄂西尤其三峡地区形成一个颇引人注目的巫文化圈，传奇甚多，来源甚古，与众不同；三是乐舞发达，人民能歌善舞，其青铜乐器以錞于为重器；四是崇拜白虎（廪君蛮）与畏惧白虎（板楯蛮）信仰的共生和交织；五是具有丰富而源远流长的女神崇拜文化传统；六是"其民质直好义，土风敦厚"，"俗素朴，无造次辨丽之气"[①]，等等。

春秋战国之际巴文化形成后，巴文化区的地域构架同时基本稳定下来，历秦汉魏晋南北朝基本没有大的变动。隋唐以后文化面貌始发生较多变化，但在峡区及岭谷之间，其基本文化面貌则一直持续发展到近世。

四、巴楚关系与巴国南迁

巴、楚在西周一代均为周之南国，但两国间分布有大批百濮群落。到两周之际，随着濮的衰落和大批远徙，巴、楚关系始获进一步发展的条件。

春秋时代，"王者之迹息而《诗》亡"（《孟子·离娄下》）。随着大国争霸时代的来临，巴国也积极向外拓展，扩张势力。由于巴国地处汉水大巴山之间，北限诸夏，西阻蜀、秦，而东面濮势正衰，"百濮离居，将各走其邑"（《左传》文公十六年），因此其领土扩张，只有向东一途。而要渡汉水而东，就必须首先与雄踞江汉的楚国交好，打通东进之路。《左传》桓公九年："巴子使韩服告于楚，请与邓交好。楚子使道朔将巴客以聘邓。"巴欲东出襄阳而请楚为中介，这已经显示出其与楚为好的明显意图。楚武王应巴国之请，欣然派使与巴使同聘于邓，也表明了愿与巴国进一步合作的意向。这一事件的进一步发展，便促成了巴、楚政治军事联盟的产生。

从《左传》桓公九年（前703年）所记巴、楚联师伐邓之役可以看出，两国军队协同作战，以楚将为统帅，分巴师为两队，将楚之精锐横陈其间，以佯败诱敌，然后回师夹攻，大获全胜。此役标志着巴、楚联盟的形成。

巴、楚结盟后，多次联合出兵，征伐汉水流域诸国，并有北进的意图。《左传》庄公六年（前688年）巴、楚联师伐申（今河南南阳市北），就是一例。申为周宣王分封的南方军事重镇，直接控扼着南方诸国进入中原的咽喉。巴、楚伐申（国内乱而未克），也就表明了两国的政治意图，这也是联盟所以形成的一个重要的政治基础。

[①] 段渝：《略论巴、蜀与楚的文化交流关系》，《长江文化论集》，武汉：湖北教育出版社，1995年。

巴、楚联合作战的最重要成果是灭庸之役。《左传》文公十六年（前611年），庸人率群蛮叛楚，楚与庸战，七战皆北。在此危难之时，巴师、秦师驰援楚师，迫使群蛮叛庸从楚，楚反败为胜，从而合围灭庸。此役，楚不但占领了庸国以西地，"群蛮率服"，而且还为后来的疆域大扩张奠定了广阔的后方。巴国则从陕东南扩张至鄂西北，占领庸之故地，深入大巴山东缘，并且取得了庸之鱼邑（今奉节），得以染指川东，为日后南下转入川东造就了立足基地。

但巴、楚联盟的目的在于利用对方力量，作为本国扩张的工具，造就本国的区域霸权。这种性质就从根本上决定了联盟的暂时性、不稳定性以及各种松懈的关系。早在《左传》庄公十八、十九年的伐楚之役中，即已初现裂痕，但并未破裂。当数十年后楚国危难之际，巴师紧急驰援，共同灭庸，也是显著例证。

巴、楚联盟于公元前477年彻底破裂。《左传》哀公十八年（前477年）记载巴师伐楚，围鄾，楚大军迎战，大败巴师于鄾。此后，巴、楚政治上军事上的联合再未见诸史载，表明巴、楚联盟已不复存在。

巴、楚联盟的破裂，正如这个联盟的形成一样，有着深刻的政治历史背景。就楚而论，自武、文以后，发展迅速，灭国数十，其势与春秋之初已不能同日而语。此时，楚要实现扫荡江汉，吞并汝淮的目的，进而北上中原，成为霸主，就必须连同虎踞汉以西的巴国一并予以荡平。对巴而言，本欲借助于与楚联盟实现其东出汉水进而建立区域霸权的战略目的，但事与愿违，不但一个林林楚国阻断了巴的东进之路，而且楚还日益暴露出独霸江汉之心。在这种形势下，原为消灭江汉间小国从而抗衡中原而存在的巴、楚联盟已经失去了它继续存在的基础，其崩溃已是在所难免。

由于巴以倾国之师伐楚而惨败，难以复原，面对步步逼凌的楚国攻势已无法抗衡，这就决定了巴在汉水大巴山之间已无法立足的严峻局势，致使巴国不得不弃土南迁。《华阳国志·巴志》说："哀公十八年，巴人伐楚，败于鄾。是后，楚主夏盟，秦擅西土，巴国分远，故于盟会希。"巴国势力最终从汉水流域消失了。

春秋末叶，巴国无法再在汉水、大巴山之间立足，南下辗转入川的史迹在文献和考古资料上都有反映。

据《括地志》，今湖北竹山县、房县"是巴蜀之境"。此两县地在汉水中上游以西，大巴山东缘，靠近陕西东南角。所谓巴蜀之境，当然只能是巴境，蜀国从未扩张至此。房县本为庸国故地，春秋文公十六年巴与楚、秦共灭庸后，巴一度扩张至此，故称巴国之境。这也是春秋年间巴从陕南东进的最东界限。但春秋之末，巴从汉水流域消失，南迁于鄂西南清江流域。梁载言《十道志》记载："施州清江郡，荆州之域，春秋时巴国，七国时为楚巫郡地。"（《太平御览》卷171引）《括地志》《后汉书·公孙述传》李贤注及《通典·州郡》等又谓巴国在今湖北长阳设"扞关"，《水经·江水注》则说"昔巴、楚数相攻伐，借险置关，以相防捍"，故称捍（扞同）关。这些记载都确凿无疑地表明，春秋末叶巴国已南下清江，作为暂时的栖身之所。

湖北省博物馆曾在襄阳山湾发掘了一批东周墓葬，出土大量青铜器，其中有巴式柳叶形剑、内上阴刻虎纹的戈、隆脊带血槽的柳叶形矛等[1]，年代早于川东所出同类器物。湖北荆门曾出土巴国的"兵避太岁"青铜戈[2]，年代亦早于巴县冬笋坝所出同类戈[3]。湖北枝江、宜昌等地，近年也不断出土巴式青铜器。尤其在清江河谷，典型的巴式青铜器，如虎纽錞于、兵刃、残镝等，发现相当多。[4]这些都对文献所记巴国南下清江流域及其年代提供了充分的实物证据。

战国初期，巴国已由清江流域西上发展到川东。《汉书·西南夷列传》颜师古注曰："黔中即今黔州治，其地本巴人也。"唐黔州治今四川彭水，辖彭水、黔江等县地，与清江支流钟建河相近。在长江巫峡东面、鄂西巴东县一带发掘的战国墓葬中，出土大批巴国青铜兵器，有柳叶形剑、矛、斧、戟、箭镞等。[5]确切表明峡江沿岸已成巴国之地。这时巴已入主川东、建国立都。战国初期巴国版图较广，东至清江流域，西至川东，而以川东为政治中心。但随着楚国版图的推进，巴地又不断缩小。《史记·秦本纪》记载："（秦）孝公元年（前361年），河山以东强国六……楚自汉中，南有巴、黔中。"这里所说巴，是指巴国故地，即春秋末巴国南迁途中以及战国初期所曾占领并立足的地区，其中包括峡江流域巴之故地。巴曾在西陵峡西口今秭归县地江上置"弱关"以御楚（《水经·江水注》），此时也一并被楚吞并。所说黔中，包括清江流域在内。《十道志》："施州清江郡……春秋时巴国，七国时为楚巫郡地，秦昭王时伐楚，置黔中郡，巫地属焉。"（《太平御览》卷171引）可知清

---

① 湖北省博物馆：《襄阳山湾东周墓葬发掘报告》，《江汉考古》1983年第2期。
② 王毓彤：《荆门出土的一件铜戈》，《文物》1863年第1期。
③ 李学勤：《"兵避太岁"戈新证》，《江汉考古》1991年第2期。
④ 林奇：《巴楚关系初探》，《江汉论坛》1980年第4期。
⑤ 林奇：《巴楚关系初探》，《江汉论坛》1980年第4期。

江流域在公元前 361 年已尽入楚国版图。巴在失去峡江和清江之地后，只有川东一隅还可暂时据守，但已摇摇欲坠了。

五、楚国西界与巴楚文化

《华阳国志·巴志》载："（巴）其地东至鱼复（今重庆奉节），西至僰道（今四川宜宾），北接汉中，南极黔涪（指今渝、鄂、湘、黔边）。"如此广阔的地域，从最广泛的意义上说，确可称为"巴地"，但其中的每一部分，并不是巴国同时所占据的版图。先秦巴国疆域变迁甚为剧烈，上引《巴志》其实是将巴国先后拥有的版图合在一起总述的。如按巴国历史的发展，其疆域变化大体是：商周时代，拥有汉水上源、汉中之东；春秋时代，向大巴山东缘发展；春秋末战国初，南移长江干流川鄂之间；战国时代，进入川东，兼及与鄂、湘、黔相邻之地。[①]

不论从载籍还是考古资料看，与巴国发生关系的，除蜀以外，主要是楚国，而巴、楚之间的和战关系均比巴、蜀之间频繁。巴国从汉上南移江上，而后从巴峡以东节节退至夔峡以西，主要也是迫于楚国的凌厉攻势，因此楚国西境范围内积聚了大量的巴文化要素，不足为奇。

《汉书·地理志》载："而汉中淫失枝柱，与巴蜀同俗。"这里所说"巴蜀"，实应理解为"巴"。汉中为西汉水所经之地，西汉水与沔水之间，有不少称为巴岭、巴山、巴水、巴谿戍的古地名，这与《左传》所记巴国的位置是一致的。据《括地志》，今湖北西北的竹山、房县"是巴蜀之境"，实则为"巴境"而非"蜀境"，这是春秋文公十六年巴与秦、楚共同灭庸后巴国扩张所至之地，也是春秋时代巴国东进的最东界域。这些地区均在战国时为楚所有，即先为巴地，后为楚地。《史记·秦本纪》载："（秦）孝公元年（前 361 年），河山以东强国六，……楚自汉中，南有巴、黔中。"这里所说的"巴"，即上述春秋时代的巴国所在，黔中是指川东南彭水、黔江等地，与鄂西南清江支流钟建河相近。战国时代，巴国在长江干流三峡地区兼及清江流域的广大地区先后为楚所占领，成了楚地。《太平御览》卷 171 引《十道志》载"施州清江郡，荆州之域，春秋时巴国，七国时为楚巫郡地，秦昭王时伐楚，置黔中郡，巫地属焉"，说的正是这种情况。战国时楚不断溯江西上，鲸吞巴国之地。公元前 280 年左右"楚襄王灭巴子，封废子于濮江之南，号铜梁侯"（《舆地纪胜》

---

① 段渝：《四川通史》第 1 册，成都：四川大学出版社，1993 年，第 203-206 页。

卷 159 引《益部耆旧传》），所灭巴子为枳地（今重庆涪陵）的巴国王子，枳地也是楚国向西南方向扩疆的最西界限。[①]近年重庆云阳李家坝遗址和四川宣汉罗家坝遗址的发现，进一步证明战国中叶以后，位于长江干流云阳地区和位于嘉陵江以东渠江流域的巴地，均已为楚所占，成为楚国的西境。《史记·秦本纪》正义说公元前 361 年楚所占领的"巴、黔中"为"南有巴、渝"，渝为渝水，即渠江，与考古发现相合。可见，从春秋战国的历史看，从汉中南至黔涪的巴地，均先后成了楚境。若谈论巴楚文化，这一大片先是巴地后是楚地上的原巴地各族的文化，就是巴楚文化最深厚的根基所在。

巴楚文化，当然不是巴、楚两国王族或公室的文化，而是指先是巴地后是楚地界域上先后受巴文化和楚文化浸染从而显示出巴、楚文化共同特征的地域文化，它主要体现在这个地区原来的巴地各族的文化上。并且，巴楚文化主要是指这个地域内的民族民俗文化，其形成期似不能早于战国中叶（前 361 年）"楚自汉中，南有巴、黔中"的年代。从这个角度看，巴楚文化似又可以视为楚国统治下吸纳了大量楚文化因素的巴文化。但如从考古学上看，巴式器物和楚式器物仍能给以清楚的区分。所以，巴楚文化不是一个考古学的概念，而是一个民族学和地域文化的概念，它主要发生在巴地民族文化与楚文化的交流上。具体而言，巴楚文化的主体实为巴地各个族群，即《华阳国志·巴志》所载巴国之属"濮、賨、苴、共、奴、獽、夷、蜒之蛮"，包括《后汉书·巴郡南郡蛮传》引《世本》所记载的廪君蛮。

公元前 280 年前后楚国西上枳地灭巴子后，彻底消灭了巴王室子孙，"封废子于濮江之南，号铜梁侯"。不过，正像楚灭越却不能改变越文化一样，巴王族的文化也没有因此而改变。史载"楚子灭巴，巴子兄弟五人流入黔中。汉有天下，名曰酉、辰、巫、武、沅等五溪，为一溪之长，故号五溪"（《十道志》），巴之群公子将其文化移植到黔中地区并继续保存下来。而且，为楚襄王所灭的巴子分封在"濮江之南"的铜梁地区，其地位于垫江（今重庆合川）之西，其文化也基本保存下来，很少受到楚文化的影响。《华阳国志·巴志》记载"江州以东，滨江山险，其人半楚，姿态敦重"，又载"垫江以西，土地平敞，精敏轻疾"，固然是对不同地域上受环境影响造成的性格差异的描述，也表明了江州（今重庆市渝中区）以东受楚文化影响颇深，而垫江（今合川）以西基本未受楚文化影响的情况，其中自当包括巴废子的文化。湖南

---

① 段渝：《论巴楚联盟及相关问题》，《江汉论坛》1990 年增刊。

省博物馆收集到的一件战国晚期巴式虎纹戈，戈援脊下方有"泪滴纹"一行三个，与四川万县出土的戈完全相同，是典型的巴式戈①，戈援脊上方有铭文一行十一字，释为："偲命曰：献与楚君监王孙袖。"②作戈者偲原是巴王族的一个成员，在巴地成为楚地后，仍保留了巴王族的遗风，铸造巴式戈，虽献与楚国派来的君监，仍以巴式戈相献。这些例子，表明巴国王族的文化在其灭国后仍以各种形式顽强地保存下来，未为楚所改变。

另一方面，巴文化也明显地影响到楚王族或公室的文化，其中最显著的两个例子，一是楚的"万舞"源自巴人板楯蛮的"巴渝舞"，一是楚之屈宋文学吸纳了大量巴文化的口头文学。③但这是楚文化的开放性所致，正是由此才使它具有博大精深的特点，而不能把楚文化中的这些巴文化因素视作巴楚文化。

作为民族学或地域文化的巴楚文化，它的基本特征是：第一，巫鬼崇拜；第二，干栏式建筑，即吊脚楼；第三，道家哲学思想；第四，性格敦厚，天性劲勇；第五，踏歌、跳丧以及其他许多民俗文化因素，多渊源于古老的巴地各族，秦汉以后又成为巴楚文化区各族共同的民俗；第六，神女传说，是巴楚文化中最富浪漫色彩的精神文化内核。

六、余论

巴楚文化的形成，有着众多的、特定的历史条件和原因，其主要原因可以从如下三个层面略加认识。

第一个层面是巴、楚之间长期的边际文化接触和交流，这主要导源于巴、楚之间的人群往来、族群迁徙以及频繁持久的和战关系。考古学上在属于楚国西境的襄阳、宜昌、荆门等地所发现的个别的巴式青铜兵器，应当来源于这一类文化交流。这种边际文化交流的作用，一般说来是缓慢的、间接的，交流的结果主要是文化采借，没有形成文化组、群的互融关系，但对相互间的亲和关系会发生一定程度的作用。

第二个层面是楚国占领巴国故地后所引起的物质文化的涵化。这种文化涵化是直接的相互涵化，即从互容到互融。考古学上在川东鄂西长江沿岸巴国故地所发掘清理的大批战国墓葬，不论是巴的墓葬形制还是楚的墓葬形制，当中大多可以发现有大量成组、群的巴文化因素和大量成组、群的楚文化因

---

① 高至喜、熊传新：《楚人在湖南活动的遗迹概述》，《文物》1980 年第 10 期。
② 李学勤：《湖南战国兵器铭文选释》，《古文字研究》第 12 辑，北京：中华书局，1985 年。
③ 段渝：《四川通史》第 1 册，成都：四川大学出版社，1993 年，第 233 页。

素相互结合的共生现象，形成典型的半巴半楚以至亦巴亦楚的文化互融景观。这种物质文化丛的互容，深刻地表现了巴、楚之间相互的文化认同和文化互融，成为巴楚文化形成的直接原因之一。

第三个层面是巴、楚之间风俗和精神文化的互融，这是巴楚文化得以形成的最深刻也是最深层的原因。巴楚文化的一个重要特征"巫鬼崇拜"，即是兴起于巫巴之地，而后东出三峡，滥觞于江汉之间和沅湘之间的。《汉书·地理志》所说"江汉信巫鬼，重淫祀"，就来源于巴文化对楚文化的熏染，以致成为巴楚文化的精髓和底蕴。[①]《文选·宋玉对楚王问》所载下里巴人之歌在楚郢都城中引起"属而和者数千人"，楚人与巴人共鸣，又表现出巴、楚间文化心态上的认同和互融。而"江州以东，其人半楚，姿态敦重"（《华阳国志·巴志》），风俗文化与楚相融。汉中之地虽"与巴蜀同俗"（《汉书·地理志》），然而汉中巴人板楯蛮鹖冠子却著道家之书（《汉书·艺文志》），以至演为"巴俗事道，尤重老子之术"（《北史·泉仚传》），如此等等，则均与楚文化的深刻浸染息息相关。东汉末叶五斗米道之所以能够在汉中和川东北地区普遍风行，其中一个重要的原因，就在于巴楚风俗和精神文化的长期互融所造成的极为深厚的历史积淀。所以，尽管在后来的历史发展中，先秦巴楚文化的物质文化形式大多已经荡然无存，成为历史的陈迹，但其风俗和精神文化内涵却长久地保存下来，随时代的变化而继续发展演化，足见风俗和精神文化的长期积淀所具有的极强的历史穿透力。

---

① 段渝：《略论巴、蜀与楚的文化交流关系》，《长江文化论集》，武汉：湖北教育出版社，1995 年。

46

巴、蜀、楚的文化关系

以古代文化区而论，在长江上游和中游地区，依次分布着蜀文化、巴文化和楚文化，它们以长江为依托，同时向大江南北作辐射发展，北与黄河文化、南与滇文化和岭南文化交错衔接而相互影响、激荡、融合，对中国文明的起源形成和发展尤其是长江流域的大规模开发做出了重要贡献。

一、同流异源的巴蜀文化

人们通常把四川盆地从古到今的文化通称为"巴蜀文化"。事实上，在战国时期以前，巴与蜀的文化并不是一个统一的文化整体，而分别是巴文化和蜀文化。

所谓巴文化，是指先秦巴国王族和巴地各族所创造的全部物质文化、精神文化和社会结构的总和。巴文化具有自己的鲜明特征：第一，大量使用巴蜀符号，多刻铸在青铜器和印章上；第二，巫鬼文化异常发达，以至在川东鄂西尤其在三峡地区形成一个颇引人注目的巫文化圈；第三，乐舞发达，人民能歌善舞，其青铜乐器以錞于为重器；第四，崇拜白虎（廪君蛮）与畏惧白虎（板楯蛮）的信仰共生、交织；第五，土风敦厚，天性劲勇；第六，丰富而源远流长的女神崇拜文化传统，这是渝东鄂西之间巴文化中最富浪漫色彩的精神文化内核。

蜀文化是指古蜀族和蜀地各族所创造的全部物质文化、精神文化和社会结构的总和。夏商之际鱼凫氏战胜蚕丛氏和柏濩氏而融合了蚕丛、柏濩两族，形成了古蜀族。以古蜀族为主体而形成的古蜀文化，其基本人文特征是：重祭祀，重形象思维，工艺发达，喜音乐，君子精敏，小人鬼黠……将巴文化和蜀文化这两种起源不同、类型有异、族别非一的古代文化统称为巴蜀文化，首先导源于一种地理单元观念，即它们在地域上是紧相毗邻的，二者在频繁的和与战中得以充分交流、互动以至部分整合。其次导源于二者经济区的大体划一，民风、民俗的大体相近，拉近了二者的距离。最重要的是，战国时期巴文化区和蜀文化区通行共同的文字——巴蜀文字，增强了二者的凝聚力和整合力。在上述因素以及其他多种原因的综合作用下，战国时期的巴文化与蜀文化在诸多层面最终达到融合，形成了大体整合的巴蜀文化。

应当指出，巴蜀文化这个概念并不意味着在这种主体文化以内没有任何差别。例如，《华阳国志·巴志》就正确地指出"巴有将，蜀有相"，精辟地点出了巴文化与蜀文化的重要差别。而在四川盆地巴蜀文化区内外还存在若干具有特点的亚文化。

二、共生互融的巴楚文化

巴楚文化，主要是指在原为巴地后为楚地的地域范围内，巴文化与楚文化的共生与互融，表现为一种半巴半楚或亦巴亦楚的民族和地域文化。巴楚文化主要是在这个地域内的民族民俗文化，其形成期不早于战国中叶（前 361 年）。从这个角度看，巴楚文化似又可以视为楚国统治下吸纳了大量楚文化因素的巴文化。

从考古学上看，巴式器物和楚式器物仍可清楚区分。所以，巴楚文化不是考古学概念，而是民族学和地域文化概念，具体而言，巴楚文化的主体实为巴地各个族群，即《华阳国志·巴志》所载巴国之属"濮、賨、苴、共、奴、獽、夷、蜑之蛮"，以及《后汉书·巴郡南郡蛮传》引《世本》所记载的廪君蛮。巴楚文化有如下基本特征：第一，巫鬼崇拜；第二，干栏式建筑，即吊脚楼；第三，道家哲学思想；第四，性格敦厚，天性劲勇；第五，踏歌、跳丧及其他许多民俗文化因素（多源于古老的巴地各族，秦汉以后又成为巴楚文化区各族共同的民俗）；第六，神女传说。巴楚文化的形成有着特定历史条件和原因，其主要原因有三个方面：首先是巴、楚之间长期的边际文化接触与交流；其次是楚国占领巴国故地后所引起的物质文化的涵化；再次是巴、楚之间风格和精神文化的互融，这是巴楚文化得以形成的最深刻、最深层次的原因。

三、同源异流的蜀楚文化

史称楚祖祝融出自帝颛顼一系，《史记·楚世家》载："楚之先祖出自帝颛顼高阳。"楚之同姓屈原《离骚》开宗明义说："帝高阳之苗裔兮，朕皇考曰伯庸。"蜀人的先祖同样与帝颛顼有关，《大戴礼记·帝系》和《史记·五帝本纪》均载："黄帝娶于西陵氏之子，谓之嫘祖氏，产青阳及昌意。青阳降居泜水，昌意降居若水。昌意娶于蜀山氏，蜀山氏之子谓之昌濮氏，产颛顼。"历史文献说明，蜀与楚具有同源的亲缘关系。

蜀人自古僻处西南，岷江流域是其根源所在。楚人则是从黄河流域迁到长江流域，是从中原文化圈中分化出来的一支，西周时代才世居南土。因此，两者后来所发展出来的文化差别颇大，无论反映在文献还是考古发掘资料上，这都清晰可辨。

尽管如此，从最广泛的意义上讲，同帝颛顼有关的绝大多数远古族系，在夏商时代就相继衰亡灭绝了，所剩两支，均在长江流域，这就是蜀与楚。蜀在长江上游，居江水之源；楚在长江中游，居南国之中。蜀文化和楚文化对于中国古史系统的构筑产生了巨大作用。以南方系统为中心的《山海经》，看来就是以蜀、楚雄踞长江流域的历史为根据写成的。《世本》《帝系》等中原古史所传的黄帝后裔两系，其中昌意、颛顼一系的后裔中，就有蜀、楚两支在长江流域发展壮大，使得中国文明初期的南北文化既具多元性，又具统一性，十分确切地说明了中国文明起源形成的多元一体格局。

巴蜀文化概念
与巴蜀文字

| 47 |

抗战时期 "巴蜀文化" 的提出与研究

一、巴蜀文化命题的提出

巴蜀文化命题的提出，基于 20 世纪二三十年代四川的考古调查与发掘：一是广汉真武宫玉石器坑的发现与发掘，二是成都白马寺坛君庙青铜器的发现与研究，由这两条主要线索，便揭开了三星堆与巴蜀文化研究的序幕。

（一）广汉发掘与 "广汉文化"

1929 年（一说 1931 年）春，四川广汉县（今广汉市）城西 9 公里太平场附近真武宫南侧燕氏宅旁发现大批玉石器，其中不少种类在形制上与传世和其他地区出土的同类器型不同，引起有关方面注意。1930 年，英籍牧师董宜笃（A. H. Donnithone）函约成都华西大学教授戴谦和（D. S. Dye）同往调查，获得一批玉器。戴氏据此撰《四川古代石器》（ "Some Ancient Circles, Squares, Angles and Curves in Earth and in Stone in Szechwan" ），备记其事，并对器物用途等略加探讨，发表于华西大学华西边疆研究学会主办的英文杂志《华西边疆研究学会会志》（ *Journal of the West China Border Research Society* ）第 4 卷（1934）。1932 年秋，成都金石名家龚熙台称从燕氏购得玉器 4 件，撰《古玉考》一文，发表于《成都东方美术专科学校校刊》创刊号（1935），文中认为燕宅旁发现的玉器坑为蜀望帝葬所。1933 年（一说 1934 年），华西大学博物馆葛维汉（D. C. Graham）教授及该馆助理馆员林名均应广汉县政府之邀，在燕宅旁开展正式田野考古发掘，颇有收获，由此揭开了日后三星堆文化发掘与研究的序幕。

1934 年 7 月 9 日，时旅居日本并潜心研究甲骨文的郭沫若在给林名均的回信中，表达了他对广汉发掘所取成果的兴奋心情，并认为广汉出土玉器与华北、华中的发现相似，证明古代西蜀曾与华中、华北有过文化接触。他还进一步从商代甲骨文中的蜀，以及蜀曾参与周人克商等史料出发，认为广汉遗址的时代大约在西周初期。

1936 年，葛维汉将广汉发掘及初步研究成果撰成《汉州发掘初步报告》（"A Preliminary Report of the Hanchou Excavation"），发表于《华西边疆研究学会会志》第 6 卷（1936）。林名均亦撰成《广汉古代遗物之发现及其发掘》一文，发表于《说文月刊》第 3 卷第 7 期（1942）。两文均认为出土玉石器的土坑为墓葬。至于年代，葛维汉认为其最晚年代为西周初年，约当公元前 1100 年；林名均则将广汉文化分为两期，认为文化遗址的年代为新石器时代末期，在殷周以前，坑中所出玉石器则为周代遗物。

1946 年 7 月，华西大学博物馆出版了郑德坤教授的《四川古代文化史》，作为该馆专刊之一。在这部著作里，郑德坤把"广汉文化"作为一个专章加以讨论研究，从调查经过、土坑遗物、文化层遗物、购买所得遗物、广汉文化时代之推测等五个方面详加分析，不同意葛维汉、林名均提出的墓葬之说，认为广汉出土玉石器的土坑应为晚周祭山埋玉遗址，其年代约为公元前700—前 500 年；广汉文化层为四川新石器时代末期遗址，在土坑时代之前，其年代约在公元前 1200—前 700 年之间。

广汉发掘尤其"广汉文化"的提出，表明当时的学者对广汉遗物与中原文化有异有同的现象开始寄予了关注。不过，由于种种原因，广汉文化在当时并没有引起更多学者的特别重视。

（二）入川学者与"巴蜀文化"

1941 年，在海内外学术界享有盛誉的《说文月刊》第 3 卷第 4 期在上海出版，本期题名为"巴蜀文化专号"。在本期中发表了卫聚贤题为《巴蜀文化》的文章，该文洋洋洒洒数万字，并附有大量在四川出土的各类器物的摹绘图。该期还同时发表了郭沫若、常任霞、张希鲁等文史名家的论文。金祖同在该期的《冠词》中写道：

> 溯自抗战军兴，国都西徙，衣冠人物，群集渝蓉，巴蜀一隅，遂成为复兴我国之策源圣地，政治、经济、人文学圃，蔚为中心，粲然大盛，日下风流，俨然见汉家旧典，中华崭然新文化，当亦将于此处孕育胚胎，植其始基，继吾辈研究巴蜀古文化而发扬滋长。……奋起有人，使巴蜀新文化衍而为中华新文化，其光华灿烂与国运日新不已。

1941 年 12 月，《说文月刊》出至第 3 卷第 6 期时，因上海沦陷而停刊，该刊编辑部随之南迁四川重庆，于 1942 年 7 月在重庆复刊，此为第 3 卷第 7 期。

《说文月刊》第 3 卷第 7 期为该刊 "渝版第 1 号"，与第 3 卷第 4 期一样，题为 "巴蜀文化专号"。在本期中，卫聚贤的论文经过大量补充，仍以《巴蜀文化》为题发表。该期还发表了自抗战以来云集四川的一些著名学者研究巴蜀文化的论文，如于右任、张继、吴敬恒、王献唐、商承祚、郑德坤、林名均、董作宾、朱希祖、缪凤林、徐中舒、傅振伦、郭沫若等。作为该期篇首，于右任在《巴蜀文化之研究》一文中写道：

> 四川古为巴蜀之国，战国末年被秦所侵，期人民退居四面深山中，因其历史未曾传世，考古者亦多不注意于此。而其古代文化，遂不闻于世。其实古巴蜀自有巴蜀文化也。
>
> 历代出土铜器，有一种花纹文字与周异，而与殷亦不同，金石家将其年代向前推求，目为夏代物。今其出土地在四川，则知其物非夏代，而为巴蜀人固有之文化也。
>
> 如能作一次科学之发掘，得事实之证明，则对于学术上之贡献，可胜言哉！

"巴蜀文化" 的命题提出后，在学术界引起了十分热烈的争论，直接导致了巴蜀文化作为一个科学命题的最终确立。

当 20 世纪 40 年代学术界首次提出 "巴蜀文化" 的时候，还仅仅是把它作为一种与中原文化有别的青铜器文化来看待的。其背景是 20 世纪 20 年代成都西门北面白马寺坛君庙时有青铜器出土，以兵器为多，形制花纹与中原青铜器有异，流布各地以至海外，被人误为 "夏器"。抗战爆发后，学者云集四川，遂对这些异形青铜器产生兴趣。卫聚贤搜集这批资料，写成考释论文，即分别发表在《说文月刊》3 卷 4 期（1941）和 3 卷 7 期 "巴蜀文化专号"（1942）上的《巴蜀文化》。他在文中将这批兵器分为直刺、横刺、勾击三类，并摹写出器体上的各种纹饰。他在文中提出，春秋以前蜀人有自己的文字，春秋战国时仿中原文字。对于蜀国青铜器的年代，则断在商末至战国。

卫文刊布后，在学术界掀起轩然大波。一些知名学者力驳卫说，认为卫文所举青铜器，不是中原兵器，便是伪器。如像金石甲骨学家商承祚、考古学家郑德坤等，都不同意卫聚贤的看法。在当时四川地区尚未大力开展科学的考古发掘的情况下，人们大多从古人言，认为巴蜀蛮荒、落后，这固然可以理解，然而由此怀疑巴蜀文化的存在，全盘否定巴蜀青铜器，却显然是 "中原中心论" 长期占据学术统治地位的结果。

在"巴蜀文化"命题提出的前后，学术界还从文献方面对巴蜀古史进行了研究，辑佚钩沉，试图重建巴蜀的古代史。发表的论著中，所依据的材料主要是旧题西汉扬雄的《蜀王本纪》和东晋常璩的《华阳国志》，以及先秦汉晋其他的一些历史文献。这些论文，大多限于微观研究，视角不广，几乎没有提出成体系的观点。

1941 年，古史辨大师顾颉刚在四川发表重要论文《古代巴蜀与中原的关系说及其批判》，清理了古代文献中有关巴蜀的多数材料，彻底否定几千年来人们信奉不二的"巴蜀出于黄帝说"，首次提出"巴蜀文化独立发展说"，认为巴蜀融合中原文化是战国以来的事。顾氏的看法，在当时产生了很大影响，可以说是中华人民共和国成立以前巴蜀文化与历史研究领域内最具灼见、考论最精的一篇奠基之作。其实质在于，他实际上已洞见并提出了中国文明多元起源的问题和巴蜀文化区系的问题，而此类问题正式提上研究日程并为学术界所接受，却是 40 年以后的事情，足见其大师风范。

考古学方面，考古学家冯汉骥等人调查了成都平原的"大石文化"遗迹，认为是新石器时代到周代，即秦灭巴蜀以前的遗迹，部分证实了文献有关记载的可靠性。考古学家吴金鼎、民族学和人类学家凌纯声、马长寿等学者也在四川各地进行考古调查，史前遗址屡有发现。郑德坤比较全面地搜集了当时可能看到的四川考古材料，详加排列整理，出版了《四川古代文化史》专著。尽管郑氏并不同意"巴蜀文化"的提法，但这部著作对于研究考古学上的巴蜀文化，却有十分重要的意义，这是他所始料不及的。

巴蜀文化的讨论激发了一大批学者的热情，人们纷纷著文参加讨论，各抒己见。甲骨学家董作宾著《殷代的羌与蜀》一文，发表在《说文月刊》3卷 7 期"巴蜀文化专号"上。他仔细搜求当时所见甲骨文，确认有"蜀"，并根据甲骨文中蜀与羌每在同一片上甚至同一辞中的情况，断言蜀国在陕南一带，并不在传统上所认为的成都。在董作宾之前，甲骨学家唐兰也曾考释了甲骨文中的"巴方"和"蜀"，认为在今四川。[1]甲骨学家陈梦家也承认甲骨文中有"蜀"，指为西南之国。[2]甲骨学家郭沫若亦从此论，但认为甲骨文中的蜀"乃殷西北之敌"[3]。甲骨学家胡厚宣承认甲骨文中有蜀，不过他认为此

---

① 唐兰:《天壤阁甲骨文存并考释》，北平辅江大学出版，1939 年。

② 陈梦家:《商代地理小记》，《禹贡》半月刊，1937 年（6）（7）合刊。

③ 郭沫若:《卜辞通纂》，日本东京文求堂，1933 年。

蜀并不是四川的蜀国，而是山东的蜀，"自今之泰安南到汶上，皆蜀之疆"①。上古史专家童书业则认为巴蜀原本都是汉水上游之国，春秋战国时才南迁入川。②先秦史学家、古文字学家徐中舒在其享有盛誉的论文《殷周之际史迹之检讨》中，认为巴、蜀均南土之国，殷末周文王经营南国，巴蜀从此归附。

此外，在四川史前文化的调查方面也取得初步成果。1886 年英人巴贝（C. F. Babei）在重庆附近购得磨制石器 2 枚，西蜀有石器文化遂闻于世。1913 年美国哈佛大学叶长青（J.H.Edgar）在西康采集到打制石器材料。1925—1926 年美国中亚考察队格兰杰（Walter Granger）在万县盐井沟发现 1 件与更新世动物化石群同时的穿孔石盘。1930 年德国人阿诺尔德·海姆（Arnold Heim）在西康道孚发现 2 件刮削器。1931 年美国哈佛燕京学社派包戈登（Gordon Bowles）在道孚附近发现史前遗址多处，采集石器数十件。1935 年法国人德日进（Teilhard Decheadin）与中国生物学家杨钟健在万县西约 10 公里的长江第一阶地上采集到 1 件新石器时代以前的石器。③还有一些学者对巴蜀的物质文化、古史传说、政治史，以及史前文化进行了探讨，对学术界也有较大影响。

二、抗战时期的巴蜀文化研究

在热烈的争辩中，学者们主要从巴、蜀的地域、族属、时代、青铜器、经济、城市、文字以及与中原文化的关系等方面进行讨论，从而丰富了巴蜀文化这一学术命题的内涵和外延。

（一）关于"巴蜀文化"

卫聚贤在 1941 年出版的《说文月刊》3 卷 4 期上发表的《巴蜀文化》论文中，开篇即说：

四川在秦以前有两个大国——巴、蜀。巴国的都城在重庆，蜀国的都城则在成都。巴国的古史则有《山海经》《华阳国志》的巴志所载，惟其国靠近楚秦，故《左传》上尚有段片的记载。蜀国的古史，则有《尚书》《蜀王本纪》（扬雄作，已亡，他著有引），《本蜀论》（来敏作，《水经注》引），及《华阳国志》的《蜀志》。不过这些古史既不详细且多神话，因而目巴蜀在古代没有

---

① 胡厚宣：《卜辞中所见之殷代农业》，《甲骨学商史论丛》第二辑，齐鲁大学国学研究所，1946 年。
② 童书业：《古巴国辨》，《文史杂志》1943 年第 2 期。
③ 郑德坤：《四川古代文化史》，华西大学博物馆，1946 年印行。

文化可言。

去年四月余在重庆江北培善桥附近发现汉墓多座，曾加发掘，得有明器若干，由其墓的建造，砖上的花纹及文字，其他的俑钱剑等物看来，文化已是很高。不过，这是汉代的汉人文化，与先秦的巴人无干。再就重庆各地的蛮洞子——崖墓而论，固是蛮人的遗物，但是在汉代的汉人在四川也曾以崖墓为葬地。是以巴人的文化，除书本之外，无。

去年八月余到汶川访石纽，闻有石器发现，路过成都参观华西大学博物馆，见有石器甚多，皆川、康境内出土，其形状除一种扇面形外，多与黄河流域同。故知其蜀人文化之古，而不知其蜀人文化之异。陶器在川北，找到彩陶一二片，但块甚小，花纹也看不清。在广汉太平场则有黑陶，但亦多系碎片，惟有一玉刀，形状特别，并有二尺以上的大石璧，其时代则在石铜之交，已引起我的好奇心，但无他物为证而罢。

今年四月余到成都，在忠烈祠街古董商店中购到兵器一二，其花纹为手与心，但只有一二件，亦未引起余注意。六月余第二次到成都，又购到数件，始注意到这种特异的形状与花纹，在罗希成处见到十三件，唐少波处见到三件，殷静僧处两件，连余自己收集到十余件，均为照、拓、描、就其花纹，而草成《蜀国文化》一文。

八月余第三次到成都，又收集到四五件，在赵献集处见到兵器三件，残猎壶一。林名钧先生并指出《华西学报》第五期（二十六年二月出版）有錞于图，其花纹类此，购而读之，知万县、什邡（四川）慈利（湖北）长杨（湖北）峡亦有此特异的花纹兵器等出土，包括古巴国在内，故又改此文为——《巴蜀文化》。

卫聚贤又在次年备述研究巴蜀文化的困难：

巴蜀传说的古史，则多神话；巴蜀可靠的历史，亦甚简略。居于二千年后，而却从书本子上探访当日的文化则甚难。巴蜀的居民散居山地文化落后，以遗俗推究古文化，尤更不易。无已，则以新出土古器物为证。

四川各地出土的新石器，其伴出的陶器甚少，而且都是些碎片。既无如彩陶盆的花纹，又无如黑陶刻的花纹，更无如印陶印的花纹，是就陶器的形状与花纹以研究古文化，则不可能。石器除广汉的一玉刀形状复杂，其余的一石铲为扇面形，较为特别外，余均平常。以此而言文化，则甚不易。

四川古铜器出土甚少。年代间有记载，而形状花纹文字不详；考古书上间有记录，不但对于出土地不明，时代也弄不清。故无人敢着手于巴蜀文化之研究。①

从这里可以看出，在当时的条件下，研究巴蜀文化有很大的难度。

郑德坤在他的《四川古代文化史》第四章"广汉文化"中写道："四川广汉文化遗址位于县西北十八里之太平场。去场二里许有小庙曰真武宫，位于土坡之上，土坡高出周围平原约四五十尺，即古代文化之遗址也。""广汉文化遗物，据林氏（指林名均）报告，可分为三部分；一为溪底遗物，包括燕氏所获及整理发掘所得，即土坑之出品也；一为溪岸坑中遗物，系发掘所得，即文化层之遗物也；一为购买遗物，相传出于广汉文化遗址者。""广汉文化层遗物可分为石器陶器二类，此外有所谓玉质残璧一件，应归入石器。""诸遗物中绝无石镞及铜器之发现，一方面可以证明其有四川史前文化之特质，一方面亦可证明其年代应在铜器盛行之前。然则假定广汉文化层为四川史前文化新石器时代末期之遗址，正在土坑时代之前，当无不可，其年代约在公元前 1200 至 700 年以前。"

郑氏率先提出了"广汉文化"，许多学者从多角度对广汉文化进行了初步研究。但在今天看来，由于当时广汉遗址的发掘十分有限，没能为研究提供必要而充足的材料，严重制约了研究成果的丰富性和准确性。

（二）巴蜀的地理位置

既然提出巴蜀文化，就必须考证其存在的地域与时间、由何人创造、文化发展程度等问题。

关于巴蜀文化的主体地域，学者们认为：巴蜀文化是巴文化与蜀文化的统称，而巴文化与蜀文化存在于不同的地域，巴文化存在于巴国，蜀文化存在于蜀国。

学者们主要靠分析研究古籍中的有关记载，推论巴国、蜀国的疆域。但关于巴国、蜀国疆域的古代文物、文献资料确实太少，理解、推理往往大相径庭，学术争论实在难以避免。然而，有趣的是，尽管关于巴国、蜀国的文字资料都很少，但学术界对巴国疆域认定基本一致，对蜀国疆域的认定却争论非常激烈。

徐中舒在《殷周之际史迹之检讨》中说："旧说谓巴必以汉巴郡之江州当

---

① 卫聚贤：《巴蜀文化》，《说文月刊》第 3 卷第 7 期。

之。此秦时之巴，春秋以前，巴之疆域疑不限于巴郡，如巴口、巴山、巴东诸地，今皆在湖北境内。"认为巴地应为今重庆、湖北一带。这一观点具有相当的代表性。

董作宾研究了甲骨文中有关蜀的文字，认为：蜀国在殷代是一大国，位于西南。他在《殷代的羌与蜀》中说：

> 蜀，在甲骨文中，材料又太少了，题目似乎蜀与羌是平列的，实际上在文章里，只能算这一篇的尾巴。号称十万片的甲骨文中，见过的蜀字一共有十一条，都是武丁时的卜辞，除了四条太残缺不能识读者之外，还有七条，可以五项来说明他。蜀与羌，皆为殷代的属国，后来都曾参加周武王伐纣之役。羌方，是殷代西方的一个大国……东南近缶同蜀……蜀，为殷西南的一个大国，地舆缶国、羌方邻近。[1]

缪凤林直接说：

> 巴蜀二字，有广狭两义：狭的巴蜀，指的是"巴人""蜀人"或"巴国""蜀国"，大约相当于汉代的巴郡十一县蜀郡十五县及广汉郡十三县……约得今四川全省之半。广义的巴蜀，则除巴人蜀人或巴国蜀国外，《史记》和《汉书》西南夷所列举的西夷南夷，亦皆概入在汉代的巴蜀广汉三郡外，尚需加入犍为郡十二县牂柯郡十七县（二郡本南夷地）及越巂五县益州郡二十四县（二郡本西夷地），自今四川全省外，远及西康贵州云南的一部。或更加入汉世与上列七郡同属益州的汉中郡十二县，——在某一时期，蜀人也曾占领过汉中——而以汉代整个的益州——即上列八郡——为范围……[2]

但缪自己还是更倾向于狭义的巴蜀地域。

陈梦家在《商代地理小记》中说：

> 武王伐纣，誓于牧野，其所率西南夷凡庸、蜀、羌、髳、微、卢、彭、濮八国。……此八国见于卜辞者有蜀、羌、微、濮四国，皆殷之敌国。当时地望已无可考，大约皆在殷之西北、西南，决不若今日之远处边陲也。[3]

然而，对于蜀国的地理位置，有学者提出了不同的看法。即使是甲骨文

---

① 董作宾：《殷代的羌与蜀》，《说文月刊》第3卷第7期。
② 缪凤林：《漫谈巴蜀文化》，《说文月刊》第3卷第7期。
③ 陈梦家：《商代地理小记》，《禹贡》半月刊，1937年（6）（7）合刊。

中的蜀，专家们也有不同的解释。董作宾认为是指陕南一带；郭沫若认为处于殷西北；胡厚宣则认为应是山东的蜀。

顾颉刚清理了古代文献中有关蜀与中原关系的记载，本着"没有彻底的破坏，何来合理的建设"的精神，逐条分析与批判前人的论点，认为：

> 有甲骨文里的蜀，其地在商王畿内。有《逸周书》里的蜀，大约和甲骨文的蜀是同一块地方。有《春秋经》里的蜀，是鲁国的都邑，在今山东泰安县附近。这三个蜀全在东方，和四川的蜀国无涉。有《牧誓》的蜀，固然和蜀国有关，但秦岭之南即是蜀境，依然是汉水流域的蜀人而不是岷江流域的蜀人，何况《牧誓》这篇的著作时代还有问题。梁州固然指的是四川的大部，陕西、湖北的一部，但这是秦灭巴蜀的前后所作的……[1]

蜀国的地理位置究竟在哪里，当时未能得出一致性结论。从古代文献及考古成果，可以推测先秦时期四川地区拥有古代文明，但这是春秋战国时期南迁的中原人带去的吗？是秦灭巴蜀后中原器物大量流传至西南造成的古代文明假象吗？还是土生土长、有别于中原文化的蜀文化呢？问题的矛头直指中华文明起源。

（三）巴蜀的族属

什么人创造了巴文化？什么人创造了蜀文化？民族的成长与迁徙线路，是寻找文化根源的重要途径。

卫聚贤认为巴人为苗人的一支，善于歌舞。[2]

徐中舒根据《左传》等文献认为：

> 巴亦姬姓。《左传》昭十三年云："楚共王与巴姬埋璧。"明巴为姬姓。[3]

这是比较传统的观点。

还有学者认为巴国和蜀国原本都是汉水上游的方国，在春秋战国时期才向南迁徙，蜀国居西，约在今四川境内；巴国是蜀国的东邻。[4]至于蜀族的问题，这一时期没有什么新的见解，仍然是岷江流域一支羌人南迁和山东蜀族

---

① 顾颉刚：《论巴蜀与中原的关系》，成都：四川人民出版社，1981年。
② 卫聚贤：《巴蜀文化》，《说文月刊》第3卷第4期。
③ 徐中舒：《殷周之际史迹之检讨》，《徐中舒历史论文选辑》，北京：中华书局，1998年。
④ 童书业：《古巴国辨》，《文史杂志》1943年第2期。

西南迁徙两种观点。[①]

这一时期，对于西南地区其他族属的研究也没有什么新的进展，没有超越《史记》的记载。

在没有比较充分的文献资料、考古资料的条件下，研究巴蜀的族属问题，成果自然很少，争论必然很多。要超越前人，必须拥有更多的史料和考古发现。

（四）时代

巴蜀文化存在于什么样的时空之下，这既关系到巴蜀文化是否有相对独立发展的时空条件，也关系到中华文明起源问题。

从文献资料推测蜀文化和巴文化存在的时代，收获不大。如卫聚贤等根据《华阳国志》《山海经》等文献，"传说在夏代时已有巴人"[②]。而且无法明确夏代的巴文化究竟发展到什么程度。

从考古资料分析蜀文化和巴文化存在的时代，却有了突破性的进展。首次正式发掘广汉三星堆遗址的葛维汉在《广汉发掘初步报告》中，认为广汉文化遗址及土坑同属一个时代，最晚年代为周初，约公元前 1100 年。但其助手林名均却不同意这一时代推论，林名均认为广汉遗址中有二期文化遗存，其一是石器陶器；其二是玉器。以石器陶器的形制推论，其时代应为新石器时代末期，殷周之前；以玉器推论，应为周代。[③]

郑德坤比较全面地总结了学术界对四川地区史前文化的调查研究成果，并提出了自己的观点：

四川史前文化在东亚诸史前文化中之地位甚明，其石器工业之演进正可反映全东亚史前文化进展之程序。以东亚各区遗址之年代考订之，四川之史前文化前后约经五千年之发展，其最早年代约当公元前五六千年之间，距今约七八千年，正当东亚新石器时代之前期。广汉史前遗迹之发掘（后详），石器陶片之中杂有西周玉器多种，故四川之接受中原文化而进入历史时代或起于西周之际，约在公元前 700 年以前也。是四川各地发现之石器及陶器，其所代表之时代或可分别如下：

1. 中石器时代（公元前 5000～3000）以打制工业为代表。
2. 新石器时代前期（公元前 3000～2000）以打磨工业为代表。

---

① 胡厚宣：《卜辞中所见之殷代农业》，《甲骨学商史论丛》第二辑，齐鲁大学国学研究所，1946 年。
② 卫聚贤：《巴蜀文化》，《说文月刊》第 3 卷第 7 期。
③ 林名均：《广汉古代遗物之发现及其发掘》，《说文月刊》第 3 卷第 7 期。

3. 新石器时代后期（公元前 2000~1200）此期或可分为早晚两段：早者以琢磨工业及陶器工业之一部为代表；晚者以磨制石器之一部及陶业之一部为代表。

4. 石器铜器过渡期（公元前 1200~700）以磨制石器之一部，陶业之大部及广汉文化层为代表。[①]

卫聚贤研究了成都白马寺出土的青铜兵器，认为：

> 白马寺出土的兵器……余疑为商末周初，以至西周春秋战国时均有。因白马寺坛君庙后为蜀国的社稷坛，则有兵器祭器存于其中。[②]

根据卫聚贤的研究，可以推论巴蜀地区在商末已出现青铜器。

这些研究表明，巴蜀文化源远流长，在先秦时期已经历了漫长的石器时代，并进入青铜时代即文明时代。这是巴蜀文化研究史上的一个重大突破。

现在看来，当时有的结论偏差较大，但这显然是受制于当时的考古发现及科研条件。

（五）巴蜀青铜器

巴蜀地区真的出土了青铜器吗？如果真的出土了青铜器，是属于巴蜀文化自己原造的，还是仿造中原文化的伪器？这关系到先秦巴蜀地区是否出现过古代文明的大问题，学术界为此展开了激烈的争论。

卫聚贤精心研究了成都白马寺出土的青铜器：

> 此种特异花纹的铜器，出于成都城外西北角白马寺附近坛君庙后李洪治等数家地中。其路是出旧西门，不到成灌公路的车站处，向北有一条环城马路，由北巷子走，不及一里有向北一条道，又不及一里有一大河（即洗足河）过木桥，望见东北高处则为皇坟及白马寺，过桥向西北行数十步，为坛君庙，有茶馆二家，买卖砖瓦及瓦窑工人都在此吃茶。
>
> ……
>
> 白马寺坛君庙后窑工掘土，于民国十年左右，即掘有铜器，以兵器为最多，以其上钳金银花纹者为贵，有花纹者次之，素的最下，在当时上等的一二十元，次等的十元左右，下等的一二元而已，故各收藏家多有此物，（闻英

---

① 郑德坤：《四川古代文化史》，华西大学博物馆，1946 年。
② 卫聚贤：《巴蜀文化》，《说文月刊》第 3 卷第 7 期。

国人搜集去的四五百件，四川博物馆有四五十件）但因空袭疏散于乡间，又以兵器不为重要古物，而且不大，都东一件西一件，夹杂在别的古物中，余到各处去借，都一时找不到，兹就其已找到的，加以推论。①

卫聚贤于 1941 年、1942 年在《说文月刊》上连续发表了两篇题目为《巴蜀文化》的论文，仔细分析了白马寺出土青铜兵器的形状、花纹、文字、时代等，认为：

> 自秦昭王命张仪司马错灭巴蜀，巴蜀的人民，离开成都平原，散居四面山中，由农业退为游牧，生活日艰，将固有的文化失掉，是以以今日川北的羌民，西康的番人，大凉山的罗罗，这些落后的民族的文化看来，当然不相信巴蜀古有高深的文化，白马寺等处有这样特异花纹的兵器等出土。

> 四川在秦以前，小国甚多，均有文化，以出土的铜器而论，有成都广汉什邡万县，其下有峡东，慈利，长杨，其记载出土的地名或有不确，而成都白马寺坛君庙后出土此兵器，确系事实，则系蜀国的器物无疑。此文发表系借知巴蜀古有文化……②

在与卫聚贤第二篇《巴蜀文化》论文同期的《说文月刊》上，还刊登了商承祚的论文《成都白马寺出土铜器辩》。商承祚针锋相对地说道："聚贤治学同作文章，都不求甚解，写了就罢，说完就算，信不信由你，对不对在他。"又表明："聚贤向我征稿的时候，我就同他说写一篇《成都白马寺出土铜器辩》，是同他绝对对立，拿客观的眼光来论断，作学术上的研讨，抛弃主观，不作强词夺理与人歪缠。他一口允许，并且极端赞同，时时催促我赶快写。"文章的第一个问题便是"成都白马寺是否有铜器出土，尤其是兵器"：

> 成都白马寺有古物出土，诚然；但不是铜，而是陶砖瓦当，早几年俯拾即是，我的游友时常捡回断瓦残当留作纪念，证之市面上所卖的陶砖瓦当谓出白马寺的花纹制作完全一样，而于铜器则实未见未闻。自聚贤扰攘白马寺出铜器后，甚嚣尘上，不能不令人生疑，况且兵器极多，用器特少，比例在三四十分之一，相差太悬殊，再由其制度花纹斑锈来检讨，无一合乎四川出土器物的条件。然而白马寺不出铜器，尤其是兵器可以确实决定的了。

> 白马寺不出铜器吗？没有兵器吗？不！白马寺都有出土，不过此白马寺

---

① 卫聚贤：《巴蜀文化》，《说文月刊》第 3 卷第 4 期。
② 卫聚贤：《巴蜀文化》，《说文月刊》第 3 卷第 4 期。

非彼白马寺，而为洛阳的白马寺。民国二十几年华西大学在广汉太平场发掘，得了些玉器石器，据我推断其年代制作属于西周，不是蜀人的作品，而是后人带入川中重入土的。又听说广汉也有个白马寺，于是有人又疑此批兵器是白马寺出土，我都不敢相信。四川地名相同的太多，每一省的乡场，都有太平场，中兴场，中和场……等等，搅得人头脑发晕。庙宇同名的全国更多，就拿白马寺来说，最知名的无过于洛阳的白马寺，这一群器中，恐怕有属于它的。成都人只知成都的白马寺，商人又附和卖主的心理，就将错就错张冠李戴来蒙混一切，一直到了聚贤，复加渲染，遂几不可收拾，害了多少听众，真可谓白马之乱了。

文章从成都白马寺是否有铜器出土尤其是兵器、兵器制度及年代的诠释、花纹文字的燃犀、从锈色定地域、据铜质的优劣知非出于一处等五个方面，逐一分析，得出"我对于成都白马寺出土的兵器，最初怀疑，结果否认"，那不是从中原带入四川，就是仿造的伪器的结论。

像商承祚一样怀疑、否认成都白马寺真正出土了铜器的学者较多，如徐中舒就认为其大部分为伪器。

也就是在同期的《说文月刊》上，卫聚贤反驳道：

造伪的人有其目的——金钱，白马寺出土的兵器，如认为成都人的伪作，其形状其花纹其文字，均应仿照中原出土已见的，或者稍加改动一点，使人见之异而不为惊奇，可以售大价。而使自出心材，别为创作，使之惊奇，可以售善价，但初土出时，完整嵌金银花纹而有文纹者，每件不过二三十元。其次有花纹文字而无嵌金银花纹者，每件一二十元。再其次则在十元左右。残破者不过一二元，是无善价可售。作伪者既无利可图，何为作伪？而且白马寺出土者近约千件，作伪者何愿赔此大钱？又其出土地除成都白马寺外，则有广汉太平场及万县，而且与长沙出土的楚漆器铜器上有些花纹相同，作伪者何其如此之多？并且不谋而同？[1]

由于没有正式发掘成都白马寺遗址，所见兵器等都是从民间搜集到的，因此，这场争论未有明确的结果，就像卫聚贤说的那样"白马寺不发掘，这些问题是很难解决"的。但是，白马寺所见的铜器，已引起学术界的高度重视。

① 卫聚贤：《巴蜀文化》，《说文月刊》第3卷第7期。

（六）巴蜀经济

人人都知巴蜀有"天府之国"的美誉，物产丰富，经济繁荣。但这一时期，先秦巴蜀经济研究不是学术热点，学术界少有对巴蜀经济多加研究者，即使是巴蜀文化研究的急先锋卫聚贤、撰写了《四川古代史》的郑德坤等，在涉及巴蜀经济时，也只是录用先人的文献如《史记》《汉书》《华阳国志》等，重复先人"沃野千里""水旱从人""不知饥馑"，产盐、铁、银等话语。但仍有学者关注巴蜀经济，并取得了有价值的研究成果。如徐中舒就对蜀锦进行了专门的考证和研究，重点在蜀锦的原产、兴盛传播方面：

> 我国旧工业在四川皆有甚大之成就。如盐井，蜀锦，皆利用最繁复之机械；如笮桥，栈道，皆为较艰巨之工程……
>
> 蜀锦之盛，当在蜀汉之世。《三国志·蜀志张飞传》载刘主取益州后，赐诸葛亮法正张飞关羽金各五百斤，钱五千万，锦千匹。此锦必为蜀锦，是知蜀之有锦，比在蜀汉以前，故刘氏因其盛设锦官焉……
>
> 锦以织采为文，较之纱罗绫绢等仅具单色者，尤为繁复，故尤为贵重，比之于金……①

文章旁征博引，考证前人对蜀锦的描写，指出：

> 蜀锦非锦，乃是似锦之缎。缎为蜀中原产，六朝时由蜀输入江南。
>
> ……蜀锦宜为蜀中原产，而不必由于外方之输入。其名应称曰缎。今日蜀中之锦被面，及江浙盛产之花缎皆其遗制。关于此，则汉魏以来蜀中工业之盛，较之中原各地，实有过之，无不及也。②

虽然只是一篇短文，但得出蜀锦原产地在蜀地，对于先秦巴蜀地区经济的发达、巴蜀文化的繁荣，无疑具有很重要的意义。

郑德坤在《四川古代文化史》中，专辟一章论述巴蜀的交通与实业。综合了《华阳国志》《史记》等文献的有关资料，总结道：

> 巴蜀中部低平，岷，沱，涪，嘉纵横其间，舟船便利，自史前已然，故巴蜀交通工具应以舟船为主。陆路交通，借重桥梁，四川桥梁建设之盛，史册称之，故蜀立里，多以桥为名……

---

① 徐中舒：《蜀锦》，《说文月刊》第 3 卷第 7 期。
② 徐中舒：《蜀锦》，《说文月刊》第 3 卷第 7 期。

边境交通，以栈道、笮桥最为著名。郑氏还总结了巴蜀对外交通的四条主要线路：

> 东路为巴楚交通孔道，浮江上下，上溯较难，下放讯易……

> 先秦之世，巴蜀东路之交通，不限于长江中游之荆楚而已。民国三十一年间，中央研究院吴金鼎先生在四川彭山县一带发掘古墓，所得墓葬以战国时代者为最古，遗物之中有铜镜一方，其花纹与安徽寿县出土楚器之装饰，毫无二致，为长江下流出品，当无可疑。当时淮水流域因长江水道之便，而西通巴蜀，亦可想见矣。

> 北路为秦蜀交通干线，史籍所载，名称不一，或曰褒斜道，以其经褒谷斜谷也；或曰石牛道，金牛道，五丁道，因五丁运牛得名。此路北起陕西眉县，西南行入斜谷，南出褒谷，然后顺西汉水之流而下广元、昭化，以达成都。《战国策》《史记》并载张仪司马错由此道进兵伐蜀。

> 巴蜀西北西南徼外，峻岭重叠，交通情形，今无可考。惟至汉代，商旅往来，载于史册，其交通情形实较后世为频繁……

> ……汉之身毒即印度，大夏为中亚大国，当时蜀布邛竹杖远至中亚，则巴蜀西南对外交通路线之畅通可知。盖当时商旅西行路线有四，均发自蜀都，出䍧，出冉，出徙，出邛僰，然以政治关系，北竟闭于氐笮，南亦塞于嶲、昆明。

> 是四川西南徼外交通之发达，当可想像。至于古代中印交通路线，当以出僰道、入昆明、滇越者为最可能也。

> 南路交通以蜀越路为最著名……

郑氏根据古籍整理的先秦巴蜀对外交通线路，在资料上、论证上并未超越前人，但将多部古籍资料整理、汇总，对于今后深入研究巴蜀交通史，以及论证巴蜀文化的开放性、先秦巴蜀经济的发达等，无疑是很有意义的。

（七）巴蜀文字

巴蜀人有文字否？

卫聚贤对此做了详细考证。其分析过程大致如下：

> 杨雄的《蜀王本纪》言："蜀……不晓文字。"

> 而《后汉书·西南夷传》冉笮夷条云："其山，有六夷，七羌，九氐，各有部落，其王侯颇知文书。"

"其王侯颇知文书"，这"文书"是汉字呢，抑是夷羌氏他们自己的"文书"？未为明白说明，难以断定。

《华阳国志·南中志》云："今南人言语，虽学者亦半引夷经。"

是在晋时苗人自有"文书"。名为"夷经"。[现在苗人的文字尚存，系端公（巫）所长，不是一般平民都认得的] 苗人的文字，不是在晋时突然产生的，由晋上溯三百年前秦未灭巴蜀时，巴蜀是有文字的，不是秦灭巴蜀，巴蜀人仿汉字造的文字，以现在……摩梭人的文字，与汉字尚少相关处。

白马寺兵器上有文字，罗希成藏十三件，其中七件有文字，阳文者二，阴文者五。其中四件文字与中原文字不是一个系统，二件为中原文字，一为"其父永用"，一为"左豸"，有一件在相似之间，其上为一熊形，下为一干字加口，似为王字，合为"熊王"……①

抗战时期「巴蜀文化」的提出与研究

卫聚贤公开表示，巴蜀有自己的文字，他一一描绘了从戈、钺、矛、印、斤等器物上面搜集到的文字，并进行了形义上的推测。

就如同否认成都白马寺出土铜兵器一样，商承祚坚决反对兵器上有巴蜀文字的说法。他指出卫聚贤所举的兵器中，既有伪器，也有器真但字是后来刻上去的：

……嵌金伪器，与真物的工艺相差太远太远，简直没一丝一毫能比拟的地方。先说整个器吧，凡角度以及弧形线都是不直，处处流露出曲线丑，就是器的平面，有如长久未修理的马路面，一高一低，好不恶心。其剑的两刃，有好像收取出声浪的线谱，多么滑稽呢。长剑当中必有脊，脊的用处，一方刺入人体能深入，一方可令空气由脊引入而容易将剑抽出，伪剑是平的。再说他的嵌金术，有其器的不平地子，它的花纹就可想像得之，除"粗拙臃肿"，简直再没法找得出另一种文辞来形容它。锈色作法也极劣，红绿斑是敷在外面的，用三四十年前拿松香来作色的老法子，可谓幼稚到极点。据此看起来，这些假货……是川货，或者就是成都本地作。②

商承祚还以花纹所在地不合位置、"其父永用"简直不通等为据，驳斥巴蜀有文字的观点。

而卫聚贤也撰文说明：

① 卫聚贤：《巴蜀文化》，《说文月刊》第 3 卷第 7 期。
② 商承祚：《成都白马寺出土铜器辨》，《说文月刊》第 3 卷第 7 期。

文字方面，罗希成所藏的"左戈""其父永用"，多视为伪，但当日仓促看过，原拓寄沪作版，今既不能再看原器，照片又索不到，故不能决定。惟余藏之器，其中小胡戈有鸟形花纹在内上，靠近装秘处，大胡嵌金银花纹的，其字在内装柄处，胡小石先生马叔平先生均以文字地位不宜，装秘后字看不见，疑字为后刻。惟董彦堂王献堂先生认为不伪，并且用放大镜看过，字画之无新迹……①

由于出土器物上有文字或符号的数量极少，而且那些出土器物的真伪还未辨明，研究巴蜀文字的时机显然不成熟，争论也难有明确的结果。但毕竟，这已经拉开了研究巴蜀文字的序幕。

（八）巴蜀与中原的关系

巴蜀文化与中原文化究竟是一个怎样的关系呢？是相对独立的，还是巴蜀原本无文化，直到中原文化传入巴蜀地区，才形成巴蜀地区的中原亚文化圈？这关系到巴蜀文化是否是独立的文化，中华文明起源的问题。

按照文献资料的说法，先秦巴蜀为蛮荒之地，"蜀无礼乐，无文字"。秦灭巴蜀后，中原文化传入巴蜀地区，巴蜀才得到开发。这一观点为当时多数学者所认同。

然而，古史辨大师顾颉刚却挺身而出，挑战传统观念。他《古代巴蜀与中原的关系说及其批判》论文中，列举了多条古代文献及时人论文中有关中原与巴蜀关系的记载，计有：人皇、钜灵氏、蜀山氏、伏羲和女娲、神农、黄帝、颛顼、帝喾、禹、桀、商代、周武王、春秋时的巴国、春秋时的蜀国等条，并逐条分析、论证、批判，以说明先秦巴蜀与中原的关系，态度鲜明地宣称巴蜀文化是独立发展的文化。顾先生文笔犀利，如开篇论及人皇：

照从前人的见解，巴蜀和中原的不可分割性是从开天辟地就如此的，直到秦灭巴蜀时止，其关系不曾间断过。这些事实的证明照了他们所讲的时代次序写下来就是下面的话：

中国最古的帝王是三皇，三皇里面的第三位是人皇。纬书里面的一种《春秋命历序》说："人皇氏九头，驾六羽，乘云车，出谷口，分九州。"

人皇分九州为九圉，派兄弟去分头管理。蜀在秦岭之南，照《禹贡》的

---

① 卫聚贤：《巴蜀文化》，《说文月刊》第 3 卷第 7 期。

分画是在梁州境内，该作人皇的一围。因此，标准的四川史家常璩作《华阳国志》，也就根据了这条材料而说道：

"华阳之壤，梁岷之域，是其一囿；囿中之国则巴蜀矣。"

又说：

"蜀之为国，肇于人皇，于巴同囿。"

再则蜀和中原的交通干线是现今陕西褒城县到郿县这条路，这路经行很长的狭谷，所以唤作褒斜谷，又唤作斜谷。……蜀汉时有一位博学的秦宓就肯定了这个地方……

在逐一论述了文献资料的有关记载后，顾文总结道：

综合上面的记载，可知古代的巴蜀和中原的王朝其关系何等密切。人皇、钜灵和黄帝都曾统治过这一州，伏羲、女娲和神农都生在那边，他们的子孙也建国在那边。青阳和意昌都长期住在四川，意昌的妻还是从蜀山氏娶的。少昊和帝喾早年都住在荣县。颛顼是蜀山氏之女生在雅砻江上的。禹是生在汶川的石钮，娶于重庆的涂山，而又平治了梁州的全部。黄帝、颛顼、帝喾和周武王也都曾把他们的子孙或族人封建到巴蜀。夏桀、殷武丁、周武王以及吴王阖庐又都曾出兵征伐过巴蜀。武王还用了梁州九国的军队打下了商王的天下。春秋时楚国主盟的一个最大的盟会是在蜀地举行。游宦者有老彭、苌虹，游学者有商瞿，都是一代名流。我们不该再说巴蜀和中原的关系怎样，简直应该说巴蜀就是中原，而且是中原文化的核心了。这样的一个历史系统，各方面组织完备，越是古代越有材料，真可以说建立得像金城汤池一般坚固。我作这些赞美之词，古人地下有知，该踌躇满志了吧？

不过，他们积了长时期，费了大力量才"立"起来的这一个系统，我们却想费些工夫去"破"它。这不是我们喜欢找古人的错处，要来无风兴浪，乃因我们治史的态度和他们不同，该有这等差别的结论。他们的著书立说的目的在于"求美"，要使一件事情说来好听，写来好看。他们想，蜀中是天府之国，秦汉以来多么锦簇花团，如果说它在商周以前是个文化低落之区，毫无中原文化的积累，未免太煞风景……[①]

顾先生又"作一度不容情的批评"：

① 顾颉刚：《论巴蜀与中原的关系》，成都：四川人民出版社，1981 年。

人皇、巨灵等该是神话中的人物，大概凡是稍有现代头脑的人们都已承认……

蚕丛、鱼凫等蜀王的年代本不可知……伏羲、女娲、神农的故事出于纬书，给罗泌硬定了地方。其实是飘飘无根据的……

综合以上的辩驳，又可见那些古代巴蜀史事的记载可信的实在太有限了。……其真有传说的背景的，如青阳降居江水，颛顼生于若水，禹生于石钮，实亦无几，其起源亦甚迟。至于真的历史的事实，则只有蚕丛等为蜀王，巴与楚有国际关系的两点而已。扫除尘雾，露出本相，原来不过如此。

从前人搭得很象样的一个历史系统，现在给我们一分析之后，真是个"七宝楼台，拆卸下来，不成片段"。古蜀国的文化究竟是独立发展的，它的融合中原文化是战国以来的事……①

与顾颉刚从文献资料入手研究巴蜀文化与中原文化关系不同的，有以文物资料进行研究的卫聚贤。在顾颉刚之前，卫氏从成都白马寺出土的铜器，尤其是铜兵器的形制、花纹、字等方面入手，直接宣称先秦有巴蜀文化的存在。②参与首次发掘广汉三星堆遗址的林名均也认为前人的记载有误，出土文物表明四川确有发达的文化，这正是发掘广汉遗址的重要意义。③

三、抗战时期巴蜀文化研究的特点和意义

抗战时期提出并确立了巴蜀文化这一科学研究命题，许多知名学者热情参与巴蜀文化的研究，取得了若干重要成果，在中国学术史上产生了重要影响，将永远彪炳史册，万古流芳！

综观抗战时期的巴蜀文化研究，有以下特点。

第一，大多数是对古代文献材料的搜集、整理和辨伪，初步开展了考古调查和局部的发掘，并加以排列分类，这仍然主要是材料的搜集整理工作。但以考古材料包括殷墟甲骨文来印证、补充或纠正文献材料，却在研究方法上突破了传统考据学的框架，开创了以近代方法论研究巴蜀文化的新风，为后来研究工作奠定了基石。

第二，提出了巴蜀文化和历史研究的一些基本课题，包括巴蜀的地理位

---

① 顾颉刚：《论巴蜀与中原的关系》，成都：四川人民出版社，1981年。
② 卫聚贤：《巴蜀文化》，《说文月刊》第3卷第4期；《巴蜀文化》，《说文月刊》第3卷第7期。
③ 林名均：《广汉古代遗物之发现及其发掘》，《说文月刊》第3卷第7期。

置，巴蜀与中原的关系，考古学上巴蜀遗物的真伪，以及巴蜀史料的纠谬释疑等。从这些内容很容易看出，尽管在研究过程中运用了新方法，也提出了一些很有见地、很有水平的新观点，但就整个课题设计及方向上看，未能提出超越传统史学体系的新鲜内容。并且，论者往往仅从微观角度立论，缺乏把握全局的宏观眼光，因此常常是浅尝辄止，不能深入而广泛地进行研究。

第三，这一时期最重要的成果是提出了巴蜀文化的命题，从青铜器的角度同中原文化进行了初步比较，并提出了巴蜀有文字的初步看法。同时，从文献研究的角度透视了巴蜀古史，第一次把巴蜀作为无论其历史还是文化都是独立发展起来的古国来加以看待。这些成果，虽然由于资料的限制无法深入，但却涉及了当代巴蜀文化研究的几个基本层面，而这几个层面正是今天学术界关于文化与文明史研究的基础所在。在当时能够提出这些问题，是极为难能可贵的。

巴蜀古文字的两系及其起源

古代巴蜀文字的研究，已成为巴蜀文化研究以至先秦文化研究的一个重大课题。本文主张巴蜀有文字，拟将历年所见巴蜀文字资料，分为两系，进行初步探讨，祈教于学术界师友。

一、巴蜀方块字——表意文字

学术界对巴蜀方块表意文字的认识，基本上是从 20 世纪 70 年代才开始的。1979 年，四川省博物馆在郫县（今郫都区）独柏树发现一件中胡三穿青铜戈[1]，戈援后部至内两面均各铸一虎纹，胡的两面均铸有巴蜀符号，援脊下侧两面各铸有巴蜀符号 𝟿 一行 4 个，其中一面援脊上侧有古文字一行约 10 字（图一，1、2）。1973 年，重庆市博物馆在万县新田发现一件中胡三穿青铜戈[2]，在胡侧近阑处，有两个巴蜀符号 𝟾𝟿，略似殷周金文"弓"字。援脊下侧有巴蜀符号 𝟿 一行 3 个，援脊上侧有铭文一行（图一，3）。另据资料，除此两戈外，在四川新都出土的一件中胡三穿戈的胡上，有古文字一行（图一，4）；在郫县张家碾出土的一件中胡三穿戈的胡上，也有古文字一行[3]（图一，5），此两戈的内上均铸有巴蜀符号。此外，早在 1959 年，湖南常德德山 26 号战国墓曾出土一件中胡三穿青铜戈，内的两面各铸有巴蜀符号，援末近阑侧至胡两面均各铸铭文一行[4]（图一，6、7）。以上诸器上的铭文均未获解读。据分析，这 5 件青铜戈上的铭文，共有 50 余字[5]，其字形结构相同，

---

① 李复华：《四川郫县红光公社出土战国铜器》，《文物》1975 年第 10 期。

② 童恩正、龚廷万：《从四川两件铜戈上的铭文看秦灭巴蜀后统一文字的进步措施》，《文物》1976 年第 7 期。

③ 刘瑛：《巴蜀兵器及其纹饰符号》，《文物资料丛刊》第 7 辑，北京：文物出版社，1983 年，图三，8、9。

④ 湖南省博物馆：《湖南常德德山楚墓发掘报告》，《考古》1963 年第 9 期，图一〇，1、2，图版贰，六。

⑤ 李复华、王家祐：《关于"巴蜀图语"的几点看法》，《贵州民族研究》1984 年第 4 期。

可以断定属于同一个古文字系统。

那么，这是一个什么样的古文字系统呢？有两个基本证据，足以使我们得出它是巴蜀古文字的确切结论，这就是青铜戈的形制以及其上的纹饰和符号。

从形制分析，这 5 件戈都是巴蜀青铜戈常见的形式。郫县独柏树出土的一件和万县新田出土的一件，均直援中胡，近阑处二穿，援上角另有一稍小的方或圆穿，胡的末端均有一后突的牙，与新都三合场①、成都南郊战国墓②、四川省博物馆旧藏③、成都百花潭中学④出土的巴蜀戈形制基本相同。冯汉骥先生曾将此种戈划为蜀戈分式的第Ⅴ式。⑤郫县张家碾、新都、湖南常德出土的 3 件，均中胡三穿，援微弧，胡上昂，与新都战国木椁墓⑥、峨眉符溪⑦、成都市博物馆收集⑧的青铜戈相类，亦属冯汉骥先生关于蜀戈分式的第Ⅴ式。我认为，蜀戈当按李学勤先生的意见进行分式。⑨以上五件有铭戈应为李学勤先生分式的第八式，但包含两个类型。郫县张家碾、新都、湖南常德出土的 3 件、当为Ⅲ a 型；郫县独柏树和万县新田出土的 1 件，当为Ⅳ b 型。5 件有铭青铜戈均为巴蜀地区流行戈的典型形式，故为巴蜀制作和使用无疑。

5 件有铭青铜戈最富于巴蜀戈的特征的是其上的纹饰和符号。援后部凸起铸成浅浮雕虎头作为装饰，内和胡上铸各种巴蜀符号，均为巴蜀戈区别于其他青铜戈的显著标志。因此，这 5 件有铭青铜戈确为巴蜀戈无疑。毋庸置疑，5 件巴蜀戈与巴蜀纹饰和符号一同出现的铭文，也就不可能是别的，只能是巴蜀古文字。

就 5 件青铜戈上的铭文 50 余字的字形和基本结构分析，巴蜀古文字与汉语古文字有着明显区别。从其方块字形来看，这种文字"似汉字而又非汉字"⑩，

巴蜀古文字的两系及其起源

---

① 冯汉骥：《关于"楚公蒙"戈的真伪并略论四川"巴蜀"时期的兵器》，《文物》1961 年第 11 期，图二，3。

② 赖有德：《成都南郊出土的铜器》，《考古》1959 年第 8 期。

③ 刘瑛：《巴蜀兵器及其纹饰符号》，《文物资料丛刊》第 7 辑，图三，11。

④ 四川省博物馆：《成都百花潭中学十号墓发掘记》，《文物》1976 年第 3 期。

⑤ 冯汉骥：《关于"楚公蒙"戈的真伪并略论四川"巴蜀"时期的兵器》，《文物》1961 年第 11 期。

⑥ 四川省博物馆等：《四川新都战国木椁墓》，《文物》1981 年第 6 期，图 40，图版五：右下。

⑦ 刘瑛：《巴蜀兵器及其纹饰符号》，《文物资料丛刊》第 7 辑，图三、7。

⑧ 同上，图三，20。

⑨ 李学勤：《论新都出土的蜀国青铜器》，《巴蜀考古论文集》，北京：文物出版社，1987 年。

⑩ 四川省博物馆：《四川船棺葬发掘报告》，北京：文物出版社，1960 年。

但其"基本偏旁结构和汉字有别"①，无论殷周甲骨文、金文，还是与四川涪陵小田溪 3 号战国墓出土的"武二十六年"戈上的秦篆②，新都马家公社战国木椁墓出土的"昭之飤鼎"楚字③，均不相同。诚然，从殷周到春秋战国，属于汉语古文字系统的各国文字在字体风格上并非雷同，"言语异声，文字异形"，但构字方法和基本偏旁并无二致，且万变不离其宗，都源于商代甲骨文。但上述巴蜀古文字却不能运用汉语古文字的方法予以解读，这也就反过来说明它是不同于汉字的另一古文字系统。

关于这种巴蜀古文字的特征，童恩正先生曾指出："这种文字是方块字而非拼音字，是直行而非横行。它与汉字一样，应属于表意文字的范围，而且还经历了一段相当长的发展历史，完全脱离了原始的象形阶段。"④细审这种文字，我们认为，它已是一种相当进步的方块表意字。

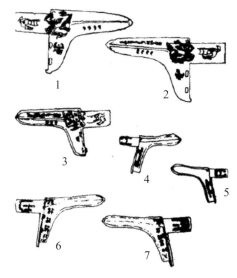

图一　铭刻巴蜀方块字的铜戈

首先，5 件戈铭的字体，均已达到简化、省略、定型、单位小的水平，大多数看不出其所象形的事物，显然不是直观绘写，"画成其物，随体诘诎"的象形字，已经发展成为象形字的符号。在字形笔划构成的总体水平上，也基

---

① 童恩正、龚廷万：《从四川两件铜戈上的铭文看秦灭巴蜀后统一文字的进步措施》，《文物》1976 年第 7 期。

② 四川省博物馆、重庆市博物馆、涪陵县文化馆：《四川涪陵地区小田溪战国土坑墓清理简报》，《文物》1974 年第 5 期，图 24、25、46。

③ 四川省博物馆、新都县文物管理所：《四川新都战国木椁墓》，《文物》1981 年第 6 期，图十四，2。

④ 童恩正：《古代的巴蜀》，成都：四川人民出版社，1979 年，第 132 页。

本上达到了直笔化和线条化，即以直笔取代了圆笔，以线条取代了实体，比直观的象形字前进了一大步，不能不说是较为成熟的表意文字。

其次，从 5 件戈铭分析，巴蜀方块字的行款，是从上到下直行排列，即所谓"下行"。郫县独柏树出土戈上的一行铭文，从援本向援锋的第四字作 ，是一兽的侧面抽象表现方式，此字兽脚朝向援锋，双立耳朝向援本，显然其上下朝向就代表着这行铭文的行款方式。因此，此行铭文可确定为从上到下直行排列。以此例证，其余 4 戈铭文行款亦应如此。在这一点上，它与汉语古文字的行款大体一致。但 5 件巴蜀戈的铭文均为单行，对其双行以上铭文的行款，目前尚难推定，但估计当为并列排行。5 件戈铭行款的一致，也说明巴蜀文字已进化到较高水平。

最后，从 5 件有铭青铜戈的分布看，不仅在川西平原蜀地，而且在川东巴地和湘西山区均有发现，又充分说明巴蜀文字范围内既经约定俗成，得到认可并推行使用，成为一种通行的文字。

关于 5 件有铭巴蜀青铜戈年代，据分析，其上限可早到春秋晚期[①]，下限在战国末叶秦统一巴蜀以后[②]。这一年代体系并不就是戈上巴蜀文字的年代体系。从字形的发展演变规律出发，巴蜀方块字既已简化、进步到何此程度，其起源必定会早得多。通观迄今为止的考古资料，我认为，至少在商代晚期，巴蜀方块字不但已经产生，而且趋于成熟。对此，广汉三星堆遗址和成都十二桥遗址考古所得古文字资料，为我们提供了确凿无疑的证据。

第一，在广汉三星堆遗址出土的一些陶器上，发现有刻划符号[③]，例如，在一件 1 式小平底罐肩部，刻划有 X 形符号。一件 I 式高柄豆的圈足外壁，有一符号。一件 I 式小平底罐的肩部，有 3 枚成组、两组对称的符号；在一件 II 式陶盉的裆间，也各有一 形符号。另据林向先生披露，三星堆遗址陶器上的"刻划文字符号"，有 X、、、V、 等。[④]这些陶器上的刻划符号，显然不是偶然的刻划痕迹。同一种符号出现在不同的器物上这一现象说明，这些符号及其含义已经固定化，约定俗成。其意义，正如大汶口陶器上的刻

① 童恩正、龚廷万：《从四川两件铜戈上的铭文看秦灭巴蜀后统一文字的进步措施》，《文物》1976 年第 7 期。

② 李复华：《四川郫县红光公社出土的战国铜器》，《文物》1976 年第 10 期。

③ 四川省文物管理委员会、四川省博物馆、广汉县文化馆：《广汉三星堆遗址》，《考古学报》1987 年第 2 期。

④ 林向：《三星堆遗址与殷商的西土——兼释殷墟卜辞中的"蜀"的地理位置》，《三星堆遗址研究专辑》，《四川文物》专辑，1989 年。

划符号一样，均代表着早期的古文字，可能具有计数的意义，这两种符号，均与西安半坡、临潼姜寨[①]，以及二里头商代遗址[②]和侯马东周遗址[③]出土的陶器符号，有相同的意义。𝄐、𝄑两字意义不明。𝄒符号，原《报告》称为"贝纹"。从这个字的形体分析，确象贝形，显然是一个象形字，当释为"贝"。𝄓字的形体，似象一绳并列悬系两贝之形，当释为"朋"。此字与甲骨文朋字作𝄔形近似，联系到三星堆 1、2 号祭祀坑所出土的大多数海贝均有穿孔的情况，释𝄒为贝，释𝄓为朋，当有根据。𝄕符号，酷象人眼之形，𝄖为眼眶，中间小圆为眼球，此字当释作"目"。与河南舞阳贾湖遗址所出龟腹甲上的目字作𝄗形相较[④]，三星堆遗址的目字更突出两眼角罢了。

第二，广汉三星堆 2 号祭祀坑内出土的一块石边璋（K23：201 附 4）的射部和柄部，两面各阴刻两组图案，每一组包括 5 幅图案，其第二幅图案的两山中间，刻有一个𝄘形符号[⑤]（图二，1）。这个符号不仅在年代上远远早于后来的巴蜀符号（春秋战国），而且在迄今所见的全部巴蜀符号中无从查找，它显然不是其中的一种。从这个符号的方块化、抽象化和线条化等特点来看，与春秋战国时期巴蜀青铜戈上的方块表意字有异曲同工之处，应当说是文字而不是纹饰或符号：从结构分析，此字大约是合体字。

第三，在与广汉三星堆 2 号祭祀坑年代大致相当的成都十二桥商代木结构建筑遗址的第 12 层内，出土的一件陶纺轮（iT22⑫：3），腰部刻有𝄙、𝄚两字[⑥]（图二，2）。这两个字与三星堆 2 号坑石边璋上文字一样，也是抽象化、线条化了的方块表意文字。此两字必非偶然的刻划符号，从字形结构分析，颇似汉语古文字中的指事字。𝄙、𝄚是基本的象形结构，中间的小圆点，和两旁的小圆点……则是其所指明的事物要点。估计这两个字的字义与城市布局和作坊所在地的关系有关。

---

① 王志俊：《关中地区仰韶文化刻划符号综述》，《考古与文物》1980 年第 3 期。
② 中国科学院考古研究所洛阳发掘队：《河南偃师二里头遗址发掘简报》，《考古》1965 年第 5 期。
③ 侯马市考古发掘委员会：《侯马牛村古城南东周遗址发掘简报》，《考古》1962 年第 2 期。
④ 河南省文物研究所：《河南省舞阳贾湖新石器时代遗址第二至六次发掘简报》，《文物》1989 年第 1 期。
⑤ 四川省文管会、四川省文物考古研究所、广汉市文化局，文管所：《广汉三星堆遗址二号祭祀坑发掘简报》，《文物》1989 年第 5 期，图三八、三九。
⑥ 四川省文物管理委员会、四川省文物考古研究所、成都市博物馆：《成都十二桥商代建筑遗址第一期发掘简报》，《文物》1987 年第 12 期，图三八，图四〇，4。

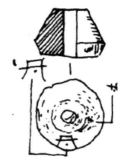

1. 三星堆出土玉璋　　　　2. 成都十二桥出土陶纺轮文字

图二　出土抽象化方块表意文字

有学者提出，前述湖南常德 26 号墓所出巴蜀青铜器戈上的铭文"属于一种较早期的楚文字"，而"巴族青铜戈上铸造楚文字，已有例可援，如上海博物馆所藏的'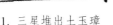'戈，湖南发现的'楚公豪'戈都是在巴蜀青铜戈上铸造楚文字的"①。此说似可商榷。首先从文字的年代看，目前已知最早的楚文字是西周晚期楚公豪钟、楚公豪戈和楚公逆镈诸器上的铭文。此三器铭文固然早于春秋战国时期巴蜀青铜戈铭文，却晚于商代晚期蜀地的文字，而蜀文至少在春秋晚期已推行到巴地，成为巴蜀共同使用的文字。春秋战国时期巴蜀人在其青铜戈上同时铸刻自己的文字和富于特色的纹饰、符号，并不奇怪。常德 26 号墓出土青铜戈在一面铭文的第一字上方和第四、五字之间铸太阳状巴蜀符号，也可说明铭文与符号是同时铸就的，并非铭文由楚人补铸，并且，此戈铭文无法释读，而楚文字可以释读，两者不属同一文字系统是显而易见的，因此不是楚文字，而是巴蜀文字。其次，从地域上看，湘西曾是古代巴人活动之地，历年来在湘西考古中发现巴人器物十分丰富，而史籍中所称的"巴黔中"，实际上也正是指楚威王在其地设置"楚黔中郡"以前的巴人故地。因此，在湘西出现带有巴蜀铭文的巴蜀青铜戈是不奇怪的。可见，既然巴蜀有其早于楚，并且一系相传的古文字，并且常德 26 号墓所出青铜戈不论形制还是铭文字体均雷同于川西蜀地和川东巴地发现的青铜戈及其铭文，那么我们就有充分理由确信此戈铭文是巴蜀文字，而没有理由认为是"楚人获得后

① 熊传新：《湖南发现的古代巴人遗物》，《文物资料丛刊》第 7 辑，北京：文物出版社，1883 年。

铸刻上去的楚文字"。

二、巴蜀符号——象形文字

所谓巴蜀符号，即铸刻在巴蜀青铜兵器、乐器、礼器、生活用器以及铜、石等印章和其他器物上的各种非纹饰、图案的符号。除开其中一些暂不能识别外，巴蜀符号大体可按其形态特征分为两类。一类是直观象形、比较繁复的符号，暂称巴蜀符号Ⅰ；一类是不易看出象形、经过简化的抽象符号，暂称巴蜀符号Ⅱ。两类符号各包括一系列独体单符和由独体单符所组成的复合符号。各类符号在器物上有时单独出现，有时重复出现，有时成组出现，有时交叉出现……不论出现在哪一件器物上，每一类符号的基本形态均较一致，因此是已经定型化的符号。

据初步统计，巴蜀符号的单符已发现一百余种，成组的复合符号已发现二百余种。[1]其中巴蜀符号Ⅰ有下列五型单符：

IA 型：动物，或动物躯体的某一部分。如虎、豹、龙、蛇、鸡、犬、龟、鸟、鱼、蚕、蝉、角，等等（图三，1~10）。

IB 型：植物，或植物的某一部分。如树、树丛、草、草丛、花、花蒂，等等（图三，11~15）。

1C 型：器物。如兵器、乐器、礼器、生活用器、舟船、建筑物，等等（图七，16~22）。

ID 型：日月星辰、山川河流等自然景观（图三，23~27）。

IE 型：人物，或人体的某一部分。如单髻人、双髻人、裹巾人、尖帽人、披发人、光头人、直立人、踞坐人，人首、人手、人耳，等等（图三，28~35）。

可以看出，以上各型均采用全体象形和局部象形两种手法。

巴蜀符号包括若干种独体单符.其特点是笔划直或曲或圆,形体均经简化,不易识别其所象之形。

巴蜀符号是不是文字，这是一个不成问题的问题。

众所周知，文字是记录语言的符号，传达语言和思想的工具。但在文字起源时代，其最初目的和功能却主要在于记事和表达某种思想，直接目的还不在于记录语言由于事物需要通过语言来表述或传达，所以在记事的同时，实际上也就记录了语言。如古苏美尔泥版上刻划的古牛头、三角形等各种文

---

① 李复华、王家祐：《关于"巴蜀图语"的几点看法》，《贵州民族研究》1984 年第 4 期。

字、是神庙祭司们为了记忆的方便，管理的需要而创制的，最初不是为了读，而是为了记。但由于古牛头、三角形等均有读音，因此它们也就同时具备了形、音、义三要素。古埃及兽形文字、我国大汶口文化陶文，均是如此，它们都具有形、音、义，故无不是文字。文字成为语言的符号，是在文字发展到一定阶段才产生的需要。世界文明初期，古苏美尔、古埃及、克里特文字等，一开始都纯为直观象形的表形文字，后来才逐渐将繁复的图画文字加以精简和省略，除用以表示事物和观念外，同时又用来表示语言，于是发展成为象形字的符号。[①]但这时还不是更后来的表音文字，而属于表意文字范畴。我国商代甲骨文已是比较成熟的文字，但其中似保存了许多直观写实的象形字。为许多学者公认的作为甲骨文上源的大汶口陶器符号，其象形文字的特征更加突出。由此可见，无论是古苏美尔、古埃及、古克里特文字，还是我国大汶口陶器文字和商代早期的甲骨文，都与巴蜀符号有着基本的共同点，因此不能说巴蜀符号不是形、音、义皆备的象形文字。

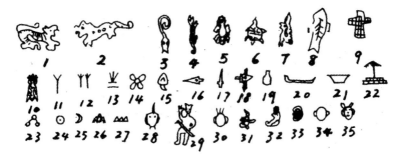

图三　巴蜀符号单符

目前所见巴蜀符号Ⅰ中有相当多的合体字。这些合体字似亦有规律可循。例如。合体字所由构成的单体字，在同一个合体字中一般不重复出现，而多数合体字中几乎总是包含有一个或几个巴蜀符号Ⅱ，如此等等。合体字的大量存在以及所形成的某些构字规律，表明它已不是早期的纯粹一字一形的图画文字，开始向会意的表意字发展。比如，不论巴蜀符号Ⅰ的独体字多么直观象形，当它一旦成为某个合体字的一部分即所谓、偏旁时，事实上就成了这个合体字的构成要素之一，也就是一个象形的符号，不再是它作独体字的自身。而合体会意字本身，由于是借用几个独体字符号会以另一个新的字义，因此它也不是一个象形字，而是象形的会意符号。不论独体字还是合体字，

① 图见 Geoffiey Barraclough ed, The Times Atlas of World History, 1979, P. 52-53.

都各有读音，不过早已湮没，无迹可寻罢了。

巴蜀符号Ⅱ大多抽象程度较高，经过相当简化，有的尚可稍辨其原形，有的则难以识别。但可以肯定，巴蜀符号Ⅱ均从巴蜀符号Ⅰ简化而来。例如，巴蜀号Ⅱ中常见的"王"字和重复组成的"玨"字，就有可能脱胎于巴蜀符号Ⅰ中的虎字。因为"王"字绝少与虎纹共存。以"王"字代替虎字，实际上是以局部象形代替全体象形[1]，符合字形简化的一般规律。又如♨字和重复组成的♨字，则较易看出前者是一枝花蒂的简化，后者是花蒂丛的简化。另有许多巴蜀符号Ⅱ，作为独体字不易辨认，但与巴蜀符号Ⅰ组成合体会意字时，则可稍辨其字义。例如，符号Ⅰ中的二、三、⚌、凸，单独出现根本不识，但与符号Ⅰ分别组成合体字、、、、，就较易看出二、三、⚌、凸，表示土地之意，其上的符号Ⅰ则分别是草丛、林木、山脉等象形。前三字的字形、字义颇类于甲骨文中的"封"字，但在巴蜀符号—象形文字中作何意义，还不能确定。至于完全抽象化的巴蜀符号Ⅱ，如□、▣（合体）、◀▶、Ⅴ、⼘（合体）等字，则难以辨其原形，其字义亦完全不知。

与巴蜀符号Ⅰ相比，巴蜀符号Ⅱ不仅简化、抽象，而且在笔划上大多数形成直笔和线条化，圆笔者仅为少数，为花蒂♨（或释为"心"），立体者则完全没有。说明符号Ⅱ的进步程度比符号Ⅰ更高。

值得探讨的一个问题是，在由两类符号所构成的合体字中，符号Ⅱ究竟发生什么作用，是什么性质。它仅仅作为偏旁，还是进一步具有表音的功能？[2]假定它仅仅是偏旁，那为什么不把同样是作为偏旁的符号Ⅰ予以简化，而仅只简化全部符号中的某些种？显然，从符号中简化出某些字，使其成为纯粹的象形符号，是有目的、有意识地进行的，其意图并不仅是使其成为一个个简化的偏旁。比较一下商代甲骨文的进化（象形、指事、会意、形声），我们认为，巴蜀符号Ⅱ完全有可能是作为声符，从巴蜀符号Ⅰ中逐渐进化产生出来的。

从现有资料考察，商代晚期有可能是巴蜀符号的滥觞期。广汉三星堆2号祭祀坑出土的青铜大立人雕像，衣襟前左侧和后右侧，从上到下各有一直行"回字形纹"[3]。细审这两行纹饰，实由♨和回两种符号按一定方式间隔组合而成，在青铜立人雕像方座上层的四边，也同时出现这两种符号。这

① 刘豫川：《巴蜀符号印章的初步研究》，《文物》1987年第10期。
② 李学勤主张，巴蜀符号中那些常见的、重复出现的、简化的符号，用以表音，见《论新都出土的蜀国青铜器》，《巴蜀考古论文集》，北京：文物出版社，1987年。
③ 四川省文物管理委员会、四川省文物考古研究所、广汉市文化局、文管所：《广汉三星堆遗址二号祭祀坑发掘简报》，《文物》1989年第5期，图六。

两种符号，在春秋战国时期的巴蜀符号中均为常见之形，只不过商代晚期的明显粗陋，春秋战国时期的则较规整，显示了年代早晚的内在发展演变关系。我们推想，既然春秋战国时期的巴蜀方块表意义文字已在晚商时期的广汉三星堆和成都十二桥找到了渊源，那么春秋战国时期的巴蜀符号与晚商时期广汉三星堆完全相同的符号，其间也就有可能是一种一脉相承的源与流的关系。

三、关于巴蜀符号性质的几点辨证

学术界对巴蜀符号的性质，长期存在不同看法，分歧很大。有人把巴蜀符号当作宗教、巫术或图腾的标记，也有人称其为"图腾艺术"，否认它是文字。对此，有必要稍加辨析。

我们知道，图腾产生并盛行于人类的史前时期，有着丰富的内容。就其艺术而言，大体可分为文学、雕刻、图画、装饰、音乐、舞蹈等形式。即以图画而论，大多是石（洞、崖）壁绘画，所绘内容与史前人们的生产、生活和精神世界直接相关。图腾图画虽有表现方式的不同，其主要功能与所谓文字（象形文字）有相当的联系，其中一些图画还是象形字的直接来源之一。但这类文字，属于孳乳阶段的文字，纯为象形，至多是图画文字或文字画，没有会意字，更无形声字。而巴蜀符号显然不是这种正在形成的初等文字，因此根本谈不上它是所谓"图腾艺术"。

"图腾艺术"说的致命弱点，在于混淆了图腾崇拜与青铜时代的前后关系。史前时期盛行的图腾崇拜，在进入文明时代前后，都先后经历了一个转型期，从动、植物或其他形式演变为半人半神或人神为标志的祖先崇拜。古代巴蜀即令有过图腾崇拜，但在其全面进入青铜时代以后，无论从物质生活还是精神生活上都不可能再维持其先民的图腾崇拜，必然转化为祖先崇拜。《后汉书·巴郡南郡蛮传》所载巴蜀氏子廪君死化白虎，巴人奉为祖先而祀之的传说，不是虎化人，而是人化虎，这就不是图腾崇拜，而是祖先崇拜的显著例证。广汉三星堆 1、2 号祭祀坑出土的大型青铜人物雕像群，更是祖先崇拜的铁证。青铜时代纵然会保有一些图腾遗风，也是微乎其微，不占主导地位，一般仅能够在礼仪性艺术形式上表现出某些风格罢了。因此，绝不可能有什么以青铜时代为母题的图腾艺术，也不可能有什么以青铜器作为史前图腾艺术的主要载体的情况。因此，将巴蜀符号作为图腾艺术，此说不能成立。

有人认为，巴蜀符号因其数量不多，故不成其为文字。这种看法未免牵强，不符合文字起源、发展的一般规律。从世界各大文明区文字起源的情况看，任何古文字的产生，都绝非突然之间大批量地被发明创造出来，总是根据各种实践活动的需要，逐渐地、不断地发明创造，经历一个较长期时，约定俗成，取得公认，加以通行。古代爱琴海克里特早王宫时代的文字，最早起源于印章上的一些符号，数量不多，后逐渐增多，演变为线形文字 A、线形文字 B。我国河南舞阳贾湖遗址出土的距今八千多年的甲骨文①，数量极少。大汶口陶器刻划文字亦为数不多②。文字起源、发展的历史充分说明，文字起源阶段，其数量是极少的，后来才随社会经济文化的发展而不断地、逐渐地增多，这就是我国古代学者所说的"孳乳而又浸多"。文字发展"孳乳浸多"，实为带规律性的总结，乃不易之论。我国先秦甲、金文直至战国诸子百家书中，每有所谓转注、假借，竟成"六书"之两种，正是因为上古字少，不得不"音近相通""形近相通"的缘故。即令古代苏美尔和古代埃及，在其文字发明产生二千余年后，苏美尔楔形文字的单字也只六百到一千，埃及象形文字和僧侣用字亦只五百左右。③由此可见，不能以为当前可知的巴蜀符号不多，就轻率地否定它是文字。何况，即以现有巴蜀符号而论，独体字已近二百，合体字稍多，总数并不算很少。因此，从数量多少的角度来否定巴蜀符号是文字，其方法是不科学的，不足凭信。

另有一种意见，认为巴蜀符号是图腾标记，而不是文字。如果孤立地从某件器物来看，此说似有一定道理。但巴蜀符号分布范围如此广泛，从川西平原到川东平行岭谷以至湘西山地连续性空间内呈连续性分布状态，同一种符号往往同时见于其分布范围内的各个地方，这种情况就决定了图腾标记之说难以成立。无论古代文献还是考古材料。均说明巴蜀境内分布有若干不同的族类，其来源不同，族属有异。仅广汉三星堆 1、2 号祭祀坑内外所出青铜人物雕像群就存在发式、衣式、冠式、人物脸型等方面的重要差别，充分显示了蜀国范围内众多不同族属的民族共存的情况。《华阳国志》中的《巴志》《蜀志》等篇则明确提到了巴蜀境内众多来源不同的族类。即令从图腾角度出发，根据古代史和文化人类学的通例，史前民族的图腾标记也大多不同，每

文明的史迹：先秦、巴蜀及南丝路历史研究（巴蜀文化卷）

---

① 河南省文物研究所：《河南舞阳贾湖新石器时代遗址第二至六次发掘简报》，《文物》1989 年第 1 期。

② 山东省文物处、济南市博物馆：《大汶口》，北京：文物出版社，1974 年。王树明：《谈凌阳河与大朱村出土的陶尊"文字"》，《山东史前文化论文集》，济南：齐鲁书社，1986 年。

③ V. G. Childe, Man Makes Himself, 中译本《远古文化史》，周进楷译，北京：中华书局，1958 年。

一族类总有其自身特定的图腾。即使从同一部落中分化出来的氏族部落，各支系之间也使用不同的图腾标记，仅基本氏族、胞族或部落袭用其原先图腾。至于复合图腾，其标记也不是单一而是复合的。就是进入了文明时代的古代民族，为了区别其子孙所自分、祖先所自出，也有必要使用不同的氏族标记。如殷商为子姓，但从王族中分化出来的子族，多子族，亦是名号各异而均与王族不同。当然，不排除偶然的巧合，但这种巧合在同一时期的某一有限空间内却发生甚少。假如认为巴蜀符号是图腾标记，那么对于同一种符号同时分布在川西、川东以至湘西，就只能理解为某一族系中的某一基本支系广布在这一较广阔的空间内。而这种解释显然违背人类学常识，同时也显然是违背巴蜀古史记载和考古资料的。

其实，巴蜀符号广泛地连续性分布，这一现象本身就显出了它作为文字的性质。因为任一个形、音、义皆备的符号，只要被一个地域内人们公认为某种记事符号并按约定俗成原则通行于这一地域，表示同一意义（当然读音可以不同），这个符号就具备了文字的功能，成为文字。巴蜀符号广泛地被巴蜀境内各不同民族所接受，得以通行，正说明它已被公认为文字。事实上，巴蜀符号并不只有某一种或某几种通行巴蜀全境，几乎所有符号以及它们之间各种复杂的组合群均在全境通行，这也恰能说明它们不是图腾标记。

近来有同志提出一种新见，认为巴蜀符号是"拼音文字"[①]。此说的主要证据，是把1965年成都百花潭战国墓出土的一件铜盉盖面上外圈一周的纹饰，认定为"蚕丝文字"，并由此推论这是以螺转线为主、直线或折线为辅的"较为发达的拼音文字"。此说新则新矣，然于材料、于史料实则多所不合。

四、结语

综括本文所论，可做出如下初步结论。

第一，巴蜀文字按其特点分为两系，一为方块表意文字，一为符号象形文字。巴蜀方块字的起源可上溯到商代晚期，但考虑到广汉三星堆、成都十二桥出土文字的进步程度，其滥觞还应予以提前。巴蜀符号的起源晚于方块字，目前只能将其滥觞期追溯到商代晚期。两系巴蜀文字均源远流长，春秋战国时期大量使用，成为巴蜀境内并行不悖的两大系列文字。由于西周时期

---

① 钱玉趾：《巴蜀地存在过拼音文字——成都百花潭战国墓出土的铜盉符号》，《四川文物》1988年第6期。

巴蜀的考古发掘存在大量缺环，资料匮乏，故此期的巴蜀文字材料尚付阙如，需要今后考古发掘予以提供，弥补这一缺环。

第二，巴蜀方块字是一种比较成熟的文字，它以象形为基础，发展出了指事、会意形体结构，其水平接近于商周甲骨文和金文，与年代稍早或相差不远的西亚乌加里特文字、小亚细亚赫梯文字、胡里特文字、卢维象形文字，以及克里特线文 A、线文 B 等相比，丝毫也不逊色，巴蜀符号作为象形文字，主要是其符号Ⅰ基本还是直观的象形体系，但符号Ⅱ则已形成一系列象征性符号，本文认为可能是声符。因此，巴蜀符号也已开始了由表形文字向表意文字的过渡。

第三，巴蜀文字的两系显示出了其发明创造者的不同族属和文化背景。巴蜀方块字最早出现在广汉三星堆陶器、石边璋和成都十二桥陶纺轮上，这些器物的形制均为蜀文化产物，因而其上的方块字无疑是蜀人的发明创造成果。巴蜀符号固然最早也是出现在广汉三星堆，但青铜立人雕像与1、2号坑出土的青铜人物雕像群，则因在早期蜀文化的范围内找不到其文化渊源，因而可能属于某种川西平原本土文化以外的文化因素与蜀文化相结合的产物（而早期巴文化本身，其实也是复合性文化）[1]，其上的符号即与此有关。两大文字系列起源的情况表明，它们分别是由不同文化背景的族系所发明，而后来（目前所见资料为春秋战国时期）两者并行应用，则反映出民族交流以至融合的情况及其相互间语言文字的处理方式。

第四，无论川西平原蜀地还是川东巴地和湖南常德，目前所见的巴蜀方块字、巴蜀字和巴蜀符号，如从其起源看，其实是蜀的方块字的符号（顺便指出，所谓"蜀"，不是一个单一的族类，而是族属复杂的民族集团；不是血缘概念，而是地缘概念[2]）。川东巴人使用蜀的文字和符号，当与西周春秋时期蜀的农耕文化向巴地的传播有关。据《华阳国志·蜀志》："后有王曰杜宇，教民务农，一号杜主。……巴亦化其教而力务农，迄今（按：此指东晋）巴蜀民农时，先祀杜主君。"杜宇王蜀的年代，蒙文通先生据史籍推论，当从西周末叶到春秋中叶。[3]蜀地农耕文化向川东巴地传播，当在此期以内，文字和符号的传播则应稍晚于农耕。而巴国从汉水流域大巴山地区向川东辗转移徙，

---

① 段渝：《古代中国西南的世界文明——论商代川西平原青铜文化与华北和世界古文明的关系》，《东南文化》1991 年第 3 期。

② 段渝：《论蜀史三代论及其构拟》，《社会科学研究》1987 年第 6 期。

③ 蒙文通：《巴蜀史的问题》，《巴蜀古史论述》，成都：四川人民出版社，1981 年。

其年代也大致在春秋晚期。①巴国入川的年代与川东巴蜀文字和符号出现的年代基本吻合，说明关于巴人应用蜀人文字和符号这一推论，是有根据的，可谓信而有征。

过去学术界认为巴蜀符号是巴文，主要依据在于巴蜀符号常与虎纹同见于巴蜀青铜器上，因《后汉书·巴郡南郡蛮传》记载巴氏先祖"廪君死，魂魄世为白虎，巴氏以虎饮人血，遂以人祠焉"，故而将铜器上的虎纹与廪君化白虎联系起来，从而认为虎纹为巴人所特有，故巴蜀符号是巴文。但考古材料却说明，蜀地出土的带有虎纹的器物，不仅多于巴地，而且年代早得多②，分布范围也广得多。而商代晚期广汉三星堆祭祀坑就已有纯金模压而成的金虎和青铜制作的虎，便能说明问题。因此无论从哪一方面看，与虎纹同时出现在巴蜀器物上的巴蜀符号，并不起源于巴，而是起源于蜀，它们不是巴文，而是蜀文。至于巴蜀方块文字，则更由考古资料证明是蜀的古文字，是巴人借用蜀文，而不是相反。至于本文所称巴蜀文字、巴蜀符号，则仅为因袭学术界成说而已。

综上所述，巴蜀方块表意文字和巴蜀符号象形文字都是文字，但其间存在体系上的区别。这种区别，不仅表现为两者进化程度的不同，而且从其起源看，当巴蜀方块字早已达到表意文字水平时，巴蜀符号才开始其滥觞。因此毫无疑问，两者确属两个系列的文字，其关系也绝不是草书、异体或奇字的同源异流关系。

但是，从广义上说，两系巴蜀文字又都同属于古代象形文字系统，均从具有形、音、义三要素的象形文字发展而来。这与世界文明初期任一个古文字系统基本相同，殷墟甲骨文亦是如此。但巴蜀文字从其起源一直到战国时期，经上千年的发展演变，其基本形态不变，仍属象形文字系统，这一特点又明显地区别于古苏美尔、古埃及等文字，而与汉语古文字具有相当共性。"即使是形声字，也还是要借用字形来表达其音，而不必另制音符，所以汉字完全属于象形文字系统。"③巴蜀方块字脱离了象形字而存其风骨，巴蜀符号Ⅰ则完全是象形字，符号Ⅱ作为声符亦是从符号Ⅰ演进而来。这都是巴蜀文字

---

① 段渝：《试论宗姬巴国与廪君蛮夷的关系》，《四川历史研究文集》，成都：四川省社会科学院出版社，1987年。

② 蜀地青铜戈有许多在援本铸有虎纹或浮雕，其时代之早者，为三角形援无胡方内戈，至少可早到西周早期。参阅冯汉骥：《关于"楚公象"戈的真伪并略论四川"巴蜀"时期的兵器》，《文物》1961年第11期。

③ 徐中舒：《汉语古文字字形表·序》，成都：四川人民出版社，1981年。

与汉字的共性所在，也是区别于其他任何文字系统的显著特征。对此，或许也可借用徐中舒先生推断的：巴蜀文字与汉字在文字构成条例上，具有一定的共同基础，但它们的分支，则应当是远在殷商以前。[①]正因为此，两者才在上千年的发展变化中，始终保持了象形文字的基本特征，而未向表音文字方向发展。也正因如此，蜀中才可能在统一于中原王朝后不久，很快涌现出如像司马相如、严君平、扬雄等享誉全中国的大文学家、大哲学家。

巴蜀文字的研究，丰富了巴蜀文明的内容，证明古代巴蜀文明与华北商周文明和世界大多数文明一样，是拥有文字的灿烂的古文明。同时进一步证实了巴蜀地区是华北以外中国古文字的又一个策源地。而巴蜀文字与汉语古文字的关系，则是对中国古代文明"多元一统的结构框架"[②]的极好证明。

---

① 徐中舒：《巴蜀文化初论》，《论巴蜀文化》，成都：四川人民出版社，1982 年。
② 苏秉琦：《中国考古学会第七次年会开幕词》，《中国文物报》1989 年 7 月 28 日。

| 49 |

论巴蜀文字及图像中的"英雄擒兽"母题

——从宣汉罗家坝出土巴蜀印章及图像谈起

在四川宣汉罗家坝墓葬出土的巴蜀印章里[①]，有数枚印章的基本结构相同，都是中间有一个物体，两侧分别是一个相同的物体。这几枚印章中间的物体或是一连体的花蒂（M：24），或是一串巴蜀文字符号（M：25），或是一柄牙璋（M：51），或是一枝形物（M：57）。在这些图像的两侧，或分别是一个"王"字（M：24，M：51），或分别是一个巴蜀文字符号（M：25），或分别是叶形物体（M：57）。此外，在罗家坝出土的青铜器上，多铸刻有巴蜀文字和图像，其中有一种图像的基本结构与上述印章文字图像极其相似，也是中间一个物体，两侧分别一"L"形物体或其他相同物体相对（如罗家坝 M：40）。对于这些印章文字的含义，由于巴蜀文字迄今尚未解读，因而目前还不清楚，无法给予解释。

诸如罗家坝出土的这一类巴蜀印章和图像，其实并非孤例，与其相同或相似的巴蜀印章以及青铜器上的类似图像，在四川、重庆以及湖北、湖南、云南等地都有发现，一方面可充分证实笔者所提出的巴蜀文字两系说[②]，另一方面也可从中观察到古代巴蜀与近东文明的某种关系。

仔细考察古代巴蜀文化中的文字符号和图像，我们可以看到与罗家坝这类文字相同的印章文字或图像，其基本结构相同，都是中间一个物体，两边分别一个相同的物体。这一类文字图像屡见于巴蜀印章，并且在巴蜀青铜器如四川新都马家大墓出土的青铜戈内部、青铜钺、青铜钲，重庆涪陵小田溪出土的青铜钲，以及在成都蒲江，大邑五龙，四川雅安荥经、芦山、犍为、什邡，广元昭化宝轮院，重庆巴县冬笋坝等地点出土的青铜器上亦较常见，20 世纪 20 年代末到 30 年代，卫聚贤在成都搜集到的白马寺坛君庙出土青铜器上亦有较多发现。从这类文字和图像在巴蜀地区大量存在的情况分析，可

---

① 四川省文物考古研究院编：《宣汉罗家坝》，北京：文物出版社，2015 年。以下引此，不再出注。

② 段渝：《巴蜀古文字的两系及其起源》，《成都文物》1991 年第 3 期；《考古与文物》1993 年第 1 期。

以说它们是古代巴蜀文化习见的、使用较为普遍的文字、符号或图像。

关于这类图像的来源，李济先生在其《中国文明的开始》一文里有所论述。李济先生把这类符号称作"英雄擒兽"，并引之为中国文明与美索不达米亚文明关系的重要证据。李济先生认为："这种英雄擒兽主题在中国铜器上的表现已有若干重要的改变。英雄可能画成一个'王'字。两旁的狮子，先是变成老虎，后来则是一对公猪或竟是一对狗。有时这位英雄是真正的人形，可是时常在他下方添上一只野兽。有时中间不是'王'字，代之以一个无法辨识的字。所有这些刻在铜器上的不同花样，我认为是美索不达米亚的原母题的变形。"[1]李济先生所说的"英雄擒兽"母题，原是指近东文明中常见的一种图案，即中间一人，两旁各有一兽。H.法兰克福曾指出，这种图形最早源于美索不达米亚，后来流传到埃及和古希腊米诺斯文明，并举出米诺斯文明的狮子门作为例证。[2]李济先生认为商代铜器上的这种母题源于近东文明的看法，近年来得到更多材料的支持，国内一些学者将这类图形称为"一人双兽"母题。

仔细观察巴蜀文化中的这类图案，它的基本结构与"英雄擒兽"母题即今所谓"一人双兽"母题完全一致，都是中间一个人形，两旁各有一兽。只不过在巴蜀文化中的这类图形，中间的人形已经简化或变化，两旁的兽形也已同时发生了简化或至增删，以致同其母题相比，除还保留着图像的整体结构而外，似乎有些面目全非的感觉。

进一步看，巴蜀文化中这类图像的演变，不单是图形的简化和增删，而且在一些图像中的图形样式或结构都发生了变化。如，有的图像中的两侧物体已不相同，有的图像虽然两侧物体相同，但中间已从一物变成数物，而在有的图像中，原来图像中间的物体已移至两侧物体的上方，不一而足。尽管如此，但从图像构成的角度看，这些变化实际上并不是根本性的变化，它们不过只是原来图像的变体。

至于这类图形的含义，在美索不达米亚表现的是"英雄擒兽"，在中国商代则演变为家族的族徽。[3]而在巴蜀文化中，这类文字图像可能具有不同于商文化的含义。如果它们表示家族的族徽，那么由于图像的基本结构相同，就

---

[1] 李济：《中国文明的开始》，《李济文集》卷一，上海：上海人民出版社，2006年。

[2] 在商文化的青铜器铭文中，也有几例这一类文字图像或符号，见容庚《金文编》增订第2版，1933年，长沙。一般认为，商文化青铜器上的这一类文字可能是族徽的标志。

[3] 在商文化的青铜器铭文中，也有几例这一类文字图像或符号，见容庚《金文编》增订第2版，1933年，长沙。一般认为，商文化青铜器上的这一类文字可能是族徽的标志。

意味着来源于一个共同的祖先，而图形的变化，则可能意味着家族的裂变，表明是共同祖先的不同分支。但这种推测显然是不能成立的。因为这类图像的空间分布如此之广，我们不可能把在四川、重庆、湖北、湖南、云南等地所有出上相同或相似图像的墓主的族属统统归结为同一个祖先的后裔。不过可以肯定的是，如此众多的相同或相似的图像在如此广阔的空间如此大量地分布，显然是文化传播以至文化趋同的结果。

从考古发掘看，其实这类图像的变体，早在三星堆文化时期已经出现。在属于商代的古蜀文明三星堆二号祭祀坑中出土的金杖，其上有两组相同的图像图案，都是在人头像（蜀王）的上方分别有两只鸟和两条鱼，一支羽箭（？）将鱼和鸟连在一起。[①]这个图形与"英雄擒兽"或"一人双兽"母题在基本结构上相似，只不过把图像中间人头两侧的鱼、鸟移到了人头上方。三星堆文化金杖图像是迄今所见巴蜀地区出现得最早的"英雄擒兽"母题图像，尽管这两组图像是基于母题的变体。由于西周春秋时期巴蜀文化的考古资料至今仍然较为缺乏，所以关于这一时期巴蜀文化图像变化的情况，目前还不能确知。从这类变体在战国时代的巴蜀文化图像中已发展成为众多不同图形的情况看，一定是经过了从蜀文化到巴文化的复杂的发展变化过程。当然，从战国时期巴文化与蜀文化已经趋同，在物质文化上已是可分而不可分，最终形成今天所谓巴蜀文化的情况看，"英雄擒兽"母题及其变体在蜀地和巴地相继出现，就是·个可以合理解释的文化现象了。

在中国西南地区，除在巴蜀文字或符号中发现大量"英雄擒兽"母题而外，在一些地方出土的青铜器纹饰上也发现了这类母题，而且还有一些青铜器直接被制作成"英雄擒兽"的形制。

在古蜀文明辐射范围内的今四川盐源县境内，发现大量以"英雄擒兽"或"一人双兽"为母题的青铜器，如学者称为"枝形器"的青铜杖首和青铜插件。在今云南保山也发现有这类图形，如青铜钟上的图案等。在这些地区所发现的刻铸有此类图案的青铜器，年代多属于战国至西汉。有的学者认为是从中国西北地区传入的斯基泰文化的因素。但如联系到商代三星堆、战国新都和罗家坝以及战国末小田溪的同类母题来看，问题恐怕没有这么简单了。斯基泰文化是公元前 7 世纪中亚兴起的一种文化，主要特征是动物尤其是猛兽或猛禽纹样，以及立雕和圆雕手法等，大多体现在青铜兵器和小件青铜器

---

① 四川省文物考古研究所：《三星堆祭祀坑》，北京：文物出版社，1999 年，第 352-354 页。

的装饰上，没有重器。但在中国西南地区（西南夷）发现的具有"英雄擒兽"母题的青铜器，如盐源青铜器，多属平雕，而其图案缺乏斯基泰文化最常见的母题"格里芬"或猛兽形象。如此看来，如果要把西南地区发现的"英雄擒兽"母题青铜器简单地与斯基泰文化联系起来，还缺乏必要的证据。考虑到古蜀文明这类图形的来源，特别是古蜀文明在青铜文化方面对西南夷的影响，认为西南地区的这类图案是受蜀文化的影响，这种看法也许更加符合实际情况。

四川盐源发现的数件青铜枝形器和青铜杖首，下方均为一个腰佩短杖（剑或刀）的人，两旁侧上方分别为一匹马。这种图形与商代金文族徽的类似图形相似，其间关系值得深入探讨。有学者认为这类图形来源于斯基泰文化。但是按照李济先生的研究，商文化的这类图形来源于美索不达米亚，那时斯基泰文化还没有兴起。那么盐源地区的这种图形是否与商文化有关呢？从盐源地区迄今并没有发现商文化的任何遗迹的情况看，这种图形不大可能来源于商文化。考虑到这类图形在四川地区大量存在的情况，那么盐源发现的这种图像则应该是受到巴蜀文化同类图形影响的产物，而不是来源于西北高原传入的斯基泰文化因素。

盐源青铜器群的文化性质是笮文化。笮人属于古羌人的一支，原居岷江上游，为牦牛羌之白狗羌，秦汉时期主要聚居在大渡河今雅安市汉源一带，是古蜀文明与外域交流的通道南方丝绸之路的重要枢纽之一[1]，所受古蜀文明的影响无疑较大，所以笮文化的这类图形很有可能与古蜀文明有关。

根据《华阳国志·蜀志》的记载，秦汉时蜀郡州治成都少城西南两江有七桥："直西门郫江中曰冲治桥；西南石牛门曰市桥，下，石犀所潜渊也；城南曰江桥；南渡流曰万里桥；西上曰夷里桥，亦曰笮桥；从冲治桥西北折曰长升桥；郫江上西有永平桥。"[2]成都少城是先秦时期古蜀王国都城的中心位置所在地，也是秦汉时期蜀郡郡治的官署所在地。这说明了几个史实：第一，"夷里桥"的名称来源于夷人居住的区域名称"夷里"。第二，"夷里"的"里"，是地方低层行政单位的名称。"十里一亭"，里有里正，是标准的汉制，而汉制本源于秦制，"汉承秦制"。由此可见，在先秦时期，成都城市西南居住着不少夷人，建有专门的街区"夷里"。第三，"夷里桥"亦曰"笮桥"，说明居住在"夷里"的夷人是西南夷中的笮人。既然成都少城西南有夷里桥，又称

① 段渝：《四川通史》第一册，成都：四川大学出版社，1993年，第268-271页。
② 常璩著，刘琳校注：《华阳国志校注·巴志》，成都：巴蜀书社，1984年。

笮桥，直到秦之蜀郡守李冰治蜀时仍然还居住着西南夷笮人并保留着笮人的街区和名称，那么先秦时期的蜀人与笮人相同，都属于西南夷的组成部分，应该是没有什么疑问的。[①]既然笮人与蜀人不论是在族系上还是在文化上都有着如此深厚密切的关系，那么如果说笮人此类"英雄擒兽"形青铜枝片的文化渊源于蜀，是不是较之斯基泰文化来源说更加合理呢？

其实，罗家坝墓葬的出土遗物已经指明了这类图像的文化来源。在罗家坝墓葬中出土了不少料珠，如在 M：24，M：28，M：44，M：53，M：65 等墓中均出土球形珠。M：24，M：28 出土的料珠相同，都呈扁球形，中间有一圆穿，球形外表布满 12 个外凸的不规则圆点。M：44 出土的两件亦呈扁球形的陶珠，中间亦有一圆穿，球形外表布有 9 个外凸的深绿色圆点。M：53 出土的 5 件球形陶珠的外表亦有外凸的不规则圆点。这种料珠原产于伊朗和印度，称为"瑟瑟（Sit-Sit）"，俗称"蜻蜓眼"，是古代西亚至中亚的波斯帝国的宝石名称，是示格南语或阿拉伯语的译音。中国古书关于瑟瑟的性质有不同说法，主要指宝石，明以后主要指人工制造的有色玻璃珠或烧料珠之类。[②]唐代成都西门多出瑟瑟[③]，而这一带正是春秋战国时期蜀王国的墓区所在。唐时瑟瑟往往出于成都西门地下，足见随葬之多。杜甫既称瑟瑟，表明是来自西亚、中亚和印度地区之物。

古代西南地区还多见蚀花琉璃珠，也是瑟瑟的一种。《唐书》和《蛮书》都记载南蛮和南诏妇女以瑟瑟为发饰，《太平寰宇记》卷八七记载四川威州（今汶川县）妇女把成串的瑟瑟挂于发上为饰。四川茂县曾出土不含钡的琉璃珠[④]，理塘县也有发现[⑤]，四川盆地东部考古中还发现公元前 8 世纪的早期琉璃珠[⑥]，云南江川李家山战国 24 号墓中，也出土蚀花肉红石髓珠[⑦]。中国古代琉璃珠，按其成分分为两种：一是含钡玻璃，产自战国时代的中国，属铅钡玻璃类；一是不含钡的钠钙玻璃类，产自中亚和西亚。[⑧]以上西南各地所出，经化验和比较，均来自中亚和西亚，显然是从那些地区交换而来的商品。其间的交流

① 段渝：《先秦汉晋西南夷内涵及其时空演变》，《思想战线》，2013 年第 6 期。
② B. 劳费尔，林筠因译：《中国伊朗编》，北京：商务印书馆，1964 年，第 345-347 页。
③ 杜甫《石笋行》："君不见益州城西门，陌上石笋双高蹲。古来相传是海眼，苔藓蚀尽波涛痕。雨多往往得瑟瑟，此事恍惚难明论。恐是昔时卿相墓，立石为表今尚存。"
④ 童恩正：《略谈秦汉时期成都地区的对外贸易》，《成都文物》1984 年第 2 期。
⑤ 作铭：《我国出土的蚀花肉红石髓珠》，《考古》1974 年第 6 期。
⑥ 龚廷万、庄燕和：《重庆市南岸区的两座西汉土坑墓》，《文物》，1982 年第 7 期。
⑦ 张增祺：《战国至西汉时期滇池区域发现的西亚文物》，《思想战线》1982 年第 2 期。
⑧ 高至喜：《论我国春秋战国的玻璃器及有关问题》，《文物》1985 年第 12 期。

通道，应即蜀身毒道，即今所谓南方丝绸之路。可见，与瑟瑟伴生于罗家坝墓葬中的"英雄擒兽"母题图像，其文化来源应当是从南方丝绸之路传播而至的。

巴蜀古文字研究的学术价值与学术史

一、巴蜀古文字研究的学术价值

巴蜀地区是中国古代文明的重要起源地和组成部分之一，是中国西部长江上游的古代文明中心。从 20 世纪 30 年代至今，由于考古新发现的不断推动，学术界对三星堆与巴蜀文化的研究不断取得重要进展，对三星堆文化在中国文明史乃至世界文明史上的重要学术地位有了越来越深刻的认识。人们充分认识到，先秦时代的巴蜀，是一支拥有灿烂青铜文化、大型城市和文字的高度发展的古代文明。不仅如此，由于三星堆文化所深刻揭示出来的古代巴蜀的独特文化模式、文明类型和悠久始源，表现出古蜀文明与商文明平行发展的事实，使它在中国文明起源与形成的研究中占有特殊地位，学术界普遍认为它是中国古代区系文明中具有显著地域政治特征和鲜明文化特色的典型代表，在中国文明的缔造尤其中国西部文明的演进史上发挥了积极而重要的作用，不但为中国文明起源的"多元论"提供了坚实的考古学证据，大大丰富了"中国文明多元一体形成发展"论断的理论内涵，取得了各学科学者的普遍认同，而且在国际学术界和社会各界获得了极其高度的评价和越来越高的声誉。

从巴蜀文化这一科学命题的提出到今天，学术界对巴蜀文化的研究，主要集中在族属、地域和迁徙，政治、经济和社会形态，文明起源与形成，文化交流与传播，宗教，艺术，科技等方面，均已取得若干新进展。而对巴蜀古文字的研究，至今还是一个十分薄弱的环节和亟待取得新突破的重要领域。

语言是人们成为一个民族的要素之一，而把语言变成文字，则是这个民族进入文明时代的一个重要标志。巴蜀与华夏，言语异声，文字异形。巴蜀古语早在秦灭巴蜀后不久，就从"蜀左言"变成"言语颇与华同"，今已不可考，而巴蜀古文字则赖考古发现得以重见天日。

巴蜀古文字，是指先秦至西汉前期分布在巴蜀地区（今四川、重庆以及湖北西部、湖南西部、贵州西部和云南东北部，以今四川盆地为中心）的巴人和蜀人所通行的文字系统。公元前 316 年秦并巴蜀以后，推行统一文字的政策，到汉武帝时期，巴蜀文字作为一个有别于中原文字的独立的古文字系统，从此消亡不存。由于文献缺载，历史上对巴蜀古文字的认识完全是一空白。尽管有极少量的巴蜀印章传世，但人们并不知道所刻印文是巴蜀古文字，对印文亦无法释读。由于历史文献对巴蜀古文字材料的失载，加之缺乏可供参考、比对和征引的其他文字材料，用汉语古文字的解读方法亦不能释读，所以尽管学术界在巴蜀古文字的研究上取得了一定进展，但仍然未能深入其中，取得突破。

目前巴蜀考古提供的有关巴蜀古代文明的各种研究资料，不仅涉及古代巴蜀的政治、经济、文化、社会等方面的内容，而且大量涉及古代巴蜀与中原的关系，以及古代巴蜀与东南亚、南亚、中亚、西亚的关系等方面的重要内容。而对这些方面的全面深入研究，除了运用历史学、考古学和人类学的材料、理论与方法外，最重要的是利用古代巴蜀自身的文献材料，这就是巴蜀古文字。但由于对巴蜀古文字的研究尚未能取得突破性进展，因而极大地妨碍了学术界对巴蜀古代文明的深入全面解读，从而影响到国内外各界对三星堆与巴蜀文化详加了解的迫切需要。因此，对巴蜀古文字进行全面整理、分析与研究，取得突破性进展，已成为学术界面临的一个重大课题。

世界上任何一种古文字的解读都是科学上的重大发现，都会被载入世界科学发现史的光辉史册。如埃及古文字和美索不达米亚古文字的释读，成功揭示了古代埃及文明和美索不达米亚文明的各种内涵，对人类早期历史的研究具有十分重大的价值。

巴蜀古文字是我国现存先秦古文字中除汉字外唯一可以确定为文字且尚未被释读的古文字系统。正如甲骨文的释读解决了商文化的若干问题一样，巴蜀古文字的研究，不仅可以解决巴蜀历史与文明演进的若干问题，而且对全面探索中国文明起源和发展这一重大课题具有非常重要的学术价值，同时也是对世界科学发现史的重大贡献。

二、巴蜀古文字研究学术史

（一）巴蜀古文字的发现与确认

古代巴蜀有无文字的问题，直接涉及对三个基本问题的估计和理解：第一，有关巴蜀文字产生与否的社会背景即社会发展水平的估计；第二，有关文字和符号资料的发现和积累；第三，有关符号性质的判定。

早在汉、晋历史文献中，对于巴蜀是否有文字，就已存在重大争论。《蜀王本纪》和《华阳国志》的作者对蜀人有无文字的争论，关键不在有无巴蜀的古文字材料，因为其作者均未曾见过任何巴蜀的古文字，而在于对蜀人社会经济文化发展水平的总体认识的差异。《蜀王本纪》之所以提出蜀无文字，依据在于"（蜀人）椎髻，左言，未有礼乐"，经济文化落后。《华阳国志》之所以认为蜀人必有其文字，依据亦在于蜀得天文地理之利，精英辈出，经济文化发达。古代学者的争论，是建立在对社会发展水平的认识基础之上的，而不是建立在科学研究的基础之上，均无确切证据以成其论。这一重大课题，直到 20 世纪 40 年代尤其是中华人民共和国成立以后，由于巴蜀考古的逐渐深入和巴蜀青铜器、铜印章、漆器文字、陶器符号等的不断发现，才开始获得解决的生机，进入科学研究的轨道。

迄今的考古发现与研究已经彻底否定了"蜀无礼乐"之说，充分表明古代巴蜀是一个高度发展的文明社会。就此而论，巴蜀产生文字的条件已经具备。尽管世界上并非没有无文字的古文明，如南美秘鲁的印加文明，虽已建立了国家，但却没有文字的使用，中美洲文明的文字也主要用于历法，与一般意义上的文字在使用上有明显不同。但这不是普遍原则，仅为特殊的例外，与旧大陆各古文明存在区别。并且，正如对于古代埃及文明有无城市的争论一样，其中还存在一个认知标准的问题。因此，只有在排除了古代巴蜀没有达到文明社会的歧见，并且不先入为主地认为巴蜀没有发明使用文字的条件，才能比较正确地认识和解决问题。

20 世纪 20 年代初，在成都白马寺坛君庙首次发现巴蜀青铜器，其中 7 件有铭文，在 7 件青铜器铭文中，3 件铭文为中原文字，4 件铭文不能释读。学者卫聚贤首先提出这 4 件铭文应是巴蜀文字，但商承祚等认为这批青铜器及其铭文均是伪作。50 年代，在四川东部地区发掘的船棺葬内，学者们发现出土的青铜器和铜印章上铸刻有大量不同于中原汉语古文字系统的文字和符号。70 年代以后，又陆续在川东、川西平原以及四川盆地南部等地发现了巴蜀青铜器铭文、铜印章以及漆器铭文和陶器符号，在与四川相邻的湖南、云南也发现了巴蜀青铜器铭文或巴蜀铜印章。这就为巴蜀古文字的认定和研究提供了第一手资料和契机。学术界据此并参照文献记载和人类学材料研究巴蜀文字，巴蜀古文字的研究逐步进入科学轨道。

从 50 年代到 70 年代，在巴蜀考古中出土的巴蜀古文字材料不断增多，学术界于是提出了"巴蜀符号""巴蜀图语""巴蜀文字"等概念，四川省博物馆王家祐研究员为此搜集的各类巴蜀古文字和符号达 400 种以上。

50 至 60 年代，四川历史学界对考古出土的巴蜀文字材料进行了初步研究，均肯定这些所谓巴蜀图语是文字，但有所争论。部分学者认为巴蜀古文字是川东巴人的创造，持"蜀无文字"的看法。如徐中舒教授主张巴蜀青铜器上的绘画图像是巴人的文字"巴文"，与蜀无关。但蒙文通教授根据对史籍的考订，认为蜀有文字，古蜀文字与中原的区别只是存在部分相异的方言和新字。

在 1960 年出版的《四川船棺葬发掘报告》中，冯汉骥教授通过对 50 年代巴县冬笋坝和广元宝轮院出土船棺葬青铜器铭文的整理分析，提出巴蜀文字有两类的看法，认为一类是"符号"，有的"与铜兵器上的铸文相同"，另一类是"似汉字而又非汉字者"。

70 年代尤其 80 年代以后，随着新材料的不断出现、研究者的不断增多和对研究方法的不断探索、改进与积累，学术界对巴蜀古文字的获得相当进展，并在研究中形成了不同的学术观点。

童恩正教授等于 1976 年发表文章，根据对新出土的巴蜀青铜戈铭文的分析，认为冯汉骥先生在《四川船棺葬发掘报告》中所提出的两类符号中的后者无疑是巴蜀文字，并对后一类文字做了科学说明。

1980 年，彭静中教授试图用汉语古文字的解读方法对巴蜀古文字加以释读，结果事与愿违，未获成功。

1982 年，李学勤教授发表文章，综合已有的巴蜀文字材料，进一步将巴蜀文字分为甲、乙两类，认为都是文字，并指出巴蜀文字甲既有表音符号，又有表义符号。并对在同一考古发掘位置出土的巴蜀文字印文和汉字印文在格式上加以对照分析，指出了巴蜀古文字研究的新思路。

1983 年，邓廷良先生发表文章，认为巴人铜器上的符号是巴人及其有关部族图腾的徽纹。1984 年，孙华教授发表文章，认为巴蜀青铜器等上面的符号是带有原始巫术色彩的吉祥符号，不能单个予以宣读，只能成组进行解释。他们所分析的对象，其实并不是巴蜀文字，更不是成行的青铜器铭文，而仅仅是非文字的图案和纹饰。

王家祐、李复华研究员于 1984 年发表文章，认为巴蜀图语具有"看图传语"的功能，提出巴蜀有不同于中原甲骨文和金文的方块象形字，认为巴蜀方块字与夏有关，是夏人先祖母家西陵氏的文化。其实他们所说的"看图传语"，无非是对文字的另一说法。

1988 年，钱玉趾先生发表文章，认为巴蜀符号是拼音文字，其后又认为巴蜀文字与古彝文有关。不少学者对此提出质疑和批评，反对这种看法。

罗开玉研究员和王仁湘研究员分别于 1991 年和 1992 年提出巴蜀文字应为徽识的看法，这其实也是肯定了其文字性质。

古代巴蜀没有文字的看法，已为历年来考古出土的大量巴蜀文字材料所彻底否定。在 1983 年发表的四川广汉三星堆遗址发掘简报和 1987 年发表的成都十二桥商代遗址发掘简报中，均发表了遗址中出土的刻划符号和文字资料。

1989 年，林向教授著文披露了广汉三星堆出土陶器上的刻划文字符号。在此前后，在四川各地如成都、广汉、荥经、青川、峨眉、什邡、新都、郫县、万县以及湖南常德等地均发现了巴蜀文字和符号。这就促成了新成果的问世。

段渝教授在 1991 年、1993 年、1999 年、2001 年、2004 年和 2007 年发表的论文和专著中指出，巴蜀文字不但有两类，而且两类文字均可在商代找到起源滥觞的痕迹，并指出巴蜀文字最初起源于蜀，后来传播川东和湘西，成为巴蜀地区通行的文字。

2004 年，日本学者成家彻郎研究员提出，巴蜀使用两种类型的文字，一种是图像文字，另一种是表音文字。

上述各种看法虽然尚不一致，但古代巴蜀确有自身的文字系统，已成为学术界普遍接受的定论。

（二）巴蜀古文字的构成条例

1959 年，徐中舒教授最早对巴蜀文字的结构进行了分析，他认为巴蜀文字与汉语古文字均属象形文字，巴蜀文字与汉字在文字构成条例上具有一定的共同基础，但它们的分枝，则应当是远在殷商以前。徐中舒先生所分析的，实际上是巴蜀文字中的第二类，即表形字，还不是其中的第一类即方块表意字。

1960 年，冯汉骥教授等在《四川船棺葬发掘报告》中指出，"似汉字而又非汉字"这类巴蜀文字，其基本偏旁结构与汉字有别。

1979 年，童恩正教授通过对巴蜀文字中表意字的结构进行分析，认为这种文字是方块字而非拼音字，是直行而非横行。它与汉字一样，应属于表意文字的范围，而且还经历了一段相当长的发展历史，完全脱离了原始的象形阶段。

1982 年，李学勤教授提出巴蜀文字分为甲、乙两种，其中巴蜀文字甲既有表音符号，又有表意符号，那些常见的、重复出现的、简化的符号，用以表音。

1987 年，刘豫川研究员著文认为，巴蜀文字中的许多符号已经经过简化，这些经过简化的文字，应当是从较原始的象形字简化而来。

　　1991 年，段渝教授发表《巴蜀古文字的两系及其起源》，对巴蜀古文字的结构进行了比较细致的分析，认为巴蜀古文字分为两系，一为巴蜀表意文字，一为巴蜀表形文字。巴蜀表意文字在字体上已达到简化、省略、定型、单位小的水平；巴蜀表形文字分为巴蜀符号Ⅰ和巴蜀符号Ⅱ两类，两类均包括一系列独体单符（独体字）和由独体单符组成的复合符号（合体字），字形基本定型。段渝的这一观点，在 1993 年、1999 年、2001 年、2004 年和 2006 年出版的专著中得到进一步完善。

（三）巴蜀古文字的源流

　　徐中舒教授认为，巴蜀青铜器上的文字，可能出自《国语·晋语》中的"阳人"，应该是夏代通行的文字。李复华、王家祐研究员认为巴蜀方块字是古蜀或西陵氏的文字。段渝教授认为巴蜀方块字发源于成都平原巴蜀地区，巴蜀表形字则可能与中国境外的某种古文字系统有关。何崝教授认为巴蜀文字来源于古越族文字。成家彻郎研究员认为巴蜀表音文字的来源可能与波斯的阿拉米文字有关。段渝教授提出东汉巴蜀道教符箓与巴蜀古文字有着源流关系，可以从巴蜀道教符箓的角度对巴蜀文字进行探索，这对巴蜀古文字的研究提供了新的视角。

　　到目前为止，学术界对巴蜀文字的来源或起源问题还没有达成一致意见。

（四）综合评述

　　上述各种看法虽然尚不一致，但古代巴蜀确有自身的文字系统，已成为学术界普遍接受的定论，但对巴蜀古文字的释读还处在实验阶段。

　　由于巴蜀古文字的出土资料比较分散，并且公开发表的文字材料多半不甚清晰，直接影响到研究的深度和广度。更为重要的是，由于巴蜀古文字研究的难度很大，不仅涉及古文字学本身，还涉及考古学、历史学、民族学，尤其是巴蜀文化史等学科方向的研究，单纯通过传统的古文字考释方法已不可能获得更多更大的新进展。而至今为止的巴蜀古文字研究，大多建立在单一的学科方向基础上，多学科协同攻关尤其是人文学科与自然科学相结合所进行的综合分析比较研究十分缺乏。

| 51 |

"天下治乱"与治蜀

四川位于中国西南、长江上游的枢纽地带，幅员广阔，民族众多，自古为人称颂为"物华天宝，地灵人杰"。它虽然远离中原，但它的历史演进步伐却和中原大体一致。在大多数历史时期中，四川政治清明、经济发展、文化繁荣，历来被视为祖国的战略大后方，没有哪一个朝代不重视四川，没有哪一个朝代不把治理好四川作为国家的头等大事。因此，对治蜀的历史及其经验和教训加以认真总结，无疑具有重要的学术价值和现实意义，同时也是四川历史学者责无旁贷的重任。本文对此略加论述，抛砖引玉，就教于方家。

一、"天下治乱"与四川盛衰

四川古称蜀。史家曾有"天下未乱蜀先乱，天下已治蜀后治"的说法。这个说法原是史家特指魏晋南北朝时期川陕之间的混乱局面和所受荼毒而言，后来又有学者提出应是指南宋时金、蒙先后屡攻川陕，从而导致四川经济衰颓而言，另有学者以为明末张献忠之乱亦是由陕及川，致使四川败落而言，等等。这些说法，都有确凿的史实作为立说依据，不过都是以某朝某代作为观察对象的，都没有跳出短时段历史观的窠臼。而在世人看来，"天下未乱蜀先乱，天下已治蜀后治"，似乎已是从古至今四川治乱的铁的规律。四川历史究竟是否遵循着这一"规律"演进的？这关系到怎样正确认识历史上的治蜀问题和四川的盛衰问题，应当引起足够充分的重视和深入细致的思考。从长时段的历史观即历史的全过程看，所谓"天下未乱蜀先乱，天下已治蜀后治"的流行说法，其实并非四川历史的治乱规律，应予否定。但以四川历史某个时期或某个阶段而言，则是符合实际情况的。其实，就中国各个省区的历史而言，都不同程度地存在过这样的治乱交替现象，它并不是四川一省所独有的历史景观，更不是四川历史上的治乱规律。

这就需要我们做一番历史的考察。

如同中国所有的区域史一样，四川历史不是呈线性发展的，而是在曲折中发展演变的。大致说来，最近二十年来，历史学家基本上同意四川历史发展的"三盛二衰"之说。[1]意思是：四川历史发展存在三个高峰两个低谷，秦汉、唐宋、清代表现为三个高峰，魏晋之际和元明之际是两个低谷。不过现在看来，这个说法仍然是不够全面的，因为它并没有提到商周时期和民国前期四川的治乱与盛衰。[1]

三星堆文化和金沙遗址已经充分揭示出这样的史实：商周时期的古蜀文明曾取得重大成就，是中国文明的重要起源地之一，在中国文明史上具有非常重要的地位。三星堆文明的卓越与辉煌，足以表明四川古代文明与中原文明平行发展、交相辉映，共同缔造了伟大的光辉灿烂的中国文明。清末辛亥年间，四川发动了声势浩大的保路运动，为武昌起义的成功提供了有力的保障，成为辛亥革命的导火线，"引起中华革命先"（朱德语）[2]，并在全国率先举起脱离腐朽的清王朝的义旗，建立起第一个县级资产阶级军政府"荣县军政府"。如果站在清王朝的立场上，认为"天下未乱蜀先乱"确为事实，1911年的四川保路运动和荣县首义可以称得上是其典型。民国前期，四川军阀混战长达 20 余年，形成军阀割据的"防区制"，造成四川近代史上最黑暗的时代。如果站在国民政府的角度上，认为"天下已治蜀后治"确为事实，民国前期四川的军阀"防区制"也可以称得上是其典型。但 1935 年川政统一后，四川军令政令统归中央，在随后的抗日战争中，四川人民为中国人民全面抗战的伟大胜利做出了巨大的牺牲和特殊的贡献。

从历史的长时段视角出发看待四川的治乱与盛衰，比较全面而客观的表述应该是：四川历史的发展表现为"四盛三衰"，先秦、秦汉、唐宋、清代是四个高峰，魏晋之际、元明之际和民国前期是三个低谷。但高峰和低谷是相对而言的，高峰期的四川也并不总是直线上升，其中充满了跌宕起伏，同时它的盛衰局面也必然受到全国政治经济大局变化的影响。

四川历史上四个高峰期的出现不是偶然的，它们直接取决于几个必要条件：首先是政治相对清明，社会相对稳定，在这个基础上经济文化得以持续发展。其次是周边政治环境和社会环境的相对安定。当然，全国大局的安定是最重要的。先秦、秦汉、唐宋、清代四川的发展和繁荣，都离不开这几个条件。

与此相反的是，四川历史上三个低谷的出现，在很大程度上与周边关系

① 蒙默、刘琳、唐光沛、胡昭曦、柯建中：《四川古代史稿》前言，成都：四川人民出版社，1988年，第 7-8 页。
② 朱德：《辛亥革命杂咏》，《人民日报》1981 年 10 月 10 日。

的不稳定有着密切的关系，或者是由全国战乱的局面所直接造成。魏晋六朝之际，不少割据政权统治过四川，四川归属不定，政区建制变动频繁，难以组织生产，经济文化大幅度后退。元明之际，四川长期战乱，文物菁华毁灭殆尽，难以复苏。民国前期，蒋系新军阀与各省军阀连年大战，而四川军阀在此背景下也割据争雄，混战不已，军阀"防区制"严重破坏了经济秩序，民生凋敝，社会破败不堪。铁的事实说明，分裂、割据、战乱是发展进步的大敌，而统一、和平、安定是发展进步的基本条件。

考察历史，我们不难看出，不论魏晋之际还是元明之际，四川历史低谷的出现都不是由"蜀先乱"引起的，绝不是什么"天下未乱蜀先乱"；而四川古代史上两次低谷的结束也不是在全国政治平定之后，绝不是什么"天下已治蜀后治"。民国前期四川的军阀混战和军阀"防区制"局面之所以得以形成，也同 20 世纪 20 至 30 年代全国政局不稳、各省各派系军阀集团间的大战有着密不可分的关系。所以，从历时性和共时性相结合的长时段视角而不是仅仅从某个短时段来看待历史上的治蜀，四川的治乱与盛衰问题应当是比较清楚的。

其实，翻拣史籍，我们不难知道，在中国历史发展的长河中，四川在大多数历史时期处于相对安宁因而经济文化繁荣发展的时期，历史上四川之所以能够以物华天宝、地灵人杰闻名于世，其根本原因在此。

二、后来治蜀要深思

以上我们讨论所的，主要是四川治乱与盛衰的外部条件或必要条件，而四川治乱与盛衰的内部条件或充分条件，应是历代治蜀者在四川所实施的治蜀方针、政策和措施及其成败与得失。在这方面，成都武侯祠的一副楹联是近世以来治蜀者们所共同关注的一个论题。

清末举人赵藩在题成都武侯祠楹联中写道"后来治蜀要深思"，这副著名的"攻心"联曾引起近世不少政要显宦和学者的极大兴趣与思考。仔细推敲并结合历史事实来看，赵藩"攻心"联的上下联，其实包有两层含义：上联为一层，讲的是用兵之道；下联为一层，讲的是治民之道。兵、民乃制胜的源泉。所以，将两层含义合起来看，讲的正是治国之道。这里不谈前一层含义，仅对后一层含义略陈管见。

所谓"后来治蜀要深思"，显然是以前车为鉴，警示后人。不过他的意思并不是指天下治乱与治蜀的关系，而是说治蜀者即四川的最高行政长官应该审时度势，根据四川的历史与现实，亦即根据四川的具体省情，充分发挥自己的政治智慧和才能，制定治蜀的具体方针、策略和措施。

诸葛亮治蜀的最显著特点就是"审势"，即准确把握四川形势。刘备集团入蜀之初，在对于如何治蜀的策略上，曾发生过激烈争论。刘备的重要功臣谋士法正认为："昔高祖入关，约法三章，秦民知德，今君假借威力，跨据一州，初有其国，未垂惠抚。且客主之义，宜相降下，愿缓刑弛禁，以慰其望。"①即应先施恩惠，放宽刑罚，以收人心。但诸葛亮通过对蜀形势的深入分析，却得出了与法正相反的认识，他认为："秦以无道，政苛民怨，匹夫大呼，天下土崩，高祖因之，可以弘济。刘璋暗弱，自（刘）焉已来有累世之恩，文法羁縻，互相承奉，德政不举，威刑不肃。蜀土人士，专权自恣，君臣之道，渐以陵替。宠之以位，位极则贱，顺之以恩，恩竭则慢。所以致弊，实由于此。吾今威之以法，法行则知恩，限之以爵，爵加则知荣。荣恩并济，上下有节。为治之要，于斯而著。"②不是像汉高祖刘邦那样"缓刑弛禁，以慰其望"，而是要"威之以法""限之以爵"，必须以严治蜀，严明法纪，整顿吏治，做到罚不避亲，赏不避仇，赏罚必信，不因位高而不罚，不因位微而不赏，刑教结合，选贤任能，以身作则。在刘备集团据蜀以前，刘焉、刘璋父子先后据蜀为益州牧，他们作为四川的最高统治者，法纪松弛，赏罚无信，任人唯亲，以至政治腐败，将弱兵疲，民生凋敝。这与秦末楚汉之争时的全国大局已完全不同。在这种形势下，如果效法汉高祖"缓刑弛禁"，必将导致蜀汉政治的进一步恶化。所以不但不能以"缓刑弛禁"之策来收揽人心，恰恰相反，必须采取严明法纪的政策，才能收拾二刘治蜀所留下的残破局面。历史事实证明，诸葛亮以严治蜀的方针、策略和措施是基本正确的。这说明，所谓审势，就是要把历史与现实结合起来，综合考虑，既不必"法先王"，也不必"法后王"，而是具体情况具体处理，从中得出合乎治地形势的正确认识。但是，赵藩所谓"后来治蜀要深思"，是否仅此而已？恐怕还有更深一层的意思。诸葛亮治蜀，在治民之道上确实取得很大成效，有功于蜀，然而在"治官"之道即建立有效、有序的行政体制方面，却是颇有瑕疵的。其中最关键的问题在于缺乏制度保障，名曰"法治"，实为"人治"，而且把"人治"发挥到了极致。《三国志·蜀志》裴松之注引《蜀记》说：蜀汉"事无巨细，咸决于亮"，全由诸葛亮个人决断。虽有纸上的制度，却不过是一纸空文而已。

文明的史迹：先秦、巴蜀及南丝路历史研究（巴蜀文化卷）

---

① 《三国志·蜀志·诸葛亮传》裴松之注引《蜀记》。
② 《三国志·蜀志·诸葛亮传》裴松之注引《蜀记》。

这样，不但阻绝了其他大多数官员贡献其聪明才智的机会和道路，而且也使执政者后继乏人。果然，当诸葛亮殁后，其后继者均非其任，"蜀中无大将，廖化充先锋"，而蜀汉之亡，便成了最终定局。历史何以如此？赵藩楹联中说"宽严皆误"，其中的深刻内涵的确是"后来治蜀要深思"的一个重要课题。

历史上治蜀，除三国时诸葛亮治蜀是一个典型范例外，其他朝代还有相当多的史例可供评说，如宋代范成大治蜀、清代丁宝桢治蜀等。他们之所以在治蜀上取得一定成效，其基本前提，莫不是能够比较准确地分析和把握四川形势，都离不开"审势"二字。南宋范成大治蜀，鉴于北宋初朝廷对蜀士禁锢不重用，而南宋初秦桧又"深抑蜀士"[①]，"蜀人未尝除蜀帅"[②]。范成大作为吴人治蜀，深刻地认识到要治理好四川，必须充分利用蜀人的智慧和才能。于是他在处理与蜀士的关系、争取蜀士支持方面做了两件事，一是表彰名士，二是网罗人才，其结果是"蜀士由是归心"[③]，达到了预期成效。晚清丁宝桢治蜀，上任即旁咨博询，又在赴川途中沿途悉心体察四川省情，确知"川省吏贪民玩，势成岌岌"[④]，其中吏治腐败是问题的核心所在，"夫川省之坏，据目前情形而论，其象已见于民，而其毒尚种于官"[⑤]。于是制定相应治蜀措施，以整饬吏治作为当务之急，取得相当成效，被誉为"四川数百年来第一好总督"[⑥]。

事实上，历史上各个朝代治蜀，都有当时的特点，没有也不可能有一以贯之的治蜀方针、策略和措施。但历代治蜀却有大致相通的一面，即是历代四川的最高行政长官在治蜀时，除厉行中央方针、政策外，主要是凭借自己的政治智慧和聪明才智，在大量调查研究的基础上，结合四川的历史与现实，制定相应措施，励精图治，而把着力点大体放在吏治、法治、发展经济文化等几个主要方面。

对历代治蜀的成败得失及其经验和教训进行认真总结，从中获得历史的借鉴和有益的启示，不论在任何时代都是十分必要的。然而，要准确地做到高度概括，却是相当不容易的。我们在这里所讨论的，仅仅是个人的一些粗浅认识，诚望大家批评指正。

---

① 李心传：《建炎以来系年要录》卷176，绍兴二十七年三月庚戌。

② 脱脱：《宋史·赵雄传》，北京：中华书局，1985年。

③ 脱脱：《宋史·范成大传》，北京：中华书局，1985年。

④ 《皇朝道咸同光奏议》卷1，《治法类·通论》。

⑤ 《皇朝道咸同光奏议》卷1，《治法类·通论》。

⑥ 刘愚：《醒予山房文存》卷1。

蜀史二题

一、瞿上为西周时期蜀王杜宇的别都

《蜀王本纪》记载："望帝治岷山下邑曰郫，积百余岁。"[1]《华阳国志·蜀志》记载："后有王曰杜宇，教民务农，一号杜主。时朱提有梁氏女利游江源，宇悦之，纳以为妃。移治郫邑，或治瞿上。"对于杜宇王朝都城为郫，二书记载一致无歧义，但《蜀王本纪》未载杜宇"或治瞿上"，可能是常璩作《华阳国志》时采摭"故老传闻"所写成，或是常氏系采自其他诸家《蜀纪》，当有所本。揆诸西周形势，杜宇王朝曾实行两都制，郫邑为蜀王杜宇的王都，瞿上则为杜宇的别都，与西周王朝以宗周和成周为两都的体制略同。蜀在商末参与武王伐纣之战，西周王朝建立后受周王室分封为诸侯，四川彭县竹瓦街两次发现的殷周之际的青铜器窖藏，其中就有"分殷之器物"，与周初大分封的制度和分封内容恰相吻合。至于瞿上所在，据南宋罗苹注《路史前纪》："瞿上城在今双流区南十八里，县北有瞿上乡。"刘琳《华阳国志校注》说："（瞿上）按其方位，在今双流县南黄甲公社境牧马山上。新津文化馆藏县人李澄波老先生实地考察后的手稿记载：'瞿上城在今新津县与双流交界之牧马山蚕丛祠九倒拐一带。'与《路史》所载大体相合。"[2]

据南宋罗泌《路史前纪》卷四："蜀山氏，其祖蚕丛纵目，王瞿上。"其说不见于汉晋间有关蜀史的记载，不知其所本。在《蜀王本纪》中，仅说到蜀之先王蚕丛、柏濩、鱼凫，"此三代各数百岁，皆神化不死，其民亦颇随王化去"，又说到"蚕丛始居岷山石室中"，未提及蚕丛纵目特征及王瞿上等事类。《华阳国志·蜀志》于此则记载稍详："有蜀侯蚕丛，其目纵，始称王。死，作石棺石椁，国人从之，故俗以石棺椁为纵目人冢也。"古蜀史上首次提到瞿上的是《华阳国志》，而《蜀王本纪》则无记载。按照《华阳国志·蜀志》的记

---

[1] 张衡：《思玄赋》李善注引《文选》。
[2] 刘琳：《华阳国志校注》，成都：巴蜀书社，1984 年，第 183 页。

载，瞿上为杜宇别都，或即《蜀王本纪》所谓"杜宇城"[1]，而与蚕丛无关。

从字形和字义上分析，瞿字从双目从隹，隹为短尾巴鸟，双目则突出鸟的眼睛。[2]据《蜀王本纪》《华阳国志·蜀志》及其他诸书记载，蜀王杜宇亡后，化为子鹃（或作子规、子巂等），"蜀人悲子规鸣而思望帝"[3]，"蜀人闻之曰'我望帝魂也'"[4]。左思《蜀都赋》亦云："鸟生杜宇之魄。"诸书均以杜宇死后化鹃，这正符合瞿上之瞿的本义。而蜀字，在殷墟甲骨文里，蜀字从目、从虫类躯体，以目和虫体两个字会以蜀字；在周原甲骨文里，蜀字则从目、从虫类躯体、从虫，以目、虫体和虫三个字会以蜀字。殷周甲骨文对蜀字的写法，大同小异，基本结构是从目从虫。尽管蜀字上半部从目，与瞿字上半部相类，但二者的下半部却完全不同，蜀字下半部从虫，瞿字下半部从隹，蜀为虫类，瞿为鸟类，二者在古代的分类中属于不同的种类，足见二字的含义及其所表示的族类是完全不一样的，不可混为一谈。同样，蚕丛亦属虫类，与属于鸟类的杜宇没有族群上的亲缘关系。[5]广汉三星堆出土的一件眼球成柱状凸出于眼眶的青铜大面具（K22：148），论者称之为"纵目人像"，或即蚕丛而非杜宇形象的塑造。由此不难看出，瞿上与蚕丛无关，而与杜宇有着直接的关系。可见，罗泌所谓瞿上为蚕丛所王，当属臆说。

二、杜宇时期古蜀的农业

迄今为止的古蜀考古中，尚未发现直接从对本地野生植物的栽培转化而来的早期农作物的实物遗存。至于稻作农业的开端，也因迄无可靠资料，不能予以确定。从中国栽培水稻的起源和发展看，古蜀的栽培水稻不大可能是本地的原产，很有可能是从四川盆地以外引进的一个农作物种类。虽然距今五千多年前的三峡大溪文化遗址中发现水稻，但大溪文化的发展方向是长江中游的两湖地区，与四川本土的古蜀文化没有关系；何况从大溪文化的栽培水稻看，也应是从其他地区引进的。

严文明认为，中国稻作农业的最早起源地在杭州湾，从公元前 5000 年代

---

① 欧阳询：《艺文类聚》，上海：上海古籍出版社，1965 年。

② 参考《说文解字》。

③ 扬雄：《蜀王本纪》，北京：中华书局，1958 年。

④ 乐史：《太平寰宇记》卷八六，上海：商务印书馆，1936 年。

⑤ 蚕丛氏兴起于岷江上游河谷，属于古代氐羌民族系统中的一支，杜宇来源于朱提，地在今云南昭通，原属百濮系统民族中的一支。二者的来源、族系和年代均不相同，而先后为四川盆地古蜀国之王，即蜀王。

到 3000 年代形成三次大的传播浪潮，成波浪形逐级向长江三角洲、两湖盆地（包括大溪文化的分布范围）和江淮地区广泛的范围推进发展。[①] 游汝杰认为：云南南部、广西南部和中南半岛处于多年生野生稻的分布范围内，这也就是栽培稻的起源地。[②] 李昆声根据地理气候环境、植物种类等因素，并根据云南省农业科学院对云南稻种进行同工酶研究的结果，认为云南现代栽培稻种的亲缘关系十分接近于现代普通野生稻，即云南现代栽培稻的祖先很可能就是云南的普通野生稻，因此云南极有可能是亚洲栽培稻的起源中心。[③] 外国学者亦有不少类似看法。[④] 由于近年在湖南道县玉蟾岩发现了 1 万年前的稻种，所以对中国稻作农业起源的问题还有进一步研究的必要。成都平原至今尚未发现野生稻标本，缺乏稻作农业起源的条件，因此古蜀的稻作农业是从外引进而发展起来的。捃诸史籍，似乎有蛛丝马迹可寻。

《华阳国志·蜀志》记载道：

> 后有王曰杜宇，教民务农，一号杜主……巴亦化其教而力农务，迄今（按：此指东晋）巴蜀民农时，先祀杜主君。

虽然蜀地农业绝不是始于杜宇时代（早不过殷末周初），而应在新石器晚期就已有相当发展。但是，杜宇来源于朱提（今云南昭通）。如果认为杜宇入蜀，从云南把栽培水稻及其种植技术传播引入，却也是有一定可能性的。扬雄《蜀王本纪》、许慎《说文解字》、左思《蜀都赋》及常璩《华阳国志》等书，都说杜宇死后化为杜鹃，而杜鹃与蜀地稻作农业又有紧密关系。这虽是传说，不过其中应有其历史素地，其间关系看来绝非偶然。

科学工作者曾在距今 4 500—4 300 年前的都江堰芒城遗址中，发现有水稻硅酸体的存在，认为那时成都平原已出现了稻作农业[⑤]，这是完全有可能的，虽然它并不能说明成都平原稻作农业的起源问题。

无论怎样，至少在殷周之际，古蜀的腹心之地成都平原已发展成为中国栽培水稻的中心种植区之一，并盛产菽、黍、稷等农作物。《山海经·海内经》

---

① 严文明：《中国稻作农业的起源》，《农业考古》1982 年第 1 期。

② 游汝杰：《从语言地理学和历史语言学试论亚洲栽培稻的起源和分布》，《中央民族学院学报》1980 年第 3 期。

③ 李昆声：《亚洲稻作文化的起源》，《云南文物》1984 年第 15 期。

④ 童恩正：《略述东南亚及中国南部农业起源的若干问题》，《农业考古》1984 年第 2 期。

⑤ 成都文物考古研究所：《金沙——21 世纪中国考古新发现》，北京：五洲传播出版社，2005 年，第 118 页。

说道：

西南黑水之间，有都广之野，后稷葬焉。其城方三百里，盖天下之中，素女所出也。爰有膏菽、膏稻、膏黍、膏稷，百谷自生，冬夏播琴。

据蒙文通研究，此篇是古巴蜀的作品，成书年代不晚于西周中叶。[①]"都广之野"，是指成都平原，都广实为广都。杨升庵《山海经补注》说："黑水广都，今之成都也。"这里所指的"城"，从"后稷葬焉"一语来看，当指西周时期的成都。后稷为周人先祖，杜宇之蜀为西周王朝诸侯，后稷既葬于蜀之都广之野，自然与西周王朝和蜀王杜宇的关系有关。所说都广其城方圆三百里，是一个夸张之数，犹如"白发三千丈"之类。成都为杜宇王都，正是蜀国的"天下之中"。这一方面说明，《山海经·海内经》关于蜀都的记载有其一定依据，另一方面则说明，它关于商周时期成都平原农业兴盛的记载也必然是有所根据的。所说"冬夏播琴（种）"，说明其时成都平原已是双季栽培农业。

《山海经·海内经》所说的"膏菽、膏稻、膏黍、膏稷"，是当时的几个主要农作物品种。为什么称其为"膏"呢？郭璞注释道：

言味好皆滑如膏。

郝懿行疏证说：

赵岐注《孟子》云：膏梁，细粟如膏者也。

由此可知，"膏"是指粮食细腻、滑润，如膏一般。说明成都平原所产的菽、稻、黍、稷，大多品种优良，被人奉为上品。正因为如此，才被人称引为先秦农官"后稷"的归葬之处，以其富饶而为人向往。

---

① 蒙文通：《略论〈山海经〉的写作时代及其产生地域》，《中华文史论丛》第 1 辑，1962 年。

后 记

大约两年前，我的学生们酝酿为我从事科研工作 40 年编辑一部文集，为此即着手搜集资料，从我先后发表的三百多篇文章中选出百余篇，按照文章内容分为先秦史、巴蜀文化和南方丝绸之路研究等三个部分，分别加以录入、整理并进行编目。后来又承蒙四川省社会科学院三星堆文化与青铜文明研究中心的好意，将书稿交由西南交通大学出版社出版，于是就有了这部三卷本文集。在此，我要感谢为此付出辛劳的四川师范大学巴蜀文化研究中心的学生们，感谢四川省社会科学院三星堆文化与青铜文明研究中心的友情资助。

我在 2010 年出版的《四川通史》"先秦卷"的后记中写道："科学研究是没有止境的。在科学研究道路上所取得的各项成果，都是建立在当时所具有的材料、理论和方法的基础之上的，它们在历史发展的长河中都只能算是阶段性成果，后来必定会给予创新和发展。但是，由各阶段成果所奠定起来的坚实基础对于后来的研究却是十分重要的，它们共同构成科学研究连续发展的链条。在科学研究的道路上，两者不可或缺。"这也是我对现在这部三卷本文集所要说的话。